Thomas Döring, Heinz Hagel, Michael Piek
Mitarbeit: Heinz Möhlmeier, Gregor Wurm

Basiswissen IT-Berufe

Wirtschafts- und Geschäftsprozesse

2. Auflage

Stam 1142.

Stam

www.stam.de

Stam Verlag
Fuggerstraße 7 · 51149 Köln

ISBN 3-8237-**1142**-3

Vorwort

Das vorliegende **Buch** hat wie das **Fach *Wirtschafts- und Geschäftsprozesse (WGP)* das Wissen um betriebliche Basisprozesse** zum Inhalt. Schwerpunkte sind:

- Ablauf, Analyse und Gestaltung von **Geschäftsprozessen,**
- Aufbau der betrieblichen **Organisation,**
- Gestaltung von **Markt und Kundenbeziehungen** sowie
- Dokumentation, Planung und Kontrolle der betrieblichen **Werteströme.**

Gliederung und Vorgehensweise des Buches stimmen mit der grundsätzlichen Struktur der Lernfelder überein.

Das Buch kann als Wissensspeicher den Unterricht sowohl „entlang“ der Lernfelder als auch situativ begleiten, da die Inhalte in sich abgeschlossen dargelegt werden und mit Verweisen auf vorausgehende oder weiterführende Sachverhalte verknüpft sind. Zusätzlich finden sich an entsprechender Stelle durch Symbole kenntlich gemachte Verweise auf Inhalte der anderen Bücher – **Anwendungsentwicklung** und **Informations- und Telekommunikationssysteme** der **Buchreihe IT-Berufe.**

Symbole

Anwendungs-
entwicklung

Einfache
IT-Systeme

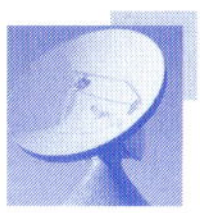

Vernetzte
IT-Systeme

Das Buch ist für den Einsatz in allen vier bzw. fünf Fachrichtungen der IT-Berufe

- **Informations- und Telekommunikationssystemelektroniker(in)**
- **Fachinformatiker(in) (Anwendungsentwicklung/Systemintegration)**
- **Informations- und Telekommunikationssystemkaufmann/-frau**
- **Informatikkaufmann/-frau**

geeignet. Die Auswahl der Inhalte orientiert sich an den beiden im Fach WGP umfassender ausgeprägten kaufmännischen Berufen. Das Buch schließt mit einem Kapitel, das dem Lernfeld 3 „Informationsquellen und Arbeitsmethoden“ entspricht.

Die Autoren

Inhaltsverzeichnis

Methodisch-didaktische Einleitung

Im Fach WGP zu vermittelnde Kern- und Fachqualifikationen

In den vier Fachrichtungen der IT-Berufe sollen die allen vier Fachrichtungen gemeinsamen Kernqualifikationen sowie Fachqualifikationen entsprechend der unterschiedlichen Aufgabenstellungen der Fachrichtungen vermittelt werden. Dem Fach Wirtschafts- und Geschäftsprozesse (WGP) sind die in der folgenden Übersicht aufgelisteten Qualifikationen zugeordnet.

<table>
<tr><th colspan="6">Kern- und Fachqualifikationen, abgedeckt durch das Fach WGP</th></tr>
<tr><th colspan="2"></th><th>IT-System-Elektroniker(in)</th><th>Fach-informatiker(in)</th><th>IT-System-Kaufmann/-frau</th><th>Informatik-Kaufmann/-frau</th></tr>
<tr><td>Kern-</td><td rowspan="3">qualifikationen</td><td colspan="4">Geschäfts- und Leistungsprozesse
– Leistungserstellung und -verwertung
– Betriebliche Organisation
– Beschaffung
– Markt- und Kundenbeziehungen / Markt und Kundenorientierung
– Kaufmännische Steuerung und Kontrolle</td></tr>
<tr><td rowspan="2">Fach-</td><td colspan="3">Fachaufgaben im Einsatzgebiet
– Projektplanung
– Projektdurchführung und Auftragsbearbeitung
– Projektkontrolle, Qualitätssicherung</td><td>Projektplanung und Durchführung
– Anforderungsanalyse
– Konzeption
– Projektvorbeitung
– Projektdurchführung</td></tr>
<tr><td colspan="2"></td><td>Marketing
– Marktbeobachtung
– Marketinginstrumente
– Werbung und Verkaufsförderung
Vertrieb
– Vertriebstechniken
– Kundenberatung
Auftragsbearbeitung
– Angebotserstellung
– Verträge
– Leistungsabrechnung</td><td>Fachaufgaben im Einsatzgebiet
– Beschaffen und Bereitstellen der Systeme
– Einkauf
– Auftragsabwicklung
Branchenspezifische Leistungen
– Geschäftsprozesse
– Planung, Steuerung, Kontrolle</td></tr>
</table>

Didaktische Strukturierung des Fachs WGP

Die didaktische Strukturierung des Lehrplans sieht für den berufsbezogenen Bereich der vier Fachrichtungen der IT-Berufe die drei Fächer

- Wirtschafts- und Geschäftsprozesse (WGP),
- Anwendungsentwicklung und
- Informations- und Telekommunikationssysteme

vor. Dem Fach Wirtschafts- und Geschäftsprozesse sind nachstehende Lernfelder zugeordnet.

Fakultativ kann entweder im Fach WGP oder im Fach Informations- und Telekommunikationssysteme das Lernfeld 3 „Informationsquellen und Arbeitsmethoden“ integrativ unterrichtet werden.

Lernfeldstruktur des Faches (WGP) nach dem Lehrplan	
Lernfeld	**Inhalt**
1	Der Betrieb und sein Umfeld (einschließlich der Lerngebiete / Lerninhalte aus „Elemente für den Unterricht in Wirtschafts- und Sozialkunde" in das Lernfeld 1 im Umfang von 40 Wochenstunden)
2	Geschäftsprozesse und betriebliche Organisation
8	Markt- und Kundenbeziehungen / Markt und Kundenorientierung
11	Rechnungswesen und Controlling
3	Informationsquellen und Arbeitsmethoden (integrativ)

Daraus ergibt sich folgende Verteilung der Lerninhalte auf die Ausbildungsjahre:

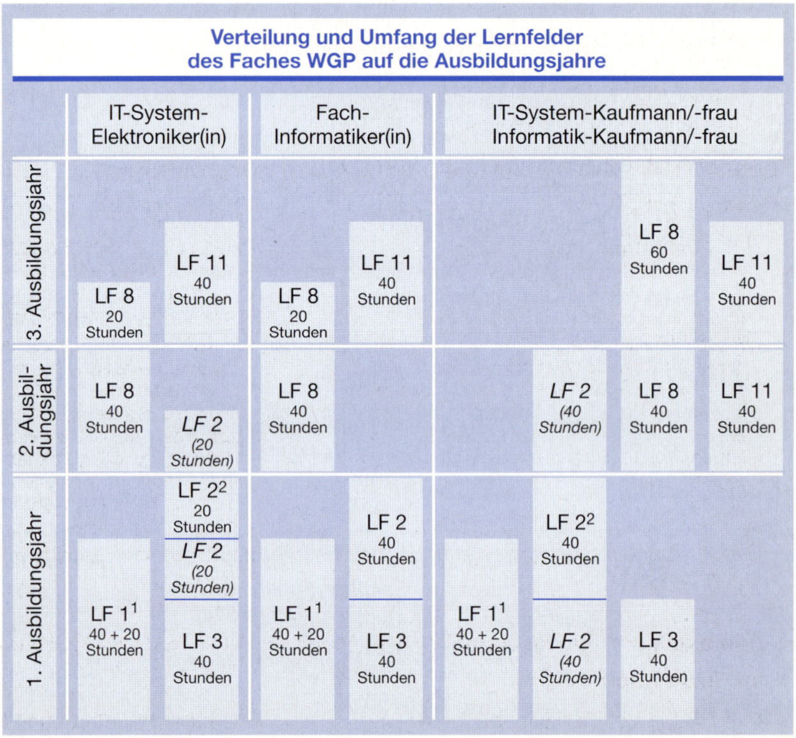

■ Inhalte der Lernfelder im Fach WGP

Die folgende Übersicht dient der Orientierung, welche Lerninhalte des Faches WGP für die jeweiligen Fachrichtungen/Berufe relevant sind:

---

[1] *Integration der Lerngebiete / Lerninhalte aus „Elemente für den Unterricht in Wirtschafts- und Sozialkunde" in das Lernfeld 1 im Umfang von 40 Wochenstunden.*

[2] *Lernfeld 2: Verschiebung vom 1. zum 2. Ausbildungsjahr; Gesamtstunden: 40 (IT-Systemelektroniker(in) bzw. 80 (Kaufleute)*

• IT-System-Elektroniker(in) • Fachinformatiker(in)	• IT-System-Kaufmann/-frau • Informatik-Kaufmann/-frau

Lernfeld 1: Der Betrieb und sein Umfeld

➤ im Buch: Kapitel 1

- Elemente für den Unterricht in Wirtschafts- und Sozialkunde
  - Berufsausbildung
  - Betrieb in Wirtschaft und Gesellschaft
  - Arbeits- und Tarifrecht, Arbeitsschutzgesetz
  - Betriebliche Mitbestimmung
  - Sozialversicherung
  - Arbeits- und Sozialgerichtsbarkeit
- Stellung eines Betriebes in Wirtschaft und Gesellschaft
  - Ziele und Aufgaben
  - Produktionsfaktoren und Faktorkombination
  - Arbeitsteilung in der Wirtschaft
- Marktstrukturen und ihre Auswirkungen
  - Marktarten und Marktformen
  - Anbieter- und Nachfrageverhalten
  - Preisbildung
- Kooperation und Konzentration
- Grundzüge staatlicher Wirtschaftspolitik

Lernfeld 2: Geschäftsprozesse und betriebliche Organisation

➤ im Buch: Kapitel 2

IT-System-Elektroniker(in) / Fachinformatiker(in)	IT-System-Kaufmann/-frau / Informatik-Kaufmann/-frau
• Analyse von Geschäftsprozessen	• Analyse von Geschäftsprozessen – zwischen Lieferanten und Unternehmen – innerhalb des Unternehmens – zwischen Unternehmen und seinen Kunden
• Geschäftsprozesse gestalten – prozessorientierte Ablauforganisation – prozessgebundene betriebliche Grundfunktionen – prozessunabhängige betriebliche Querschnittsfunktionen	• Gestaltung von Geschäftsprozessen – prozessorientierte Ablauforganisation – prozessgebundene betriebliche Grundfunktionen, z.B. Marketing und Vertrieb, Beschaffung, Lagerhaltung, Leistungserstellung – prozessunabhängige betriebliche Querschnittsfunktionen: Informationswirtschaft, Finanzwirtschaft, Personalwirtschaft – Formen der Aufbauorganisation
• Geschäftsprozesse kontrollieren – Erfolgsindikatoren	• Kontrolle von Geschäftsprozessen – Erfolgsindikatoren – Prozesskosten

Lernfeld 8: Markt- und Kundenbeziehungen / Markt- und Kundenorientierung

➤ im Buch: Kapitel 3

IT-System-Elektroniker(in) / Fachinformatiker(in)	IT-System-Kaufmann/-frau / Informatik-Kaufmann/-frau
• Mitwirkung bei Marktbeobachtung und Marktforschung – Interne und externe Informationsquellen – Kundenanalyse	• Marktbeobachtung und Marktforschung – Interne und externe Informationsquellen – Instrumente der Marktforschung – Kundenanalyse – Konkurrenzanalyse
• Mitwirkung bei Marketing und Verkaufsförderungsmaßnahmen	• Marketing-Mix – Produkt- und Sortimentspolitik – Kommunikationspolitik – Kontrahierungspolitik – Distributionspolitik
• Kundenberatung, Angebots- und Vertragsgestaltung	• Kundenberatung, Angebot und Vertragsgestaltung – Kundenanforderungen

– Bestandsaufnahme und Konzeption – Präsentation und Demonstration von Produkten und Dienstleistungen – Finanzierungsmöglichkeiten – Angebotserstellung	– Bestandsaufnahme und Konzeption – Präsentation und Demonstration von Produkten und Dienstleistungen – Typische Verhaltensmaßnahmen in Verkaufssituationen – Verkaufskalkulation – Möglichkeiten der Finanzierung – Angebotserstellung – Kauf-, Service- und Leasingverträge – Allgemeine Geschäftsverbindungen
• Beschaffung von Fremdleistungen – Bedarfsermittlung – Angebotsvergleiche – Bestellvorgang	• Beschaffung von Fremdleistungen – Bedarfsermittlung – Bezugsquellen – Anfragen – Angebotsvergleiche – Bestellung – Aufgaben und Probleme der Lagerhaltung
	• Fakturierung – Rechnungsstellung – Zahlungsvorgänge – Mahnwesen

Lernfeld 11: Rechnungswesen und Controlling

➤ im Buch: Kapitel 4

• Teilbereiche und Aufgaben des betrieblichen Rechnungswesens	• Teilbereiche und Aufgaben des betrieblichen Rechnungswesens
	• Grundlagen der Buchführung – Grundsätze ordnungsgemäßer Buchführung – Vermögen und Kapital – Buchung einfacher Geschäftsfälle – Debitoren und Kreditoren – GuV-Rechnung und Schlussbilanz
• Kosten- und Leistungsrechnung – Aufgaben der Kosten- und Leistungsrechnung – Kostenbegriffe – Kostenarten, Kostenstellen, Kostenträger – Unterschied zwischen Voll- und Teilkostenrechnung – Grundzüge der Deckungsbeitragsrechnung	• Kosten- und Leistungsrechnung – Aufgaben der Kosten- und Leistungsrechnung – Kostenbegriffe – Kostenarten, Kostenstellen, Kostenträger – Unterschied zwischen Voll- und Teilkostenrechnung – Grundzüge der Deckungsbeitragsrechnung
• Controlling – Kennzahlen, grafische Aufbereitung, Auswertung – Plankostenrechnung und Abweichungsanalyse	• Controlling – Kennzahlen, grafische Aufbereitung, Auswertung – Plankostenrechnung und Abweichungsanalyse
	• Prozesskostenrechnung

Lernfeld 3: Informationsquellen und Arbeitsmethoden

➤ im Buch: Kapitel 5

- Arbeitstechniken
  - Selbstorganisation der Arbeit (Arbeitsaufträge, Arbeitspläne)
  - Teamarbeit (Kommunikationsregeln, Kreativitätstechniken)
- Informationsbeschaffung und Verwertung
  - Informationsquellen
  - Eignung von Informationsquellen
  - Verarbeitung und Aufbereitung von Informationen
- Weitergabe von aufbereiteten Informationen
  - Adressatengerechte Präsentationsformen
  - Dokumente und Dateien

Im vorliegenden Buch werden die Lerninhalte jeweils in der für die beiden kaufmännisch ausgeprägten Berufe/Fachrichtungen maßgebenden Ausgestaltung /Akzentuierung berücksichtigt.

1 Der Betrieb und sein Umfeld

1.1 Das System Betrieb – das System Unternehmen

- Methode des Systemansatzes: Systembegriff, Systemstruktur und -merkmale
- Unterscheidung zwischen Betrieb und Unternehmung
- Zielsystem einer Unternehmung:
  Sachziele und Formalziele, wirtschaftliche, soziale und ökologische Ziele
- Betriebliche Produktionsfaktoren, Leistungsfaktoren, Produktionsfaktor Information
- Untersuchungs- und Erklärungsmodelle des Systems Unternehmung / Betrieb
  - Sozio-technisches System
  - Informationsverarbeitendes System
  - System der Leistungserstellung
  - System der (Grund-)Funktionen
  - System von Wertschöpfungsprozessen
  - System von Prozessen

In Unternehmen und Betrieben der Industrie und des Handels, in Banken, Versicherungen und Speditionen wirken Menschen und Sachmittel zusammen um Erzeugnisse herzustellen oder Dienstleistungen anzubieten.
Unternehmen können jedoch nur dann auf Dauer existieren, wenn sie Gewinne erwirtschaften, Arbeitsplätze schaffen bzw. erhalten sowie umweltgerecht handeln. Dazu müssen sie sich dem Wettbewerb auf Absatz- und Beschaffungsmärkten beugen. Notwendig ist die permanente Bereitschaft auf Änderungen des Konsumverhaltens der Nachfrager, auf Aktionen der Konkurrenten, auf technischen Fortschritt, auf die Preisentwicklung der Rohstoffe usw. zu reagieren.
Der Wettbewerbsdruck verlangt daher eine ständige Anpassung der Produktpalette eines Unternehmens, mitunter auch der Produktionsverfahren und der Beschaffungsmaßnahmen oder der Beschäftigtenstruktur, an die jeweilige Marktsituation, an gesellschaftliche Trends und an politische Entwicklungen.
Unternehmen oder Betriebe (zum Unterschied der Begriffe vgl. S. 16) sind

- eingebettet in ein Umfeld mit einer großen Anzahl von Beziehungen und Abhängigkeiten,
- dabei meist selbst große, vielschichtige Gebilde, in denen eine Vielzahl von Tätigkeiten und Abläufen geplant, organisiert, durchgeführt und kontrolliert werden müssen.

Damit solche komplexen (= umfassende) Gebilde genau untersucht und exakt beschrieben werden können, bedient man sich der Methode des Systemansatzes.

1.1.1 Systemansatz

Der Betrieb ist ein . . .

1) . . . soziales System 	2) . . . technisches System 	3) . . . sozio-technisches System 
4) . . . ökonomisches System 	5) . . . ökologisches System 	6) . . . ? System **?**

Systemansatz als methodisches Hilfsmittel

Jede dieser Aussagen ist korrekt bzw. sinnvoll. **Systeme** sind tatsächlich im Grunde nichts anderes als von Menschen geschaffene **gedankliche Gebilde.** Durch Definition, d.h. durch die Beschreibung der Merkmale des Systems können diese eindeutig charakterisiert und gleichzeitig von anderen abgegrenzt werden.

Systeme sind also – objektiv gesehen – willkürlich und künstlich geformte Gebilde. Die Begründung für eine solche Vorgehensweise liegt auf der Hand:

Nahezu alle Fachgebiete bzw. Wissenschaften wenden die **Methode des Systemansatzes** an, um Probleme aus der Realität zu erfassen, zu untersuchen und Lösungsansätze zu erarbeiten. So können Sachverhalte beschrieben und erklärt, Situationen, Zusammenhänge und Bedingungen eindeutig dargelegt und bestimmt werden.

Der Systemansatz hilft komplizierte Problemstellungen darzustellen und zu untersuchen, ohne dabei den Überblick zu verlieren.

Beispiel: *Wenn ein Sportwissenschaftler einem Leichtathleten helfen will, die Technik des Weitsprunges zu verbessern, muss er die* ***Struktur*** *(Anordnung und Zusammensetzung) der Bewegungsabläufe beim Weitsprung analysieren. Die Gliederung des* ***Gesamt****bewegungsmusters in* ***einzelne*** *Handlungsabläufe und deren zeitliche Koordination ist dabei genauso wichtig wie die Kenntnis über ihre Bedeutung in der Gesamtbewegung oder -handlung vom Anlauf über den Absprung bis zur Landung.*

Vereinfacht gesagt zerlegt man also ein Problem in viele Teilprobleme, die einzeln gelöst und später wie in einem großen Puzzle wieder zu einem sinnvollen Ganzen zusammengefügt werden. Vorgegangen wird dabei im Verfahren des **Stepwise Refinement** (= schrittweise Verfeinerung) vom **Komplexen** (= Gesamtheit) zum **Detail** (= Einfachen).

Systembegriff

System

Als **System** bezeichnet man die Zusammenfassung (= **Integration**) von mehreren, sinnvoll aufeinander abgestimmten Elementen.

Element

Die **Elemente** sind die kleinsten Einheiten (= Bausteine, Komponenten, Module) eines Systems und nicht weiter zerlegbar. Elemente können Lebewesen (Menschen, Tiere), Gegenstände (Maschinen, Sachen) oder Ordnungsmuster bzw. Regeln sein.

Beispiel:

*Die Maschinen M1 – M4 (z.B. Fräsen, Sägen, Hobeln, Schleifen) der Schreinerei in einem Betrieb der Möbelindustrie können je nach Sichtweise völlig unterschiedlich definiert werden. **Betriebswirtschaftlich** betrachtet stellen sie technische Hilfsmittel zur Herstellung der Möbel dar. Die **Volkswirtschaft** würde sie als Teil des „Maschinenparks" des Betriebes, der zur Herstellung anderer Sachgüter dient, in ihre Untersuchungen miteinbeziehen. Ingenieure und **Techniker** beschäftigen sich mit jeder der Maschinen als funktionierende Ansammlung von Funktionseinheiten F1 – F3 (z.B. Elektromotor, Treibriemen, Zahnräder usw.).*

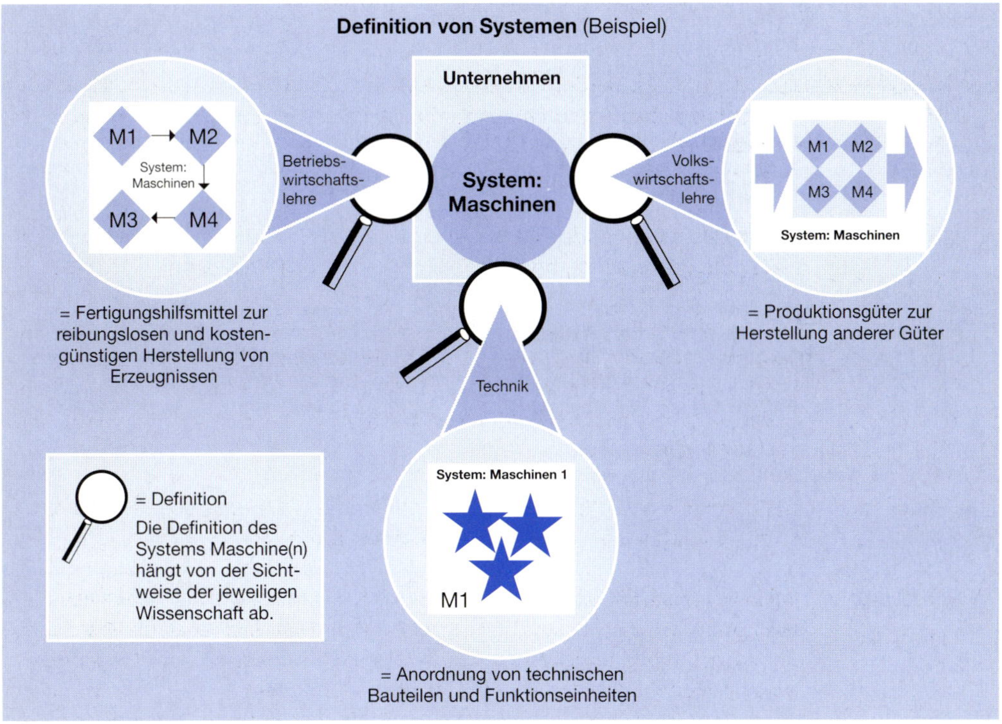

Systemstruktur und -merkmale

Wenn also gilt, dass es vor allem von der jeweiligen **Betrachtungsweise** abhängt, was als System angesehen wird, muss es möglich sein, ein System durch bestimmte Merkmale genau zu beschreiben bzw. von anderen Systemen abzugrenzen. Diesen Vorgang oder den Zustand, der die **System- oder Strukturmerkmale** eines Systems **festlegt,** bezeichnet man als **Definition.**

Beschreibung von Systemen

Systemstruktur				
Systemmerkmale	**Definition** Erläuterung	***Beispiele***		
		Computer (Hardware)	*Berufsschulklasse*	*Industriebetrieb*
Ziel	Systeme werden mit einer gewissen **Absicht** zur Erfüllung eines genau benannten **Zwecks** gebildet, sie sind **zielorientiert.**	*Informationsverarbeitung*	*Erwerb von Kompetenzen zum Bestehen der IHK-Abschlussprüfung*	*Fertigung von Produkten zur Bedarfsdeckung der Kunden*
Anzahl der Elemente	Systeme können **unterschiedlich viele** Elemente enthalten.	*eine Vielzahl von technischen Komponenten*	*Schülerinnen und Schüler*	*eine Vielzahl von Menschen und Maschinen*
Art der Integration	Systemelemente sind **Gegenstände** und/oder **Lebewesen.**	*Bauteile*	*Menschen*	*Menschen und Maschinen*
Eigenschaften der Elemente	Der Zusammenschluss von Elementen zu einem System erfolgt nach **genau bestimmten Eigenschaften** und/oder der **Aufgaben** der einzelnen Bestandteile.	*Die Bauteile erfüllen elektronische und elektromechanische Funktionen.*	*Schülerinnen und Schüler mit bestimmten Vorkenntnissen*	*Menschen erfüllen Aufgaben, Maschinen erfüllen Funktionen*
Struktur	Die Elemente eines Systems haben **Aufgaben zu erfüllen** bzw. besitzen **genau bezeichnete Eigenschaften**, die der Zielerreichung des Systems oder dem Zweck des Zusammenschlusses dienen. Diese Aufgaben werden in **Regeln** festgeschrieben. Innerhalb des Systems entsteht so eine einheitliche Struktur, die die Elemente durch eine sinnvolle Ordnung zueinander in Beziehung setzt und in gegenseitiger Abhängigkeit miteinander verbindet.	*Die Einzelteile erfüllen in ihrem Zusammenwirken die Funktionsfähigkeit als Instrument der Informationsverarbeitung.*	*Die Schülerinnen und Schüler lernen im Klassenverband in verschiedenen Fächern individuell bzw. in Gruppen, geleitet vom gemeinsamen Interesse, die Prüfung zu bestehen.*	*Je nach ihren Fähigkeiten erhalten die Menschen unterschiedliche Aufgaben und Anordnungsbefugnisse. Die Maschinen werden entsprechend ihren technischen Möglichkeiten eingesetzt.*
Systemumfeld	Systeme sind eingebettet in ihre **Umwelt.** Zwischen dem System und dem Umfeld bestehen Beziehungen.	*Software, Anwender, Computernetzwerk, . . .*	*Lehrer, Schüler anderer Klassen, . . .*	*Lieferanten, Kunden, Mitbewerber, . . .*

■ Subsysteme

Teil- und Untersysteme

Häufig werden Systeme in Teil- oder Untersysteme (= **Subsysteme**) gegliedert. Damit erreicht man zunächst eine bessere **Überschaubarkeit** großer und komplexer (= umfassender bzw. vielschichtiger) Systeme. Oft ist allerdings auch die Bildung von Subsystemen notwendig, wenn nur ein ganz bestimmter Teil eines Systems beschrieben und untersucht werden soll und andere Systembestandteile auszugrenzen sind. Die Subsysteme sind zueinander wie die Elemente eines Systems zusammengefasst und untereinander strukturiert.

Systemstruktur				
System-merkmale	**Definition** Erläuterung	***Beispiele***		
		Computer (Hardware)	*Berufsschul-klasse*	*Industriebetrieb*
Subsysteme	Abgrenzung von Teil- oder Untersystemen zum Zweck der genauen Analyse bzw. Beschreibung	*Zentraleinheit, Eingabegeräte, . . .*	*Schülerinnen, Schüler, . . .*	*Arbeiter in der Produktion, Maschinen, . . .*

System – Subsystem – Elemente (Beispiel)

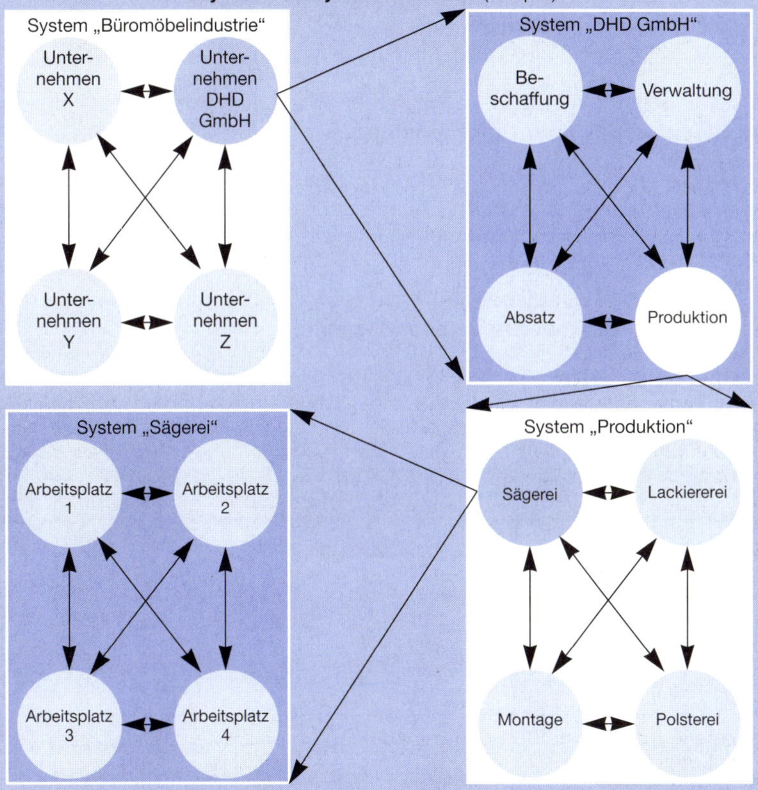

Das System „Sägerei“ in einem Betrieb der Möbelindustrie besteht aus den Elementen Arbeitsplatz 1 - 4 und bildet ein Subsystem zum System „Produktion“. Das System „Produktion“ wird aus den Subsystemen - oder ***je nach Sichtweise*** *aus den Elementen - „Sägerei“, „Montage“, „Polsterei“ und „Lackiererei“ gebildet; usw. . .*

■ Modellbildung

Systeme sollen nachvollziehbar und überschaubar – d. h. auf die wesentlichen Aspekte beschränkt – untersucht und beschrieben werden. Deshalb bildet man Systeme im **Modell** als vereinfachtes Abbild der Wirklichkeit (meist eines Ausschnitts aus der Wirklichkeit) nach.

Modell als Abbild der Wirklichkeit

1.1.2 Untersuchungs- und Erklärungsmodelle

1.1.2.1 Unterscheidung zwischen Betrieb und Unternehmung

Betriebswirtschaftslehre ist die Lehre von der Unternehmung

Die Methode des Systemansatzes hilft **betriebliche Sachverhalte** zu untersuchen und zu erläutern. Die Wissenschaft, die sich mit betrieblichen Prozessen und Funktionszusammenhängen beschäftigt, ist die **Betriebswirtschaftslehre.**

Wie alle Fachrichtungen oder wissenschaftliche Disziplinen bedient sie sich dabei auch einer – vor allem auf Begrifflichkeiten bezogenen – eigenen **Fachsprache.**

Im praktischen Sprachgebrauch werden die Begriffe **„Betrieb"** und **„Unternehmung"** bzw. **„Unternehmen"** i.d.R. gleichbedeutend nebeneinander verwendet. Die **Betriebswirtschaftslehre** aber – so merkwürdig das auf den ersten Blick erscheint – versteht sich als **Lehre von der Unternehmung.**

Dieser Tatbestand hängt damit zusammen, dass die Betriebswirtschaftslehre den **Betrieb als Teil der Unternehmung/des Unternehmens definiert.**

Unternehmung

Die Unternehmung hat einen Namen (= Firma, vgl. S. 46), unter dem sie Verträge z. B. mit Arbeitnehmern, Kunden, Lieferern usw. abschließt sowie Steuern entrichtet. Eine Unternehmung verfügt i.d.R. über ein Vermögen in Form von Geldmitteln, Maschinen, Materialien usw. Die **Unternehmung / das Unternehmen** ist ein **selbstständiges rechtliches und finanzielles Gebilde,** das einen oder mehrere Betriebe verwaltet.

Betrieb

Der Betrieb ist immer der **unselbstständige Teil** (= Element) einer Unternehmung, er bezeichnet den Ort oder die **Stätte,** an dem die Unternehmung **Produkte herstellt.**

Unternehmung – Betrieb

Unternehmung =
selbstständiges rechtliches und finanzielles Gebilde

Betrieb =
(unselbstständige) Produktionsstätte

Beispiel: *Die Unternehmung „Chemiewerke AG" stellt in einem Betrieb Kosmetika, in einem weiteren Arzneimittel her und produziert in einem dritten Betrieb Pflanzenschutzmittel.*

1.1.2.2 Zielsystem einer Unternehmung

Unter Berücksichtigung unterschiedlicher – sich ständig wandelnder – Interessen und Einflussfaktoren verfolgt ein Unternehmen **Ziele.**

Ziele

Ziele sind konkretisierte Aussagen über anzustrebende **Zustände,** die in der **Zukunft** verwirklicht werden sollen. Es gibt je nach Betrachtungsschwerpunkt unterschiedliche Möglichkeiten Ziele einzuteilen.

Einteilung/Unterscheidung von Zielen

Betrachtungsweise	mögliche Einteilung	
Zeit	kurzfristige Ziele	langfristige Ziele
Maßstab	mengenmäßige Ziele	wertmäßige Ziele
Konkretisierung	strategische (geplante) Ziele	operative (klar definierte) Ziele
Inhalt	**Sachziele:** sachlicher Zweck oder Auftrag des Unternehmens, Produktion von Sachgütern und/oder Bereitstellung von Dienstleistungen	**Formalziele:** bewertbare Erfolgsziele wie Erzielung von Gewinn, Senkung der Kosten usw.

Eine andere zweckmäßige Einteilung ergibt sich aus folgender Übersicht:

Unternehmensziele

- Sachziele als eigentlicher sachlicher Zweck des Unternehmens
- wirtschaftliche Ziele
- soziale Ziele
- ökologische Ziele

Zielsystem

In der Regel sind es mehrere unterschiedliche Ziele, die gleichzeitig und nebeneinander verfolgt werden. So bildet sich für jedes Unternehmen ein ganz konkretes Zielsystem heraus, welches erreicht werden soll.

Beispiel:

Zielsystem eines Computerherstellers

Zielsystem	• **Sachziele**	– Herstellen und Vertreiben von Computern – Beratung der Kunden – Kundendienst
	• **wirtschaftliche Ziele**	– Erwirtschaften von Gewinn – Ausweitung der Marktanteile – Kostensenkung
	• **soziale Ziele**	– Sicherung der Arbeitsplätze – Schaffung von Ausbildungsplätzen – Gerechte Entlohnung der Mitarbeiter
	• **ökologische Ziele**	– Verwendung umweltgerechter Werkstoffe – Rücknahme defekter Bauteile – Verringerung von Schadstoffemissionen

Ziele eines Unternehmens können sich ergänzen **(Zielharmonie)** oder gegenseitig beeinträchtigen **(Zielkonflikt).**

Beispiel:

Gewinnerwirtschaftung und Kostensenkung sind harmonierende Ziele, während die Schaffung neuer Arbeitsplätze zunächst mit einer Kostensenkung nicht zu vereinbaren ist.

1.1.2.3 Betrieb als sozio-technisches System/ Unternehmung als sozio-technisches System

Zweck der Systemgestaltung

Damit das System Unternehmen seinen Zweck erfüllt, müssen die Menschen und Sachmittel (z. B. Maschinen, Computer, usw.) als **Elemente** des Unternehmens die ihnen **zugedachten Aufgaben** erfüllen. Dies funktioniert jedoch nur, wenn alle Elemente sinnvoll zueinander in Beziehung gesetzt sind, wenn in einer **optimalen Ordnung** zusammengearbeitet wird.

Organisation

Die Unternehmensleitung (Management, Geschäftsführung) bzw. von ihr beauftragte Spezialisten (Organisatoren) sind dafür zuständig, dass eine solche **auf** die **Ziele ausgerichtete Ordnung** geplant, umgesetzt und erhalten bleibt (vgl. S. 72 ff.).

Um eine auf die Unternehmensziele ausgerichtete Organisation umzusetzen, können Unternehmungen bzw. Betriebe entweder nach der Art der Integration der Systemelemente oder nach der Art der Beziehung der Systemelemente eingeteilt werden.

■ Sozio-technisches System nach der Art der Integration

Nach der Art der **Integration** der Elemente unterscheidet man drei verschiedene Systeme:

Integration der Elemente

Sozio-technisches System nach der Art der Integration		
Bezeichnung des Systems	**Elemente**	***Beispiel***
soziales System	Menschen	Familie, Schulklasse, Belegschaft eines Betriebes
sozio-technisches System	Menschen und Maschinen	IT-Unternehmen, Schreinerei, Schreibbüro, Spedition, Textilbetrieb
technisches System	Maschinen	Klimaanlage, Roboter, Computer, CNC-Maschinen

Unternehmen werden in der Betriebswirtschaftslehre grundsätzlich als **sozio-technische Systeme** angesehen. Sie enthalten immer die Subsysteme soziales System und technisches System.

Sozio-technisches System Unternehmen / Betrieb		
Subsysteme	soziales System	technisches System
Elemente	Mitarbeiter, Mitarbeitergruppen	Sachmittel (Arbeitsmittel)

Black Box

Rein technische Systeme sind für diese Art der Betrachtung in der Regel nur von untergeordneter Bedeutung bzw. nur als Kostenfaktor von Relevanz. In betriebswirtschaftlichen Überlegungen werden technische Systeme deshalb als **Black Box** behandelt.

Da ein solches (Sub-)System betriebswirtschaftlich in seiner Funktion nicht exakt zu beschreiben bzw. nicht zu verändern ist, wird es als Black Box in das Gesamtsystem integriert. Was in einer Black Box vorgeht, ist unbekannt bzw. für die Untersuchung nicht relevant. Gestaltungs- und Beschreibungselemente sind deshalb nur die Eingangs- (Input) und Ausgangsgrößen (Output).

Beispiel: *Ein Maschinenhersteller setzt in der Produktion ein CNC-Zentrum für Bohr- und Fräsarbeiten ein. Die Maschine ist ökonomisch gesehen eine Black Box. Bekannt und damit beschreibbar bzw. bedeutend ist nur folgender Zusammenhang: Bei einer Bearbeitungsgeschwindigkeit von X können m Werkstücke (Output) gefertigt werden.*

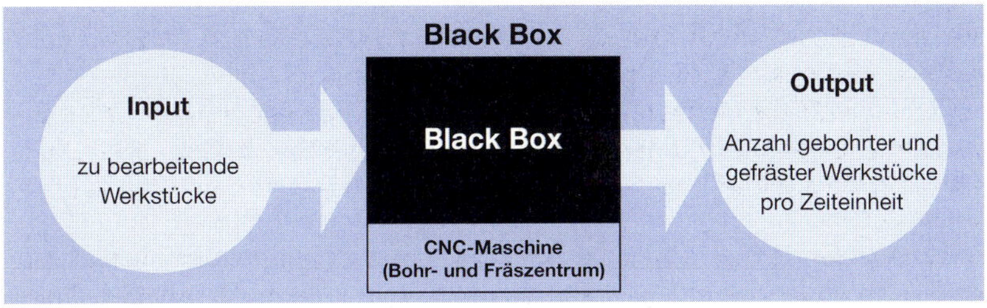

Die Gestaltung, Organisation und Steuerung von technischen Systemen bleibt Ingenieuren und Technikern überlassen.

Sozio-technisches System nach der Art der Beziehungen

Beziehung der Elemente

Um die Probleme der betrieblichen Praxis aufzunehmen und optimal zu lösen, betrachtet man **sozio-technische Systeme auch als Gesamtheiten**, die sich aus den nachstehenden Subsystemen bzw. Elementen zusammensetzen.

Sozio-technisches System nach der Art der Beziehungen

Element	Beschreibung	Beispiele
Aufgaben	**Verrichtungen bzw. Tätigkeiten, die der Zielerreichung dienen**	***Beispiele:*** Kunden beraten, Verträge abschließen, Marketingpläne entwickeln, Briefe schreiben, Mitarbeiter informieren, Maschinen bedienen, Waren zum Versand bereitstellen
Aufgabenträger	**Menschen, die die betrieblichen Aufgaben bewältigen sollen**	***Beispiele:*** Geschäftsführer, Schreibkraft, Buchhalter, Pförtner, Abteilungsleiter, Schreiner, Fahrer, Personalsachbearbeiter
Sachmittel	**Arbeits- bzw. Betriebsmittel, derer sich die Aufgabenträger zur Aufgabenerfüllung bedienen**	***Beispiele:*** Maschinen, Rohstoffe, Computer, Fahrzeuge, Schreibtische, Klimaanlage, Papier
Informationen	**Angaben über aufgabenbezogene Sachverhalte**	***Beispiele:*** Kundenadressen, Zahlungsbedingungen der Lieferanten, Ausfuhrbestimmungen, Personaldaten, Mitteilungen der IHK und des Finanzamtes

Zwischen diesen Elementen bestehen Beziehungen. Aufgaben werden den Aufgabenträgern zugeteilt, Sachmittel unterstützen die Erledigung der Aufgaben und Informationen müssen zur Verfügung stehen um die Aufgaben bewältigen zu können.

Beispiel:

Zusammenwirken der Elemente	
Aufgaben	*Für den abgelaufenen Monat müssen in einem Unternehmen die Lohnabrechnungen erstellt werden durch ...*
Aufgabenträger	*... Lohnbuchhalterin Frau Krämer, die dazu ...*
Sachmittel	*... einen Computer benutzt, ...*
Informationen	*... mit dem sie u.a. die geleisteten Stunden der Mitarbeiter aus den Speichergeräten abruft und anschließend die fertigen Abrechnungen ausdrucken lässt.*

1.1.2.4 Unternehmen als informationsverarbeitendes System

Jedes unternehmerische Handeln ist begleitet von vielschichtiger und umfangreicher **Informationsverarbeitung:** Beschaffung, Aufbereitung, Auswertung, Aufbewahrung, Weitergabe von Informationen. Die Leistungserstellung einschließlich der notwendigen Zusammenarbeit und Betriebsabläufe im Unternehmen können deshalb nur unter Einbeziehung aktueller, umfassender und vollständiger Informationen optimal geplant, organisiert und realisiert werden.

Informationsverarbeitung als Grundlage unternehmerischen Handelns

Betrachtet man eine Unternehmung als **Beziehungsgefüge** von Informationen, in dem sich

- Informationserzeugung,
- Informationsnutzung und
- Informationsweitergabe

vollzieht, dann kann ein **Unternehmen** selbst auch als **informationsverarbeitendes System** bezeichnet werden.

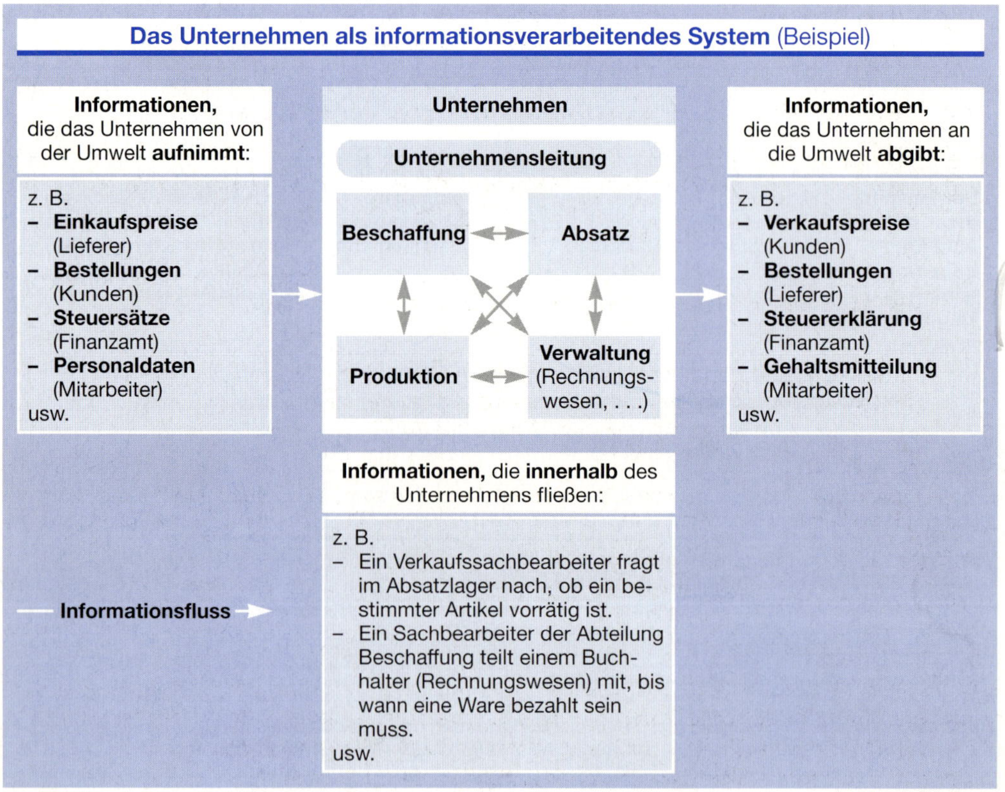

1.1.2.5 Unternehmen / Betrieb als System der Leistungserstellung

Betrieb als Kombination der betrieblichen Produktions- oder Leistungsfaktoren

Produktionssystem

Abhängig vom Zielsystem der Unternehmung stellt das Management Pläne auf, wie die **Leistungserstellung** (= Herstellung der Produkte) erfolgen soll. Das System der Leistungserstellung, also das **Produktionssystem,** beinhaltet drei Elemente oder Subsysteme:

- den **Output,** d.h. welches Produktionsergebnis im Prozess der Leistungserstellung erzielt werden soll bzw. welche Erzeugnisse und Dienstleistungen auf dem Absatzmarkt anzubieten sind;
- die eigentliche **Leistungserstellung** (Produktionsprozess) als **Kombination der Einsatzmittel**;
- den **Input,** d.h. die für die Leistungserstellung notwendigen Einsatzmittel.

Leistungsfaktoren – Produktionsfaktoren

Die im Produktionsprozess erforderlichen Einsatzmittel werden als **Leistungsfaktoren oder betriebliche Produktionsfaktoren** bezeichnet.
Da diese zur Leistungserstellung sinnvoll zusammenwirken müssen, wird das System **Betrieb** auch mit dem Begriff **Kombination der Produktionsfaktoren** belegt.

Leistungsfaktoren – Betriebliche Produktionsfaktoren				*Beispiel: Produktion eines Bürotisches*
Leistungsfaktoren (betriebliche Produktionsfaktoren)	**Elementarfaktoren**	**Arbeitsstoffe (Werkstoffe)** = Materialien, die bei der Herstellung verarbeitet, bearbeitet, eingebaut oder verbraucht werden	**Rohstoffe:** Hauptbestandteil eines Produktes, aber auch **fertige Bestandteile** (= Bauteile, die in die Produkte eingebaut werden) bzw. **Waren** im Handelsbetrieb	*Spanplatten, Stahlrohre, Schubladenelemente, . . .*
			Hilfsstoffe = Nebenbestandteil eines Produktes	*Leim, Lack, . . .*
			Betriebsstoffe = Materialien, die bei der Herstellung verbraucht werden, jedoch nicht Bestandteil des Produkts sind	*Energie zum Betrieb der Maschinen, . . .*
		Arbeitsmittel (Betriebsmittel)	Gegenstände, die der Herstellung der Produkte direkt oder indirekt dienen	*Werkzeuge, Maschinen, Lieferwagen, . . .*
		Ausführende Arbeitskräfte	. . . sind direkt oder indirekt mit der Herstellung von Produkten befasst. Sie handeln nach Anweisung der leitenden Arbeitskräfte.	*Schreiner, Monteure, . . .*
	Dispositiver Faktor	**Leitende Arbeitskräfte**	. . . setzen Ziele, stellen Pläne auf, organisieren, entscheiden und kontrollieren. Sie sind für die Kombination der elementaren Produktionsfaktoren und damit für den Leistungsprozess bzw. die Zielerreichung verantwortlich.	*Produktionsleitung, Arbeitsvorbereitung, Geschäftsführer, . . .*

Produktionsfaktor Information

Grundlage von Plänen und Entscheidungen über die Kombination der Produktionsfaktoren sind **Informationen** z. B. vom Beschaffungs-, Absatz-, Kapital- oder Arbeitsmarkt. Die Wirksamkeit unternehmerischer Entscheidungen und damit ein möglicher Wettbewerbsvorteil hängt von der Verfügbarkeit der

benötigten Informationen bzw. vom zeitlichen und qualitativen Informationsvorsprung gegenüber den Konkurrenten ab.
Der **Inputgröße Information** kommt damit für die Leistungserstellung eines Unternehmens die gleiche Bedeutung zu wie den übrigen Produktionsfaktoren. Informationen können deshalb auch als – zusätzlicher – **Produktionsfaktor** bezeichnet werden.
Als **Output** (z. B. Patente, Werbebotschaften, veröffentlichte Bilanzen) an die Außenwelt der Unternehmung abgegeben, sind Informationen dann den Erzeugnissen gleichzusetzen.

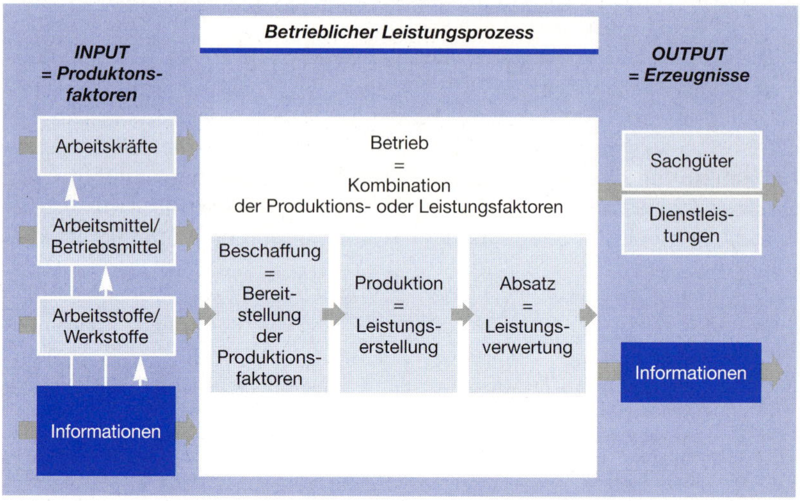

Betrieb / Unternehmen als System der (Grund-)Funktionen

Funktionsorientierung

In Unternehmen und Betrieben fallen eine Vielzahl von Aufgaben an. Typischerweise werden diese Aufgaben in so genannten Grundfunktionen – meist als Abteilungen oder Bereiche – zusammengefasst und gegliedert:

<table>
<tr><th colspan="4">Grundfunktionen der Unternehmung / des Betriebes</th></tr>
<tr><td rowspan="5">Hauptfunktionen der Unternehmung</td><td colspan="2">Leitung/Management</td><td rowspan="2">Hilfsfunktionen für den Betrieb</td></tr>
<tr><td colspan="2">Verwaltung, z. B.
• Rechnungswesen
• Finanzierung
• Personalwirtschaft</td></tr>
<tr><td rowspan="3">Leistungserstellung</td><td>Beschaffung</td><td rowspan="3">Hauptfunktionen des Betriebes</td></tr>
<tr><td>Produktion</td></tr>
<tr><td>Absatz</td></tr>
</table>

Die Gliederung nach den Grundfunktionen entspricht i.d.R. gleichzeitig auch der organisatorischen Ordnung (= **Aufbauorganisation,** vgl. S. 88) einer Unternehmung. Diese **funktionsorientierte** Struktur gibt den Rahmen vor für die

Zuordnung (= betriebliche **Arbeitsteilung**) der Teilaufgaben des Produktionsprozesses auf die Mitarbeiter und Sachmittel der Unternehmung (= **Ablauforganisation**).

Fasst man die Wechselbeziehungen zu den Absatz- und Beschaffungsmärkten sowie die am Leistungsprozess ausgerichtete funktionale Ordnung zusammen, entsteht folgendes Modell einer Unternehmung:

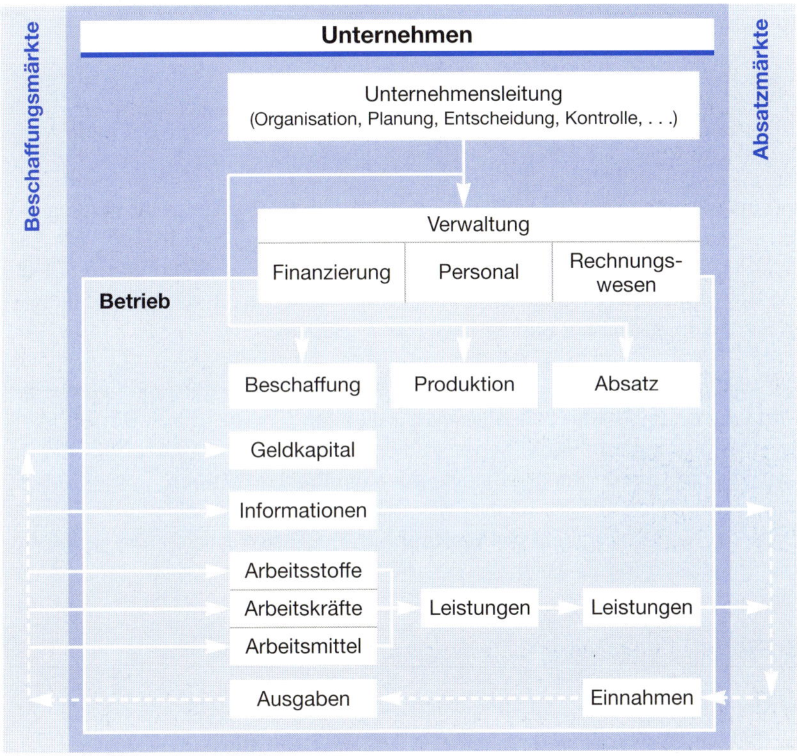

1.1.2.6 Betrieb / Unternehmen als System von Wertschöpfungsprozessen

Unternehmen als Marktteilnehmer

Jedes Unternehmen tritt auf einem oder mehreren **Absatzmärkten** als **Anbieter** seiner **Leistungen**, d. h. der hergestellten Sachgüter und Dienstleistungen auf. Als **Nachfrager** nach den Leistungsfaktoren agiert die Unternehmung auf den entsprechenden **Beschaffungsmärkten.**
Für die beschafften Mittel sind **Ausgaben** zu tätigen, für die abgesetzten Sachgüter und Dienstleistungen erhält die Unternehmung **Einnahmen.**

Wertkreislauf

Damit entsteht vom Beschaffungsmarkt durch das Unternehmen hin zum Absatzmarkt ein **Güterstrom,** während in die entgegengesetzte Richtung vom Absatzmarkt zum Beschaffungsmarkt ein **Geldstrom** fließt. Güter- und Geldstrom bilden zusammengenommen einen **Wertkreislauf.**

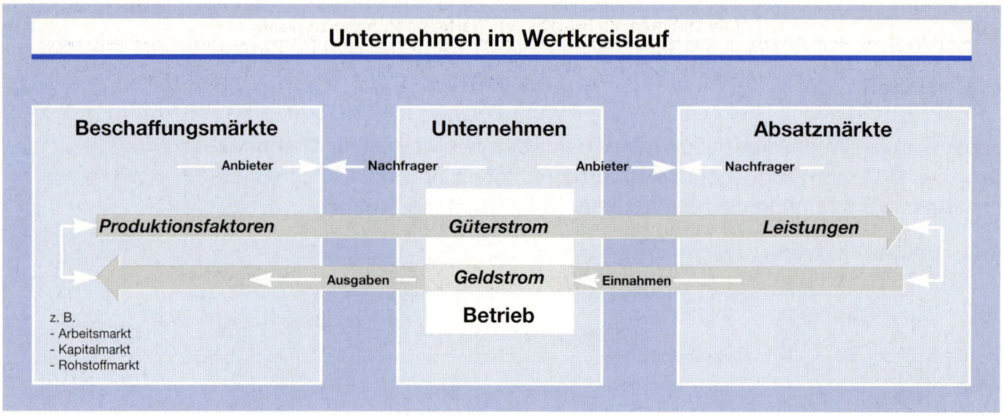

In Gang gehalten wird der Wertkreislauf durch die Leistungsverwertung der Erzeugnisse (= **Verkauf**) und den Zufluss von Geldmitteln in Form von Einnahmen auf der Absatzseite bzw. durch den Zugang (= **Einkauf**) der für die Leistungserstellung notwendigen Produktionsfaktoren und deren Bezahlung in Form von Ausgaben auf der Beschaffungsseite.

Wertverbrauch

Die Produktionsfaktoren haben einen in Geldeinheiten bemessenen Marktpreis und werden im Produktionsprozess durch ihren Einsatz, durch Be- und Verarbeitung umgeformt bzw. gehen in die Erzeugnisse ein. Deshalb ist die Erstellung der Leistungen gleichzeitig auch ein **Wertverbrauch.**

Wertschöpfung

Dem Wertverbrauch steht die **Wertschöpfung** gegenüber, die die Unternehmung selbst mit ihrer Leistungserstellung zum Wert der verkauften Erzeugnisse hinzugefügt hat.

Die Erzeugnisse erhalten ihren Wert durch

- die **Vorleistungen** anderer Unternehmen, d. h. Ausgaben, Kosten für Arbeitsstoffe, für Abnutzung von Arbeitsmitteln (= Abschreibungen) usw.;
- die **Produktionsleistung** der Unternehmung selbst, d. h. Ausgaben, Kosten für die Leistungserstellung, z. B. Personaleinsatz im Betrieb und in der Verwaltung, Informationsbeschaffung, Forschung und Entwicklung, Miete für Lagerhallen usw.;
- den **Gewinnzuschlag,** der in den Verkaufspreisen berücksichtigt wird und den „Verdienst“ des Unternehmens darstellt.

Wertschöpfung bedeutet deshalb auch die Schaffung von **Mehrwert.**

	Verkaufserlöse	(Gesamtleistung der Unternehmung)
–	Vorleistungen	(bezogene Leistungen anderer Unternehmen)
=	Wertschöpfung	(Mehrwert)

Der Leistungsprozess einer Unternehmung ist immer gleichzeitig auch ein Wertschöpfungsprozess, der ein Glied in einer volkswirtschaftlichen Wertschöpfungskette darstellt, an der i. d. R. mehrere Unternehmen beteiligt sind.

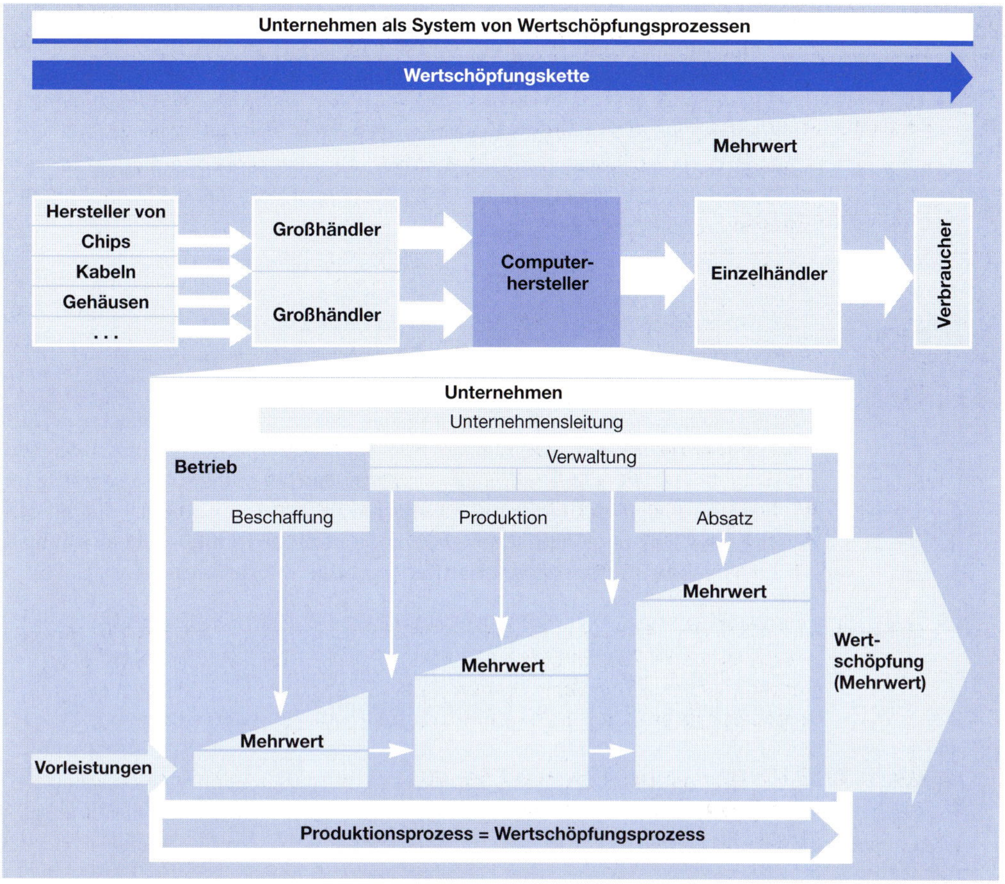

1.1.2.7 Betrieb als System von Prozessen

Traditionelle Gliederung der Unternehmung nach Aufgabenbereichen

Das traditionelle Modell der Unternehmung ist funktionsorientiert mit einer Gliederung nach Aufgabenbereichen. Daraus erwächst eine Organisationsstruktur, die grundsätzlich zwei Elemente umfasst

- die **Aufbauorganisation** als **Gestaltung der Zusammenarbeit** zwischen den Funktionsbereichen und Mitarbeitern eines Unternehmens (vgl. S. 88) und
- die **Ablauforganisation als Gestaltung des Betriebsablaufes** und der Arbeitsgänge innerhalb des durch die Aufbauorganisation vorgegebenen Rahmens (vgl. S. 88).

Gleichzeitig verläuft die Leistungserstellung in Unternehmen und Betrieben von der Beschaffung der Produktionsfaktoren bis zum Absatz der Produkte in Form von **Leistungsketten,** deren Bestandteile die einzelnen Teilaufgaben sind. Derartige Leistungsketten lassen sich für jede Art von Unternehmungen feststellen.

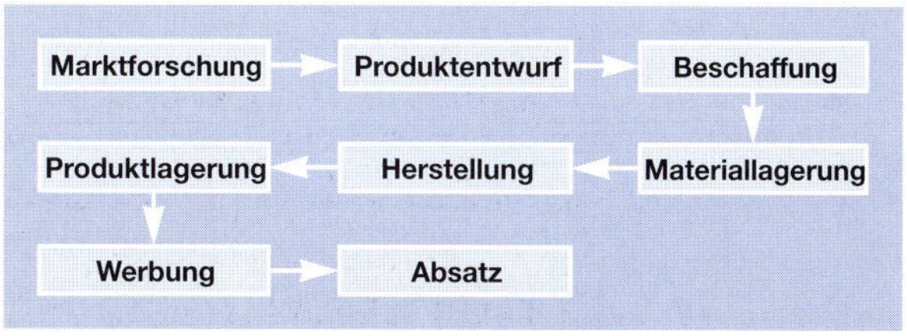

Fasst man die erforderlichen Tätigkeiten und Einzelaktivitäten einer Leistungskette vollständig und in der richtigen Reihenfolge zusammen **(= Prozessorientierung),** entstehen **Prozessketten** bzw. **Prozesse.** Typischerweise sind diese Prozesse dann an der Leistungs- bzw. Wertschöpfungskette eines Unternehmens ausgerichtet (vgl. S. 99)
Tatsächlich vollzieht sich in Unternehmen eine Vielzahl von miteinander verknüpften und voneinander abhängiger Prozessen, die direkt und indirekt der Leistungserstellung dienen.

Beispiele:
- *Materialbeschaffung*
- *Kapitalbeschaffung*
- *Marktuntersuchungen*
- *Herstellung von Produkten*
- *Informationsbeschaffung*
- *Marketingmaßnahmen*
- *Personal betreuen*
- *Warenlagerung*
- *Organisation der Fertigungsverfahren*

Es gilt, diese und andere Prozesse im Einzelnen und in der Summe aller im Unternehmen existierenden Prozesse zu organisieren und zu gestalten. Stehen bei der Gestaltung von Unternehmensaufbau und Betriebsablauf Prozesse im Vordergrund, d. h. die traditionell funktionale Organisationsstruktur wird an den Verlauf des Leistungs- und Wertschöpfungsprozesses angepasst, spricht man auch von **Geschäftsprozessorientierung oder -modellierung** (vgl. S. 96).

Ein Prozess ist eine logische Folge von zusammenhängenden Aktionen (vgl. S. 77) und beschreibt die Vorgehensweise zur Erreichung eines Zieles. Ein Prozess kann beliebig viele Teilprozesse (z. B. Beschaffungsprozess, vgl. S. 210) enthalten.

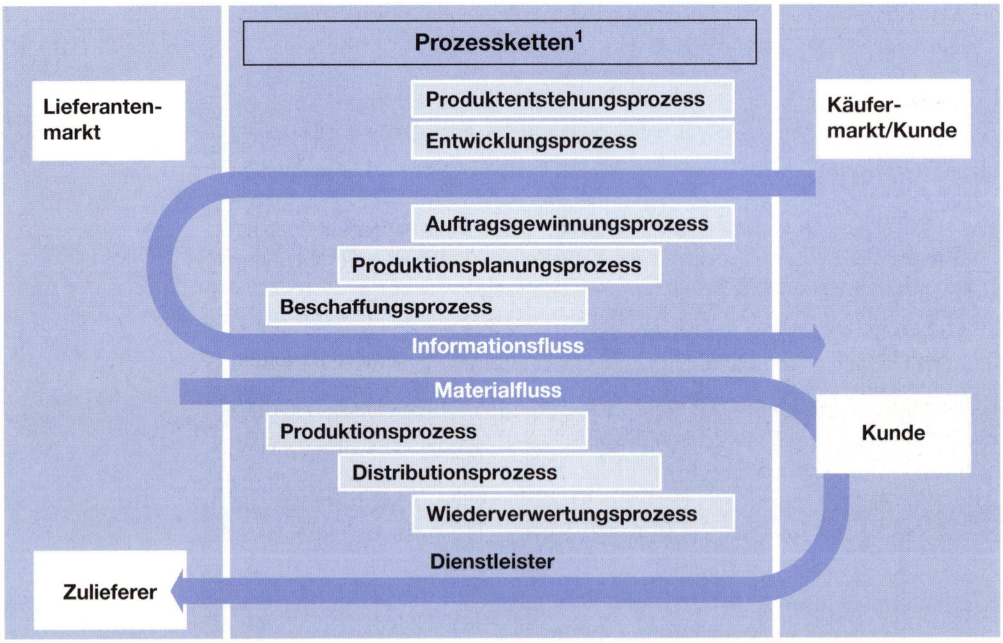

Die **Gesamtheit aller Unternehmensprozesse** zur Realisierung der strategischen Ziele (vgl. S. 16) wird auch als **Wertschöpfungsprozess** (vgl. S. 23) oder **Geschäftsprozess** (engl.: Business Process, vgl. S. 97) bezeichnet.

[1] *Thaler, K.: Supply Chain Management. Fortis FU Verlag Köln. Vgl. hierzu Wien, Arau, Bern. 1999. S. 44*

1.2 Wirtschafts- und Sozialkunde

1.2.1 Berufsausbildung

- Rechtsgrundlagen der Berufsausbildung:
  - Berufsbildungsgesetz
  - Rahmenlehrplan
  - Ausbildungsvertrag

Duale Ausbildung

duales Ausbildungssystem

Berufsbildung umfasst die Berufsausbildung, die berufliche Fortbildung und Umschulung. Die Berufsausbildung in Deutschland erfolgt im **dualen Ausbildungssystem.** Die praktische Ausbildung wird im Ausbildungsbetrieb durchgeführt. Parallel dazu erfolgt die Vermittlung der theoretischen Kenntnisse in der Berufsschule in Form des Teilzeit- oder Blockunterrichts.

Rechtsgrundlagen der Berufsausbildung

– Berufsbildungsgesetz (BBiG)

Das Berufsbildungsgesetz bildet die gesetzliche Grundlage für die Ausbildungsberufe im dualen System. Die Einzelvorschriften konkretisieren die Entstehung und die Inhalte des Berufsausbildungsvertrages, die Ordnung der Berufsausbildung, das Prüfungswesen und die Regelung sowie die Überwachung der Berufsausbildung.

– Ausbildungsordnung

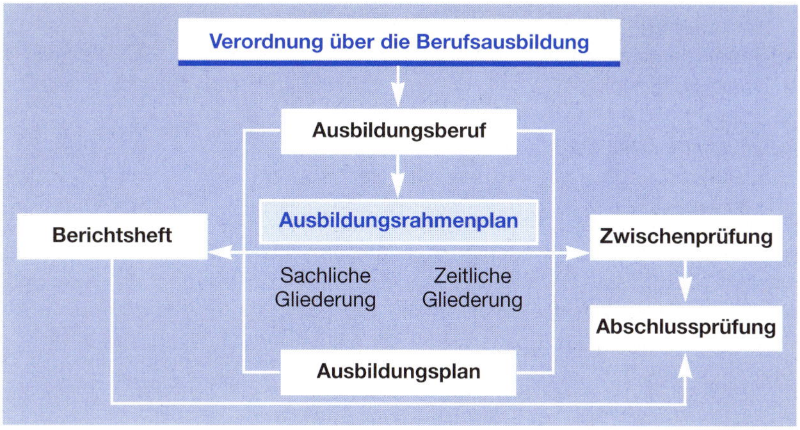

- Rahmenlehrplan

Lehrplan

Der Rahmenlehrplan ist nach Ausbildungsjahren (vgl. S. 8) gegliedert. Er umfasst Lerngebiete, Lernziele, Lerninhalte und Zeitrichtwerte. Dabei gilt:

- **Lerngebiete** sind thematische Einheiten, die unter fachlichen und didaktischen Gesichtspunkten gebildet werden.
- **Lernziele** beschreiben das angestrebte Ergebnis (z.B. Kenntnisse, Fertigkeiten, Verhaltensweisen vgl. S. 286), über das ein Schüler am Ende des Lernprozesses verfügen soll.
- **Lerninhalte** bezeichnen die fachlichen Inhalte, durch deren unterrichtliche Behandlung die Lernziele erreicht werden sollen.
- **Zeitrichtwerte** geben an, wie viele Unterrichtsstunden zum Erreichen der Lernziele einschließlich der Leistungsfeststellung vorgesehen sind.

- Berufsausbildungsvertrag

Ein **Berufsausbildungsverhältnis** als privatrechtliches Verhältnis zwischen dem Auszubildenden (bei Minderjährigen dem gesetzlichen Vertreter: Vater, Mutter, Vormund) und dem Ausbildenden wird durch Vertrag begründet *(§ 3 Abs. 1 BBiG)*. Der **Berufsausbildungsvertrag** kommt durch die Einigung der Vertragsparteien zustande und ist in schriftlicher Form abzufassen *(§ 4 Abs. 1 BBiG)*.

Ausbildungsvertrag

Als **Mindestangaben** muss der Berufsausbildungsvertrag folgende Angaben enthalten *(§ 4 Abs. 2 BBiG):*

- Art, sachliche und zeitliche Gliederung sowie Ziel der Berufsausbildung, insbesondere die Berufstätigkeit, für die ausgebildet werden soll,
- Beginn und Dauer der Berufsausbildung,
- Ausbildungsmaßnahmen außerhalb der Ausbildungsstätte (Besuch der Berufsschule),
- Dauer der regelmäßigen täglichen Ausbildungszeit,
- Dauer der Probezeit,
- Zahlung und Höhe der Vergütung,
- Dauer des Urlaubs,
- Voraussetzungen, unter denen der Berufsausbildungsvertrag gekündigt werden kann.

Ausbildender (Betrieb) ist derjenige, der einen anderen zur Berufsausbildung einstellt. Vom Ausbildenden ist derjenige zu unterscheiden, der die Ausbildung durchführt. Das kann der Ausbildende selbst oder ein von ihm beauftragter Ausbilder sein. Der Auszubildende ist derjenige, der ausgebildet wird.

Pflichten der Vertragsparteien	
Auszubildender	Dienstleistungspflicht, Gehorsamspflicht, Sorgfaltspflicht, Schweige- und Treuepflicht, Berufsschulpflicht, Lernpflicht, Führung des Berichtsheftes, Haftpflicht
Ausbildender	Ausbildungspflicht, Fürsorgepflicht, Vergütungspflicht, Zeugnispflicht, Meldepflicht
Erziehungsberechtigte	Unterstützungspflicht, Haftpflicht

Fort- und Weiterbildungsmöglichkeiten

Ohne berufliche Fortbildung zur Verbesserung der Qualifikation (vgl. S. 286) wird man seinen Beruf auf Dauer mit Erfolg nicht ausüben können. Deshalb bieten viele Institutionen Fortbildungskurse an. Dazu zählen die Berufsverbände der Industrie sowie die IHK's.

1.2.2 Betrieb in Wirtschaft und Gesellschaft

- Gesellschaftsordnung
- Wirtschaftsordnung
- Soziale Marktwirtschaft
- Arbeitsteilung: beruflich, betrieblich, international, volkswirtschaftlich

1.2.2.1 Gesellschafts- und Wirtschaftsordnung

Gesellschaftsordnung

Die Gesellschaft bildet den Rahmen für das Zusammenleben der Menschen. Jeder Mensch ist über ein vielfältiges Netz sozialer Beziehungen in die Gesellschaft und das gesellschaftliche Leben eingebunden.

Jede „lebensfähige" menschliche Gemeinschaft ist nur auf der Grundlage einer allgemeinen Ordnung möglich, die die „Spielregeln" für das Zusammenleben festlegt. Dies gilt für sämtliche Bereiche des Zusammenlebens.
Die Gesamtheit **aller** Verhaltensregeln, denen der Einzelne unterworfen ist, bezeichnet man als **Gesellschaftsodnung.**

Gesellschaftsordnung

- Die **Rechtsordnung** beinhaltet die Gesamtheit sämtlicher Rechtsvorschriften innerhalb der Gesellschaft.
- Die **politische Ordnung** spiegelt die politischen Herrschafts- und Machtverhältnisse innerhalb der Gesellschaft wider.
- Die **Sozialordnung** regelt den Schutz der sozial Schwachen und Benachteiligten sowie den Schutz vor den wirtschaftlichen Folgen von Krankheit, Arbeitslosigkeit, Erwerbsunfähigkeit usw.
- Die **Wirtschaftsordnung** legt die Rahmenbedingungen fest, die für das wirtschaftliche Handeln der Wirtschaftssubjekte gelten.

Alle vier Bereiche sind miteinander verflochten.

■ Wirtschaftsordnung

– Grundfragen der Wirtschaftsordnung

Die Hauptaufgabe jeder Volkswirtschaft besteht darin, den umfangreichen und vielseitigen Bedarf der in ihr lebenden Menschen an Gütern und Dienstleistungen zu decken. Um dieses Ziel zu erreichen, sind drei Grundfragen zu lösen:

- **Welche Güter sollen produziert werden und in welchen Mengen?**
  Da sich nicht alle Bedürfnisse befriedigen lassen, muss entschieden werden, welche Güter vorrangig produziert werden sollen.
- **Wie sollen die Güter produziert werden?**
  Mit welchen Arbeitskräften, mit welchen technischen Mitteln, in welchen Produktionsstätten soll die Produktion erfolgen?
- **Für wen sollen die Güter produziert werden?**
  Wie soll das gesamte Produktionsergebnis der Volkswirtschaft, das Sozialprodukt, auf die verschiedenen Wirtschaftssubjekte verteil werden?

Wirtschaftsordnung

Die Wirtschaftsordnung legt fest, in welcher Weise das Wirtschaftsgeschehen gesteuert, d. h. wie das wirtschaftliche Handeln der Wirtschaftssubjekte zur bestmöglichen Bedarfsdeckung koordiniert (aufeinander abgestimmt) wird.

– Wirtschaftsordnung der Bundesrepublik Deutschland

Die Wirtschaftsordnung der Bundesrepublik Deutschland vereinigt die Grundprinzipien des marktwirtschaftlichen Leistungswettbewerbs mit einer um sozialen Ausgleich bemühten staatlichen Beeinflussung des Wirtschaftsgeschehens. Wesentliche Grundlagen der sozialen Marktwirtschaft sind im **Grundgesetz** verankert.

Das verfassungsrechtlich verankerte **Sozialstaatsprinzip** verpflichtet den Staat für soziale Sicherheit und Gerechtigkeit innerhalb der Gesellschaft zu sorgen.

Soziale Marktwirtschaft

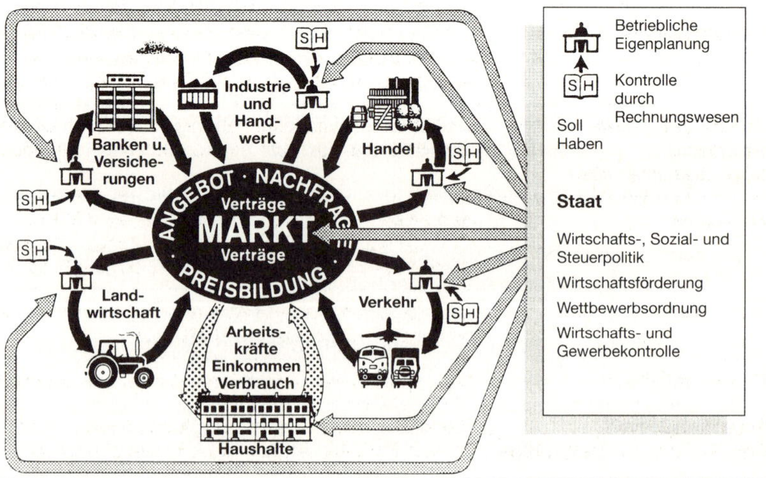

Zwei **Ordnungsmerkmale** kennzeichnen die soziale Marktwirtschaft:

Marktwirtschaft

① **Marktwirtschaft** bedeutet, dass dem freien Spiel der Marktkräfte so weit Raum gegeben wird, wie sich diese zum Nutzen der gesamten Volkswirtschaft auswirken. Freie Marktpreisbildung, Privateigentum an den Produktionsmitteln, freies Unternehmertum und freie Konsumwahl werden als geeignete Voraussetzungen einer am Wohl der Bürger ausgerichteten Wirtschaft angesehen. Individuelles Gewinnstreben, verbunden mit einem funktionsfähigen Wettbewerb, soll dafür sorgen, dass sich die Unternehmen bei ihren Produktionsentscheidungen an den Bedürfnissen der Konsumenten orientieren und dass der technische und wirtschaftliche Fortschritt letztlich den privaten Haushalten in Form einer laufenden Verbesserung des Lebensstandards zugute kommt.

② Die Beifügung **sozial** bringt zum Ausdruck, dass der Staat ordnend und steuernd in das Wirtschaftsgeschehen eingreift, wenn die sich selbst überlassenen Marktkräfte die sozialen Fragen der Volkswirtschaft nicht zufriedenstellend lösen können.
Staatliche Betriebe und Einrichtungen, wie öffentliche Verkehrsbetriebe, Schulen, Krankenhäuser usw., decken den Bedarf an solchen Gütern und Dienstleistungen, die für die Gesamtwirtschaft von lebenswichtigem Interesse sind und von privatwirtschaftliche geführten Unternehmen aus Kostengründen nicht oder nur in unzureichendem Umfang bereitgestellt werden können.

Als **Ordnungsgeber** hat der Staat die Aufgabe für die Einhaltung der Spielregeln des marktwirtschaftlichen Wettbewerbs zu sorgen. Die Wettbewerbspolitik steht daher im Mittelpunkt der **Ordnungspolitik** des Staates.

Damit sich das freie Spiel der Marktkräfte ungehindert entfalten kann, hat der Staat bestimmte **Freiheitsrechte** zu garantieren:

Rechte	Erläuterung
Gewerbefreiheit	Die Gründung eines Unternehmens, die Festlegung des Unternehmensgegenstandes und die unternehmerischen Entscheidungen sind unter Beachtung der vom Staat gesetzten Rahmenbedingungen frei.
Schutz des Privateigentums (Eigentumsgarantie)	Die Wirtschaftssubjekte haben grundsätzlich die freie Verfügungsgewalt über ihr Privateigentum an Produktionsmitteln und Konsumgütern.
Freihandel	Jeder kann seinen Geschäftspartner frei wählen. Der internationale Waren-, Dienstleistungs- und Kapitalverkehr kann ungehindert von Handelsbarrieren und Beschränkungen fließen.
Vertragsfreiheit	Die Ausgestaltung der Verträge bleibt den Kontrahenten im Rahmen der bestehenden Gesetze frei überlassen.
Konsumfreiheit	Die Konsumenten sind in ihren Kaufentscheidungen frei.
Freie Berufswahl, freie Wahl der Arbeitsstätte	Die Arbeitnehmer können ihre Arbeitskraft anbieten, in welchem Beruf und bei welchem Arbeitgeber auch immer sie wollen.

1.2.2.2 Arbeitsteilung

■ Berufliche Arbeitsteilung

Spezialisierung

Aufgrund der besonderen Kenntnisse und Fähigkeiten, die von einigen Menschen im Laufe der Zeit erworben wurden, entstanden die ersten **Berufe.** Die Entstehung neuer Techniken und Weiterentwicklung des beruflichen Wissens und Könnens führte im Laufe der Zeit zu einer weiteren **Spezialisierung** innerhalb eines Berufes.

Die **Arbeitszerlegung** (vgl. S. 88) und der begleitende Einsatz hochwertiger Maschinen ermöglichen die **Massenproduktion.** Die Automation des Produktionsprozesses reduziert die Aufgabe des Menschen zunehmend auf die Übernahme von Steuerungs- und Kontrollfunktionen.

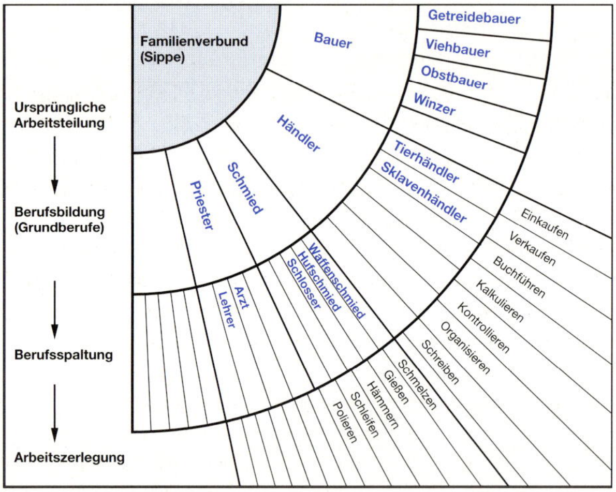

■ Zwischenbetriebliche Arbeitsteilung

Heute werden nur noch selten Güter in ihrer Gesamtheit in einem einzigen Betrieb hergestellt. Die Aufteilung der Produktion entspricht dem der Arbeitsaufteilung auf viele Menschen und deren Spezialisierung auf bestimmte Arbeitsvorgänge.

Die auf spezialisierte Betriebe verlagerte Produktion wird als Produktionsteilung bezeichnet.

■ Internationale Arbeitsteilung

Neben der Arbeitsteilung zwischen den Unternehmen innerhalb einer Volkswirtschaft existiert auch eine **weltweite Arbeitsteilung** zwischen den Ländern (Globalisierung).
Voraussetzung für die internationale Arbeitsteilung ist der ungehinderte Import und Export von Gütern. Der **Welthandel** sorgt für das Funktionieren des internationalen Güteraustauschs.

Wirtschaftliche Bedeutung der Arbeitsteilung

Durch die Arbeitsteilung ist es möglich, dass die menschliche Arbeitskraft in der Arbeitszeit mehr Güter produziert bzw. für die Gütermenge weniger Zeit zur Herstellung benötigt. Dieses Ergebnis verdanken die Menschen folgenden Gründen:

- die Arbeitskraft jedes Einzelnen wird durch Spezialisierung genutzt,
- die Produktion wird durch die **Verwendung von Maschinen** erleichtert oder erst sogar möglich.

Der Vorteil der **Rationalisierung** (Übernahme gefährlicher, körperlich anstrengender und monotoner Arbeiten durch Maschinen) hat aber auch arbeitsmarktpolitische Konsequenzen. Die menschliche Arbeitskraft wird ersetzt durch Maschinen und führt zur Freisetzung von Arbeitskräften.

Wirtschaftsbereiche

An der Bereitstellung des in seiner Fülle und Differenziertheit kaum noch überschaubaren Güterangebots sind verschiedene Bereiche der Wirtschaft beteiligt, die sich auf die Erstellung bestimmter Güter spezialisiert haben. Eine Vielzahl von Unternehmen muss in der Regel zusammenwirken um ein einzelnes Wirtschaftsgut zu produzieren.
Die volkswirtschaftliche Arbeitsteilung innerhalb der Wirtschaft, der wir unseren hohen Lebensstandard verdanken, nimmt mit dem technischen Fortschritt zu. Sie bewirkt aber auch, dass niemand mehr in der Lage ist, sich mit den zum Leben benötigten Wirtschaftsgütern selbst zu versorgen.

Jede arbeitsteilige Volkswirtschaft weist drei **Wirtschaftsbereiche** auf:

Urerzeugung	Gegenstand der Urerzeugung, des **primären Wirtschaftsbereichs,** ist die Gewinnung von Rohstoffen und Erzeugnissen, wie sie von der Natur geboten werden.
Weiterverarbeitung	Nur selten sind die Produkte der Urerzeugung konsumreif, d. h. ohne weitere Be- bzw. Verarbeitung zur unmittelbaren Befriedigung menschlicher Bedürfnisse geeignet, wie dies z. B. bei Obst und Weihnachtsbäumen der Fall ist. Die Weiterverarbeitung der Urprodukte zu Fertigerzeugnissen geschieht innerhalb des **sekundären Wirtschaftsbereiches** in den Industrie- und Handwerksbetrieben.
Dienstleistungen	Zum **tertiären Wirtschaftsbereich** zählen schließlich alle Betriebe, die Dienstleistungen „produzieren", wie Handelsbetriebe, Kreditinstitute, Versicherungen, Betriebe der Informationswirtschaft. Auch bei den Praxen der freien Berufe wie Wirtschaftsprüfer, Steuerberater, Rechtsanwälte und Ärzte handelt es sich folglich um Dienstleistungsbetriebe.

1.2.3 Wirtschaftliches Handeln

- Bedürfnisse, Bedarf, Nachfrage
- Güter
- Ökonomisches Prinzip
- Kennzahlen: Produktivität, Wirtschaftlichkeit, Rentabilität

1.2.3.1 Bedürfnisse, Bedarf, Nachfrage

■ Bedürfnisse

Jeder Mensch empfindet eine Vielzahl von Wünschen, die in der Sprache der Wirtschaft Bedürfnisse genannt werden. Bedürfnisse entstehen gefühlsmäßig; sie sind zwar individueller Natur, werden aber in hohem Maße durch die Umwelt beeinflusst, in der der einzelne Mensch lebt.

Bedürfnis

Ein Bedürfnis ist das Gefühl des Mangels, verbunden mit dem Bestreben, diesen Mangel zu beseitigen.

Nach der **Dringlichkeit der Bedürfnisse** unterscheidet man zwischen Existenz- und Wahlbedürfnissen. **Existenzbedürfnisse** (Grundbedürfnisse) sind Bedürfnisse, deren Befriedigung zur Sicherung der Lebensgrundlagen des Menschen notwendig ist. **Wahlbedürfnisse** sind die Kultur- und Luxusbedürfnisse.
Mit zunehmendem Wohlstand und fortschreitender kultureller und technischer Entwicklung treten die Wahlbedürfnisse in den Vordergrund.
Es ist nicht immer leicht, Existenz-, Kultur- und Luxusbedürfnisse voneinander abzugrenzen. Die unterschiedlichen Lebens- und Umweltbedingungen führen dazu, dass z. B. das Verlangen nach Pelzkleidung von den Grönländern als Existenzbedürfnis, in unseren Breitengraden dagegen als Luxusbedürfnis empfunden wird.
Nach der **Bewusstheit der Bedürfnisse** unterscheidet man zwischen offenen und latenten Bedürfnissen:

Offene Bedürfnisse	sind dem Menschen bewusst.
Latente Bedürfnisse	sind Wünsche, die erst durch die Umwelt geweckt werden müssen, bevor sie als Bedürfnis empfunden werden.

Nach der **Art der Bedürfnisbefriedigung** unterscheidet man zwischen Individual- und Kollektivbedürfnissen:

Individualbedürfnisse	kann der Einzelne im Rahmen seiner finanziellen Möglichkeiten allein befriedigen.
Kollektivbedürfnisse	werden dagegen mit Gütern befriedigt, die allen Mitgliedern der Gesellschaft zur Verfügung stehen.

Einteilung der Bedürfnisse

nach der Dringlichkeit
- Existenzbedürfnisse
- Wahlbedürfnisse

nach der Bewusstheit
- offene Bedürfnisse
- latente Bedürfnisse

nach der Art der Befriedigung
- Individualbedürfnisse
- Kollektivbedürfnisse

Art und Zahl der Bedürfnisse unterliegen im Verlauf der wirtschaftlichen, technischen und kulturellen Entwicklung einem ständigen Wandel. Die Bedürfnisse des Menschen sind unbegrenzt; sie bilden den Ausgangspunkt wirtschaftlichen Handelns.

Bedarf

Bedarf

Nur ein Teil der Bedürfnisse kann befriedigt werden, denn das Ausmaß der Bedürfnisbefriedigung hängt davon ab, ob die hierzu notwendigen Geldmittel zur Verfügung stehen. Angesichts der begrenzten finanziellen Möglichkeiten des Einzelnen bleiben deshalb viele Bedürfnisse unerfüllt.
Zur sinnvollen Verwendung seiner Mittel wird der Mensch seine Bedürfnisse zunächst ihrer Dinglichkeit nach ordnen und sodann entscheiden, mit welchen Gütern er diese Bedürfnisse befriedigen will. Der **Bedarf** ist die Summe aller Bedürfnisse, die mit den vorhandenen Geldmitteln befriedigt werden sollen.

Nachfrage

Der individuelle Bedarf tritt auf dem **Markt** als **Nachfrage** in Form von Kaufwünschen (vgl. S. 177) in Erscheinung.

1.2.3.2 Güter

Als Güter bezeichnet man die Mittel, die der Bedürfnisbefriedigung des Menschen dienen. Sie stiften einen Nutzen, indem sie helfen, die vorhandenen Bedürfnisse zu befriedigen. Nach der Verfügbarkeit der Güter unterscheidet man zwischen freien und knappen Gütern.

Freie Güter	Knappe Güter = Wirtschaftsgüter
– sind im Verhältnis zu den Bedürfnissen reichlich vorhanden **– können ohne Einschränkungen von jedermann erlangt werden**	**– ihre Bereitstellung verursacht Kosten** **– haben einen Preis**
Beispiel: *– Meerwasser* *– Wüstensand*	***Beispiel:*** *– Mineralwasser* *– Computer*

Wirtschaftsgüter

Nur die knappen Güter sind Gegenstand des Wirtschaftslebens; man bezeichnet sie daher auch als **Wirtschaftsgüter.** Gradmesser für die Knappheit bzw. den Wert der Wirtschaftsgüter ist die Höhe des Preises, den man zahlen muss, um in ihren Besitz zu gelangen.

Nach der Beschaffenheit der Güter lassen sich materielle und immaterielle Güter unterscheiden:

- **Materielle** (stoffliche) Güter sind Sachgüter wie Brot, Zement, Auto usw.
- **Immaterielle** (stofflose) Güter sind Dienstleistungen und Rechte, z. B. Leistungen von Speditionen, Lizenzen.

Nach der wirtschaftlichen **Verwendung der Güter** unterscheidet man zwischen Konsumgütern und Produktionsgütern:

- **Konsumgüter** dienen unmittelbar der Bedürfnisbefriedigung des Menschen, z. B. Lebensmittel, Kleider.
- **Produktionsgüter** (Investitionsgüter) dienen dagegen nur mittelbar der Bedürfnisbefriedigung. Sie werden hergestellt und eingesetzt, um damit andere Güter zu produzieren, z. B. Maschinen.

Nach der **Nutzungsdauer der Güter** unterscheidet man schließlich zwischen Gebrauchs- und Verbrauchsgütern:

- **Gebrauchsgüter** können über einen längeren Zeitraum genutzt werden, z. B. Büromöbel.
- **Verbrauchsgüter** können nur einmal verwendet werden, z. B. Druckerpapier und Toner.

Die Nachfrage nach einem bestimmten Gut hängt nicht nur von seinem eigenen Preis ab, sondern auch von den Preisen anderer Güter.

Substitutionsgüter	Komplementärgüter
... sind untereinander austauschbare Güter. Sie dienen demselben Zweck. Bei steigendem Preis eines Gutes besteht die Neigung, auf ein billigeres Substitutionsgut umzusteigen. ***Beispiel:*** *– Butter – Margarine* *– Fahrrad – Auto*	... sind sich ergänzende Güter. Das eine Gut bildet gemeinsam mit dem anderen Gut eine Nutzeneinheit, d. h. es kann nur mit dem anderen Gut sinnvoll genutzt werden. ***Beispiel:*** *– Auto – Benzin* *– CD-Player – CD*

1.2.3.3 Ökonomisches Prinzip

Zwischen der Knappheit der Güter auf der einen Seite und der tendenziellen Unbegrenztheit der menschlichen Bedürfnisse auf der anderen Seite besteht ein naturgegebenes **Spannungsverhältnis,** das die Menschen zwingt mit den vorhandenen Mitteln zu wirtschaften. **Wirtschaften** ist die planvolle Beschaffung und Verwendung knapper Güter zur bestmöglichen Befriedigung menschlicher Bedürfnisse.
Das ökonomische Prinzip kann als **Maximum-** oder **Minimumprinzip** formuliert werden:

Ökonomisches Prinzip	
Maximumprinzip	gegebener Mitteleinsatz → maximaler Erfolg ***Beispiel:*** *– Ein Sparer legt sein Kapital bei einem Kreditinstitut an, das ihm den höchsten Zins gewährt.*
Minimumprinzip	minimaler Mitteleinsatz → bestimmter Erfolg ***Beispiel:*** *– Ein Akkordarbeiter ist bestrebt, in möglichst kurzer Zeit sein Arbeitsziel zu erreichen.*

Die Beachtung des ökonomischen Prinzips trägt dazu bei, das Spannungsverhältnis zwischen der Knappheit der Güter und der Unbegrenztheit der Bedürfnisse zu mildern.

1.2.3.4 Kennzahlen wirtschaftlichen Handelns

Kennzahlen (vgl. Controlling, S. 269) sollen messen, in welchem Ausmaß betriebliche Zielsetzungen erreichbar sind. Sie zeigen, wie sich bestimmte Maßnahmen im Vergleich zu anderen Betrieben oder im Zeitablauf auswirken.

Produktivität

Die Kennzahl **Produktivität** wird gebildet, indem man das mengenmäßige Produktionsergebnis (die Ausbringungsmenge) auf den mengenmäßigen insatz an Produktionsfaktoren bezieht. Als Einsatzmenge werden verwendet die *geleistete Arbeit* in Arbeitsstunden oder die *eingesetzten Betriebsmittel* in DM.

$$\text{Arbeitsproduktivität} = \frac{\text{Ausbringungsmenge}}{\text{Arbeitsstunden}}$$

$$\text{Kapitalproduktivität} = \frac{\text{Ausbringungsmenge}}{\text{Kapitaleinsatz}}$$

Beispiel:

Vor einer Rationalisierungsmaßnahme werden mit einem monatlichen Kapitaleinsatz von 187.500,00 Euro in 150 Arbeitsstunden 750 Pumpen gefertigt. Durch die Rationalisierungsmaßnahme steigt der Kapitaleinsatz auf 210.000,00 Euro; die Ausbringung steigt auf 1.050 Stück.

Arbeitsproduktivität

vor der Rationalisierung:	*nach der Rationalisierung:*
$A = \frac{750 \text{ Stück}}{150 \text{ Std.}} = 5 \text{ Stück/Std.}$	$A = \frac{1.050 \text{ Stück}}{150 \text{ Std.}} = 7 \text{ Stück/Std.}$

Pro Arbeitsstunde werden nach Durchführung der Rationalisierungsmaßnahme zwei Stück zusätzlich erstellt.

Kapitalproduktivität (K)

vor der Rationalisierung:	*nach der Rationalisierung:*
$K = \frac{750 \text{ Stück}}{187.500{,}00 \text{ Euro}} = 0{,}004 \text{ Stück/Euro}$	$K = \frac{1.050 \text{ Stück}}{210.000{,}00 \text{ Euro}} = 0{,}005 \text{ Stück/Euro}$

Wirtschaftlichkeit

Produktionskennzahlen sind erst in Verbindung mit Wirtschaftlichkeits- und Rentabilitätsuntersuchungen aussagefähig. Eine Kennzahl für die **Wirtschaftlichkeit** wird gebildet, indem man die wertmäßige Leistung auf den Wert der eingesetzten Produktionsfaktoren (Kosten) bezieht.

$$\text{Wirtschaftlichkeit} = \frac{\text{Leistungen}}{\text{Kosten}}$$

Dabei gilt:
Leistungen = Menge · Marktpreis

Beispiel:

Vor einer Rationalisierungsmaßnahme wurden pro Monat 10.000 Stück einer Ware produziert. Der Marktpreis betrug 40,00 Euro. Die monatlichen Produktionskosten beliefen sich auf 250.000,00 Euro. Nach der Rationalisierungsmaßnahme konnten monatlich 11.000 Stück mit Kosten von 220.000,00 Euro produziert werden.

Wirtschaftlichkeit (W)

vor der Rationalisierung:	*nach der Rationalisierung:*
$W = \frac{10.000 \cdot 40{,}00 \text{ Euro}}{250.000{,}00 \text{ Euro}} = 1{,}60$	$W = \frac{10.000 \cdot 40{,}00 \text{ Euro}}{220.000{,}00 \text{ Euro}} = 2{,}00$

Vor der Rationalisierung erbringt jeder als Kosten eingesetzter Euro Leistungen in Höhe von 1,60 Euro nach der Rationaliserung von 2,00 Euro. Die Maßnahme ist insofern wirtschaftlich.

■ Rentabilität

Wirtschaftlichkeit ist das Grundprinzip für betriebliches Handeln, sagt aber nichts darüber aus, ob sich der Kapitaleinsatz wirklich lohnt, ob das Kapital rentabel eingesetzt ist (vgl. S. 269). Hierüber entscheidet vielmehr die **Höhe des Gewinns.**

Die Kennzahl Rentabilität wird gebildet, indem man den Gewinn prozentual auf das eingesetzte Kapital bezieht.

$$\text{Rentabilität} = \frac{\text{Gewinn}}{\text{eingesetztes Kapital}} \cdot 100$$

Beispiel: *Die vor der Rationalisierungsmaßnahme eingesetzte Maschine wurde für 600.000,00 Euro gekauft. Die Rationalisierungsmaßnahme bewirkte weitere Ausgaben von 150.000,00 Euro. Alle erstellten Produkte konnten wegen des höheren Angebotes nur noch zu einem Preis von 38,00 Euro pro Stück abgesetzt werden.*

Der Gewinn entwickelte sich wie folgt:

	Menge	*Preis Euro*	*Erlöse Euro*	*Kosten Euro*	*Gewinn Euro*
vor der Rationalisierung:	*10.000*	*40,00*	*400.000,00*	*250.000,00*	*150.000,00*
nach der Rationalisierung:	*11.000*	*38,00*	*418.000,00*	*220.000,00*	*198.000,00*

Rentabilität (R)

vor der Rationalisierung:	*nach der Rationalisierung:*
$W = \frac{150.000{,}00 \text{ Euro}}{600.000{,}00 \text{ Euro}} \cdot 100 = 25\%$	$W = \frac{198.000{,}00 \text{ Euro}}{750.000{,}00 \text{ Euro}} \cdot 100 = 26{,}4\%$

Trotz der schlechteren Preissituation wurde die Rentabilität um 1,4% verbessert. Auf je 100,00 Euro eingesetztes Kapital entfallen 1,40 Euro mehr Gewinn.

1.2.4 Rechtliche Rahmenbedingungen wirtschaftlichen Handelns

- Rechtssubjekte, Rechtsobjekte
- Rechtsfähigkeit, Geschäftsfähigkeit
- Eigentum – Besitz
- Rechtsgeschäfte: Arten, Zustandekommen, Form, Nichtigkeit, Anfechtbarkeit
- Verträge
- Handelsrecht: Kaufmann, Handelsregister
- Unternehmungsformen

1.2.4.1 Grundbegriffe

Rechtssubjekte, Rechtsfähigkeit

Rechtssubjekte sind die natürlichen und juristischen Personen. Rechtsfähigkeit ist die Fähigkeit der Rechtssubjekte, Träger von Rechten und Pflichten zu sein.

Natürliche Personen sind die Menschen. Die Rechtsfähigkeit natürlicher Personen beginnt mit Vollendung der Geburt und endet mit Eintritt des Todes *(§ 1 BGB, Bürgerliches Gesetzbuch).* **Juristische Personen** sind Personenvereinigungen oder Vermögensmassen mit eigener Rechtspersönlichkeit. Man unterscheidet zwischen juristischen Personen des privaten Rechts und juristischen Personen öffentlichen Rechts. Die Rechtsfähigkeit juristischer Personen beginnt und endet mit einem Rechtsakt, z. B. Eintragung einer GmbH ins Handelsregister.

Geschäftsfähigkeit

Geschäftsfähigkeit ist die Fähigkeit, durch eigenes Handeln wirksam Rechtsgeschäfte abzuschließen.

– Geschäftsfähigkeit natürlicher Personen

Bei natürlichen Personen richtet sich die Geschäftsfähigkeit nach dem Lebensalter:

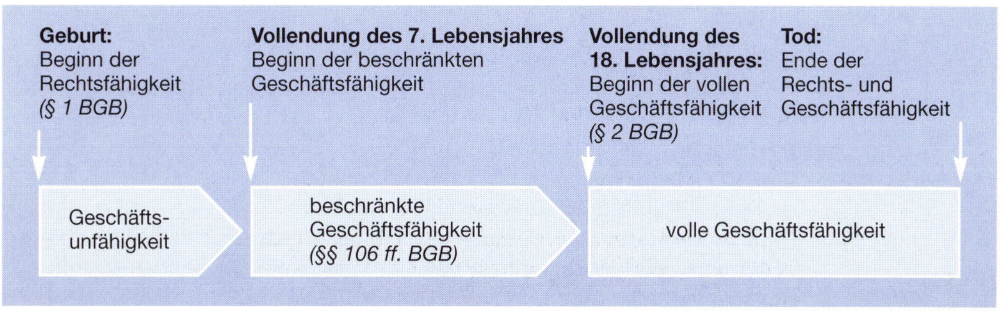

Willenserklärungen von Geschäftsunfähigen sind **nichtig** *(§ 105 BGB).* Willenserklärungen, die eine geschäftsunfähige Person binden, können nur durch den gesetzlichen Vertreter, z. B. Eltern, erfolgen.

- **Beschränkte Geschäftsfähigkeit**

Willenserklärung

Willenserklärungen beschränkt geschäftsfähiger Personen sind schwebend unwirksam. Sie sind wirksam, wenn der gesetzliche Vertreter seine Zustimmung (vorherige Einwilligung oder nachträgliche Genehmigung) erteilt (§§ 107, 108 BGB).

Wird die Zustimmung erteilt, ist die Willenserklärung von Anfang an wirksam, wird sie nicht erteilt, ist die Willenserklärung von Anfang an unwirksam.

In vier Ausnahmefällen können beschränkt geschäftsfähige Personen auch ohne Zustimmung ihres gesetzlichen Vertreters wirksam Rechtsgeschäfte abschließen:

1. Ausnahme: **Rechtliche Vorteilsgeschäfte**
Rechtsgeschäfte, die dem beschränkt Geschäftsfähigen lediglich einen rechtlichen Vorteil bringen *(§ 107 BGB).*

Beispiel: *Die 11-jährige Susanne bekommt von ihrer Tante ein Armband geschenkt. Die Schenkung ist wirksam, wenn Susanne das Armband annimmt, trotz evtl. Einwände der Eltern.*

2. Ausnahme: **Taschengeldgeschäfte**
Rechtsgeschäfte, die der beschränkt Geschäftsfähige mit Mitteln bewirkt, die ihm von seinem gesetzlichen Vertreter oder mit dessen Zustimmung von einem Dritten zur freien Verfügung überlassen worden sind (Taschengeldparagraph, *§ 110 BGB).*

3. Ausnahme: **Selbstständiger Geschäftsbetrieb**
Rechtsgeschäfte, die der beschränkt Geschäftsfähige im Rahmen eines Geschäftsbetriebes abschließt, zu dessen selbstständiger Leistung er von seinem gesetzlichen Vertreter mit Genehmigung des Vormundschaftsgerichts ermächtigt worden ist *(§ 112 BGB).*

Beispiel: *Der 17-jährige Robert soll die Leitung des elterlichen Betriebes übernehmen, da sein Vater krank geworden ist. Nachdem die Genehmigung des Vormundschaftsgerichts vorliegt, kann er alle Rechtsgeschäfte selbstständig abschließen, die den Betrieb betreffen.*

4. Ausnahme: **Dienst-/Arbeitsverhältnis**
Rechtsgeschäfte im Rahmen eines Dienst- oder Arbeitsverhältnisses, das der beschränkt Geschäftsfähige mit Einwilligung seines gesetzlichen Vertreters eingegangen ist *(§ 113 BGB).*

- **Geschäftsfähigkeit juristischer Personen**

Juristische Personen erlangen mit dem Erwerb der Rechtsfähigkeit gleichzeitig auch die unbeschränkte Geschäftsfähigkeit. Sie werden Dritten gegenüber vertreten durch

- das **kraft Gesetz** hierzu bestimmte Organ (= gesetzlicher Vertreter), z. B. Geschäftsführer einer GmbH (vgl. S. 47) oder
- **kraft Vollmacht** hierzu bestimmte Personen, z. B. Handlungsbevollmächtigte, Prokuristen.

Rechtsobjekte

Rechtsobjekte sind Gegenstände, die der Rechtsmacht der Rechtssubjekte unterliegen.

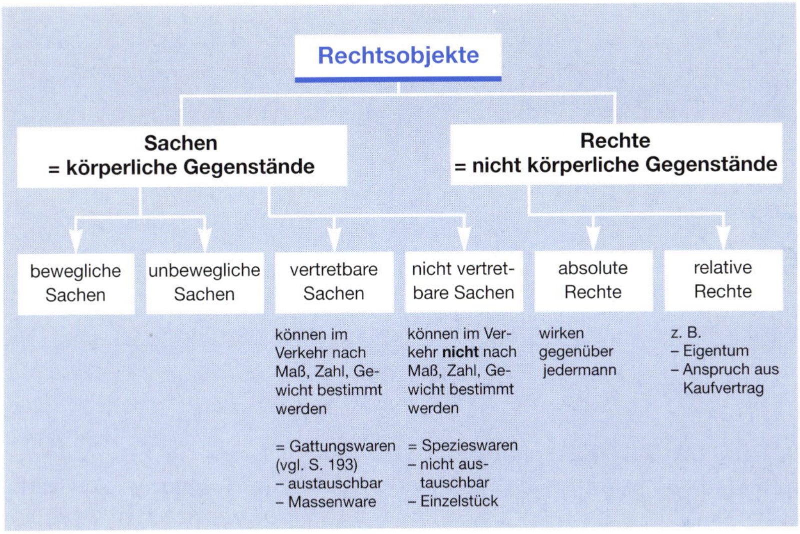

Eigentum und Besitz

– Eigentum

Eigentum ist die rechtliche Herrschaft über eine Sache. Der Eigentümer kann, soweit nicht das Gesetz oder Rechte Dritter entgegenstehen, mit der Sache nach Belieben verfahren *(§ 903 BGB).*

– Besitz

Besitz ist die tatsächliche Herrschaft über eine Sache *(§ 854 BGB).* Eigentümer und Besitzer können identische oder verschiedene Personen sein. Der Besitz wird durch Erlangung der tatsächlichen Gewalt über eine Sache erworben, einerlei, ob dies auf rechtmäßige Weise *(z. B. durch Leihe)* oder unrechtmäßige Weise *(z. B. durch Diebstahl)* geschieht.

Rechtsgeschäfte

– Arten und Zustandekommen von Rechtsgeschäften

Rechtsgeschäfte entstehen aufgrund von Willenserklärungen, die in der Absicht abgegeben werden, eine bestimmte Rechtswirkung herbeizuführen.

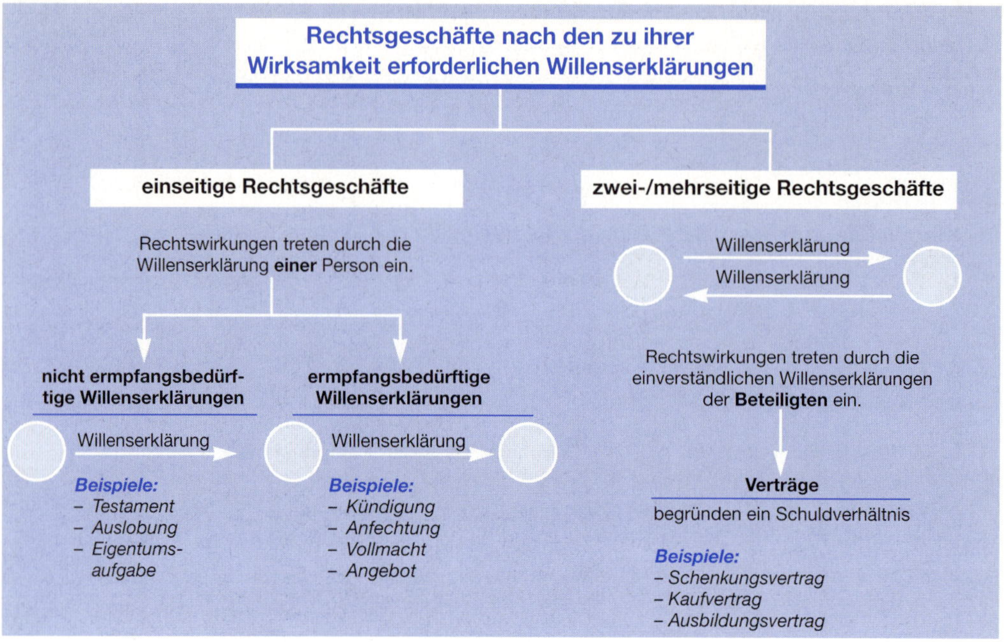

- **Form der Rechtsgeschäfte**

Die Abgabe einer Willenserklärung kann **grundsätzlich formlos** erfolgen. Entscheidend ist nur, dass der Erklärende seinen Willen deutlich zum Ausdruck bringt. Die Abgabe einer Willenserklärung kann erfolgen:

- **mündlich** (unter Anwesenden)
- **schriftlich**
- durch **konkludentes** (schlüssiges) Verhalten, z. B. Automatenverkauf

Formvorschriften

In einigen Fällen schreibt der Gesetzgeber die Einhaltung einer bestimmten äußeren Form vor. Er will damit erreichen, dass sich die Erklärenden über die Tragweite ihrer Willenserklärungen bewusst werden. Die Nichtbeachtung einer Formvorschrift hat grundsätzlich die Nichtigkeit des Rechtsgeschäfts zur Folge *(§ 125 BGB)*.

Schriftform *(§ 126 BGB)*	**Öffentliche Beglaubigung** *(§ 129 BGB)*	**Notarielle Beurkundung** *(§ 128 BGB)*
Urkunde + eigenhändige Unterschrift des Erklärenden oder seines Vertreters	Urkunde + Beglaubigung der Echtheit der Unterschrift durch einen Notar	Urkunde + Beurkundung der gesamten Urkunde durch einen Notar
Beispiele: *– Kündigung eines Mietverhältnisses über Wohnraum (§ 564 a BGB)* *– Testament (die **gesamte** Urkunde muss eigenhändig abgefasst und unterschrieben sein) (§§ 2231, 2247 BGB)*	*Beispiele:* *– Anmeldung zur Eintragung ins Handels-, Vereinsregister (§ 12 HGB)* *– Ausschlagung einer Erbschaft (§ 1945 BGB)*	*Beispiele:* *– Ehevertrag (§ 1410 BGB)* *– Schenkungsversprechen (§ 518 BGB)* *– Grundstückskaufvertrag und -belastung (§§ 873, 925 BGB)*

– Nichtigkeit und Anfechtbarkeit von Rechtsgeschäften

Nichtigkeit von Rechtsgeschäften	
Ein Rechtsgeschäft ist **nichtig,** wenn es so schwere Mängel aufweist, dass das Gesetz ihm von Anfang an keinerlei Rechtskraft zubilligt.	
Geschäftsunfähigkeit *(§ 105 BGB)*	Die Willenserklärung eines Geschäftsunfähigen ist nichtig. Nichtig ist auch eine Willenserklärung, die im Zustand der Bewusstlosigkeit oder der vorübergehenden Störung der Geistestätigkeit abgegeben wird.
Scherzgeschäft *(§ 118 BGB)*	Das Rechtsgeschäft wurde nur zum Scherz abgeschlossen. ***Beispiel:*** *Nach glücklich bestandener Abschlussprüfung ruft Thomas in einer Gastwirtschaft dem Kellner zu: „Ein Schappi, ein Bier". Wenn der Kellner nicht erkennt, dass Thomas nur scherzen wollte, und eine geöffnete Dose Hundefutter bringt, muss Thomas für den Schaden einstehen.*
Scheingeschäft *(§ 117 BGB)*	Das Rechtsgeschäft wurde nur zum Schein abgeschlossen. ***Beispiel:*** *Um gegenüber dem Finanzamt höhere Werbungskosten nachzuweisen, schließt ein vermögender Kapitalanleger „nur auf dem Papier" mit seinem Freund einen kostspieligen Beratervertrag ab.*
Formmangel *(§ 125 BGB)*	Die für das Rechtsgeschäft gesetzlich vorgeschriebene oder vertraglich vereinbarte Form wurde nicht beachtet.
Gesetzliches Verbot *(§ 138 BGB)*	Das Rechtsgeschäft verstößt gegen ein gesetzliches Verbot. ***Beispiel:*** *Mehrere Unternehmen derselben Branche treffen eine Absprache über die Höhe ihrer Verkaufspreise. Es liegt in diesem Fall ein verbotenes Preiskartell vor (§ 1 GWB, vgl. S. 69).*
Sittenwidrigkeit *(§ 138 BGB)*	Ein Rechtsgeschäft, das gegen die guten Sitten verstößt, ist nichtig. Nichtig ist insbesondere ein Rechtsgeschäft, das jemand unter Ausnutzung der Zwangslage, der Unerfahrenheit, des Mangels an Urteilsvermögen oder der erheblichen Willensschwäche eines anderen sich Vermögensvorteile versprechen lässt, die in einem auffälligen Missverhältnis zu der Leistung stehen. ***Beispiel:*** *Ein privater Kreditvermittler vereinbart mit seinem Kunden für die Gewährung eines Ratenkredits 25% Zinsen pro Jahr.*

Die abgegebene Willenserklärung ist bis zur Anfechtung gültig und wird durch die Anfechtung von Anfang an ungültig.

Anfechtbarkeit von Rechtsgeschäften	
Eine Willenserklärung ist **anfechtbar,** wenn der Erklärende eine Erklärung dieses Inhalts nicht abgeben wollte, d. h. sein *wirklicher* Wille ein anderer war.	
Inhalts-, Erklärungs-, Eigenschafts-, Übermittlungsirrtum *(§§ 119, 120 BGB)*	Wer bei der Abgabe einer Willenserklärung über deren Inhalt im Irrtum war oder eine Erklärung dieses Inhalts überhaupt nicht abgeben wollte, kann die Erklärung anfechten, wenn anzunehmen ist, dass er sie bei Kenntnis der Sachlage nicht abgegeben haben würde. Die Anfechtung muss unverzüglich nach Erkennen des Irrtums erfolgen. Der Anfechtungsberechtigte ist schadenersatzpflichtig zugunsten desjenigen, der auf die Gültigkeit der Willenserklärung vertraut hat. ***Beispiel:*** *Die Sekretärin schreibt 1.000 statt 100 Druckerpatronen in eine Bestellung.*
Arglistige Täuschung, widerrechtliche Drohung *(§§ 123, 124 BGB)*	Wer durch arglistige Täuschung oder widerrechtliche Drohung zur Abgabe einer Willenserklärung gebracht worden ist, kann die Willenserklärung anfechten. Die Anfechtung muss binnen Jahresfrist nach Erkennen der Täuschung bzw. Wegfall der Drohung erfolgen. ***Beispiel:*** *Julius kauft einen Gebrauchtwagen, der laut Aussage des Verkäufers unfallfrei sein soll. Später stellt sich heraus, dass der Wagen einen Totalschaden hatte und der Käufer vom Verkäufer belogen worden war.*

Zustandekommen eines Vertrages

Ein Vertrag kommt zustande durch **zwei übereinstimmende Willenserklärungen** (= Einigung), die in der Absicht abgegeben werden, einen bestimmten rechtlichen Erfolg zu erzielen (Vgl. S. 192).

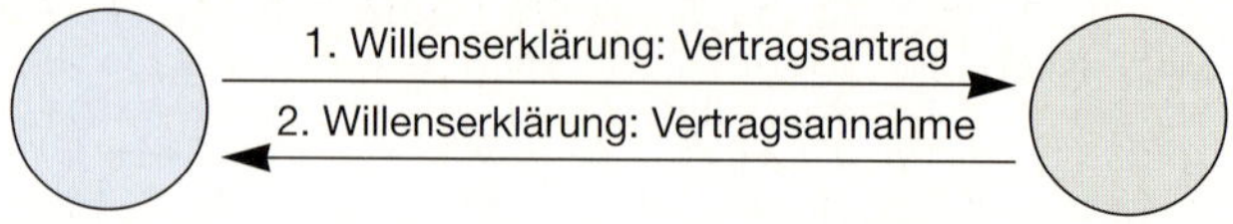

Antrag und Annahme

- Der **Antrag** muss an eine bestimmte Person gerichtet sein.
- Der Antrag muss so formuliert sein, dass die Annahme durch ein bloßes „JA“ zustande kommen kann.
- Ein rechtlicher Bindungswille des Antragstellers muss gegeben sein *(§§ 145 ff. BGB)*

- Die **Annahme** muss sofort bzw. in angemessener Zeit erfolgen.
  Bei einem Kaufmann, dessen Gewerbebetrieb die Besorgung von Geschäften für andere mit sich bringt, gilt das Schweigen auf einen solchen Antrag als Annahme *(§ 362 HGB).*
- Eine abgeänderte oder verspätete Annahme gilt als neuer Antrag *(§§ 130, 145 ff. BGB).*

Vertrag

- Der **Vertrag** begründet ein Schuldverhältnis. Die Vertragspartner werden hierdurch zur Erfüllung der versprochenen Leistung verpflichtet (Verpflichtungsgeschäft).
- Das Schuldverhältnis erlischt, indem die Vertragspartner die jeweils geschuldete Leistung erbringen (Erfüllungsgeschäft).

Vertragstypen des Wirtschaftslebens nach dem Bürgerlichen Gesetzbuch (BGB)

Vertragstyp	Vertrags-partner	Vertragsinhalt	Rechts-grundlage	Beispiele
		Veräußerungsverträge		
Kaufvertrag (Vgl. S. 175)	Käufer – Verkäufer	*Entgeltliche* Veräußerung von Sachen oder Rechten	*§§ 433 – 514 BGB*	*Verkauf von Maschinen*
Schenkungs-vertrag	Schenker – Beschenkter	*Unentgeltliche* Veräußerung von Sachen oder Rechten	*§§ 516 – 435 BGB*	*Schenkung einer Armbanduhr*
		Überlassungsverträge		
Mietvertrag (Vgl. S. 179)	Mieter – Vermieter	*Entgeltliche* Überlassung von Sachen zum Gebrauch	*§§ 535 – 580 BGB*	*Vermietung eines Lieferwagens*
Pachtvertrag	Pächter – Verpächter	*Entgeltliche* Überlassung von Sachen zum Gebrauch und Überlassung der bei ordnungsgemäßer Bewirtschaftung anfallenden Erträge	*§§ 581 – 597 BGB*	*Verpachtung eines Betriebes*
Leihvertrag	Entleiher – Verleiher	*Unentgeltliche* Überlassung von Sachen zum Gebrauch	*§§ 598 – 606*	*Entleihung von Büchern aus einer Bücherei*
Darlehens-vertrag (Vgl. S. 173)	Darlehnsgeber – Darlehns-nehmer	*Entgeltliche* oder *unentgeltliche* Überlassung von Geld oder anderen vertretbaren Sachen gegen die Verpflichtung der späteren Rückgabe von Sachen gleicher Art, Güte und Menge	*BGB* *§§ 607 – 610 BGB*	*Gewährung eines Kredites* *Leistung einer Festgeldeinlage*

Betätigungsverträge (Auswahl)				
Dienstvertrag	Dienstverpflichteter – Dienstberechtigter	Entgeltliche Leistung von Diensten (*ohne* Erfolgsgarantie); verspricht jemand, unentgeltliche Dienste zu leisten, so liegt ein Auftragsverhältnis vor	*§§ 611 – 630* *§§ 662 – 674 BGB*	*Architekt plant ein Einfamlienhaus; Anstellung eines Mitarbeiters (= Arbeitsvertrag als Spezialfall des Dienstvertrages)*
Werkvertrag	Unternehmer – Besteller	Entgeltliche Leistung von Diensten *(mit Erfolgsgarantie)*	*§§ 631 – 650 BGB*	*Anfertigung einer Trennwand, zu dem der Besteller das Holz liefert*
Werklieferungsvertrag	Unternehmer – Besteller	Entgeltliche Herstellung eines Werkes unter Mitlieferung aller Werkstoffe	*§ 651 BGB*	*Erstellung eines Fertighauses ohne Materialbeistellung durch den Besteller*
Gesellschaftsvertrag	Gesellschafter	Gegenseitige Verpflichtung der Gesellschafter, die Erreichung eines gemeinsamen Zwecks in der durch den Vertrag bestimmten Weise zu fördern	*§§ 705 – 740 BGB*	*Gründung einer Arbeitsgemeinschaft zur Errichtung eines Ferienparks*

1.2.4.2 Handelsrecht

■ Überblick über das Handelsrecht

Für Unternehmen hat der Gesetzgeber ein spezielles Wirtschaftsrecht geschaffen. Es baut auf den allgemeinen Rechtsnormen des Bürgerlichen Gesetzbuches *(BGB)* auf und dient der **Sicherheit, Vereinfachung und Beschleunigung** des Geschäftsverkehrs innerhalb der Wirtschaft.
Wichtigste Gesetzesgrundlage ist das **Handelsgesetzbuch** *(HGB).*
Statt von der Unternehmung wird im HGB vom Kaufmann gesprochen.
Handelsrecht ist nur anzuwenden, wenn die Kaufmannseigenschaft gegeben ist.

Handelsgesetzbuch

Kaufleute können sein

- natürliche Personen
- juristische Personen
- Personenhandelsgesellschaften

■ Gründung und Anmeldung der Unternehmung

In einer Marktwirtschaft kann grundsätzlich jeder im Rahmen der Gesetze eine Unternehmung gründen. Die **Gewerbefreiheit** ist Voraussetzung für den Wettbewerb innerhalb der Wirtschaft. Die Unternehmungen müssen bei ihrer Geschäftstätigkeit jedoch die gesetzlichen Rahmenbedingungen beachten, die der Gesetzgeber im Interesse der Allgemeinheit festgelegt hat.

Gewerbefreiheit

■ Kaufmannseigenschaft

Kaufmann ist, **wer**

- ein **Handelsgewerbe** betreibt *(§ 1 HGB)* und/oder
- im **Handelsregister** eingetragen oder einzutragen ist.

Typische Merkmale eines Handelsgewerbes sind

- eine selbstständige ausgeübte,
- auf Dauer angelegte,
- planmäßig betriebene,
- nach außen (= auf dem Markt) in Erscheinung tretende,
- legale (d. h. nicht gesetzwidrige und nicht sittenwidrige) Tätigkeit,
- in der Absicht, Gewinn zu erzielen.

Gelegentliche Erwerbsgeschäfte oder Veräußerungen begründen handelsrechtlich kein Handelsgewerbe.

Nicht als Gewerbe gilt die Tätigkeit

- **der Land- und Forstwirte,** die aber den Kaufmannstatus wählen können *(§ 3 HGB),*
- **der freien Berufe** wie *z. B. Steuerberater, Wirtschaftsprüfer, vereidigte Buchprüfer, Rechtsanwälte, Notare, Ärzte.*

Kaufmannsarten

Kaufmann kraft Gewerbebetrieb
(Istkaufmann § 1 HGB)

Die Kaufmannseigenschaft entsteht bereits mit Aufnahme des Geschäftsbetriebs. Die notwendige Eintragung ins Handelsregister hat daher lediglich **deklaratorische Wirkung.**

Kaufmann kraft freiwilliger Eintragung ins Handelsregister
(Kannkaufmann, §§ 2, 3, 105 HGB)

- Kleingewerbetreibende (§ 2 HGB)
- Land- und forstwirtschaftliche Betriebe (§ 3 HGB)

Kaufmann kraft Rechtsform
(Formkaufmann § 6 HGB)

Die Kaufmannseigenschaft wird erst mit der Eintragung ins Handelsregister erworben.
Die Eintragung hat daher **konstitutive Wirkung.**

Diese Personen sind keine Kaufleute, Obwohl sie am Wirtschaftsleben in der Regel wie Kaufleute teilnehmen.
Anders verhält es sich jedoch, wenn Land- und Forstwirte oder Angehörige eines freien Berufes ihre Tätigkeit in der Rechtsform der GmbH oder AG ausüben.

■ Handelsregister

Das Handelsregister (HR) ist das beim Amtsgericht geführte amtliche Verzeichnis der Kaufleute eines Amtsgerichtsbezirk (§§ 8 ff. HGB).

■ Firma

Die Firma ist der **Handelsname eines Kaufmanns,** unter dem der

- seine Geschäfte betreibt,
- unterschreibt,
- klagen und
- verklagt werden kann *(§ 17 HGB).*

Firmenarten

Personenfirma	Sachfirma	Fantasiefirma	gemischte Firma
Die Firma besteht aus einem oder mehreren bürgerlichen Namen + **Rechtsformbezeichnung**	Die Firma ist dem Gegenstand der Unternehmung entlehnt + **Rechtsformbezeichnung**	Die Firma besteht aus einer Fantasiebezeichnung + **Rechtsformbezeichnung**	Die Firma kann beinhalten Personennamen, Sach- und/oder Fantasiebezeichnungen + **Rechtsformbezeichnung**
Beispiele: – *Ilona immer e.Kfr.* – *Kirchner und Quack KG* – *Rheindorf & Co GmbH*	***Beispiele:*** – *Transportbeton GmbH* – *Fashion Textil e. Kfr.* – *EXACTA Präzisionswerkzeuge AG*	***Beispiele:*** – *Luftschlangen GmbH* – *Leckerli KG* – *Bücherwurm e.Kfr.* – *Gänseblümchen OHG*	***Beispiele:*** – *Eber & Partner OHG* – *Maschinenbau Walter Müller e.Kfm.* – *Bankhaus Delbrück GmbH*

Die Firma muss folgende Anforderungen erfüllen *(§ 17 ff HGB)*:

- die Unterscheidungskraft und die Kennzeichnungswirkung der Firma,
- die Ersichtlichkeit des Gesellschaftsverhältnisses aus der Firma,
- Offenlegung der Haftungsverhältnisse durch die Firma.

1.2.4.3 Unternehmungsformen

Unternehmungsformen nach Privatrecht

- Einzelunternehmungen
- Gesellschaften (nicht rechtsfähig)
  - nach bürgerlichem Recht
    - BGB Gesellschaft (GbR)
  - nach Handelsrecht
    - Personengesellschaften
      - Sonstige Personengesellschaften
        - z. B.
          - Stille Gesellschaft
      - Handelsgesellschaften
        - z. B.
          - Offene Handelsgesellschaft (OHG)
          - Kommanditgesellschaft (KG)
    - Kapitalgesellschaften
      - Handelsgesellschaften
        - z. B.
          - Gesellschaft mit beschränkter Haftung (GmbH)
          - Aktiengesellschaft (AG)
          - Kleine Aktiengesellschaft (Kleine AG)
      - Sonstige Kapitalgesellschaften
        - z. B.
          - Reederei
    - Genossenschaften
      - z. B.
        - eingetragene Genossenschaft eG
    - Versicherungen
      - z. B.
        - Versicherungsverein auf Gegenseitigkeit (VVaG)
- Vereine (rechtsfähig)
  - nach bürgerlichem Recht
    - z. B.
      - eingetragener Verein (e.V.)

Übersicht

	Einzelunternehmung	Offene Handelsgesellschaft (OHG)	Kommanditgesellschaft (KG)	Gesellschaft mit beschränkter Haftung (GmbH)	Aktiengesellschaft (AG)
Rechtsgrundlagen	Allgemeine Vorschriften im BGB, §§ 1 ff. HGB	§§ 105–160 HGB	§§ 161–177 HGB	GmbH-Gesetz (GmbHG)	Aktiengesetz (AktG)
Allgemeine Merkmale	• Kaufmann	• Personenhandelsgesellschaft • Betrieb eines Handelsgewerbes	• Personenhandelsgesellschaft • Betrieb eines Handelsgewerbes	• Kapitalgesellschaft • zu jedem beliebigen Zweck errichtbar	• Kapitalgesellschaft • zu jedem beliebigen Zweck errichtbar
	unbeschränkte Haftung	unbeschränkte Haftung aller Gesellschafter	• unbeschränkte Haftung bei mindestens einem Gesellschafter (= Komplementär) • beschränkte Haftung bei mindestens einem Gesellschafter (= Kommanditist	GmbH-Gesellschafter sind entsprechend ihren Geschäftsanteilen (= Stammeinlagen) an der GmbH beteiligt; ihre Haftung ist auf die Höhe ihrer Stammeinlagen beschränkt.	Aktionäre sind entsprechend ihren Aktienanteilen an der AG beteiligt; ihre Haftung ist auf die Höhe ihrer Aktieneinlagen beschränkt.
	natürliche Personen	quasi juristische Person	quasi juristische Person	juristische Person	juristische Person
Gründung	formfrei	formfreier Gesellschaftsvertrag	formfreier Gesellschaftsvertrag	notarielle Beurkundung des Gesellschaftsvertrages	notarielle Beurkundung der Satzung
	1 Person	2 und mehr Personen	2 und mehr Personen	1 und mehr Personen	1 und mehr Personen
	Entstehung mit der Aufnahme der werbenden Tätigkeit nach außen	Entstehung nach außen mit dem Zeitpunkt der Geschäftsaufnahme, spätes- tens mit der Eintragung ins Handelsregister	wie bei OHG	Entstehung mit der Eintragung ins Handelsregister	Entstehung mit der Eintragung ins Handelsregister
Mindestkapital	keine Vorschriften	keine Vorschriften	keine Vorschriften	Stammkapital (Gezeichnetes Kapital) mind. 25.000,00 EUR	Grundkapital (Gezeichnetes Kapital mind. 50.000,00 EUR
Firma	eingetragene(r) Kauffrau/-mann	OHG	KG	GmbH	AG
Gesetzliche Regelung der Geschäftsführerbefugnis (Innenverhältnis)	Inhaber zur Geschäftsführung berechtigt und verpflichtet	• jeder Geschäftsführer alleine (Einzelgeschäftsführerbefugnis) • Widerspruchsrecht des einzelnen Gesellschafters • bei außergewöhnlichen Geschäften: Zustimmung aller Gesellschafter	• jeder Komplementär alleine (Einzelgeschäftsführungsbefugnis) • Kontrollrecht des Kommanditisten • Widerspruchsrecht des einzelnen Komplementärs • bei außergewöhnlichen Geschäften: Zustimmung aller Komplementäre, Widerspruchsrecht der Kommanditisten	der Geschäftsführer bzw. die Geschäftsführer gemeinsam (Gesamtgeschäftsführungsbefugnis)	alle Vorstandsmitglieder gemeinsam (Gesamtgeschäftsführungsbefugnis)

Übersicht

	Einzelunternehmung	Offene Handelsgesellschaft (OHG)	Kommanditgesellschaft (KG)	Gesellschaft mit beschränkter Haftung (GmbH)	Aktiengesellschaft (AG)
Gesetzliche Regelung der Vertretungsbefugnis (Außenverhältnis)	Inhaber zur Vertretung berechtigt und verpflichtet	jeder Gesellschafter alleine (Einzelvertretungsbefugnis)	• jeder Komplementär alleine (Einzelvertretungsbefugnis) • Prokuraerteilung an Kommanditisten möglich	der Geschäftsführer bzw. die Geschäftsführer gemeinsam (Gesamtvertretungsbefugnis)	alle Vorstandsmitglieder gemeinsam (Gesamtvertretungsbefugnis)
Haftung	• Betriebs- und Privatvermögen • unbeschränkt	• Gesellschaftsvermögen und Privatvermögen der Gesellschafter • Gesellschafter haften unbeschränkt, unmittelbar und solidarisch	• Gesellschaftsvermögen und Privatvermögen der Komplementäre • Komplementäre haften wie OHG-Gesellschafter (Kommanditisten haften in Höhe ihrer Kommanditeinlage)	Gesellschaftsvermögen haften in Höhe ihrer Stammeinlage)	Gesellschaftsvermögen (Aktionäre haften in Höhe ihrer Aktieneinlage)
Gesetzliche Regelung der Gewinnverteilung (vertraglich änderbar)	insgesamt	• 4% auf die Kapitaleinlage • Rest nach Köpfen • Verlust nach Köpfen	• 4% auf die Kapitaleinlage • Rest in angemessenem Verhältnis • Verlust in angemessenem Verhältnis	im Verhältnis der Geschäftsanteile	im Verhältnis der Aktiennennbeträge
Auflösungsgründe	• Entscheidung des Inhabers • Konkurseröffnung	• Gesellschafterbeschluss • Vertragsablauf • Konkurseröffnung	wie bei OHG	• Gesellschafterbeschluss • Vertragsablauf • Konkurseröffnung	• Hauptversammlungsbeschluss • Vertragsablauf • Konkurseröffnung
Organe				• Geschäftsführer, Bestellung durch die Gesellschafter	• Vorstand, Bestellung durch den Aufsichtsrat
				• Aufsichtsrat (ab 500 Arbeinehmer zwingend) als überwachendes Organ	• Aufsichtsrat als überwachendes Organ
				• Gesellschafterversammlung als beschlussfassendes Organ (Interessenvertretung der Gesellschafter)	• Hauptversammlung als beschlussfassendes Organ (Interessenvertretung der Aktionäre)

1.2.5 Arbeits- und Tarifrecht

- Individual- und Kollektivarbeitsrecht
- Arbeitsvertrag, Tarifvertrag, Betriebsvereinbarung
- Kündigung, Kündigungsschutz

Das **Arbeitsrecht** gewährt dem Arbeinehmer Schutz und sichert ihm die Wahrnehmung seiner Interessen gegenüber dem Arbeitgeber. Es ist in keinem umfassenden Arbeitsgesetzbuch kodifiziert, sondern ergibt sich aus einer **Vielzahl von Einzelgesetzen.**

1.2.5.1 Individualarbeitsrecht

Arbeitsvertragsrecht

Arbeitsvertrag, Dienstvertrag

Der **Arbeitsvertrag ist ein Dienstvertrag** im Sinne des *§ 611 BGB.* Das Arbeitsverhältnis selbst stellt rechtlich gesehen ein auf Austausch von Arbeitsleistung und Vergütung gerichtetes Dauerschuldverhältnis zwischen Arbeitnehmer und Arbeitgeber dar.

Pflichten des Arbeitgebers	Pflichten des Arbeitnehmers
Vergütungspflicht *(§§ 611, 314, 616 BGB, § 64 HGB)* – Pünktliche Zahlung des Lohnes bzw. Gehaltes unter der Voraussetzung, dass die Arbeitsleistung tatsächlich erbracht wurde. – Unverschuldete Verhinderung berechtigt nicht zur Kürzung der Entgeltzahlung *(z. B. Lohnfortzahlung im Krankheitsfall bis 6 Wochen, Ladung als Zeuge vor Gericht).* **Fürsorgepflicht** *(§§ 618 BGB, 62 HGB)* – Anmeldung des Arbeitnehmers bei der Krankenkasse und Abführung der Sozialversicherungsbeiträge. – Schutz der Gesundheit des Arbeitnehmers sowie Beachtung der Unfallverhütungsvorschriften und der Arbeitsgesetze. – Gleichbehandlungspflicht von Frauen und Männern, Teilzeit- und Vollzeitbeschäftigten. **Urlaub** Gewährung bezahlten Urlaubs unter Beachtung der Mindestbestimmungen des JArbSchG und des Bundesurlaubsgesetzes, soweit der Arbeitnehmer dem Betrieb mindestens 6 Monate angehört.	**Pflichten zur Arbeitsleistung** *(§ 611 (BGB)* Verrichtung der nach dem Arbeitsvertrag vereinbarten Arbeiten. Die Arbeit ist nach bestem Wissen und Gewissen zu erbringen (bei Schlechterfüllung ist der Arbeitnehmer schadenersatzpflichtig). **Gehorsamspflicht** Der Arbeitnehmer hat die Weisungen des Arbeitgebers zu befolgen. Dem Arbeitgeber steht ein Weisungsrecht/Direktionsrecht zu. Der Arbeitnehmer hat den Betriebsfrieden zu wahren. **Treue- und Verschwiegenheitspflicht** – Wahrnehmung und Vertretung der Interessen des Arbeitgebers. – Verbot der Weitergabe von Geschäfts- und Firmengeheimnissen. – Verbot der Annahme von Zahlungen zum eigenen Vorteil (Schmiergeldzahlungen). – Schadenersatzpflicht bei Pflichtverletzung, Möglichkeit der fristlosen Kündigung oder ggf. strafrechtliche Verfolgung.

Pflichten des Arbeitgebers	Pflichten des Arbeitnehmers
Informations- und Anhörungspflicht *(§§ 81–85 BetrVG)* (vgl. S. 56). - Unterrichtung über Aufgaben und Gestaltung des Arbeitsplatzes. - Unterrichtung über Gesundheits- und Unfallgefahren am Arbeitsplatz. - Erörterung der Leistungsbeurteilung und Einsicht in die Personalakte. - Beschwerderecht bei ungerechter Behandlung oder Benachteiligung. **Zeugnispflicht** *(§§ 630 BGB, 73 HGB)* Ausstellung eines Zeugnisses über Art und Dauer der Beschäftigung; auf Wunsch des Arbeitnehmers sind Angaben über Führung und Leistung aufzunehmen. Inhaltlich muss das Zeugnis wahrheitsgemäß, aber wohlwollend sein; gute Leistungen sind zu erwähnen, schlechte nur, wenn sie schwerwiegend und wesentlich für die Tätigkeit sind.	**Pflicht zur Beachtung des Wettbewerbsverbots** *(§ 60, 61 HGB, 133 f. Gewerbeordnung)* - Verbot der Geschäfte auf eigene oder fremde Rechnung im gleichen Geschäftszweig des Arbeitgebers - Verbot eigener Geschäfte durch kaufmännische Angestellte in einem beliebigen Geschäftszweig. Die „Konkurrenzklausel“ im Arbeitsvertrag erlaubt für eine gewisse Zeit nach dem Ausscheiden aus dem Arbeitsverhältnis ein Wettbewerbsverbot (bei kaufmännischen Angestellten maximal 2 Jahre). Pflichtverletzungen können Schadenersatzforderungen nach sich ziehen.

Beendigung des Arbeitsverhältnisses

– Befristetes Arbeitsverhältnis

Befristete Arbeitsverhältnisse dürfen nur abgeschlossen werden, wenn Dauer und Umfang der Befristung sachlich gerechtfertigt sind, z. B. ausdrücklicher Wunsch des Arbeitnehmers, Ausbildungsbeschäftigung, Saisonarbeiter. Das befristete Arbeitsverhältnis endet mit Ablauf der vereinbarten Frist.

– Aufhebungsvertrag

Durch übereinstimmende Willenserklärungen der Arbeitsvertragsparteien ist die einvernehmliche Aufhebung des auf unbestimmte Zeit abgeschlossenen Arbeitsvertrages möglich (Aufhebungsvertrag gem. § 305 BGB). Eine Frist zur Beendigung des Arbeitsvertrages ist nicht einzuhalten.

– Kündigung

Kündigung

Die Kündigung ist die Willenserklärung eines Vertragspartners, dass er das Arbeitsverhältnis lösen will. Sie wird wirksam, wenn sie dem anderen Vertragspartner wirksam **zugegangen** ist. Die Kündigungserklärung muss eindeutig und unmissverständlich sein; sie braucht den Kündigungsgrund nicht unbedingt zu enthalten. Sie ist zwar formfrei, bedarf aber der Schriftform, wenn ein Berufsausbildungsverhältnis gekündigt wird oder der Arbeitsvertrag oder Tarifvertrag die Schriftform vorsehen.

Kündigungsarten

ordentliche Kündigung (bestimmte Kündigungsfristen)		**außerordentliche Kündigung** (fristlose Kündigungsfristen)	
Kündigung durch den		**Kündigung** durch den	
Arbeitgeber	**Arbeitnehmer**	**Arbeitgeber**	**Arbeitnehmer**
erfordert triftige Kündigungsgründe unter Beachtung von sozialen Gesichtspunkten: – Arbeitsmangel – Auflösung des Unternehmens	erfordert keinen Kündigungsgrund	erfordert wichtigen Grund, wobei dem Vertragspartner die Fortsetzung des Arbeitsverhältnisses nicht mehr zumutbar ist: – Straftaten des Arbeitnehmers im Betrieb – Tätlichkeiten des Arbeitnehmers – Arbeitsverweigerung – grobe Beleidigung durch den Arbeitnehmer	 – Nichtzahlung der Vergütung – mangelnder Arbeitsschutz – grobe Beleidigung durch den Arbeitgeber – Tätlichkeiten gegen den Arbeitnehmer

Gesetzliche Kündigungsfristen Angestellte und Arbeiter			
unter 2 Jahren	4 Wochen*	**ab 10 Jahren**	4 Monate
ab 2 Jahren	1 Monat	**ab 12 Jahren**	5 Monate
ab 5 Jahren	2 Monate	**ab 15 Jahren**	6 Monate
ab 8 Jahren	3 Monate	**ab 20 Jahren**	7 Monate

** zum 15. oder zum Monatsende*

- **Kündigungsschutz**

Allgemeiner Kündigungsschutz

Die Kündigung eines Arbeitnehmers ist rechtsunwirksam, wenn das Arbeitsverhältnis in demselben Betrieb oder Unternehmen länger als 6 Monate bestand **und** sozial ungerechtfertigt ist *(§ 1 Abs. 1 KSchG).*

Zulässige Kündigungsgründe	
Gründe in der Person	mangelnde körperliche und geistige Leistung, mangelnde Fähigkeit, sich die erforderlichen Kenntnisse anzueignen; lang dauernde Erkrankung ohne Erkennbarkeit der baldigen Genesung
Verhaltensbedingte Gründe	wiederholte Unpünktlichkeit, Schlechtarbeit, Verstöße gegen Gehorsams- und Verschwiegenheitspflicht
Dringende betriebliche Erfordernisse	Absatzschwierigkeiten, Rohstoffmangel, Produktionseinschränkungen, Stilllegung einzelner Abteilungen, Änderung von Produktionsmethoden

Verstößt die Kündigung gegen eine **ungerechtfertigte soziale Auswahl** *(§ 95 BetrVG)* oder wird die Umsetzungsmöglichkeit innerhalb des Unternehmens oder Betriebsteile nicht berücksichtigt, steht dem Betriebsrat ein Widerspruchsrecht zu.

Besonderer Kündigungsschutz	
Auszubildende	– Die Kündigung muss schriftlich erfolgen. **– In der Probezeit:** Das Berufsausbildungsverhältnis kann innerhalb der vertraglich vereinbarten Probezeit (mindestens 1 Monat, maximal 3 Monate) jederzeit vom Arbeitgeber oder vom Auszubildenden ohne Einhaltung einer Frist zu jedem beliebigen Termin gekündigt werden *(§ 15 Abs. 1 BBiG).* Die Kündigung muss schriftlich erfolgen *(§ 15 Abs. 3 BBiG);* Kündigungsgründe müssen nicht angegeben werden. **– Nach der Probezeit:** 1. Der Arbeitgeber kann nur kündigen, wenn er einen wichtigen Grund hat. Die Kündigung muss innerhalb von 2 Wochen nach Bekanntwerden des Kündigungsgrundes ohne Einhaltung einer Frist erfolgen *(§ 15 Abs. 2 BBiG).* 2. Der Auszubildende kann kündigen, wenn er a) einen wichtigen Grund hat; die Kündigung muss innerhalb von 2 Wochen nach Eintritt des Kündigungsgrundes ohne Einhaltung einer Frist erfolgen *(§ 15 Abs. 2 BBiG).* b) die Berufsausbildung beenden will; c) sich für eine andere Berufstätigkeit ausbilden lassen will. In den Fällen b) und c) hat der Auszubildende eine Kündigungsfrist von 4 Wochen einzuhalten.
Betriebsratsmitglieder/Jugend- und Auszubildendenvertreter	Der Arbeitgeber kann nur aus wichtigem Grund kündigen. Die in Berufsausbildung stehenden BR-Mitglieder und Jugend- und Auszubildendenvertreter sind in ein unbefristetes Arbeitsverhältnis zu übernehmen, wenn der Ausbildungsbetrieb nicht 3 Monate vor Ausbildungsabschluss schriftlich kündigt *(BetrVG)* (vgl. S. 57).
Schwerbehinderte	Kündigung nur mit Zustimmung der Hauptfürsorgestelle, Kündigungsfrist mindestens vier Wochen, ab 16 Beschäftigte sind 6% der Arbeitsplätze mit Schwerbehinderten zu besetzen, sonst hat der Arbeitgeber eine Ausgleichsabgabe zu zahlen *(Schwerbehinderten-Gesetz).*
Werdende Mütter	Kündigung während der Schutzfrist unzulässig, die Arbeitnehmerin kann jedoch während der Schutzfrist zum Ende der Schutzfrist kündigen *(Mutterschutz-Gesetz).*
Wehrdienstleistende	Kündigung während der Wehrdienstzeit nicht zulässig, das Beschäftigungsverhältnis ruht nur.
Junge Mütter/Väter	Kündigung während des Erziehungsurlaubs unzulässig *(Bundeserziehungs-Gesetz).*

1.2.5.2 Kollektivarbeitsrecht

Arbeitnehmer und Arbeitgeber haben das Recht sich in Organisationen zusammenzuschließen, um einen sozialen Ausgleich zwischen den unterschiedlichen Interessenlagen der Vertragsparteien herbeizuführen; dieses Recht auf **Koalitionsfreiheit** ist verfassungsrechtlich garantiert *(Art. 9 Abs. 3 Grundgesetz).* Die Arbeitnehmer organisieren sich in **Gewerkschaften;** die Arbeitgeber gleicher Wirtschaftszweige in **Arbeitgeberverbänden** (Fachverbänden) mit der Dachorganisation Bundesverband der Deutschen Arbeitgeberverbände (BDA als tarifrechtlicher Zusammenschluss). Sie werden als **Tarifvertragsparteien, Tarifpartner oder Sozialpartner** bezeichnet.

Tarifparteien

Tarifverträge

Gewerkschaften und Arbeitgeberverbände bzw. die einzelnen Arbeitgeber haben nach dem **Tarifvertragsgesetz** *(TVG)* das Recht, **Tarifverträge** (privatrechtliche Verträge) abzuschließen (Tarifautonomie). Tarifverträge sind für alle angeschlossenen Mitglieder verbindliche (kollektive) Arbeitsverträge, in denen Abmachungen über Löhne, Gehälter und andere arbeitsrechtliche Regelungen enthalten sind. Sie bedürfen der **Schriftform** und sind im vom Bundesminister für Arbeit und Sozialordnung geführten **Tarifregister** einzutragen.

Tarifautonomie

– Tarifvertragsarten

Inhaltlich stellen **Manteltarifverträge** Rahmenverträge dar und haben in der Regel einen weiteren Geltungsbereich und eine längere Geltungsdauer; **Lohn-** bzw. **Gehaltstarifverträge** enthalten dagegen nur Regelungen über Vergütungen. Tarifvertragsbedingungen sind **Mindestbedingungen.**

Mantel-/Rahmentarifverträge	Lohn-/Gehaltsrahmentarifverträge	Lohn-/Gehaltstarifverträge
Inhalt: – Arbeitsbedingungen – Urlaubsregelungen – Arbeitszeit – Rationalisierungsschutz – Arbeitsschutz *Laufzeit:* in der Regel viele Jahre	**Inhalt:** – Lohnarten – Lohngruppen – Auslösungen *Laufzeit:* in der Regel 2 bis 3 Jahre	**Inhalt:** – Lohn- und Gehaltshöhe – Lohn- und Gehaltsgruppen – Leistungslohnregelung – Erfolgsbeteiligung – Lohnfortzahlung *Laufzeit:* in der Regel 1 Jahr

– Tarifkonflikte

Tarifverträge enden entweder durch Zeitablauf oder durch Kündigung eines Tarifpartners. Jeder Tarifpartner ernennt Vertreter für die Tarifkommission, in der die Forderungen vorgetragen und beraten werden. In den **Tarifverhandlungen** begründet jede Partei ihre wirtschaftliche Lage und erläuter, worauf es ihr bei dem Verhandlungsergebnis ankommt. Kommt keine Einigung zustande, versuchen die Gewerkschaften durch Demonstrationen, Streikdrohungen, Betriebsversammlungen und Warnstreiks Druck auf die Arbeitgeber auszuüben.

Tarifverhandlungen

In den meisten Wirtschaftsbereichen können die Tarifparteien frei vereinbaren, wie sie Tarifverhandlungen führen. Dabei beantragt oft nach Scheitern der Tarifverhandlungen eine Partei die **Schlichtung,** um den Arbeitsfrieden zu erhalten. Die aus Vertretern der Tarifparteien zu bildende Kommission kann einen unparteiischen Schlichter heranziehen, dem die schwierige Aufgabe obliegt, die gescheiterten Tarifverhandlungen zu einem guten Ende zu bringen. Gibt es keine Einigung, kommt es zum Arbeitskampf. Zulässige Kampfmittel sind **Streik** auf der Arbeitnehmerseite und **Aussperrung** auf der Arbeitgeberseite.

– Betriebsvereinbarungen

Arbeitgeber und Betriebsrat schließen eine Betriebsvereinbarung, die wie ein Tarifvertrag Rechtsnormen für Arbeitsverhältnisse des jeweiligen Unternehmens schafft.

Regelung durch Betriebsvereinbarung	
Bindungen	**Regelung** ***(Beispiele)***
- Schriftform - keine Schlechterstellung als Tarifvertrag, sondern Ergänzung - Offenlegung im Unternehmen - keine Geltung für leitende Angestellte	*- Arbeitsbeginn und -ende* *- Pausenregelung* *- Lohnzahlungsart und -form* *- Urlaubsvereinbarungen* *- betriebliche Sozialleistungen* *- Unfallverhütung* *- Förderung der Vermögensbildung* *Sonderfall: Sozialplan*

1.2.6 Betriebliche Mitbestimmung

- Betriebsrat, Jugendvertretung
- Mitbestimmung auf Betriebs- und Leitungsebene

Beteilungsrechte auf der Ebene des Arbeitsplatzes

Dem Arbeitnehmer stehen auf der Ebene des Arbeitsplatzes individuelle **Mitwirkungs- und Beschwerderechte** *(§§ 81–85 BetrVG)* zu:

Mitwirkungs- und Beschwerderecht

Recht

- auf Unterricht über Aufgaben (Tätigkeit, Verantwortung) seines Arbeitsbereiches,
- auf Unterricht über Gesundheits- und Unfallgefahren an seinem Arbeitsplatz,
- auf Anhörung, soweit er persönlich in betrieblichen Angelegenheiten betroffen ist,
- auf Erörterung seiner Leistungsbeurteilung,
- auf Einsicht in seine Personalakte,
- zur Beschwerde wegen Benachteiligung durch Arbeitgeber oder Arbeitskollegen.

Beteiligungsrechte auf der Ebene des Betriebes

Das Betriebsverfassungsgesetz regelt auf der Betriebsebene die Zusammenarbeit zwischen Arbeitgeber und Arbeitnehmer. Zum Zwecke des gerechten Interessenausgleichs kann in Unternehmen mit mindestens fünf wahlberechtigten und mindestens drei wählbaren Arbeitnehmern ein Betriebsrat mit einer Amtszeit von vier Jahren gewählt werden. Wahlberechtigt sind alle volljährigen Arbeitnehmer. Wählbar sind alle Wahlberechtigten mit einer Betriebszugehörigkeit von mindestens 6 Monaten. Der Betriebsrat übt als gesetzliche Vertretungsmacht für die Arbeitnehmerschaft eines Betriebes Beteiligungsrechte aus (betriebliche Mitbestimmung).

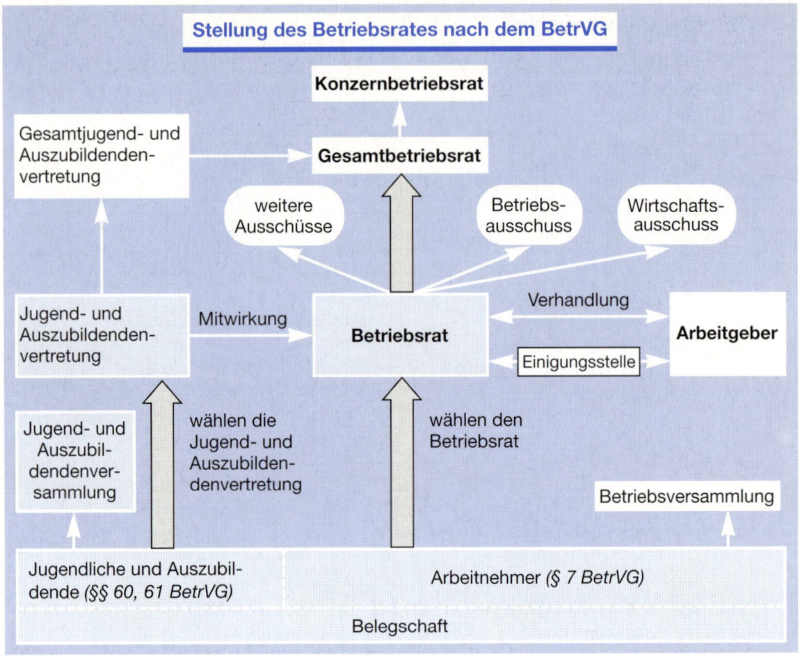

Aufgaben des Betriebsrates

<table>
<tr><th colspan="2">Sozialer Bereich</th><th colspan="2">Personeller Bereich</th><th>Wirtschaftlicher Bereich</th></tr>
<tr><td colspan="2"></td><td colspan="3">Mitwirkung</td></tr>
<tr><td colspan="2">Mitbestimmung</td><td colspan="2">Widerspruchsrecht</td><td>Informations- und Beratungsrecht</td></tr>
<tr><td colspan="2">• Soziale Angelegenheiten (§ 87 BetrVG)
– Betriebsordnung
– Urlaubsregelung
– Beginn und Ende der Arbeitszeit
– Zeit, Ort, Art der Entgeltzahlung
– Entlohnungsgrundsätze
– Akkord- u. Prämiensätze
– Vorschlagwesen
– Pausenregelung
– Soziale Einrichtungen, Kantine, Aufenthaltsraum, sanitäre Anlagen, Überstunden
• betriebliche Bildungsmaßnahmen (§ 98 BetrVG)
• Sozialplan bei Betriebsveränderung (§§ 112, 112 a BetrVG)</td><td colspan="2">• Personelle Einzelmaßnahmen (§ 99 BetrVG)
– Versetzung
– Ein- und Umgruppierungen
– Kurzarbeit
– Einstellungen (bei Betrieben mit mehr als 20 Arbeitnehmern)
• Kündigungen (§ 102 BetrVG)</td><td>• Wirtschaftliche Angelegenheiten (§ 106 BetrVG) wirtschaftliche und finanzielle Lage, Produktions- und Absatzlage, Einführung neuer Arbeits- und Rationalisierungsmethoden
• Arbeitsplatzgestaltung (§ 90 BetrVG)
– Baumaßnahmen
– technische Anlagen
– Arbeitsablauf
• Personalplanung, Förderung betrieblicher Bildung (§§ 92 ff. BetrVG)
• Betriebsänderungen, Stilllegung (§§ 106, 111 BetrVG)</td></tr>
<tr><td>ohne Zustimmung des Betriebsrates</td><td colspan="2">ohne Anhörung des Betriebsrates</td><td>mit Anhörung des Betriebsrates, aber Widerspruch</td><td>ohne Zustimmung des Betriebsrates (Beratungsrecht)</td></tr>
<tr><td colspan="4">unwirksam</td><td>wirksam</td></tr>
</table>

Wahlrecht

Jugend- und Auszubildendenvertretung	
Zusammensetzung	**Mitwirkung über den Betriebsrat**

- **aktives Wahlrecht:** Wahl alle 2 Jahre zwischen dem 1. Okt. und 30. Nov. durch alle Jugendlichen, die das 18. Lebensjahr oder Auszubildende, die das 25. Lebensjahr noch nicht vollendet haben.
- **passives Wahlrecht:** wählbar sind alle Arbeitnehmer, die das 25. Lebensjahr noch nicht vollendet haben
- **Besetzung:** zwischen 1–13 Mitglieder
	- Maßnahmen, die den Jugendlichen und Auszubildenden dienen
	- Überwachung der Einhaltung der zum Schutz der Jugendlichen und Auszubildenden dienenden Gesetze
	- Weiterleitung der von Jugendlichen und Auszubildenden gegebenen Anregungen
	- Entsendung eines Jugend- und Auszubildendenvertreters zu Betriebsratssitzungen
	  - vierteljährliche Jugend- und Auszubildendenversammlung
	  - Abhaltung von Sprechstunden

Beteiligungsrechte auf der Ebene der Unternehmensleitung

Mitbestimmung

Die Arbeitnehmer haben nach dem Betriebsverfassungsgesetz **Mitbestimmungsrechte durch Beteiligung im Aufsichtsrat** (Unternehmensmitbestimmung). Die auch als **wirtschaftliche Mitbestimmung** bezeichnete Unternehmensmitbestimmung erfährt ihre Rechtfertigungsgründe in dem

- Schutz der Persönlichkeit der Mitarbeiter,
- Interessenausgleich zwischen „Arbeit und Kapital“ und „der Kontrolle unternehmerischer Macht“,
- Demokratisierungsprinzip im Unternehmensbereich.

- **Mitbestimmung nach dem Betriebsverfassungsgesetz von 1952**

Nach dem BetrVG wird der Einfluss der Arbeitnehmer neben der allgemeinen Mitbestimmung durch den Betriebsrat auch durch die Entsendung von Arbeitnehmern in den Aufsichtsrat von Kapitalgesellschaften geregelt. Wegen des Aufteilungsverhältnisses zwischen den Sitzen der Anteilseigner und der Arbeitnehmervertreter im Aufsichtsrat spricht man von einer **„Drittelparität“.**

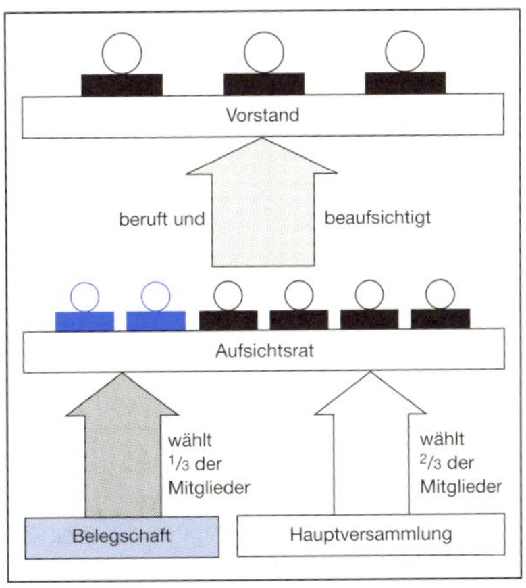

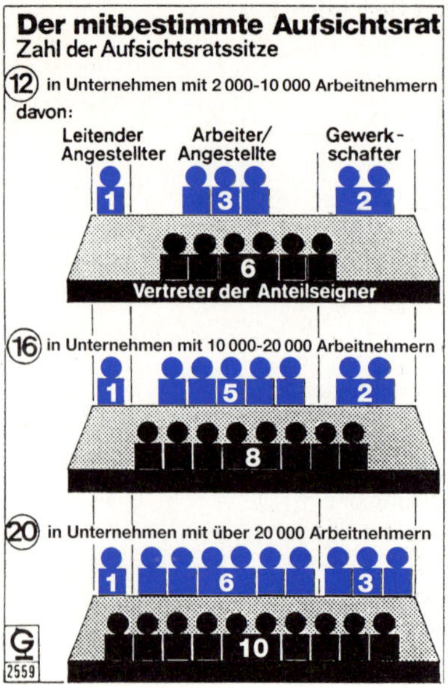

- **Mitbestimmung nach dem Mitbestimmungsgesetz von 1976**

Nach dem MitbestG setzt sich der Aufsichtsrat in mitbestimmten Unternehmen (Kapitalgesellschaften mit mehr als 2.000 Arbeitnehmern) **paritätisch** aus der gleichen Zahl von Mitgliedern der Anteilseigner und der Arbeitnehmer zusammen.

Es herrscht trotzdem kein **völliger Kräfteausgleich,** weil

- der Aufsichtsratsvorsitzende bei Abstimmung mit Stimmengleichheit für Wahlwiederholung einen Stichentscheid hat (zwei Stimmen),
- den Arbeitnehmervertretern zwingend ein leitender Angestellter angehören muss (sachliche Nähe seines Tätigkeitsbereiches zur Unternehmensleitung),
- die Anteilseigner auch gegen den Willen der Arbeitnehmer den Aufsichtsratsvorsitzenden bestimmen können.

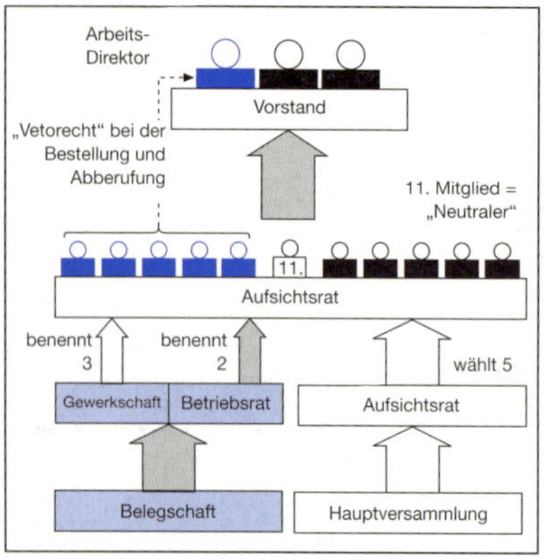

- **Mitbestimmung nach dem Montan-Mitbestimmungsgesetz von 1951**

Die Montan-Mitbestimmung für Unternehmen des Bergbaus sowie der eisen- und stahlverarbeitenden Industrie lässt sich als **gleichgewichtige Mitbestimmung** bezeichnen. Der Aufsichtsrat ist **paritätisch** besetzt.

Die Anteilseigner können ihre Ziele im Gegensatz zum MitbestG nicht ohne die Zustimmung mindestens eines Teils der Gegenseite oder des **„neutralen Mannes"** durchsetzen. Das gleiche gilt für die Zielsetzung der Arbeitnehmerseite. Ein **Kräftegleichgewicht** ist vollzogen. Für die Nominierung des neutralen Mannes ist die Zustimmung von mindestens je 3 Arbeitnehmer- und Anteilseignervertretern notwendig.

1.2.7 Rechtsstellung der Mitarbeiter

■ Handlungsgehilfe, Handlungsvollmacht

Handlungsgehilfe ist, wer in einem Handelsgewerbe zur Leistung kaufmännischer Dienste gegen Entgelt angestellt ist, ohne zur Vertretung der Unternehmung berechtigt zu sein.

Rechtsgrundlage für das Verhältnis zwischen dem Handlungsgehilfen und seinem Arbeitgeber ist der **Dienstvertrag.** Seine nähere Ausgestaltung darf nicht gegen die unabdingbaren Schutzbestimmungen des Tarifvertrages und ergänzender Arbeitsschutzbestimmungen verstoßen.

Rechte des Handlungsgehilfen	Pflichten des Handlungsgehilfen
Gehaltszahlung *(§§ 63, 64 HGB)*	**Dienstleistung** *(§§ 59 HGB)*
Fürsorgepflicht des Arbeitgebers *(§ 62 HGB)*	**Gehorsamspflicht**
Anspruch auf Zeugnis *(§ 73 HGB)*	**Treue**
	Verschwiegenheit
	Wettbewerbsverbot *(§§ 60, 61 HGB)*

Die allgemeine Handlungsvollmacht berechtigt zu allen Geschäften und Rechtshandlungen, die der Betrieb dieses Handelsgewerbes gewöhnlich mit sich bringt *(§ 54 HGB).*

Nicht ermächtigt ist der Handlungsbevollmächtigte folglich zu allen für dieses Handelsgewerbe *außergewöhnlichen* Geschäften und Rechtshandlungen. *Vollmacht*

Eine ausdrückliche Sondervollmacht ist notwendig für die:

- Veräußerung und Belastung von Grundstücken,
- Eingehung von Wechselverbindlichkeiten,
- Aufnahme von Darlehen,
- Prozessführung.

Der Umfang der Handlungsvollmacht kann vom Vollmachtgeber auf einzelne oder eine bestimmte Art von Geschäften und Rechtshandlungen beschränkt werden.

Einzelvollmacht (Spezialvollmacht)	Artvollmacht (Teilvollmacht)	Gesamtvollmacht (allgemeine Vollmacht)
einmalige Vollmacht zur Erledigung eines besonderen Geschäftes	auf Dauer erteilte Vollmacht zur Erledigung einer bestimmten Art wiederkehrender Geschäfte	auf Dauer erteilte Vollmacht zur Erledigung aller gewöhnlichen Rechtsgeschäfte in dem betreffenden Handelsgewerbe
Beispiel: *einmalige Vollmacht zum Kauf eines Fahrzeugs*	***Beispiele:*** • *Einkaufsvollmacht* • *Kontovollmacht* • *Abschlussvollmacht des Handlungsreisenden*	***Beispiele:*** • *Geschäftsführer* • *Generalbevollmächtigte* • *Filialleiter für den Filialbetrieb*

Die Vertretungsvollmacht kann darüber hinaus in der Weise beschränkt werden, dass der Handlungsbevollmächtigte nur im Zusammenwirken mit einer anderen Person *(z. B. mit einem Prokuristen)* zeichnungsberechtigt ist.

Einzelvollmacht	Gesamtvollmacht
Einzelvertretungsvollmacht: Vollmachtausübung ohne Zusammenwirken mit einer anderen Person	*Gesamtvertretungsvollmacht:* Vollmachtausübung nur im Zusammenwirken **mit** einer anderen vertretungsberechtigten Person

Erteilung	Die Erteilung kann erfolgen durch • Kaufleute • den Vorstand einer AG, • den/die Gesellschafter einer GmbH, • Prokuristen, und zwar • schriftlich, • mündlich, • stillschweigend (konkludentes Verhalten).
Eintragung ins Handelsregister	nicht eintragungsfähig
Unterschrift (Zeichnung) *(§ 57 HGB)*	Der Handlungsbevollmächtigte muss unter der Firma mit einem das Vollmachtverhältnis andeutenden Zusatz unterschreiben. ***Beispiele:*** *Firmenbezeichnung:* Modeboutique Elvira Ellis GmbH *i. A. (im Auftrag) Name:* i. A. Thöler *i. V. (in Vertretung) Name:* i. V. Meier
Erlöschen	Die Handlungsvollmacht erlischt • durch Widerruf, • mit Beendigung des Dienstvertrages, • mit Erledigung des Auftrages (bei Einzelvollmacht) • mit Auflösung der Unternehmung.

Prokurist

Die Prokura ermächtigt zu allen Arten von gerichtlichen und außergerichtlichen Geschäften und Rechtshandlungen, die der Betrieb (irgend)eines Handelsgewerbes mit sich bringt *(§§ 48–53 HGB).*

Eine ausdrückliche Sondervollmacht ist notwendig für die Veräußerung und Belastung von Grundstücken.

Nicht ermächtigt ist der Prokurist zur

- Erteilung und zum Entzug einer Prokura,
- Anmeldung von Eintragungen ins Handelsregister,
- Unterzeichnung der Bilanz und der Steuererklärungen,
- Aufnahme neuer Gesellschafter,
- Veräußerung der Unternehmung,
- Anmeldung der Insolvenz der Unternehmung.

Die Prokura ist nicht übertragbar.

Sie erlischt nicht durch den Tod des Inhabers des Handelgeschäfts.

Arten der Prokura		
Einzelprokura	**Filialprokura**	**Gesamtprokura**
Einzelvertretungsvollmacht: Vollmachtausübung ohne Mitwirkung einer anderen Person	Die Vertretungsmacht ist auf den Betrieb einer Niederlassung beschränkt.	*Gesamtvertretungsvollmacht:* Vollmachtausübung nur im Zusammenwirken **mit** einer anderen vertretungsberechtigten Person.

Im **Außenverhältnis,** d. h. im Verhältnis zwischen dem Prokuristen und den Geschäftspartnern des Arbeitgebers, ist die Vertretungsmacht des Prokuristen darüber hinaus nicht weiter beschränkbar *(§ 50 HGB).*

Anders verhält es sich im **Innenverhältnis,** d. h. im Verhältnis zwischen dem Prokuristen und seinem Arbeitgeber. Hier ist in der Regel dem Prokuristen ein bestimmtes Ressort zugeteilt, für das er als leitender Angestellter zuständig ist. Den ihm zugewiesenen Kompetenzrahmen darf er nicht überschreiten.

Erteilung *(§ 48 HGB)*	Die Prokura kann nur erteilt werden von • einem Kaufmann (Inhaber eines Handelsgewerbes oder seinem gesetzlichen Vertreter) • dem/den Gesellschafter(n) Geschäftsführer einer GmbH und zwar • ausdrücklich • schriftlich oder mündlich
Eintragung ins Handelsregister *(§ 53 HGB)*	eintragungspflichtig (deklaratorische Wirkung)
Unterschrift (Zeichnung) *(§ 51 HGB)*	Der Prokurist muss unter der Firma mit einem die Prokura andeutenden Zusatz unterschreiben. ***Beispiel:*** *Firmenbezeichnung:* Fashion Textil AG *pp. oder ppa. (per procura) Name:* pp. Simone Brühl
Erlöschen	Die Prokura erlischt durch • Widerruf, • Beendigung des Dienstvertrages, • Auflösung der Unternehmung.

1.2.8 Sozialversicherung

Träger und Aufgaben der Sozialversicherung

Die **Sozialversicherung** ist eine gesetzliche Versicherung (Zwangsversicherung) für große Bevölkerungsgruppen zur Absicherung ihres Alters, ihrer Hinterbliebenen und der Lage in finanziellen Notsituationen wie Krankheit, Berufs- oder Erwerbsunfähigkeit, Arbeitslosigkeit, Pflegebedürftigkeit und Unfall. Freiwillig würden sich viele Menschen nicht gegen Krankheit, Unfall und Arbeitslosigkeit versichern; auch wäre die Mehrzahl der Arbeitnehmer nicht in der Lage, für sich und ihre Angehörigen eine geeignete Alters- oder Pflegevorsorge aufzubauen. Das Bestehen einer **Versicherungspflicht** ist deswegen unumgänglich.

Die Säulen der Sozialversicherung

	Krankenversicherung	Rentenversicherung	Arbeitslosenversicherung	Pflegeversicherung	Unfallversicherung
Versicherungs-träger	– Allgemeine Ortskrankenkassen – Betriebskrankenkassen – Innungskrankenkassen – Bundesknappschaft – Seekrankenkasse – Landwirtschaftliche Krankenkassen – Ersatzkassen	– Bundesversicherungsanstalt für Angestellte – Landesversicherungsanstalten für Arbeiter – Bundesknappschaft – Seekasse – Landwirtschaftliche Alterskassen – Bundesbahnversicherungsanstalt	– Bundesanstalt für Arbeit	– Allgemeine Ortskrankenkassen – Betriebskrankenkassen – Innungskrankenkassen – Bundesknappschaft – Seekrankenkassen – Landwirtschaftliche Krankenkassen – Ersatzkassen	– Gewerbliche Berufsgenossenschaften – Landwirtschaftliche Berufsgenossenschaften – See-Berufsgenossenschaften – Bund, Länder, Gemeinden – Gemeindeunfallversicherungsverbände – Feuerwehrunfallkasse – Bundesanstalt für Arbeit (für Beschäftigte und Arbeitslose)
Rechtsgrundlage	Reichsversicherungsordnung	Reichsversicherungsordnung	Arbeitsförderungsgesetz	Pflegeversicherungsordnung	Reichsversicherungsordnung

Aufgaben	Erhaltung und Wiederherstellung der Gesundheit des Einzelnen und seiner Familie
	– Krankenhilfe
	– Vorsorgeuntersuchungen
	– Mutterschaftshilfe
	– Familienhilfe
		Sicherung der Arbeitnehmer und ihrer Familien bei Berufs-/Erwerbsunfähigkeit, Alter und Tod
		– Rentenzahlungen
		– Rehabilitation
		– Zahlung von Beiträgen an die Krankenkasse für die Rentner
			Sicherung der Beschäftigung des Einzelnen und der Beschäftigungslage innerhalb der Wirtschaft sowie finanzieller Schutz bei Arbeitslosigkeit
			– Arbeitslosenunterstützung
			– Sicherung von Arbeitsplätzen
			– Arbeitsförderung
				Kostenübernahme für Pflegeleistungen an jene Menschen, die zu alltäglichen Verrichtungen ohne fremde Hilfe nicht mehr fähig sind und der regelmäßigen Hilfe bedürfen.
				– häusliche Pflege (ab 1995)
				– stationäre Pflege (ab 1996)
				  – Geldleistungen
				  – Sachleistungen
					Schutz weiter Bevölkerungskreise vor Unfallgefahren und den wirtschaftlichen Folgen bei Unfällen
					– Unfallverhütung
					– Milderung bzw. Beseitigung der Unfallfolgen

Beitragshöhe	ca. 14% des Bruttoarbeitsentgeltes, höchstens von 75% der Beitragsbemessungsgrenze in der Rentenversicherung[1]	19,1% des Bruttoarbeitsentgeltes, höchstens von der Beitragsbemessungsgrenze[1]	6,5% des Bruttoarbeitsentgeltes, höchstens von der Beitragsbemessungsgrenze[1]	1,7% des Bruttoarbeitsentgeltes, höchsten 7,5% von der Beitragsbemessungsgrenze[1]	Beitragshöhe richtet sich nach der jeweiligen betrieblichen Gefahrenklasse
Beitragsaufbringung	Beiträge werden jeweils zur Hälfte von Arbeitgeber und Arbeitnehmer erbracht.				Beitrag wird in voller Höhe vom Arbeitgeber aufgebracht.
Leistungen	– Krankenbehandlung – Gesundheitsuntersuchungen – Mutterschaftshilfe – Familienhilfe – Krankengeld	– Rehabilitation – Altersruhegelder – Renten wegen Erwerbsminderung: – Renten an Hinterbliebene	– Arbeitslosengeld – Arbeitslosenhilfe – Kurzarbeitergeld	Ambulante Pflege und stationäre Pflege von Bedürftigen	– Heilbehandlungen – Verletztenrente – Hilfe zur Wiedereingliederung in das Arbeitsleben – Hinterbliebenenrente

[1] Die Beitragsbemessungsgrenze gibt den monatlichen Einkommenshöchstbetrag an, von dem Beiträge berechnet werden, die jeweils aktuell festgelegt werden. (Stand Beitragssätze: 2001).

1.2.9 Arbeits- und Sozialgerichtsbarkeit

- Arbeits- und Sozialgerichte

Arbeitsgerichtsbarkeit

Das **Arbeitsgericht** ist **sachlich zuständig** für alle Streitigkeiten aus:

- dem Arbeitsvertrag,
- dem Tarifvertrag,
- den Betriebsvereinbarungen,
- den Bestimmungen des Betriebsverfassungsgesetzes *(BetrVG),*
- den Bestimmungen des Mitbestimmungsgesetzes *(MitbestG).*

Örtlich ist das Arbeitsgericht zuständig, in dessen Bezirk sich der Erfüllungsort für das Arbeitsverhältnis (Niederlassung, Zweigniederlassung des Arbeitgebers) befindet. Vor Beginn des Prozesses findet eine **Güteverhandlung** vor dem vorsitzenden Richter statt, um die Parteien zu einer Klagerücknahme, -anerkennung oder Vergleich zu bewegen, um ohne Urteilsspruch das Gerichtsverfahren abzukürzen sowie Gerichtskosten und Arbeit zu sparen.

Güteverhandlungen

Entscheidungen des Arbeitsgerichtes können nach Berufung und Beschwerde auf höhere Instanzen (Landes-, Bundesarbeitsgericht) weitergeleitet werden.

Sozialgerichtsbarkeit

Das Sozialgericht ist sachlich zuständig für Streitigkeiten aus der Sozialversicherung, der Arbeitsvermittlung und Arbeitslosenversicherung sowie der Kriegsopferversorgung.

Die Dreigliedrigkeit des Instanzenweges ist wie bei der Arbeitsgerichtsbarkeit durch **Sozialgericht, Landessozialgericht und Bundessozialgericht** gegeben. Das Verfahren unterscheidet sich nur insofern von der Arbeitsgerichtsbarkeit, dass mit wenigen Ausnahmen ein **Vorverfahren** durchgeführt wird. Dabei entscheidet die bei den Versicherungsträgern eingerichtete Widerspruchsstelle über einen gegen einen Verwaltungsakt (Bescheid) gerichteten **Widerspruch** durch **Widerspruchsbescheid.**

Widerspruch

1.2.10 Marktstrukturen und ihre Auswirkungen

- Märkte: Arten, Formen, Nachfrageverhalten, Anbieterverhalten, Preisbildung

1.2.10.1 Märkte

Unter einem Markt versteht man jedes Zusammentreffen von Angebot und Nachfrage, gleichgültig, an welchem Ort, zu welcher Zeit und unter welchen Umständen dies geschieht.

Aufgabe des Marktes ist der **Ausgleich von Angebot und Nachfrage.** Nach der **Art der angebotenen und nachgefragten Güter** unterscheidet man wie folgt.

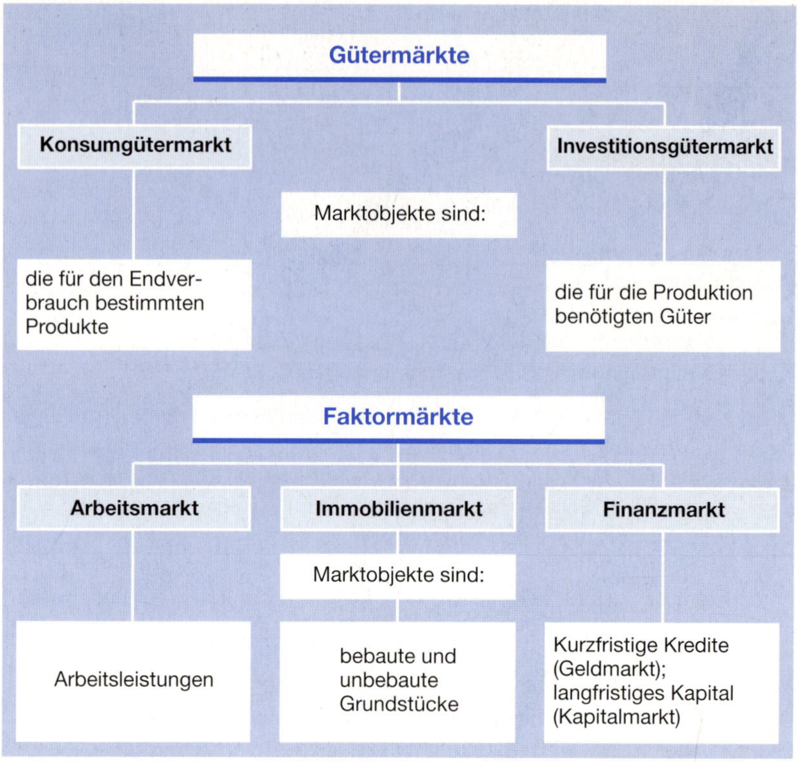

Verkäufer- und Käufermarkt

Einen Markt, der von einer starken Position der Anbieter geprägt ist, bezeichnet man als **Verkäufermarkt.** Umgekehrt spricht man von einem **Käufermarkt,** wenn die Nachfrager aufgrund ihrer Verhandlungsstärke z. B. auf Preis und Qualität des Angebots Einfluss nehmen können.

Marktformen

Von zentraler Bedeutung für das Marktgeschehen ist, wie viele Anbieter und wie viele Nachfrager auf dem Markt auftreten. Je nach Anzahl und relativer Größe der Marktteilnehmer auf der Angebots- bzw. der Nachfrageseite lassen sich verschiedene Marktformen unterscheiden:

Zahl der Anbieter / Zahl der Nachfrager	viele kleine	wenige mittlere	ein großer
viele kleine	Polypol	Angebots-oligopol	Angebots-monopol
wenige mittlere	Nachfrage-oligopol Oligopson	zweiseitiges Oligopol	beschränktes Angebotsmonopol
ein großer	Nachfrage-monopol Monopson	beschränktes Nachfragemonopol	zweiseitiges Monopol

Beispiele:

Polypol	*Anbieter:* *Nachfrager:*	*viele Gemüsehändler (Wochenmarkt)* *viele Käufer*
Angebotsoligopol	*Anbieter:* *Nachfrager:*	*wenige Automobilhersteller* *viele Automobilkäufer*
Angebotsmonopol	*Anbieter:* *Nachfrager:*	*Deutsche Post AG* *viele Postkunden*
zweiseitiges Oligopol	*Anbieter:* *Nachfrager:*	*Werften (Schiffshersteller)* *Reedereien (Schiffsbetreiber)*
zweiseitiges Monopol	*Anbieter:* *Nachfrager:*	*Gewerkschaft* *Arbeitgeberverband*
Nachfragemonopol	*Anbieter:* *Nachfrager:*	*Straßenbauunternehmen* *öffentliche Hand*

Wettbewerb

Die Marktform und die Möglichkeit des *Marktzutritts* für neue Marktteilnehmer sind für das **Ausmaß des Wettbewerbs** von zentraler Bedeutung.

1.2.10.2 Anbieter- und Nachfrageverhalten

■ Bestimmungsgründe des Nachfrageverhaltens (vgl. S. 177)

In der Nachfrage der privaten Haushalte kommt der Wunsch der Konsumenten zum Ausdruck, eine bestimmte Menge von Gütern zu erwerben. Der primäre Grund für die Nachfrage der privaten Haushalte ist darin zu sehen, dass jeder Mensch Bedürfnisse hat, die er mit den ihm gegebenen finanziellen Mitteln befriedigen muss bzw. möchte.

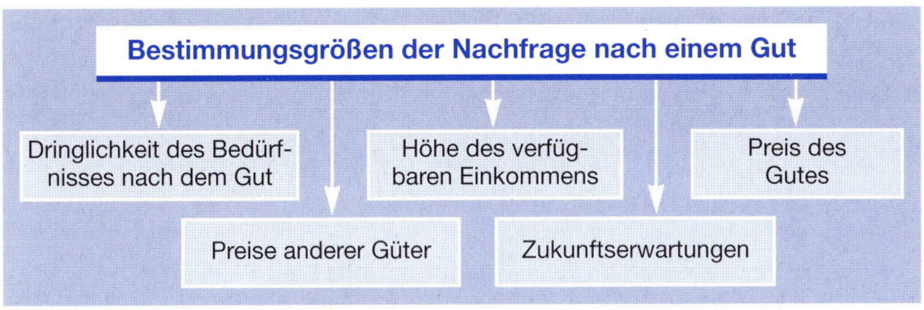

■ Bestimmungsgründe des Anbieterverhaltens

Primäre Antriebsfeder für das Anbieterverhalten von Unternehmungen in einer Marktwirtschaft ist die Gewinnerzielungsabsicht:
Die Unternehmungen versuchen auf der einen Seite, die Kosten der Produktion möglichst gering zu halten, und auf der anderen Seite, für die von ihnen erzeugten Produkte einen möglichst hohen Preis zu erzielen.

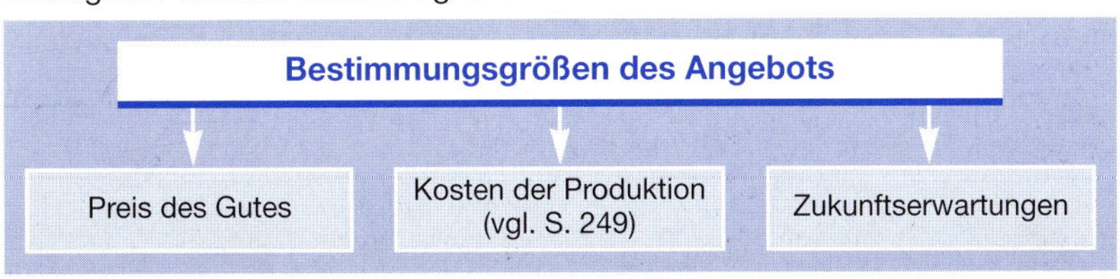

1.2.10.3 Preisbildung

■ Modell der Preisbildung bei vollständiger Konkurrenz (Polypol)

– Angebot und Nachfrage als Preisbildungsfaktoren

Die Entstehung des Marktpreises ist das Ergebnis des Zusammentreffens von Angebot und Nachfrage.

Preis (Euro)	Angebot Menge Stück)	Nachfrage Menge Stück)	Marktumsatz Menge Stück)	Nachfrage-/Angebots-Überhang Menge Stück)
100,00	10.000	60.000	10.000	NÜ 50.000
150,00	15.000	55.000	15.000	NÜ 40.000
200,00	30.000	50.000	30.000	NÜ 20.000
300,00	40.000	40.000	40.000	–
400,00	50.000	30.000	30.000	AÜ 20.000
500,00	60.000	20.000	20.000	AÜ 40.000
600,00	70.000	10.000	10.000	AÜ 60.000

Die Gegenüberstellung zeigt, dass angebotene und nachgefragte Menge nur beim Preis von 300,00 Euro gleich groß sind. Der Marktumsatz beträgt bei diesem Preis 40.000 Stück.

Beim Gleichgewichtspreis (= Marktpreis) stimmen angebotene und nachgefragte Menge überein; die dazugehörige Menge heißt Gleichgewichtsmenge. Der Gleichgewichtspreis liegt im Schnittpunkt von Angebots- und Nachfragekurve.

Bei allen Preisen über 300,00 Euro existiert ein **Angebotsüberhang,** der umso größer ist, je höher der Preis ist.
Bei allen Preisen unter 300,00 Euro entsteht ein **Nachfrageüberhang,** der umso größer wird, je niedriger der Preis ist.

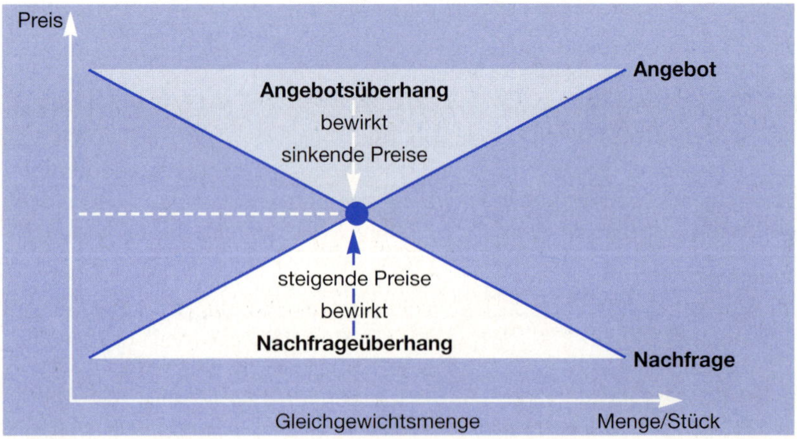

1.2.11 Kooperation und Konzentration

- Unternehmenszusammenschlüsse: Arten, Ziele
- Kartell, Syndikat, Trust, Konzern
- Kooperation, Konzentration

Unternehmenszusammenschlüsse

Unternehmenszusammenschlüsse, einerlei in welcher Form sie sich vollziehen, führen zur Konzentration wirtschaftlicher Kraft. Nach der Produktionsstufe lassen sich verschiedene **Unternehmenszusammenschlüsse** unterscheiden.

Entscheidungsformen der Zusammenschlüsse nach der Produktionsstufe

horizontaler Zusammenschluss

Zusammenschluss von Unternehmen derselben Produktionsstufe (Branche)

Beispiel:
Mehrere Brauereien schließen sich zusammen.

vertikaler Zusammenschluss

Zusammenschluss von Unternehmen aufeinanderfolgender Produktionsstufen

Beispiel:
Ein Bergbauunternehmen, eine Stahlhütte und eine Maschinenfabrik schließen sich zusammen.

anorganischer Zusammenschluss

Mehrere Unternehmen unterschiedlicher Branchen schließen sich zusammen.

Beispiel:
Ein Chemieunternehmen, ein Sportgerätehersteller und ein Baustoffgroßhandel schließen sich zu einem Mischkonzern zusammen.

Ziele der Unternehmenszusammenschlüsse

Wenn Unternehmen sich zusammenschließen, so wollen sie damit ihre Situation verbessern, d. h. letzten Endes einen höheren Gewinn erzielen. Der Weg dahin kann führen über

- einen **Ausbau der Marktmacht** (Beschaffungs-, Absatzmarkt)
- **Kostensenkungen** in den betrieblichen Teilbereichen.
- eine **Verminderung von Absatz- bzw. Beschaffungskosten**

Formen der Kooperation

Kooperation liegt vor, wenn die betreffenden Unternehmen ihre wirtschaftliche und rechtliche Selbstständigkeit nicht verlieren. *Kooperation*

– Interessengemeinschaft (Pool)

Unternehmen, die rechtlich selbstständig bleiben, schließen sich zu einem gemeinsamen wirtschaftlichen Zweck zusammen, meist in der Rechtsform einer BGB-Gesellschaft (GbR). Ein Gewinn wird zusammengelegt und nach einem vereinbarten Schlüssel verteilt. Gemeinsame Zwecke können sein:

- Forschung und Entwicklung
- Werbung
- Nutzung von Datenverarbeitungsanlagen
- Öffentlichkeitsarbeit (Public Relations)
- Durchführung von Marktuntersuchungen
- Ausbeutung von Rohstoffvorkommen

- **Arbeitsgemeinschaft (ARGE)**
Unternehmen, die rechtlich selbstständig bleiben, schließen sich zur gemeinsamen Durchführung eines Auftrags zusammen, ebenfalls meist in Form einer BGB-Gesellschaft. Mit der vollendeten Durchführung des Auftrags endet die Arbeitsgemeinschaft. Eine besondere Form ist das **Konsortium,** bei dem sich Kreditinstitute zusammenschließen um neu herausgegebene Wertpapiere bei der Kundschaft unterzubringen.

- **Kartell**

Kartelle sind vertragliche Zusammenschlüsse von Unternehmen des gleichen Wirtschaftszweiges, die in der Regel den Wettbewerb beschränken oder ausschließen sollen.

Kartellart	Gegenstand der Kartellvereinbarung
Preiskartell	Vereinbarung von Absatzpreisen
Quotenkartell	Vereinbarung bestimmter Produktions- oder Absatzmengen
Gebietskartell	Aufteilung des Absatzgebietes
Submissionsgüter	aufeinander abgestimmtes Verhalten bei der Beteiligung an öffentlichen Ausschreibungen
„Frühstückskartell“	Nicht schriftlich fixierte Vereinbarungen konkurrierender Unternehmen zum Zweck einer rechtswidrigen Wettbewerbsbeschränkung durch aufeinander abgestimmtes Marktverhalten
Normen- und Typenkartell *(§ 2 Abs. 1 GWB)*	Vereinbarung einheitlicher Normen und Typen
Konditionenkartell *(§ 2 Abs. 2 GWB)*	einheitliche Aufwendung allgemeiner Geschäfts-, Lieferungs- und Zahlungsbedingungen
Spezialisierungskartell *(§ 3 GWB)*	Rationalisierung wirtschaftlicher Vorgänge durch Spezialisierung
Mittelstandskartell *(§ 4 GWB)*	Rationalisierung wirtschaftlicher Vorgänge durch eine andere zwischenbetriebliche Zusammenarbeit als durch Spezialisierung, wenn dadurch der Wettbewerb auf dem Markt nicht beeinträchtigt wird und die Wettbewerbsfähigkeit kleinerer und mittlerer Unternehmen verbessert wird
Rationalisierungskartell *(§ 5 GWB)*	Rationalisierung technischer, betriebswirtschaftlicher oder organisatorischer Vorgänge mit dem Ziel, die Leistungsfähigkeit der betrieblichen Unternehmen zu erhöhen und dadurch die Bedarfsdeckung zu verbessern
Strukturkrisenkartell *(§ 6 GWB)*	Planmäßige Anpassung der Kapazität an einen nachhaltigen, strukturell bedingten Nachfragerückgang
sonstige Kartelle *(§ 7 GWB)*	Vereinbarungen, die unter angemessener Beteiligung der Verbraucher an dem entstehenden Gewinn zu einer Verbesserung der Entwicklung, Erzeugung, Verteilung, Beschaffung, Rücknahme oder Entsorgung von Waren beitragen
Ministererlaubnis „Ministerkartell“ *(§ 8 GWB)*	Freistellung vom Kartellverbot aus öffentlichem Interesse oder bei einer Bestandsgefahr für den gesamten Wirtschaftszweig per Erlass des Bundeswirtschaftsministers

Die Unternehmen behalten ihre rechtliche Selbstständigkeit, geben jedoch ihre wirtschaftliche Selbstständigkeit in den Bereichen auf, die Gegenstand der Kartellabsprache sind. Kartelle sind in Deutschland grundsätzlich verboten.

Vertragliche Vereinbarungen zwischen Unternehmen mit dem Ziel, den Wettbewerb untereinander zu beschränken, (z. B. Preis- oder Gebietskartelle) **sind grundsätzlich verboten.** Kartelle sind nur dann zulässig, soweit durch sie der Wettbewerb nicht beeinträchtigt wird oder ein übergeordnetes gesamtwirtschaftliches Interesse vorliegt.

– Syndikat

Das Syndikat ist ein Kartell, durch das mittels Bildung gemeinsamer Beschaffungs- oder Vertriebseinrichtungen für Bedarfsdeckung, Produktion und/oder Absatz der Erzeugnisse der Syndikatmitglieder der Wettbewerb beschränkt wird.

– Abgestimmte Verhaltensweisen

Abgestimmte Verhaltensweisen sind **informelle** Absprachen bzw. stillschweigende Übereinkommen (Parallelverhalten) zwischen Unternehmen derselben Branche zum Zweck der Wettbewerbsbeschränkung. Sie sind häufig in Oligopolmärkten (vgl. S. 64) zu beobachten: Preispolitische Entscheidungen eines Unternehmens (Preisführer) üben eine Signalwirkung aus und ziehen gleichgerichtete Preisänderungen bei Konkurrenzunternehmen nach sich. Abgestimmte Verhaltensweisen können in der Regel nur vermutet, letzten Endes aber nicht bewiesen werden.

Formen der Konzentration

Konzentration liegt vor, wenn die betreffenden Unternehmen ihre rechtliche und/oder wirtschaftliche Selbstständigkeit verlieren.

– Konzern

Kapitalverflechtungen führen zur Entstehung eines **Konzerns,** wenn ein herrschendes Unternehmen *(Muttergesellschaft)* über ein oder mehrere abhängige Unternehmen *(Tochtergesellschaften)* die einheitliche Leitung ausübt. Die einheitliche Leitung ermöglicht es, die wirtschaftlichen Interessen und Aufgaben der Konzernunternehmen aufeinander abzustimmen.
Man unterscheidet zwischen Unterordnungskonzern und Gleichordnungskonzern.

– Trust

Ein **Trust** entsteht, wenn eine Unternehmung unter Aufgabe ihrer rechtlichen und wirtschaftlichen Selbstständigkeit mit dem gesamten Vermögen in ein anderes Unternehmen eingegliedert wird. Die aufzunehmende Unternehmung erlischt durch **Fusion** (Verschmelzung). Es ist auch möglich, dass alle fusionierenden Firmen gelöscht werden. Sie übertragen dann ihr gesamtes Vermögen auf eine gemeinsam von ihnen gegründete neue Gesellschaft (Fusion durch Neugründung). Kapitalbeteiligungen und beabsichtigte Fusionen müssen dem Bundeskartellamt ab einer bestimmten Größenordnung angezeigt werden. **Fusionsverbote** können ausgesprochen werden, wenn durch den Zusammenschluss eine marktbeherrschende Stellung entstehen würde.

1.2.12 Bereiche staatlicher Wirtschaftspolitik

Die verantwortliche Rolle des Staates innerhalb der sozialen Marktwirtschaft hat zur Folge, dass die wirtschaftliche Entwicklung neben den **Selbststeuerungskräften** des Marktes weitgehend abhängig und beeinflusst ist von den Zielen und Maßnahmen der staatlichen Wirtschaftspolitik.

Wirtschaftspolitik

Sozial- und Einkommenspolitik	Wettbewerbs- und Ordnungspolitik	Konjunkturpolitik	Strukturpolitik
globale und spezielle Maßnahmen zur Verbesserung der sozialen Gerechtigkeit zur Erhaltung des sozialen Friedens.	globale Maßnahmen zur Aufrechterhaltung der marktwirtschaftlichen Ordnung durch Förderung des Wettbewerbs und Beseitigung von Wettbewerbsbeschränkungen.	globale Maßnahmen zur Beeinflussung des Konjunkturverlaufs durch Stimulierung der gesamtwirtschaftlichen Nachfrage und des gesamtwirtschaftlichen Angebots.	spezielle Maßnahmen zur Unterstützung bestimmter Wirtschaftsregionen und -branchen, die aufgrund von Standortnachteilen oder aufgrund des wirtschaftlichen und technischen Wandels mit besonderen Anpassungsschwierigkeiten zu kämpfen haben.

Aufgaben:

1. *Folgende fünf Unternehmen sollen nach verschiedenen Gesichtspunkten betrachtet bzw. untersucht werden:*
   Versicherung, Automobilhersteller, Büromöbelgroßhandel, IT-Systemhaus, Krankenhaus
   a) *Formulieren Sie für die fünf Unternehmen*
      - *das Sachziel,*
      - *mögliche wirtschaftliche, soziale und ökologische Ziele!*
   b) *Stellen Sie in einer Tabelle die Funktionen (Aufgaben) der fünf Unternehmen gegenüber.*
   c) *Nennen Sie die für die jeweilige Leistungserstellung notwendigen Produktionsfaktoren.*
   d) *Erklären Sie, welches Produktionsergebnis (Output) erzielt werden soll.*

2. *Unterscheiden Sie*
   a) *„Betrieb" und „Unternehmung",*
   b) *Sachgut und Dienstleistung,*
   c) *soziales System und technisches System.*

3. *Erklären Sie*
   a) *System,*
   b) *Modell,*
   c) *Mehrwert,*
   d) *Wertschöpfung.*

4. *Stellen Sie Ihren Ausbildungsbetrieb grafisch dar als*
   a) *sozio-technisches System,*
   b) *informationsverarbeitendes System,*
   c) *System von Wertschöpfungsprozessen.*

5. a) *Erläutern Sie, was man unter dualem System versteht.*
   b) *Nennen Sie die Rechte und Pflichten aus dem Berufsausbildungsvertrag.*

6. Stellen Sie die Grundzüge dar
   a) der Wirtschaftsordnung in der Bundesrepublik Deutschland,
   b) der sozialen Marktwirtschaft.

7. Unterscheiden Sie berufliche, zwischenbetriebliche, internationale und volkswirtschaftliche Arbeitsteilung.

8. Erklären Sie
   a) Bedürfnisse, Bedarf, Nachfrage, Angebot;
   b) materielle, immaterielle Güter;
   c) Konsumgüter, Produktionsgüter.

9. Stellen Sie das ökonomische Prinzip mit seinen Ausprägungen anhand eines Beispiels dar.

10. Erläutern Sie
    a) welche Aussagen die Kennziffern Produktivität, Wirtschaftlichkeit und Rentabilität treffen,
    b) welcher Zusammenhang zwischen den Kennziffern besteht!

11. Erklären Sie
    a) Rechtsfähigkeit,
    b) Geschäftsfähigkeit,
    c) Juristische Person,
    d) Rechtsgeschäft,
    e) Anfechtung und Nichtigkeit von Rechtsgeschäften.

12. Erklären Sie den Unterschied zwischen Besitz und Eigentum.

13. Unterscheiden Sie
    a) Werkvertrag – Werklieferungsvertrag,
    b) Mietvertrag – Leihvertrag,
    c) Werkvertrag – Dienstvertrag.

14. Erklären Sie
    a) Kaufmannseigenschaft, b) Firma.

15. Beschreiben Sie die Rechtsformen
    Offene Handelsgesellschaft (OHG), Kommanditgesellschaft (KG), Aktiengesellschaft (AG) und Gesellschaft mit beschränkter Haftung (GmbH) in ihren wesentlichen Merkmalen und Unterschieden.

16. a) Erläutern Sie die Pflichten, die dem Arbeitgeber und dem Arbeitnehmer aus dem Arbeitsvertrag erwachsen.
    b) Unterscheiden Sie ordentliche und außerordentliche Kündigung.
    c) Erklären Sie den allgemeinen und den besonderen Kündigungsschutz.

17. Unterscheiden Sie die verschiedenen Tarifvertragsarten.

18. Erläutern Sie die Aufgaben des Betriebsrates.

19. Beschreiben Sie die gesetzlich geregelten Möglichkeiten der mitbestimmung.

20. Zählen Sie die Träger und Aufgaben der Sozialversicherungen auf.

21. Erklären Sie die Aufgaben der Arbeits- und Sozialgerichte.

22. Erläutern Sie die Begriffe
    a) Markt,
    b) Oligopol,
    c) Nachfrage- bzw. Angebotsüberhang,
    d) Gleichgewichtspreis.

23. Erklären Sie das Zustandekommen des Gleichgewichtspreises.

24. Nennen und erklären Sie die Formen der Unternehmenskooperation und -konzentration.

2 Geschäftsprozesse und betriebliche Organisation

2.1 Managementaufgaben

- Wettbewerbsfaktoren
- Kundenorientierung, Customer Relationship Management
- Prozessorientierung
- Management, Managementebenen; Managementkreis
- Prozessmanagement:
  Leistungsketten, Prozesse, Prozesssteuerung, Business Process Reengineering (BPR)
- Projektmanagement
- Informationsmanagement:
  - Informations- und Entscheidungsprozess,
  - Aufgabenbereich des Informationsmanagements
  - Modell und Komponenten eines Informationssystems
  - Anwendungs- und Informationssysteme
  - Unterstützungsfunktion des Informationsmanagements
- Betriebsorganisation:
  Organisationsbegriff, Aufgabenbereiche, Aufbauorganisation, Leitungssysteme, Querschnittsfunktionen

Rahmenbedingungen der Unternehmensleitung

Die Ziele eines Unternehmens zu formulieren, zu setzen und für deren Erreichen zu sorgen, ist Aufgabe der Unternehmensführung bzw. des **Managements**. Dabei ist diese Tätigkeit

1. mit Risiken behaftet, da der geplante Erfolg der meisten Entscheidungen und Maßnahmen meistens nicht sicher ist und
2. von einer Vielzahl sich permanent verändernden unternehmensexternen Bedingungen beeinflusst.

Managementebenen

Leitungsebenen

Als **übergeordnete Leitungsinstanz** regelt das Management den Produktions- oder Leistungsprozess eines Unternehmens durch Zielvorgabe bzw. Zielvereinbarung, Planung, Organisation der Durchführung und Kontrolle des gesamten Prozesses.

Dies geschieht auf den Managementebenen eines Unternehmens mit einem unterschiedlichem Grad an Risiko, Planungssicherheit und Genauigkeit (Konkretisierung oder Detaillierung) sowie mit unterschiedlichem Zeitrahmen. Das Management wird deshalb auch grob in drei Leitungsebenen gegliedert.

Managementebene	Top-Management	Middle-Management	Lower Management
	Geschäftsführung	Abteilungs-, Bereichsleitung	Gruppenleitung Meister, Vorarbeiter usw.
Ziel/Planung	***strategisch***[1] = existenzielle, grundsätzliche Vorgaben für die Unternehmung	***taktisch***[2] = Umsetzung der strategischen Vorgaben	***operativ***[3] = Umsetzung der taktischen Vorgaben
Risikograd	hoch		niedrig
Konkretisierung/ Detaillierungsgrad	allgemein		genau
Zeitrahmen	langfristig	mittelfristig	kurzfristig

Anpassungsfähigkeit

Die sich ständig verändernden Einflussfaktoren verlangen eine entsprechende Fähigkeit zu **Anpassung unternehmerischen Handelns** an die äußeren Bedingungen der Unternehmensumwelt. Das strategische Management bzw. Top-Management hat stets dafür zu sorgen, dass die unterschiedlichen Einflussfaktoren erkannt und als Rahmenbedingungen für die Zielsetzungen und Planungen genutzt werden um die andauernde Wettbewerbsfähigkeit des Unternehmens zu gewährleisten.
Ausgehend von den strategischen bzw. Oberzielen einer Unternehmung werden Einzelpläne, z.B. Investitionsplan, Produktionsplan, Beschaffungsplan, Absatzplan aufgestellt, die dann bis zur operativen Ebene i. d. R. mehrfach verfeinert werden. Sind die Pläne umgesetzt bzw. realisiert, ist eine Kontrolle notwendig, die das Erreichen der Ziele und die Erfüllung der Pläne überprüft. Planabweichungen werden hinsichtlich ihrer Auswirkungen korrigiert.

■ Managementkreislauf

Auf allen Leitungsebenen eines Unternehmens vollzieht sich deshalb hinsichtlich der Management- oder Führungsaufgaben ein ständiger Kreislauf (**Managementkreislauf**).

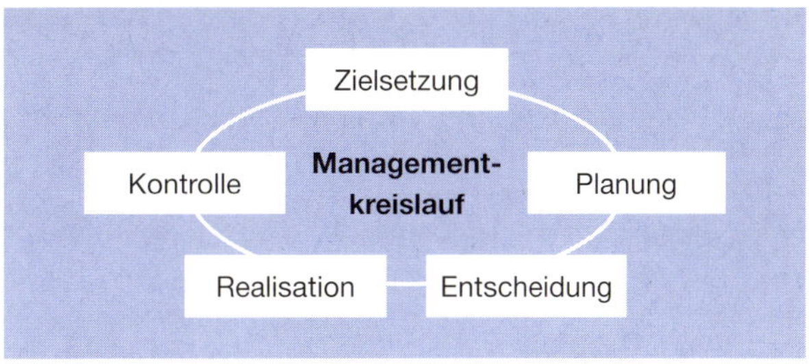

2.1.1 Rahmenbedingungen und Wettbewerbsfaktoren

■ Kundenorientierung

Das berühmte Modell T („Thin Lizzy") des Automobilherstellers Ford in den USA wurde als erster PKW in Fließbandfertigung als Massenprodukt hergestellt. Allerdings gab es lediglich eine Produktvariante. Nicht einmal bei der

[1] *Strategie: Führung der Unternehmung (Gesamtbetrachtung, langfristig)*
[2] *Taktik: Führung der Teilbereiche (Teilbetrachtung mit Schnittstellen, mittelfristig)*
[3] *Operation: Lösungsverfahren, Arbeitsgang (Einzelbetrachtung, kurzfristig)*

Farbe wurden Kundenwünsche beachtet: Entweder Schwarz oder keine Thin Lizzy. Heute lassen sogar die Produzenten von Traktoren Fahrzeuge vom Band rollen, die praktisch Einzelstücke sind. Bis wenige Tage vor Fertigstellung können die Käufer Ausstattungsmerkmale wählen bzw. ändern, die dann noch während der Herstellung Beachtung finden.

Es ist mittlerweile in nahezu allen Branchen üblich und erforderlich, dass die Produkte und Dienstleistungen hinsichtlich Qualität, Ausstattung, Kosten und Liefertermin genau an die Bedürfnisse der Kunden angepasst werden müssen. Selbst bei Massenproduktionen kann so mitunter von individueller Fertigung gesprochen werden.

Kundenorientierung

Diese Ausrichtung der Leistungsprozesse wird mit den Begriffen **Marktorientierung** bzw. **Kundenorientierung** überschrieben. Sie ist im Grunde jedoch das Ergebnis einer ganzen Reihe von Veränderungen.

Unternehmen wirtschaften in einem Netzwerk von Leistungs-, Wert- und Informationsbeziehungen, das durch sich ständig wandelnde externe Rahmenbedingungen beeinflusst wird.

Wettbewerbsfaktoren

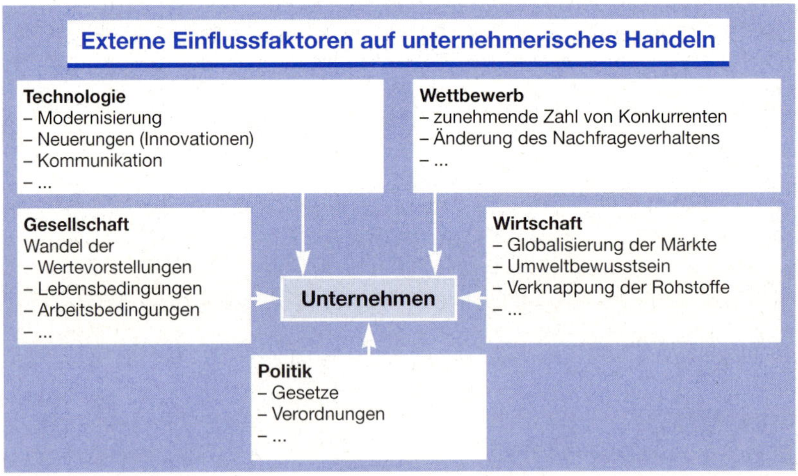

Veränderte Wettbewerbssituation

Besonders bewirken allerdings folgende Faktoren eine Verschärfung des Wettbewerbs und damit die Notwendigkeit für die Unternehmen, sich neuer Strategien zu bedienen. Ausgelöst wurde diese Veränderung der Wettbewerbssituation vor allem durch die Möglichkeiten der Informations- und Telekommunikationstechnologien.

- **Globalisierung der Märkte**
  Unternehmen haben weltweit Zugang zu allen Beschaffungs-, Arbeits-, Kapital-, Absatz- und Informationsmärkten.

- **Transparenz der Märkte**
  Die Präsenz nahezu aller Unternehmen im Internet ermöglicht es den Kunden, Produkte, Unternehmen usw. auf relativ einfachem und kostengünstigem Weg miteinander zu vergleichen und die für ihn optimale Kaufentscheidung zu treffen.

Zusätzlich erfordern nachstehende Faktoren verändertes unternehmerisches Handeln:

- **Technische Innovationen**
  Neuerungen und neue technische Erfindungen führen dazu, dass fortwährend neue Produkte und Produktverbesserungen auf die Märkte gebracht werden, die Produktentwicklungszeiten und Produktlebenszeiten verkürzen sich ständig.
- **Verknappung der Ressourcen**
  Bestimmte Rohstoffe (Ressourcen) werden immer knapper, die Kosten der Beschaffung steigen.
- **Umwelt- und Qualitätsbewusstsein der Kunden**

■ Customer Relationship Management

Kundenpflege

Letztlich haben die veränderten Wettbewerbsbedingungen dazu geführt, dass die Reaktion auf das Käuferverhalten zentraler Einflussfaktor für unternehmerische Entscheidungen ist. Der Kunde erwartet große Flexibilität (= Anpassungsfähigkeit) hinsichtlich seiner individuellen Produkterwartungen, kurze Lieferzeiten, hohe Qualität und niedrige Kosten bzw. ein günstiges Preis-Leistungsverhältnis. Mit der Erfüllung dieser Erwartungen kann ein Unternehmen Kunden langfristig an sich binden.

Dies verlangt neben der Vertragserfüllung zusätzlich noch besondere Maßnahmen wie individuelle Ansprache, Problemlösungsbereitschaft, ständige Kommunikationsbereitschaft, persönliche Betreuung, feste Ansprechpartner usw.

Eine derartige Kundenpflege, die den Aufbau und die Pflege der Beziehung (relationship) zum Kunden (customer) zur Aufgabe hat, wird als **Customer Relationship Management** bezeichnet (vgl. S. 139).

■ Prozessorientierung als Unternehmensstrategie

Kunde definiert Leistung

In den Unternehmen werden Produkte immer in Prozessen, d. h. in Ketten zusammengehörender Vorgänge (Leistungsketten, vgl. S. 25) hergestellt. Ergebnis des Erstellungsprozesses war/ist ein Produkt oder eine Dienstleistung. Kundenoriertierung bedeutet in diesem Zusammenhang eigentlich nur, dass nunmehr der Kunde definiert, welches Ergebnis erreicht werden soll.
Wollen Unternehmen die Leistungserstellung also an den individuellen Bedürfnissen eines Kunden ausrichten, so sollte konsequenterweise dieser spezielle Auftragsprozess individualisiert werden. Sämtliche Vorgänge und Teilaufgaben müssen dann in einen **kundenorientierten Prozess zusammengefasst** und in die Verantwortlichkeit eines Mitarbeits übergeben werden. Die Unternehmen wandeln sich damit praktisch vom Produkthersteller zum **Projektauftragnehmer.** Im Sinne des Customer Relationship Management bedeutet dies dann z. B. auch, dass der Prozessverantwortliche als Kundenbetreuer jederzeit auch Auskünfte über Lieferzeiten geben oder kurzfristig Produktänderungen berücksichtigen kann.

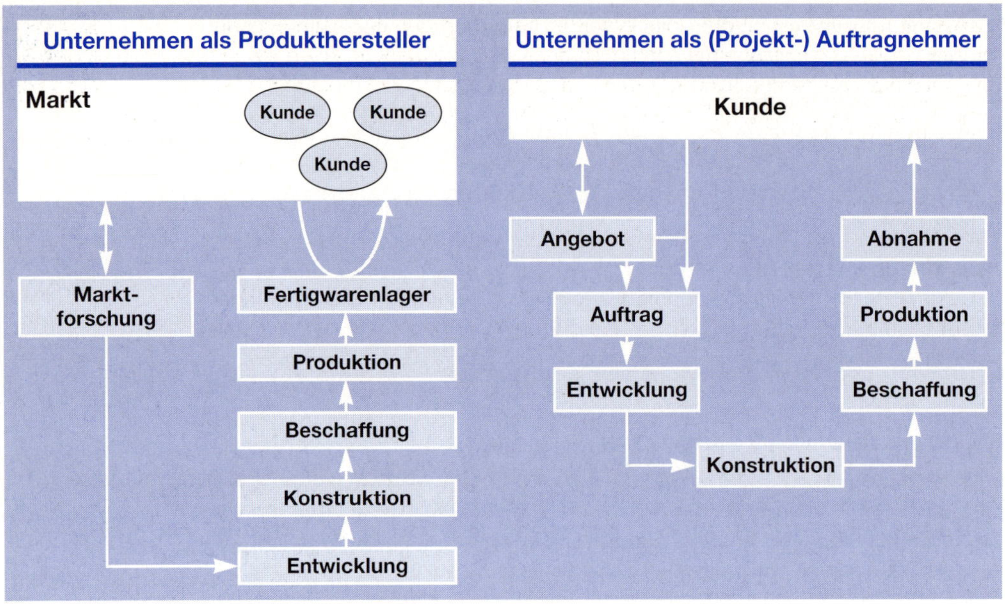

Prozessorientierung bedeutet im Wesentlichen die Zusammenfassung aller der Ergebniserreichung (= vom Kunden definiertes Produktergebnis) aufeinander folgenden Aktivitäten und Handlungen in einen Vorgang (= Prozess) in der Verantwortung eines Mitarbeiters.

Beispiel: *Auftragsabwicklung „Computerverkauf" mit Teilprozessen*

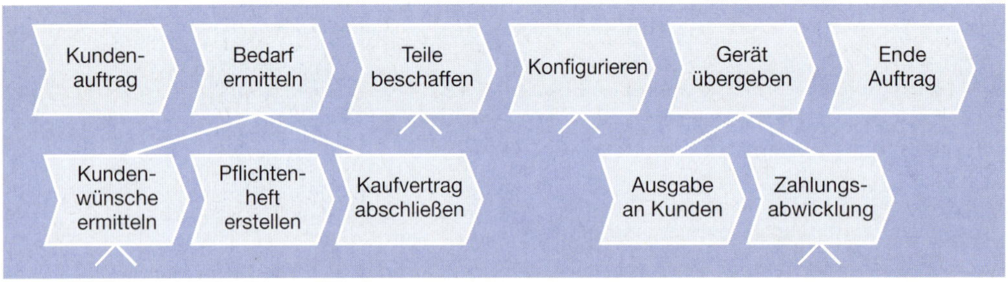

Soll ein gesamtes Unternehmen prozessorientiert organisiert werden, spricht man von **Geschäftsprozessorientierung** (vgl. S. 96 ff.). Hier handelt es sich zunächst um eine betriebswirtschaftlich-strategische Aufgabe, die i. d. R.

- alle **Management-Ebenen** betrifft (vgl. S. 72 f. unten),
- **Projekt-**Charakter besitzt (vgl. S. 79 ff.),
- massive Auswirkungen auf bestehende **Organisationsstrukturen** (vgl. S. 87 ff.) hat und
- entscheidend vom Einsatz der **Informations- und Kommunikationstechnik** (vgl. S. 82 ff.) unterstützt und bestimmt wird.

2.1.2 Prozessmanagement

Die **Gesamtheit aller Unternehmensprozesse** zur Realisierung der strategischen Ziele (vgl. S. 16) wird auch als Wertschöpfungsprozess (vgl. 23) oder Geschäftsprozess (engl.: Business Process, vgl. S. 97) bezeichnet.

Prozess-management

Prozessmanagement ist die zielorientierte Steuerung der Prozesse entlang der Wertschöpfungskette eines Unternehmens. Hauptzweck ist die Ausrichtung auf die **Zufriedenheit des Kunden** (vgl. S. 111) durch die Einhaltung bzw. Verbesserung von Qualitätsstandards, die Verringerung von Produktions- und Lieferzeiten und Kostensenkung.

Prozesskreislauf

Die Leistungserstellung in Unternehmen stellt sich im Grunde als eine Vielzahl miteinander verknüpfter und voneinander abhängiger Prozesse dar. In einem permanenten Ablauf müssen diese **Prozesse gesteuert** werden: Erfassen bzw. Aufzeichnen, Analysieren, Planen, Durchführen, Kontrollieren und Verbessern (Optimieren). Damit entsteht ein ähnlicher Kreislauf wie der des Managementkreises (vgl. S. 73).

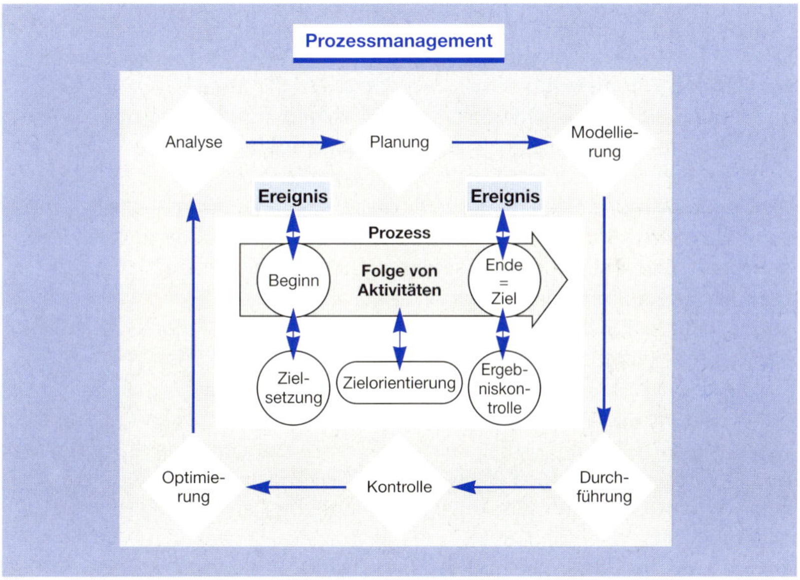

BPR

***Exkurs*: Business Process Reengineering (BPR)**

Im Zusammenhang mit den Begriffen Prozessmanagement, Wertschöpfung und Unternehmensstrategie wird häufig auch von Geschäftsprozessorientierung bzw. **Business Process Reengineering (BPR)** gesprochen.
Unternehmen sind gezwungen, gleichzeitig auf Veränderungen in ihrer Umwelt flexibel zu **reagieren** und die Leistungserstellung wirtschaftlich und effizient zu **gestalten**. Häufig müssen Arbeitsabläufe um- oder neugestaltet werden (= Reorganisation). Da diese Maßnahmen oft auch tiefgreifende Veränderungen für bestimmte Unternehmensbereiche oder auch für das ganze Unternehmen bedeuten, werden in vielen Unternehmen Umstellungsprozesse in Gang gesetzt.

Man bedient sich i. d. R. der Konzepte und Methoden der **Unternehmensentwicklung**, die mit Begriffen wie ‚Lean Management'[1], TQM (Total Quality Management = umfassende Qualitätsorientierung), Teamorientierte Produktion, Lernende Organisation usw. vor allem aber mit dem Begriff Business Process Reengineering bezeichnet werden.

Kennzeichen dieser Konzepte sind:

- die Bildung kleinerer organisatorischer Einheiten (**Teambildung**, vgl. S. 302), die ihre Aufgaben selbstverantwortlich mit größerer Verantwortung und Kompetenz[2] erledigen (**Entscheidungsdezentralisation**[3]),
- die Übertragung vollständiger Arbeitsaufträge bzw. an einen oder mehrere Verantwortliche(n) (Ganzheitlichkeit, **Prozessorientierung**) und
- die ständige und **umfassende Qualitätskontrolle** während des gesamten Arbeitsprozesses.

Aufgabenerweiterung

Von allen Beteiligten in den Unternehmen wird demnach ein neues **Rollenverständnis** und **Arbeitsverhalten** verlangt. Die Mitarbeiter müssen lernen, ihre Arbeitsprozesse selbstbestimmt und eigenverantwortlich zu planen, durchzuführen und zu kontrollieren (**Aufgabenerweiterung**). **Teamarbeit** erfordert zudem Eigenschaften wie Kooperationsfähigkeit, Dialogfähigkeit und die Bereitschaft, Konflikte zu lösen (vgl. S. 286 f.). Die Führungskräfte müssen lernen ihre Mitarbeiter zu verändertem **Arbeitsverhalten** anzuleiten, zu motivieren und diese in die Entscheidungsfindung einbinden.
Dies führt dazu, dass das Management zukünftig eher Koordinierungsaufgaben mit dem Schwerpunkt ‚Organisation des Informationsaustauschs' übernimmt, während die Mitarbeiter sich im Vergleich zu ihren Vorgesetzten zu Experten im Bewältigen fachlicher Probleme entwickeln.
Um Reorganisation und Unternehmensentwicklung umfassend und unternehmensweit bzw. möglichst vollständig voranzutreiben, wird häufig die Konzeptidee des **Business Process Reengineering** angewandt. Dieser Ansatz verfolgt konsequent eine radikale Umstrukturierung (Reengineering) der gesamten Unternehmung. Sämtliche betriebliche Tätigkeiten werden in Prozessen bzw. Wertschöpfungsketten organisiert. Ziel ist stets, die Kundenbedürfnisse optimal zu befriedigen.
Grundsätzliche Philosophie des BPR ist, dass die **Verringerung der Arbeitsteilung** zu einer **Erhöhung der Produktivität** (vgl. S. 37) bei sonst gleichen Bedingungen führt.
Im Zuge des BPR entfallen auch die bisherigen Verantwortlichkeiten durch Abteilungs- oder Bereichsleiter (z. B. Einkaufsleiter, Marketingleiter), sie werden durch so genannte **Prozessverantwortliche** ersetzt. Gradmesser für den Erfolg ist die Zufriedenheit des Kunden (Kundennutzen) (vgl. S. 111). Jeder Prozessverantwortliche oder das Prozessteam arbeitet deshalb praktisch wie ein selbstständiger Betrieb.

[1] lean = schlank. 'Lean Management' hat den Abbau der mittleren Managementebenen eines Unternehmens durch die Verlagerung von Verantwortung und Entscheidungsbefugnis auf untere Mitarbeiterebenen zum Ziel.
[2] Kompetenz = Zuständigkeit
[3] Dezentralisation = Auseinanderlegen von Aufgabenbereichen, vgl. S. 90

2.1.3 Projektmanagement

Handelt es sich bei geplanten betrieblichen Aktivitäten um Vorhaben, die relativ neuartig und komplex (vielschichtig, umfassend) sind, dann wird häufig das Projektmanagement eingesetzt.

Beispiele:

- *Platzierung eines neuen Produkts auf dem Absatzmarkt*
- *Entwicklung einer neuen Produktlinie*
- *Einführung eines Qualitätsmanagements nach DIN EN ISO 9000*
- *Ausrichtung der Produktion nach ökologischen Gesichtspunkten*
- *Umstellung der Produktion auf vollautomatische Fertigung*

Methode: Projektmanagement

Projektmanagement ist eine Methode der Unternehmensführung. Projektmanagement ist immer prozessorientiert und aus methodischer Sicht eine Problemlösungsstrategie.

Die Projektverantwortlichen (Projektteams) erhalten i. d. R. von der Unternehmensführung einen **Projektauftrag** und wickeln diesen zielorientiert selbstständig ab. Ein Projektteam kann damit während seiner Aktionsdauer praktisch als „**Unternehmen im Unternehmen**" bezeichnet werden.

Die Besetzung der Projektteams hängt in erster Linie davon ab, welche Kenntnisse und Fähigkeiten für die Projektabwicklung benötigt werden. Im Team sollte jeder betroffene Unternehmensbereich vertreten sein. Zusätzlich können dem Team **Spezialisten** wie Organisationsfachleute, Informationsmanager oder Techniker angehören.

Je nachdem, in welchem Maße im Unternehmen das Instrument Projektmanagement bereits eingesetzt wurde bzw. wenn die Unternehmensgestaltung selbst Projektinhalt ist, unterstützen **betriebsexterne Experten** in der Person von Unternehmensberatern die Projektteams. In Fällen, bei denen für die Projektdurchführung Qualifikationen benötigt werden, die im Unternehmen nicht vorhanden sind, werden betriebsexterne Fachleute, Spezialisten oder Berater, z. B. im Hardware- und Softwarebereich hinzugezogen.

■ Projektdefinition

Projektbegriff

Mit dem Begriff ‚**Projekt**' wird ein Vorhaben beschrieben, das der Lösung eines einmaligen, zeitlich begrenzten Problems dient, das i. d. R. mit besonderen Schwierigkeiten verbunden ist und hinsichtlich des Aufwands (Kosten, Ressourcen) begrenzt ist.

Daher verlangt ein Projekt

- eine genaue **Zieldefinition**,
- ein **strukturiertes** und
- eine klar umrissene **Planung**,
- ein **arbeitsteiliges** Vorgehen.

Projektphasen

Projekt als Prozess

Ein Projekt weist eine Struktur auf und ist in Teilschritte oder Phasen gegliedert, die je nach **Projektanlass** in noch kleinere Einheiten aufgeteilt und mehrmals durchlaufen werden können. Die Phasenbezeichnungen unterliegen keiner genauen sprachlichen Regelung, sie benennen die einzelnen Schritte des Entwicklungsprozesses bzw. des Vorgehens. Häufig ist der Projektabschluss gleichzeitig Anstoß für ein weiteres Projekt.

Projektverlauf

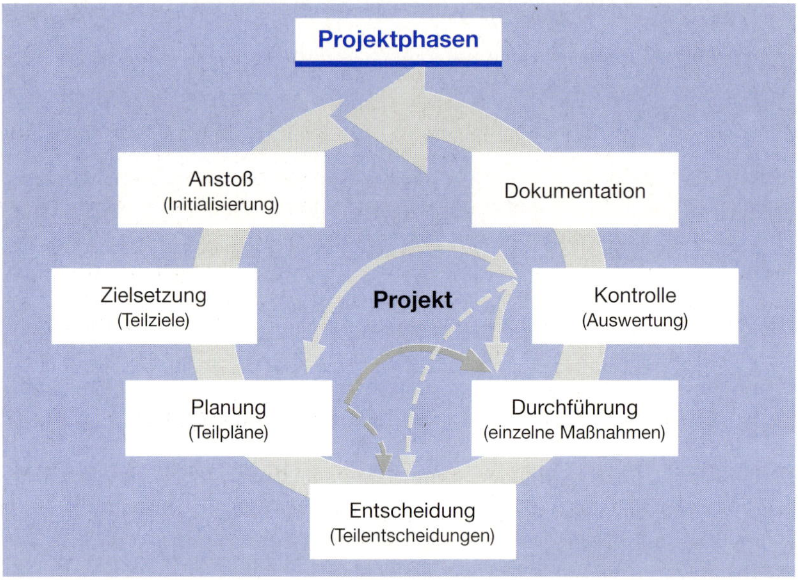

Der **Projektverlauf** erfolgt nicht zwingend bis zum Abschluss. Ein Abbruch ist immer, zweckmäßigerweise aber in der Phase der Entscheidung möglich oder auch notwendig. Typischerweise beeinflussen die Planungstätigkeiten die Durchführungsphase bzw. sie werden als Feinplanung weiter fortgesetzt. Die **Kontrolle** setzt nicht erst als Abschlusskontrolle ein, sie begleitet in Abhängigkeit von Zielsetzung und Planung alle anderen Phasen, besonders aber die Durchführung.

Phasen	Phasenschwerpunkte (Erläuterungen)
1 **Anstoß**	**Projektantrag** Die betriebliche Situation, die Probleme ergibt und/oder verändert werden soll, wird geschildert.
2 **Zielsetzung**	**Projektdefinition** Das Problem wird genau eingegrenzt beschrieben. Beabsichtigte Verbesserungen/Veränderungen werden skizziert. Festgelegt werden weiter die (vorläufigen) Rahmenbedingungen wie Zeit- und Personalaufwand, Kostenvolumen usw.

Phasen	Phasenschwerpunkte (Erläuterungen)
3 **Planung**	**3.1 Voruntersuchung** Schwerpunkte sind hier • die **Ist-Analyse** (je nach Projektziel: Schwachstellenanalyse, Ablaufanalyse, Analyse der Informationsbeziehungen usw.) d. h. eine Beschreibung des aktuellen Zustands, • eine **Operationalisierung** der **Zieldefinition**, die dazu dient, Kriterien festzulegen, anhand derer die Erreichbarkeit des gesetzten Ziels überprüft werden kann und • die **Anforderungsanalyse**, d. h. eine Darstellung des angestrebten Sollzustands mit inhaltlichen und sonstigen Anforderungen sowie • evtl. eine **Durchführungsanalyse**, die aufweisen soll, ob das Projekt überhaupt sinnvoll innerhalb z. B. des Kostenvolumens umzusetzen ist. **3.2 Grobplanung** Auf der Basis der Anforderungsanalyse strukturiert die Grobplanung das weitere Vorgehen. Sie umfasst • die **Projektstruktur** (Teilaufgaben, Schwerpunkte), • die **Ablaufplanung** in sachlogischer (Reihenfolge) und zeitlicher Hinsicht und • die **Ressourcenplanung** (Personaleinsatz, Finanzierungsbedarf). An dieser Stelle wird auch die Besetzung des **Projektteams** (Größe, beteiligte Unternehmensbereiche, betriebsinterne und /oder -externe Spezialisten, Leitung) vorgenommen.
4 **Entscheidung**	In dieser Phase – sofern nicht schon nach der Durchführungsanalyse (3.1) geschehen – fällt die Unternehmensleitung die Entscheidung, ob das Projekt durchgeführt oder abgebrochen werden soll. Evtl. wird die Planung revidiert, sodass es zu einer neuerlichen Entscheidung kommen muss.
5 **Durchführung**	**5.1 Feinplanung** Die Grobplanung wird in eine Detailplanung (Stepwise Refinement) umgesetzt, die das • **Projektergebnis** (Produkt o. Ä.) als Pflichtenheft, Plan, Modell, Prototyp, Simulationsmodell usw., • **Aufgabenverteilung** innerhalb des Projektteams und • eine genaue **Zeitplanung** umfasst. **5.2 Umsetzung** Die Pläne werden realisiert und ggf. geändert. Bis zum Abschluss dieser Phase kommt es zu Probeläufen, Parallelläufen, Simulationen, Versuchen usw., bis das Ergebnis präsentiert bzw. installiert wird.
6 **Kontrolle**	**6.1 Test** Das Projektergebnis wird im Probebetrieb auf Funktionsfähigkeit, Zuverlässigkeit, Fehlerfreiheit usw. überprüft. **6.2 „Qualitätsprüfung“** Das Projektergebnis ist hinsichtlich der Übereinstimmung mit den Vorgaben (Projektziel, Planung) zu überprüfen. Die Realisierung wird einer Durchführungskritik unterzogen (Einhaltung der Planungsvorgaben, Teambildung usw.).
7 **Dokumentation**	Die Dokumentation umfasst alle Pläne, eventuelle Änderungen, Darstellungen (Berichte, Protokolle) der Arbeitsphasen einschließlich aufgetretener Schwierigkeiten, angefertigte Handbücher (Arbeitsanweisungen, Wartungshinweise usw.).

Zur Unterstützung vor allem für die Planung von Projekten dienen **Hilfsmittel** wie die Netzplantechnik (vgl. S. 308) oder Struktogramme (weitere Hilfsmittel siehe S. 107), die den Projektverlauf in seiner Struktur (Abhängigkeit von Teilvorgängen), der zeitlichen Abfolge und der Ressourcenplanung grafisch abbilden. Sinnvollerweise setzt man die für diese Aufgabe entwickelte Software ein (z. B. MS-Project).

2.1.4 Informationsmanagement

Informationen als Grundlage von Entscheidungen

Information als Entscheidungsgrundlage

In Unternehmen fällt eine Vielzahl von **Entscheidungen** und Tätigkeiten an, die ohne **Informationen**, d. h. **aktuelles, umfassendes und vollständiges Wissen** nicht bewältigt werden kann.

Die Verfügbarkeit des **Produktionsfaktors Information** (vgl. S. 21) bestimmt maßgeblich die Konkurrenzfähigkeit und Existenzsicherung eines Unternehmens. Das Management als Entscheidungsträger muss deshalb jederzeit mit Informationen versorgt werden, die bestimmten Anforderungen genügen sollen.

Anforderungen an Informationen	
• **Aktualität**	Informationen sind ständig auf dem neuesten Stand.
• **Quantität**	Informationen liegen vollständig vor.
• **Qualität**	Informationen sind aussagefähig.
• **Terminierung**	Informationen stehen rechtzeitig bereit.
• **Validität**	Informationen sind gültig und schlüssig.

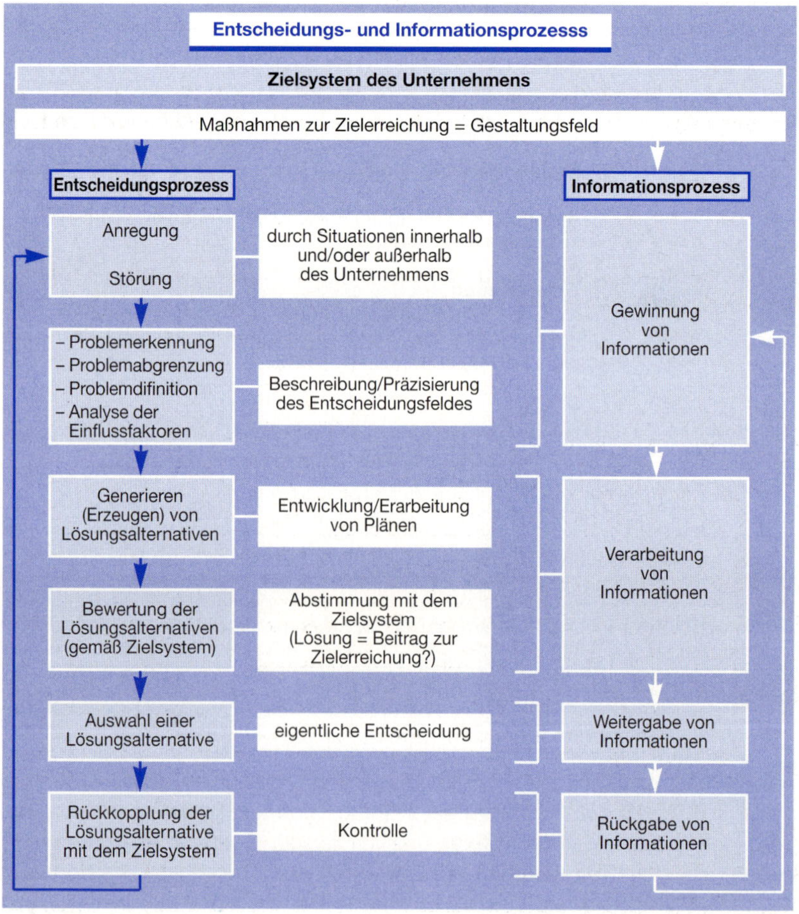

Aufgabenbereich des Informationsmanagements

Der Informationsbedarf kann im Unternehmen selbst (**interne Informationen**) und außerhalb des Unternehmens (**externe Informationen**) befriedigt werden (vgl. S. 349).

Informationen (Beispiele)

externe Informationen	
Beschaffungsmarkt	– Qualifikationen der Arbeitsplatzbewerber (Arbeitskräfte) – Anschaffungspreis für eine Maschine (Arbeitsmittel) – mögliche Lieferer für einen Rohstoff (Arbeitsstoffe)
Kapitalmarkt	– Zinssatz für langfristige Darlehen
Absatzmarkt	– Anfragen der Kunden – Preissenkung des Konkurrenzproduktes
Staatliche Organisationen	– Steuerbescheid vom Finanzamt – Gesetzesänderungen

interne Informationen	
Materialwirtschaft	– Qualität des bezogenen Rohstoffs
Absatz	– Verkaufszahlen, geordnet nach Produktgruppen oder Kundengruppen
Produktion	– Ausschussquoten für unterschiedliche Produkttypen
Rechnungswesen	– Debitorenliste – Statistiken

Die derzeitige Entwicklung im Bereich der Informations- und Kommunikationstechnologien ist durch eine **Scherenbewegung** gekennzeichnet: Immer leistungsfähigere Technik kann mit einem immer geringeren finanziellen Einsatz erworben werden. Der **Einsatz von Computern** und (Tele-) Kommunikationstechnik darf jedoch nicht allein aufgrund technischer bzw. kostengünstiger Möglichkeiten erfolgen, er muss an die betriebliche Aufgabenerfüllung angepasst werden.

Aufgaben des Informationsmanagements

Es liegt deshalb nahe, in den Unternehmen einen Aufgabenbereich **Informationswirtschaft** oder **Informationsmanagement** zu schaffen, der alle Aufgabenstellungen aus dem Bereich der Informationsverarbeitung – Informationsbeschaffung, Informationsspeicherung und Informationsübermittlung – eines Unternehmens übernimmt.

Aufgabenbereich eines Informationsmanagements
• Beschaffung, Einsatz, Wartung, (Weiter-)Entwicklung und Aktualisierung der Informations- und Kommunikationstechnik im Unternehmen
• Planung, Organisation und Realisierung der Informationsbeschaffung, -bereitstellung, -übertragung und -speicherung sowie der Kommunikationswege
• Planung, Organisation, Realisierung und Überwachung von Datenschutz- und Datensicherungsmaßnahmen
• Schulung und Sensibilisierung der Mitarbeiter
• Verwalten der Informationsbestände (Erfassen, Ändern, Löschen)
• Planung, Organisation und Realisierung der Anwendungen der Informations- und Kommunikationstechniken im Unternehmen zur Bewältigung betrieblicher Problemstellungen
• Integration des Informationsmanagements in die Aufgabenabwicklung der Funktionsbereiche

Informationsmanager

Je nach Ausmaß und Anforderungsgrad der Tätigkeiten des Informationsmanagements werden Spezialisten benötigt, die diesen Aufgabenbereich betreuen. Unabhängig davon fungieren **alle Aktions- und Entscheidungsträger** eines Unternehmens als **Informationsmanager**.

Beispiele:

- *Die **Planung, Einrichtung und Betreuung** einer zentralen Datenbank, auf die alle Fachabteilungen eines Unternehmens Zugriff haben sollen, wird von Informatik Spezialisten übernommen.*
- *Ein Sachbearbeiter in der Einkaufsabteilung **nutzt** für die Bezugskalkulation an seinem Arbeitsplatz-PC ein Tabellenkalkulationsprogramm.*

Funktion der Informationsmanager		
• **Ver- und Bearbeiter der Informationsinhalte**		Informationen aufgabengerecht auswerten, analysieren, verknüpfen, verdichten, in andere Informationen transformieren
• **Manager der**	– **Informationsbestände**	*(= sämtliches gespeichertes Wissen eines Unternehmens, auf das jederzeit zurückgegriffen werden kann)*
	– **Informationsbeziehungen**	*(= Kommunikation als Austausch von Informationen in „Informationsnetzen“ innerhalb und außerhalb der Unternehmung)*
	– **Informationstechnik**	*(= Kenntnisse über Hardware und Software)*

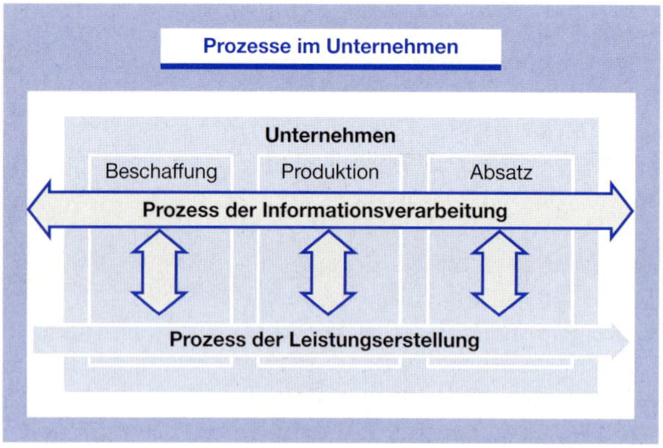

■ Modell eines Informationssystems

Informationsverarbeitung ist Bestandteil jeder Tätigkeit in Unternehmen und ermöglicht und begleitet die Aufgabenerfüllung entlang des Leistungserstellungsprozesses. Die Informationsverarbeitung ist in den Leistungserstellungsprozess integriert.

Unternehmen als Informationssystem

Hauptaufgabe des Informationsmanagements eines Unternehmens ist die Planung und Gestaltung von Informationssystemen. Zur exakteren Untersuchung, Darstellung und insbesondere zur effektiveren Gestaltung von Informationssystemen wird auf der Basis des Modells eines Informationssystems gearbeitet, das einzelne Bereiche oder das gesamte Unternehmen als informationsverarbeitendes System betrachtet (vgl. S. 20).

Ziel eines solchen Modellentwurfs ist die Systemgestaltung und Systemabgrenzung durch Bildung von Komponenten, die in Zusammensetzung und Zusammenwirken das Informationssystem definieren. Dies geschieht auf der Grundlage des sozio-technischen Systems Unternehmen unter besonderer Beachtung

- der Mitarbeiterorientierung (Aufgabenerfüllung),
- der **Datenverarbeitung**,
- des **technischen Aspekts** der Informationsverarbeitung und
- der **Zielsetzungen** des Unternehmens.

Ein derartiges Informationssystem besteht immer aus folgenden fünf **Komponenten**[1]

Komponenten eines Informationssystems

Komponenten	Erläuterung	*Beispiele*
Brainware	Gesamtheit aller **Kenntnisse** und **Fähigkeiten** der Mitarbeiter im System, die zur (effektiven) Nutzung des Systems notwendig sind	*Kenntnis* • *über die Anmeldung eines Anwenders in ein Netzwerk* • *wie ein Textverarbeitungsprogramm bearbeitet zu nutzen ist* • *wie Druckerstörungen behoben werden*
Hardware	alle technisch-physikalischen Einheiten (**Geräte**) des Systems	• *Monitor* • *Drucker* • *Zentraleinheit* • *Verbindungskabel*
Software	alle Steuerungs**programme** („Arbeitsanweisungen" für die Hardware)	*Programm zur* • *Rechnungsschreibung* • *Verwaltung von Kundendaten* • *Datenfernübertragung*
Orgware	alle **organisatorischen Maßnahmen** zum (optimalen) Betrieb des Systems	• *Regelungen über die Aufbewahrung von Datenträgern* • *Maßnahmen zur Sicherung von Daten gegen Verlust* • *Benennung der Mitarbeiter, die Daten löschen oder verändern dürfen*
Kommunikation	alle **Maßnahmen** und **Einrichtungen** zur Regelung und zur Realisation von **Informationsbeziehungen** (Übermittlung und Austausch)	• *Der Austausch von Informationen erfolgt* • *intern über Videokonferenz und eMail* • *zu Betriebsexternen über eMail, Fax, Videokonferenzen* • *Für die Auftragsbearbeitung am Computer nutzen die Mitarbeiter Dateien einer Datenbank. Diese wird auf einem zentralen Server verwaltet. Die Arbeitsplatzrechner und der Zentralcomputer sind in einem Netzwerk miteinander verbunden.*

Die Komponenten sind **integrativ** miteinander verbunden, d. h. einerseits bedingen sie einander und andererseits ist keine Komponente verzichtbar. Das gesamte System ist somit nicht funktionsfähig, wenn nur eine Komponente fehlt. Die Leistungsstärke des gesamten Systems wird bestimmt von jedem der einzelnen Elemente.

Das Modell des Informationssystems wird tatsächlich bereits durch die vier „Grundkomponenten" Hardware, Software, Orgware und Brainware vollständig beschrieben. So wie sich jedoch auch die Sichtweise auf den betrieblichen Leistungsprozess verändert hat, steht heute die Betonung des Informationsaustauschs bzw. der **Kommunikation** innerhalb eines Unternehmens und nach außen im Vordergrund des Informationsmanagements.

Schwerpunkt bei der Entwicklung und Gestaltung von modernen Informationssystemen ist eine Informations- und Kommunikationstechnologie, die einen **wirkungsvollen Einsatz** von **Arbeitskräften und Arbeitsmitteln auf einheitlicher technischer Basis** ermöglicht.

[1] *Vgl. Dax, E., Döring, T., Hagel, H.: Handlungsfeld Wirtschaftsinformatik/Organisation; Stam-Verlag 1998 (Nr. 1675).*

Anwendungs- und Informationssysteme

Anpassung der Informationssysteme an die Aufgaben

Bei der Gestaltung von Informationssystemen muss neben dem Komponenten-Modell gleichermaßen die **Art der betriebswirtschaftlichen Aufgabenstellungen beachtet werden.**

Computergestützte Informationssysteme bzw. **Anwendungssysteme** sollen der Unterstützung der jeweiligen Aufgabenbewältigung oder automatisierten Erledigung der Aufgaben dienen. Je nach Aufgabentyp oder Art der betriebswirtschaftlichen Aufgabe unterscheidet man:

Administrationssysteme (verwalten)	**Dispositionssysteme** (steuern, anordnen)	**Kontrollsysteme**	**Planungssysteme**
Erledigung von Routinearbeiten und Massenvorgänge	Auswertung von Informationen bzw. Steuern von Abläufen nach vorstrukturierten, Verfahren	funktionsbezogene- und funktionsübergreifende Auswertung von Informationen, Controlling	Erstellung von Analyse- und Planungsdaten, Anfertigen von Entscheidungsgrundlagen
Beispiel: – *Erfassung von Adressen,* – *Verbuchung von Materialbelegen*	***Beispiel:*** – Abwickeln von Bestellungen – Auftragsbearbeitung	***Beispiel:*** – *Personalstatistik* – *Kostenrechnung* – *Produktionssteuerung*	***Beispiel:*** *Absatzprognose aus der Analyse, Verdichtung und Auswertung von unterschiedlichen Informationen (Konjunktur, Nachfrageverhalten usw.)*

Systematik der Systeme

Integriert man die Teilssysteme zu einem unternehmensweiten Informationssystem, so können nachstehende Eigenschaften festgehalten werden.

	Informations- und Anwendungssysteme			
	Operative Systeme		**Strategische Systeme: Management- oder Führungs-Informationssysteme**	
	Administrationssysteme	**Dispositionssysteme**	**Kontrollsysteme**	**Planungssysteme**
Aufgaben-/Problemstrukturierung	genau			ungenau
Einsatzreichweite	aufgabengebunden	funktionsgebunden		unternehmensweit
Datenverdichtung	niedrig			hoch

2.1.5 Betriebsorganisation

Organisationsbegriff

Gestaltungsräume der Organisation

Im Bereich der Betriebsorganisation werden folgende **Gestaltungsräume** voneinander abgegrenzt:

- **Improvisation** = intuitive Entscheidung, die immer dann zum Zuge kommt, wenn unvorhersehbare oder nicht planbare Situationen eintreten. Ihr intuitiver Charakter bedingt, dass sie selten von längerer Dauer sind.
- **Disposition** = fallweise Regelungen, die dann ihre Berechtigung haben, wenn noch keine endgültigen Regelungen getroffen werden können oder sollen.
- **(Betriebs-)Organisation** = generelle und dauerhafte Regelungen, die im Unternehmen für die Zusammenarbeit und den Betriebsablauf hinsichtlich der Zielerreichung bzw. eine optimale Ordnung herstellen.

Beispiel:

Organisation	*Disposition*	*Improvisation*
Der Abteilungsleiter entscheidet über die Zugriffsrechte auf Dateien, er legt fest, welche Mitarbeiter zu bestimmten Dateien Zugriff haben, welcher Art der Zugriff ist (lesen, schreiben, verändern, löschen) und legt in Absprache mit dem Leiter der Abteilung Informationsmanagement fest, welche Maßnahmen zur Datensicherung durchgeführt werden.	*Verstärkt erhält ein Unternehmen von seinen Kunden Anfragen per eMail. Nicht alle Mitarbeiter in der Verkaufsabteilung sind aber mit Zugang zum eMail-Empfang ausgestattet. Bis eine endgültige innerbetriebliche Regelung erfolgt, wird ein Mitarbeiter beauftragt, alle eMail-Anfragen zu sammeln und den zuständigen Sachbearbeitern zur Verfügung zu stellen.*	*Durch Bauarbeiten wird die Stromzufuhr unterbrochen, in der Abteilung Kostenrechnung laufen gerade umfangreiche Kalkulationsarbeiten, kurzfristig wird entschieden, dass diese Arbeiten bei einem Softwarehaus abgewickelt werden sollen. Hierzu sind die vorhandenen Sicherungskopien der erforderlichen Daten auf dem externen Rechner zu installieren.*

System von Regeln

In Unternehmen wirken Menschen und Sachmittel zusammen um Ziele zu erreichen. Damit das sozio-technische System Unternehmen als Ganzes seinen Zweck erfüllt, muss ein funktionierendes **Ordnungsgefüge** hergestellt werden.

Die Betriebsorganisation sieht deshalb das Unternehmen als Gebilde, für das es die Zusammenarbeit und den Betriebsablauf zu organisieren gilt. Das Ergebnis ist ein System von **Regeln**. Dies ist vor allem immer dann sinnvoll, wenn **Aufgaben** nicht nur einmalig, sondern häufig oder **immer wieder zu erledigen** sind.

Für die Menschen werden Verhaltens- und Arbeitsregeln und für die Maschinen Funktionsregeln aufgestellt. Diesen Vorgang selbst und sein Ergebnis (= geschaffene Ordnung) nennt man Organisation.

Aufgabenbereiche der Betriebsorganisation

Die Aufgabenbereiche oder Maßnahmen der Betriebsorganisation werden gegliedert in Maßnahmen der **Aufbauorganisation** und **Ablauforganisation.**

Aufbauorganisation	Ablauforganisation
Gestaltung der Zusammenarbeit zwischen den Funktionsbereichen und Mitarbeitern eines Unternehmens • **Bildung organisatorischer Einheiten** (z. B. Abteilungen, Arbeitsgruppen, Teams, Stellen), durch Definition und Abgrenzung von **Aufgabenbereichen** • **Besetzung der Einheiten** durch Aufgabenträger (personelle Zuordnung von Aufgaben und Kompetenzen) • **Festlegung von Rangordnung und Weisungsbefugnissen** (Struktur der betrieblichen Hierarchie, Weisungs-, Entscheidungs- und Anweisungsbefugnissen) • **Festlegung der Managementkonzeption** (Führungsstile, Führungsfunktionen, Führungsziele)	**Gestaltung des Betriebsablaufes** und der Arbeitsgänge • **Regelung der Arbeitsabläufe** in – zeitlicher, – räumlicher und – funktionaler (= sachlogischer) Hinsicht mit den Zielen: – Minimierung der Durchlaufzeiten und – optimale Auslastung der Kapazitäten (Menschen und Maschinen) • **Humane Gestaltung der Arbeitsbedingungen** • **Festlegung der Arbeitsmittel**

Überorganisation – und Unterorganisation

Organisatorisches Gleichgewicht

Die optimale Kombination zwischen Organisation, Disposition und Improvisation bestimmt das Maß der Flexibilität (= Anpassungsfähigkeit) einer Unternehmung. Sowohl **Überorganisation** (Starrheit) als auch **Unterorganisation** („Chaos“) müssen vermieden werden. Das optimale organisatorische Gleichgewicht, d. h. das richtige Maß an organisatorischen Maßnahmen, muss unternehmensindividuell in Einklang mit den Unternehmenszielen gebracht werden. Da das Unternehmen jedoch auch ständig das wirtschaftliche Handeln an interne und externe Gegebenheiten anpassen muss, ergibt sich die Notwendigkeit einer permanenten **Organisationskontrolle** und dadurch einer entsprechenden **Anpassung an Veränderungen** (= Reorganisation).

Entwicklung der Aufbauorganisation (Analyse – Synthese – Konzept)

Aufgabenzerlegung

Aus dem Sachziel bzw. der Gesamtaufgabe einer Unternehmung ergibt sich eine Reihe von Teilaufgaben oder Funktionen (vgl. S. 32). Diese sollen von mehreren Aufgabenträgern (= **Arbeitsteilung**) erfüllt werden. Notwendig ist deshalb zunächst die **Aufgabenanalyse**, d. h. **eine Aufgabenzerlegung** bzw. -gliederung. Die Gliederungstiefe hängt von der Betriebsgröße und dem angestrebten Grad der Arbeitsteilung ab. Man führt die Aufgabenanalyse vor allem anhand von zwei Gliederungskriterien durch:

- **Verrichtungsprinzip** = Tätigkeiten
- **Objektprinzip** = Gegenstände, auf die sich die Verrichtungen beziehen

Auszug aus einem Aufgabengliederungsplan

Beispiel:

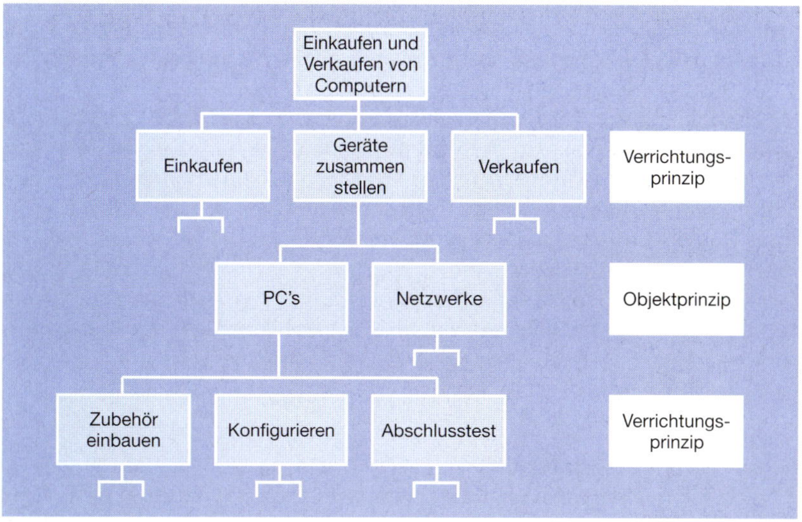

Stellenbildung

Aufgabenbündelung

Die in der Aufgabenanalyse gewonnene Aufgabenzerlegung bildet die Grundlage für die **Aufgabensynthese**, d.h. die Zusammenfassung von Teilaufgaben zu Aufgabenbündeln und deren Zuordnung zu den Aufgabenträgern.

Der Aufgabenkomplex von sachlogisch zusammenhängenden und von einer Person mit entsprechender Qualifikation zu bewältigenden Teilaufgaben wird Stelle genannt, sie ist die kleinste organisatorische Einheit.

Stelle

Stellenarten		
Ausführende Stelle	**Instanz**	**Stabsstelle**
= Stelle ohne Leitungsfunktion	= Stelle mit Leitungsfunktion	= Hilfsstelle ohne Weisungsbefugnis für die Instanz (Beratung, Information)

Die Stellenbildung wird wiederum entweder nach dem

- **Verrichtungsprinzip,** d.h. Zusammenfassung gleichartiger Aufgaben, z. B. Einkaufen (= Verrichten) aller Hardwarekomponenten oder
- **Objektprinzip,** d. h. Zusammenfassung verschiedener Aufgaben, z. B. Einkaufen, Installieren der Software und verkaufsfertige Bereitstellung von Notebooks (= Objekt)

durchgeführt.

Abteilungsbildung

Im nächsten Schritt werden sachlogisch zusammenhängende Stellen zu Einheiten wie Gruppen, Abteilungen, Bereichen usw. zusammengefasst (z. B. Rechnungswesen, Produktgruppe Privatkunden in der Abteilung Marketing).

Mit der Bildung von Abteilungen werden überschaubare und kontrollierbare Bereiche geschaffen, die in der Verantwortung eines (Abteilungs-) Leiters (= Instanz) stehen. In der Regel sind diese Bereiche **auf einen bestimmten Aufgabenkomplex spezialisiert,** z. B. Beschaffung aller Rohstoffe, Produktion eines Sortimentsbereichs, Personalverwaltung usw.

Zentralisation – Dezentralisation

Die Abteilungsbildung erfolgt wie die Stellenbildung entweder nach dem Verrichtungsprinzip oder Objektprinzip. Im Zusammenhang mit der Abteilungsbildung spricht man dann auch entweder von Verrichtungszentralisation oder Objektzentralisation.

- **Verrichtungszentralisation**
  Gleichartige Tätigkeiten an verschiedenen Objekten werden in einem Bereich zusammengefasst (zentralisiert). Verrichtungszentralisation bedingt auf der folgenden Ebene immer eine Objektzentralisation (Aufteilung gleichartiger Tätigkeiten).
  Vorteil der Verrichtungszentralisation:
  Spezialisierung auf gleichartige Tätigkeiten

Beispiel: *Abteilungsbildung nach dem Verrichtungsprinzip*

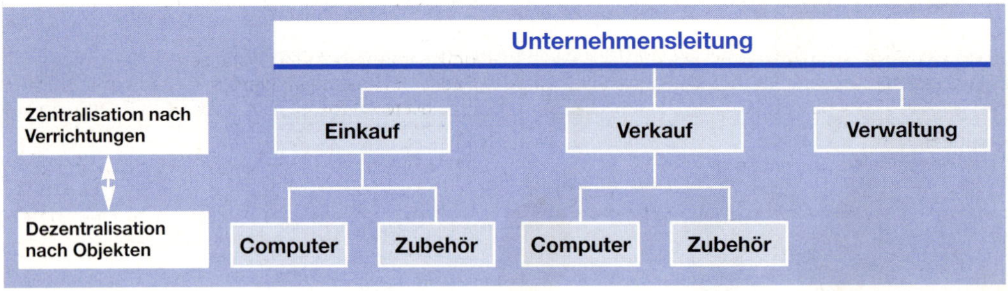

- **Objektzentralisation**

  Verschiedene Tätigkeiten, die zur Bearbeitung eines Objektes notwendig sind, werden in einem Bereich zusammengefasst (zentralisiert). Objektzentralisation bedingt auf der folgenden Ebene immer eine Verrichtungsdezentralisation. (Aufteilung gleichartiger Tätigkeiten).
  Vorteil der Objektzentralisation:
  Spezialisierung auf ein Objekt

Abteilungsbildung nach dem Objektprinzip

Beispiel:

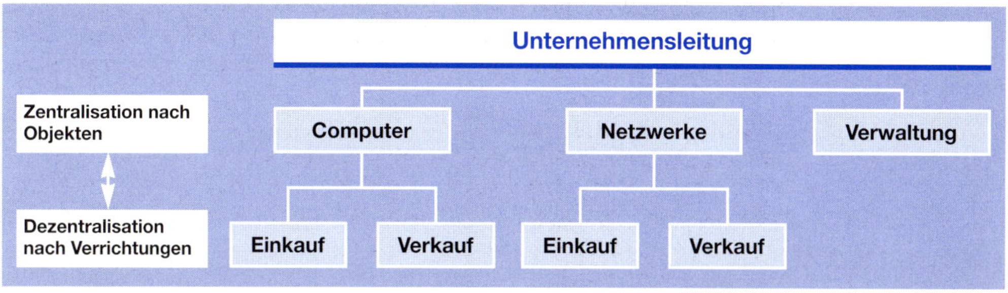

Die Verrichtungszentralisation findet i. d. R. Anwendung, wenn die Objekte relativ einheitlich sind (z. B. Desktop-Computer, Tower-Computer usw.). Die Objektzentralisation wird zum Prinzip der Strukturierung, wenn die Objekte (Produkte, Dienstleistungen) einer Unternehmung jeweils unterschiedliche Kenntnisse und Fähigkeiten erfordern (z. B. Netzwerke, Softwareentwicklung, usw.). In größeren und großen Unternehmen ist das Ergebnis der Objektzentralisation die so genannte **Spartenorganisation.** Sparten oder Divisionen sind i. d. R. selbstständige Produktbereiche.

Das Gestaltungsprinzip der Zentralisation bzw. Dezentralisation ist auch im Hinblick auf Entscheidungsbefugnisse von großer Bedeutung.

Entscheidungszentralisation	Entscheidungsdezentralisation
Entscheidungsbefugnisse sind konzentriert	**Delegation** von Entscheidungsbefugnissen
Vorteile: – geringe Anzahl von Instanzen, die … – einheitlich entscheiden, – gute Kontrollmöglichkeiten	Vorteile: – Entlastung der oberen Instanzen, – Sachentscheidungen werden schneller getroffen – schnellere Anpassung an veränderte Situationen
Nachteile: – Überlastung der Instanzen – Gefahr von Fehlentscheidungen durch Marktferne – Verzögerungen durch lange Informationswege	Nachteile: – unterschiedliche Behandlung gleichartiger Sachverhalte – höhere Anforderungen an Instanzen bezüglich ihres Führungsstils (vgl. S. 93)

■ Leitungssysteme

Über- und Unterordnung

Die Zusammenfassung zu Stellen, Abteilungen usw. ergibt gleichzeitig auch eine Verteilung von Leitungsaufgaben bzw. Weisungs- und Entscheidungskompetenzen mit unterschiedlichem Umfang. Damit entsteht eine Über-, Unter- und Gleichordnung von Stellen. Diese Beziehungen kommen im **Leitungssystem** oder Weisungssystem zum Ausdruck, das entsprechende Schaubild wird **Organigramm** genannt. (Siehe S. 93).

Leitungssystem

Die Grundformen der Leitungssysteme sind:

• Einliniensystem

Jede untergeordnete Stelle kann nur von einer direkt übergeordneten Instanz Weisungen entgegennehmen.

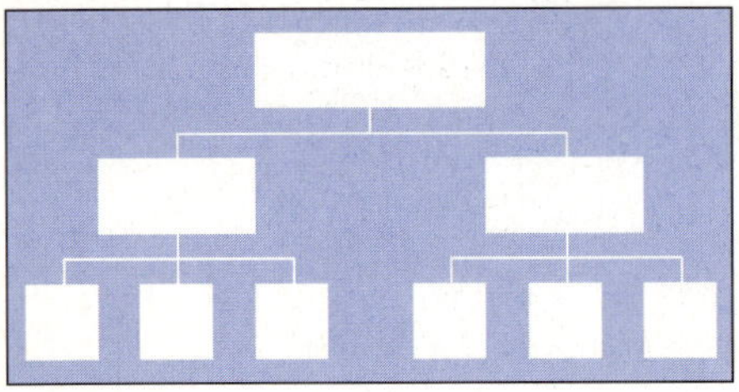

Hauptvorteil:
Klare Zuständigkeiten
Hauptnachteil:
Überlastung der Instanzen

• Mehrliniensystem

Jede untergeordnete Stelle kann von mehreren direkt übergeordneten Instanzen Weisungen entgegennehmen.

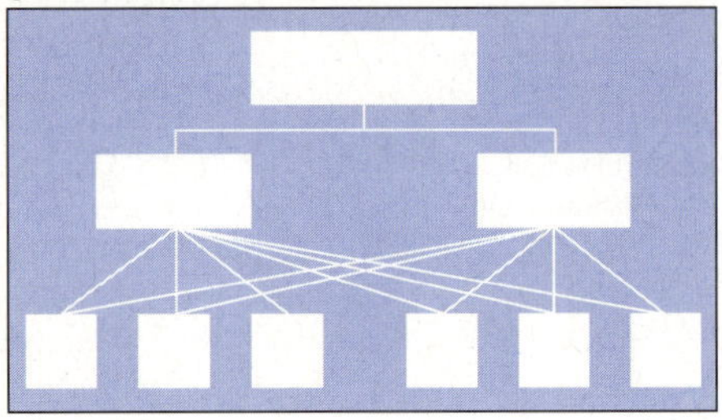

Hauptvorteil:
Spezialisierung der Instanzen
Hauptnachteil:
Kompetenzüberschneidungen

• Stab-Linien-System

Den Instanzen sind Stäbe ohne Weisungsbefugnis zur Unterstützung (Beratung, Information, Entscheidungsvorbereitung zugeordnet.

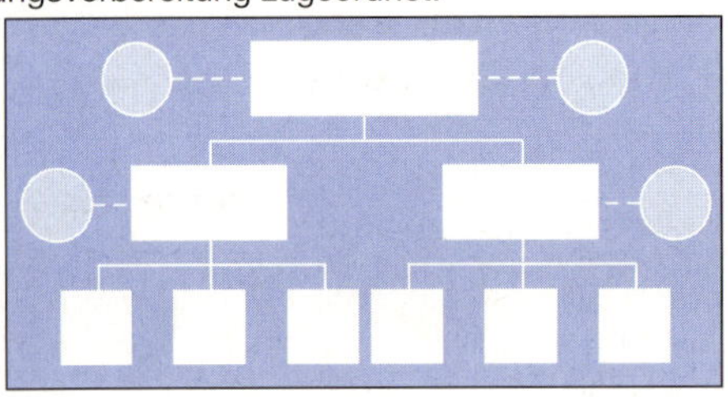

Hauptvorteil:
Entlastung der Instanzen bei Beibehaltung des eindeutigen Dienstweges
Hauptnachteil:
Fachliche Abhängigkeit der Instanzen von den Stäben
Typische Stabsaufgaben sind:
Rechtsabteilung, Forschung und Entwicklung, Öffentlichkeitsarbeit

• Matrixorganisation

Variante des Mehrlineinsystems, in dem die Stellen sowohl einem verrichtungs- als auch einem objektorientierten Manager unterstehen.

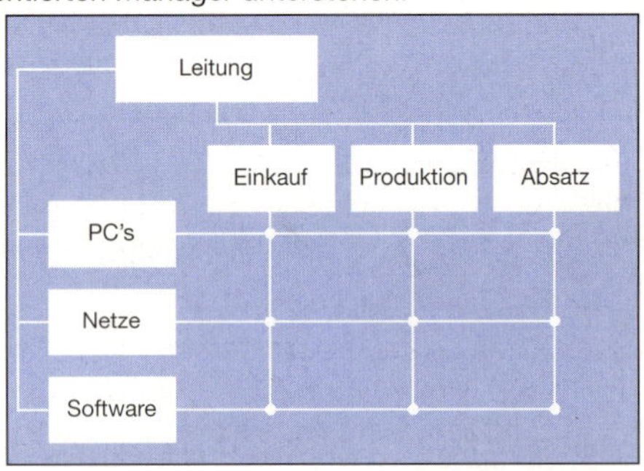

Hauptvorteil:
Problemlösungen durch verschiedene Fachspezialisten
Hauptnachteil:
Kompetenzprobleme

Beispiel:

Die folgende Abbildung zeigt das aufgabenbezogene, d. h. funktional ausgerichtete Organisationsschaubild (= Organigramm) einer Unternehmung der Möbelindustrie.

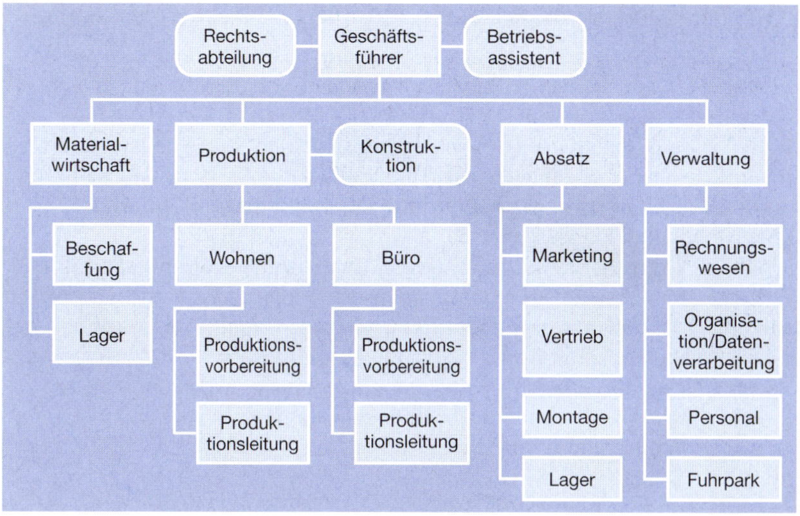

■ Führungsstile und Managementtechniken

Als Führungsstil wird das **Verhalten von Vorgesetzten** gegenüber den Mitarbeitern bezeichnet. Führungsstile beschreiben die Art und Weise, wie Entscheidungen getroffen und den Mitarbeitern angeordnet werden. Unterschieden werden zwei Führungsstile, die die Extremformen darstellen, dazwischen liegen vielfältige Ausprägungen.

Mitarbeiterführung

- **Autoritärer Führungsstil**
  Der Vorgesetzte fällt ohne Mitwirkung seiner Mitarbeiter Entscheidungen. Die Mitarbeiter sind Befehlsempfänger.
- **Kooperativer Führungsstil**
  Der Vorgesetzte ist Koordinator und gibt Informationen. Die Gruppe der Mitarbeiter ist beim Entscheidungsfindungsprozess beteiligt.

Führungstechniken bzw. **Managementtechniken** bauen auf den kooperativen Führungsstil auf. Die drei bekanntesten sind in der folgenden Tabelle festgehalten.

Managementtechnik	**Merkmale**	**Hauptaufgabe/-problem**	***Beispiel***
Management by exception (exception = Ausnahmefall)	Mitarbeiter entscheiden und handeln selbstständig in Normal- bzw. Routinefällen; Vorgesetzter greift in Ausnahmefällen ein.	Festlegung von Normal- und Ausnahmefällen	*Normalfall: Gewährung von Rabatt bis zu einer Höhe von 20 %*
Management by objectives (objectives → Zielvereinbarung)	Vorgesetzter und Mitarbeiter vereinbaren gemeinsam Ziele für den Mitarbeiter. Der Mitarbeiter bestimmt selbstständig den Weg der Zielerreichung. Abschließend findet ein Soll-Ist-Vergleich statt.	Vereinbarung exakter und realistischer Ziele	*Umsatzsteigerung um 5 %*
Management by delegation	Aufgaben werden durch den Vorgesetzten an den Mitarbeiter übertragen, der diese vollständig hinsichtlich Entscheidungen und Abwicklung verantwortet.	Festlegung der Kontrollinstrumente	*Abwicklung eines vollständigen Kundenauftrags*

Querschnittsfunktionen

Prozessdienstleister

Bei der Gestaltung von Leitungssystemen muss entschieden werden, wie die **betrieblichen Querschnittsfunktionen** in die Struktur des Unternehmensaufbaus integriert werden. Querschnittsfunktionen erfüllen für alle anderen Bereiche einer Unternehmung Dienstleistungen, die von ihrer Abwicklung her relativ gleichartig sind.

Sollen diese Funktionen als direkte Unterstützung in die Leistungserstellungsprozesse der einzelnen Unternehmensbereiche eingebunden werden, so handelt es sich um **prozessgebundene Querschnittsfunktionen**, z. B. Personalwirtschaft, Finanzwirtschaft.

Funktionen, die eher den Charakter von Unternehmenszielen haben und für die Unternehmung von grundsätzlicher leistungsprozessübergreifender Bedeutung sind, **werden prozessungebundene Querschnittsfunktionen** genannt. Solche Funktionen sind z. B. Umweltschutz und Qualitätssicherung.

Häufig werden die Querschnittsfunktionen zentral zu Aufgabenbereichen zusammengefasst und erbringen ihre Dienstleistungen als Verwaltungsbereich für alle anderen Unternehmensteile.

Grenzen der funktionsorientierten Organisation

Die bisher beschriebene Betriebsorganisation ist nach Betriebsaufgaben bzw. -funktionen gegliedert. Sie wird deshalb auch als funktionsorientiert bezeichnet. Vor allem in größeren Unternehmen entsteht durch die **funktionale Organisation**

- eine Organisationsstruktur mit einem hohen Grad der Arbeitsteilung, d. h. eine Konzentration der Mitarbeiter auf einen kleinen Ausschnitt des gesamten Leistungsprozesses (= Spezialisierung) und
- oft eine umfangreiche Unterteilung der einzelnen Aufgabenbereiche (Abteilungen).

Grenzen der Funktionsorientierung

Als problematisch stellt sich für die Funktionsorientierung u. a. dar

- der **mangelhafte Überblick** vieler Mitarbeiter über den gesamten Produktionsprozess gerade auch auf die direkt vor- und nachgelagerten Tätigkeiten,
- **Informationsverluste** und **-verfälschungen** wegen der vielen Kommunikationsschnittstellen im Unternehmen,
- eine nur mit hohem **Organisations- und Zeitaufwand durchzuführende Änderung** der i. d. R. langfristig festgelegten, starren (Produktions-) Ablaufstrukturen z. B. wegen Nachfrageänderungen.

Die durch die funktionsorientierte Leistungserstellung bedingte Arbeitsteilung und Spezialisierung hat zwar dazu geführt, dass eine Produktion großer Mengen zu kostengünstigen Bedingungen möglich ist. Durch zunehmend wachsende und individuelle **Kundenansprüche** (vgl. S. 173) an Qualität und Preisgestaltung der Produkte, Lieferfristen, Produktvarianten usw. unterliegen Unternehmen in allen Branchen der Notwendigkeit, ständig auf veränderte Situationen auf ihren Absatzmärkten zu reagieren. Nicht Massenfertigung sondern Einzelfertigung nach Kundenwünschen ist der Ausgangspunkt der Leistungserstellung.

Prozessorientierte Gliederung

Deshalb müssen entsprechende Organisationsstrukturen geschaffen werden, die **schnell** und **flexibel** auf Kundenbedürfnisse **reagieren** können. Aus diesem Grund ändern viele Unternehmen die traditionell funktionale Organisationsstruktur und passen sie häufig dem Verlauf des **Leistungs- und Wertschöpfungsprozesses** an.

Spezialisten, die nur für einen kleinen Ausschnitt des gesamten Produktionsprozesses zuständig sind, können diese Forderung nicht erfüllen. Die Mitarbeiter müssen in der Lage sein, das Management eines Leistungsprozesses von der Auftragsannahme bis zu seiner Erledigung vollständig zu übernehmen.

Damit wollen Unternehmen
- die Anzahl der Schnittstellen im Produktionsprozess und gleichzeitig auch
- die Anzahl der Kommunikationsschnittstellen verringern,
- Produktionszeiten (= Durchlaufzeiten) verkürzen,
- Informationsverluste verhindern,
- den Produktionsprozess flexibel an Kundenwünsche bzw. Marktveränderungen anpassen

und schließlich
- hohe Produktqualität erreichen sowie
- Kosten sparen.

Im Zuge der prozessorientierten Organisation der Unternehmen sollen deshalb die betrieblichen Strukturen und Abläufe möglichst vollständig in eine Prozessorganisation überführt werden (Reorganisation, Business Process Reengineering, vgl. S. 77 f.).

Funktions- und prozessorientierte Organisation

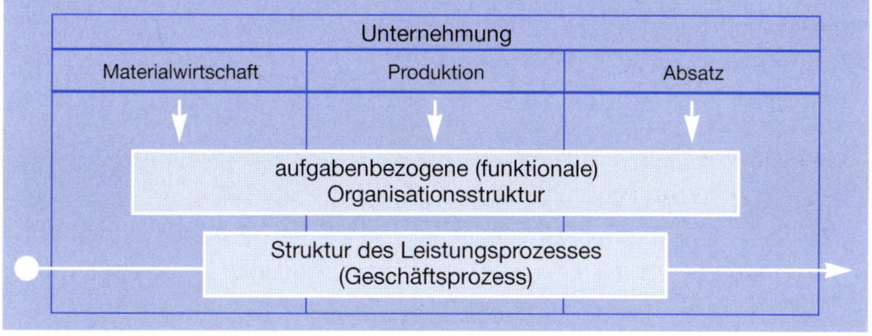

Beispiel:

Auftragsbearbeitung in funktions- und (geschäfts-)prozessorientierter Organisation
Quelle: Borowsky, R.: Workflow-Management: Modellierungsmethoden für Workflow. Im Internet/WWW [URL:] http://iwi.uni-sb.de/borowsky/krimskrams/seminar/, gefunden 1998-10-07

Kundenangebotsbearbeitung, Auftrag 11	Kundenangebotsbearbeitung, Auftrag 304	Kundenangebotsbearbeitung, Auftrag 609
Kundenangebotsverfolgung, Auftrag 11	Kundenangebotsverfolgung, Auftrag 304	Kundenangebotsverfolgung, Auftrag 609
Kundenauftragserfassung, Auftrag 11	Kundenauftragserfassung, Auftrag 304	Kundenauftragserfassung, Auftrag 609

prozessorientiert (↑) / funktionsorientiert (→)

2.2 Geschäftsprozessorientierung

2.2.1 Analyse von Geschäftsprozessen

Hinweis: ***Anwendungsbeispiele zur Geschäftsprozessorientierung, -gestaltung und -optimierung finden Sie vor allem in Kapitel 3 dieses Buches ab S. 116.***

- Geschäftsprozess: Definition, Merkmale
- Prozessarten
- Beschreibungssichten
- Modellierungswerkzeuge

2.2.1.1 Definition und Merkmale des Begriffs Geschäftsprozess

Prozess

Unter einem **Prozess** versteht man

- allgemein eine **Folge von Aktionen** oder
- nach DIN 66201 die **Umformung** und/oder den **Transport** von Materie, Energie und Informationen von einem **Anfangszustand** in einen **Endzustand** nach genau festgelegten **Regeln.**

Beispiel: *(Teil-) Prozess „Produktion" aus dem Geschäftsprozess „PC-Vertrieb"*[1]

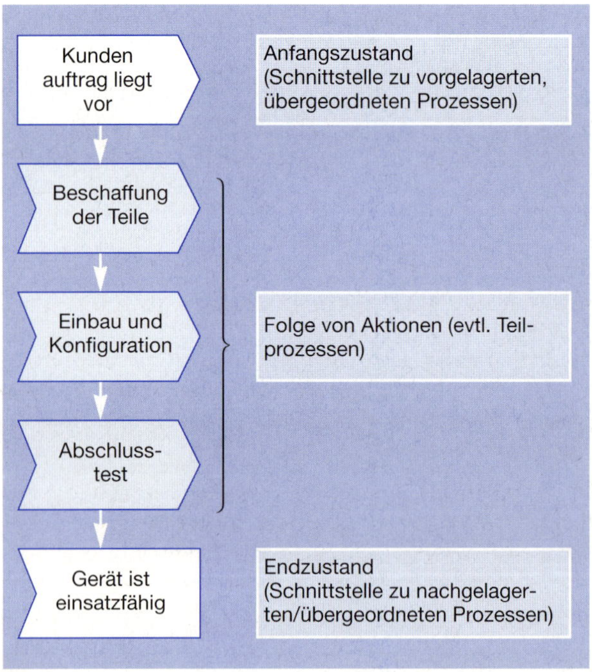

[1] *Darstellung mit SiSy (Simple System) für Windows, Software zur Modellierung von Geschäftsprozessen*

Geschäftsprozess[1]

Der Begriff **Geschäftsprozess** entspricht dem Begriff **Business Process** und wird vielfach mit dem Terminus Unternehmensprozess gleichgesetzt. Gleichzeitig werden oft alle Prozesse in Unternehmen als Geschäftsprozesse bezeichnet.

Business Process

Im Rahmen der Umstrukturierung und Neuorientierung von Unternehmen (vgl. S. 77) bzw. der Ausrichtung aller Leistungsprozesse entlang der Wertschöpfungskette (vgl. S. 25) erhält der Begriff Geschäftsprozess folgende Bedeutung:

Orientierungsrahmen und Ausgangspunkt aller betrieblicher Aktivitäten sind die Unternehmensziele (Sachziele und Formalziele, vgl. S. 16).

Als **Geschäftsprozess** werden diejenigen **sachlogisch zusammenhängenden** und **inhaltlich abgeschlossenen Aktivitäten** und Funktionen bezeichnet, die der **Realisierung der übergeordneten Ziele** des Unternehmens dienen und eine **Wertschöpfung** (Wertzuwachs) erbringen. Ein Geschäftprozess ist immer auch ein Wertschöpfungsprozess.

Definition: Geschäftsprozess

Beispiel:

***Prozesslandschaft** des Geschäftsprozesses „PC-Vertrieb“[2]*

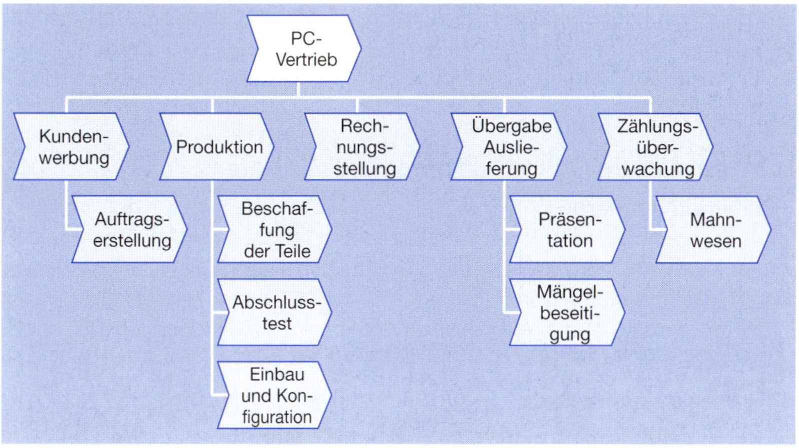

Die Gesamtheit aller Geschäftsprozesse eines Unternehmens, direkt abgeleitet aus den Oberzielen, ist der **Wertschöpfungsbereich** oder die Wertschöpfungskette (vgl. S. 25) eines Unternehmens.

[1] *Vgl. zu diesem Sachverhalt auch: Hohmann, Peter: Geschäftsprozesse und integrierte Anwendungssysteme. Wien, Arau, Bern. 1999. S. 141 ff.*

[2] *Darstellung mit SiSy (Simple System) für Windows, Software zur Modellierung von Geschäftsprozessen*

Merkmale

Geschäftsprozesse haben folgende **Merkmale:**

Geschäftsprozesse

- haben einen eindeutigen **Anfang** und **Abschluss,**
- sind zielgerichtet und sollen ein **Ergebnis** erbringen (z. B. Warenverkauf mit Gewinn),
- bestehen aus einer Kette von betrieblichen Aktivitäten (= **Teilprozessen**),
- werden von **Aktionsträgern** mithilfe von Sachmitteln, z. B. Computersystemen **gesteuert,**
- **integrieren Kunden und Lieferanten** in den Ablauf,
- verursachen durch den Verbrauch von Ressourcen **Kosten.**

Kunden und Lieferanten als Elemente des Geschäftsprozesses

Die **Integration von Kunden und Lieferanten** in die sie betreffenden Prozesse ist Bestandteil der Geschäftsprozessorientierung, da damit unternehmensübergreifende Prozesse ermöglicht werden.

Geschäftsprozesse haben immer eine direkte **Schnittstelle zum Kunden:** Startereignis eines Geschäftsprozesses ist das Feststellen eines Kundenbedarfs, Endereignis die Übergabe des Produkts gegen Entgelt. Ist der Kunde in seinen Bedürfnissen optimal zufrieden gestellt, kann man davon ausgehen, dass auch der Prozess optimal verlaufen ist.

Vor allem die Sicherung der Qualität von Vorprodukten und die Sicherung der Termintreue bei Beschaffungsvorgängen sind Gründe für die Einbeziehung von Lieferanten in Geschäftsprozesse.

Hierbei ist zu beachten, dass auch innerhalb eines Unternehmens Abteilungen und Stellen untereinander als Kunden und Lieferanten auftreten können (z. B. tritt die Auftragsabwicklung als Kunde des Dienstleisters Rechnungsstellung auf).

Im Vordergrund der Geschäftsprozessorientierung stehen:

- **Kundenorientierung**
  Ausgangspunkt sämtlicher Tätigkeiten und Aufgaben im Unternehmen ist der Kundennutzen, der von den individuellen Ansprüchen der Nachfrager an Qualität, Kosten, Bereitstellung usw. der Güter und Dienstleistungen bestimmt wird. Geschäftsprozesse sind an den Kundenwünschen auszurichten (vgl. S. 138).
- **Prozessorientierung**
  Die funktionsorientierte Arbeitsteilung wird aufgehoben. Bisher getrennt wahrgenommene Aufgaben, Abläufe und Vorgänge in den Funktionsbereichen werden zu einem Prozess zusammengefasst und möglichst vollständig von einem Prozessteam ausgeführt.

2.2.1.2 Prozessarten

Prozesse können nach unterschiedlichen Gesichtspunkten eingeteilt werden. Von Bedeutung sind insbesondere die Klassifizierungen nach dem Beitrag zur Wertschöpfung und nach dem Inhalt.

■ Beitrag zur Wertschöpfung

Nach ihrem unmittelbaren **Beitrag zur Wertschöpfung** einer Unternehmung werden Prozesse unterschieden in:

Beitrag zur Wertschöpfung

- **Kernprozesse**
  Kernprozesse haben eine direkte **Schnittstelle** zum **Kunden.** Sie erbringen eine **Wertschöpfung für den Kunden,** d. h. ihnen steht ein Kaufwert gegenüber.
- **Unterstützungsprozesse /Serviceprozesse**
  Unterstützungsprozesse haben **keine** direkte **Schnittstelle** zum Kunden, sie erbringen jedoch eine Wertschöpfung für die Kernprozesse, d. h. sie übernehmen eine Servicefunktion für andere Prozesse (z. B. Personalbereitstellung)

Unternehmen als System von Geschäftsprozessen

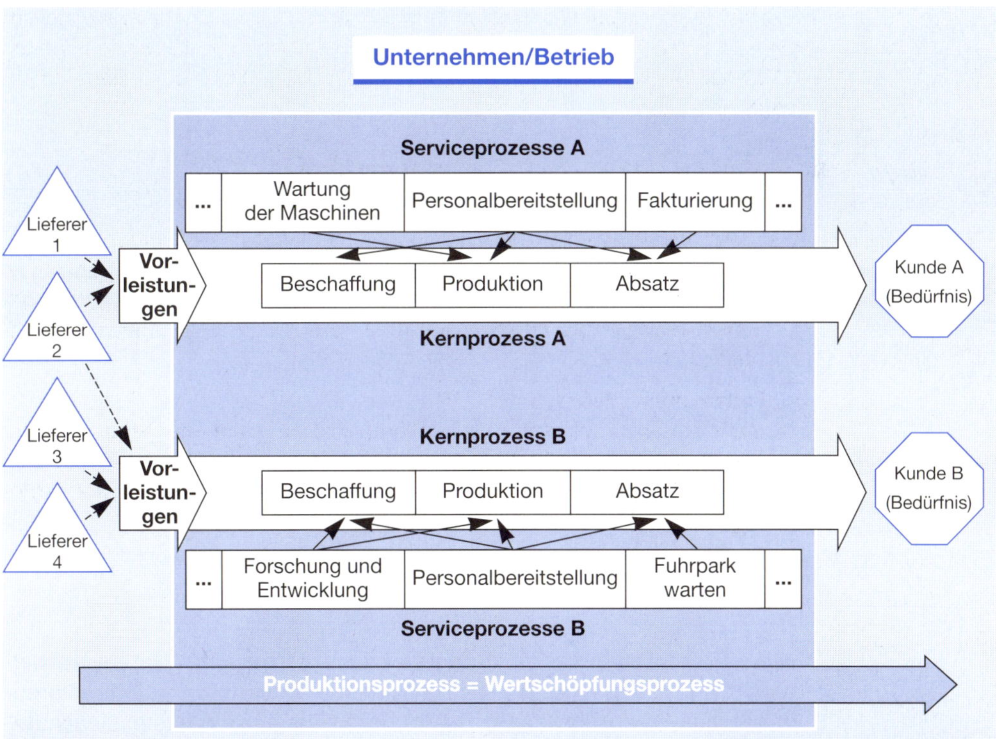

Insgesamt ergibt sich damit folgendes **System von Prozessen** und Teilprozessen:

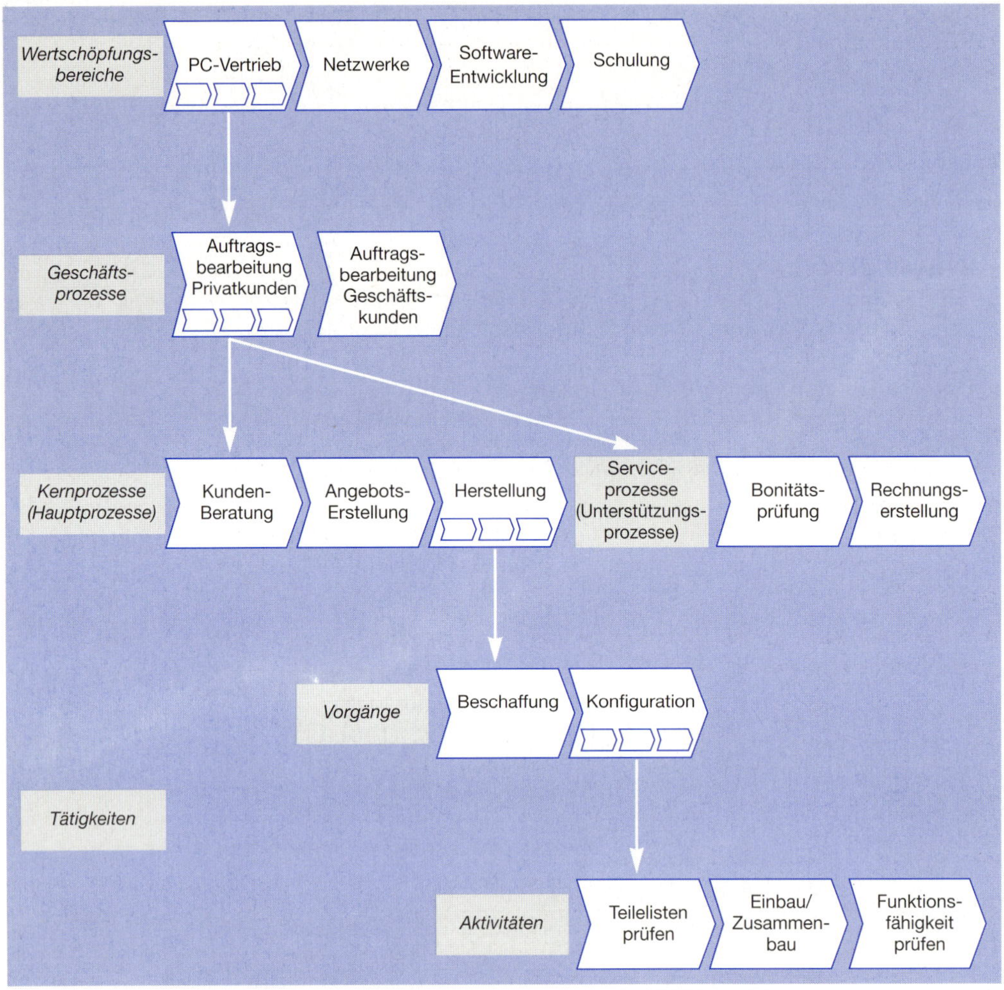

Inhalt des Prozesses

Die beiden Komponenten

Prozessinhalte

- **Informationsprozess**
- **Materialprozess**

sind immer Bestandteil eines (Geschäfts-) Prozesses.

1. Informationsprozess

Jeder (Geschäfts-)Prozess ist begleitet von **Informations-/Datenverarbeitung.** Der Prozess wird ausgelöst durch Informationen (**Informations-/Daten-Input**), das Produktionsergebnis wird beschrieben durch Informationen (**Informations-/Daten-Output**).

Beispiel:

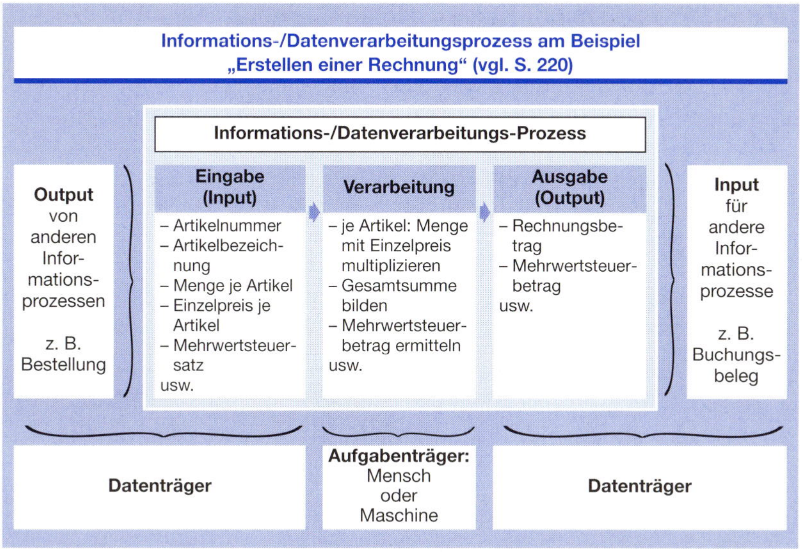

2. Materialprozess

Der Materialprozess ist der eigentliche Produktionsprozess, bei dem das **Inputmaterial** (Arbeitsstoffe, vgl. S. 21) im Zuge der Fertigung in **Outputmaterial** (Halb- und Fertigerzeugnisse) übergeht.

Beispiel:

***Auftragsbearbeitung als Geschäftsprozesskette mit Informations- und Materialprozess**, dargestellt in einem Ablaufdiagramm*

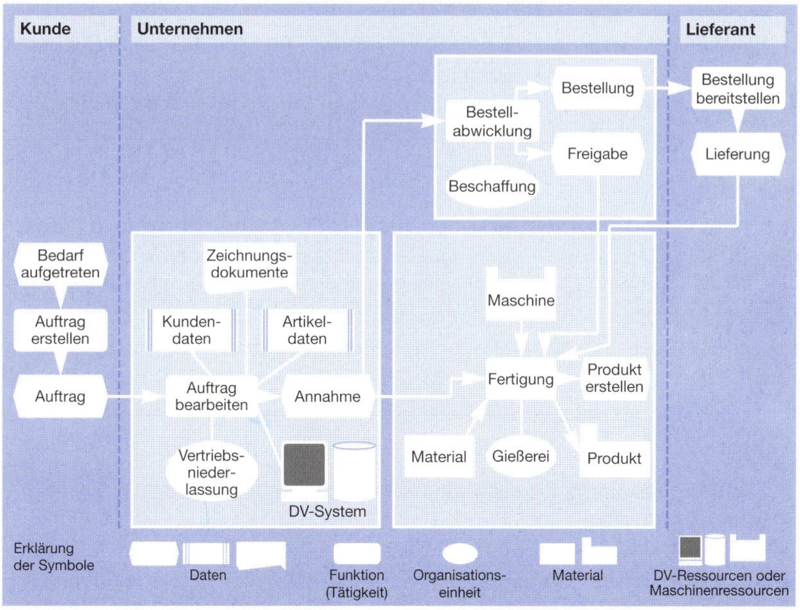

Quelle: Scheer, A.-W.: Die Geschäftsprozesse einheitlich steuern – Die in der Fertigung erreichte Prozessbeherrschung als Vorbild für Dienstleister und Verwaltungen.
Im Internet/WWW [URL:] http://www.ids-sheer.de/news/spiegel/harvard.html, gefunden 1998.

2.2.1.3 Beschreibungssichten von Geschäftsprozessen

Modellbildung

Die Analyse, Dokumentation, Gestaltung und Optimierung von Geschäftsprozessen erfordert die Entwicklung eines **Beschreibungs- und Gestaltungsmodells** (konkrete Beispiele siehe S. 103). Dieses Modell soll es zunächst ermöglichen, die unterschiedlichen Schwerpunkte (= Sichtweisen bzw. **Sichten**) von Geschäftsprozessen zu beschreiben. Die Trennung in verschiedene Beschreibungssichten erlaubt es, mit den entsprechenden bzw. vorhandenen **methodischen Hilfsmitteln** zu arbeiten (Diagramme, Ablaufpläne usw. vgl. S. 107). Andererseits ist durch das Gesamtmodell immer auch der Überblick gewährleistet, da die Sichten im Zusammenhang stehen.

Neben der Ablaufsicht sind vor allem die Einbindung der organisatorischen Strukturen und der Anwendungs- und Informationssysteme von Bedeutung.

Sichten auf den Prozess

Schwerpunkt der Betrachtung		Beschreibungssicht
Prozesse sind voneinander abhängige Folgen von Aktivitäten.	Prozess-**Ablauf**	Ablauf
Prozesse werden durch Prozessverantwortliche gesteuert und realisiert und kontrolliert.	prozessorientierte **Organisation**	Organisationsstruktur
Prozesse werden durch Informationssysteme unterstützt und ggf. abgewickelt.	**Anwendungs- und Informationssysteme**	Informationsmanagement

■ Ablaufsicht

Dargestellt werden Prozessbeginn und -ende, Prozessergebnis, Einbindung in übergeordnete Prozesse, untergeordnete Teilprozesse, Unterscheidung in Prozessarten usw. (vgl. S. 99). Ereignisse lösen Funktionen (= Vorgänge = Prozesse) aus und sind Ergebnis der Prozesse.

■ Organisationssicht

Prozesse müssen in die **Verantwortung** von Prozessmanagern (Prozesseigentümer) übergeben werden. Im Gegensatz zur funktionalen Organisation (vgl. S. 94) erstreckt sich das Management dann nicht auf Abteilungen oder Bereiche, sondern auf den gesamten Prozess.
Eventuell ist der Aufgabenbereich so umfangreich, dass ein Prozessteam erforderlich ist. Dann müssen neben dem jeweiligen Verantwortungsbereich auch noch die Weisungsbefugnisse innerhalb des Teams geregelt werden.

Vorteile einer prozessorientierten Organisation sind:

- Kunden- und damit Ergebnisorientierung durch direkten Bezug zum Kunden (vgl. S. 138),
- Überblick über den gesamten Prozess,
- Kommunikationsschnittstellen zwischen den Beteiligten werden minimiert,
- permanente Analyse und mögliche Verbesserung im noch laufenden Prozess.

Die Zuordnung der Prozessverantwortung ist die eigentliche Aufgabe der Organisationssicht, in zweiter Linie ist es aber auch möglich, bestehende **Organisationsstrukturen** im Aufbau und im Ablauf zu **optimieren.**

Informationsmanagementsicht

Informationsverarbeitung unterstützt Prozesse

Die Entwicklung der Informations- und Kommunikationstechnik ist mittlerweile so weit fortgeschritten, dass es grundsätzlich kein Problem mehr darstellt, vernetzte Informationssysteme sowie für jede betriebswirtschaftliche und technische Aufgabenstellung Anwendungssysteme bereitzustellen. **Informationstechnische Unterstützung für eine Zusammenarbeit aller Aufgabenträger** und damit für die Prozessabwicklung ist relativ leicht realisierbar und an veränderte Gegebenheiten anzupassen.

Die Beziehungen zwischen Geschäftsprozessen bzw. der Ablaufsicht und der Informationsmanagementsicht sind wechselseitig: Prozesse erfordern prozessindividuelle Lösungen durch die Informationsverarbeitung, und das **Informationsmanagement** kann durch die **Problembewältigung** wiederum Anregungen für eine Optimierung oder Neugestaltung von Prozessen geben. Die ständige Weiterentwicklung von Workflow- und Groupwaresoftware (z. B. Lotus Notes) ist ein Beispiel dafür.

Auf jeden Fall muss aber die **Informationsverarbeitung** den Geschäftsprozessen **angepasst** werden, der Einsatz von Anwendungssystemen darf nicht allein aufgrund z. B. technischer Möglichkeiten (Selbstzweck) erfolgen.

Betriebswirtschaftliche Abläufe müssen zunächst systematisch analysiert und abgebildet werden, um anschließend mithilfe der Informationstechnik gesteuert werden zu können.

In der Informationsmanagementsicht werden Daten (z. B. Kundendaten, Abrechnungsdaten usw.), Informationsobjekte (strukturierte Datensammlungen in Datenbanken), Anwendungssysteme (z. B. Textverarbeitung, Tabellenkalkulation, Finanzbuchführung usw. sowie Hardware) beschrieben und den Prozessen zugeordnet. Sie werden in Abläufen **benutzt** oder **steuern** diese.

Werkzeuge zur Modellierung von Geschäftsprozessen

Die **Analyse und Modellierung** von Geschäftsprozessen kann durch **Software**-Werkzeuge unterstützt werden. Sie bedienen sich in der Regel des Beschreibungsmodells mit den oben genannten Sichten (vgl. S. 102).

Ein solches – stark auf den Aspekt Informationsmanagement bezogenes – Tool ist **ARIS** (= Architektur integrierter Informationssysteme). Dahinter steht das gleichnamige Konzept eines Beschreibungs- und Gestaltungsmodells.

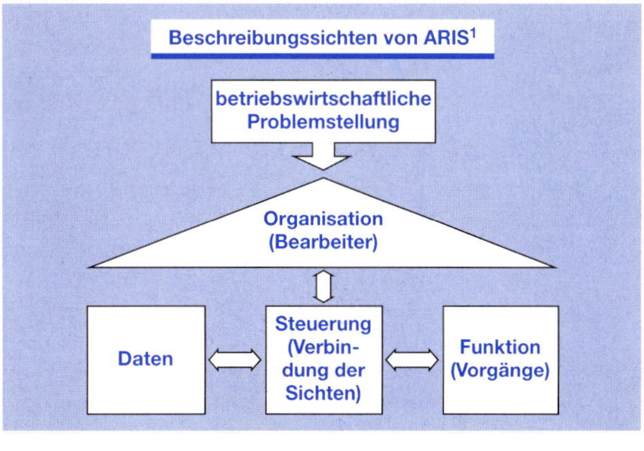

[1] *vgl. Scheer, A.-W.: Wirtschaftsinformatik (Studienausgabe). Berlin. Heidelberg. New York. 1998. S 10 ff.*

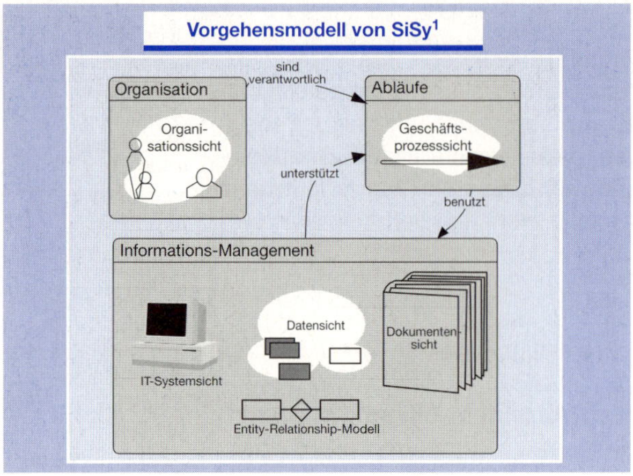

Das Werkzeug **SiSy** (= Simple System) integriert in einem sogenannten Vorgehensmodell die verschiedenen Sichten eines Beschreibungs- und Gestaltungsmodells.

2.2.2 Gestaltung von Geschäftsprozessen

- Gestaltungsvariablen, Gestaltungsebenen
- Workflow
- Prozessidentifikation
- Schlüsselprozesse
- prozessorientierte Ablauforganisation
- Gestaltungsmethode Ereignisgesteuerte Prozesskette

Gestaltungsvariablen, Gestaltungsebenen

Die Vorgehensweise bei der Gestaltung, Kontrolle und Optimierung von Geschäftsprozessen entspricht der Vorgehensweise des Prozessmanagements (vgl. S. 77).

Gestaltungsvariablen

Gestaltungsvariablen und -faktoren sind

- Prozess- bzw. Ablauforganisation,
- Aufbauorganisation (Prozessverantwortlichkeit der Mitarbeiter) und
- die Komponenten des Informationssystems.

Geschäftsprozesse integrieren Organisationsstrukturen, Daten und Anwendungssysteme, Funktionen bzw. Abläufe und Leistungen. Die Gestaltung von Geschäftsprozessen erfolgt in Abhängigkeit der Unternehmensziele.
Der organisatorischen und (informations-) technischen Beherrschung geht deshalb immer die Analyse und die modellhafte Abbildung der betriebswirtschaftlichen Problemstellungen voraus. Können Prozesse standardisiert (= vereinheitlicht) werden, kommen „elektronische" Verfahren wie der automatisierte Ablauf z. B. durch Workflow-Systeme (vgl. S. 105) zum Einsatz.

[1] *SiSy (Simple System) für Windows, Software zur Modellierung von Geschäftsprozessen*

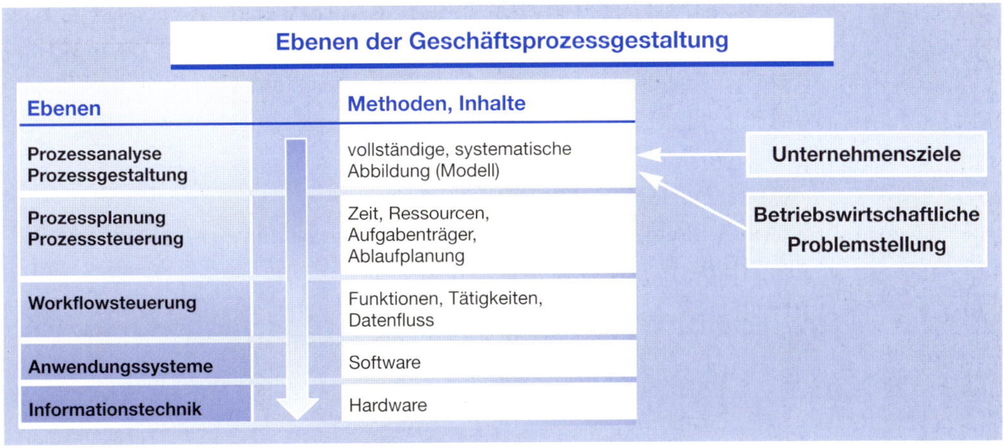

Workflow

Computergestützter Prozess

Als **Workflow** wird ein abgegrenzter und arbeitsteiliger, d. h. ein i. d. R. von mehreren Mitarbeitern getragener **Teilprozess** eines Geschäftsprozesses bezeichnet, der im Ablauf genau strukturiert ist und deshalb mit Hilfe von **Informationssystemen** – teilweise auch automatisiert – zu steuern ist. Ein Workflow ist damit eine Verfeinerung eines Geschäftsprozesses auf organisatorisch-informativer Ebene.

Beispiel:

Dokumente (Aufträge, Rechnungen) liegen nur in elektronischer Form vor und werden entsprechend vordefinierter Arbeitsabläufe zur richtigen Zeit an den richtigen Bearbeiter weitergeleitet.

2.2.2.1 Prozessidentifikation

Schlüsselprozesse

Schlüsselprozesse

Vor der eigentlichen Prozessgestaltung oder -optimierung müssen Prozesse **identifiziert, abgegrenzt** und **ausgewählt** werden. Da die vollständige Neustrukturierung aller Prozesse in einer Unternehmung unmöglich zu einem Zeitpunkt durchzuführen ist, wird man sich zunächst auf diejenigen Prozesse konzentrieren, die einen unmittelbaren oder wichtigen Bezug zu den strategischen Zielen des Unternehmens haben (**Schlüsselprozesse**) und die Wirtschaftlichkeit bzw. Rentabilität erhöhen.
Dies sind i. d. R. Geschäftsprozesse, deren (Neu-)Gestaltung direkt auf die Kundenzufriedenheit abzielen, z. B. Auftragsabwicklung, Kundendienst usw.

Beitrag zur Wertschöpfung

Die Auswahl kann auch oder zusätzlich nach dem **Beitrag zur Wertschöpfung** (vgl. S. 99) erfolgen, d. h. es ist die Frage zu stellen, ob es sich um Kern- oder Unterstützungsprozesse handelt.

Standardisierung

In die Auswahl als neu zu strukturierende Geschäftsprozesse nimmt man in einem ersten Schritt häufig auch diejenigen auf, deren Teilprozesse weitestgehend im Ablauf standardisiert und damit automatisiert werden können, z. B. Angebotserstellung, Rechnungserstellung usw.

Ablauforientierte Identifikationskriterien

Weitere **Identifikationskriterien** für Prozesse sind in der folgenden Tabelle festgehalten.

Kriterien	Fragestellungen
Prozessanfang	Mit welchem Ereignis beginnt der Prozess?
Prozessende	Mit welcher Aktivität endet der Prozess?
Prozesskunde	Wer ist der Abnehmer der Prozessergebnisse?
Prozessergebnis	Was erwartet der Prozesskunde?
Prozessverantwortliche(r)	Wer steuert den Prozess?
Teilprozesse	In welche Teilprozesse soll der Prozess gegliedert werden?
Prozessbeteiligte	Welche Organisationseinheiten sind zusätzlich am Prozess beteiligt?
Übergeordnete Prozesse	Welchen übergeordneten Prozessen dient der Prozess?
Prozesshilfsmittel	Welche technischen Mittel werden für den Prozess benötigt?
Prozess-Informations-management	Welche Daten und Komponenten des Informationssystems werden benötigt?
...	

Schwächen der funktionsorientierten Ablauforganisation

Prozessorientierte Ablauforganisation

Die **optimale Anordnung** der Teilarbeitsprozesse in Unternehmen ist die Aufgabe der **funktionsorientierten Ablauforganisation**. Sie regelt, welche Teilaufgaben in welcher Reihenfolge von welchen Mitarbeitern auszuführen sind. Wie bei der Aufbauorganisation werden Aufgaben bzw. Arbeiten zunächst in Arbeitsgänge, -schritte und -elemente zerlegt. Anschließend erfolgt die bestmögliche Anordnung dieser Teilvorgänge in zeitlicher und räumlicher Hinsicht innerhalb der vorhandenen Aufbauorganisation.

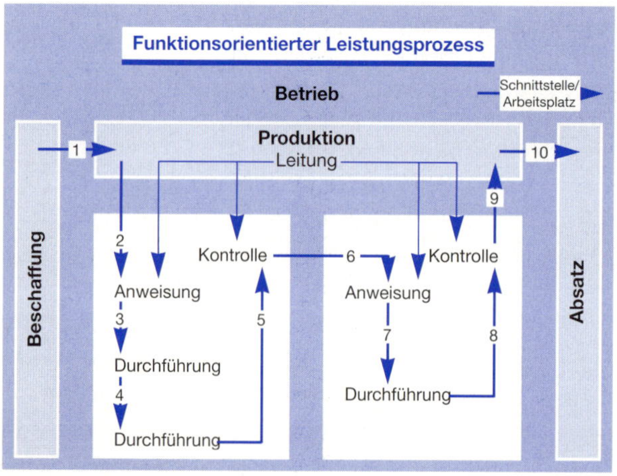

Typisch für die funktionsorientierte Ablauforganisation ist, dass die Aufgabenträger jeweils nur **stellen- oder arbeitsplatzbezogen** für den ihnen zugeordneten Ausschnitt aus dem Ablauf zuständig sind. Die Anzahl der Schnittstellen im Gesamtprozess ist deshalb mindestens so groß wie die Anzahl der beteiligten Mitarbeiter. Die extremste Ausprägung einer solchen Ablauforganisation ist die Fließbandfertigung.

Prozessorientierte Ablauforganisation

Die **prozessorientierte Ablauforganisation** erfordert dagegen die Zuordnung eines gesamten Prozesse vom Beginn bis zum Ende einschließlich der Planungs- und Kontrolltätigkeiten in die Verantwortlichkeit eines Aufgabenträgers. Die Prozesse sind i. d. R. **stellen- oder arbeitsplatzübergreifend**, häufig auch **funktionsbereichübergreifend**. Daher erhalten hier Prozessteams den Auftrag zur Prozessabwicklung. Je nach dem Stand der (Neu-)Strukturierung von Unternehmen nach Geschäftsprozessen sind die Teams mit unterschiedlichen Spezialisten (Prozess- und/oder Funktionsspezialisten) zu besetzen (vgl. S. 102).

Optimierungsobjekt ist bei der prozessorientierten Ablauforganisation nicht der Arbeitsgang sondern das Prozessergebnis.

2.2.2.2 Gestaltungsmethode

Darstellung von Prozessen

Als Gestaltungs- oder Beschreibungsmethode für Prozesse wird häufig die Methode der **„Ereignisgesteuerten Prozesskette“** (EPK) angewandt.
In der Ereignisgesteuerten Prozesskette lösen Ereignisse Funktionen (Prozesse oder Tätigkeiten) aus und die wiederum erzeugen Ereignisse. Verbindungen (Striche) zwischen den Elementen symbolisieren den **sachlogischen und zeitlichen Ablauf.** Falls im Prozess mehrere Verknüpfungen erforderlich sind, werden sogenannte Verknüpfungsoperatoren zwischengeschaltet.

EPK

Ereignisgesteuerte Prozessketten beginnen und enden stets mit Ereignissen.

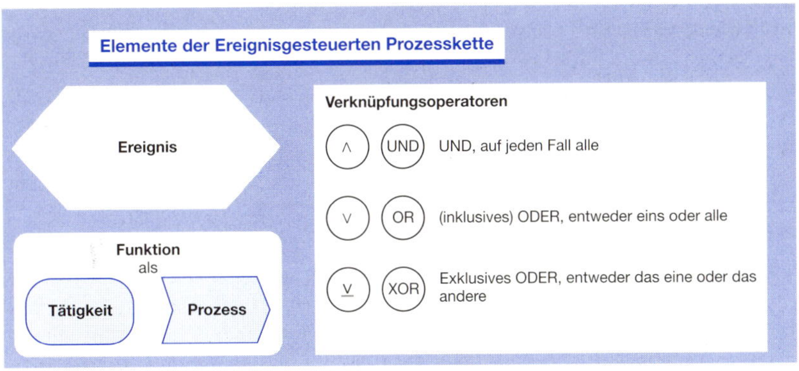

■ Darstellung eines Prozesses mit SiSy[1]

Beispiel: *Ereignisgesteuerte Prozesskette zur Auftragsabwicklung*

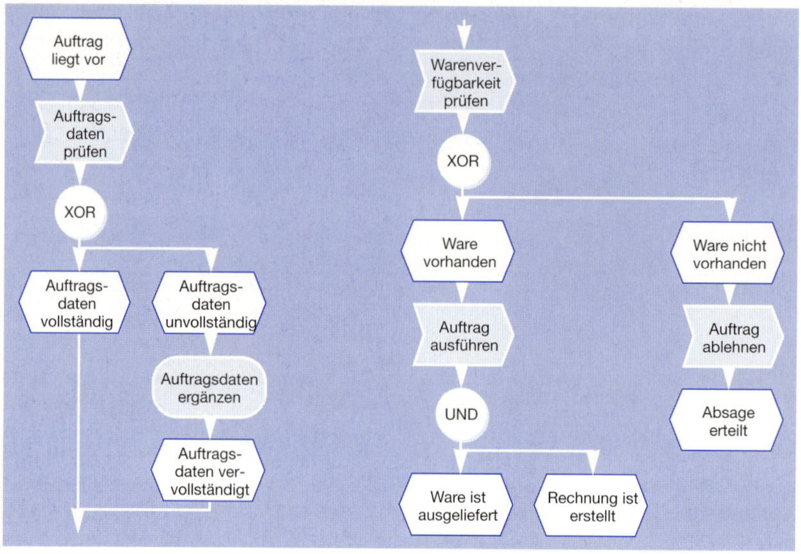

eEPK Das Modell der Ereignisgesteuerten Prozesskette kann um die entsprechende Zuordnung von Organisationseinheiten und Informationsobjekte (Daten, Anwendungen) ergänzt werden und wird dann **erweiterte Ereignisgesteuerte Prozesskette** (eEPK) genannt.

Beispiel:

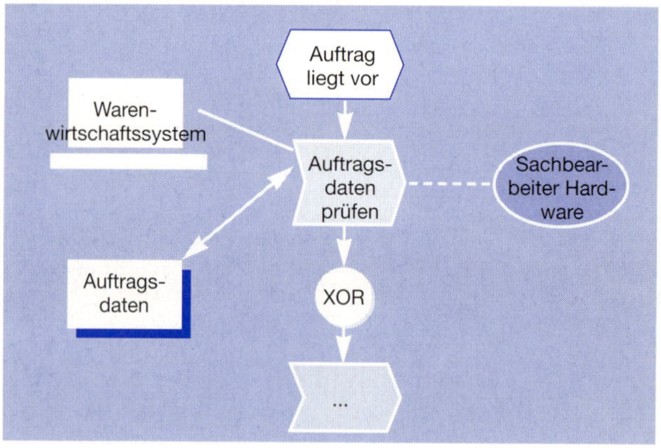

[1] *Darstellung mit Sisy (Simple System) für Windows, Software zur Modellierung von Geschäftsprozessen.*

Darstellung eines Prozesses mit ARIS[1]

Das Beschreibungsmodell nach ARIS kennt als Methode sowohl die Ereignisgesteuerte Prozesskette als auch das **Vorgangskettendiagramm,** um Geschäftsprozesse abzubilden und zu modellieren.

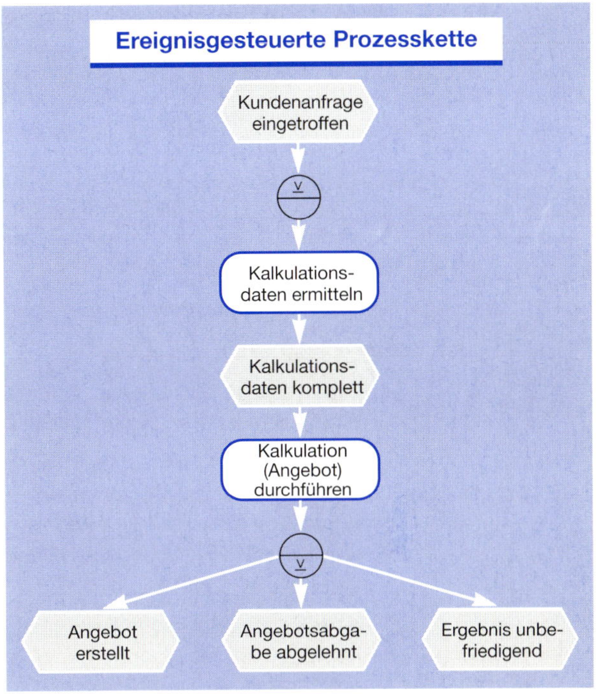

Vorgangskettendiagramm

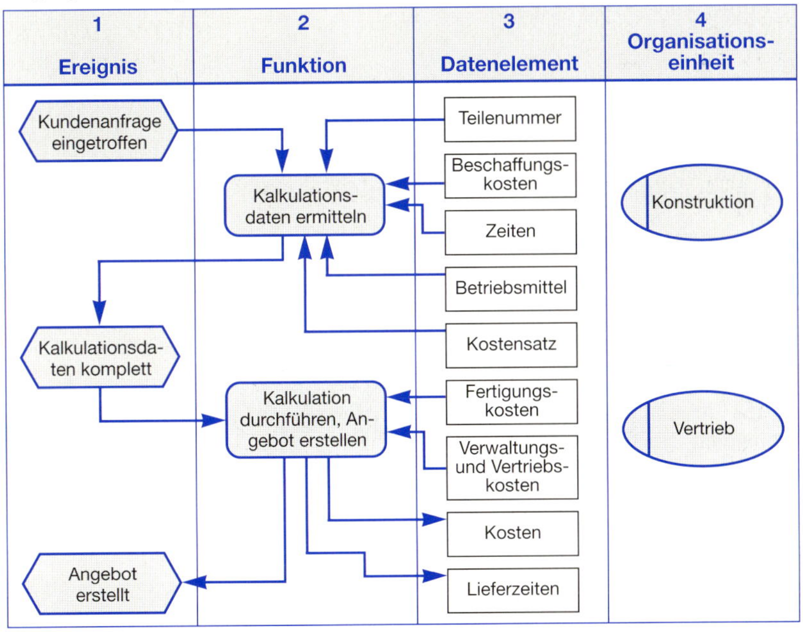

[1] *ARIS = Architektur integrierter Informationssysteme, vgl. Scheer, A.-W.: Wirtschaftsinformatik (Studienausgabe). Berlin. Heidelberg. New York. 1998. S. 52 ff.*

2.2.3 Kontrolle von Geschäftsprozessen

- Aufgabe der Kontrolle von Geschäftsprozessen
- Ablaufkontrolle
- Ergebniskontrolle

Prozessoptimierung

Die Kontrolle von Geschäftsprozessen dient der **ständigen Verbesserung** und Optimierung. Neben der

- **Ablaufoptimierung** (Beschleunigung, Soll-Ist-Abweichungen beseitigen usw.)

gilt es ggf. auch,

- **Prozesse** zu **eliminieren** (entfernen), wenn sie keinen Beitrag zur Wertschöpfung leisten, da ihre Produktionsergebnisse kaum oder nicht nachgefragt werden.
- **Prozesse zusammenzufassen**, wenn z. B. die entsprechenden Teilvorgänge von mehreren Bearbeitern gleichzeitig oder gleichartig durchgeführt werden, z.B. Rechnungserstellung.
- **Prozesse auszulagern**, wenn andere Prozessbearbeiter im Unternehmen oder Externe (Outsourcing, vgl. S. 214) die Prozessleistung effektiver oder kostengünstiger erbringen, z. B. Mahnwesen.
- **Prozesse** zu **automatisieren**, wenn Maschinen oder Anwendungssysteme genau strukturierte Aufgaben erledigen können, z. B. Erstellen der Lohnabrechnungen (vgl. S. 244).

Kontrolle und Optimierung beziehen sich auf den Prozessablauf selbst und auf das Ergebnis des Prozesses.

Ablaufkontrolle

Die prozessablauforientierte Kontrolle richtet sich vor allem auf

- die Übereinstimmung des Prozessergebnisses bezüglich Vorgaben und tatsächlichem Ergebnis (Soll-Ist-Vergleich),
- den Auslastungsgrad der im Prozess eingebundenen Mitarbeiter und Hilfsmittel,
- das Identifizieren von Arbeitsschritten mit gleichem Inhalt in verschiedenen Teilprozessen und
- auf Engpässe.

Ergebniskontrolle

Kundenorientierung

Letztlich ist aber das Prozessergebnis, der Beitrag zur Erhöhung der Wertschöpfung und zur Befriedigung des Kundenbedürfnisses, ausschlaggebender Indikator für den Erfolg des Geschäftsprozesses.
Die Zufriedenheit des Kunden wird durch verschiedene, sich ergänzende Faktoren bestimmt (vgl. S. 138):

- Qualität des Produktes oder der Dienstleistung
- Kosten für das Produkt oder die Dienstleistung
- Lieferzeit und Liefertreue
- Mehr- und Zusatzleistungen wie Zuverlässigkeit, Service
- usw.

Die Kontrolle der Erfolgsfaktoren kann mithilfe unterschiedlichster Verfahren und Messgrößen, die teilweise auch miteinander zu kombinieren sind, durchgeführt werden.

Kontrollverfahren

Kontrollverfahren/Messgrößen:

- Ermittlung der **Kundenzufriedenheit** (vgl. S. 138),
- **Nutzwertanalyse** (vgl. S. 219),
- Ausschuss- oder Fehlerquoten,
- Störfälle im Betriebsablauf (z. B. durch Maschinenausfall, Fehlplanungen),
- Abweichungen von Qualitätsstandards (z. B. ISO-Normen),
- Bearbeitungszeiten für Kundenaufträge,
- Kosten für Kundenaufträge (= Prozesskosten, vgl. S. 281),
- Betriebliche Kennzahlen wie Produktivität (vgl. S. 37) und
- Benchmarking (= Bewertung von Ergebnissen vergleichbarer Prozesse innerhalb eines Unternehmens oder zwischen Unternehmen einer Branche über eine Skala von Bewertungspunkten, vgl. S. 138).

2.2.4 Unternehmensübergreifende Geschäftsprozesse

- Unternehmensübergreifende Geschäftsprozesse
- Supply Chain Management
- Virtuelles Unternehmen

Unternehmen handeln weltweit. Sie kooperieren mit unterschiedlichen Partnern (Kunden und Lieferanten). Im Sinne der Prozessorientierung werden die **Geschäftsprozesse auf Kunden und Zulieferer,** evtl. auch auf deren Kunden und Zulieferern **ausgeweitet.**

Die traditionellen „Schnittstellen“ Beschaffungsmarkt – Unternehmen und Unternehmen – Absatzmarkt sind dann zwar immer noch vorhanden, allerdings i. d. R. nur noch standortbezogen bzw. körperlich.

Supply Chain Management

Alle am Wertschöpfungsprozess Beteiligten (vgl. S. 98) werden in den Geschäftsprozess integriert, die **Teilprozesse unternehmensübergreifend** miteinander verzahnt. Ausgehend vom eigenen Unternehmen werden Kunden und Lieferanten und andere externe Partner in eine logistische Prozesskette (vgl. S. 392) einbezogen, die man als Supply Chain, deren Organisation als **Supply Chain Management** (vgl. S. 392) bezeichnet.

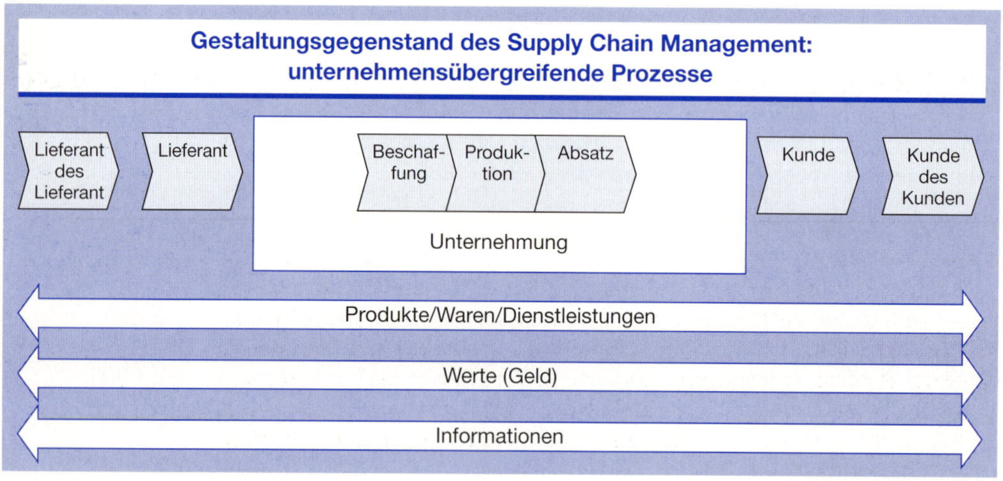

Die Verzahnung unternehmensübergreifender Prozesse erfordert methodisch gesehen das in diesem Kapitel aufgezeigte Vorgehen hinsichtlich der Analyse, Beschreibung und Gestaltung von Geschäftsprozessen. Notwendig ist jedoch eine **Synchronisation der Prozesse auf allen Prozess(gestaltungs)-Ebenen** (vgl. S. 105) bzw. für alle Gestaltungsvariablen: Zeit, Ressourcen Aufgabenträger, Ablaufplanung, Funktionen, Tätigkeiten, Datenfluss und Anwendungssysteme. Beispielsweise erfordert der Informationsaustausch eine Abstimmung bis hinunter auf die Datenebene (Artikel-Nummer usw.).

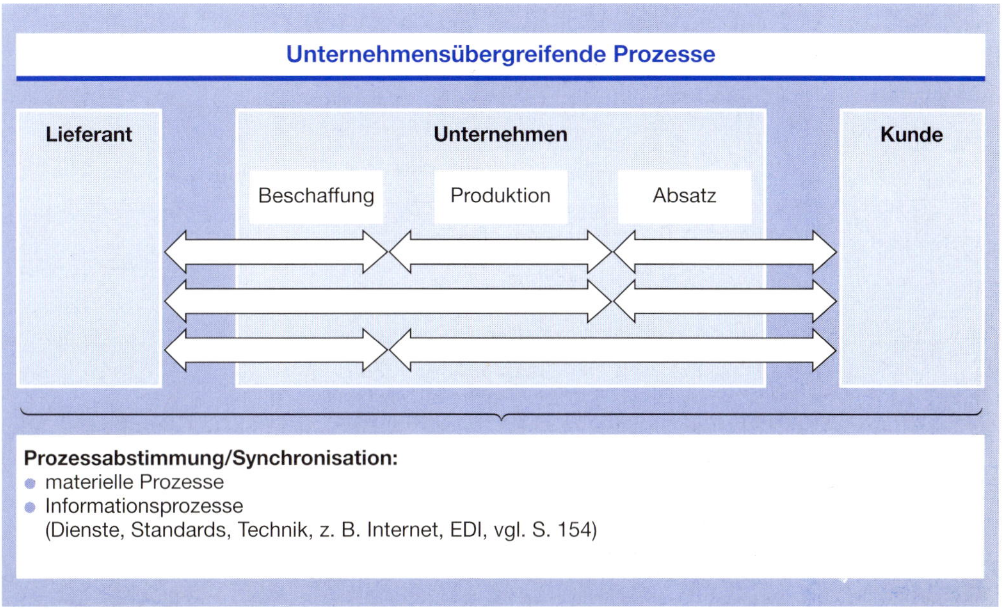

■ Virtuelles Unternehmen

Eine Verzahnung von unternehmensübergreifenden Geschäftsprozessen, die als Kommunikationsbasis die Informations- und Kommunikationstechnik (z. B. über Internet) nutzt, wird auch als **virtuelles Unternehmen** bezeichnet. Der Vorteil dieser **standortunabhängigen Kooperation** von Unternehmen ist neben der Synchronisation von Geschäftsprozessen gleichzeitig die Möglichkeit, sich auf eigentliche Kernprozesse zu konzentrieren. So kann jeder Kooperationspartner seine Stärken weiter ausbauen und ggf. die Kompetenzen der Partner nutzen.

Zusammenfassung

Die wesentlichen Phasen der Prozessmodellierung sind in nachstehendem Schaubild zusammengefasst.

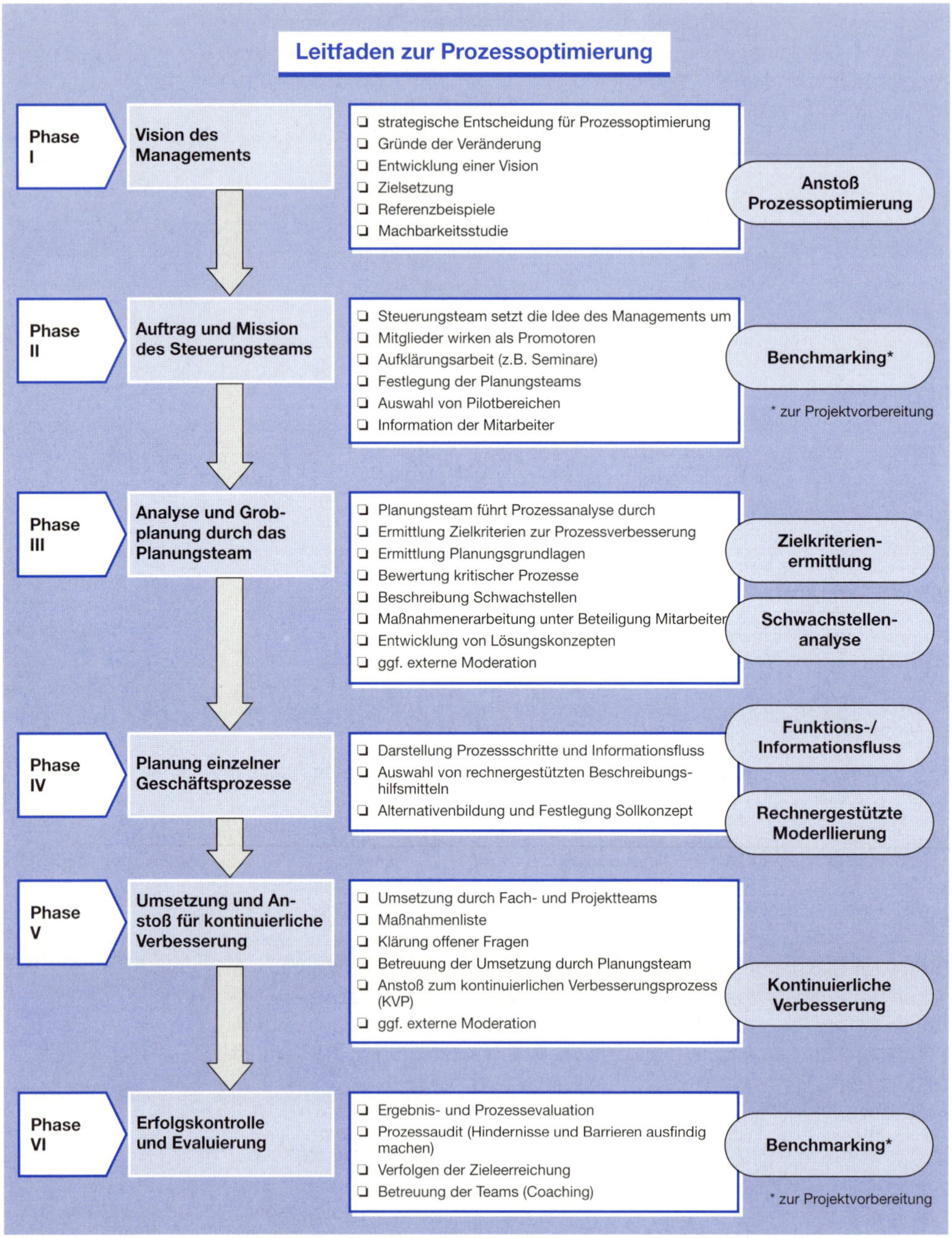

(Quelle: Thaler, K.: Supply Chain Management. Fortis FH-Verlag Köln, Wien, Arau, Bern. 1999. S. 197)

Aufgaben:

1. *Erklären Sie, welche Aufgaben das Management eines Unternehmens erfüllen muss.*
2. *Nennen Sie aus ihrem Ausbildungsbetrieb Beispiele für*
   a) *Managementebenen,*
   b) *Strategische, taktische und operative Ziele.*
3. *Listen Sie die externen Einflussfaktoren, die Ihrer Einschätzung nach das unternehmerische Handeln in Ihrem Ausbildungsbetrieb bestimmen.*
4. a) *Beschreiben Sie drei typische Leistungsketten, die in Ihrem Ausbildungsbetrieb ablaufen.*
   b) *Gliedern Sie diese Leistungsketten in Prozesse bzw. Teilprozesse.*
5. *Begründen Sie, weshalb das Management von Prozessen immer alle Phasen des Prozesskreislaufes umfassen muss.*
6. *Erklären Sie die Philosophie des Business Process Reengineering (BPR).*
7. *Erläutern Sie*
   a) *den Begriff ‚Projekt‘,*
   b) *die Methode des Projektmanagements.*
8. *Beschreiben Sie den Verlauf eines Projekts aus Ihrem Ausbildungsbetrieb.*
9. *Erläutern Sie die Bedeutung eines Informationsmanagements für Unternehmen.*
10. *Erklären Sie*
    a) *Organisation,*
    b) *Aufbau- bzw. Ablauforganisation,*
    c) *Aufgabenanalyse,*
    d) *Leitungssystem.*
11. *Definieren Sie*
    a) *Prozess,*
    b) *Geschäftsprozess,*
    c) *Schlüsselprozess.*
12. *Erklären Sie die verschiedenen (Geschäfts-)Prozessarten.*
13. *Erläutern Sie die Notwendigkeit, (Geschäfts-)Prozesse in die unterschiedlichen Arten zu gliedern.*
14. *Begründen Sie, weshalb (Geschäfts-)Prozesse in den verschiedenen Betrachtungssichten analysiert und gestaltet werden.*
15. a) *Bilden Sie einen Geschäftsprozess Ihres Ausbildungsbetriebes grafisch nach.*
    b) *Gliedern Sie ihn in Teilprozesse.*
    c) *Gliedern Sie die Teilprozesse in die verschiedenen Arten.*
    d) *Beschreiben Sie den Gesamtprozess und seine Teile in den notwendigen Sichtweisen.*
    e) *Stellen Sie mehrere Teilprozesse als erweiterte Ereignisgesteuerte Prozesskette (eEPK) dar.*
    f) *Fertigen Sie für diese Teilprozesse eine Tabelle an, in der Sie die Kriterien Prozesskunde, Prozessergebnis, Prozessverantwortliche(r) festhalten.*

3 Markt- und Kundenbeziehungen

3.1 Marketing und Kundenverhalten

■ Marketing	Konzeption der marktorientierten Unternehmensführung
■ Kaufmotive	Nutzenmaximierung von Kunden
■ Kaufverhalten	Dynamischer Prozess
■ Marketingplan	Abgeleitet aus betrieblichem Zielsystem
■ Marketingstrategie	Verhaltensgrundsätze zur Umsetzung des Marketingplanes
■ Analyse der Marktkräfte	Kunden, Lieferer, Wettbewerber, Ersatzprodukte

■ Marketing

Definition von Marketing

Unter Marketing versteht man die Konzeption einer Unternehmensführung, bei der alle Aktivitäten (Planen, Entscheiden, Gestalten) konsequent auf die gegenwärtigen und zukünftigen Erfordernisse der Märkte ausgerichtet werden. Dabei sind systematisch gewonnene Informationen über die Märkte die Grundlage aller Entscheidungen. Dies beinhaltet eine Orientierung an den Bedürfnissen der Kunden und dem Verhalten der Konkurrenz, also einer konsequenten **Marktorientierung**. Marktorientierung bedeutet Kundenorientierung (vg. S. 138). In der kundenorientierten Gestaltung von Geschäftsprozessen liegen für ein Unternehmen Potenziale nicht nur für die Existenzsicherung, sondern insbesondere für das Wachstum.

Das Marketing eines Unternehmens bestimmt die strategische Ausrichtung des Unternehmens und ist somit die Basis für die Gestaltung aller betriebsinternen und -externen Beziehungen und Wertschöpfungsprozesse mit Kunden

■ Kaufmotive

Kaufmotive von Kunden

Ohne die Kenntnis der Kaufmotive und des Kaufverhaltens seiner Kunden kann kein Unternehmen erfolgreiche Marketingarbeit leisten. Es muss bei den Abnehmergruppen zwischen Unternehmen als Kunden und privaten Kunden unterschieden werden. Zwar haben sowohl Unternehmen als auch private Kunden (Konsumenten) immer nur einen beschränkten Geldbetrag zur Verfügung um ihren Bedarf zu decken, jedoch sind die Kaufmotive bei beiden Gruppen unterschiedlich.

Unternehmen	Konsumenten
... kaufen Investitionsgüter ein, um sie als Roh-, Hilfs- oder Betriebsstoffe in ihrem Produktions- bzw. Handelsprozess einzusetzen. Sie fragen ferner Dienstleistungen nach, um mit ihnen betriebliche Aufgaben zu erfüllen. Unternehmen beschaffen Güter und Dienstleistungen vorwiegend nach rationalen bzw. wirtschaftlichen (ökonomischen) Gesichtspunkten. Preise, Liefer- und Zahlungsbedingungen sowie betriebliche Notwendigkeiten stehen im Vordergrund. Dabei streben sie eine größtmögliche Nutzung der Güter an (**Nutzenmaximierung**).	... kaufen Ge- und Verbrauchsgüter. Sie benötigen Güter, um ihre persönlichen Bedürfnisse und Interessen zu befriedigen. Zwar verhalten sich Verbraucher auch nach wirtschaftlichen Prinzipien (Nutzenmaximierung), dies ist erkennbar, wenn sie z. B. Preisvergleiche für ein Produkt anstellen, das sie erwerben möchten. Jedoch beeinflussen häufig noch weitere Gesichtspunkte ihre Kaufmotive. Hierzu zählen Motive, die der Persönlichkeit des Käufers und seinem sozialen Umfeld entstammen (Statussymbole). Ferner sind auch Spontan- oder Impulskäufe häufig.

Kaufverhalten

Kaufverhalten von Kunden

Die Kaufmotive bestimmen das Kaufverhalten. **Unternehmen** vollziehen Beschaffungsentscheidungen von Gütern meist unter rationalen Gesichtspunkten. Der Beitrag eines Gutes zur Zielerreichung des Unternehmens ist das Hauptkriterium der Entscheidung. **Konsumenten** verhalten sich bei ihren Kaufentscheidungen unterschiedlich. Einerseits sind bei vielen Kaufentscheidungen **rationale** (vernunftbetonte) Verhaltensweisen zu erkennen. Hier wird die Entscheidung z. B. durch ihre Einschätzung des Preis-/Leistungsverhältnisses von Produkten bestimmt. Das Verbraucherverhalten wird jedoch ebenfalls durch konjunkturelle und gesellschaftliche sowie durch subjektive und temporäre Faktoren beeinflusst. Daher ist das Kaufverhalten von Kunden stets als dynamischer Prozess zu verstehen, der sich im Zeitablauf ändert.

Berücksichtigung der Kaufmotive und -verhaltensweisen in der Marketingarbeit

Die zentrale Aufgabe des Marketings in einem Unternehmen besteht darin,

- **Kaufmotive zu erkennen** und durch Einsatz von marketingpolitischen Instrumenten Kaufentscheidungen zu beeinflussen,
- das unterschiedliche **Kaufverhalten** seiner Abnehmer zu **erforschen** und darauf mit adäquaten Angeboten (Kombinationen von Produkten und Dienstleistungen als Problemlösungen) auf dem Markt zu reagieren.

Gestaltung von Marketingaktivitäten

Diese Kernaufgaben des Marketings beeinflussen die Gestaltung aller marktorientierten Aktivitäten eines Unternehmens. Alle Teilprozesse im Marketing sind dynamischer Natur, da die Einflussfaktoren einem zeitlichen Wandel unterliegen. Die erforderlichen Informationen (Daten) im Prozessablauf haben oft nur eine kurze Aktualität. Entscheidungen, als Reaktion auf Marktänderungen müssen jedoch schnell und trotzdem auf fundierter Datenbasis getroffen werden. Insbesondere in Zeiten kürzer werdender Innovationszyklen sind rechtzeitige Entscheidungen für ein Unternehmen wettbewerbsentscheidend.

Marketingplan und Marketingstrategien

Unternehmen als Anbieter von Gütern und Dienstleistungen müssen je nach Eigenart der Kaufmotive und des Kaufverhaltens ihrer Kunden spezifische

Marketingstrategien erarbeiten. Basis ist dabei ein **Marketingplan**, in dem möglichst operational (messbar) festgelegt wird, in welchem Zeitraum bestimmte Ziele erreicht werden sollen. Die Realisierung des Marketingplans bedarf der Koordination aller Marketinginstrumente (vgl. S. 145). Sie muss sich jedoch an den realen Marktgeschehnissen orientieren und flexibel ausgelegt sein. Der Marketingplan bestimmt die **Marketingstrategie**. Hierunter versteht man explizit formulierte Verhaltensgrundsätze eines Unternehmens auf dem Markt. Die eingeschlagene Marketingstrategie bestimmt letztlich die Gestaltung einzelner Entscheidungsprozesse.

Strategie	Erläuterung
Anpassung	Ein Unternehmen versucht, sich an seine **Konkurrenten anzupassen** (Preise, Sortiment, Service usw.)
Differenzierung	Ein Anbieter möchte sich bewusst mit seinen Produkten bzw. Dienstleistungen von seinen **Konkurrenten abheben**
Marktdurchdringung	Ein Unternehmen möchte mit seinen vorhandenen Produkten und Dienstleistungen den **bestehenden Markt** möglichst umfassend durchdringen und beherrschen
Markterschließung	Ein Unternehmen möchte mit seinen vorhandenen Produkten **neue Märkte** erschließen
Marktsegmentierung	Ein Unternehmen teilt seinen Markt in **Teilmärkte** auf. Dadurch können die Bedürfnisse der einzelnen Zielgruppen (Abnehmer) besser erfasst und gezielter bearbeitet werden Kriterien für die Bildung von **Teilmärkten** oder **Marktsegmenten:** – **Produktgruppen** (Hardware, Software, Service, Beratung) – **Preisgruppen** (unteres, mittleres, gehobenes Preisniveau) – **Abnehmergruppen** (öffentlich-rechtliche Abnehmer, Abnehmer aus der Privatwirtschaft; Großabnehmer, Kleinabnehmer; regionale Abnehmergruppen

Die aufgezählten Strategien können in der Praxis meist nur als **Mischformen** bzw. **Kombinationen** angewendet werden. Darüber hinaus müssen konkrete betriebsindividuelle Strategien erarbeitet werden. Es ist dabei sinnvoll, dass für verschiedene Produkte oder Teilmärkte unterschiedliche Strategien beschritten werden. Marketingstrategien werden mit dem marketingpolitischem Instrumentarium realisiert (vgl. S. 145). Die Instrumente Produkt-, Preis-, Kommunikations- und Konditionenpolitik werden kombiniert (Marketing-Mix, vgl. S. 145) und zur Marktbearbeitung eingesetzt. Hierbei sind unterschiedliche Marktbeeinflussungsfaktoren zu berücksichtigen, über die entsprechende Informationen beschafft werden müssen.

Eine interessante Beschreibung der kombinierten Strategien eines Marktführers der Software-Industrie gibt ein Aufsatz über Microsoft, den Sie unter http:\\www.stam.de nachlesen können.

■ Analyse der Marktkräfte

Marktkräfte

Ein Markt ist gekennzeichnet durch verschiedene Faktoren, die im Zeitablauf unterschiedlich wirken können. Die permanente Beobachtung dieser Kräfte sowie deren Analyse ist ein Kernprozess des Marketings.

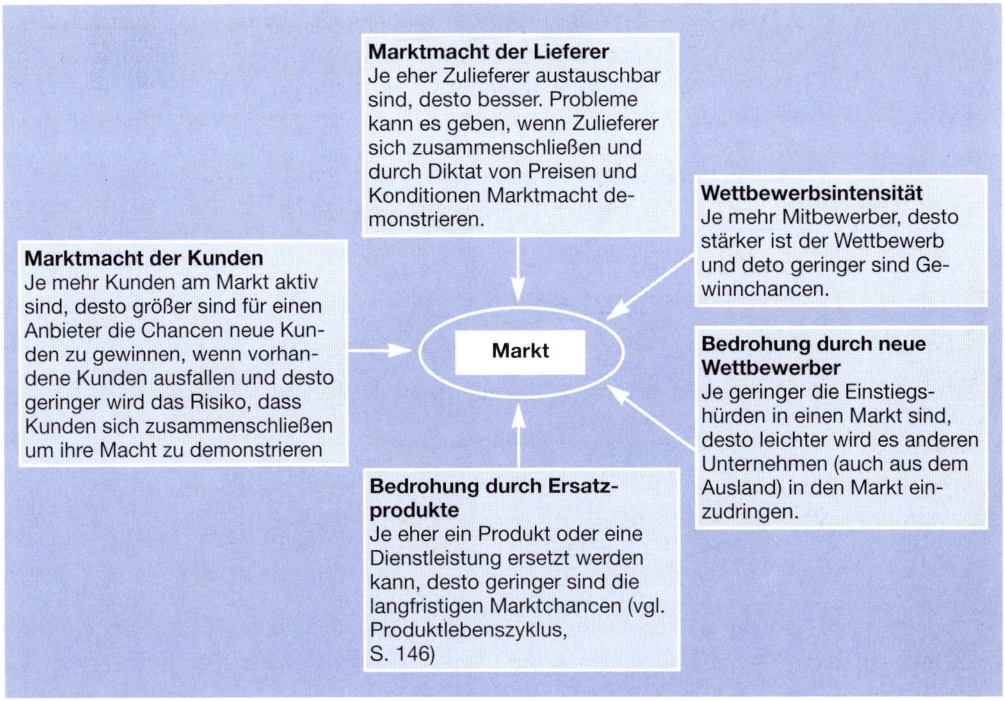

Dieser Kernprozess wird erfüllt durch die Aktivitäten der Marktforschung. Er setzt sich zusammen aus einer Vielzahl von Einzelprozessen, die durch die Unternehmens- und Marketingstrategie konkretisiert werden.

3.2 Marktbeobachtung und Marktforschung

■ Ziele der Marktforschung	Erkennen der eigenen Wettbewerbssituation
■ Aufgaben der Marktforschung	Daten für Entscheidungen bereitstellen
■ Phasen der Marktforschung	Info-Bedarfsermittlung, -Beschaffung, -Aufbereitung

■ Ziele und Aufgaben der Marktforschung

Betriebswirtschaftliche Entscheidungen im Marketingbereich basieren auf Marktdaten über Kunden und Mitbewerber. Je genauer und aktueller die Informationen sind, desto sicherer kann eine Entscheidung getroffen werden. **Marketingmanagement ist deshalb weitgehend Informationsmanagement.** Das **Ziel** der Marktforschung (Mafo) ist somit :

Erkennen der eigenen Wettbewerbssituation um Stärken auszubauen und Schwächen zu minimieren.

Schwächen minimieren, Stärken ausbauen

Dies setzt voraus, dass die gewonnenen Marktdaten exakt, aktuell, zielorientiert und zuverlässig sind und dass ihre Erhebung unter wirtschaftlichen Gesichtpunkten (Kosten der Datenbeschaffung, -speicherung und -aufbereitung) erfolgt.

Ziele der Marktforschung

Marktforschungsziel	Erläuterung
Marktanalyse	Zu einem bestimmten **Zeitpunkt** werden alle Einflussfaktoren eines Marktes ermittelt.
Marktbeobachtung	Die Entwicklung des Marktes wird über einen bestimmten **Zeitraum** untersucht. Dabei sollen Trends festgestellt werden.
Marktprognose	Sie baut auf den Ergebnissen der Marktanalyse und der Marktbeobachtung auf. Sie soll Aussagen über **künftige Marktsituationen** ermöglichen.

Alle Marktforschungsziele können sich sowohl auf den gesamten Absatzmarkt eines Unternehmens als auch auf Marktsegment (vgl. S. 140) beziehen. Marktforschung sollte als Teilprozess innerhalb von Marketingaktivitäten verstanden werden, mit der **Aufgabe**, konkrete verwertbare Daten bereitzustellen, die strategische und taktische Entscheidungen unterstützen und absichern können.

Ausrichtung von Marktforschungsaktivitäten

Je nach Tätigkeitsschwerpunkt und Untersuchungsgebiet können Marktforschungsprozesse sich auf folgende Gebiete bzw. Bereiche erstrecken:

Untersuchungsgebiete

Marktforschungsgebiet	Erläuterung
Marktaktivitäten	Absatz-Mafo, Güterbeschaffungs-Mafo, Informationsbeschaffungs-Mafo, Finanz-Mafo, Personal-Mafo
Raum	regionale, nationale, europäische, internationale Märkte
Zeit	vergangenheits-, gegenwarts-, zukunftsbezogene Mafo
Zweck	Diagnose, Prognose von Marktsituationen
Objekt	Konsumgüter-, Investitionsgüter-, Dienstleistungs-Mafo

Ziel von **quantitativen Marktforschungsaktivitäten** sind numerische Werte, wie Anzahl der möglichen Kunden, Preisuntergrenze für ein Produkt, Marktanteile usw. Die **qualitative Marktforschung** versucht Verhaltensweisen, Erwartungen, Einstellungen und Motive in einem Markt festzustellen (z. B. Meinungsforschung).

Phasen der Marktforschung

Prozessphasen

Die Bedeutung der Marktforschung als Teilprozess innerhalb von **Marketingentscheidungsprozessen** ergibt sich aus folgendem Kreislaufschema:

→ Phasenverlauf
⇒ Rückkopplungsprozesse (Feedback)

Beispiele

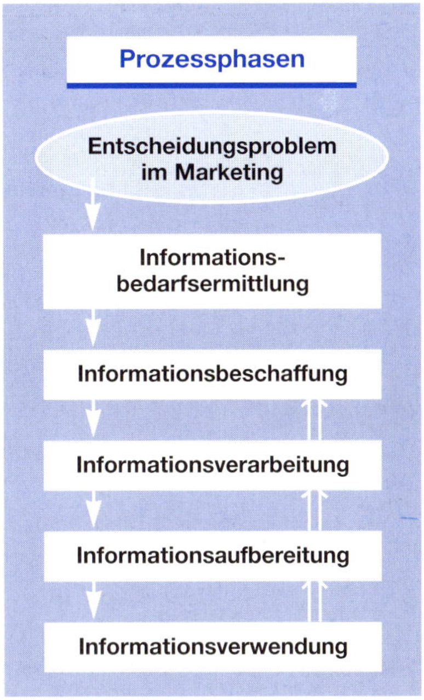

Einführung einer neuen Produktlinie, Gestaltung des Service-Umfangs, Erschließung eines neuen Marktes

Ermitteln des Kundenpotenzials, Preisuntergrenzen, Verhalten von Mitbewerbern

Erheben eigener Daten, Einschalten eines Marktforschungsinstitutes

Durchführen von Berechnungen, Schätzungen, Vergleichen, Interpretationen

Daten verdichten, anschaulich aufbereiten (Tabellen, Grafiken)

Anwendung der Ergebnisse auf das Entscheidungsproblem

Innerhalb dieses **Informationskreislaufs** (vgl. S. 82) können einzelne Phasen mehrfach durchlaufen werden, wenn Korrekturen der Ergebnisse erforderlich sind bzw. wenn Teilprozesse optimiert werden können.

3.3 Datenerhebungen als Instrumente der Marktforschung

- Erhebungsprozesse — Sekundär-, Primärerhebung von Daten
- Erhebungsbereiche — Voll-, Teilerhebung
- Erhebungsmethoden — Befragung, Beobachtung, Experiment, Panel

Marktinformationen können sich im Rahmen der Informationsbeschaffung grundsätzlich durch zwei Erhebungsprozesse ergeben:

Erhebungsarten	Erläuterung	
Sekundärerhebung	Aufbereitung und Auswertung von Daten, die bereits vorhanden sind (Desk-research) und meist für andere Zwecke erhoben bzw. erstellt wurden. Hierzu zählen z. B. Daten des betrieblichen Rechnungswesens, Daten aus Veröffentlichungen von Verbänden, Banken, Messen u.Ä., Fachliteratur und -presse usw.	
	• Vorteile – meist kostengünstiger als Primärerhebung – beist umfangreiches Datenvolumen – Daten stehen sofort zur Verfügung	• Nachteile – Daten ggf. veraltet – benötigte Daten müssen erst herausgefiltert werden (z. T. aufwendig) – Daten stehen oft auch Mitbewerbern zur Verfügung
Primärerhebung	Hier müssen Daten erstmalig erhoben werden, da sie nicht in anderen Quellen verfügbar sind, hierzu zählen u.a. Befragungen, Beobachtungen usw. Die Primärerhebung verursacht erhebliche Kosten durch Zeit- und Personaleinsatz.	

Bei allen Entscheidungsprozessen sollten zunächst die sekundären Quellen ausgewertet werden. Oft sind die Informationen hinreichend für eine Problemlösung. Selbst wenn das Enscheidungsproblem nicht vollständig gelöst werden kann, bieten Sekundärerhebungen Hilfen für eine präzise Aufgabenstellung für eine Primärerhebung sowie ihrer Planung.

■ Erhebungsbereiche

Für Primärerhebungen, bei denen neue, bisher nicht ermittelte Marktdaten erzeugt werden, muss hinsichtlich des Umfanges des zu beforschenden Datenbestandes unterschieden werden **in Voll- und Teilerhebungen**. Da Primärerhebungen sich häufig auf Befragungen und Beobachtungen beziehen, geht es hierbei also um die Anzahl der befragten bzw. beobachteten Personen.

Vollerhebung

Alle Erhebungsobjekte (Personen) werden einbezogen

- anwendbar, wenn die Anzahl der zu untersuchenden Personen klein ist
- Genauigkeit der Ergebnisse
- hohe Kosten, hoher Zeitaufwand

Beispiel: *Ein PC-Großhändler befragt über seinen Außendienst alle Kunden, die im letztem Jahr mehr als eine Reklamation hatten, hinsichtlich ihrer Wünsche über Service-Verbesserungen.*

Teilerhebung

Nur eine Auswahl von Erhebungsobjekten (Personen) wird betrachtet

- Auswahl muss repräsentativ sein
- Ergebnisse müssen mit Genauigkeitsverlust „hochgerechnet" werden
- Geringere Kosten, geringerer Zeitaufwand

Beispiel: *Aus jeder Verkaufsregion werden nur die fünf umsatzstärksten und jeweils fünf umsatzschwache Kunden bezüglich ihrer Service-Wünsche befragt.*

■ Erhebungsmethoden

Nachdem die Entscheidung über Voll- oder Teilerhebung getroffen ist, kann festgelegt werden, mit welcher Methode die Erhebung durchgeführt wird.

Methoden

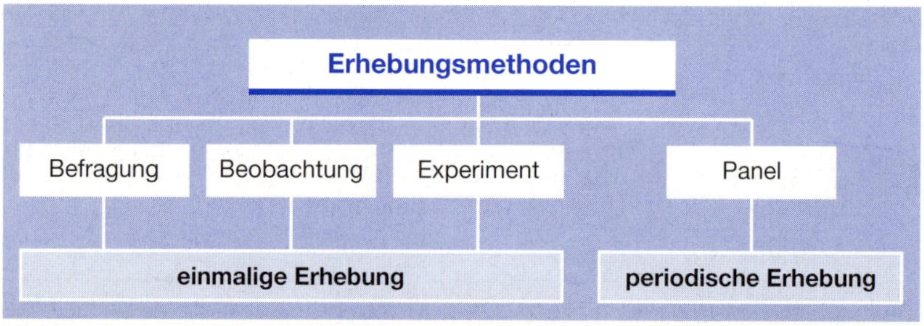

Eine Erhebung von Daten ist mit **Kosten** verbunden. Wenn die Erhebung als Auftrag an Externe (Betriebsfremde, spezialisierte Unternehmen) vergeben wird, so sind die Kosten durch Einholung von Angeboten zu ermitteln. Wird die Erhebung durch betriebseigene Mitarbeiter durchgeführt, so setzen sich die Kosten aus Personal- und Sachkosten zusammen. Hierbei empfiehlt sich, die **Erhebung als Projekt** durchzuführen und entsprechende Projektmanagements-Methoden und -Instrumente einzusetzen.

• Befragung

Befragungen lassen sich hinsichtlich verschiedener Kriterien einteilen (**Befragungsarten**).

Kriterium	Erläuterung
Zahl der Themen	• Ein-Themen-Befragung (nur ein Aspekt, z. B. Zufriedenheit mit Service-Leistungen) wird erhoben • Mehr-Themen-Befragung (mehrere Aspekte, z. B. Ansprüche von Kunden, Investitionsplanungen von Kunden, Einschätzungen der konjunkturellen Lage usw.) werden erhoben (ggf. von verschiedenen Auftraggebern gemeinsam).
Personen	• Unternehmensbefragungen • Verbraucherbefragungen (Endverbraucher) • Expertenbefragungen (Befragung von Spezialisten und Fachleuten)
Kommunikationsart	• schriftliche Befragung (Fragebogen werden über Postweg oder Zeitungsbeilagen verteilt); das Problem der häufig geringen Rücklaufquote kann durch Anreize (z. B. Preisausschreiben) z. T. gelöst werden. • telefonische Befragung (i. d. R. sind nur einfache und knappe Fragestellungen möglich, jedoch kann eine gezielte Eingrenzung von Zielgruppen vorgenommen werden) • mündliche Befragung (Befragungen „auf der Straße", Interview, die Fragestellungen und die Fragetaktik kann individuell abgestimmt werden) • Online-Befragungen im Internet (Versenden von Fragebogen über eMail; Fragebogen auf einer Website, wobei die Antworten z. B. über CGI-Scripts gespeichert und ausgewertet werden können; Interviews in Chatrooms, Befragungen über News-Groups)
Häufigkeit	• Einmalbefragungen (für bestimmtes Erhebungsziel werden einmalig Personen befragt) • Mehrfachbefragungen (periodisch wiederkehrende Befragungen, um bestimmte Entwicklungen, Trends usw. zu erheben)
Strategie	• standardisiertes Interview (genau festgelegte Fragen mit konstanter Reihenfolge der Fragen) • strukturiertes Interview (Kernfragen sind festgelegt, Reihenfolge beliebig, Zusatzfragen sind zugelassen) • freies Gespräch (nur das Gesprächsthema steht fest, Interviewer kann über Reihenfolge und Art von Fragen frei entscheiden)
Taktik	• direkte Befragungstaktik (durch Frage ist das Befragungsziel direkt erkennbar, z. B. „Besitzen Sie ein Notebook?") • Indirekte Befragungstaktik (Die Fragen sind psychologisch so formuliert, dass der Befragte nicht sofort das Ziel der Frage erkennen kann, z. B. „Wenn Sie auf Geschäftsreise sind, können Sie dann Ihre Tabellenkalkulation einsetzen?")

Online-Befragungen können über Links gezielt auf bestimmte Websites platziert werden (z. B. Suchmaschinen, Homepages von Universitäten usw.). Der Vorteil von Online-Befragungen besteht auf Seiten der Befragten darin, dass ggf. sofort eine Zwischenauswertung an sie geschickt werden kann.

Beispiel:

Online-Befragung über Finanzdienstleistungen im www (Quelle: www.gfk.de).
Welche Informationen von Finanzdienstleistern möchten Sie über das WWW abrufen?
Sie können mehrere Möglichkeiten anklicken.

- *Allgemeine Informationen über die Bank (Unternehmensdarstellung)*
- *Allgemeine Informationen über Geldanlagen bei Banken und Sparkassen*
- *Allgemeine Informationen über Aktien, Wertpapiere, Investmentfonds*
- *Statistische Tabellen und Grafiken über Kursentwicklungen*

Welche Informationen von Finanzdienstleistern möchten Sie über das WWW abrufen?

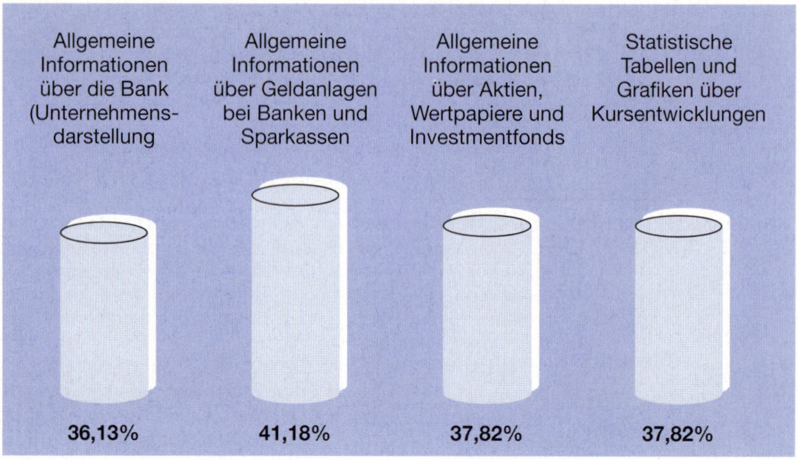

Je nach der Kommunikationsart zwischen Frager und Befragten können die Ergebnisse unterschiedlich ausfallen. Insofern hat eine Entscheidung für eine bestimmte **Befragungsart** Auswirkungen insbesondere auf

- die Qualität der zu erwartenden Ergebnisse,
- die Kosten der Befragung und
- die Rücklaufquote (Verhältniszahl zwischen Anzahl der Befragten und Antwortgebern).

	Befragungsart			
Kriterien	**Schriftlich**	**Telefonisch**	**Mündlich**	**Online**
Rücklaufquote	unterschiedlich (je nach Anreizen)	hoch	hoch	Unterschiedlich (je nach Anreizen)
Beeinflussung durch Dritte	möglich	kaum möglich	kaum möglich	möglich
Anzahl der Befragten	eher klein	klein	mittel	mittel bis groß
Interviewereinfluss	nicht möglich	groß	groß	nicht möglich (außer Chat, mails)
Zeitaufwand für Befragung	gering	hoch	gering	gering
Kosten	niedrig	mittel	hoch	niedrig
Erläuterung von Fragen während Befragung	nicht möglich	möglich	möglich	möglich nur bei Chats und via Mail

Fragebogen

Bei der Konzeption von **Fragebögen** ist besonders auf das Untersuchungsziel hinzuarbeiten. Die Fragen sind auf die Zielgruppe abzustimmen und müssen eindeutig sowie sprachlich prägnant und verständlich sein. Zu Anfang sollten sog. „Eisbrecherfragen" gestellt werden, um den Kontakt herzustellen und in die Be-

fragung einzuleiten. Sinnvoll sind auch Motivationsfragen (sie sollen die Antwortbereitschaft erhöhen) und Kontrollfragen (sie überprüfen den Wahrheitsgehalt der Antwort bzw. ob der Befragte vorige Fragen richtig verstanden hat).
Die Antwortmöglichkeiten bei einer Befragung sind im Voraus abschätzbar. Hinsichtlich der Auswertung der Antworten muss daher im Sinne des Untersuchungsziels entschieden werden, welche Fragearten und welche Antwortmöglichkeiten zulässig sind.

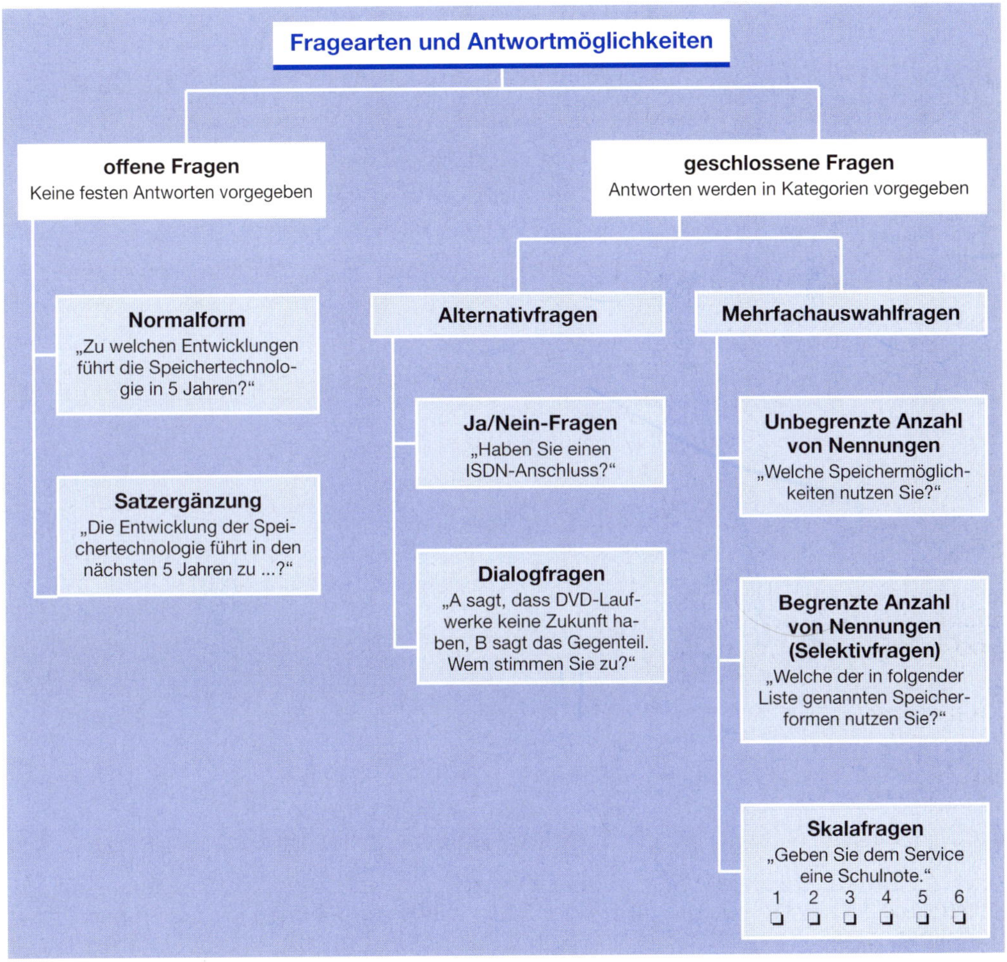

Testbefragung

Bevor ein Fragebogen zum eigentlichen Zweck eingesetzt wird, sollten die Befrager hinreichend geschult worden sein und die Fragen in einer **Testbefragung** hinsichtlich Verständnis und Beitrag zum Erreichen des Untersuchungsziels überprüft werden. Ferner ist der Zeitpunkt und der Zeitraum sowie das **Kostenbudget** für die Befragung vorher festzulegen.

• Ablauf eines Befragungsprozesses

Die Planung und der Ablauf eines Befragungsprojektes ist folgendem Schema zu entnehmen.

Beispiele:

GfK Online Monitor
Strukturerhebung Online-Nutzer
Gfk Medienforschung September 1998

Ergebnisse der zweiten Welle (Download 30 Kb)

Ausgangssituation
Eine **Strukturerhebung Online-Nutzer,** die im direkten Vergleich zu den etablierten Medienuntersuchungen bestehen soll, kann nur auf Basis einer **bevölkerungsrepräsentativen Stichprobe** durchgeführt werden.
Aufgrund der Untersuchungsergebnisse aus der 1. Welle konnte für das Jahr 1998 mit einem dynamsichen Wachstum der Online-Nutzerschaft in der Bundesrepublik Deutschland gerechnet werden. Diese These ist in der 2. Welle eindrucksvoll bestätigt worden.

Mit der Durchführung der 2. Untersuchungswelle hat sich der **GfK Online-Monitor** als die repräsentative Strukturerhebung im Bereich der Online-Medien, die valide und zuverlässige Daten über **Größe und Zusammensetzung der Nutzer von Online-Medien** liefert, etablieren können.

Um das nach wie vor dynamische Wachstum des Online-Marktes aktuell abbilden zu können, wird der **GfK Online-Monitor** zukünftig 2 x jährlich durchgeführt werden. Die **3. Welle** startet Mitte Oktober 1998, erste Ergebnisse sind Ende Januar 1999 zu erwarten.

Falls Sie bei der 3. Welle des GfK Online-Monitor zum Kreis der Auftraggeber gehören möchten, können sie uns gerne schriftlich, telefonisch oder per Mail kontaktieren.

Anlage der Untersuchung
In kurzen telefonischen Kontakten werden von allen Stichprobenhaushalten strukturelle Basisdaten erhoben, die Voraussetzung für eine spätere Gewichtung und Hochrechnung der Ergebnisse sind.

Mit PC- und Online-Nutzern werden in zwei weiteren Stufen tiefergehende Interviews realisiert, in denen Themen wie PC-Ausstattung, Zugangswege, Zeit- und Geldbudget für Online-Medien, Nutzungspräferenzen, Bewertung der meistgenutzten Online-Angebote etc. behandelt werden.

Zusätzlich besteht nach Absprache im angemessenen Rahmen für jeden Auftraggeber die Möglichkeit, exklusiv Zusatzfragen in das Fragenprogramm zu integrieren.

Die Stichprobengröße orientiert sich wie in der 1. Welle am zur Verfügung stehenden Forschungsbudget. Die Zahl von ca. 1.200 Interviews mit Online-Nutzern sollte jedoch nach Möglichkeit nicht unterschritten werden. Dies gewährleistet eine ausreichende Menge an Interviews um die soziodemografischen Strukturen sowie das Verhaltens- und Meinungsspektrum der Online-Nutzer betrachten zu können.

Mithilfe der erhobenen Strukturdaten können in der Folge auch zu speziellen kundenspezifischen Fragestellungen repräsentative Untersuchungen durchgeführt werden.

Untersuchungssteckbrief 2. Welle	
Grundgesamtheit	14–59-jährige Personen, wohnhaft in privaten Haushalten innerhalb der Bundesrepublik Deutschland
Erhebungsmethode	CATI (Computer Assisted Telephone Interview)
Stichprobe	7.434 Interviews
Auswahlverfahren	Zweifach geschichtete Zufallsauswahl nach dem ADM-Mastersample-Verfahren
Feldstart	22. Mai 98
Feldende	2. August 98
Auswertung	Tabellarische Berichte mit individuellen Aufrissen, Management Report, Daten im ASCII- bzw. Quanvert Format

Die Untersuchungsergebnisse wurden den Auftraggebern **exklusiv** zur Verfügung gestellt.

Für Interessenten ist ein **Management-Report** erstellt worden, der ab 2. November 1998 gegen eine Schutzgebühr von DM 200,00 erhältlich ist.

Unsere vollständige Adresse lautet:

GfK AG Medienforschung
Nordwestring 101 Tel.: 0911/395–3002 Fax: 0911/395-4051
90319 Nürnberg E-Mail: roland.bronold@gfk.de

Beobachtung

Beobachtung

Eine Beobachtung im Rahmen der Marktforschung ist die **planmäßige Erhebung von Verhaltensweisen** oder Eigenschaften von Personen. Sie liefert insbesondere bei der Kundenanalyse (vgl. S. 138) wichtige Informationen. Beobachtungen können einmalig oder in periodischen Abständen durchgeführt werden.

Beispiele:

- *Ein PC-Shop beobachtet seine Kunden hinsichtlich des Verhaltens im Ladenlokal. Erhoben werden dabei Daten über Dauer des Aufenthaltes im Geschäft, Bereitschaft Zusatzkäufe zu tätigen, Frageverhalten an Verkaufspersonal, Alter der Kunden usw.*
- *Ein Systemhaus beobachtet nach der Installation von neuer Software bei einem Kunden, wie seine Mitarbeiter die Software benutzen, wie sie sich in Problemsituationen verhalten, wie oft sie Hilfe anfordern usw.*

Bei der Auswertung der erhobenen Daten muss berücksichtigt werden, ob sich der Beobachtete bewusst war, dass er beobachtet wurde, weil dadurch Verhaltensänderungen entstehen können.

Sofern Mitarbeiter (eines Kunden) beobachtet werden, sind bestimmte Vorschriften des Mitbestimmungsrechtes zu beachten, so ist z.B. der Betriebsrat einzuschalten. Dies gilt auch, wenn durch Logfiles der Umgang mit Software beobachtet werden soll um Leistungsmessungen durchzuführen.

Experiment

Experimente oder **Tests** im Rahmen der Marktforschung haben das Ziel, systematisch herauszufinden, wie sich Merkmale eines Marktes (z.B. Kundenverhalten) verändern, wenn bestimmte Einflußgrößen variiert werden.

Beispiele:

- *Verpackungstest: Eine Grafik-Karte wird mit unterschiedlicher Verpackung (Farbe, Design usw.) Kunden angeboten, es soll herausgefunden werden, auf welche Verpackung Kunden positiv reagieren.*
- *Platzierungstest: Notebooks werden in einem PC-Einzelhandelsgeschäft an unterschiedlichen Plätzen im Verkaufsraum präsentiert, es soll herausgefunden werden, welcher Platz von Kunden besonders frequentiert wird.*
- *Testmärkte: Ein Distributor von Lernsoftware für Kinder bietet ein neuartiges Produkt in einem Testmarkt (z. B. eine Stadt) zu unterschiedlichen Preisen an, er will herausfinden, welche Preisobergrenze von Kunden akzeptiert wird.*

Experimente können als **pre-test** (vor einer Marketingaktivität) oder als **post-test** (nach einer Marketingaktivität als Kontrollinstrument) durchgeführt werden.

Panel

Panels

Ein Panel ist eine dynamische Marktdatenerhebung, bei der ein bestimmter Personenkreis über eine längeren Zeitraum in periodischen Abständen befragt wird. Aus den gewonnenen Daten können Entwicklungen und Trends interpretiert werden. Panels werden wegen ihres Aufwandes häufig von Marktforschungsinstituten durchgeführt. Die Ergebnisse können von interessierten Unternehmen käuflich erworben werden.

Die Gesellschaft für Konsumforschung (GfK) in Nürnberg

Beispiele:

[GfK Gruppe | Neue Instrumente | Neue Studien]
[Omnibus Fahrplan | Presse Aktuell | Stellenangebote]

GfK Verbraucherpanels

Bei den Verbraucherpanels spielen die Verbraucher den aktiven Part. Sie sind es, die ihre Einkäufe systematisch notieren und an die GfK weiterleiten. Und zwar per Aufzeichnung in einem speziellen Haushaltsbuch oder in einem elektronischen Tagebuch. 50.000 Haushalte speisen auf diese Weise die Verbraucherpanels der GfK.
Auf diese Fragen antworten die Verbraucherpanels:

- Käufer
- Käuferverhalten
- Bedarfsdeckung
- Käuferreichweiten
- Markentreue
- Nebeneinanderverwendung
- Einkaufsstätten
- Warenkörbe

IRI/GfK
Handelspanels/InfoScan

Von den Handelspanels der IRI/GfK bekommen die Verbraucher dagegen gar nichts mit. Und der Handel wenig. Denn die Außendienstmitarbeiter der IRI/GfK, die in Stichprobengeschäften des Einzelhandels Einkauf und Abverkauf der Produkte, Warenlager und Regalbestände notieren, bewegen sich dort wie selbstverständlich. Eine Sonderform des Handelspanels ist InfoScan: Dabei werden Abverkaufsmengen und Preise per Scannerkasse registriert. Die gleichzeitig laufenden Promotion-Aktivitäten erfasst wiederum der IRI/GfK-Außendienst.
Die Handelspanels geben, wie auch die Verbraucherpanels, vor allem den Herstellern wichtige Hinweise darüber, wie ihre Produkte in den verschiedenen Regionen, Geschäftstypen usw. gehen. In der Panel System-Forschung werden die Ergebnisse beider Panels zusammengeführt. So können auch Einkaufsdaten aus den Geschäften in die Berichte aufgenommen werden, die den Marktforschern beharrlich den Zutritt verwehren: z. B. Aldi.
Auf diese Fragen antwortet das IRI-GfK-Handelspanel:

- Verkauf Menge absolut +%
- Einkauf Menge absolut +%
- Bestand Menge absolut +%
- Bevorratungsdauer
- ∅ Preis
- ∅ Verkauf Menge/Wert
- ∅ Einkauf Menge/Wert
- ∅ Bestand Menge/Wert
- Bestand Regal/Display/Lager
- Distribution num./gew./Lücke

3.4 Informationsquellen

Für Marktforschungszwecke kann auf innerbetriebliche (interne) und außerbetriebliche (externe) Datenquellen zurückgegriffen werden.

3.4.1 Interne Quellen

■ betriebliches Rechnungswesen	Kostenrechnung, Finanzbuchhaltung, Controlling
■ Mitarbeiterberichte	Außendienst, Kundendienst
■ Warenwirtschaftssystem	Beschaffung, Wareneingang, Lager, Verkauf
■ Data-Warehousing	Datenauswertung auf Managementebene

In den verschiedenen Abteilungen eines Unternehmens werden bei der Abarbeitung von Informations- und Geschäftsprozessen eine Fülle von Daten verarbeitet. Diese internen Daten sind die Basis für betriebliche Marketingentscheidungen. Voraussetzung dabei ist, dass im Unternehmen ein funktionsfähiges Informations- und Kommunikationsmanagement installiert ist und somit die Daten permanent im Zugriff stehen und laufend aktualisiert werden.

Betriebliches Rechnungswesen

Das betriebliche Rechnungswesen (vgl. S. 228) als Bereich, in dem Werteströme erfasst werden, ist die zentrale Datenbasis eines Unternehmens, weil hier letztlich alle Geschäftsprozesse ihren Niederschlag finden und Schnittstellen zu sämtlichen betrieblichen Funktionen gegeben sind.

Rechnungswesen

Insbesondere die **Kostenrechnung** (vgl. S. 249) liefert maßgebliche Daten für Marketingentscheidungen.

Beispiele:

- *Ein PC-Großhändler stellt im Rahmen einer Konkurrenzanalyse (vgl. S. 120) fest, dass ein bestimmter Monitor, den er selbst für 779,00 EUR anbietet, von Mitbewerbern für 749,00 EUR angeboten wird. Er muss entscheiden, ob er ebenfalls zu einem niedrigeren Preis anbieten kann. Aus der Kostenrechnung entnimmt er folgende Daten:*

Kostenrechnung

	EUR
Bezugspreis	*542,00*
+ Handlungskostenzuschlag 25%	*135,50*
= Selbstkostenpreis	*677,50*
+ Gewinnzuschlag 15%	*101,62*
= Listenverkaufspreis	*779,12*

Die kalkulierte Preisuntergrenze beträgt somit 779,12 EUR. Wenn zu einem niedrigeren Preis verkauft werden soll, vermindert sich der Gewinn. Wenn als Verkaufserlös lediglich die Selbstkosten erzielt werden, so wird überhaupt kein Gewinn erzielt.

Dem Großhändler bieten sich aufgrund der Daten folgende Alternativen:

1. *Er senkt seinen Preis und hat Gewinneinbußen. Die absolute Preisuntergrenze ist kurzfristig der Selbstkostenpreis von 677,50 EUR. Hiermit könnte er die Konkurrenz sogar unterbieten.*
2. *Er senkt seinen Preis und versucht bei seinem Lieferer bessere Konditionen zu erhalten (Rabatte, Transportkostenübernahme usw.) und fängt damit seine Gewinneinbußen zumindest teilweise auf.*
3. *Er behält seinen Preis, bietet aber für die Preisdifferenz seinen Kunden einen Ausgleich durch bessere Leistungen an (Druckerkabel, Druckerpatrone, Staubschutzhülle o.Ä.) und stellt das Gesamtangebot werblich heraus*
4. *Er kombiniert die Alternativen 1.–3.*

In diesem Beispiel ist der Handlungskostenzuschlag eine entscheidende Größe. In ihm wird ausgedrückt, wie viel EUR ein bestimmtes Produkt anteilig an den Betriebskosten des Unternehmens zu übernehmen hat. Nur in einem gut strukturierten Kostenrech-

nungssystem, das alle relevanten Daten berücksichtigt und artikelgenaue Werte liefert, sind diese Daten zuverlässig verwendbar.

- *Ein Unternehmen produziert spezielle Videokarten. Der Verkaufspreis beträgt 270,00 EUR. Die derzeitige Absatzmenge beträgt 3.000 Stück. Aus der Kostenrechnung sind folgende Daten bekannt: variable Kosten (Material, Lohnkosten) insgesamt 75.000,00 EUR, fixe Kosten (Kosten der Betriebsbereitschaft wie Miete, Abschreibungen usw.) 180.000,000 EUR. Hieraus ergibt sich folgende Situation:*

Verkaufserlöse	variable Kosten	fixe Kosten	Gesamtkosten	Verlust
810.000,00	675.000,00	180.000,00	855.000,00	45.000,00

Als Marketingaufgabe ergibt sich: Wie viel Stück müssen mindestens abgesetzt werden, damit das Unternehmen in die Gewinnzone gelangt?
Zunächst wird der Deckungsbeitrag je Stück ermittelt (vgl. S. 266). Das ist der Betrag, der sich ergibt, wenn von dem Stückerlös (270,00 EUR) die variablen Stückkosten (= gesamte variable Kosten/Menge, = 675.000,00/3.000) subtrahiert werden (270,00 – 225,00). Der Deckungbeitrag (45,00 EUR je Stück) dient nun dazu, die fixen Kosten abzudecken. Nun kann die erforderliche Absatzmenge ermittelt werden. Die Deckungsbeiträge je Stück müssen also die fixen Kosten von 180.000,00 EUR erwirtschaften. Demzufolge ist ein Absatz von 4.000 Stück notwendig (180.000,00 / 45,00 = 4.000).

Diese Entscheidungssituation ist nur lösbar, wenn die interne Informationsquelle Kostenrechnung genaue Angaben über die Kostenstrukturen geben kann.

- *Ein Systemhaus hat im Rahmen einer Ausschreibung ein Angebot für die Lieferung und Installation eines lokalen Netzwerkes (1 Server, 18 Workstations) incl. Software zu erstellen. Das Unternehmen weiß, dass sich sechs Mitbewerber an der Ausschreibung beteiligen. Es möchte den Auftrag dringend haben, da lukrative Folgeaufträge zu erwarten sind. Die Rechnungssumme setzt sich aus folgenden Positionen zusammen: Hardware (incl. Kabel usw.), Software, Installation von Hard- und Software, Testläufe, Benutzereinführung. Es sind also Produkte und Dienstleistungen (Personal- und Sachkosten) zu kalkulieren. Zu berücksichtigen sind ferner Fahrtkosten zum Kunden, ggf. Rückstellungen für evtl. Garantieleistungen und Nachbesserungen sowie Kosten für eine spätere Hotline zum trouble-shooting. Diese Kostenbestandteile sind i. d. R. nicht Bestandteil der Rechnung, sondern müssen durch die fakturierten Einzelposten mit gedeckt werden. Damit das Angebot am unteren Level der Kostendeckung rangieren kann, müssen sehr detailierte Kostenberechnungen durchgeführt werden. Dies setzt eine differenzierte Kostenrechnung des Betriebes voraus.*

- *Kalkulation einer Werbemaßnahme: Ein PC-Einzelhändler plant für das Weihnachtsgeschäft eine Sonderaktion. Er möchte im Bundle einen PC incl. vorinstallierter Software (Office-Paket, Internet-Zugangssoftware, Game-Pack) anbieten. Um die Preisgestaltung durchführen zu können, muss er exakte Kostenbestandteile kennen. Ferner muss er sich über die Kosten der Werbemaßnahme im Klaren sein (Druckkosten für Prospekte, Anzeigen in Tageszeitungen, Dekoration des Geschäftes usw.). Nur durch Nutzung der Kostendaten wird es ihm möglich sein, anschließend eine Werbeerfolgsrechnung durchzuführen.*

Finanzbuchhaltung

Im Rahmen der **Finanzbuchhaltung** (vgl. S. 235) können zusätzliche Daten für Marketingentscheidungen gewonnen werden. Sie beschäftigt sich mit der Erfassung von Zahlungsströmen (Zahlungseingänge und -ausgänge). Durch Auswertung und Aufbereitung von Daten der Finanzbuchhaltung können z. B. Vergleichszahlen und Trends ermittelt werden.

Beispiele:

- *Anzahl der Verkäufe je Tag, Woche, Monat, Quartal, Jahr*
- *Umsätze je Tag, Woche, Monat, Quartal, Jahr*
- *durchschnittlicher Umsatz je Kunde*
- *durchschnittliches Zahlungsziel und Zahlungszielüberschreitung der Kunden*
- *Häufigkeit einzelner Zahlungsarten (bar, Scheck, Überweisung, Kreditkarte usw.)*
- *Anzahl der Mahnungen an Kunden*
- *Umsätze getrennt nach Warenlieferungen, Dienstleistungen usw.*

Controlling

Durch das **betriebliche Controlling** (vgl. S. 268) werden weitere zahlreiche Kennziffern erhoben und dynamisch verfolgt. Für Marketingentscheidungen sind hier insbes. Plan-/Ist-Vergleiche über Umsätze, Absatzzahlen usw. relevant um rechtzeitige Reaktionen auf Marktveränderungen einleiten zu können.

Beispiele:

- *Umsatz, Absatz je Verkäufer, je qm Ladenfläche usw.*
- *Verhältnis Vertragsanbahnungen zu Vertragsabschlüssen*
- *Gewinn je Vertragsabschluss*
- *Stundeneinsatz (Mannstunden) je Auftrag (z. B. getrennt nach Beratung, Installation Hardware, Installation Software, Programmzeilen, Softwaretest, Hotline usw.)*
- *Anzahl und Häufigkeit von Reklamationen, Nachbesserungen usw.*
- *Einhalten von Qualitätsstandards, Normen usw.*

■ Verkaufs- und Kundendienstberichte

Beschwerdemanagement

Insbesondere der Außendienst eines Unternehmens hat einen sehr engen Kontakt zu Kunden. Aus ggf. standardisierten Berichten dieser Mitarbeiter sind wertvolle Daten zu entnehmen um z. B. eine stärkere Kundenorientierung (vgl. S. 138) zu erreichen. Diese Daten sind u. a. für die Optimierung eines Systems des **Beschwerdemanagements** verwertbar. Jedoch lassen sich auch Hinweise für die Sortimentsbestimmung (Spezifikation der Produktpalette und der Art und des Umfangs von Dienstleistungen) ableiten. Ebenso kann die Gestaltung von Liefer- und Zahlungsbedingungen optimiert werden.

Beispiele:

- *Die Service-Techniker vermerken zunehmend in ihren Berichten, dass Kunden nach Backup-Software fragen. Hier bietet sich eine Möglichkeit für gezielte Marketingaktivitäten, z. B. individuelle Angebote für Lieferung und Installation der Software und ggf. erforderlicher Hardware.*
- *Bei der Auswertung der Verkaufsberichte wird festgestellt, dass häufig Verkaufabschlüsse an dem angebotenen Zahlungsziel von 10 Tagen scheitern. Es sollte untersucht werden, inwieweit ein längeres Zahlungziel angeboten werden kann und wie viel diese Marketingmaßnahme kostet.*

■ Warenwirtschaftssystem

Speziell in Handelsbetrieben wird i. d. R. eine Software für die Warenwirtschaft eingesetzt. Hierin sind alle Prozesse – von der Angebotseinholung bei Lieferern über die Lagerwirtschaft bis hin zur Erstellung von Lieferscheinen und Rechnungen und Abwicklung des Zahlungsverkehrs – abgebildet. Meist weist diese Software Schnittstellen zur Finanzbuchhaltung und zur Kostenrechnung auf.

Warenwirtschaftssysteme

Basis eines Warenwirtschaftssystems ist eine **Datenbank** mit umfangreichen **Auswertungsmöglichkeiten**.

Beispiele:

- *„Renner-Penner-Liste": Das ist sozusagen die Hitparade der verkauften Artikel. Derartige Listen sind für einzelne Artikel, für Artikelgruppen, für Filialen oder nach weiteren Gesichtspunkten erstellbar.*
- *Ladenhüter identifizieren: Hier ist es möglich, die durchschnittliche Lagerdauer (und somit die Kapitalbindung) von Artikeln oder Artikelgruppen festzustellen (vgl. S. 223). Über- und Unterbestände können so vermieden werden. Sonderverkäufe zur Lagerräumung können frühzeitig eingeleitet werden.*
- *Kundenstrukturanalysen: Wer kauft was? Diese Daten sind Basis für individuelle Angebote bzw. gezielte Mailing-Aktionen oder Maßnahmen im Telefon-Marketing.*

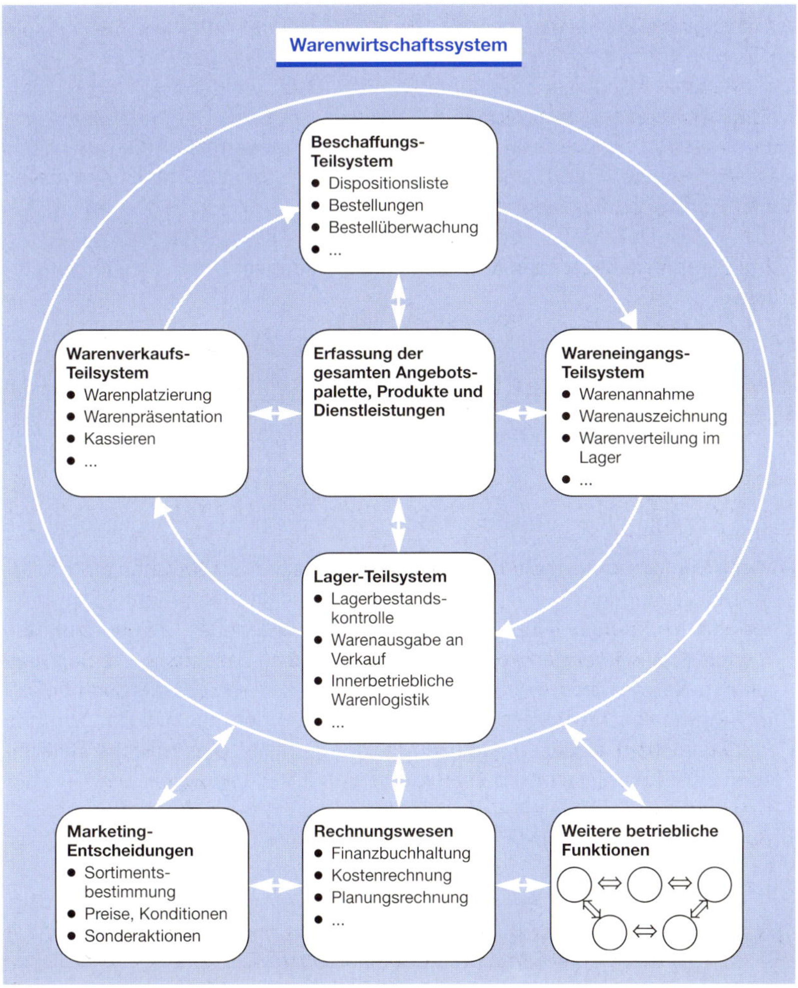

Warenwirtschaftssysteme können als Extranets konzipiert werden, sodass Lieferer auf für sie relevante Daten zugreifen können, wodurch Absatz- und Beschaffungsprozesse synchronisiert werden können. Insbesondere kann der genormte elektronische Datenaustausch mit EDI (vgl. S. 154) einbezogen werden.

Data-Warehousing

Das Konzept des Data-Warehousing soll ein Fundament für computergestützte Entscheidungsfindung auf oberen Ebenen eines Unternehmens sein. Insbesondere stehen hier Marketing-Entscheidungen im Mittelpunkt. Ein Data Warehouse stellt den Managern Informationen in strukturierter Form bereit: wohlgeordnet wie Waren in einem Hochregallager. Zum Teil ergänzt dieses Konzept Verfahren wie MIS (Management Informations System), DSS (Decision Support System) und EIS (Executive Informations System), die weitgehend auf der Basis von Tabellenkalkulations-Software aufbauen, z.T. sind sie aber auch in Verbindung mit relationalen Datenbank-Systemen **Basis** von Data Warehousing. Das Herzstück eines Data Warehouses ist eine Datenbank, in der Kopien von Informationen aus mehreren Unternehmensdatenbanken (Vertriebs-, Lieferer-, Artikeldatenbanken usw.) auf unterschiedlichen Hardwareplattformen gesammelt und für die Anwender speziell aufbereitet und verdichtet werden. Eine „**Metadatenbank**" stellt gewissermaßen den „Katalog" des Warenhauses dar. Die aufbereiteten Daten lassen sich mit bestimmten Tools (Werkzeugen) auswerten.

Folgende Analysetechniken und Werkzeuge sind beim Data Warehousing typisch:

Data Marts

- **Data Marts** sind kleine Informationssammlungen, ein „Mart" verhält sich zu „einem Warehouse" wie z. B. ein Drogeriemarkt zu einem Warenhaus, d. h. es wird nur ein Ausschnitt des gesamten Informationspools betrachtet. Wenn mit diesem Ausschnitt Erfahrungen gesammelt wurden, kann eine schrittweise Erweiterung des Konzeptes auf das gesamte Unternehmen vollzogen werden. Für Marketingentscheidungen bedeutet das, dass letztlich jeder einzelne Teilmarkt als Mart definierbar und untersuchbar ist.

Data Mining

- **Data Mining** umfasst Methoden, die automatisch Auffälligkeiten aus größeren Datenmengen filtern. Dabei prüft „die Maschine" eine große Bandbreite von Annahmen (Hypothesen) über Besonderheiten (Abweichungen, Trends, Veränderungen usw.) in dem vorhandenen Datenpool. Die Software ist in der Lage, diese Annahmen selbst zu generieren. Es werden nur solche Ergebnisse ausgegeben, die sich aufgrund der maschinellen Prüfung als interessant erweisen. Dem Anwender verbleibt die fachliche Beurteilung der Ergebnisse und deren Nutzung für Entscheidungen.

Beispiel: *Bei einem Drucker-Hersteller gibt das System folgende Ergebnisse an:*

- *Bei Laserdruckern, die mit einer Netzwerkkarte des Herstellers X ausgeliefert wurden, ist die Reklamationshäufigkeit doppelt so hoch wie der Durchschnitt.*
- *Die Deckungsbeiträge für Tintenstrahldrucker sind im Verkaufsgebiet Bayern durchschittlich 40% geringer als bei anderen Verkaufsgebieten.*

Das System ist also in der Lage selbstständig Abweichungen und Veränderungen zu erkennen, die Abhängigkeiten zu beschreiben und über Assoziationen entsprechende Klassifizierungen vorzunehmen.

- **OLAP-Tools** (Online Analytical Processing) sind Werkzeuge (Software), die mehrdimensionale Analysen von Datenbeständen erlauben. Anschaulich wird dies, wenn man sich einen Würfel vorstellt, der die gesammelten Daten beinhaltet. Dieser Würfel kann nach Belieben gedreht und durchgeschnitten werden (slice and dice). *OLAP*

Beispiel:

Der OLAP-Datenwürfel

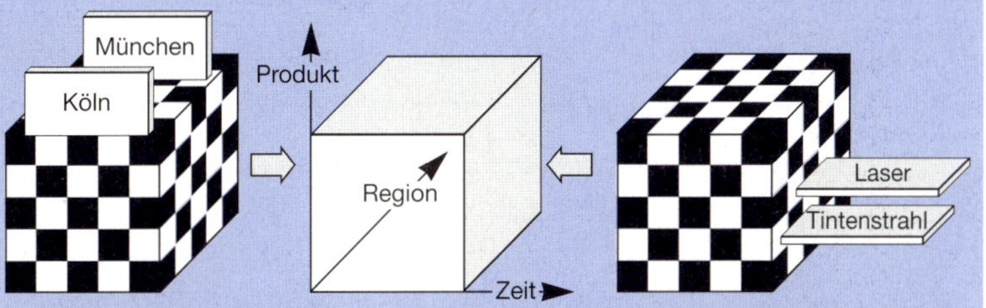

Die Kanten des Würfels entsprechen den Dimensionen, nach denen der Manager die aggregierten Daten analysieren will. Durch Drehen und Schneiden lassen sich die einzelnen Werte ermitteln.

Die Vertriebsdaten eines Drucker-Herstellers sind in einem OLAP-Datenwürfel zusammengefasst. Die Kanten des Würfels entsprechen den Dimensionen, nach denen die Daten analysiert werden sollen, z. B. Produkte, Absatzregionen, Zeit. Es kann nun der Umsatz nach allen drei Kategorien untersucht werden, z. B. Umsatz je Produkt nach Region und Zeitraum. Bei Bedarf kann jedes Kriterium weiter aufgeschlüsselt werden (drill down), z. B. Verkaufszahlen innerhalb einer Region aufgeschlüsselt nach Orten.

■ Vertriebssteuerungs-Software

Auf dem Markt existieren unterschiedliche Software-Tool, die die Vertriebsprozesse unterstützen (**CAS = Computer aided selling**). Sie bestehen aus einer Datenbank, die als **Kundeninformationssystem** aufgefasst werden kann. Hierdurch können Kennzahlen ermittelt und analysiert werden. *CAS*

3.4.2 Externe Quellen

- Beispiele für externe Quellen
- Besonderheiten beim Online-Marketing
- Kosten externer Quellen

Betriebsinterne Quellen reichen i. d. R. nicht aus um alle erforderlichen Marktdaten zu erhalten und in Entscheidungen zu nutzen. Insbesondere bei der Konkurrenzanalyse (vgl. S. 143), bei der Beurteilung der gesamten Branche, bei der Einschätzung der regionalen, nationalen oder internationalen Konjunkturlage sowie bei der Abschätzung von technologischen Entwicklungen sind externe Quellen unverzichtbar.

Eine vollständige Aufstellung aller externen Informationsquellen ist nicht möglich, da betriebsindividuelle Ansprüche (Betriebsgröße, Branche, regionale Verbreitung, Kundenstruktur usw.) stark variieren. Insofern können lediglich einige Beispiele vorgestellt werden. Viele Unternehmen nutzen das Know-how von Experten und vergeben sog. Rechercheaufträge an **Informationbroker.**

Liste externer Quellen

Checkliste

- Messen, Ausstellungen (als Aussteller und als Besucher)
- Teilnahme an Fachtagungen, Symposien sowie Studium der Berichte
- Reports und Studien von Marktforschungsinstituten
- Publikationen von Universitäten, Forschungsinstitutionen
- Foren und Publikationen von Industrie- und Handelskammern
- Berichte von regionalen Wirtschaftförderungsämtern
- Publikationen von Unternehmensverbänden, Gewerkschaften, Parteien
- Verbrauchertests, Produkttests
- Veröffentlichungen von Banken
- Publikationen von Bundes- und Landesbehörden (z. B. statistische Ämter)
- Informationen von Technologiezentren
- Auskunfteien, Wirtschaftsauskunftdienste
- Öffentliche Register (Handelsregister, Vereinsregister)
- Datenbanken (öffentliche und kostenpflichtige), z. B. Genios
- Auftragsrecherchen bei Info-Brokern
- Geschäftsberichte von Unternehmen (insbesondere Lieferer, Kunden, Konkurrenten)
- Gespräche mit Kunden, Interessenten, Lieferern
- Unternehmensberatungen
- Fachzeitschriften
- Bibliotheken
- Tageszeitungen (regionale, überregionale)
- Magazine im TV
- Bundesanzeiger (Handelsregistermitteilungen über Neugründungen, Konkurse usw.)
- Suchmaschinen, Robots, Kataloge im Internet (www)
- FTP-Server im Internet
- Newsgroups im Internet
- Mail-Listen im Internet
- Nachrichten-Channels im Internet
- usw.

Besonderheiten beim Online-Marketing

Beim Online-Marketing werden insbesondere die Internet-Dienste bei Absatzaktivitäten genutzt. Eine zentrale Rolle spielt dabei das **Electronic Commerce (EC)**. Hierunter werden alle Formen der digitalen Unterstützung von Geschäftsprozessen verstanden.

e-commerce

Beispiele:

- *im Business-to-business-Bereich: EDI (Electronic data interchange = elektronischer Datenaustausch) Vgl. S. 154*
- *im Business-to-consumer-Bereich: Online-shopping = Einkaufen über Internet, Online Werbung.*

Die Zugriffe (Häufigkeiten, Dauer) auf die Websites sind ein wichtiges Indiz für Entscheidungen im Onlie-Marketing und werden daher im Rahmen interner Marktforschungen untersucht. Wenn ein Unternehmen einen eigenen Web-Server unterhält, sind diese Daten problemlos zu erfassen. Werden die Websites bei einem Provider gespeichert, so ist die Erfassung dieser Daten als Service-Leistung buchbar.

Kriterien für die Bewertung einer Web-Präsenz	Erläuterung
Anzahl Hits, Abrufe	Das ist die Zeilenanzahl eines Logfiles, hier ist zu beachten, dass eine Seite mit mehreren aufwendigen Grafiken automatisch eine höhere Zeilenanzahl hat als eine Seite mit wenig oder keiner Grafik.
Anzahl Clicks, Klicks	In einer eingeblendeten Anzeige auf einer Seite ist ein Link zu einem Angebot eines Werbenden enthalten, das von Besuchern der Seite aufgerufen werden kann
Anzahl Visits	Erfolgreicher Zugriff auf eine Werbeseite
View-time	Verweildauer auf einer Site (incl. chat-rooms usw.)
Top-ten-Liste	Liste der HTML-Seiten innerhalb einer Website mit den häufigsten Zugriffen
Looser-Liste	Liste der HTML-Seiten innerhalb einer Website mit den geringsten Zugriffen
Navigationspräferenzen	Vom Besucher bevorzugte Navigation innerhalb der Site
Formularliste	Vom Besucher am meisten ausgefüllte Formulare
Zeitaufstellungen	Liste der Web-Besuche getrennt nach Wochentagen und Uhrzeit
Suchmaschinen-Hits	Welche Suchmaschinen oder Robots haben auf die Website zugegriffen?

Trefferquote hoch

Die Auswertung dieser Daten ermöglicht eine Optimierung der Web-Präsenz und somit eine Verbesserung der Online-Geschäftsprozesse.

Kosten der externen Informationsbeschaffung

Z. T. sind externe Quellen kostenpflichtig. Daher ist vor der Informationsbeschaffung ein Überprüfen des Kosten-/Nutzenverhältnisses erforderlich. Hierzu zählt auch die Ermittlung der kostengünstigsten Informationsquelle. Ferner muss beachtet werden, dass mit Zunahme der Informationsmasse, die per-

Kosten

manent an Aktualität verliert, auch der Aufwand zur Speicherung, Aufbereitung und Auswertung der Informationen Kosten verursacht und Ressourcen bindet. Letztlich wächst auch mit der Informationsflut der Grad an Redundanz der Informationen (z. B. Mehrfachnennungen).

3.5 Kundenanalyse

■ Kundenorientierung	Ziel: Wettbewerbschancen ausbauen
■ Kundenzufriedenheit	Customer-Satisfaction-Index, Customer-Loyalities-Index
■ Analyseebenen	Kundenstruktur, -verhalten
■ Kundensegmentierung	Kunden- Zielgruppen bilden
■ ABC-Analyse	Instrument zur Segmentierung
■ Key-Account-Kunden	Schlüsselkunden

Bei der Kundenanalyse geht es darum, die Struktur und das Verhalten der bestehenden und potenziellen Kunden zu bestimmen. Diese Daten sind Basis zur Kontrolle und Optimierung der Marketingplanung und zur Formulierung von gezielten Marketingstrategien und -taktiken zur Positionierung des eigenen Unternehmens auf dem Markt. Im Vordergrund steht dabei die **Kundenorientierung mit dem Ziel der Verbesserung der Wettbewerbssituation.**

■ Kundenorientierung

Unter Kundenorientierung versteht man eine Ausrichtung der Marketingaktivitäten, die Kundenzufriedenheit und damit den Kunden in den Mittelpunkt stellt. Die optimale Kundenorientierung könnte dadurch definiert werden, dass Kunden sich individuell behandelt fühlen, ihre Bedürfnisse vollständig befriedigt sehen und somit einen Wechsel zu Mitbewerbern ausschließen. Kundenorientierung strebt somit einerseits die Erschließung neuer Kundengruppen an, andererseits eine hohe Kundenbindung bei vorhandenen Kunden.

WIN-WIN

Diese Sichtweise von Kunden bedeutet für ein Unternehmen die konsequente Ausrichtung aller Geschäftsprozesse auf die Schaffung von **„WIN-WIN"-Situationen**. Das bedeutet, dass bei einer Geschäftsbeziehung sowohl das Unternehmen als auch sein Kunde das Bewusstsein haben, dass beide einen Profit davon haben, also beide sich als **„Winner"** einer Aktionsfolge sehen können. Auf der Seite des Unternehmens als auch auf Seiten des Kunden ist somit ein messbarer Zuwachs der wirtschaftlichen Zielerreichung festzustellen. I. d. R. ist der Aufwand (Kosten, Personaleinsatz, Zeit) einen vorhandenen (Stamm-) Kunden in seinen Ansprüchen zufriedenzustellen geringer als die Akquisition (Gewinnung, Anwerbung) eines völlig neuen Kunden.

■ Ermittlung der Kundenzufriedenheit

CSI

Um Kundenzufriedenheit messbar und somit überprüfbar zu machen, müssen betriebsindividuelle Benchmarks bzw. Kennziffern entwickelt werden. Eine Kennzahl zur Kundenzufriedenheit ist der **Customer Satisfaction Index (CSI)**. Hier werden verschiedene Dimensionen und Variablen, die Kundenzufriedenheit determinieren sollen, in einer Checkliste aufgeführt. Jedes Kriterium muss auf einer Skala von z.B. 1 – 6 bewertet werden.

Beispiel:

CSI-Ermittlungskriterien für einen PC-Händler mit mehreren Filialen

Kriterien

- *Erreichbarkeit des Standortes (Verkehrswege, Parkplätze usw.)*
- *Beurteilung des äußeren Eindrucks des Geschäfts (Verkaufsräume, Schaufenster)*
- *Schnelligkeit, in der ein Ansprechpartner gefunden wurde (Empfang des Kunden, Reaktionszeit auf Erscheinen des Kunden)*
- *Bewertung des Verkaufs-, Beratungsgespräches (Fachwissen des Verkäufers, Eingehen auf Kundenwünsche, Freundlichkeit, Geduld usw.)*
- *Bewertung des Service (Umfang, Qualität, Angemessenheit zu Kundenansprüchen)*
- *Bewertung des Dienstleistungsangebotes (Kauffinanzierung, Installation von Hard- und Software)*
- *Bewertung der Produktqualitäten und der Auswahl*
- *Bewertung des Preis-/Leistungsverhältnisses*
- *Weiterempfehlung an Bekannte usw.*

Für alle Filialen wird diese Bewertung durchgeführt (Filialbenchmarking). Aus den ggf. gewichteten Kriterien können die Summen der Bewertungspunkte abgeleitet werden. Interssant ist ein Abgleich der CSI-Werte mit den Umsätzen der einzelnen Filialen. So kann ein Zusammenhang zwischen Umsatz und Kundenzufriedenheit belegt werden und Maßnahmen zur Verbesserung der Situation eingeleitet werden.

CLI

Eine weitere Kennzahl ist der **CLI (Customer Loyalities Index).** Hiermit wird der Grad der Kundenbindung ermittelt. Er drückt aus, wie stark Kunden sich an ein Unternehmen gebunden fühlen, weil sie entsprechende Präferenzen haben, z. B. Preis-/Leistungsverhältnis, perönliche Beziehungen zum Unternehmen, Berücksichtigung von Sonderwünschen usw. Zwischen CLI und CSI bestehen enge Zusammenhänge.

In denjenigen Fällen, in denen ein niedriger CSI mit einem niedrigen oder auch hohen CLI gepaart ist, liegt offensichtlich ein Leistungsproblem, unter Umständen auch ein Kommunikationsproblem des Unternehmens vor. Optimierungsansätze sollten sich zunächst also auf eine Leistungsverbesserung beziehen und erst dann die Zielrichtung der Erhöhung der Kundenbindung mittels eines Kundenbindungsmanagements anstreben.

(Vgl. Absatzwirtschaft 11/96, S. 98)

NCA Einen wesentlichen Beitrag zur Optimierung der Kundenzufriedenheit können auch Analysen über Nichtkunden **(NCA = Non Customer Analysis)** bzw. ver-
LCA lorene Kunden (**LCA = Lost Customer Analysis**) ergeben. Hierdurch wird es möglich, z. B. ein Mindestanspruchsniveau von Kundengruppen zu ermitteln und durch marketingorientierte Entscheidungen die Geschäftsbeziehungen so zu gestalten, den Umfang der Non- und Lost-Customer zu verringern.

Prozessphasen **Ablauf-Schema für den Prozess der Ermittlung der Kundenzufriedenheit:**

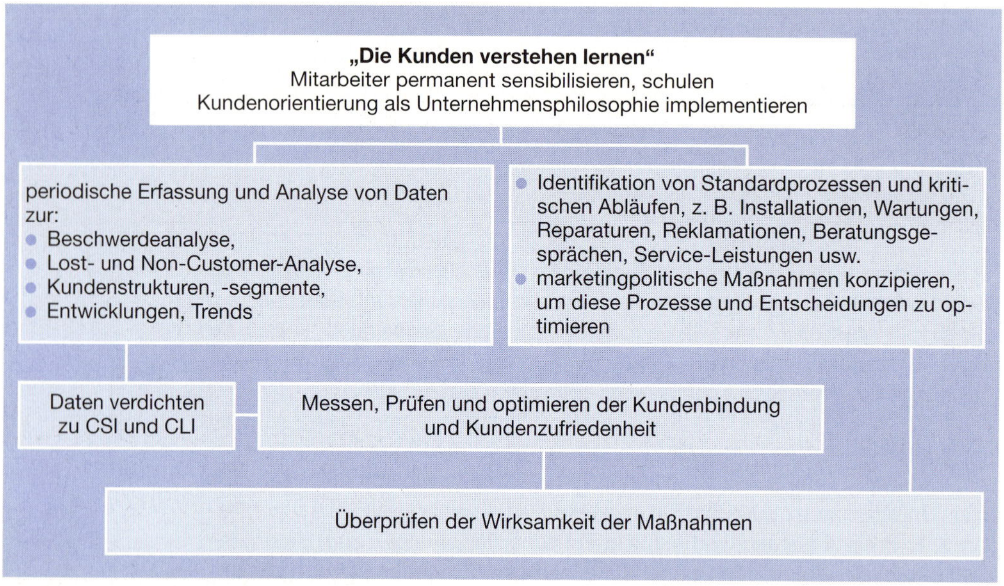

Analyseebenen

Die Kundenanalyse verwendet Daten aus internen und externen Voll- und Teilerhebungen, wobei Primär- und Sekundärerhebungen (vgl. S. 121) angewendet werden.

Analyseebenen	Erläuterungen
Kundenstruktur	*Hier werden Kundensegmente (Einteilungskriterien für Kunden) festgelegt und Umsatz- bzw. Absatzzahlen je Segment ermittelt*
Kundenverhalten	*Hier wird das Verhalten einzelner Kundengruppen erhoben und untersucht*
Nachfragepotenzial	*Die Anzahl (Menge) der potenziellen Kunden für bestimmte Produkte oder Dienstleistungen wird festgestellt*
Trends	*Entwicklungen und Veränderungen von Kundenstruktur und -verhalten sowie Entwicklungen von Potenzialen werden abgeschätzt*

Kundensegmentierung

Kundensegmente werden gebildet, um genaue Zielgruppen definieren zu können. Wenn Zielgruppen eingegrenzt werden, so ist eine Optimierung der Kundenorientierung möglich, weil dadurch die spezifischen Anforderungen und Bedürfnisse identifiziert und erfüllt werden können. Welche Kundensegmente ein Unternehmen bildet, hängt letztlich von betriebsindividuellen Faktoren ab. Entscheidend ist aber, dass ein Unternehmen auf Dauer nur wettbewerbsfähig bleibt, wenn es die Ansprüche „seiner Kunden" kennt und bestrebt ist, diese zu erfüllen.

- **Segmentierung von Endverbrauchern als Kunden**: Diese Segmentierungsebenen spielen hauptsächlich für Massenprodukte eine Rolle.

Konsumenten-Segmente

Kriterien	*Beispiele*	
Geografische Segmentierung	*Gebiet, z. B. Nation, Region, Land, Stadt, Bevölkerungsdichte, z. B. ländlich*	
Demografische Segmentierung	*Alter* *Haushaltsgröße* *Beruf* *Religion*	*Geschlecht: männlich, weiblich* *Einkommen* *Nationalität* *Bildung*
Sozialpsychologische Segmentierung	*Lebensstil: verschwenderisch, sparsam* *Kontaktfähigkeit: hoch, gering* *Temperament: impulsiv, ruhig*	*Selbstständigkeit: selbstständig, unselbstständig* *Zielerreichung: ehrgeizig, gleichgültig* *Einstellung: konservativ, modern*
Verhaltensbezogene Segmentierung	***Allgemein*** *Art der Freizeitgestaltung* *Weiterbildungsverhalten* *Urlaubsgestaltung* *Fernsehgewohnheiten* *Informationsgewohnheiten*	***Auf Produkte oder Dienstleistungen bezogen*** *Kaufanlass: regelmäßiger, besonderer, zufälliger Anlass* *Kaufmotive: Qualität, Preis, Bequemlichkeit, Prestige* *Produktbindung: keine, mittel, stark* *Verwenderstatus: Nichtverwender, Erstverwender, ehemalige, potenzielle, regelmäßige Verwender*

- **Segmentierung von Firmenkunden**: Auch hier sind betriebsspezifische Faktoren maßgebend.

Kriterien	*Beispiele*
Branche	*Industrie, Handwerk, Handel, Dienstleister, Freiberufliche, Behörden*
Betriebsgröße	*Umsatzvolumen, Anzahl der Mitarbeiter, Anzahl der Niederlassungen*
Alter	*Neugründung, alteingesessenes Unternehmen*
Marktstellung	*Marktführer, Nischenbesetzer, Spezialist*
Erstkontakt	*Art der Kontaktaufnahme, z. B. Messekontakt, eigene Akquisition, Abwerbung von Konkurrenten*
Kontaktpflege	*Besuche, schriftlich, eMail*
Rechtsform	*Einzelunternehmen, Personengesellschaft, Kapitalgesellschaft*

- **Key-account-Kunden**

Key-account

Eine besonders wichtige Kundengruppe im Business-Bereich ist diejenige, welche für ein Unternehmen einen großen Teil des Umsatzes, Absatzes oder Gewinn erbringt. Es gibt Unternehmen, die letzlich nur von einem einzigen Kunden leben, von ihm also abhängig sind. Derartige Schlüsselkunden bzw. Key-account-Kunden bedürfen einer sensiblen Behandlung, da von ihnen die Existenz des Unternehmens abhängen kann. Speziell für dieses Klientel ist die Schaffung eines partnerschaftlichen Verhältnisses notwendig, das von großem Vertrauen prägt ist.

- **ABC-Analyse zur Kundensegmentierung**

Die ABC-Analyse ist ein Instrument zur Schwerpunktbildung (vgl. S. 204). Aus einer großen Masse interner Einzeldaten werden drei Teilgruppen gebildet. Z. B. werden Kunden mit ihren jeweiligen Umsätzen mit dem eigenen Unternehmen, hinsichtlich ihrer prozentualen Anteile am Gesamtumsatz des eigenen Unternehmens diesen drei Gruppen zugeordnet. Die Zugehörigkeit wird wie folgt ermittelt:

- Die Kunden werden nach den getätigten Umsätzen des letzten Jahres absteigend sortiert.
- Die Umsätze werden kumuliert, d. h. die einzelnen Umsätze werden aufaddiert.
- Die prozentualen Anteile der Einzelumsätze eines jeden Kunden am Gesamtumsatz werden ermittelt
- Nun bildet man drei Segmente:
  A-Kunden (sie erbringen ca. 75% des Umsatzes,
  B-Kunden (sie erbringen ca. 20% des Umsatzes) und die
  C-Kunden (Rest).

Beispiel:
ABC-Analyse

Ein Unternehmen hat in der abgelaufenen Rechnungsperiode mit insgesamt 10.000 Kunden Umsätze erzielt. Die ABC-Analyse ergibt, dass mit 45 Kunden ca. 75% des Gesamtumsatzes abgewickelt wurde (A-Kunden). Mit weiteren 1.500 Kunden (B-Kunden) wurden ca. 20% des Gesamtumsatzes erzielt. Die restlichen Kunden (C-Kunden) sind Kleinkunden mit sehr niedrigen Umsatzanteilen von ca. 5%.

Die jeweiligen Kundensegmente (A, B, C) tragen unterschiedlich zum Erfolg des Unternehmens bei, daher sind unterschiedliche Marketingmaßnahmen, z. B. günstige Gestaltung der Liefer- und Zahlungsbedingungen für A-Kunden gerechtfertigt.

Beispiel:

(Bezogen auf voriges Beispiel) Eine genaue Analyse der A-Kunden ergibt, dass die fünf größten Kunden 30% des Gesamtumsatzes erbringen, der größte Kunde erbringt 8% des Gesamtumsatzes. Wenn von diesen Kunden ggf. drei Kunden ausfallen, so kann das zu ernsthaften wirtschaftlichen Folgen für das Unternehmen führen.
B-Kunden können zu A-Kunden werden, insbesondere in Wachstumsmärkten. Daher sind kundenbezogene Marketingmaßnahmen bei dieser Klientel von Fall zu Fall zu entscheiden. Für C-Kunden empfehlen sich einfache und kostengünstige Maßnahmen.

3.6 Konkurrenzanalyse

■ Ziel	eigene Positionsbestimmung am Markt
■ Datenbasis	Auswertung externer Daten (Voll- oder Teilerhebung)
■ Marktvolumen, -potenzial und -anteile	Basis für eigene Konzeptionen

Ziel

Die Konkurrenzanalyse verfolgt das Ziel, die Position des eigenen Unternehmens auf dem Markt (bzw. auf verschiedenen Teilmärkten) im Vergleich mit der Konkurrenz zu bestimmen. **Ziel** ist es, durch Stärken-Schwächen-Analysen die eigene Marktposition zu erkennen. Auf diesen Informationen können Strategien z. B. zur Markteindringung, Marktsicherung und Marktausweitung abgeleitet werden.

Analyseebenen

Analyse-Ebenen	Erläuterungen
Marktanteile	Anteile des Umsatzes oder Absatzes des eigenen Unternehmens am Gesamtmarkt oder in bestimmten Teilmärkten
Image-Vergleich	Einschätzung des eigenen Images und das der (Haupt-) Konkurrenten auf dem Markt
Konkurrenzverhalten	Abschätzen des Konkurrenzverhaltens bei eigenen Produktinnovationen, neuartigen Vertriebswegen, Veränderungen eigener Strategien (Preisänderungen, Serviceleistungen usw.)
Trends, Entwicklungen	Unternehmenskooperationen, -zusammenschlüsse

Die Konkurrenzanalyse basiert i. d. R. auf externen Daten, die sich aus der Auswertung von Sekundärquellen und der Erhebung von Primärinformationen stützt. Sie kann sich auf einen Konkurrenzvergleich mit der gesamten Branche, mit den „Top-ten“ der Branche oder auf einen Positionsvergleich mit dem Branchendurchschnitt beziehen.

Beispiele:

- *Kennzahlenvergleich*

Kriterium	Eigenes Unternehmen	Branchen-Durchschnitt	Durchschnitt Top-ten
Umsatz (Mio in EUR)	235	278	489
Veränderung zum Vorjahr	+ 12%	+ 6%	+ 8%
Mitarbeiter	62	68	112
Veränderung zum Vorjahr	+ 16%	+ 5%	+ 10%
Gewinn (Mio EUR)	18,8	11,2	36,7
Veränderung zum Vorjahr	+ 16%	+ 8%	+ 9,8%
...	...	...	...

- *Konkurrenzanalyse für Fachzeitschriften zu Marketing*

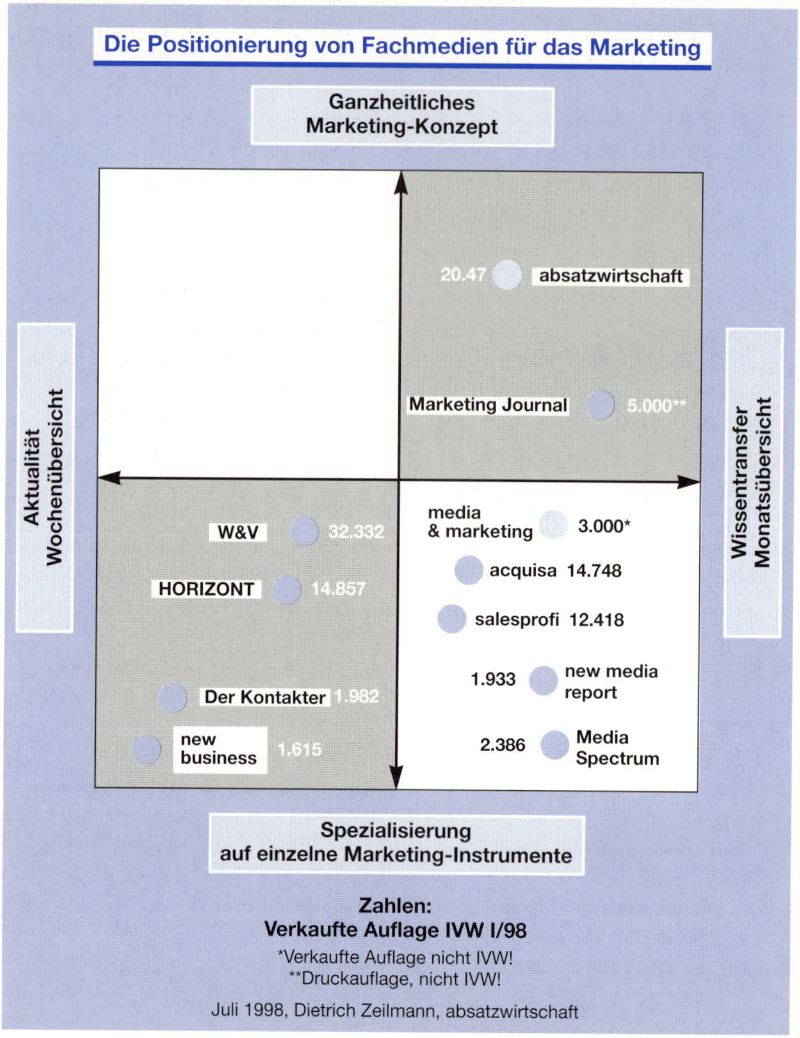

Quelle: http://www.vhb.de/absatzwirtschaft/med.html (Mai 1999)

Bei der Analyse von Konkurrenzdaten ist zu beachten, dass die Informationen schnell veralten und z.T. nur geschätzt sind, somit also subjektiven Einflüssen unterliegen. Daher ist stets die Quelle der Informationen zu beachten. Ferner kann eine zeitpunktorientierte Konkurrenzanalyse nicht ausschließlich als Basis für eigene Marketingentscheidungen betrachtet werden. Vielmehr ist die Konzeption einer betriebsindividuellen Marketingstrategie notwendig. Hierbei ist insbesondere das Verhalten der Konkurrenz auf eigene Entscheidungen zu beobachten um entsprechende Maßnahmen einleiten zu können.

Marktvolumen, Marktanteile, Marktpotenzial

Bei der Ermittlung von Marktanteilen eines Unternehmens ist zunächst vom gesamten Marktpotenzial auszugehen. Hierunter versteht man die theoretische Größe eines Marktes hinsichtlich des Absatzes. Hieraus wird das Marktvolumen abgeleitet, das i. d. R. geringer ist. Der Anteil eines Unternehmens an diesem Marktvolumen ist sein Marktanteil.

Marktvolumen, Marktanteile, Marktpotenziale sind einerseits als zeitpunktbezogene Daten interpretierbar (statische Betrachtung), andererseits müssen diese Kennzahlen im Zeitablauf in Entwicklung untersucht werden (dynamische Betrachtung).

Statik und Dynamik

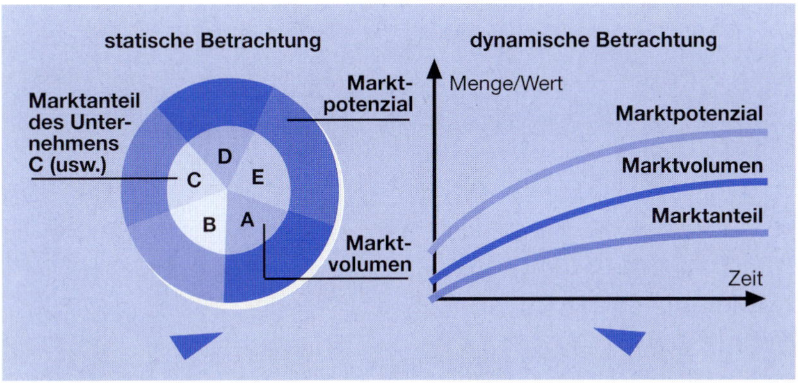

Der äußere Kreisring beschreibt das gesamte Potenzial eines Marktes, der innere Kreis ist das Marktvolumen (= Teilmenge des Marktpotenzials). Dieses Marktvolumen teilen sich fünf Unternehmen.

Beispiel:

Das Marktpotenzial in Deutschland für ISDN-Karten umfasst alle Telefonanschlüsse (privat und gewerblich). Das Marktvolumen wird durch die Anzahl der Anschlussinhaber repräsentiert, die einen ISDN-Anschluss bereits haben bzw. in nächster Zeit haben wollen und zusätzlich eine ISDN-Karte benötigen. Die Anzahl der abgesetzten ISDN-Karten eines Herstellers kann nun hierzu ins Verhältnis gesetzt werden. Das Ergebnis ist der Marktanteil an diesem Produkt.

3.7 Marketing-Mix

Der Marketing-Mix umfasst die Kombination aller marketingpolitischen Instrumente, um eine Marketing-Konzeption und die daraus abgeleiteten Marketing-Strategien umzusetzen.

Das marketingpolitische Instrumentarium gliedert sich in folgende Bereiche:

Instrument	Erläuterung
Produkt- und Sortimentspolitik	*Produktentwicklung, -innovation, -modifikation, -elimination*
Kommunikationspolitik	*Werbung, Verkaufsförderung, Public-Relations*
Kontrahierungspolitik	*Preis-, Konditionenpolitik*
Distributionspolitik	*Absatzwege (-kanäle), Absatzlogistik*

Der Prozess der Zielerreichung in einem Unternehmen wird maßgeblich bestimmt durch die Abstimmung der einzelnen Marketing-Instrumente. Hier gilt es, auf der Basis von Daten, die durch Marktforschung (vgl. S. 119) gewonnen werden, Entscheidungen zu treffen.

3.7.1 Produkt- und Sortimentspolitik

■ Produktlebenszyklus	Verweildauer eines Produktes auf dem Markt
■ Produktentwicklung	Entwicklungszeiten und Innovationszyklen
■ Gebrauchsdauer von Produkten	Wirtschaftliche und technische Gebrauchsdauer
■ Produktanalyse	Zielgruppenanalyse, Produktportfolio und -positionierung
■ Produktnischen	Marktpotenziale für Produkte
■ Produktstrategien	Variation, Relaunch Up- und Down-Line

Produktsortiment

Produkte bzw. Sortimente sind die Objekte der Marketingarbeit eines Unternehmens.

Produkte		Sortiment
Waren:	Festplatte, Monitor	Gesamtheit aller angebotenen Waren und Dienstleistungen
Dienstleistungen:	Installation einer Software	
Kombinationen:	Lieferung eines betriebsfertigen lokalen Netzwerkes	

Grund- und Zusatznutzen

An Produkte werden bestimmte Nutzenerwartungen gestellt. Unter dem **Grundnutzen** versteht man objektive bzw. rein technische Gebrauchseigenschaften eines Wirtschaftsgutes. Da viele Produkte hinsichtlich ihres Grundnutzens austauschbar sind, gewinnt in der Marketingarbeit verstärkt der **Zusatznutzen** Dominanz.

Beispiel: *Der Grundnutzen eines PKW besteht in der Beförderung von Personen. Diese Eigenschaft haben alle PKW. Sie unterscheiden sich weitgehend nur im subjektiven Zusatznutzen, Geschwindigkeit, Sicherheit, Wirtschaftlichkeit, Prestige, Image, Design usw. Die Vermarktung von PKW bedeutet somit, dass insbesondere die speziellen Zusatznutzen für Käufer herausgestellt werden.*

Der Wettbewerb für Produkte wird in den meisten Fällen über den Zusatznutzen betrieben. Hierzu gehört auch der Preis- und Service-Wettbewerb.

■ Produktlebenszyklus

Jedes Produkt unterliegt einem sog. **Lebenszyklus**. Dieser umfasst die Zeitdauer zwischen der Einführung des Produktes auf dem Markt und seiner Herausnahme aus dem Markt. Ein Produkt „lebt“, solange es einen wirtschaftlichen Umsatz auf dem Markt erzielt. Dies kann mit dem erzielten Deckungsbeitrag (vgl. S. 266) eines Produktes ermittelt werden.

Der Deckungsbeitrag ist eine wertmäßige Größe, sie ergibt sich, wenn vom Gesamterlös (Umsatz) eines Produktes seine eigenen variablen Kosten (vgl. S. 257), z.B. Herstellkosten abgezogen werden. Ist die Differenz positiv, trägt dieses Produkt zur Deckung der fixen Kosten (vgl. S. 257) eines Unternehmens (z. B. Mieten, Abschreibungen usw.) bei.

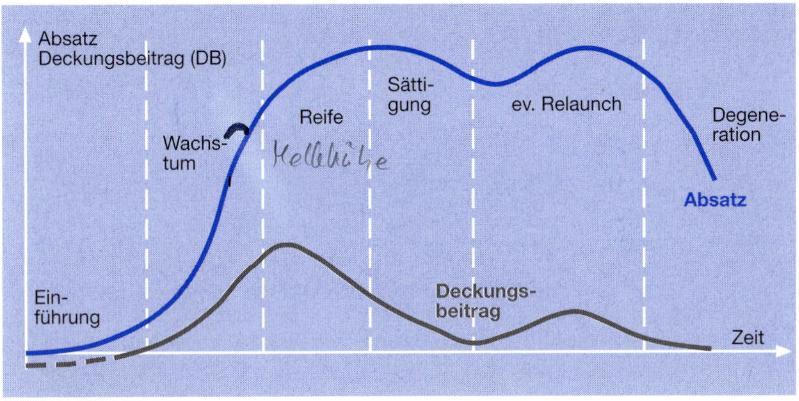

Deckungsbeitrags-entwicklung

Werden die Deckungsbeiträge negativ, sind also die Kosten des Produktes höher als seine Verkaufserlöse, dann erzeugt das Produkt Verluste. Während der Markteinführungsphase sind negative Deckungsbeiträge üblich, weil die Absatzzahlen gering sind. Wenn gegen Ende des Lebenszyklus die Absatzzahlen trotz intensiver Marketingmaßnahmen stetig sinken, weil keine Nachfrage mehr besteht, „stirbt“ das Produkt.

Neue Produkte kommen auf den Markt (**Produktinnovation**) und bereits eingeführte Produkte werden den ständig wechselnden Marktverhältnissen angepasst (**Produktvariation, -relaunch**), wirtschaftlich nicht mehr tragfähige Produkte werden aus dem Markt genommen (**Produktelimination**). Diese drei Tatbestände umfassen die Hauptaufgaben der **Produktpolitik**.

■ Produktentwicklung

Vor der Markteinführung steht die **Produktentwicklung.** Die hierfür benötigte Zeit ist insbesondere für High-Tech-Produkte enorm. Von der Idee über die Entwicklung von Prototypen, Testläufen und technischen Veränderungen können z. T. Jahre vergehen. Die permanente Beschleunigung der Vermarktung von Innovationen und die kürzer werdenden Innovationszyklen belasten Unternehmen und verschärfen den Wettbewerb.

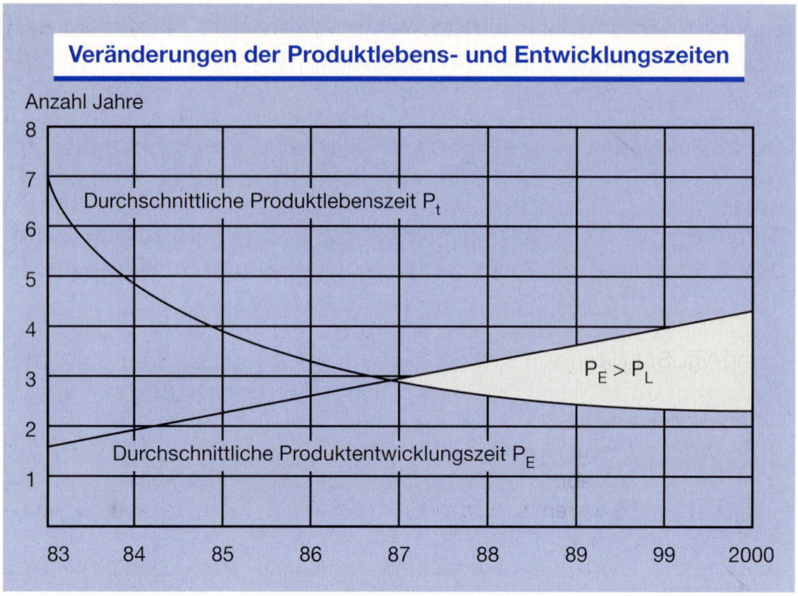

Dilemma

Aufgrund dieser Tatsache befinden sich Unternehmen in einem Dilemma:

- einerseits soll die Entwicklungszeit möglichst kurz sein, damit das neue Produkt möglichst schnell auf den Markt gebracht werden kann um wirtschaftliche Erfolge zu erzielen,
- andererseits soll das Produkt so lange wie möglich unverändert produziert werden können, deshalb ist viel Zeit und Arbeit (somit Geld) in die optimale Entwicklung von Produkten zu investieren.

Bei kurzen Produktlebenszyklen sind die Entwicklungszeiten entscheidend für das Betriebsergebnis. Um die Entwicklungsfristen einzuhalten, gilt es, eine Parallelisierung der Entwicklungsprozesse (simulaneous engineering bzw. just-in-time-development) sicherzustellen, um den geplanten Markteintritt nicht zu versäumen. In bestimmten Branchen existiert ein Zusammenhang zwischen Zeit- und Kostenabweichungen im Hinblick auf die Ergebniseinbußen.

Beispiel: *Die Produktlebensdauer wird mit fünf Jahren angenommen*

Abweichung	**Ergebniseinbuße**
• *Verlängerung der Entwicklungszeit um 6 Monate*	*30%*
• *Erhöhung der Entwicklungskosten um 50%*	*5%*

Die Schnelllebigkeit der Märkte erfordert somit eine intensive Auswertung aller vorhandenen Marktdaten um auf die Bedürfnisse der Märkte reagieren zu können.

■ Gebrauchsdauer von Produkten

Obsoleszenz

Bei der Entwicklung von Produkten wird häufig die technische oder wirtschaftliche Gebrauchsdauer bewusst eingegrenzt. Damit wird u. a. beabsichtigt, dass der Kunde nach Ablauf der Gebrauchsdauer ein neues Produkt erwirbt. Man nennt dieses Vorgehen **„geplante Obsoleszenz“** (geplante Veralterung). z. B. Kupplung

Beispiel:

In der Softwareentwicklung sind in letzter Zeit bis zu drei Programmversionen innerhalb eines Jahres erschienen, die jeweils die vorangegangene Software abgelöst haben. Die Kunden haben häufig dieses „Upgrading“ mitgemacht, um leistungsstärkere Software zu erhalten.

Produktanalyse und -positionierung

Alle produktpolitischen Maßnahmen setzen voraus, dass durch Marktforschung (vgl. S. 119) entscheidungsrelevante Informationen bereitgestellt sind.

Zielgruppenanalyse

Zielgruppenanalyse

Hier wird die Frage untersucht, welche Zielgruppe (vgl. S. 138) das Produkt abnehmen soll bzw. abnimmt. Änderungen des Verhaltens oder der Ansprüche dieser Zielgruppe führen zu Reaktionen durch entsprechende produktpolitische Maßnahmen.

Beispiel:

Ein Systemhaus hat sich auf die Zielgruppe „Handwerksbetriebe“ spezialisiert und bietet individuell angepasste Lösungen für das Rechnungswesen an. Während früher die Zielgruppe verstärkt operative Lösungen nachgefragt hat (Finanzbuchhaltung, Lohnabrechnung, Auftragsbearbeitung usw.), wird neuerdings der Wunsch nach Lösungen für electronic-banking laut, auch Anfragen hinsichtlich einer Internet-Präsenz häufen sich. Das Systemhaus reagiert mit entsprechenden Produkten zum E-commerce.

Produktportfolio

Durch eine Portfolio-Analyse kann die Position eines Produktes bzw. einer Produktgruppe ermittelt werden. Das Marktwachstum eines Produktes wird seinem relativen Marktanteil gegenübergestellt.

wird im Unterricht noch durchgenommen

Zukunft planen die Sicherheit

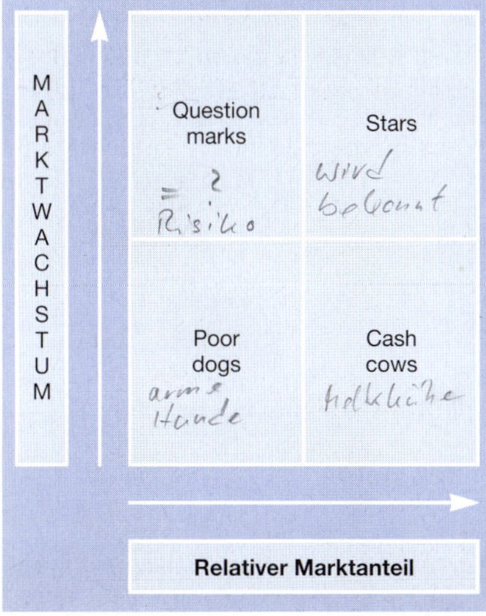

Stars sind erfolgreiche Produkte mit hohem Wachstumschancen, sie sind das Geschäft der Zukunft.

Questions marks haben ein starkes Wachstum, jedoch (noch) mit geringem Marktanteil.

Cash cows sind etablierte Produkte mit hohem Marktanteil, jedoch mit geringem Marktwachstum.

Poor dogs sind „Auslaufmodelle“, sie haben keine Zukunft.

Die einzelnen Gruppen binden unterschiedliche Finanzmittel im Unternehmen, z. B. für Werbeausgaben, Ausgaben für Weiterentwicklungen und Verbesserungen. Ferner führen sie dem Unternehmen in unterschiedlicher Höhe und Tendenz Finanzmittel durch Verkaufserlöse zu.

Nachbau einer fiktiven Firma - Rechtsform

Produktportfolio

Für IT-Unternehmen sind insbesondere die technologischen Entwicklungen marktbeeinflussend. Sie müssen häufig in völlig neue Märkte eindringen und ihre Produkte vermarkten. Hierbei treten unterschiedliche Risikoeinschätzungen auf, die ebenfalls in einem Produktportfolio veranschaulicht werden können.

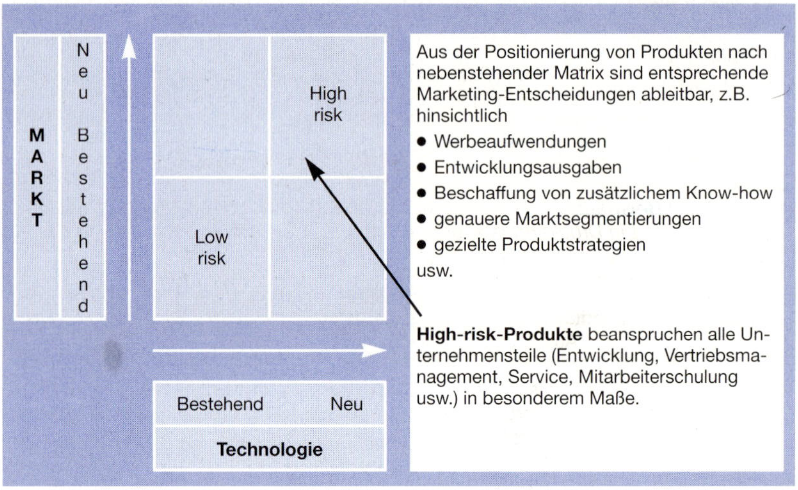

■ Produktnischen

Marktnischen

Auch zum Aufspüren von Markt- bzw. Produktnischen eignet sich ein Portfolio-Ansatz. Wenn entsprechende Lücken im Markt vorhanden sind, kann untersucht werden, inwiefern sich die Entwicklung eines neuen Produktes auszahlen kann. Hierbei werden die Marktchancen in Abhängigkeit von den Entwicklungs- und Vermarktungskosten betrachtet.

Beispiel: *Marktanalyse für das Produkt „Standard-PC“ im Consumer-Markt*

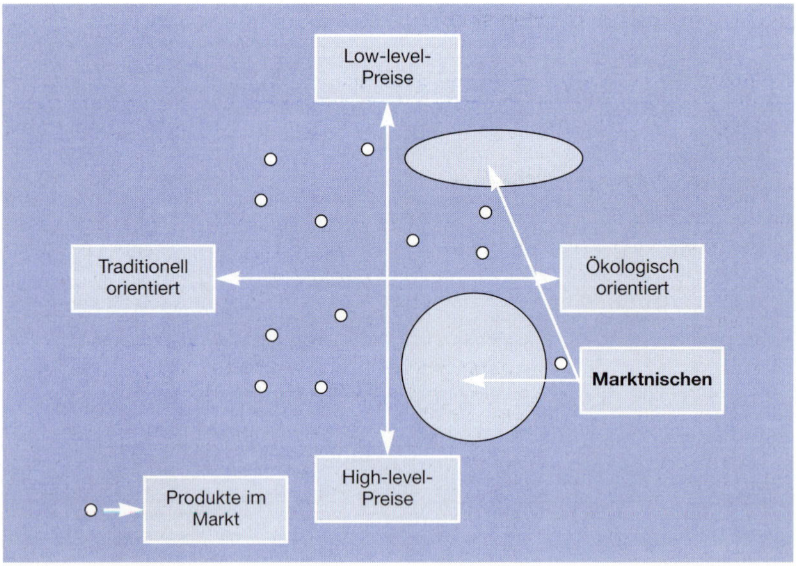

Produktstrategien

Zur Vermarktung von Produkten und Dienstleistungen sind unterschiedliche Strategie-Ansätze denkbar. *Strategien*

Strategie	Erläuterungen, *Beispiele*
Up-Line-Strategie	Innerhalb des Produktumfeldes werden nachgelagerte Produkte bzw. Prozesse mit einbezogen. ***Beispiele:*** • *Ein Druckerhersteller bietet zusätzlich Produkte für die Texterfassung an (Scanner o. Ä.).* • *Eine Textverarbeitungssoftware wird mit einem Modul zur akustischen Dateneingabe ausgestattet.*
Down-Line-Strategie	Innerhalb des Produktumfeldes werden nachgelagerte Produkte bzw. Prozesse mit einbezogen. ***Beispiele:*** • *Ein Druckerhersteller bietet zusätzlich Hardware für die Archivierung von Texten, Grafiken usw. an (CD-Brenner usw.).* • *Eine Textverarbeitungssoftware wird mit einem Modul für Präsentationsgrafiken erweitert.*
Variation	Ein Produkt wird für unterschiedliche Zielgruppen variiert und in verschiedenen Modellen (Design, Ausstattung, Preis usw.) angeboten. ***Beispiele:*** • *Der technische Aufbau eines Druckers bleibt gleich, er wird jedoch in verschiedenen Ausführungen produziert.* • *Eine softwarebasierende Lösung wird als preiswerte Standard-Lösung angeboten, es können bestimmte Module hinzugekauft werden oder individuelle Anpassungen vorgenommen werden.*
Relaunch	Ein Produkt, das dem Ende seines Lebenszyklus nahe ist, wird durch Ergänzungen bzw. kleine Veränderungen als neues Produkt definiert und vermarktet. ***Beispiele:*** • *Eine Grafik-Software ist z. Zt. in der Version 7.0 auf dem Markt. Die Vorgängerversion wird mit leichten Veränderungen als neue „Light-Version" (zu einem geringerem Preis) vermarktet.*

Up- und Down-Line-Strategien werden häufig zusammengefasst zur Strategie der **Produktdifferenzierung**. Die Bewertung jeder Strategien muss auf der Basis aktueller und zuverlässiger Daten vorgenommen werden. Hierbei sind u. a. folgende Kriterien denkbar, die im Einzelnen operationalisierbar (messbar und vergleichbar) zu machen sind:

Kriterien	Erläuterungen, *Beispiele*
Beitrag zur Erreichung von Unternehmenszielen	• *Marktwachstum* • *Marktanteile* • *Rentabilität* • *Wirtschaftlichkeit* • *Sicherung von Arbeitsplätzen* *usw.*
Kundenorientierung	• *Verbesserung der Kundenbindung* • *Verbesserung der Kundenzufriedenheit* • *Akqisition neuer Kunden (-gruppen)* • *Verbesserung der Problemlösungen für Kunden* • *Erhöhung der Kundennähe* *usw.*
Risiken	• *Beschaffungsprobleme (für Material, Bauteile, fachkundiges Personal usw.)* • *Substituierbarkeit des Produktes* • *Kapitalbindung* • *Kosten für Forschung und Entwicklung* • *Kosten für Distributionskanäle* • *Konkurrenzentwicklungen* *usw.*

3.7.2 Preispolitik

■ Orientierungsrahmen	Kosten, Nachfrage, Konkurrenz
■ Preisstrategien	Preisdifferenzierung, Mischkalkulation, Hoch-, Niedrigpreispolitik Skimming- und Penetrationspolitik, psychologische Preise

Die Preispolitik hat im Rahmen des Marketing-Mix die Aufgabe, Angebots- und Verkaufspreise für Produkte und Dienstleistungen festzulegen und Preisstrategien zu entwickeln und umzusetzen.

Orientierungsrahmen

■ Orientierungsgrößen der Preispolitik

Kostenorientierte Preisbildung	Nachfrageorientierte Preisbildung	Konkurrenzorientierte Preisbildung
Die bei der Beschaffung, Lagerung und Produktion angefallenen Kosten müssen über den Verkauf von Gütern bzw. Dienstleistungen gedeckt werden. Dies setzt eine genaue Kenntnis der eigenen Kostenstrukturen voraus, hiermit ergibt sich zwischen Marketing und betrieblichen Rechnungswesen (vgl. S. 228) eine Schnittstelle. Die Deckung sämtlicher Selbstkosten eines Unternehmens bildet die **langfristige Preisuntergrenze**. Das Problem besteht darin, bei Unternehmen mit einer großen Produkt- und Dienstleistungspalette die einzelnen Preise so zu kalkulieren (vgl. S. 183), dass sie in ihrer Summe die gesamten Selbstkosten decken und zusätzlich ein Gewinn erzielt wird.	Die Preisbildung muss sich auch an der Nachfrage orientieren. Durch Maßnahmen der Marktforschung (vgl. S. 119) muss für die einzelnen Produkte und Dienstleistungen die Preisschwelle, Bedürfnisstruktur, Kaufkraft, Investitionsneigung, Verhalten bei Preisveränderungen der verschiedenen Kundensegmente (vgl. S. 140) ermittelt werden. Dabei ist die Einschätzung des Preis-/Leistungsverhältnisses durch die Kunden entscheidend. Hohe Preise müssen durch zusätzliche Maßnahmen im Bereich der Werbung (vgl. S. 160), der Verkaufsförderung (vgl. S. 164), der Produktpolitik (insbes. Betonung von Zusatznutzen) sowie in Verkaufsverhandlungen (vgl. S. 178) begründet werden.	• **Orientierung am Branchenpreis** Hier wird der durchschnittliche Marktpreis als Richtgröße betrachtet. Diese Strategie setzt voraus, dass es viele Konkurrenten gibt und das Produkt weitgehend homogen (gleichartig) ist. • **Orientierung am Preisführer** Hier schließt man sich dem Preis eines Marktführers an, indem entsprechend auf Preisänderungen reagiert wird. Preisführer können auch mehrere Unternehmen gemeinsam sein.

■ Preisstrategien

Strategien Mit seiner Preisstrategie definiert ein Anbieter sein Verhalten auf dem Markt um den Absatz seiner Produkte zu beeinflussen.

Strategie	Erläuterung
• Preisdifferenzierung	*– mengenmäßige Preisdifferenzierung (Mengenrabattstaffel)* *– zeitliche Preisdifferenzierung (Einführungspreise, Saisonpreise)* *– personelle Preisdifferenzierung (bestimmte Kundengruppen erhalten Nachlässe, z. B. soziale Einrichtungen, Wiederverkäufer, Existenzgründer usw.)* *– räumliche Preisdifferenzierung (Inlandskunden, Auslandskunden u. Ä.)* *– Preisdiffenzierung nach Produktvariation (Produkte in Standard- und Premiumausführung)*
• Mischkalkulation	*Fehlende Gewinne bzw. Verluste bei einigen Produkten (Ausgleichsnehmer) werden durch höhere Gewinne anderer Produkte (Ausgleichsgeber) ausgleichen.*

• psychologische Preisfestsetzung	*Der Preis wird so festgesetzt, dass der Abnehmer den Eindruck einer knappen Preiskalkulation erhält. In Supermärkten findet man sehr häufig Preise wie 0,79 EUR, 1,98 EUR usw. Sie erwecken den Eindruck einer besonderen Preiswürdigkeit.*
• Hochpreispolitik (Premiumpolitik)	*Das Produktionsprogramm eines Unternehmens zielt auf Abnehmer mit gehobenen Ansprüchen. Die Produkte werden als besonders exklusiv herausgestellt um einen hohen Marktpreis erzielen zu können.*
• Niedrigpreispolitik (Promotionpolitik)	*Das Anbebot zielt auf preisbewusste Abnehmer. Extrem niedrige Preise (Discountpreise) sollen zu hohen Absatzzahlen verhelfen.*
• Marktabschöpfungspolitik (Skimmingpolitik)	*Es wird versucht, bei der Markteinführung möglichst hohe Preise zu realisieren, damit bereits in der Einführungsphase hohe Umsätze zu erzielen sind. Wenn später die Konkurrenz mit vergleichbaren Produkten auf den Markt kommt, kann das Preisniveau gesenkt werden.*
• Marktdurchdringungspolitik (Penetrationspolitik)	*In der Einführungsphase werden besonders niedrige Preise verlangt, damit das Produkt sich möglichst schnell auf dem Markt festigen kann. Später werden die Preise dann angehoben. Meist ist damit eine Produktvariation (vgl. S. 147) verbunden.*

Eine Preisstrategie kann sich auch auf Teilmärkte bzw. Kundensegmente beziehen. Insofern können verschiedene Strategien parallel praktiziert werden. Entscheidend ist, dass durch intensive Marktforschungen Daten über Kunden- und Konkurrenzverhalten erhoben werden und auf Strategieentscheidungen den Marktverhältnissen flexibel angepasst werden.

3.7.3 Konditionenpolitik, Servicepolitik

- Lieferungs- und Zahlungsbedingungen, Garantie, Kulanz
- Serviceleistungen
- Electronic-Data-Interchange (EDI) als spezielle Service-Leistung
  - Vorteile von EDI
  - Konfiguration von EDI
  - Kooperationen mit EDI

Häufig liegen die Verkaufspreise für Produkte durch Marktgegebenheiten fest (Konkurrenzpreise). Dann bleibt meist für den Anbieter nur noch ein Gestaltungsspielraum im Rahmen seiner Konditionenpolitik übrig. Beim Angebot von Marktleistungen legt der Anbieter mit seinem Kunden Konditionen (Bedingungen) fest, zu denen die Leistungen verkauft werden. Dabei ist entscheidend, dass bei der Gestaltung der Konditionen dem Kunden Kaufanreize gegeben werden. Sofern durch die Konditionen Kosten für den Anbieter anfallen, müssen sie in der Preiskalkulation (vgl. S. 184) berücksichtigt werden.

Konditionen	Erläuterungen
Lieferbedingungen	– Beförderungskosten (Übernahme des Transports der Ware zum Kunden – Verpackungskostenübernahme – Lieferzeit nach Kundenwünschen ausrichten

Zahlungs-bedingungen	– Zahlungsziel – Skonto (Barzahlungsnachlass) – Rabatte (Mengen-, Treue-, Wiederverkäufer-, Einführungsrabatt) – Bonusregelungen (nachträglich gewährte Rabatte, z.B. bei Erreichen von Mindestumsätzen) – Finanzierungsangebote (vgl. S. 189)
Garantie, Kulanz	– Garantie (gesetzlich 6 Monate), kann vertraglich verlängert werden – Kulanz (freiwillige Leistungen ohne gesetzliche oder vertragliche Verpflichtung)
Service, Kundendienst	für viele Kunden ein entscheidendes Auswahlkriterium von verschiedenenen Lieferern, diese Leistungen können für die Kunden entweder kostenfrei sein oder in Rechnung gestellt werden.

Ein besonderer Service wird Kunden geboten, wenn die Geschäftsprozesse des Anbieters mit den Geschäftsprozessen des Kunden synchronisiert werden können, wenn also die Prozesse der Beschaffung (auf Seiten des Kunden) durch Prozesse des Absatzes (auf Seiten des Lieferers) rationell und effektiv aufeinander abgestimmt sind.

■ EDI-Fähigkeit (Electronic Data Interchange) als Kunden-Service für Betriebe

EDI Electronic Data Interchange umfasst den Austausch von Daten zwischen Unternehmen per Datenfernübertragung, um Geschäftsprozesse zu rationalisieren, wobei die Vorteile von allen beteiligten Unternehmen wahrgenommen werden. Das **Kernproblem** des Datenaustausches zwischen Unternehmen besteht darin, dass jedes Unternehmen individuelle Datenstrukturen und -formate hat, die i. d. R. nicht mit den Daten anderer Unternehmen kompatibel sind. Wenn lediglich zwei Unternehmen beschließen Daten untereinander auszutauschen, z. B. Stücklisten, Bestelldaten usw., ist dies weitgehend unproblematisch, weil sie sich lediglich auf einen gemeinsamen **Standard** zu einigen brauchen bzw. Daten nur einmal konvertieren müssen. Falls aber ein Datenaustausch über viele Unternehmen hinweg erfolgen soll, so steigt der Aufwand zur „**Datenübersetzung**" exponentiell an.

Beispiel: *Ein Großhandelsunternehmen für Büroausstattung hat in seinem Sortiment rund 70.000 Artikel von ca. 1.600 Lieferern. Die Kunden (ca. 12.000), sind vorwiegend Einzelhandelsunternehmen bzw. Wiederverkäufer. Jeder Lieferer hat für seine Artikel- und Bestelldaten eigene Systeme. So sind die Artikelnummern bei einem Lieferer zwölfstellige Zahlenkombinationen, bei einem anderen werden achtstellige Zahlen- und Buchstabenkombinationen verwendet, bei einem weiteren werden keine Artikelnummern, lediglich Artikelbezeichnungen als Identifikation genutzt. Bei den Kunden verfügen insbesondere die Großabnehmer über eigene Datenstrukturen für Artikelnummern und Bestellabläufe. Das Großhandelsunternehmen hat für eigene Zwecke ebenfalls ein spezielles Artikel-Nummernsystem entwickelt. Ein effektiver elektronischer Datenaustausch ist in dieser Situation nicht möglich.*

EDI funktioniert nur, wenn von den beteiligten Unternehmen ein einheitlicher internationaler **Standard für Austauschformate** akzeptiert wird. Derartige Standards sind in den letzten Jahren entstanden und die Zahl der Unternehmen, die ihn nutzen, steigt ständig, weil sie erkennen, dass durch EDI-Einsatz Produktivitäten gesteigert werden können.

EDI-Formate

EDI-Austauschformate	Erläuterungen
EDIFACT	*Electronic Data Interchange for Administration, Commerce and Transport*
EANCOM	*EDIFACT-Subset Konsumwirtschaft*
EDIBDB	*EDIFACT-Subset Baumärkte*
EDIFICE	*EDIFACT-Subset Elektroindustrie*
CEFIC	*EDIFACT-Subset Chemische Industrie*
EDITEX	*EDIFACT-Subset Textilindustrie*
EDIFURN	*EDIFACT-Subset Möbelindustrie*
EDIOFFICE	*EDIFACT-Subset Bürobedarf*
ODETTE	*Organization for Data Exchange by Tele Transmission in Europe*
SEDAS	*Standardregelungen einheitlicher Datensysteme*
ANSI	*American National Standards Institute*

EDI-Vorteile

Die **betriebswirtschaftlichen Vorteile** für EDI machen sich durch Kosteneinsparungen, Verbesserungen von Arbeitsabläufen und Verringerung von Fehlerquellen bemerkbar. Konkret sind u. a. folgende Vorteile erkennbar:

- kein Transport von Rechnungen, Lieferscheinen, Auftragsbestätigungen usw. in Papierform; dadurch kein Öffnen der Briefe sowie Lesen und Eingabe der Daten
- direkte Verfügbarkeit aller Daten durch Speicherung
- verbesserte Auswertungsmöglichkeiten
- vereinfachte Archivierung
- verbesserte Kontroll-/Planungsmöglichkeiten
- Beschleunigung der Bestell- bzw. Auftragszeiten
- kürzere Lieferzeiten
- bessere Planung des optimalen Lagerbestandes
- Einsparung von Transportkosten durch Bündelung von Lieferungen
- Minimierung von unproduktiver Verwaltungsarbeit

Diesen Vorteilen stehen lediglich geringe **Kosten** für die Beschaffung von Hard- und Software gegenüber. Jedoch sind die Kosten für die innerbetriebliche Umstellung der Ablauforganisation enorm, hinzu kommen die Kosten für die Schulung der Mitarbeiter.

EDI-Konfiguration

Eine **Konfiguration für eine EDI-Anwendung** besteht aus den Komponenten

- Leitungsnetz für Datenfernübertragung
- Konvertierungssoftware
- Software für Ein- und Auslesen von Daten
- Rechner(-netze) auf beiden Seiten

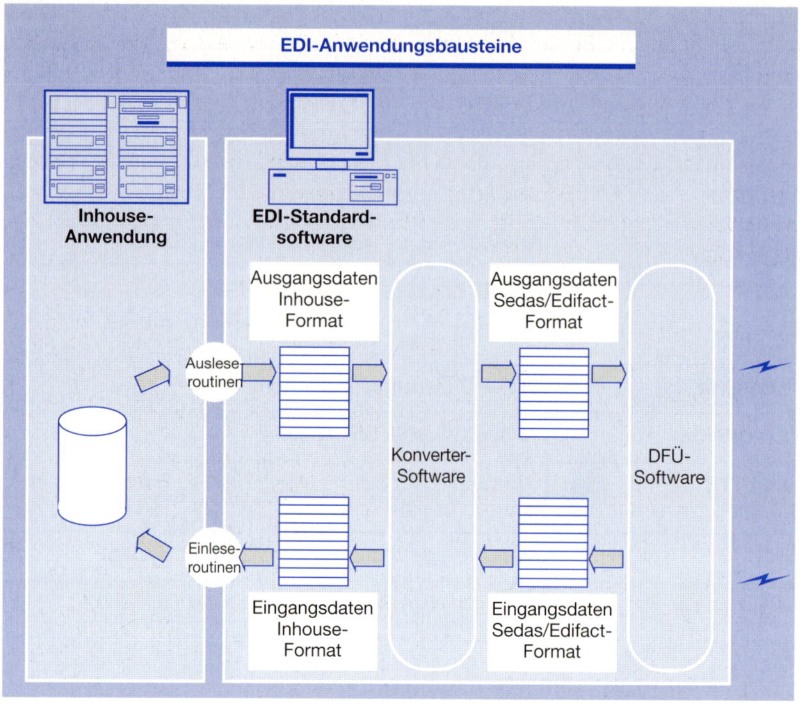

Durch EDI sind **Kooperationsmöglichkeiten** zwischen Unternehmen möglich, die bis hin zu strategischen Allianzen ausbaufähig sind. Durch den schnelleren Informationsaustausch sind z.B. „just-in-time"-Lösungen zwischen Zulieferer und Produzenten sowie Groß- und Einzelhändlern realisierbar. EDI ermöglicht den Informationsaustausch mit allen Geschäftspartnern, z. B. Lieferern, Kunden, Banken, Versicherungen, Transporteuren, Marktforschungsinstituten, Telekom-Unternehmen, Post, öffentliche Verwaltung usw.

Beispiel:
Fallbeispiel

(Vgl. Heiner, Volker: Auftragsbezogene Fertigung – Der Weg führt über die papierlose Kommunikation, in: PC-Magazin 47/95, S. 42 f.)
Die Fendt GmbH & Co ist ein Produzent für Nutzfahrzeuge in der Landwirtschaft (Traktoren usw.). Das EDI-Projekt bei Fendt geht mit grundlegenden Veränderungen in der Unternehmensorganisation einher. Das Unternehmen wollte eine auftragsbezogene Fertigung/Montage einführen und gleichzeitig die Durchlaufzeiten in der Auftragsabwicklung für Ersatzteile verkürzen. Es sollte ein sicherer und direkter Datenaustausch mit den Lieferanten aufgebaut werden, um zeitkritische Bestellvorgänge besser abwickeln zu können. Ausschlaggebend für Fendt, ein EDI-System einzuführen, war u. a., dass die Tagesaufträge der Händler ständig zunehmen. Diese Aufträge müssen innerhalb von 24 Stunden ausgeliefert werden. Dadurch entstand ein Volumen an Informationen, das sich durch herkömmliche Kommunikationsmittel nicht mehr bewältigen ließ. Die EDI-Lösung ist für Fendt also ein strategisches Konzept für die Optimierung der internen Geschäftsabläufe sowie für den After-Sales-Service als Marketing-Instrument. Im ersten Schritt hat die Fendt GmbH die Kommunikationsverbindungen mit etwa 400 inländischen Vertragshändlern aufgebaut. Die Vertriebsgesellschaften und deren Händlerorganisationen in Frankreich und Italien folgen. Kunden im In- und Ausland werden

dadurch in die Lage versetzt, Bestellungen online an die Fendt-Zentrale in Marktoberdorf zu schicken. Die Bestellungen gehen direkt in die SAP-Auftragsabwicklung ein. Auftragsbestätigungen, Lieferscheine, Rechnungen sowie Gut- und Lastschriften werden dem Kunden ebenfalls auf elektronischem Weg zugeleitet. Zusätzlich wird bei Fendt ein elektronischer Teilekatalog eingeführt, der für eine fehlerfreie Identifizierung von Ersatzteilen bei Händlern und eine Optimierung des Bestellwesens sorgen soll. Bei der Realisierung des EDI-Projektes hat sich Fendt für eine Outsourcing-Lösung entschieden. Über ein EDI-Clearing-Center (Dienstleistungsunternehmen) werden die Arbeiten abgewickelt.

Elektronischer Datenaustausch bei der Firma Fendt

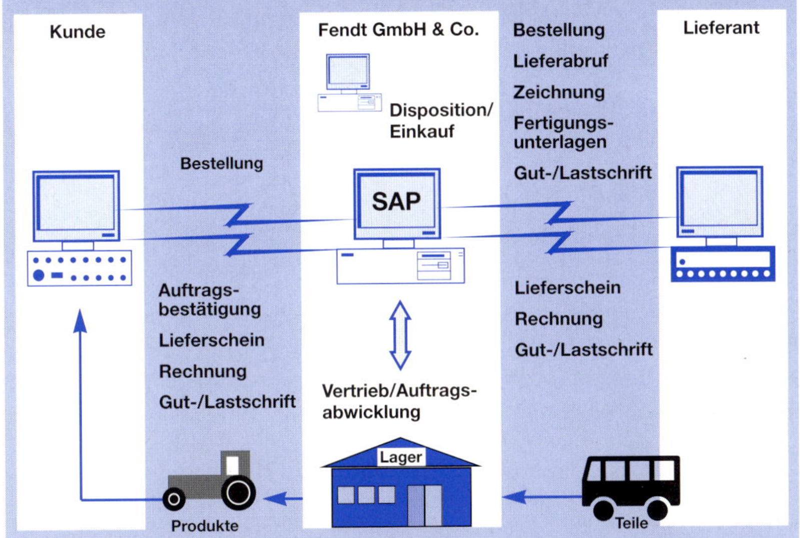

Das EDI-Projekt gewährleistet den sicheren und direkten Datenaustausch mit Lieferanten um zeitkritische Bestellvorgänge besser abwickeln zu können.

Das EDI-Clearing-Center übernimmt die gesamten Kommunikation mit den EDI-Partnern.

3.7.4 Distributionspolitik

- direkter Absatz — eigener Außendienst, Verkaufsniederlassungen, Franchising
- indirekter Absatz — Großhandel, Einzelhandel
- Absatz über Internet — Merkmale elektronischer Märkte

Die Distributionspolitik (Distribution = Verteilung) beschäftigt sich mit der Auswahl von Vertriebs- oder Absatzwegen. Damit sind alle Wege bzw. Kanäle gemeint, die die hergestellten Produkte an die Endverbraucher oder -nutzer bringen.

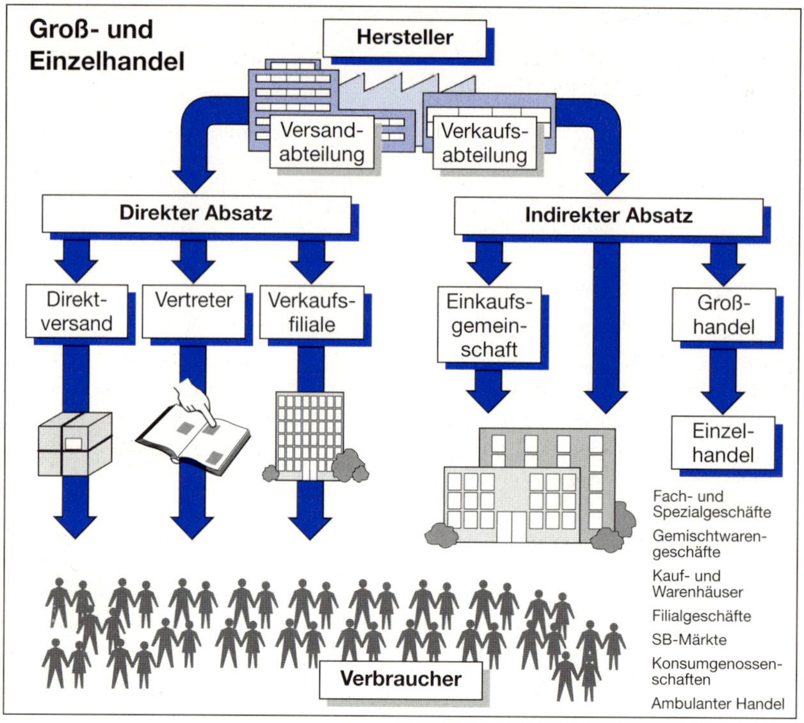

Direkter Absatz

Beim direkten Absatz beliefert ein Industrieunternehmen den Endabnehmer (Privatkunde oder Unternehmen) direkt .

Formen

- **Formen**
  - Reisende, Außendienstmitarbeiter (festangestellte Mitarbeiter mit Gehalt und umsatzabhängigem Provisionsanspruch)
  - Verkauf über Handelsvertreter (selbstständiger Kaufmann, der Geschäfte abschließt oder vermittelt)
  - Verkauf in eigenen Verkaufsräumen (Verkaufsniederlassungen, Filialen)
  - Vertragshändler (Selbstständiges Unternehmen, das nach Marketingkonzepten des Herstellers dessen Produkte vertreibt)

Franchising

- **Franchising** Hierbei handelt es sich um eine enge Kooperationsform, bei der der Franchisegeber (Franchisor = Hersteller) aufgrund einer langfristigen Bindung dem Franchisenehmer (Franchisee = Händler) das Recht einräumt, bestimmte Waren oder Dienstleistungen unter Verwendung der Firma, des Warenzeichens, der Ausstattung und der technischen und wirtschaftlichen Erfahrungen des Franchisegebers zu nutzen. Der Franchisenehmer tritt seinen Kunden gegenüber nicht unter eigenem Namen auf, er verwendet den Namen seines Franchisegebers. Der Franchisegeber vergibt eine Konzession für ein von ihm entwickeltes Marketingprogramm, das sich bereits im Praxiseinsatz bewährt hat. Er erhält dafür i. d. R. eine einmalige Gebühr und/oder eine Umsatzbeteiligung. Hierdurch kann er ein Vertriebsnetz ohne großen Investitionsaufwand errichten, erreicht eine hohe Marktnähe und kann schnell expandieren.

Indirekter Absatz

Einige Unternehmen beliefern den Endverbraucher indirekt. Sie vertreiben ihre Produkte über selbstständige Handelsunternehmen.

Großhandel

Großhändler beziehen bei Industrieunternehmen Güter, die sie entweder an gewerbliche Kunden oder an Einzelhändler weiterverkaufen.

Einzelhandel

Einzelhändler beziehen ihre Waren entweder bei Herstellern oder bei Großhändlern und verkaufen an Endverbraucher.

Verkauf via Internet

Internet

Das Internet als Vertriebsschiene eignet sich sowohl für private als auch für gewerbliche Kunden. Seriöse Angebote finden sich für fast alle gängigen Produkte und Dienstleistungen. Für private Kunden sind insbesondere sogenannte „shopping malls“ attraktiv, weil dort wie in einem Warenhaus themenbezogene Sortimente abrufbar sind. Zahlreiche z. T. spezialisierte Suchmaschinen helfen bei der Navigation in Angeboten.

Das Internet als elektronischer Markt weist u. a. folgende Merkmale auf:

Ortslosigkeit	– keine Anfahrtswege, Parkplatzsuche usw. – Zugangszeit und Dauer wird ausschließlich von Benutzer bestimmt
Offener Marktzutritt	– von jedem Punkt der Welt erreichbar – von jedem Benutzer kann auf Angebote zugegriffen, d. h. prinzipiell kann niemandem der Zugriff versagt werden – Konkurrenten haben ebenfalls Zugriff – Zugriff ist nicht an Ladenschluss- oder Geschäftszeiten gebunden (24 Stunden an 7 Tagen der Woche) – schneller Vergleich von Produkten, Preisen, Konditionen – hohe Markttransparenz
Interaktivität	– Interaktionen sind möglich (Chat, eMail, Net-phoning) – Erwartungen, Erfahrungen sind austauschbar – schneller Kommunikationsfluss – bessere Kundenorientierung und Individualisierung
Anforderungen an elektronische Märkte	– anwenderfreundliche Benutzung und Navigation – Standardisierung und Normung (Browser, HTML, Hardware) – technische Offenheit für Erweiterungen – Multibranchenfähigkeit, Verknüpfung von Wertschöpfungsketten – Sicherheit (Datenübertragung)
Aktualität	– schnelle Reaktion auf Kundenwünsche – schnelle Reaktion auf Marktveränderungen – aktuelle Produktpräsentation
Veränderungen	– Veränderungen traditioneller Handels– und Vertriebsstrukturen nachhaltig – Veränderungen von Kaufgewohnheiten der Kunden – Veränderungen von Geschäftsprozessen in Betrieben – Veränderungen von Arbeitsabläufen – Veränderungen von Anforderungen an Mitarbeiter
Probleme	– Zahlungsverkeh – Datenschutz und -sicherheit – Bewältigung großer Informationsmengen für Benutzer – Akzeptanz bei Anbietern und Nachfragern – Kosten für Telekommunikation – Fehlen qualifizierter Mitarbeiter in Unternehmen

Nutzeneffekte

Für alle Unternehmen (auch kleine und mittelständische Betriebe) lassen sich folgende Effekte aus der Nutzung von Internetdiensten im Vertrieb ableiten:

- Kostengünstige weltweite Präsenz,
- Erschließung neuer Kundenkreise, „value added services", Präsentation neuer Produkte,
- Möglichkeit der Werbekontaktmessung,
- Präsentation stark erklärungsbedürftiger Güter (Videos, Sounds, Grafiken, Texte),
- Interaktive Kommunikation ohne Medienbruch,
- Massenansprache, Ansprache von Kundensegmenten und Einzelpersonen über ein Medium.

Durch Anbindung von Kunden an das Angebot eines Anbieters sind weitere Rationalisierungsvorteile für beide Vertragspartner herstellbar.

Rechtliche Aspekte

Grundsätzlich gelten im e-commerce und somit beim Verkauf von Produkten über das Internet die gleichen rechtlichen Bestimmungen (z. B. Kaufvertragsrecht, vgl. S. 192.) wie im nicht-elektronischen Geschäftsleben auch. Probleme können jedoch auftreten, wenn Geschäftspartner verschiedener Herkunftsländer miteinander agieren, da unterschiedliches Landesrecht vorhanden sein kann. Hier sind entsprechende **vertragliche Regelungen** erforderlich. Für Privatkunden gilt in Deutschland das **Fernabsatzgesetz,** das auf einer EU-Verbraucherschutzvorschrift basiert. Dieses Gesetz sichert dem Verbraucher diverse Rechte, z. B. Rückgabe von Waren binnen zwei Wochen, Widerrufsrecht, Informations- und Aufklärungspflicht für Anbieter. Der vollständige Text incl. Kommentare ist abrufbar unter www.fernabsatzgesetz.de.

3.7.5 Kommunikationspolitik

Ziele der Kommunikationspolitik	Absatzförderung von Produkten
Werbung	Werbeziel, -plan, -budget, Werbeerfolgskontrolle, rechtliche Rahmenbedingungen
Werbung im Internet	Formen, Maßnahmen
Verkaufsförderung	Verkäufer, Händler, Verbraucherpromotion
Public-Relations	Öffentlichkeitsarbeit zur Imagepositionierung

Unter Kommunikation versteht man den Austausch von Informationen zwischen einem Sender und einem Empfänger.

Wenn ein Unternehmen Produkte verkaufen möchte, muss es mit seinen potenziellen und vorhandenen Kunden kommunizieren, d. h., es entstehen Informationsflüsse, die von allen Beteiligten ausgehen können. Die Informationen beziehen sich auf Produkte, Preise, Konditionen usw.

Ziel

Die Kommunikationspolitik hat zum Ziel, den Absatz von Produkten zu fördern und somit den Bestand des Unternehmens zu sichern.

Die Kommunikationspolitik umfasst die Koordination folgender **Instrumente:**

Instrumente

Werbung	Verkaufsförderung (sales promotion)	Öffentlichkeitsarbeit (Public Relations)

Alle kommunikationspolitischen **Maßnahmen** müssen **geplant, koordiniert und kontrolliert,** da sie Kosten verursachen. Daher werden Budgets erstellt. Ferner müssen alle Aktivitäten mit den übrigen marketingpolitischen Instrumenten abgestimmt werden. Hierbei kann auf das Know-how von Experten zurückgegriffen werden, z. B. **Werbeagenturen, Agenturen für PR-Arbeit** usw.

Werbung

Die Werbung informiert über konkrete Produkte und Dienstleistungen eines Anbieters und nimmt gezielt Einfluss auf Kaufentscheidungen von Abnehmern.

Ziele der Werbung

Bekanntmachung von Produkten bei den Abnehmern	*Die Werbung informiert über den Grund- und Zusatznutzen eines Produktes bzw. einer Dienstleistung. Dadurch kann ein bestehendes Marktpotenzial ausgeschöpft, also neue Abnehmer gewonnen werden und bereits vorhandene Abnehmer, z. B. Stammkunden gehalten werden.*
Weckung von neuen Bedürfnissen	*Durch das Wecken neuer Bedürfnisse entsteht ein neues Marktpotenzial, also eine Nachfrage, die von Anbietern entsprechender Produkte befriedigt werden kann.*

Werbeplan

Werbung muss mit sorgfältige Zielbestimmung, Koordination mit den übrigen Marketinginstrumenten und genauer Planung durchgeführt werden. In einem Werbeplan werden deshalb folgende Punkte festgelegt:

Streukreis	*Zielgruppe(n), die umworben werden soll(en), Daten hierzu liefert die Marktforschung (vgl. S. 119)*
Werbebotschaft	*Hier wird festgelegt,* **was** *der Zielgruppe mitgeteilt werden soll. Durch die Werbung soll ein Produkt vom Nachfrager eindeutig identifiziert werden können, z. B. durch einen einprägsamen Namen, durch ein Markenzeichen, ein Logo, ein Symbol usw. Je nach Zielgruppe kommt der Sprache der Botschaft eine besondere Rolle zu.*
Werbemittel	*Anzeigen, Fernsehspots, Prospekte, Werbebriefe, Werbegeschenke, Bandenwerbung (bei Sportveranstaltungen), Bannerwerbung im Internet, Plakate.*
Werbeträger	*Das sind die Medien, mit denen die Werbebotschaft an die Zielgruppen transportiert wird (Zeitungen, Fernsehanstalten, Internet usw.)*
Streuzeit	*Es werden Beginn und Dauer der Werbung kalendermäßig festgelegt.*
Streugebiet	*Hier wird der geografische Raum für die Werbung festgelegt. Häufig bestimmt das Streugebiet die Auswahl der Werbemittel.*
Werbeintensität	*Sie ergibt sich als Verhältnis der eingesetzten Werbemittel zum Streugebiet und zur Zielgruppe. Wenn die Auswahl der Werbemittel und -träger nicht auf das Streugebiet und die Zielgruppe abgestimmt ist, kommt es zu Streuverlusten.*

Werbung im Internet

Internet

Die Werbung im Internet hat sich mittlerweile zu einem eigenen Markt entwickelt. Sie zeichnet sich gegenüber konventioneller Werbung besonders durch folgende Punkte aus:
- gleichzeitige Unterstüzung von traditionellen Vertriebswegen und elektronischen Märkten,
- geringe Kosten im Vergleich zu vielen anderen Werbungen,
- zielgruppengenaue Ansprache,
- exakte und kostengünstige Erfolgskontrollen (vgl. S. 163),
- Interaktivität der Werbung und dadurch Kommunikation mit Kunden,
- Unterstützung und gleichzeitige Einleitung von automatisierbaren Verkaufsprozessen,
- schnelle Ansprache einer Zielgruppe,
- multimediale Ansprache von Zielgruppen (Text, Bild, Video-Sequenzen, Sound).

Internet-Dienste und Werbung

Internet-Dienst	Werbebeispiele
eMail	• *„Kundenzeitungen" werden schnell, zielgruppenorientiert und kostengünstig publiziert (mail-Listen)* • *aktuelle Angebote werden kundenspezifisch verschickt* • *Kunden und Anbieter kommunizieren miteinander* • *über eMail-attachements werden gezielt multimediale Produkterläuterungen verschickt*
Chat	• *interaktiv werden zwischen Kunden (-gruppen) und Anbieter Fragen geklärt*
Newsgroups	• *vor einem interessierten Publikum werden branchen- und produktbezogene Themen diskutiert* • *Anbieter und Kunden haben ein Forum, in dem sie gleichberechtigt agieren*
FTP	• *Produktbeschreibung, Handbücher, Videosequenzen werden bei Bedarf vom Kunden „downgeladen"* • *Demo-Versionen ladbar*
Communities	• *Virtuelle Gemeinschaften (Communities of Interest Networks, COIN) werden gezielt angesprochen und ihre Bedürfnisstruktur untersucht.*

bei Seiten mit hoher Klick-Frequenz

Beispiele: *Web-Werbung*

Werbeformen im Web
(Quelle: Kulow T., Bossmann J.: Der Mix macht's, in: Computerwoche Spezial, 3/99, S. 44)

Werbeform	Erläuterungen
Klassisches Banner	*Nichtanimierte und nicht interaktive Kleinfeldanzeige im GIF-Format mit Hyperlink auf die Seite des Werbetreibenden*
HTML-Banner	*Sie erlauben z. B. Pull-down-Menüs und gezielten Seitenzugriff, im Banner ist Interaktivität möglich, z. B. durch kleinere Berechnungen oder Suchfunktionen. Vorteilhaft ist, dass der Web-Benutzer keine Browser-Plug-ins benötigt und dass HTML vom Browser nicht deaktiviert werden kann.*
Java-Banner	*Sie bieten Schnittstellen zu anderen Anwendungen und Datenbanken, woraus sich Interaktionsmöglichkeiten ergeben sowie Sound- und Videoeinbindungen erleichtert werden. Ohne den Werbeträger zu verlassen, sind innerhalb des Banners Datenbankabfragen oder Online-Bestellungen möglich.*

Rich Media Banner	*Werbemittel mit multimedialen Features (Sound, Film, Animation). Ein bekanntes Format ist Real Media, das den Vorzug des „Streaming" bietet: Bereits während des Herunterladens beginnt die Wiedergabe kurzer Film- oder Soundsequenzen. Vorteil: Interaktivität z. B. in Form von Online-Spielen, Nachteil: User müssen Zusatzprogramme installieren.*
Interstitial	*Ganzseitige Unterbrecherwerbung oder als „Pop-up-Ads" (kleinere Werbefenster) die sich zusätzlich zum aktuellen Browserfenster öffnen. Nachteil: User kann bereits beim Start das Fenster schließen, die Werbebotschaft wird nicht transportiert.*
ASCII-Ads	*Reine Textwerbung mit Link auf die Seite des Werbetreibenden oder mit direkter Kontaktaufnahme via eMail, häufig in Diskussionslisten und Newsletters.*
Microsites	*Teils sehr umfangreiche „Web-specials": Mehrere aufeinander abgestimmte Seiten eines Werbenden sind durch Hyperlinks miteinander verbunden. Vorteil: Raum für umfangreiche Produktinformationen und Gewinnspiele.*
Cross-Promotion	*Kooperation einer Website mit zielgruppenorientierten Online-Angeboten, z. B. durch wechselseitige Verlinkung oder „Content Syndication" (gegenseitige Bereitstellung von Inhalten auf fremden Websites mit Werbeträgern in den klassischen Medien wie TV, Print, Hörfunk)*

Weitere Werbeformen sind z. B. Eintrag in Suchmaschinen sowie eigene Bereiche in Online-Diensten (Foren, Pinboards usw.)

Ursache-Wirkungs-Analyse

Die Werbeerfolgskontrolle

Da Werbemaßnahmen Kosten verursachen, ist es erforderlich, diese Maßnahmen auf ihren wirtschaftlichen Erfolg hin zu kontrollieren. Die Ursachen für fehlgeschlagene Werbeaktivitäten können am umworbenen Produkt selbst (Flops) oder an falscher Preispolitik, falschem Marketing-Mix usw. liegen. Es muss untersucht werden, ob die Werbemittel und -träger sinnvoll ausgewählt wurden, ob Werbebotschaften, -intensitäten und Streuzeiten und -gebiete richtig bestimmt wurden, um künftige Fehleinschätzungen zu vermeiden.

Effiziente Werbeerfogskontrolle liefert z. B. Antworten auf folgende Fragen:

WWG

- Welche Werbemittel sind wo erfolgreich?
- Welche Produkte werden wo und wie gekauft?
- Welche Preise sind für den Werbeträger gerechtfertigt?

Rechtliche Rahmenbedingungen der Werbung

Der Gesetzgeber hat eine Reihe von Vorschriften erlassen, die Verbraucher und Mitbewerber vor unlauteren Maßnahmen schützen. Die wichtigste Rechtsgrundlage ist das **Gesetz gegen den unlauteren Wettbewerb (UWG).** Diesem Gesetz ist eine so genannte **Generalklausel** vorangestellt, in der es heißt: „Wer im geschäftlichen Verkehre zu Zwecken des Wettbewerbs Handlungen vornimmt, die gegen die guten Sitten verstoßen, kann auf Unterlassung und Schadensersatz in Anspruch genommen werden" (§1 UWG)

UWG

Verkaufsförderung (Sales Promotion)

Die Verkaufsförderungsmaßnahmen dienen der Motivation, Information und Unterstützung aller Beteiligten am Absatzprozess, den Verkäufern im Innen- und Außendienst, dem Großhandel und dem Einzelhandel. Ferner sollen sie die Werbung unterstützen, die sich an den Endverbraucher richtet.

Verkaufspromotions	• Zielgruppe: Verkaufspersonal im Innen- und Außendienst • Maßnahmen: Schulungen (Produkt- und Verkaufskurse), regelmäßige Informationen, Motivationsanreize (Leistungsprämien), Verkaufsunterstützung (Displaymaterial, Musterkoffer, Präsentationsmedien)
Händlerpromotions	• Zielgruppe: Groß- und Einzelhändler • Maßnahmen: Ausbildung und Information des Handels, Beratung bei der Gestaltung der Verkaufsräume und der Kundenbetreuung, Preis- und Kalkulationshilfen, Motivation des Handels.
Verbraucherpromotion	• Zielgruppe: Endverbraucher • Maßnahmen: Am Ort des Verkaufens (POS = Point of sale oder POP = Point of purchase) sollen Kunden mit Produkten in Kontakt kommen, z. B. durch Preisausschreiben, Prominentenaktionen, Displays, Werbegeschenke usw.

Öffentlichkeitsarbeit (Public Relations)

Ziel Maßnahmen der Öffentlichkeitsarbeit (PR-Arbeit) eines Unternehmens beziehen sich nicht primär auf ein bestimmtes Produkt oder eine Produktreihe, sondern auf das **Bild des Unternehmens,** sein **Image** und seine Reputation in der Öffentlichkeit.

Maßnahmen der PR-Arbeit

Der Katalog möglicher PR-Arbeit ist umfassend; es liegt an der Kreativität des einzelnen Unternehmens sinnvolle PR-Aktivitäten zu initiieren. Häufig sind PR-Effekte auch recht preisgünstig zu erzielen. In jedem Fall ist es aber erforderlich, die Öffentlichkeit über diese Aktivitäten zu informieren, nach dem Motto: „Tue Gutes und sprich darüber!“

Beispiele: *PR-Aktivitäten*

Maßnahmen

- *schlagkräftige Pressearbeit (Pressekonferenzen, Pressemitteilungen usw.)*
- *Betriebsbesichtigungen (Tag der offenen Tür)*
- *Sponsoring von sportlichen oder caritativen Veranstaltungen*
- *Spenden*
- *regionales Umweltengagement*
- *Kontaktpflege zu Schulen und Hochschulen (Entsendung von Referenten, Einladungen an Schüler und Studenten)*
- *Stiftung von Preisen (z. B. für die beste Diplomarbeit in einem Fach)*
- *Mitarbeit in Gremien (IHK, Fachverbände)*
- *Publikation von Nachwuchsförderung (Vergabe von Ausbildungsplätzen)*
- *Soziales Engagement*

3.7.6 Online-Marketing

Unter Online Marketing versteht man den Einsatz von Marketing-Instrumenten unter Einbeziehung von Internet und Telekommunikationsmedien. Online-Marketing ist somit keine eigenständige Marketingkonzeption, sondern lediglich eine Erweiterung traditioneller Marketingarbeiten. Jedoch ist im Zuge einer rasanten Entwicklung des e-commerces mit einer stetig zunehmenden Bedeutung von Online-Marketing auch für Klein- und Mittelbetriebe zu rechnen. Folgender Aufsatz veranschaulicht die speziellen Richtungen des Online Marketings und zeigt entsprechende Erfolgsfaktoren auf.

Online Marketing – lassen sich Erfolgsfaktoren identifizieren?

Gegenwärtig nutzen Unternehmen das Internet und das World Wide Web oft dazu, Informationen über ihre Produkte und Dienstleistungen zu verbreiten. Aber in vielen Fällen werden sie der Tatsache nicht gerecht, dass sich die Beziehungen zwischen Unternehmen und Kunden hier einschneidend verändern. Traditionelle Absatzketten lassen sich nicht 1:1 auf electronic commerce übertragen. Die Erweiterung des Horizontes verlangt das Verständnis für die ganze Spannbreite von Produkten und Dienstleistungen, die in den elektronischen Welten und ihren Communities gefragt sind. Interaktivität, das heißt der **Dialog zwischen Unternehmen und Kunden**, steht im Mittelpunkt, denn ein Return on Investment ist erst dann zu erwarten, wenn die Kunden dauerhaft gewonnen und in Dialoge eingebunden sind. Dabei geht es nicht immer um einzelne Personen. Im Gegenteil, „Forget Surfers“ empfiehlt mittlerweile die Business Week, und beschreibt die Internet Communities als den Königsweg zum Geschäft. Aber sich in dieser neuen Umgebung einen Überblick zu verschaffen, ist sicherlich nicht leicht. Wir haben sechs Schwerpunkte in den Mittelpunkt strategischer Überlegungen gestellt, die sich zu Erfolgsfaktoren für Unternehmen im Internet entwickeln.

Interaktives Beziehungsmarketing

Interaktives Beziehungsmarketing stellt die Beziehung zu den Kunden in den Mittelpunkt der Betrachtungen. Das Internet und das World Wide Web bieten vielfältige Möglichkeiten der direkten Interaktion zwischen Kunden und Unternehmen. Hier liefern traditionelle Formen der Massenkommunikation wie Werbung in den seltensten Fällen geeignete Vorbilder. Online erwarten die Kunden individuelles Eingehen auf ihre Bedürfnisse und Präferenzen. Informationsangebote müssen individualisierbar sein, ebenso wie die Kommunikation im Dialog einen echten Austausch ermöglicht. Auch über das reine Geschäft hinaus umfasst das erfolgreiche Online Marketing zusätzliche Angebote, die den Kunden Mehrwert bieten. Ein Beispiel ist der persönliche Agent von **Bild der Wissenschaft** Er ermöglicht es, regelmäßig zu individuellen Interessen Informationen zu erhalten.

Dynamische Produktanpassung

Eine Dynamische Produktanpassung ist in den Online Medien nicht mehr nur den Versicherungen vorbehalten. Die direkte Kommunikation zwischen Kunden und Anbietern bietet eine hervorragende Basis zur Individualisierung von Gütern und Dienstleistungen. Es kann so zum Ziel der unternehmerischen Aktivitäten werden, den Kundenwünschen möglichst individuell zu entsprechen. Der kontinuierliche Dialog liefert hier nicht nur den Kunden die gewünschten Informationen und Leistungen, sondern eröffnet auch eine wichtige Informationsquelle für die Anbieter. Die Marketingstrategien reichen von der personalisierten Information bis zur ganz individuellen Dienstleistung. Ein Vorreiter für gegenwärtig auch in Deutschland entstehende Services ist hier **Peapod**, der bekannteste Lebensmittel Einkaufsdienst in den USA. Die Kunden können aus einem umfangreichen Angebote an Waren ihren persönlichen Einkaufszettel zusammenstellen und sich die Ware zu dem von ihnen gewünschten Termin ins Haus liefern lassen. Das ist aber noch nicht alles: auch Rezept, Nährwertangaben, Diätempfehlungen und anderes rund um Lebensmittel stehen selbstverständlich online zur Verfügung. Online Supermärkte entstehen mittlerweile auch im deutschsprachigen Raum, z. B. das **Einkaufsnetz** im Rahmen von **GO ON**, bislang gehen aber hier die Serviceleistungen selten über die reine Abwicklung der Bestellung hinaus.

Intelligente Nachbarschaft

Intelligente Nachbarschaft ist in den Online Medien ein unverzichtbarer Bestandteil von Marketingstrategien zur Kundengewinnung. Das betrifft die „Ansiedlung“, so können virtuelle Marktplätze in diesem Zusammenhang für Unternehmen eine Möglichkeit sein, sich in einer attraktiven Umgebung niederzulassen. Kleine und mittlere Unternehmen schließen sich auch in sogenannten Umbrella Systemen wie unter einem Schirm als einigendem Dach zusammen und ergänzen ihre Angebote. Im Tourismusbereich nutzen Hotels so die Möglichkeit, regionale Bezüge aufzubauen, für den Harz z. B. der **Harztourist**. Das betrifft aber auch das „networking“ im Sinne der weiteren Kontaktaufnahme, denn auch in der virtuellen Welt ist eine Pflege der nachbarschaftlichen Beziehungen buchstäblich ihr Geld wert. Um hier bekannt zu werden, stellen die Unternehmen sich und ihre Leistungen z. B. in Newsgroups vor und bauen Kontakte zu Communities auf. Viele Unternehmen unterhalten auch eigene Mailinglisten, Sammlungen von Listen mit Links zu anderen interessanten Themen oder übernehmen die Gestaltung von Foren im Rahmen von umfassenderen Services. Das Ziel, das eigene Unternehmen bekannt zu machen, darf dabei allerdings nie aufdringlich im Vordergrund stehen!

Außergewöhnliche Veranstaltungen

Außergewöhnliche Veranstaltungen schöpfen das Potenzial der Online Medien aus: multimediale Events und die Schaffung von Erlebniswelten bieten in diesem Rahmen viele Möglichkeiten. Im Rahmen des strategischen Marketings ist ein kreativer Umgang mit den sich bietenden innovativen Optionen erforderlich. Infotainment, Entertainment und Edutainment sollten in diesem Zusammenhang keine Fremdwörter bleiben, da sich hier wesentliche Gestaltungsformen für umfassende ‚Surroundings‘ bieten. Die Integration dieser Optionen zielt auf die Schaffung eines anbieterspezifischen charakteristischen Erlebnisraumes.

Communities

Die Zielgruppen: Communities sind in den communities of interest des Internets zu finden. Erfolgreiche Anbieter berücksichtigen insbesondere hier die Besonderheiten der many-to-many Kommunikation für das strategische Marketing. Dabei sind zielgruppenspezifische Dienstleistungskonzepte gefragt, zum Beispiel als „community merchandiser“, der Dienste und Dienstleistungspakete für die Zielgruppen, die sich bereits im Internet und im World Wide Web gebildet haben, speziell auf die entsprechenden Interessen abstimmt. In diesen Gemeinschaften ist es oftmals auch möglich, als kommerzieller Teilnehmer unter Einhaltung der Regeln der Community, interessenspezifische Angebote zu vermarkten.

Themenzentrierte Angebote

Neben dem Service für schon bestehende Communities besteht auch die Möglichkeit, rund um das unternehmenseigene Angebot ein umfassendes Dienstleistungsspektrum und eine Community aufzubauen. Dabei muss die Attraktivität des ursprünglichen Produkts durch zusätzliche und ergänzende Offerten erweitert werden. Auch hier steht die zielgruppenspezifische Qualität im Vordergrund. Online Treffpunkte wie zum Beispiel beim ‚Chat‘ oder in ‚Newsgroups‘ bieten die notwendigen unterhaltsamen Informationsmöglichkeiten und stehen neben Online Kundenzeitschriften und interaktiven Ratgebern. Um elektronische ‚Laufkundschaft' oder ‚Surfer' zu Stammkunden zu machen, treten die konkreten Transaktionen in den Hintergrund, im Vordergrund stehen Informations- und Unterhaltungsmöglichkeiten."

Quelle: http://www.ecin.de/marketing/neue-ufer/faktor.html (1999)

3.7.7 E-commerce, e-business

Elektronischer Handel

„**E-commerce** ist jede Art von elektronischem Handel, bei dem die Beteiligten auf elektronischem Weg miteinander kommunizieren und nicht in direktem physischen Kontakt stehen.
E-business ist die Abwicklung der administrativen und betriebswirtschaftlichen Geschäftsprozesse unter Benutzung der elektronischen Kommunikationsmedien."

(Quelle: http://www.fh-deggendorf.de/doku/fh/meile/eb/f1/p9.htm)

Die Dienste des **Internets** sind die wesentliche Kommunikationsplattform des e-commerce bzw. e-business.

Internet-Dienst	Erläuterungen	*Beispiele*
E-mail	Elektronische Post: Informationen können per Mausklick weltweit und binnen Sekunden versandt werden, Anhänge sind möglich (alle Dateiformate, Texte, Grafiken, Videos, Sound usw.), Serienbriefe sind einfach erstellbar, direkte Antwortmöglichkeiten (replay)	*Ein Unternehmen erstellt einen newsletter für spezielle Kundengruppen, als Anhang können Fotos von neuen Produkten versandt werden. Kundenanfragen können per e-mail schnellstens beantwortet werden.*
FTP	File Transfer Protocol: Dateien aller Formate (Texte, Grafiken, Datenbankauszüge, Video, Sound) können zwischen verschiedenen Rechnern übertragen werden (up-load, down-load)	*Ein Unternehmen stellt auf seiner Web-site download-files zur Verfügung, bei Bedarf können Interessenten sich Videosequenzen zu Produktbeschreibungen, Katalogauszüge usw. downloaden und in Ruhe studieren*
IRC	Internet Relay Chat: Textbasierende Kommunikation zwischen mehreren Benutzern. In sog. Chat-Räumen „unterhalten" sich Personen, indem sie kurze Textmeldungen versenden, die von allen Besuchern des Chat-Raumes zeitgleich verfolgt werden können	*Im Chat-Raum eines Unternehmens werden gezielte Fragen von Kunden beantwortet und Produkteigenschaften sowie Liefer- und Zahlungsbedingungen diskutiert.*
Newsgroups	Diskussionsforen: Interessengruppen tauschen Informationen aus. Zu bestimmten Themen können Meinungen oder Fragen „gepostet" werden. Die Leser der Newsgroups senden dann ihre Stellungnahmen, auf die wiederum geantwortet werden kann usw.	*Ein Unternehmen beteiligt sich an einer Newsgroup. Hier erhält es Anregungen zur Produktverbesserung und -gestaltung, es kann aber auch eigene Anregungen abgeben und auf Stellungnahmen reagieren.*
Net-Phoning	Internet-Telefonie: via Internet werden Verbindungen zum akustischen zeitgleichen Datenaustausch hergestellt. So kann bei Einbeziehung einer Web-camera eine Videokonferenz durchgeführt werden. Zusätzlich können Daten (z. B. Excel-Tabellen) gleichzeitig bearbeitet werden.	*Für kurzfristige Entscheidungen mit Lieferern setzt ein Unternehmen Videokonferenzen ein, um u. a. Reisekosten zu sparen.*

WWW	World Wide Web: In diesem Dienst werden die klassischen Internetdienste unter einer multimedialen Oberfläche zusammengefasst. Auf den Web-sites werden Informationen präsentiert und über Links wird auf weitere Seiten verwiesen (Hypertexte). Ferner werden Möglichkeiten zur Kommunikation (e-mail, Gästebuch usw.) sowie zum Download von Dateien angeboten.	*Die Web-Präsenz eines Unternehmens beginnt mit der Homepage. Dem Besucher der Seite werden Navigationshilfen geboten (site-map, Suchhilfe). Es können z. B. Produktbeschreibungen, Preislisten und AGB abgerufen werden und ein Newsletter abonniert werden, ferner kann direkt per e-mail Kontakt aufgenommen werden.*

E-commerce und e-business kann einerseits sämtliche **Geschäftsprozesse** innerhalb eines Unternehmens und seiner Beziehungen zur Umwelt (Kunden, Lieferer, Banken, Spediteure usw.) tiefgreifend beeinflussen und andererseits völlig neue **Geschäftsmodelle** hervorbringen. Im Jahre 2000 wurden bereits ca. 7,5 % des weltweiten Handels elektronisch über das Internet abgewickelt, wobei die USA Spitzenreiter sind. In Deutschland entwickelt sich e-commerce mit rasanten Wachstumsraten.

■ Akteure im e-commerce

Die Beteiligten im e-commerce können Unternehmen (Business), Endverbraucher (Customer) oder staatliche Einrichtungen (Government) sein. Da die Initiative zum e-commerce von jedem Beteiligten ausgehen kann, können neun Klassen unterschieden werden.

	Business	Customer	Government
Business	**B-to-B, B2B** Alle Transaktionen zwischen Unternehmen, z. B. Beschaffung, Zahlungsabwicklung, Kooperationen, Marktplätze	**B-to-C, B2C** Alle Vertriebsaktivitäten mit Endverbraucher als Zielgruppe, z. B. Teleshopping, Tele-Service, Homebanking, Reisen buchen	**B-to-G, B2G** Aktivitäten zwischen Unternehmen und staatlichen Einrichtungen, z. B. Umsatzsteuervoranmeldung, Nachfrage nach Gewerbeflächen
Customer	**C-to-B, C2B** Aktivitäten, die vom Endverbraucher ausgehen und sich an Unternehmen richten, z. B. Power-shopping (Einkaufsgemeinschaften), elektronische Bewerbungen	**C-to-C, C2C** Transaktionen zwischen Privatleuten, z. B. Gebrauchtwagenbörsen, Kleinanzeigenmärkte, Gelegenheitsarbeiten	**C-to-G, C2G** Aktivitäten zwischen Privatleuten und staatlichen Einrichtungen, z. B. Anfragen, Steuerklärungen
Government	**G-to-B, G2B** Aktivitäten staatlicher Einrichtungen, die sich an Unternehmen richten, z. B. Steuerabwicklung, Angebote für Standorte, Vermittlung von Arbeitskräften	**G-to-C, G2C** Aktivitäten staatlicher Einrichtungen, die sich an Privatleute richten, z. B. Abrechnung von Gebühren, Bürgerinformationen	**G-to-G, G2G** Abwicklung von Prozessen zwischen staatlichen Einrichtungen, z. B. Kommunikation, gemeinsame Verarbeitung von Daten

■ E-commerce-Geschäftsmodelle

Die **e-commerce-Geschäftsmodelle** zeigen eine breite Vielfalt auf. Sie entwickeln sich ständig weiter und es entstehen z. T. völlig neue Modelle.

Beispiele:

E-shop	*Elektronischer Handel mit allen Aspekten der Werbung, Produktdemonstration (Online-Kataloge), Bestellung, Auftragsbestätigung, Rechnungsstellung, Versandüberwachung und Bezahlung, B2B oder B2C*
E-mall	*Virtueller Zusammenschluss unabhängiger E-shops zu einem elektronischen Marktplatz, B2B oder B2C*

E-procurement	*Elektronisches Beschaffungssystem für Unternehmen, mit elektronischen Ausschreibungen (auch von Behörden) sowie Ausschreibungskooperationen, elektronischen Verhandlungen und Vertragsabschlüssen, B2B, G2B, B2G*
E-auction	*Virtuelle Auktionen im WWW, bietet Käufern günstige Einkaufsmöglichkeiten und Verkäufern zusätzlichen Vertriebskanal (z. B. für Überbestände), B2B, B2C, C2C*
Power-shopping	*Produkte werden im WWW mit einem Startpreis angeboten, je mehr Interessenten sich finden, desto günstiger wird der Endpreis. Hier können sich auch Einkaufsgemeinschaften bilden, um Rabatte zu erzielen.*
Information broking	*Qualifizierte Recherchedienste, z. B. für Marktforschungsdaten, Informationen über Branchen, Geschäftspartner usw.*
Advertising models	*Sonderwerbeformen im Internet (Banner-, Link-Tausch) sowie Online-Marktforschung*
Virtual community	*Spezielle Interessengruppen werden angesprochen (z. B. Heimwerker, Senioren, Schüler usw.), sie bilden eine „online-Gemeinde". Die communitiy ist gleichzeitig Kommunikations- und Einkaufsplattform.*

3.8 Kundenberatung, Angebot und Vertragsgestaltung

3.8.1 Auftragsgewinnungsprozess

- Akteure des Prozesses — Lieferer, Kunde
- Teilprozesse — Checkliste als Übersicht

Kundenberatung, Angebotserstellung und Vertragsgestaltung sind wesentliche Inhalte des **Auftragsgewinnungsprozesses,** wobei Kunde und Lieferant die zentralen **Akteure** sind.

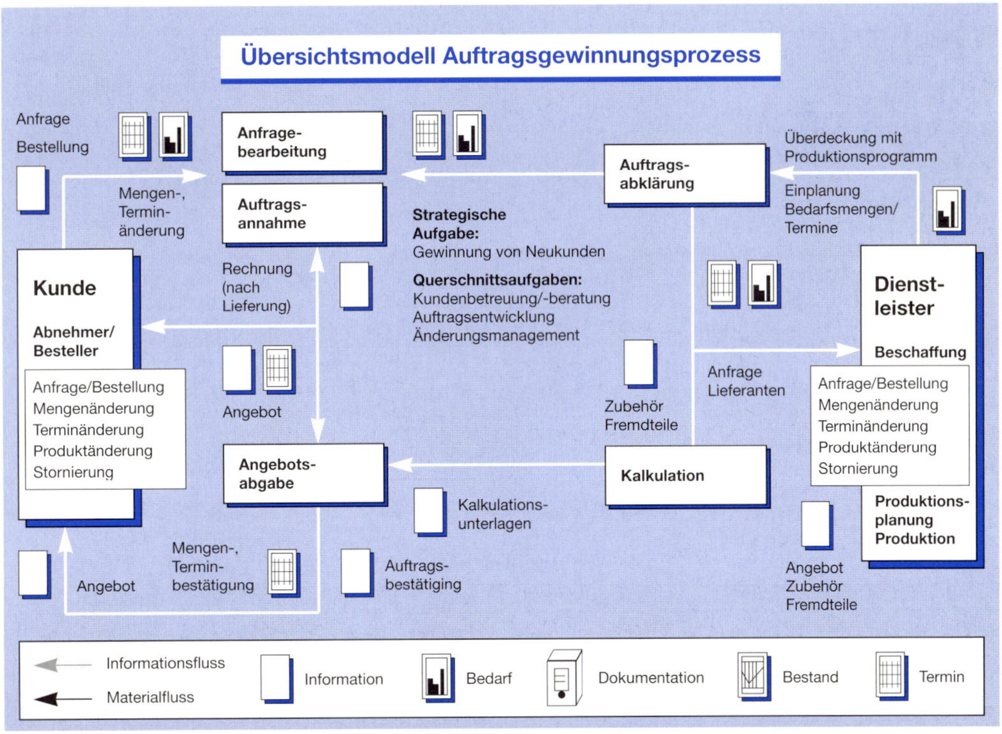

Quelle: Thaler, Klaus: Supply Chain Management, Fortis FH-Verlag 1999, S. 103

Im Detail lassen sich aus diesem Modell konkrete Teilprozesse ableiten, die betriebsindividuelle Eigenschaften und Merkmale aufweisen können.

Checkliste Teilprozesse

Checkliste: Auftragsgewinnung

Beurteilungsgrößen im Auftragsgewinnungsprozess (AGP)	Wirkung in der logistischen Kette	Mess-/Beurteilungsgrößen in weiteren Prozessen
Anfragebearbeitung/Auftragsabklärung Anfrage/Periode Anfrage/Kunde Anfragewert/Periode Anfragewert/Kunde Anfragen/Aufträge	Rückfragen/ Abklärung Produktionsplanung, Entwicklung, Beschaffung	Zeit- und Kostenaufwand bzgl. Anfragen
Auftragsannahme/Auftragsbestätigung Auftragseingang/Periode, Kunde Wert Auftragseingang/Periode, Kunde Reichweite Auftragseingang Anzahl, Wert Wiederholaufträge Anzahl, Wert Neuaufträge Wert/Reichweite des Auftragsbestandes Anzahl abgegebener Angebote/ realisierter Auftragseingänge	Einplanung im Produktionsprogramm Bedarfsermittlung Beschaffung Produktion Distribution Service, Kompetenz	Lieferzuverlässigkeit Ausführungs- und Fertigungsqualität Lieferzeit interne Durchlaufzeit (DLZ) Kostenaufwand bzgl. Angebote
Angebotsabgabe/Angebotskalkulation Anzahl Angebote/Periode, Kunde Wert Angebote/Periode, Kunde Wahrscheinlichkeit Auftragseingang	Materialreservierung vorläufige Einplanung bis Auftragsbestätigung	Einschätzung Auftrags- wahrscheinlichkeit, Produktion und Beschaffung
Prozesskosten AGP Gesamtaufwand/Periode AGP Kosten AGP/Angebotserstellung Kosten AGP/Einzelauftrag, Kunde Kosten AGP/Vertriebsmitarbeiter Kosten AGP für Lieferanteneinbindung	Verhältnis der Kostenanteile in den weiteren Prozessen	Analyse der Kostenstruktur
Prozesszeiten/Prozessqualität AGP Antwortzeit Anfragebearbeitung Durchlaufzeit (DLZ) Auftragsabklärung, DLZ Angebotsabgabe Antwortzeit in Auftragsannahme DLZ Auftragsbestätigung Anzahl fehlerhafter Angebote Anzahl Kundenbeschwerden Einschätzung Auftragsentwicklung Anzahl abgegebener Angebote/ voraussichtlicher Auftragseingänge	Kundenzufriedenheit Service, Kompetenz Service, Kompetenz Service, Kompetenz Service, Kompetenz Vorschau Kapazität Vorschau	Kundenbefragung und Selbstbewertung (EFQM) Selbstbewertung (EFQM) Selbstbewertung (EFQM) Reklamationsauswertung Produktionskapazität
Änderungsmanagement Durchführen von Sonderaufträgen AGP Auftragsänderungen/Periode, Kunde Reaktion auf Auftragsänderungen Reaktion auf Kundenwünsche	Aufwand Aufwand Kundenzufriedenheit Kundenzufriedenheit	Lieferqualität Ausführungs- und Fertigungsqualität Bewertung (EFQM)

Quelle: Thaler, Klaus: Supply Chain Management Fortis FH-Verlag, 1999, S. 234

Im Folgenden wird auf einige dieser Prozesse detailliert eingegangen, wobei der Prozess der Kundenberatung im Mittelpunkt steht.

3.8.2 Kundenstrukturen

Unterscheidung von Kunden nach

- Rechtlicher Status
- Kenntnisstand
- Kaufbereitschaft
- Kundenbindung
- Finanzierungsbedarf
- Ansprüche

Im Zentrum des Auftragsgewinnungsprozesses steht der Kunde. Ihn zu gewinnen und zu halten, indem seine Bedürfnisse befriedigt werden, ist das Hauptziel. Daher ist im Sinne einer konsequenten **Kundenorientierung** (vgl. S. 138) zunächst eine klare Bestimmung des Standortes von Kunden im Rahmen der Gestaltung von Geschäftsprozessen notwendig.

Was ist ein Kunde?

Kunde ist Zweck der Arbeit

- Ein Kunde ist **der wichtigste Mensch**, der in der Unternehmung auftaucht.
- Ein Kunde ist nicht von uns abhängig, **wir sind von ihm abhängig**.
- Ein Kunde ist kein Störfaktor – **er ist Zweck der Arbeit**.
- Wir tun ihm keinen Gefallen, wenn wir ihn gut bedienen – er tut uns einen Gefallen, **indem er uns Gelegenheit dazu gibt**.
- Ein Kunde ist jemand, der mit seinen Bedürfnissen zu uns kommt – unsere Aufgabe ist es**, diese Bedürfnisse auf möglichst perfekte Weise für ihn und uns zu erfüllen**.

Quelle: Gündling, Christian: Maximale Kundenorientierung, 1997

Diese Sichtweise von Kunden wird zwar von vielen Unternehmen propagiert, jedoch ist eine konkrete Umsetzung nicht überall erkennbar. Insbesondere bei traditionell orientierten Unternehmen, die keine klare Bestimmung ihrer wertschöpfenden Geschäftsprozesse (vgl. S. 25) vollzogen haben, hat die Kundenorientierung noch keine zentrale Bedeutung erlangt.
Um die Kundenanforderungen zu ermitteln ist es sinnvoll, die Bandbreite verschiedener Kundentypen und Kundensegmente (vgl. S. 140) zu betrachten. Unterschiedliche Kundentypen haben i. d. R. verschiedene Verhaltensweisen und Ansprüche, auf die jeweils mit entsprechenden Maßnahmen zu reagieren ist.

Unterscheidungs-kriterien	***Erläuterungen, Beispiele***
rechtlicher Status	• ***Privatkunden*** *(Endverbraucher, Konsumenten)* *Sie sind nicht vorsteuerabzugsberechtigt (vgl. S. 239) und bilanzieren die erworbenen Wirtschaftsgüter nicht.* • ***Unternehmen*** *(z. B. Wiederverkäufer, Endabnehmer, Existenzgründer, Groß-, Mittel- und Kleinbetriebe usw.)* *Sie sind vorsteuerabzugsberechtigt und die erworbenen Wirtschaftsgüter dienen ihren Betriebszielen, sie sind i.d.R. bilanzierungspflichtig.* *(Hinsichtlich der Kaufmotive vgl. S. 116.)*
Kundenbindung	• ***Stammkunden*** *mit z. T. langjährigen Geschäftsbeziehungen* *Dieser Kundentypus erfordert besondere Pflege, da er zumeist einen wesentlichen Umsatzanteil trägt und somit besonders wichtig ist.* • ***Neukunden****,* *Diese Kundentypen bedürfen ebenfalls einer speziellen Ansprache, da sie zu Stammkunden werden können. Die Akquisition eines Neukunden verursacht z. T. zehn Mal so hohe Kosten wie die Pflege eines Stammkunden.*

Kenntnisstand über nachgefragte Produkte und Dienstleistungen	• ***Experten*** *Diese Kunden verfügen häufig über detaillierte Markt- und Produktkenntnisse. Die Ermittlung ihrer Ansprüche ist meist weniger problematisch, jedoch erstrecken sich Verkaufsverhandlungen oft auf Konditionen, Preise, Qualitätsstandards und Service.* • ***Laien*** *Dieser Kundentyp benötigt z. T. sehr intensive Beratungsgespräche, um seine spezifischen Bedürfnisse zu identifizieren und zu spezifizieren.*
Finanzierungsbedarf	• ***Barzahler*** *(ggf. mit Skontoabzug)* • ***Zahler gegen Rechnung*** *(ggf. mit Skontoabzug)* • ***Teilzahler*** *(Ratenzahlung)* • ***Kunden mit speziellem Finanzierungsbedarf*** *(Finanzierung über Kreditinstitute, Sicherungsübereignung, Eigentumsvorbehalt usw. vgl. S. 191)*
Kaufbereitschaft für neue Produkte und Dienstleistungen	• ***Innovatoren, Ingangsetzer*** *Dieser Kundentyp ist risikobereit und fordert offensiv Neuerungen, Produktverbesserungen und Weiterentwicklungen, er stellt ernorm hohe Ansprüche und will stets bei den Ersten sein, die ein neues Produkt erwerben. Er gilt als Trendsetter* • ***Neuerer*** *Dieser Kundentyp ist offen für alle Neuerungen und Weiterentwicklungen. Im Gegensatz zum Innovator ist er Zurückhaltender und wartet lieber ab, jedoch ist er Argumenten gegenüber stets offen.* • ***Übernehmer (me-too-Kunden)*** *Diese Kunden übernehmen Trends und kaufen das, was „die meisten" kaufen. Sie setzen auf Bewährtes und meiden riskante Innovationen.* • ***Nachzügler*** *Dieser Kunde hinkt technischen Entwicklungen meist hinterher und sucht nach kostengünstigen Alternativen.*
Stellung in der ABC-Analyse	• ***A-Kunden, Key-account-Kunden*** *Auf sie entfällt ein sehr großer Teil des Gesamtumsatzes (z. B. 75% – 80%). Sie sind für den Unternehmenserfolg enorm wichtig, weil der Verlust eines A-Kunden sofort zu erheblichen Umsatz- und Gewinneinbußen führt.* • ***B-Kunden*** *Auf diese Kunden entfallen ca. 20% des Umsatzes.* • ***C-Kunden*** *Mit dieser Kundengruppe werden max. 5% des Umsatzes erwirtschaftet.*
Ansprüche	*Die Kundenansprüche sind heterogen, daher sind nur schwer einzelne Kundentypen zu bestimmen. Ferner werden von Kunden i. d. R. mehrere Ansprüche gleichzeitig gestellt, wobei deren Gewichtung variabel ist.* • ***Preisfeilscher*** *Diesem Kunden kommt es in erster Linie auf Preise an, er beansprucht Rabatte, Barzahlungsnachlässe und verfügt meist über ausgezeichnete Marktkenntnisse. Ihm muss besonders das Preis-Leistungsverhältnis eines Produktes erläutert werden.* • ***Service-Fan*** *Dieser Kunde ist über Service-Leistungen zu überzeugen, z. B. Hotlines, kostenlose Lieferungen und Installationen, Garantien, Infos über Neuerungen, Kundenbriefe usw.* • ***Termin-Fan*** *Diesem Kunden ist Termintreue bei Lieferungen das wichtigste Anliegen. Überschreitungen von Lieferterminen führen meist zum Geschäftsabbruch.* • ***Qualitäts-Fan*** *Die Erfüllung von geforderten Qualitätsstandards spielen bei diesem Kundentyp die dominante Rolle bei Kaufentscheidungen. Insbesondere spielen hierbei messbare Kriterien eine Rolle, z. B. Testberichte, Benchmarks, DIN-, ISO- und EU-Normen.* • ***Atmosphäre-Typ*** *Dieser Kunde legt hohen Wert auf eine positive Verkaufsatmosphäre. Hierzu zählt u. a. das Ambiente des Besprechungsraumes, die Kleidung und die Ausdrucksweise des Verkaufsmitarbeiters sowie ein stilvolles Verkaufsgespräch.*

3.8.3 Kundenanforderungen, Kundenansprüche

Anspruchswandel von Kunden	Privat-, Firmenkunden
Kundenansprüche und Marketing-Mix	Reaktion durch Marketing-Instrumente
Checkliste	Kundenansprüche

Eine vollständige Liste aller Kundenanforderungen kann wegen der z. T. höchst individuellen und im Einzelfall widersprüchlichen Ausprägungen nicht erstellt werden. Zusätzlich kann sich die Gewichtung persönlicher Anforderungen und Ansprüche verändern.

Anspruchswandel

Kundenansprüche wandeln sich im Zeitablauf. Daher müssen Trends erforscht und in die Marketingarbeit einbezogen werden.

Anspruchswandel von Konsumenten durch

Anspruchswandel von Konsumenten

Veränderung der Persönlichkeitsmerkmale

- Trend zum Individuellen
- Trend zur Genussorientierung
- stärkeres Gesundheitsbewusstsein
- Ökologiebewusstsein
- Trend zum „Erlebniskauf"

usw.

Soziografische Veränderungen

- veränderte Alterspyramide
- Generationenwandel
- Vermehrung von „Single-Haushalten"
- höheres Bildungsniveau
- höheres Wohlstandsniveau

usw.

Gesellschaftliche Veränderungen

- Freizeitgesellschaft
- Informationsgesellschaft
- Trend zum „globalen Dorf"
- Verändertes Kommunikationsverhalten (Häufigkeit, Kommunikationsformen, Telekommunikation usw.)
- Höhere Mobilität

usw.

So wie sich der Anspruchswandel von Konsumenten durch verschiedene Faktoren verändert, entwickelt sich auf Seiten der Unternehmen ebenfalls ein Wandel der Kundenansprüche. Allerdings sind hier andere Ursachen verantwortlich.

Anspruchswandel von Firmenkunden durch

Anspruchswandel von Unternehmen

Veränderungen der Unternehmenskulturen

- Trend zum Lean-Management
- Tendenzen des Outsourcings
- Internationalisierung, Globalisierung
- Kundenorientierung
- Prozessorientierung
- Global sourcing
- Orientierung an „shareholder value"
- Strategische Allianzen

usw.

Gesellschaftliche und wirtschaftspolitische Veränderungen

- politische Strukturen
- Europäisierung, Internationalisierung
- Veränderung der Stellung der Tarifparteien
- neue Arbeitsformen (z. B. Telearbeit,)
- Unternehmenszusammenschlüsse und Konzentration
- Gesetzgebung
- internationaler Kostendruck

usw.

Kundenansprüche und Marketing-Mix

Die Kundenansprüche richten sich an den Lieferanten in seiner Gesamtheit, das bedeutet, dass der Lieferant in seiner Marketingkonzeption sich auf diese Ansprüche einstellen muss, wenn er auf Dauer marktgängig bleiben will. Es bedeutet auch, dass durch intensive Marktforschung (vgl. S. 119) die Kundenanprüche intensiv untersucht werden müssen. Das Gewinnen von Neukunden (Akquisition) sowie das Halten von Stammkunden ist somit das zentrale Ziel der gesamten Marketingarbeit.
Mit den marketingpolitischen Instrumenten also dem Marketing-Mix (vgl. S. 145) wird auf Kundenansprüche reagiert. Diese Prozessgestaltung wird erschwert durch Aktivitäten der Konkurrenz, insofern muss permanent eine **Konkurrenzbeobachtung** durchgeführt werden, um eigene Marketingbemühungen zu optimieren.

Checkliste Kundenansprüche

Die Vielzahl unterschiedlicher Kundensegmente und Kundentypen bedingt, dass auch eine enorme Menge verschiedener konkreter Kundenansprüche vorzufinden ist.

Anspruchsbereich	Konkrete Ansprüche	
Verkaufspersonal	• fachliche Kompetenz • Freundlichkeit, Verbindlichkeit • Fähigkeit auf individuelle Wünsche einzugehen	• Bereitschaft zur Zusammenarbeit • Fähigkeit zur Problemerkennung und -lösung
Verkaufs-, Besprechungsraum	• angenehme, bequeme Atmosphäre • übersichtliches Produktangebot und -präsentation • Erreichbarkeit (kurzer Anfahrtsweg, Parkplätze)	
Produkte und Dienstleistungen	Produkte • Funktionalität • normengerecht (DIN, ISO, EU, CE) • Erweiterbarkeit (Aufrüstungen u. Ä.) • Bedienerfreundlichkeit • Qualitätsstandards Dienstleistungen • Individualität • Anforderungs- und Bedürfnisgerecht	 • Kompatibilität • Design • Umweltverträglichkeit • gutes Preis-/Leistungsverhältnis • gutes Preis-/Leistungsverhältnis
Konditionen	• flexible Gestaltung von Verträgen • individuelle Gestaltung der Zahlungs- und Lieferungsbedingungen • Finanzierungsangebote	• Anpassung an Geschäftsprozesse • Garantien, Kulanz • Termintreue
Service	• Hotlines • Kundenbriefe (Mail-Aktionen) • Verpackungsentsorgung • Installationen • Schulungen, Einweisungen	• Reparaturservice • Ersatzteilservice • Kontaktpflege via Telekommunikationsmedien

3.8.4 Bestandsaufnahme und Konzeption

- Bestandsaufnahmeprozess (Prozessphasen)
- Anforderungen an Verkaufsmitarbeiter im Bestandsaufnahmeprozess

Bedarfssituationen

Um für den Kunden eine individuelle Problemlösung zu konzipieren ist es erforderlich zunächst seine spezielle **Bedarfssituation** zu analysieren, um schließlich ein verbindliches Angebot vorzulegen. Die benötigten Informationen sind nur durch eine Kommunikation mit dem Kunden zu erhalten. Hierbei spielt die Form der Kommunikation (schriftlich, persönlich, per Telekommunikation usw.) zunächst keine Rolle. Entscheidend ist, dass eine schnelle und kostengünstige Reaktion auf das Kundenbedürfnis erfolgt, um zu einem optimalen Konzept zu gelangen, das Basis für einen Vertragsabschluss ist.

Bestandsaufnahmeprozess

Als grobes Prozessschema empfiehlt sich dabei folgender Ablauf, aus dem die einzelnen Phasen modellhaft ableitbar sind

Prozessphasen

Kontaktaufnahme
Initiative durch Kunden (Anfrage) oder durch Lieferant (Akquisition)

↓

Welches Problem (welchen Bedarf) hat der Kunde?
Grobe Definition von einzelnen Problembereichen, durch Interaktion und Kommunikation mit Kunden, ggf. schrittweise Verfeinerung der Problembereiche

↓

Bei Bedarf: Durchführung einer IST-Analyse beim Kunden
Hierbei wird der IST-Zustand beim Kunden untersucht und mit seinen Zielvorstellungen abgeglichen, daraus wird der Kundenbedarf abgeleitet, der durch unsere Produkte und Dienstleistungen gedeckt werden soll

↓

Existiert bereits eine fertige Problemlösung (Produkt, Dienstleistung) für das Kundenproblem in unserem Unternehmen?

Falls ja:

- Ein entsprechendes Angebot kann dem Kunden unterbreitet werden, nachdem die Kosten für die einzelnen Komponenten ermittelt und entsprechende Gewinnzuschläge einkalkuliert worden sind.
- Alternativen zur Problemlösung sind zu kalkulieren und anzubieten, damit dem Kunden Entscheidungsfreiheit bezüglich Umfang der Problemlösung, Preis und Konditionen bleibt.

Falls nein:

- Feststellen, ob Problemlösung fremdbezogen werden kann (ggf. Kooperation mit einem anderen Unternehmen), hierzu Kosten ermitteln und Angebot unterbreiten

oder

- Individuelle Lösung gemeinsam mit Kunden erarbeiten und Angebot unterbreiten

Der Ablauf des beschriebenen Prozesses ist permanent durch Kommunikation mit dem Kunden gekennzeichnet. Nur so können die benötigten Informationen gewonnen werden.

Anforderungen an Verkaufsmitarbeiter

An die Verkaufsmitarbeiter werden dabei hohe Anforderungen bezüglich ihres Kommunikationsverhaltens der rhetorischen Fähigkeiten und der analytischen Kompetenz gestellt. Sie befinden sich in einem **Spannungsfeld**,

Verkäufer im Spannungsfeld

- einerseits soll ein Vertragsabschluss herbeigeführt werden, damit für sein Unternehmen ein akzeptabler Umsatz und ein ausreichender Deckungsbeitrag (vgl. S. 266) erzielt wird und ggf. für sich entsprechende Verkaufsprovisionen anfallen;
- andererseits soll für den Kunden eine Nutzenoptimierung erfolgen, indem eine möglichst preisgünstige individuelle Problemlösung angeboten wird, die von einem Mitbewerber nicht unterboten werden kann.

Verkäuferschulung

Hierzu bedarf es einer intensiven **Schulung des Verkaufspersonals**. Die Inhalte derartiger Lehrgänge und Kurse beziehen sich vor allem auf:

- Argumentationstechniken (Verkaufsargumente vorstellen)
- Fragetechniken (Kundenbedürfnisse und Kaufmotive schnell erfassen)
- Behandlung von Kundeneinwänden
- Rhetorik (Gesprächsführung)
- nonverbale Kommunikation (Mimik, Gestik)
- Telefonmarketing
- Moderationstechniken
- Präsentationstechniken
- Nutzung von Präsentationsmedien

Zusätzlich sind Verkaufsmitarbeiter auf systemtechnischer Ebene (**Produktkenntnisse**) permanent zu schulen, damit sie technologisch basierende Problemlösungen erarbeiten können. Ferner müssen sie **teamfähig** (vgl. S. 302) sein, damit sie mit den Mitarbeitern der Systementwicklung und -produktion kooperieren können.

3.8.5 Typische Verhaltensmaßnahmen in Verkaufssituationen

■ Kontaktaufnahme mit dem Kunden	Phasen, Situationen, Maßnahmen
■ Kundenwünsche ermitteln	Kundenprobleme erkennen
■ Verkaufsgespräch	Gesprächsablauf
■ Preisverhandlungen	Preisargumente
■ Einbeziehung von Serviceleistungen	Service als Verkaufsargument
■ Behandlung von Kundeneinwänden	Gesprächsführung

Verkaufssituationen sind so vielfältig wie die Kunden, Produkte, Dienstleistungen, Betriebsformen und -organisationsstrukturen in der IT-Branche. Insofern kann hier nur exemplarisch auf wenige typische Verkaufssituationen eingegangen werden.

Kontaktaufnahme mit dem Kunden

Der Erstkontakt mit einem potenziellen Kunden kann bestimmend für den Verkaufserfolg sein. Wenn dieser Erstkontakt nicht zu einer positiven Reaktion des Kunden führt, so ist i. d. R. ein Vertragsabschluss nicht mehr erreichbar. Daher muss der Erstkontakt mit dem Kunden präzise aber flexibel vorbereitet werden.

Beispiele: *Situationen bei der Kontaktaufnahme*

Situation	*Verhaltensmaßnahmen*
Ein Kunde reagiert auf eine Anzeige in einer Fachzeitschrift und bittet schriftlich um Informationen.	• *schnelle Reaktion* • *Produktübersichten und ggf. Referenzen zusenden* • *Produktvorführungen anbieten* • *Aufnahme der Adressen in Datei für potenzielle Kunden* • *Verweis auf Homepage (dort Möglichkeit des Downloads von weiteren Informationen geben)* • *schriftlich oder telefonisch „nachhaken“* • *Besprechungstermin anbieten, ggf. Besuch beim Kunden durch Außendienst*
Ein Kunde bittet telefonisch um einen Gesprächstermin	• *in diesem Gespräch möglichst viele Informationen über Kunde und sein Problem erfahren und festhalten* • *ggf. Homepage des Kunden studieren* • *Gesprächstermin an Kundenwunsch orientieren* • *Vorbereitung des Gespräches (Inhalte, Dauer, ggf. Demos präsentieren, Produkte zur Vorführung mitnehmen usw.)*
Ein Kunde sendet nach einem Visit unserer Homepage eine eMail und bittet um präzise Informationen	• *umgehend (möglichst am selben Tag) per eMail antworten und genau auf die Kundenwünsche eingehen* • *Homepage des Kunden untersuchen* • *Gesprächstermin anbieten* • *falls binnen einer Woche keine Kundenreaktion erfolgt ist, via eMail oder per Post „nachhaken“*
Ein Kunde betritt unsere Verkaufsräume	• *so schnell wie möglich freundlich durch Begrüßung Kontakt aufnehmen (Kunden nicht warten lassen)* • *ggf. Sitzmöglichkeiten anbieten* • *im Gespräch Kundenwünsche herausfinden* • *für positive Atmosphäre sorgen* • *Produkte vorführen und erklären (ggf. den Kunden selbst Geräte ausprobieren lassen)*

Kundenwünsche ermitteln

Durch gezielte Fragen sind durch den Verkaufsmitarbeiter die Kundenwünsche zu ermitteln. Hierbei gilt:

> **Die beste Antwort der erhält, der seine Fragen richtig stellt!**
> *(frei nach Eugen Roth)*

Durch **gesprächseröffnende Fragen** an den Kunden können gezielt die Bedürfnisse des Kunden eingegrenzt werden.

Beispiel: *In einem Fachgeschäft interessiert sich ein Kunde für ein Notebook. Der Verkaufsberater versucht über gezielte Fragetechnik seine speziellen Wünsche zu erforschen.*

Geeignete Fragen

- „Welche Arbeiten wollen Sie mit dem Notebook ausführen?“
  (Hierdurch erfährt der Verkäufer das Einsatzgebiet und kann entsprechende Produkte vorführen.)
- „Arbeiten Sie auch mit einem Desktop-Rechner?“
  (Hierdurch erfährt der Verkäufer ggf. etwas über die Kenntnisse des Kunden im Umgang mit einem PC und kann ggf. entsprechende Fachbegriffe verwenden.)
- „Darf ich Ihnen einige Notebooks vorführen? Sie können sie dann auch gerne selbst ausprobieren.“
  (Hierdurch wird dem Kunden Gelegenheit gegeben selbst eigene Fragen zu stellen.)
- „Wir haben speziell für Notebook-Kunden einen kleinen Fragenkatalog erarbeitet, um die speziellen Wünsche unserer Kunden zu ermitteln, möchten Sie, dass wir gemeinsam diese Checkliste durchgehen?“
  (Hiermit kann dem Kunden Fachkompetenz vermittelt werden, da er feststellt, dass man sich mit seinen Bedürfnissen konkret befassen möchte. Allerdings darf der Fragenkatalog nicht zu lang sein.)

Nicht geeignete Fragen

- „Haben Sie schon bestimmte Vorstellungen?“
  (Diese Frage ist zu offen, der Verkäufer erfährt nichts über das Kaufmotiv.)
- „Können sie überhaupt mit einem Rechner umgehen?“
  (Hierdurch wird der Kunde möglicherweise brüskiert und wendet sich ab.)
- „Wollen Sie eine bestimmte Marke?“
  (Hierdurch engt der Verkäufer seinen eigenen Handlungsspielraum ein und ermöglicht es seinem Kunden nicht, eigene Fragen zu stellen.)
- „Wissen Sie, dass Notebooks viel teurer sind als Desktop-Rechner?“
  (Auch hier wird der Kunde verärgert, da sein spezieller Wunsch nicht richtig wahrgenommen wird.)

Häufig wird von gesprächseröffnenden Fragen gefordert, dass sie mit einem Fragewort beginnen (Wie, Was, Wer, Wie viel usw.). Dies kann nicht pauschal gelten, da der **Inhalt der Frage** entscheidend ist und nicht zwingend die Verwendung bestimmter Fragen.

Wichtig ist, dass bei der Gesprächseröffnung zügig auf die Bedürfnisstruktur des Kunden eingegangen wird, damit daraus die **Nutzungseigenschaften eines Produktes für den Kunden** abgeleitet werden können. Hierauf können dann kundenbezogene Verkaufsargumente angewendet werden, die zu einer Problemlösung für den Kunden und zu einem Kaufabschluss führen.

Verkaufsgespräch

Frageinhalte

Während des Verkaufsgespräches sind nach Möglichkeit Floskeln und Phrasen zu vermeiden. Sie helfen nicht bei einer Kaufentscheidung des Kunden und geben keine fachlichen Hinweise.

Aus den **Produkteigenschaften** sind auf der Basis der ermittelten Kundenwünsche **Nutzungseigenschaften** für den Kunden abzuleiten.

Ableitungen von Produktnutzen für Kunden

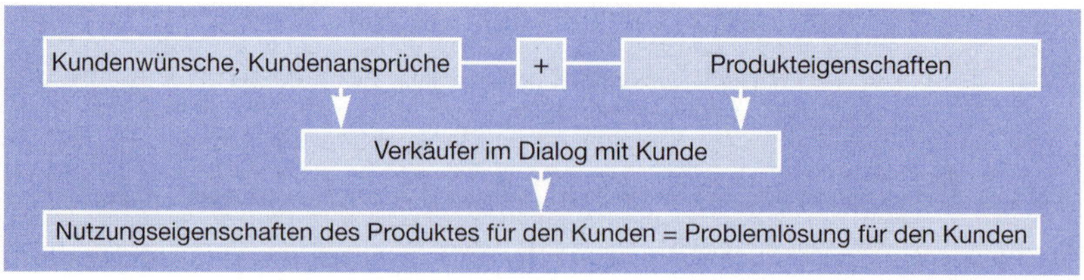

Zu vermeiden sind im Verkaufsgespräch technische Spezialausdrücke, Abkürzungen und Worthülsen.

(Verkauf eines Druckers an einen Kunden mit geringen PC-Kenntnissen): **Beispiel:**

Zu vermeiden	Besser	Abgeleitete Nutzungseigenschaft
600 x 600 dpi	*hohe Druckauflösung*	*„Sie erhalten ein gestochen scharfes Schriftbild, brillante Grafiken und Bilder!“*
Papierverarbeitung bis 300 g	*auch festes Papier oder dünner Karton kann bedruckt werden*	*„Sie können eigene Visitenkarten oder auch Folien bedrucken!“*
Auto-Install-Routine	*bequeme und schnelle Installation*	*„Legen Sie einfach die Drucker-CD ein und alle Treiber werden automatisch auf Ihrem Rechner installiert!“*

Im Verkaufsgespräch sind dem Kunden also echte **Problemlösungen** anzubieten. Eine Auflistung von technischen Daten, diversen Produkteigenschaften und das Zitieren von Benchmark-Tests liefert die gewünschte Problemlösung i. d. R. nicht und führt nicht zu einer Kaufentscheidung.

Kunden aktivieren

Wichtig ist es, im Verkaufsgespräch den **Kunden zu aktivieren**, z.B. indem er aufgefordert wird, ein bestimmtes Produkt selbst auszuprobieren und die Funktionen zu testen. Hierbei ergeben sich Verkaufsargumente z.T. aus der Situation selbst, z.B. dadurch, dass der Kunde bestimmte Produkteigenschaften richtig einschätzen und Vergleiche mit alternativen Produkten sofort nachvollziehen kann.

■ Preisverhandlungen

Kunden verfügen häufig über bestimmte Preisvorstellungen eines Produktes oder einer Dienstleistung. Im Verkaufsgespräch muss somit der Preis für den Kunden einsehbar gemacht werden. Die Preisargumentation des Verkäufers muss zu einer ausgewogenen Einschätzung des Preis/Leistungsverhältnisses aus Sicht des Kunden führen. Die **Preiseinschätzung** für ein Produkt hängt für den Kunden somit davon ab, wie gut der Verkäufer den Kunden über die Nutzungseigenschaften des Produktes informiert hat und der Kunde einen Beitrag zur eigenen Problemlösung erkennt.

für Preisargumentationen **Beispiele:**

Methode	Erläuterung
• *Verzögerungs-methode*	*Die Preisnennung wird durch kundenorientierte Argumentation und Präsentation von Nutzungseigenschaften des Produktes so lange zurückgehalten, bis der Verkäufer einen verstärkten Kaufwunsch beim Kunden erkennt. Jetzt wird über den Preis eine Argumentationskette zum Preis-/Leistungsverhältnis aufgebaut.*
• *Sandwich-Methode*	*Die Preisnennung wird zwischen anderen Verkaufsargumenten (Aufzählung von Nutzeneigenschaften des Produktes) „verpackt“.*

Vorteil-Nachteil-Methode	*Einwände des Kunden gegen den Preis werden dadurch entkräftet, indem aufgezeigt wird, dass mit einem niedrigerem Preis auch die Palette der Nutzungseigenschaften des Produktes geringer wird.*
hoher Preis als Verkaufsargument	*Je nach Kaufmotiv eines Kunden kann ein hoher Preis auch als Verkaufsargument genutzt werden, indem Exklusivität, Image und Prestige des Produktes herausgestellt werden.*

Bei Preisverhandlungen spielen oft Kundenfragen nach Rabatten eine Rolle. Hier sind einerseits die gesetzlichen Regelungen zu beachten, andererseits muss die kalkulierte Gewinnspanne (vgl. S. 263) bzw. der Deckungsbeitrag (vgl. S. 266) berücksichtigt werden, damit die ökonomischen Zielsetzungen eingehalten werden.

Einbeziehen von Serviceleistungen

Serviceanbieter

Viele Produkte sind austauschbar und von Kunden auch bei Konkurrenzanbietern zu gleichen Preisen zu erwerben. Insofern müssen Verkaufsargumente präsentiert werden, die einen Kaufabschluss einleiten. Hierzu bieten sich Service-Leistungen an, z. B. längere Gewährleistungsfristen, Ersatzteilgarantie, Lieferungen frei Haus, Kundenclub usw. Der angebotene Service kann einerseits kostenfrei sein, andererseits gegen Bezahlung als eigenständiges Produkt oder Dienstleistung angeboten werden. Allein die Tatsache, dass bestimmte Service-Leistungen dem Kunden angeboten werden, kann seine Kaufentscheidung positiv beeinflussen, wenn der Service einen wesentlichen Beitrag zu seiner Problemlösung liefert, z. B. EDI (vgl. S. 154).

Behandlung von Kundeneinwänden

Alle Produkte haben Stärken und Schwächen bzw. können von Kunden trotz intensiver Verkaufsargumentation unterschiedlich bewertet werden. Bei Kundeneinwänden sollte der unmittelbare Widerspruch bzw. die offene Konfrontation vermieden werden, weil aus einer Konfliktsituation letztlich keine Vertragsabschlüsse erwachsen. Ein Verkaufsmitarbeiter, der sich in seinem Sortiment auskennt, kann bestimmte Einwände von Kunden antizipieren und sich darauf einstellen.

Beispiele: *die Reaktion auf Kundeneinwände*

Methode	*Erläuterung*
Erstnennung	*Der Verkäufer spricht einen zu erwartenden Einwand des Kunden selbst an, dadurch hat er die Möglichkeit, das Gespräch zu lenken, zusätzlich wirkt er glaubwürdiger.* *(„Ich sage Ihnen vorab, der Drucker ist nicht der Schnellste seiner Klasse.“)*
Akzeptieren	*Der Verkäufer akzeptiert den Einwand des Kunden bewusst und argumentiert nicht gegen ihn an. Hierdurch gibt er dem Kunden eine Chance, sich im Verkaufsgespräch gleichberechtigt oder sogar dominant zu fühlen.* *(„O.K. Sie haben da einen Punkt genannt, dem ich nicht widersprechen will.“*
Ja-Aber-Methode	*Dem Kunden wird zunächst recht gegeben und seinem Einwand wird Gewicht verliehen. Im nächsten Schritt werden aber Einwand entkräftende oder völlig neue Argumente formuliert.* *(„Ja, Sie haben Recht, der Preis ist auf den ersten Blick sehr hoch, aber bedenken Sie, dass wir einerseits die doppelte Garantiedauer bieten und andererseits einen 24-Stunden-Service leisten können!“)*

• *Umwandlungs-methode*	*Der Einwand des Kunden wird vom Verkäufer aufgegriffen und in eine Frage „übersetzt", die der Verkäufer dann selbst beantwortet.* *(„Habe ich sie also richtig verstanden, Sie meinen die Druckgeschwindigkeit sei zu gering?" ... „Also lassen Sie uns mal die konkreten Gewindigkeiten vergleichbarer Drucker betrachten, Sie erkennen dabei, dass der Unterschied zum schnellsten Drucker nur ca. 12% beträgt, andererseits ist dieser Drucker der Leiseste in seiner Klasse!")*
• *Minus-Plus-Methode*	*Der Kunde trägt einen berechtigten Einwand vor, er wird nicht bestritten sondern mit entsprechenden Produktvorzügen „ausgehebelt" bzw. aufgehoben.* *(„Sie haben recht, der Drucker ist nicht der Allerschnellste, Sie haben eben gesagt, dass Sie pro Tag max. 30 Seiten drucken. Mit diesem Drucker, der enorm wirtschaftlich arbeitet und solide verarbeitet ist, würden Sie also täglich nur je Seite 1 Sekunde länger arbeiten müssen, sagen Sie selbst: Ist das noch ein Argument?")*
• *Bumerang-Methode*	*Der Einwand des Kunden wird in ein neues Verkaufsargument verwandelt und ein Kundennutzen daraus abgeleitet.* *(„Sie haben Recht, dies ist ein Auslaufmodell. Ich habe es Ihnen aber bewusst gezeigt, weil Sie damit ohne Funktionsverluste mehr als 400 Euro sparen können, bei gleicher Garantie und 24-Stunden-Service!")*
• *Rückfrage-Methode*	*Auf den Einwand eines Kunden antwortet der Verkäufer mit einer Gegenfrage, vorher formuliert er eine Überleitung, um nicht den Eindruck eines Wortgefechtes entstehen zu lassen.* *(„Ich bin Ihnen dankbar, dass Sie selbst diesen Aspekt ansprechen. Welche Druckgeschwindigkeit stellen Sie sich denn vor?")*

3.8.6 Präsentation von Produkten und Dienstleistungen

- Planung von Präsentationen — Präsentationsphasen
- Planungsaspekte — Anlass, Objekt, Adressaten, Medien, Dauer, Ort

Bei der Bestandsaufnahme (vgl. S. 174) hat sich ergeben, welche Wünsche bzw. Problemlösungen der Kunde erwartet. Im Verkaufsgespräch wurden die Problemlösungen präzisiert. Um einen Vertragsabschluss herbeizuführen, müssen dem Kunden Produkte und Problemlösungen im Einsatz vorgestellt und präsentiert werden. Derartige Demonstrationen können Kunden überzeugen und sind ein eigenständiges Verkaufsargument. Dies setzt beim Verkäufer bzw. Berater eine hohe Fachkompetenz im Umgang mit den zu demonstrierenden Produkten voraus. Ein misslungener Vorführungsversuch kann eine bisher erfolgreich verlaufende Vertragsverhandlung zum Scheitern bringen.

Planung der Präsentation

Daher sind Präsentationen von Produkten und Dienstleistungen sorgfältig zu planen und zu trainieren (vgl. auch S. 347).

Planungsaspekte	*Erläuterungen*
Anlass der *Präsentation*	• ***Messe, Ausstellung*** *Hier richtet sich die Präsentation meist an ein großes Publikum. Die Präsentation soll i. d. R. nur allgemeine Aufmerksamkeit erregen und zu einem Informationsgespräch auffordern. Daher sollten Messepräsentationen kurz und prägnant sein. Sie sollten unterstützt durch Prospekte, Übersichten und ggf. selbstablaufende Demos auf Diskette oder CD, die den potenziellen Kunden ausgehändigt werden.*

	• ***Blickfang im Schaufenster oder Verkaufsraum*** *Hier ist es wichtig, das Produkt so zu demonstrieren, dass es zu einem „eye-catcher“ wird. Die Demonstration soll lediglich Aufmerksamkeit erregen und zu einer kurzen Verweildauer herausfordern. Hierzu eignen sich insbesondere selbstablaufende Demos, Displays, Plakate und Prospekte.* • ***Verkaufsargument*** *Eine Präsentation als Verkaufsargument sollte dem Kunden seine gewünschte Problemlösung veranschaulichen. Auf der Basis der in der Bestandsaufnahme ermittelten Kundenwünsche muss eine Produktdemonstration dem Kunden das Gefühl vermitteln, die Nutzeneigenschaften dieses Produktes als für sich notwendig zu erkennen, damit der Kaufwunsch verstärkt wird. Wichtig ist es, dem Kunden Gelegenheit zu Rückfragen zu geben und ggf. selbst das Produkt zu testen.*
Objekt der *Präsentation*	• ***Produkte*** *Produkte sollten in ihrer gesamten Funktionalität vorgestellt werden, dabei sind die speziellen Kundenwünsche besonders herauszustellen. Die Präsentation muss anschaulich und prägnant sein. Unterstützende Argument wie Service, Qualität, Design, Unterschiede zu Konkurrenzprodukten usw. müssen herausgestellt werden. Bei Softwaredemonstrationen müssen realitätsnahe Testdaten vorbereitet sein.* • ***Dienstleistungen*** *Dienstleistungen sind immateriell und müssen daher für eine Präsentation visualisiert werden. Insbesondere sind hier stichwortartige Zusammenfassungen, Checklisten und Zahlenbeispiele notwendig. Die Daten müssen jedoch konkret auf den Kunden abgestimmt sein, damit eine Individualisierung der Präsentation erreicht wird. Die Präsentation von Dienstleistungen kann unterstützt werden durch Simulationsprogramme und Vergleichrechnungen.*
Adressaten der Präsentation	*Bei den Adressaten muss vor der Präsentation geklärt sein, über welche Fachkenntnisse sie verfügen, welche speziellen Wünsche und Vorlieben sie haben und welche Tätigkeiten sie ausüben. Danach richten sich Dauer, Tiefe und sprachliche Moderation der Präsentation. Nach jeder Präsentation sollte eine knappe, visuell unterstützte Zusammenfassung erfolgen, die die Adäquanz des Produktes bzw. der Dienstleistung für den Kunden als Problemlösung darstellt.* • ***Einzelperson*** *Die Präsentation vor einer einzelnen Person ermöglicht es, konkret auf die individuellen Bedürfnisse des Kunden einzugehen. Der Präsentator kann einen Dialog mit seinem Kunden inszenieren und auf Zwischenfragen sofort reagieren. Der Kunde sollte möglichst aktiviert werden und nicht auf die Position eines reinen Zuhörers reduziert werden.* • ***Personengruppe*** *Je größer der Personenkreis für eine Präsentation ist, desto intensiver muss die Präsentation vorbereitet sein. Es ist mit Zwischenfragen aus dem Publikum zu rechnen, die den Präsentationsablauf stören können. Es bietet sich an, der Zielgruppe ein Handout (schriftliche Zusammenfassung) vor der Präsentation auszuhändigen, diese Aufzeichnungen können während der Vorführungen nachvollzogen und mit Notizen versehen werden. Wichtig ist, die Gruppe durch den Vortrag zu „fesseln“ und permanent ihre Aufmerksamkeit zu aktivieren.*
Medien in der Präsentation	• ***Produkte*** *Die vorzustellenden Produkte sind i. d. R. das Hauptmedium einer Präsentation. Durch weitere Medien wird die Präsentation unterstützt.* • ***Printmedien, schriftliche Unterlagen*** *Hierzu gehören Prospekte, Broschüren, Plakate, Scripts, Flyer, Handbücher usw. Aber auch Demonstrationen an Wandtafeln oder Flipcharts sind geeignet, Sachverhalte kundenorientiert zu präsentieren.* • ***Videos*** *Videofilme eignen sich, um anschaulich Nutzeneigenschaften von Produkten vorzustellen. Sie sind jedoch nicht tauglich, wenn spezielle Problemlösungen für Kunden zu präsentieren sind, weil sie lediglich in knapper Form Überblicke verschaffen können. Beim Betrachten von Videos werden gleichzeitig zwei Sinne angesprochen: Sehen und Hören.*

	• ***Diavorträge*** *Sie eignen sich besonders für technisch orientierte Präsentationen, bei denen Fotos eine tragende Rolle spielen und nur ein geringes Präsentations-Equipment zur Verfügung steht. Diavorführungen können ersetzt werden, indem die Fotos eingescannt und mit einem PC (ggf. mit Beamer) vorgeführt werden.* • ***Overhead-Projektion*** *Hier spielen vorgefertigte Folien die zentrale Rolle. Die Folien können während der Präsentation handschriftlich ergänzt werden.* • ***PC + Beamer*** *Entsprechende Software für Präsentationen erleichtern eine effektvolle Vorführung. Videosequenzen und Sounds sind integrierbar.* • ***CD, Diskette*** *Hiermit sind Produkt- und Dienstleistungspräsentationen ortsunabhängig durchführbar. Lediglich ein PC (auch Notebook) ist erforderlich. Der Kunde kann die Präsentation beliebig unterbrechen oder wiederholen. Wichtig ist, dass die Datenträger garantiert virenfrei sind, sich selbst installieren und leicht zu deinstallieren sind, und dass an den PC keine speziellen Anforderungen bezüglich Grafik- oder Soundkarten gestellt werden. Sinnvoll ist es, die Demonstration interaktiv zu gestalten, sodass der Kunde z. B. eigene Daten eingeben kann.* • ***Internet*** *Das Internet kann als sinnvolle Plattform für Produkt- und Dienstleistungspräsentationen genutzt werden. Zu beachten sind jedoch kurze Ladezeiten, Vermeidung von unüblichen Plug-ins und besondere Anforderungen an Browser und Hardware. Empfehlenswert sind gezippte Downloads, die sich der Kunde auf seinem PC selbst installieren kann.*
Dauer der Präsentation	*Der Zeitrahmen ist vorher genau zu planen und mit dem Kunden zu vereinbaren. Von der verfügbaren Zeit hängen die einzusetzenden Medien und die fachliche Tiefe der Präsentation ab.*
Ort der Präsentation	• ***Beim Kunden*** *Hier muss geklärt werden, ob die technischen Voraussetzungen für einen Medieneinsatz gegeben sind, ansonsten müssen sämtliche Medien selbst bereitgestellt werden.* • ***Im eigenen Verkaufs- oder Besprechungsraum*** *Hier können für eine Präsentation optimale Bedingungen vorbereitet werden. Wichtig ist auch die Schaffung einer kundenorientierten Atmosphäre, damit der Präsentationserfolg unterstützt wird.*

Um den Erfolg von Präsentationen festzustellen, ist eine „Manöverkritik“ nach erfolgter Präsentation sinnvoll. Hier werden die einzelnen Phasen der Präsentation hinsichtlich ihres Beitrages zum Vertragsabschluss untersucht. Eine Ursachenanalyse bei erfolglosen Präsentationen kann helfen, Fehler aufzudecken.

3.8.7 Verkaufskalkulation

■ Elemente der Kalkulation	Eigene Kosten, Gewinnziele, Konkurrenzpreise
■ Kalkulation von Handelswaren	Vorwärts-, Rückwärts-, Differenzkalkulation
■ Kalkulation von Fertigungsaufträgen	Zuschlagskalkulation, Verrechnung von Gemeinkosten
■ Kalkulation von Dienstleistungen	Arbeitswerte

Die Verkaufskalkulation hat das Ziel, den Verkaufspreis eines Produktes oder einer Dienstleistung zu ermitteln. Im Rahmen der Preispolitik (vgl. S. 152) als Element des Marketing-Mix (vgl. S. 145). Dabei sind zu berücksichtigen:

Elemente der Verkaufskalkulation	*Erläuterungen*
eigene Kosten	• *Materialeinsatz (Roh-, Hilfs-, Betriebsstoffe und Handelswaren* • *Lohnkosten (Montage, Programmierung, Installation)* • *allgemeine Verwaltungskosten (Buchhaltung, Personalabteilung usw.)* • *Vertriebskosten (Werbung, Verpackung, Provisionen, Transport usw.)*
Preise der Konkurrenz	*Die Marktverhältnisse spielen bei der Preisfestsetzung eine gewichtige Rolle. Um marktfähig zu sein, müssen durch Verkaufsargumente höhere Preise als die der Konkurrenz speziell begründet werden. Niedrigere Preise gelten als Wettbewerbsvorteil.*
eigene Gewinnziele	*Die Vermarktung von Produkten und Dienstleistungen stellt einen Wertschöpfungsprozess dar. Hieraus müssen ökonomische Ziele ableitbar sein, dem Unternehmen also entsprechende Gewinne zufließen.*

Preisuntergrenze

Die Verkaufskalkulation stützt sich einerseits auf Daten des betrieblichen Rechnungswesens, insbes. der Kosten- und Leistungsrechnung (vgl. S. 249) und auf Daten des Marketings, speziell Absatzplanung und Preispolitik (vgl. S. 152).

In der Regel wird in der betrieblichen Praxis nicht sofort der endgültige Verkaufspreis für ein Produkt oder eine Dienstleistung kalkuliert sondern zunächst die **betriebsindividuelle Preisuntergrenze**, die bereits Gewinnmargen enthält. Dieser Wert wird mit den Marktverhältnissen abgeglichen. Hierbei wird festgestellt, ob zu der ermittelten Preisuntergrenze angeboten werden kann. Falls dies nicht der Fall ist, muss untersucht werden ob Kosten eingespart werden können (günstigere Fertigungsverfahren, preiswerterer Materialbezug usw.) oder ob Einbußen auf der Gewinnseite hingenommen werden können.

Dies setzt einerseits präzise Kenntnisse der eigenen Kostenstrukturen voraus (vgl. S. 249) andererseits muss im Rahmen der Marktforschung (vgl. S. 119) eine intensive Konkurrenzanalyse hinsichtlich der Marktpreise erfolgen.

■ Kalkulation von Handelswaren

Auf den Bezugspreis müssen anteilige Handlungskosten (vgl. S. 264) und der zu erwartende Stückgewinn aufgeschlagen werden. Bei der Preisfestsetzung für ein Produkt sind folgende Situationen denkbar:

Fall 1: Der **Bezugs- oder Einstandspreis** (zur Bezugskostenkalkulation vgl. S. 263) für das Produkt ist durch den eigenen Lieferer (Hersteller, Großhändler) **vorgegeben** und nicht variabel. Dies ist i. d. R. der Fall bei einfachen Handelswaren. Ziel dieser Kalkulation ist es, den Verkaufspreis zu ermitteln. Ausgangspunkt ist der Bezugspreis (**Vorwärtskalkulation**).

Kalkulation des Verkaufspreises für einen Drucker

Beispiel:

Vorwärtskalkulation

	%	EUR	Rechenweg
Bezugspreis		*450,00*	↓
+ Handlungskostenzuschlag	*90*	*405,00*	
= Selbstkostenpreis		*855,00*	
+ Gewinnzuschlag	*10*	*85,50*	
= Listenverkaufspreis (netto)		*940,50*	
+ Umsatzsteuer	*16*	*150,48*	
= Rechnungspreis (brutto)		***1.090,98***	

Der Betrag von 1.090,98 EUR ist somit die Preisuntergrenze für den Verkauf des Druckers, wobei 85,50 EUR Gewinnanteil enthalten sind.

Die Differenz zwischen Rechnungspreis und Einstandspreis wird im Handel durch einen Zuschlagssatz, dem Kalkulationszuschlag bestimmt.

$$\text{Kalkulationszuschlag} = \frac{(\text{Rechnungpreis} - \text{Bezugspreis}) \cdot 100}{\text{Bezugspreis}}$$

$$= \frac{(1.090{,}98 - 450) \cdot 100}{450} = \mathbf{142{,}44\,\%}$$

Fall 2: Der **Verkaufspreis ist vorgegeben** (durch Marktverhältnisse). Ziel der Kalkulation ist es festzustellen, zu welchem Bezugspreis maximal beschafft werden kann, wenn Handlungskosten und Gewinnerwartungen gedeckt werden sollen. Ausgangspunkt der Berechnungen ist hier der Verkaufspreis, es wird rückwärts gerechnet (**Rückwärtskalkulation**).

Kalkulation des maximalen Bezugspreises für einen Komplett-PC in Standard-Ausführung (Low-cost-Sektor), die Vergleichspreise der Konkurrenz liegen bei 1.200,00 EUR

Beispiel:

Rückwärtskalkulation

	%	EUR	Rechenweg
Bezugspreis		***494,97***	↑
+ Handlungskostenzuschlag	*90*	*445,47*	
= Selbstkostenpreis		*940,44*	
+ Gewinnzuschlag	*10*	*94,04*	
= Listenverkaufspreis (netto)		*1034,48*	
+ Umsatzsteuer	*16*	*165,52*	
= Rechnungspreis (brutto)		*1.200,00*	

Der Betrag 494,97 Euro ist somit der maximale Einkaufspreis (Preisobergrenze für die Beschaffung) für den PC. Falls Einzelteile bzw. Baugruppen erworben werden, so sind zusätzlich noch die Kosten für die eigene Montage zu berücksichtigen. Der verfügbare Betrag von 494,97 verringert sich also um die Montagekosten.

Fall 3: **Bezugspreis und Verkaufspreis sind vorgegeben**. Nun muss kalkuliert werden, ob bei den vorgegebenen Preisen die eigenen Handlungskosten gedeckt und die Gewinnerwartungen erfüllt werden. Hierzu wird die Differenz zwischen Listenverkaufspreis und Selbstkostenpreis untersucht (**Differenzkalkulation**).

Beispiel: *Kalkulation eines Scanners*

Differenzkalkulation

	%	EUR	Rechenweg
Bezugspreis		*120,00*	↓
+ Handlungskostenzuschlag	*90*	*108,00*	↓
= Selbstkostenpreis		*228,00*	↓
+ Gewinnzuschlag	***–5,47***	***–12,48***	
= Listenverkaufspreis (netto)		*215,52*	↑
+ Umsatzsteuer	*16*	*34,48*	↑
= Rechnungspreis (brutto)		*250,00*	↑

Bei den vorgegebenen Preisen und Handlungskosten werden die Gewinnerwartungen nicht erfüllt. Falls der Scanner dringend in das Sortiment aufgenommen werden muss, so muss unter diesen Bedingungen mit einem Verlust von 12,48 Euro je Stück gerechnet werden. Alternativ muss nach Möglichkeiten gesucht werden, die eigenen Kosten zu senken oder im Wege einer Mischkalkulation (vgl. S. 152) diesen Verlust zu tragen.

■ Kalkulation von Fertigungsaufträgen

Die Ermittlung von Verkaufs- oder Angebotspreisen für Aufträge, bei denen eigene Fertigungsprozesse (Sonderfertigungen, Montage, usw.) ablaufen, erfolgt prinzipiell wie die Kalkulation von Handelswaren, indem zunächst die Selbstkosten ermittelt werden, worauf dann die Gewinnmarge aufgeschlagen wird. Hierbei wird hinsichtlich Einzelkosten (Kosten, die einem Produkt direkt zurechenbar sind, z. B. Material, Module) und Gemeinkosten (Kosten, die nicht direkt zurechenbar sind, z. B. Energie, Maschinenabschreibungen usw.) unterschieden (vgl. hierzu S. 257).

Zuschlagsätze

Die Zuschlagssätze werden aus dem Betriebsabrechnungsbogen (BAB) entnommen (vgl. S. 260). Sie werden berechnet, indem aus statistischen Aufzeichnungen über einen Abrechnungszeitraum (Monat, Quartal, Jahr) die Einzelkosten für Material und Fertigung ins Verhältnis zu den entsprechenden Gemeinkosten gesetzt werden. Hieraus wird ein Zuschlagssatz in Prozent ermittelt. Dabei wird unterstellt, dass sich die Verhältnisse zwischen gesamten Material- bzw. Fertigungseinzelkosten zu gesamten Material- und Fertigungsgemeinkosten auch auf einzelne Aufträge übertragen lassen, die jeweiligen Verhältnisse zwischen Einzel- und Gemeinkosten also konstant bleiben.

Zur Berechnung des Angebots- oder Rechnungspreises wird ein Kalkulationsschema aufgestellt, in dem die einzelnen Auftragswerte einzutragen sind und die fehlenden Werte zu berechnen sind.

Kalkulationsschema

Beispiel:

Kalkulation eines kleinen Netzwerkes mit einem Server, 6 Workstations, incl. Installation.

		EUR	EUR	EUR
• *Materialeinzelkosten*				
1 Server (komplett)		2.200,00		
6 Workstations (komplett) à 1.750,00		10.500,00		
Verkabelung (150 Meter)		750,00	13.450,00	
+ *Materialgemeinkostenzuschlag*	*10 %*		1.345,00	
= ***Materialkosten***			***14.795,00***	
• *Fertigungseinzelkosten*				
Montagelöhne für Server und Workstations (30 Std. à 35,00 Euro)		1.050,00		
Löhne für Installation (20 Std. á 40,00 Euro)		800,00	1.850,00	
+ *Fertigungsgemeinkostenzuschlag*	*100 %*		1.850,00	
= ***Fertigungskosten***			***3.700,00***	
Herstellkosten				***15.595,00***
+ *Verwaltungsgemeinkostenzuschlag*	*25 %*			3.898,75
+ *Vertriebsgemeinkostenzuschlag*	*25 %*			3.898,75
+ *Sondereinzelkosten des Vertriebes*				1.200,00
= ***Selbstkosten***				***24.592,50***
+ *Gewinnzuschlag*	*10 %*			2.459,25
= ***Angebotpreis***				***26.7051,75***

Kalkulation von Dienstleistungen

Arbeitswerte

Die Preiskalkulation für Dienstleistungen unterscheidet sich im Wesentlichen nicht von der Kalkulation für Handelswaren oder der Auftragsfertigung. Der Unterschied besteht hauptsächlich darin, dass keine oder nur sehr geringe Material- und Fertigungskosten anfallen. Statt dessen stehen die Personalkosten der Mitarbeiter, die die Dienstleistung erbringen, im Vordergrund. Daher werden Dienstleistungen, z. B. Beratungen, Software-Entwicklung, Reparaturen u.ä. über Stundensätze (Arbeitswerte) der eingesetzten Mitarbeiter kalkuliert. In diesen Stundensätzen sind i. d. R. sämtliche Gemeinkosten enthalten, z. B. Büromiete, Energie, Abschreibungen usw.

Beispiel:

Preisermittlung für die individuelle Anpassung einer Software an spezielle Kundenbedürfnisse

80 Arbeitsstunden für Programmierer à 85,00 EUR	6.800,00
6 Arbeitsstunden für Analytiker à 100,00 EUR	600,00
20 Arbeitsstunden für Hilfskräfte à 65,00 EUR	1.300,00
Selbstkosten	8.700,00
Gewinnzuschlag 10 %	870,00
Angebotspreis	***9.370,00***

■ Betriebsindividuelle Lösungen

Meist haben Unternehmen für ihre Preisermittlung eigene Verfahren entwickelt und standardisiert, damit dieser Arbeitsprozess beschleunigt wird. Häufig sind die ermittelten Preise in Katalogen bzw. Preislisten festgehalten. Im Einzelfall muss dann entschieden werden, inwiefern von diesen Preisen nach unten abgewichen werden kann, wenn ein Auftrag **„Preisspielraum"** erfordert.

3.8.8 Angebotserstellung

■ rechtliche Bedeutung von Angeboten	Verbindlichkeit, Bindungsfristen
■ Formen des Angebotes	
■ Freizeichnungsklauseln	zur Einschränkung der Verbindlichkeit

Ein Angebot eines Unternehmens ist im rechtlichen Sinne eine Willenserklärung an einen bestimmten Kunden. Hiermit erklärt das Unternehmen verbindlich, bestimmte Leistungen (Produkte oder Dienstleistungen) zu bestimmten Bedingungen zu liefern.

Rechtlich handelt es sich nicht um ein Angebot, wenn ein Unternehmen z. B. Waren in einem Schaufenster ausstellt, in Prospekten, Postwurfsendungen, Zeitungsanzeigen oder auf einer Website Waren anpreist. Hierunter wird rechtlich lediglich eine **Aufforderung an den Kunden** verstanden, selbst einen rechtlichen Antrag (vgl. S. 192) an den Lieferer zu stellen, z. B. in Form einer Anfrage.

Form

Die Abgabe eines Angebotes ist an **keine Formvorschriften** gebunden, sie kann also schriftlich, fernschriftlich (Fax, eMail), mündlich (unter Anwesenden) oder telefonisch erfolgen. Ein Lieferer ist grundsätzlich an sein Angebot rechtlich gebunden, sofern er keine vertraglichen Einschränkungen macht.

Verbindlichkeit

Mündliche und telefonische Angebote (Angebote unter Anwesenden) gelten nur für die Dauer des Gesprächs. Schriftliche Angebote (Angebote unter Abwesenden), z. B. Brief, Fax werden in dem Moment verbindlich, wenn sie dem Kunden zugehen. Der Lieferer ist so lange an sein Angebot gebunden, wie er „unter verkehrsüblichen Umständen" mit einer Nachricht rechnen kann. Zu berücksichtigen sind dabei die Beförderungsdauer des Angebots (z. B. Postweg), eine angemessene Überlegungsfrist des Kunden und die Beförderungsdauer für die Antwort des Kunden. Eine Bestellung des Kunden muss in jedem Fall auf einem gleich schnellen oder schnellerem Weg als das Angebot des Lieferers erfolgen.

Ein Lieferer kann die Verbindlichkeit seines Angebotes durch **Freizeichnungsklauseln** oder durch ein zeitlich befristeten Angebot einschränken. Bei einem zeitlich befristetem Angebot muss eine Bestellung spätestens bis zum genannten Termin beim Lieferer eingegangen sein.

Freizeichnungsklauseln

Freizeichnungsklausel	Verbindlich	Unverbindlich
„solange Vorrat reicht“	Preis, Lieferzeit	Menge
„freibleibend“	Nichts	Alles
„ohne Gewähr“, „ohne Obligo“	Nichts	Alles
„Preise freibleibend“	Lieferzeit, Menge	Preis
„Lieferzeit freibleibend“	Preis, Menge	Lieferzeit

Bindung

Ein Lieferer ist nicht mehr an sein Angebot gebunden, wenn der Kunde das Angebot ablehnt, seine Bestellung verpätet beim Lieferer eingeht, seine Bestellung vom Angebot inhaltlich abweicht oder der Lieferer sein Angebot rechtzeitig wideruft.
Ein aussagefähiges Angebot sollte folgende Punkte beinhalten:

Inhalte

• Art, Qualität, Güte und Beschaffenheit der zu liefernden Materialien, Bauteile, Produkte und Dienstleistungen	• Mengenangaben nach Maßeinheiten	• Preise je Einheiten, Gesamtpreise mit Währungsangabe
• Lieferungsbedingungen (Lieferzeit, Transport-, Verpackungskosten)	• Zahlungsbedingungen (Zahlungsart, Zahlungsfristen)	• Preisabzüge (Rabatte, Skonto)

Ausschreibung

Wenn Kunden zur Abgabe von Angeboten aufrufen, z. B. im Rahmen einer **Ausschreibung,** so besteht i. d. R. kein Anspruch auf Ersatz der Kosten für die Angebotserstellung. Die entsprechenden Fristen zur Abgabe des Angebotes müssen vom Lieferer gewahrt werden.

3.8.9 Möglichkeiten der Finanzierung

- Teilzahlungen und Ratenkauf
- Vermittlung von Krediten
- Lieferantenkredit
- Kontokorrentkredit
- Wechsel
- Leasing
- Kreditsicherungen (Eigentumsvorbehalt)

} rechtliche Aspekte
Formen
wirtschaftliche Bedeutung

Der Geschäftsprozess der Vertragsanbahnung und Kundenberatung umfasst auch Finanzierungshilfen für Kunden, wenn ihm eine sofortige Bezahlung nicht möglich ist. In diesen Fällen können dem Kunden verschiedene Alternativen angeboten werden.

Teilzahlungen, Ratenkauf

In diesem Fall vereinbaren Verkäufer und Kunde, den gesamten Rechnungsbetrag in Teilbeträgen zu bezahlen. Der Käufer erhält die benötigte Ware sofort, wird aber erst nach vollständiger Bezahlung Eigentümer. In den Raten sind entsprechende Zinsen eingerechnet.

Verbraucherkreditgesetz

Bei **Ratengeschäften mit Privatpersonen** sind die Vorschriften des Verbraucherkreditgesetzes zu beachten. Demnach müssen derartige Kaufverträge folgende Punkte beinhalten:

- Teilzahlungsgeschäfte müssen schriftlich abgeschlossen werden.
- Der Kunde kann den Vertrag binnen einer Woche nach Vertragsabschluss schriftlich widerrufen.
- Der Kunde muss auf dieses Widerspruchsrecht hingewiesen werden, dieser Hinweis ist getrennt vom Kaufvertrag zu unterschreiben.
- Im Vertrag müssen Barzahlungs- und Teilzahlungspreis (incl. Zinsaufschlag) angegeben werden.
- Es muss ein Abzahlungsplan erstellt werden mit Ratenbetrag, Anzahl und Fälligkeiten der Raten.
- Der effektive Zinssatz muss angegeben werden.

Häufig arbeiten Händler mit Kreditinstituten zusammen, die die Abwicklung der Finanzierung für den Kunden übernehmen.

Bei Großprojekten werden häufig An- und Teilzahlungen vereinbart, die sich an dem Projektfortschritt orientieren.

Vermittlung von Krediten bei Banken

Viele Händler und Dienstleister vermitteln ihren Kunden Kredite bei Banken. Hierfür wird oft eine Vermittlungsprovision bzw. eine Bearbeitungsgebühr erhoben. Der Kunde handelt dann mit der Bank entsprechende Konditionen aus (Kredithöhe, Zinssatz, Tilgungsmodalitäten, Sicherheiten).

Lieferantenkredit

In diesem Fall räumt der Lieferer seinem Kunden ein Zahlungsziel ein, sodass der Kunde erst zu einem späteren Zeitpunkt bezahlen muss.

Beispiel: *Zahlungsbedingung eines Hard- und Software-Großhändlers: „Zahlungsziel innerhalb von 40 Tagen netto Kasse oder innerhalb von 10 Tagen mit 2% Skonto“*

Der Kunde erhält die benötigte Ware sofort und kann sie in seinem Betrieb produktiv einsetzen. Die Zahlung erfolgt erst nach dem vereinbarten Zahlungsziel. Vor der Gewährung eines Zahlungsziels (vor allem bei Neukunden) wird i. d. R. eine Auskunft bei einer Wirtschaftsauskunftei eingeholt um die Zahlungsfähigkeit des Kunden zu prüfen.

Da der Lieferer seinem Kunden den Rechnungsbetrag kreditiert, kalkuliert er in seine Verkaufspreise entsprechende Zinsen ein.

Kontokorrentkredit

Der Lieferer richtet für seinen Kunden ein Verrechnungskonto ein und gewährt ihm bis zu einer bestimmten Höhe Kredit. Innerhalb dieses Kreditrahmens kann der Kunden Waren bestellen.

Wechsel

Wechselgesetz

Der Wechsel ist eine Urkunde (Formular). Der Gläubiger (Verkäufer) ist Wechselaussteller. Im Wechsel wird der Schuldner (Käufer, Wechselbezogener) schriftlich aufgefordert, zu einem bestimmten Zeitpunkt einen bestimmten Betrag gegen Vorlage des Wechsels zu bezahlen. Die Zahlung mit Wechsel stellt ein Geldersatzmittel dar. Daher ist die Wechselforderung eine abstrakte Forderung, sie ist also losgelöst von dem zugrunde liegenden Rechtsgeschäft (Kaufvertrag) zu betrachten. Somit kann im Streitfall der Gläubiger seine Klage ausschließlich auf den Wechsel stützen, ohne die Abwicklung des Kaufvertrages zu berücksichtigen. Durch das Wechselgesetz (WG) wird der Umgang mit Wechseln sehr streng geregelt.

Verwendungsmöglichkeiten des Wechsels:

- Aufbewahrung bis zum Fälligkeitstag und Einlösung beim Schuldner
- Weitergabe des Wechsels als Zahlungsmittel an eigene Gläubiger
- Verkauf des Wechsels an ein Kreditinstitut (Diskontierung) vor dem Fälligkeitstag, das Kreditinstitut berechnet entsprechende Zinsen (Diskont)

Leasing

Leasingverträge bieten Kunden einen Anreiz, Waren oder Dienstleistungen nutzen zu können, ohne den vollen Kaufpreis sofort zu entrichten oder ihn über Kreditinstitute finanzieren zu lassen (vgl. S. 190).

Kreditsicherungen

Der Lieferer muss bei Kreditgewährung an seine Kunden seine Forderungen absichern. Durch die Vereinbarung des Eigentumvorbehaltes bleibt der Lieferer Eigentümer der Ware, bis der Kaufpreis vollständig bezahlt ist. Der Kunde wird lediglich Besitzer. Ein Eigentumsvorbehalt muss im Kaufvertrag ausdrücklich vereinbart sein, ein Vermerk auf dem Lieferschein reicht nicht aus.

Einfacher Eigentumsvorbehalt	*Der Verkäufer hat das Recht, bei nicht rechtzeitiger Zahlung oder Nichtzahlung die Herausgabe der Ware zu verlangen und vom Kaufvertrag zurückzutreten. Der einfache Eigentumsvorbehalt erlischt, wenn der Käufer die Ware verbraucht, bzw. verarbeitet, vernichtet, mit einer unbeweglichen Sache fest verbindet (einbauen) oder an einen gutgläubigen Dritten weiterverkauft (der dann rechtmäßiger Eigentümer wird).*
Erweiterter Eigentumsvorbehalt	• *verlängerter Eigentumsvorbehalt: Wenn die Ware vom Käufer weiterverkauft wird, so tritt er seine Forderungen an seinen Lieferer ab, wurde die Ware vom Käufer verarbeitet, so entstehen anteilige Eigentumsrechte für den Verkäufer.* • *nachgeschalteter Eigentumsvorbehalt: Der Käufer darf die Ware selbst nur unter Eigentumsvorbehalt verkaufen, sein Lieferer erhält Rechte aus diesen zweiten Eigentumsvorbehalt.* • *Kontokorrentvorbehalt: Erst wenn sämtliche Forderungen einer Geschäftsbeziehung beglichen sind, erlischt der einzelne Eigentumsvorbehalt.*

3.8.10 Kauf-, Service- und Leasingverträge

■ Kaufvertäge	Zustandekommen, Inhalte, Störungen
■ Serviceverträge	Inhalte, Formen
■ Leasingverträge	Leasingformen, Vertragsinhalte, betriebswirtschaftliche Bewertung

Antragannahme

Rechtsvorschriften und Gesetze sind **im Rahmen der Gestaltung von Geschäftsprozessen** als **gegebene Parameter** zu beachten. Verträge können zwar in bestimmten Bandbreiten unterschiedlich ausgestaltet werden, hierzu müssen entsprechende **Experten** befragt werden. Es ist jedoch notwendig, bei Prozessanalysen und -konzeptionen die rechtlichen Rahmenbedingungen zumindest in Grundsätzen zu kennen, um bestimmte Abläufe nachvollziehen zu können.

■ Kaufverträge

Kaufverträge kommen im rechtlichen Sinne zustande, indem zwei Parteien übereinstimmende Willenserklärungen abgeben. Die zeitlich erste Willenserklärung wird **Antrag** genannt, die nachfolgende heißt **Annahme** (vgl. S. 44).

Beim Kaufvertrag können Antrag und Annahme z. B. folgendermaßen ablaufen.

Antrag	Annahme
Verkäufer macht persönliches Angebot (vgl. S. 188)	Käufer bestellt gemäß Angebot
Käufer bestellt (ohne vorherige Anfrage)	Verkäufer erteilt Auftragsbestätigung oder liefert

Stimmen Antrag und Annahme inhaltlich nicht überein, so entsteht kein Kaufvertrag.

Kaufverträge sind grundsätzlich **formfrei**, d. h. auch mündliche Verträge sind gültig. Die Schriftform empfiehlt sich bei bestimmten Kaufverträgen aus Beweisgründen.

Auftragsbestätigung

Eine **Auftragsbestätigung** unter Kaufleuten stellt rechtlich keinen Kaufvertrag dar. Sie bestätigt lediglich einen Kaufvertrag, der bereits vorher schriftlich oder mündlich geschlossen wurde und dient lediglich der **Beweissicherung**.

Käufer und Verkäufer haben jeweils bestimmte Leistungen zu erbringen. Sie sind somit ihrem Vertragspartner gegenüber „Schuldner“ einer Leistung.

Leistung des Verkäufers	Leistung des Käufers
• Lieferung (Übergabe) der Kaufsache in vereinbartem Zustand zu vereinbartem Termin	• Termingerechte Zahlung des vereinbarten Kaufpreises
• Annahme des Kaufpreises	• Annahme der Kaufsache

Im Kaufvertrag werden die Leistungen beider Vertragspartner inhaltlich vereinbart (Verkauf im Internet: S.160). *Inhalte*

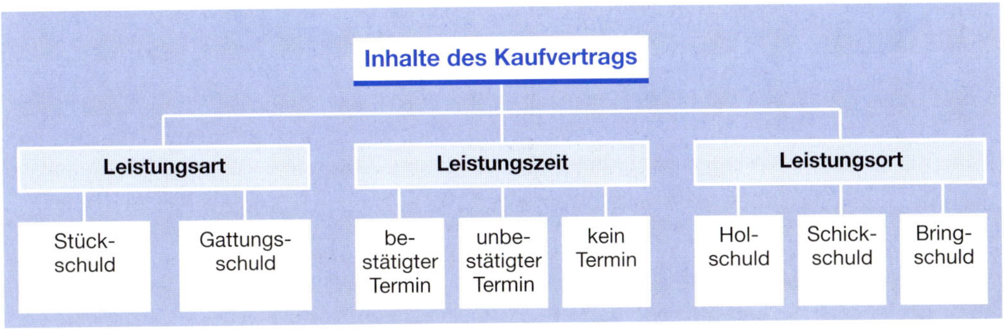

- **Leistungsart**

Im Kaufvertrag muss eindeutig bestimmt werden, worin die Leistung des Verkäufers besteht, um Streitigkeiten, z. B. über Nebenleistungen wie Montage, Installation usw. vorzubeugen.

Stückschulden

Die Kaufsache ist ein individuell bestimmbares Gut, z. B. ein Gemälde. Hier muss exakt die definierte Sache geliefert werden.

Gattungsschulden

Die Kaufsache ist eine nach Art, Gattung beschriebene Sache, z. B. Drucker XYZ. Der Verkäufer muss Sachen „von mittlerer Art und Güte" liefern.

- **Leistungszeit**

Fälligkeit von Leistungen

Die Leistungszeit legt fest, wann die Leistung fällig wird. Folgende Fälle sind unterscheidbar:

Fälligkeitstermin vereinbart oder entnehmbar				**kein Fälligkeitstermin vereinbart**
kalendermäßig bestimmt oder bestimmbar			unbestimmter Fälligkeitstermin	sofort fällig (§ 271 BGB)
„**Termingeschäft**"	„**Fixgeschäft**" Geschäft von Termineinhaltung abhängig			
	Zusatz „fix" erforderlich	„**Zweckkauf**", durch Umstände erkennbar		
Beispiele: • *„16. Sept."* • *2 Wochen nach Pfingsten* • *3. Tag der 26. Kalenderwoche*	***Beispiele:*** • *16.09. fix* • *2 Wochen nach Pfingsten fix* • *3. Tag der 26. Kalenderwoche fix*	***Beispiele:*** • *Lieferung einer Hochzeitstorte am 16. Sept.* • *Lieferung zur Geschäftseröffnung 3. Tag, 26 Kalenderwoche*	***Beispiele:*** • *Lieferung 6 Wochen nach Auftragsbestätigung* • *Lieferung baldigst*	***Beispiele:*** *„sofort" bedeutet: so schnell, wie objektiv nach gegebenen Umständen leistbar.*

Die Bestimmung der Leistungszeit ist erforderlich, um einen **Verzug der Leistung** (verspätete Lieferung, verspätete Zahlung, vgl. S. 195) feststellen zu können und um ggf. die Leistung einklagen zu können.

- **Leistungsort**

Ort der Erbringung von Leistungen

Der Leistungsort kann frei vereinbart werden. Ist nichts vereinbart, gilt die gesetzliche Regelung nach § 269. Demnach ist der **Leistungsort der Sitz des jeweiligen Schuldners** (Wohnsitz bzw. Ort der gewerblichen Niederlassung). Warenschulden (Kaufsache übergeben) sind daher grundsätzlich **Holschulden**, weil der Verkäufer an seinem Sitz seine Leistung schuldet. Geldschulden (Bezahlung) sind **Schickschulden**, der Käufer leistet rechtzeitig, wenn er das Geld zum Zahlungstermin an seinem Sitz absendet. Von einer Bringschuld wird gesprochen, wenn als Leistungsort der Sitz des Gläubigers vereinbart ist.

- **Arten des Kaufvertrages**

Durch unterschiedliche Gestaltung der Einzelheiten ergeben sich verschiedene Arten von Kaufverträgen.

Unterscheidungsaspekt	Kaufvertragsarten
rechtliche Stellung der Vertragspartner	• **bürgerlicher Kauf,** beide Vertragspartner sind Privatpersonen • **einseitiger Handelskauf,** ein Vertragspartner ist Kaufmann • **zweiseitiger Handelskauf,** beide Vertragspartner sind Kaufmann
Festlegung der Warenart und -güte	• **Stückkauf,** nicht vertretbare Sache • **Gattungskauf,** vertretbare Sache • **Kauf auf Probe,** Kauf mit Rückgaberecht innerhalb vereinbartem Zeitraum • **Kauf nach Probe (Muster),** kostenloses Muster, gelieferte Ware muss Muster entsprechen • **Kauf zur Probe,** Kauf einer kleinen Menge zum Test einer Ware, Probe muss bezahlt werden • **Spezifikationskauf** (bestimmungskauf), Menge und Art der Ware werden bei Vertragsabschluss festgelegt, weitere Details sind vom Käufer binnen einer vereinbarten Frist zu nennen • **Ramschkauf** (Kauf in Bausch und Bogen, Kauf en bloc), bestimmter Warenposten wird ohne genaue Spezifikation gekauft • **Kauf nach Sicht,** Käufer hat vor Vertragsabschluss Gelegenheit Ware zu besichtigen (Mängelprüfung), nach Vertragsschluss können keine Mängel mehr geltend gemacht werden
Zeitpunkt der Zahlung	• **Kauf gegen Anzahlung** • **Barkauf** • **Zielkauf,** Zahlung innerhalb einer Frist (Zahlungsziel) • **Abzahlungskauf** (Ratenkauf)
Zeitpunkt der Eigentumsübertragung	• **Kauf unter Eigentumsvorbehalt,** Käufer erhält erst nach vollständiger Bezahlung Eigentum an der Ware • **Kommissionskauf,** Käufer erwirbt Besitz an Ware, verkauft sie in eigenem Namen weiter und erhält eine Provision

Störungen bei der Erfüllung von Kaufverträgen

Erfüllt ein Vertragspartner beim Kaufvertrag seine Leistungspflichten nicht vereinbarungsgemäß, gerät er in **Leistungsverzug**.

Pflichtverletzungen des Verkäufers	
Mangelhafte Lieferung	**Lieferungsverzug**
Mängelarten – Quantitätsmangel, es wird zu viel Ware geliefert, zu wenig gelieferte Ware gilt als Teillieferungsverzug – Gattungsmangel, es wird eine andere Ware als bestellt geliefert – Sachmangel (Qualität), die Ware kann zwar verwendet werden, es fehlt ihr aber eine bestimmte oder zugesicherte Eigenschaft – Sachmangel (Beschaffenheit), Ware ist verdorben, beschädigt – offener Mangel, Mangel bei Prüfung sofort erkennbar – versteckter Mangel, Mangel zeigt sich erst später – arglistig verschwiegener Mangel, Mangel ist dem Verkäufer bewusst, wird aber verschwiegen	**Voraussetzungen** – Fälligkeit der Lieferung, Lieferung musste fällig sein (bei Termin- und Fixgeschäften eindeutig), Mahnung nicht erforderlich – ist Liefertermin kalendermäßig nicht festgelegt, Mahnung an Lieferer (= Inverzugsetzung) – Verschulden des Lieferers, nur bei Stückkauf, nicht beim Gattungskauf
Rechte des Käufers – Ersatzlieferung, nur beim Gattungskauf (vertretbare Sache) – Preisnachlass, Einigung über Höhe – Wandlung, Rücktritt vom Kaufvertrag, Käufer erhält Geld zurück – Schadenersatz, nur, wenn Mangel arglistig verschwiegen oder Ware fehlt zugesicherte Eigenschaft	**Rechte des Käufers** – ohne Nachfristsetzung kann Käufer auf Lieferung bestehen oder die Lieferung zuzüglich eines Schadenersatzes verlangen – nach Ablauf einer Nachfristsetzung kann Käufer die Lieferung ablehnen und vom Vertrag zurücktreten oder Schadenersatz wegen Nichterfüllung verlangen
Pflichten des Käufers – Prüfpflicht, bei zweiseitigem Handelskauf unverzüglich – Rügepflicht, Absenden einer Mängelrüge	**Pflichten des Käufers** – Schadensminderungspflicht – Schaden nachweisen (konkreter Schaden incl. entgangener Gewinn)

Pflichtverletzungen des Käufers	
Annahmeverzug	**Zahlungsverzug**
Voraussetzungen – Lieferer liefert zum vereinbarten Termin – Käufer nimmt Ware nicht an (Annahmeverzug setzt kein Verschulden des Käufers voraus, Gründe für die Nichtannahme sind also unerheblich.) **Rechtsfolgen** Verkäufer haftet bei Beschädigung von Ware nur noch bei Vorsatz oder grober Fahrlässigkeit **Rechte des Verkäufers** – Bestehen auf Abnahme der Ware, Verkäufer kann Ware solange auf Kosten des Käufers einlagern – Selbsthilfeverkauf, Ware wird nach Ablauf einer Nachfristsetzung versteigert oder an andere verkauft – Notverkauf bei verderblicher Ware – Rücktritt vom Kaufvertrag	**Voraussetzungen** – Fälligkeit der Zahlung – Ablauf von 30 Tagen nach Erhalt der Rechnung (die Frist beginnt mit der Zustellung der Rechnung, den Zugang muss der Gläubiger im Streitfall beweisen) Der Schuldner kommt nach Ablauf dieser Frist automatisch in Verzug, ohne Zustellen einer Mahnung. – Der Zahlungsverzug tritt nur ein, wenn die vom Verkäufer geschuldete Leistung bereits vertragsgemäß erbracht wurde. (Verschulden spielt für den Eintritt des Zahlungsverzuges keine Rolle. Verzugszinsen in Höhe von 5 % über dem Basiszinssatz (Diskontzinssatz) zulässig.) **Rechte des Verkäufers** – ohne Nachfristsetzung kann Verkäufer auf Zahlung bestehen oder die Zahlung zuzüglich eines Schadenersatzes (Verzugszinsen) verlangen – nach Ablauf einer Nachfristsetzung kann Verkäufer vom Vertrag zurücktreten oder Schadenersatz wegen Nichterfüllung verlangen

Service-Verträge

Form Service-Verträge können zwischen Vertragsparteien ausgehandelt werden. Zwar unterliegen sie keinen Formvorschriften, doch sollten sie zur Beweissicherung stets schriftlich abgefasst und von beiden Vertragspartnern unterschrieben werden. Im Vertrag sollten **die zu erbringenden Leistungen sehr exakt definiert** werden. Beziehen sich Service-Verträge auf „allgemeine Geschäftsbedingungen" (AGB), so sind die entsprechenden gesetzlichen Vorschriften zu beachten (vgl. S. 199).

In der IT-Branche findet man eine Vielzahl höchst unterschiedlicher **Service-Vertragsinhalte**. Je nach Unternehmen können Serviceverträge an den Kauf von Produkten gekoppelt sein oder eigenständige Dienstleistungen sein.

Inhalte von Serviceverträgen für Hardware (Beispiele)	***Erläuterungen***
Wartungen	• *Wartungsintervalle festlegen (monatlich, jährlich, nach Bedarf usw.)* • *Wartungszeitpunkte festlegen (an arbeitsfreien Wochenenden, während Nachtschicht usw.)* • *Anmeldefristen für Wartungsarbeiten vereinbaren* • *Wartungsarbeiten einzeln festlegen, ggf. optionale Wartungsarbeiten definieren* • *Intervalle für Austausch von Modulen definieren*
Störungsbehebung	• *Klärung, wer Fehlerdiagnose durchführt* • *Klärung, wer Reparaturen durchführt (Hersteller, Lieferer, Fremdbetrieb)* • *Klärung des Umfangs einer Störungsbehebung* • *Garantiefristen nach Störungsbehebung*
Ersatzteilbereitstellung	• *Dauer der Ersatzteilgarantie festlegen* • *Klärung, wer für Einbau von Ersatz- bzw. Austauschteilen verantwortlich ist (Servicebetrieb, Lieferer, Fremdbetrieb)* • *Klärung, ob Fremdteile eingebaut werden dürfen*
Inanspruchnahme von Leistungen	• *24-Stunden-Service* • *Service auf Abruf* • *Vor-Ort-Service* • *Stellung von Ersatzgeräten während Wartungsarbeiten*
Kosten	• *kostenlose Service-Leistungen genau definieren* • *Kulanzen abklären* • *kostenpflichtige Service-Leistungen genau abgrenzen (Arbeitsstundenwerte, Materialkosten, An- und Abfahrtswege)*
Dauer des Vertrages	• *Beginn und Ende der Vertragsdauer* • *Kündigungsfristen* • *Gründe für außerordentliche Kündigungen festlegen*
Streitfälle	• *Schiedsstellen definieren* • *Konventionalstrafen festlegen für Vertragsverletzungen*

Leasing-Verträge

Unter Leasing versteht man die vertragliche Einräumung eines zeitlich begrenzten Nutzungsrechtes von beweglichen Anlagegütern oder Gebäuden. Der Leasingvertrag ist rechtlich ein Mietvertrag, er wird zwischen dem **Leasing-Geber** und dem **Leasing-Nehmer** geschlossen.

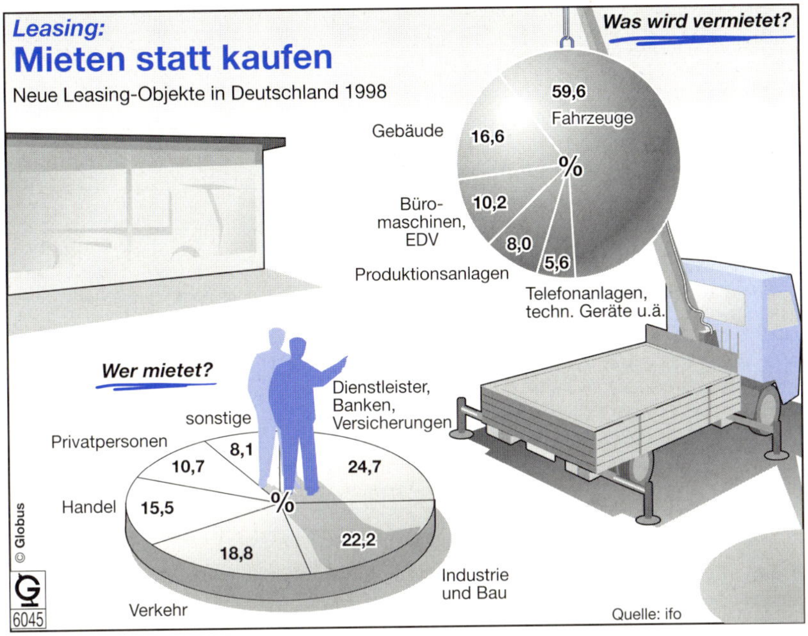

Leasingverträge werden vielfach als Finanzierungsalternative (vgl. S. 189) für Anlagegüter betrachtet. Sie können hinsichtlich verschiedener Kriterien eingeteilt werden. *Leasingformen*

Kriterium	*Erläuterungen, Beispiel*
Leasing-Objekt	• *Immobilien-Leasing* *(Leasen von Gebäuden oder Gebäudeteilen)* • *Mobilien-Leasing* *(Leasen von beweglichen Gütern, z. B. Maschinen, Fahrzeuge, Rechner, Werkzeug usw.)* • *Equipment-Leasing* *(Ausrüstungsgegenstände bzw. Systeme wie Telefonanlagen, Netzwerke, Mobiliar)* • *Plant-Leasing* *(Leasing ganzer Betriebsanlagen oder Fertigungsstätten)* • *Personal-Leasing* *(Zeitarbeit von Personal, das durch Vermittlungsinstitute beschäftigt wird)*
Leasing-Geber	• *Direktes Leasing* *(Leasing-Geber ist der Hersteller des Leasingobjektes, Leasing wird von ihm als Vertriebsform genutzt)* • *Indirektes Leasing* *(Leasing-Geber ist eine Leasing-Gesellschaft, sie beschafft z. T. individuell auf die Kundenbedürfnisse abgestimmte Leasingobjekte und überlässt sie dem Leasing-Nehmer)*

Kündigung des Vertrages	• *Operate-Leasing* *(Kurze Kündigungsfristen für Leasing-Nehmer, der Leasing-Geber trägt dabei das Investitionsrisiko für die Leasing-Objekte, die daher meist wiederverwertbar sind, z. B. Kfz, Kopierer, Werkzeuge usw.)* • *Finance-Leasing* *(Grundsätzlich nicht kündbar, das Investitionsrisiko trägt der Leasing-Nehmer, z. B. bei Gebäuden)*
Optionen	• *Optionsloser Vertrag* *(Leasing-Geber verpflichtet sich zur Rückgabe, Leasing-Nehmer zur Rücknahme des Leasingobjektes nach Vertragsablauf)* • *Kaufoption* *(Leasing-Nehmer hat das Recht, das Objekt nach Vertragsablauf zum Restbuchwert oder zum Verkehrswert zu kaufen)* • *Tauschoption* *(Leasing-Nehmer kann das Objekt gegen ein neues vergleichbares Objekt eintauschen)* • *Verlängerungsoption* *(Leasing-Nehmer kann neuen Leasingvertrag auf der Basis des Rest- oder Verkehrswertes verlangen)*
Dauer	• *Ausrüstungsgegenstände* *(Kfz, Kopierer usw. 1–5 Jahre)* • *Komplette Anlagen* *(Maschinenanlagen, Fließbandstraßen usw. bis zu 15 Jahren)* • *Gebäude* *(bis zu 30 Jahren)*
Kosten	*Die Leasingraten, die vom Leasing-Geber zu entrichten sind, können sich aus folgenden Elementen zusammensetzen:* • *Abschreibung (Werteverzehr des Objektes)* • *Kapitalverzinsung des Leasing-Gebers* • *Handlungskosten des Leasing-Gebers (Personal, Verwaltung, Vertrieb usw.)* • *Risikozuschläge für Forderungsausfälle* • *Wartungs- und Reparaturkosten für Leasingobjekte (können vertraglich von Leasing-Nehmer übernommen werden)* • *Versicherungsprämien für Leasingobjekte (können vertraglich von Leasing-Nehmer übernommen werden)* • *Gewinnmarge des Leasing-Gebers*

Aus der Sicht des Leasing-Nehmers ergibt sich unter betriebswirtschaftlichen Aspekten folgende Bewertung:

Vor- und Nachteile von Leasing

Vorteile	**Nachteile**
• geleaste Objekte entsprechen dem technisch aktuellen Stand • genaue Kalkulation der monatlichen Belastung durch vereinbarte Leasingraten • verringerter Kapitalbedarf • keine Kreditsicherheiten erforderlich • Leasingkosten können durch Nutzung des Leasingobjektes erwirtschaftet werden • Leasingobjekte werden in Bilanz nicht aktiviert, Leasingkosten sind als Betriebsausgaben steuerlich mindernd	• hohe Fixkostenbelastung durch Leasingraten • Leasing ist i. d. R. teurer als Kauf • bei Financial-Leasing lange Vertragslaufzeiten

3.8.11 Allgemeine Geschäftsbedingungen

- Vorschriften für einseitige Handelsgeschäfte
- Vorschriften für ein- und zweiseitige Handelsgeschäfte

Zweck der AGB

Betriebe schließen täglich eine Vielzahl von Verträgen ab. Da es für Routineverträge für Lieferer und Kunden zu arbeits- und zeitaufwändig wäre, jeweils gesonderte vertragliche Vereinbarungen zu treffen, bedient man sich i. d. R. vorgedruckter Verträge (Formulare). Hierin sind die „allgemeinen Geschäftsbedingungen" **(AGB)** enthalten. AGB sind also Instrumente zur Vereinfachung von Geschäftsprozessen im Absatz- und Beschaffungssektor. Sie beziehen sich meist auf Lieferungs- und Zahlungsbedingungen sowie Regelungen zur Gewährleistung.

Zwar gilt in Deutschland eine grundsätzliche Vertragsfreiheit, d. h. Lieferer und Kunde können frei Vertragsklauseln aushandeln, jedoch sieht der Gesetzgeber im Sinne des Verbraucherschutzes vor, dass der Käufer nicht unangemessen benachteiligt wird. Hieraus geht hervor, dass das Gesetz (AGB-Gesetz) primär für **einseitige Handelsgeschäfte** gilt. Dies liegt dann vor, wenn einer der Vertragspartner Privatperson, also im rechtlichen Sinn Nichtkaufmann ist. Bei einem **zweiseitigen Handelsgeschäft** sind beide Vertragspartner Kaufmann (Unternehmen).

AGB-Vorschriften, die bei ein- und zweiseitigen Handelsgeschäften gelten	
• überraschende Klauseln (§ 3)	Enthalten die AGB überraschende Klauseln, mit denen der Käufer somit nicht rechnen konnte, so sind diese unwirksam ***Beispiel:*** *„Beim Kauf unserer Software verpflichtet sich der Käufer auf 10 Jahre regelmäßige Updates zu erwerben..."*
• Vorrang vor persönlichen Absprachen (§ 4)	Persönliche Absprachen, die von den AGB abweichen, haben Vorrang. Zur Beweissicherung sollten die Vereinbarung schriftlich vorliegen. ***Beispiel:*** *In den AGB wird vereinbart, dass Garantieleistungen maximal über 6 Monate laufen. Abweichend davon wird eine Garantiezeit von 24 Monaten vereinbart.*
• Rechtsfolgen bei Unwirksamkeit der AGB (§ 6)	Wenn einzelne Teile der AGB unwirksam sind, also gegen geltendes Recht verstoßen, so bleibt der Vertrag bestehen. Er richtet sich dann nach den gesetzlichen Vorschriften. ***Beispiel:*** *In den AGB wir eine 3-monatige Garantiezeit eingeräumt. Gesetzlich vorgeschrieben sind aber mindestens 6 Monate.*
• Generalklausel und Klauselverbote (§ 9 ff.)	AGB-Teile sind immer dann unwirksam, wenn sie den Vertragspartner entgegen dem Gebot von Treu und Glauben unangemessen benachteiligen. ***Beispiel:*** *In den AGB steht „Modelländerungen vorbehalten" Ein Kunde bestellt eine Grafikkarte nach genauer Spezifikation und erhält eine andere, mit anderen Leistungsmerkmalen. Dies verstößt gegen Treu und Glauben.*
AGB-Vorschriften, die nur bei einseitigen Handelsgeschäften gelten	
• Einbeziehung in den Vertrag (§ 2)	Die AGB werden nur dann Vertragsbestandteil, wenn der Käufer – vor dem Vertragsabschluss ausdrücklich auf die AGB hingewiesen wurde

	(z. B. deutlich sichtbarer Aushang am Ort des Vertragsabschlusses oder persönlicher Hinweis durch Verkäufer), – von den AGB Kenntnis nehmen kann, – sein Einverständnis zu den AGB gegeben hat.
• Verbotene und damit unwirksame Klauseln	– nachträgliche Preiserhöhungen (binnen 4 Monaten nach Vertragsabschluss) – Verkürzung von gesetzlichen Gewährleistungsfristen – Rücktrittsvorbehalte des Verkäufers – Ausschluss der Haftung des Verkäufers bei grobem Verschulden – unangemessen lange Lieferfristen – Ausschluss von Reklamationsrechten (der Käufer hat das Recht auf Nachbesserung oder Ersatzlieferung) – Beschneidung von Kundenrechten bei verspäteter Lieferung

Branchenverbände und Industrie- und Handelskammern stellen Muster von AGB zur Verfügung.

3.8.12 Fakturierung

- Fakturierung als Auslöser von Teilprozessen beim Lieferer und beim Kunden
- Inhalte der Fakturierung

Die Fakturierung (Rechnungsstellung) erstellt Belege für die eigene Finanzbuchhaltung (Debitorenbuchhaltung = Verwaltung von Forderungen) und die des Kunden (Kreditorenbuchhaltung = Verwaltung von Verbindlichkeiten), um die Wertschöpfungsprozesse zu dokumentieren. Anhand dieser Belege werden die Zahlungsströme gebucht und entsprechende Prozesse ausgelöst.

Belege lösen Prozesse aus

Wirkungen der Rechnungserstellung und -versendung

beim Absender (Lieferer)

- Beleg für Debitorenbuchhaltung
- Beleg für die Buchung einer Forderung
- Beleg für die termingerechte Überprüfung von Zahlungseingängen
- Beleg für die Zuordnung von Zahlungseingängen
- Beleg für die Ermittlung der Umsatzsteuer

...

↓

Ingangsetzung von Prozessen

beim Empfänger (Kunde)

- Beleg für Kreditorenbuchhaltung
- Beleg für eine Verbindlichkeit
- Beleg für die termingerechte Absendung von Zahlungen
- Beleg für die Liquiditätsplanung
- Beleg für Rechnungsprüfung
- Beleg für die Ermittlung der Vorsteuer

...

↓

Ingangsetzung von Prozessen

Software

Vielfach sind die inganggesetzten Prozesse automatisiert. Entsprechende (Standard-) Software, die Schnittstellen zu Finanzbuchhaltung, Lagerdisposition, Kostenrechnung, Warenwirtschaft, Auftragsbearbeitung usw. hat, unterstützt die effiziente Gestaltung dieser Prozesse. Dabei kann auf branchenorientierte oder branchenneutrale **Software** zurückgegriffen werden.

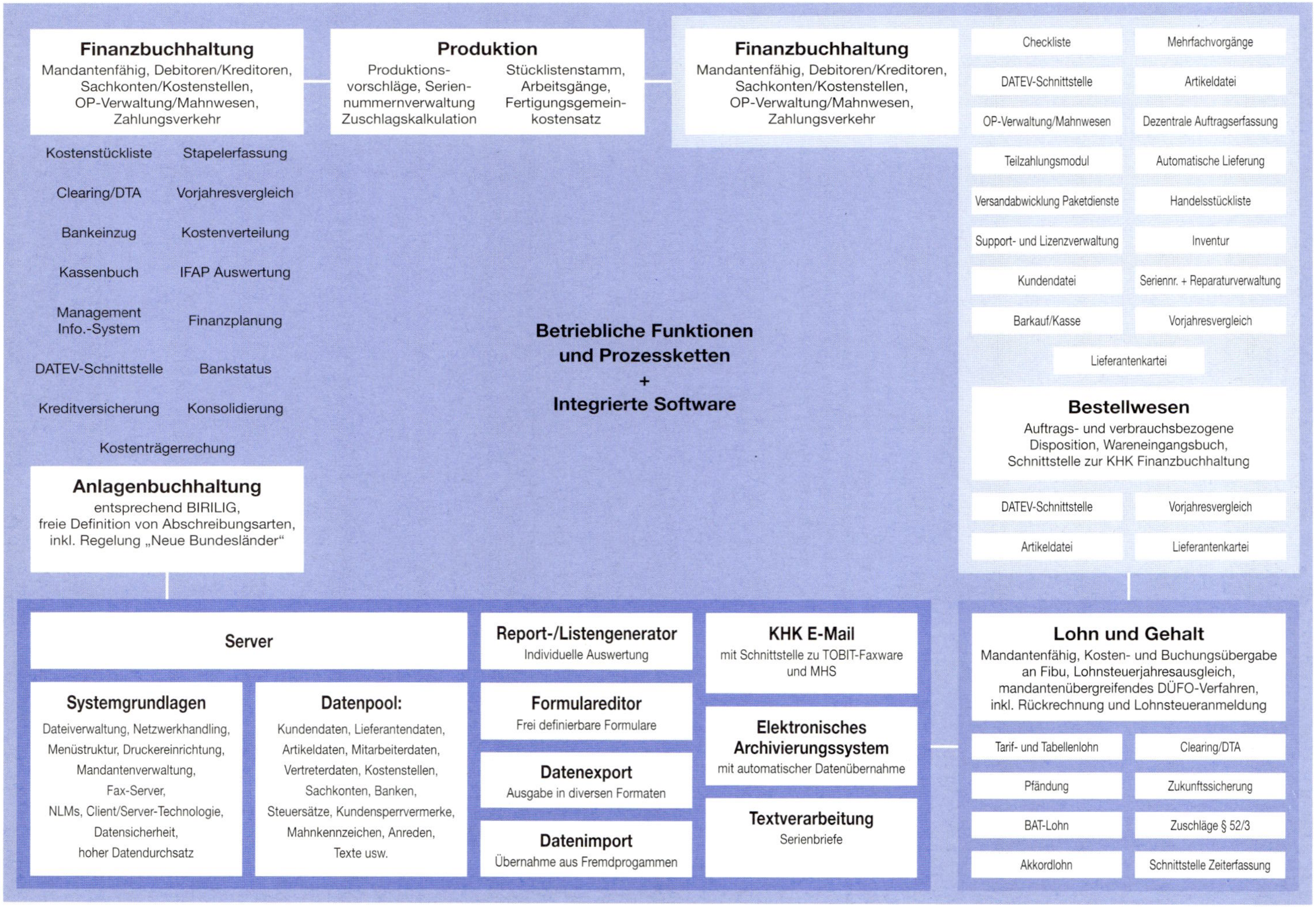

Quelle: Kaufmännische Software, Unternehmerinfos von KHK, Frankfurt 1995.

Vielfach ist die Software so ausgelegt, dass Schnittstellen zu Kreditinstituten oder den Kunden gegeben sind und dadurch ein schneller Datenaustausch ermöglicht wird.

EDI Eine vollständige und integrative Abwicklung von Bestellung, Rechnungsstellung und Zahlungsvorgängen ist mit dem **EDI-Verfahren** möglich (vg. S. 154). Hierbei entfallen herkömmliche Belege, da der Datenaustausch elektronisch erfolgt. In dieses Verfahren sind neben Lieferer und Kunden zusätzlich auch andere Unternehmen eingebunden, z. B. Spediteure, Banken.

■ Inhalte der Rechnung

Um entsprechende Prozesse auslösen zu können, müssen Rechnungen bestimmte Informationen (Daten) enthalten.

Inhalt	*Erläuterung*
Absender	*Genaue Angaben, incl. Anschrift, Telefon, Fax, eMail, Ansprechpartner usw. um Rückfragen zu erleichtern; ggf. Liefernummer*
Empfänger	*Rechnungsempfänger muss nicht mit Lieferungsempfänger übereinstimmen, Kundennummer*
Kontoverbindung	*Bezeichnung des Kontos, auf das der Rechnungsbetrag überwiesen werden soll (Konto-Nr., Bankinstitut, Bankleitzahl), wobei mehrere Alternativen (Kontoverbindungen) angegeben werden können*
Rechnungsdatum	*Wichtig für Fristeneinhaltung*
Rechnungsnummer	*zur genauen Identifikation und Zuordnung der Rechnung für Absender und Empfänger; Auftragsnummer*
Zahlungsfrist	*i. d. R. im Kaufvertrag (vgl. S. 192) ausgehandelt oder durch allg. Geschäftsbedingungen (vgl. S. 199) definiert, in Rechnung lediglich Wiederholung der Information*
Zahlungsart	*Bar, Scheck, Überweisung, Einzug usw. (vgl. S. 203)*
Hinweis auf Eigentumsvorbehalt	*vgl. S. 191*
ggf. Angaben über Factoring	*Angaben zum Abtritt von Forderungen*
gelieferte Leistung	*Spezifikation der in Rechnung gestellten Leistungen mit Bezeichnung, Artikelnummer, Menge, Einzelpreis, Positionspreis usw.; Vermerk von Nebenleistungen wie Verpackung, Transport usw.*
Rechnungsbetrag	*Summe der Einzelwerte*
Ausweis der Mehrwertsteuer	*Prozentsatz und Wert*
Hinweis auf allg. Geschäftsbedingungen	*vgl. S. 199*
Währung des Rechnungsbetrages	*ab 01.01.2002 Fakturierung ausschließlich in Euro*

Betriebsindividuelle Regelungen bzw. Vereinbarungen mit dem Kunden können zu weiteren Inhalten (Daten) auf Rechnungen führen.

3.8.13 Zahlungsvorgänge

■ Träger des Zahlungsverkehrs	Kreditinstitute über Gironetze
■ Zahlungsarten	bar, halbbar, bargeldlos,
■ elektronische Zahlung	Internet, EDI

Durch die Übergabe von Bargeld oder die rechtzeitige Absendung von Geldbeträgen kommt der Schuldner seiner vertraglichen Verpflichtung nach. Hierbei werden i. d. R. Kreditinstitute eingeschaltet, die den Zahlungsverkehr unterstützen und abwickeln.

■ Träger des Zahlungsverkehrs

Träger

Kreditinstitute (Banken, Sparkassen, Kreditgenossenschaften, Postbank) als Träger des Zahlungsverkehrs haben sich zu Gironetzen zusammengeschlossen. Zur internen Verrechnung von Zahlungen unterhalten sie Konten bei den Landeszentralbanken, die als Clearingstelle dienen.

■ Zahlungsarten

Arten

Zahlungsart	*Erläuterung*
Barzahlung	• *Weder Schuldner noch Gläubiger verwenden ein Konto.* • *Schuldner und Gläubiger tauschen Bargeld aus.* • *Wertbrief: In einem verschlossenen Umschlag befördert die POST AG gegen Gebühr Bargeld bis zu einem bestimmten Betrag und haftet für evtl. Verluste.*
halbbare Zahlung	• *Schuldner oder Gläubiger verwenden ein Konto* • *Zahlschein: Der Schuldner zahlt Bargeld bei einem Kreditinstitut ein, der Betrag wird dem Konto des Gläubigers gutgeschrieben* • *Nachnahme: Beim Güterversand über die Post AG kann vereinbart werden, die Zustellung beim Empfänger nur gegen Barzahlung zu leisten. Der Absender erhält eine Gutschrift auf sein Konto.* • *Barscheck: Der Scheckbetrag wird dem Überbringer von der Bank bar ausgezahlt, das Konto des Scheckausstellers (Schuldner) wird belastet.*
bargeldlose Zahlung	• *Sowohl Schuldner als auch Gläubiger verwenden ein Konto, es findet eine Umbuchung von Konto zu Konto statt.* • *Überweisung: Gläubiger weist seine Bank an (auf Formular), einen bestimmten Betrag von seinem Konto auf das Konto eines bestimmten Empfängers zu überweisen.* • *Sammelüberweisung: mehrere Überweisungen an verschiedene Gläubiger über ein Formular (Empfänger der Teilbeträge in Anhang)* • *Dauerauftrag: Überweisung von regelmäßig wiederkehrenden Zahlungen in gleicher Höhe* • *Lastschriftverfahren: Kontoinhaber ermächtigt seinen Gläubiger bis auf Widerruf von seinem Konto Beträge abbuchen zu lassen.* – *Einzugsermächtigung: Kontoinhaber ermächtigt seinen Gläubiger von seinem Konto Forderungen einzuziehen. Der Kontobelastung kann binnen 6 Wochen widersprochen werden, wobei eine Rückbuchung erfolgt.* – *Abbuchungsauftrag: Hier kann der Gläubiger ohne vorherige Rückfrage das Konto seines Schuldners belasten. Der Schuldner kann dieser Belastung nicht widersprechen.* • *Eilüberweisung: Überweisungsvorgang wird telefonisch oder per Fax ausgeführt.* • *Verrechnungsscheck: Der Scheckbetrag wird dem Konto des Gläubigers gutgeschrieben.*

Elektronische Zahlungsarten

Belegloser Datenaustausch

Belegloser Zahlungsverkehr

Kreditinstitute ermöglichen einen beleglosen Datenaustausch. Hierdurch werden die erteilten Überweisungsaufträge als Datensätze übermittelt. Dies kann durch physischen Austausch von **Datenträgern** (z. B. Disketten) oder über **Telekommunikation** (Datenfernübertragung) erfolgen. Hierdurch werden den Bankkunden erhebliche Vereinfachungen geboten.

Für **Privatkunden** kann im Rahmen des **Homebankings** die komplette Kontenverwaltung von jedem Punkt der Welt ermöglicht werden (z. B. Notebook plus Telefon plus Modem). Für **Unternehmen** erleichtert sich das **Cash-Management**, weil sie jederzeit Zugriff auf ihre Konten haben und ihre Liquidität entsprechend steuern können.

Insbesondere beim **EDI**-Verfahren (vgl. S. 154) ist der beleglose Datenaustausch beim Zahlungsverkehr üblich.

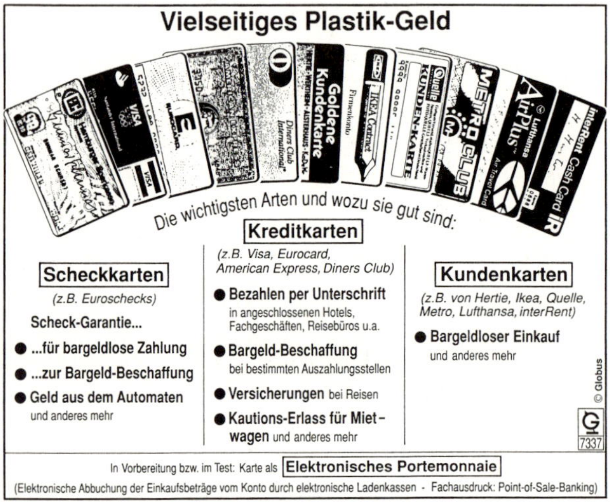

„Plastikgeld“

Statt Bargeld, Scheck oder Überweisungsformular wird eine Karte mit Magnetsteifen und/oder integriertem Chip benutzt. Über entsprechende Lesegeräte für diese Karten werden die erforderlichen Daten eingelesen und nach der Prüfung einer Legitimation (**PIN** = Persönliche Identifikations-Nummer) ein bargeldloser Zahlungsvorgang eingeleitet.

Formen	*Erläuterung*
Kreditkarten	*Kreditkartenunternehmen geben gegen vereinbarte Gebühren Karten aus. Die Kunden können diese Karten zur bargeldlosen Bezahlung bei Vertragsunternehmen (Einzelhandelsbetriebe, Hotels usw.) einsetzen. Die Vertragsunternehmen zahlen dem Kreditkartenunternehmen Gebühren.*
Kundenkarten	*Unternehmen geben an bestimmte Kunden Karten aus, mit denen ein Kundenkonto bei jedem Zahlungsvorgang belastet wird. Am Monatsende wird der Gesamtbetrag vom Bankkonto des Schuldners abgebucht (eingezogen).*
electronic-cash	*Der Karteninhaber kann im Inland (electronic-cash-System = ec-Karte) und Ausland (edc-Maestro-System = electronic debit card) bargeldlos bezahlen. Die Autorisierung über PIN erfolgt online.* *POZ-System: POZ (Point of Sale ohne Zahlungsgarantie), hierbei unterschreibt der Kunde einen Beleg und erteilt eine Einzugsermächtigung (vgl. S. 203).*
Geldkarte	*Sie dient der bargeldlosen Abwicklung von kleineren Beträgen. Sie ist mit einem Mikrochip ausgestattet, auf dem Zugangsdaten und Höchstbeträge abgespeichert sind. Als „elektronische Geldbörse“ kann sie nachgeladen werden.*

Ablauf des electronic-cash-Systems

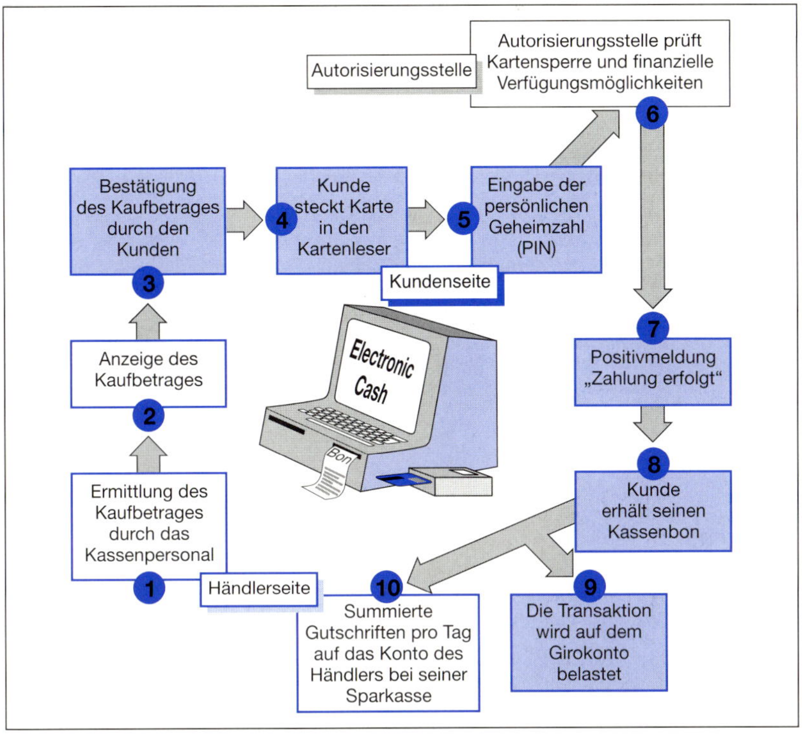

Im Zuge der Entwicklung **elektronischer Märkte** (vgl. S. 167) haben sich im Internet verschiedene **Online-Bezahlsysteme** entwickelt. Einerseits fordern die Kunden einfache Handhabung, Datenschutz und Datensicherheit, andererseits bestehen die Händler auf Zahlungssicherheit. Keines der bisher verfügbaren Systeme erfüllt diese Anforderungen vollständig. Deshalb arbeiten viele Online-Anbieter mit traditionellen Verfahren wie Nachnahme (vgl. S. 203), Vorkasse oder Rechnung.

Online-Bezahlsysteme

Zahlungssystem	Beteiligte Banken/Technik	Anwendungsbereich/ Verbreitung/*Beispiel*	Besonderheiten
Secure Sockets Layer SSL	In Netscape- und Microsoft-Browser eingebauter Verschlüsselungsstandard. Eine aktive SSL-Verbindung erkennt man am goldenen Schloss in der Statusleiste des Browsers.	Übermittlung der Kreditkarten-Nummer oder persönlicher Daten, Online-Banking • Zurzeit Standard • ***Beispiel:*** *www.amazon.de*	Eine Erweiterung der Schlüssellänge von 40 auf 128 Bit kann mit Fortify for Netscape erreicht werten (http://www.fortify.net).
Cybercash http://www.cyber-cash.de http://www.cyber-cash.com	Deutsches Pilotprojekt der Dresdner-Bank, der Commerzbank und einiger Sparkassen • Erforderlich ist eine kostenlos erhältliche Wallet-Software (elektronische Geldbörse) und ein Konto bei einem Cybercash-Partnerinstitut.	Kreditkarten-Zahlungen, elektronische Lastschrift und digitales Geld (Cybercoin) • In den USA erfolgreich, in Deutschland erst bei weniger als 100 Online-Händlern • ***Beispiel:*** *www.das-weinhaus.de*	Erforderlich ist eine kostenlos erhältliche Wallet-Software (elektronische Geldbörse) und ein Konto bei einer Cybercash-Partner-bank.

Telecash **http://www.tele-cash.de**	Die Telecash GmbH aus Stuttgart betreibt ein Zahlungs-Gateway, das die Transaktionen koordiniert. • Erforderlich ist lediglich ein Java-fähiger Internet-Browser (Netscape oder Internet-Explorer).	Zahlung per Kreditkarte, per Lastschrift (nach Registrierung) oder per Kundenkarte • Bisher nur geringe Verbreitung • ***Beispiel:*** *www.schwacke.de*	Die Kundendaten werden nicht an den Händler weitergegeben, sondern über einen zentralen Telecash-Server verwaltet.
Secure Electronic Transaction (SET) **http://www.setco.org/**	Von Visa und Mastercard entwickeltes Protokoll zur Übermittlung von Kreditkarten-Nummern; Weiterentwicklung durch Setco (www.setco.org) • erforderlich: SET-Wallet und Bank-Zertifikat	Kreditkarten-Transaktionen; Lastschriftverfahren ist geplant • Bisher nur wenige Händler, doch stark im Ausbau (siehe www.set-sites.com) • ***Beispiel:*** *www.my-world.de*	Kunden, Händler und Zahlungs-Gateway sind mit einem Verschlüsselungssystem verbunden; Händler können der Gültigkeit der Kreditkarten vertrauen.
Geldkarte **http://www.zka.de** **http://www.sparkasse.de/ecommerce/**	Maßgeblich von den Sparkassen gefördertes Konzept; ein Pilotprojekt der Sparkassen existiert bereits. • Für die Anwendung im Internet ist ein Karten-Lesegerät am PC notwendig, wofür aber bisher kein vom ZKA zugelassener Standard existiert.	Geeignet für Kleingeld-Beträge von zehn Pfennig bis 400 Mark • Durch die standardmäßige Ausstattung neuerer EC-Karten mit dem Geldkartenchip bereits weit verbreitet (ca. 30 Mio Karten in Deutschland)	Die Durchsetzung hängt davon ab, ob die Banken sich durchringen, den Kunden das Karten-Lesegerät kostengünstig zur Verfügung zu stellen.
E-Cash **http://ecash-home.deusche-bank.de** **http://www.digi-#cash.com**	Von der holländischen Firma Digicash entwickeltes Micropayment-System, das als Pilotprojekt unter anderem bei der Deutschen Bank läuft • Mithilfe der kostenlosen E-Cash-Geldbörse werden elektronische Münzen auf den PC beim Nutzer geladen	Vorerst jedoch auf maximal 400 Mark beschränkt • Bisher nur gering verbreitet (siehe www.ecash-shops.de) • ***Beispiel:*** *www.jaxx.de*	Anonyme Online-Zahlungen im Internet sind möglich • seit kurzem können Kunden aller Banken kostenlos an dem Projekt teilnehmen
Millicent **http://www.millicent.digital.com/**	Micropayment-System der Compaq-Tochter Digital Equipment, geringe Sicherheitsvorkehrungen • Wallet-Software bisher nur für Windows	Abrechnung von Beträgen zwischen Pfennig-Bruchteilen und wenigen Mark • Pilotversuch im Frühjahr 1999 erfolgreich abgeschlossen, Einführungstermin noch unklar	Besonders für Abrufe bei Suchdiensten und News-Tickern geeignet

Online-Bezahlsysteme im Überblick (Quelle: Froitzheim U.J., Heyden U.: Online-Bezahlung, in: Computerwoche Spezial, 3/99, S. 60)

3.8.14 Mahnwesen

- Außergerichtliches Mahnverfahren — Formen, Abwicklung
- Gerichtliches Mahnverfahren — Formen, Abwicklung
- Verjährungen — Fristen, Folgen

Zahlungseingangs-überwachung

Unternehmen sind auf die rechtzeitigen Eingänge ihrer Forderung angewiesen weil sie ihre eigene Liquidität (Zahlungsfähigkeit) zur Bezahlung eigener Verbindlichkeiten und Aufwendungen (Gehälter, Mieten usw.) beeinflussen. Ggf. entstehen zusätzliche Kosten, wenn bei verspäteter Zahlung zur Überbrückung Kredite aufgenommen werden müssen. Die Zahlungseingangsüberwachung ist ein wesentlicher Teilprozess zur Sicherung des Bestandes eines Unternehmens. Die meiste Software für Auftragsbearbeitung und Rechnungsverwaltung verfügt daher über entsprechende Programm-Bausteine.

Außergerichtliches Mahnverfahren

Außergerichtliches Mahnverfahren

Verspätete Zahlungen seitens der Kunden können vielfältige Ursachen haben (z. B. Zahlungstermin vergessen, Zahlungsunfähigkeit usw.). Daher sollten Mahnungen sprachlich sehr sorgfältig unter Berücksichtigung bisheriger Kundenbeziehungen abgefasst sein. Außergerichtliche Mahnungen sind formfrei, sie sollten aus Beweissicherungsgründen jedoch schriftlich abgefasst werden. Das folgende Ablaufschema ist nur als Vorschlag zu betrachten.

Ablauf

Ablauf des außergerichtlichen Mahnverfahrens

Zahlungserinnerung
(z. B. Anruf mit Bitte um Kontoabgleich, Zusendung einer Rechnungskopie, Außendienstmitarbeiter führt Gespräch mit Kunden usw.)

↓

1. Mahnung
(Inverzugsetzung mit Angabe einer angemessenen Nachfrist)

↓

2. bis 3. Mahnung
(Inverzugsetzung mit Angabe einer angemessenen Nachfrist, Hinweis auf nachdrückliche Störung der Geschäftsbeziehungen, Androhung gerichtlicher Maßnahmen)

↓

Einleitung des gerichtlichen Mahnverfahrens
(bei erfolglosen Maßnahmen)

Statt der Einleitung des gerichtlichen Mahnverfahrens kann die Eintreibung der Forderung an ein Inkasso-Unternehmen vergeben werden, wobei die anfallenden Kosten der Schuldner zu tragen hat.

Gerichtliches Mahnverfahren

Gerichtliches Mahnverfahren

Der Gläubiger stellt beim Amtsgericht einen Antrag auf Erlass eines Mahnbescheides, in dem der Schuldner „von Amts wegen“ aufgefordert wird, den offen stehenden Betrag binnen zwei Wochen zu bezahlen. Das Amtsgericht prüft beim Erlass des Mahnbescheides jedoch nicht, ob der gestellte Anspruch zu Recht besteht. Die Kosten des gerichtlichen Mahnverfahrens gehen zu Lasten des Schuldners.

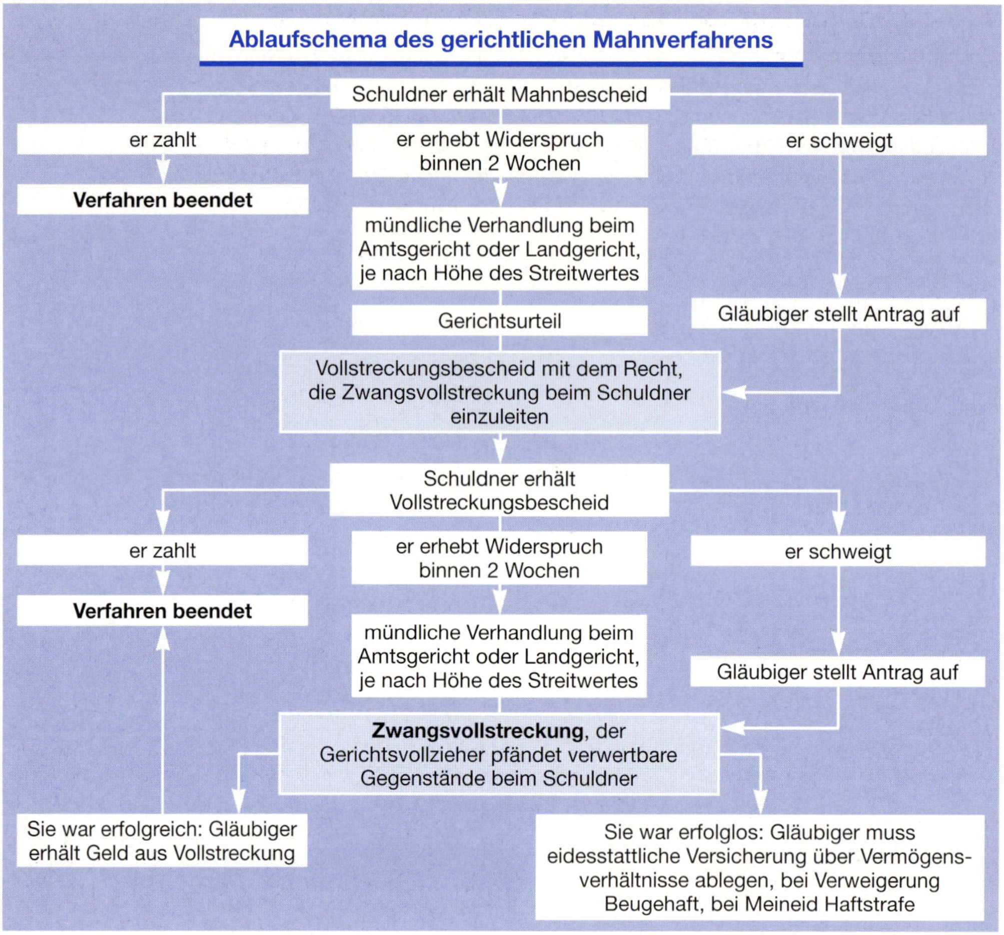

Der Gläubiger kann alternativ auf das gerichtliche Mahnverfahren verzichten und unter Mithilfe eines Rechtsanwaltes beim zuständigen Gericht eine Klage gegen den Schuldner wegen Vertragsbruches einreichen.

■ Verjährung

Verjährung von Leistungen

Eine Forderung gilt als verjährt, wenn eine gesetzlich vorgeschriebene Frist abgelaufen ist. Danach kann der Schuldner die Zahlung verweigern. Der Eintritt der Verjährung kann unterbrochen oder gehemmt werden.

Unterbrechung der Verjährung

Die Verjährung beginnt von neuem, bisherige Verjährungsfrist wird ungültig.

- Gläubiger unterbricht durch Antrag auf Mahn-, Vollstreckungs- oder Zwangsvollstreckungsbescheid, Klage bei Gericht
- Schuldner unterbricht durch Teilzahlung, Schuldanerkenntnis durch Schuldschein, schriftliche Bitte um Stundung (Zahlungsaufschub)

Hemmung der Verjährung

Verjährung wird um die Zeitspanne der Hemmung verlängert durch

- Stundung der Forderung durch Gläubiger,
- berechtigte Zahlungsverweigerung des Schuldners wegen Gegenforderungen an Gläubiger,
- Stillstand der Rechtspflege durch Naturkatastrophen, Krieg u. Ä.

3.9 Beschaffung von Fremdleistungen, Beschaffungsmarketing

Um betriebliche Wertschöpfungsprozesse zu vollziehen, sind Einsatzfaktoren erforderlich, die in vermarktbare Absatzprodukte eingehen. Um die benötigten Beschaffungsobjekte zu erlangen werden im Rahmen des **Beschaffungsmarketings** entsprechende **Beschaffungsprozesse** eingeleitet, gesteuert und kontrolliert. Das Beschaffungsmarketing umfasst die Beschaffungsmarktforschung, die im Wesentlichen analoge Methoden und Instrumente anwendet, wie das Absatzmarketing (vgl. S. 116).

3.9.1 Beschaffungsobjekte

- Arbeitskräfte — Personalbeschaffungsmarketing
- Finanzmittel — Kapitalbeschaffungsmarketing
- Dienstleistungen — Dienstleistungsbeschaffungsmarketing
- Betriebsmittel — Güterbeschaffungsmarketing
- Informationen — Informationsbeschaffungsmarketing

Die konkreten Aktivitäten des Beschaffungsmarketings sind abhängig von den Beschaffungsobjekten und vollziehen sich in verschiedenen **Beschaffungsmarketingsegmenten** im Kontakt mit verschiedenen Teilmärkten.

Beschaffungsobjekt	*Erläuterungen*
Arbeitskräfte	*Für sämtliche Prozesse in einem Unternehmen müssen entsprechend qualifizierte Mitarbeiter auf dem **Arbeitsmarkt** beschafft bzw. ausgebildet werden (**Personalbeschaffungsmarketing**).*
Finanzmittel	*Finanzielle Mittel sind auf dem **Finanzmarkt** zu beschaffen. Sie werden benötigt, um die übrigen Beschaffungsobjekte sowie laufende Kosten der betrieblichen Prozesse zu finanzieren (**Finanzmittelbeschaffungsmarketing**).*
Dienstleistungen	*Alle Unternehmen müssen Dienst- bzw. Fremdleistungen von anderen Unternehmen beschaffen, um ihre Aufgaben zu bewältigen, z. B. Banken für die Abwicklung des Zahlungsverkehrs, Steuerberatungen für Jahresabschlüsse, Speditionen für Transportleistungen, Werbeagenturen für die Abwicklung von Werbemaßnahmen, Rechtsberatung, Gebäudereinigung, Versicherungen usw. Hierzu müssen verschiedene **Dienstleistungsmärkte** untersucht werden. (**Dienstleistungsbeschaffungsmarketing**).*
Betriebsmittel	*Betriebsmittel werden zur Erzeugung von physischen Produkten sowie zur Erbringung von Dienstleistungen benötigt.* • *Maschinen (Produktionsanlagen, Werkzeuge, Computeranlagen)* • *Mobiliar (Büroeinrichtungen, Lagereinrichtungen)* • *Fuhrpark (PKW, LKW)* • *Werkstoffe (sie sind Bestandteile des zu produzierenden Erzeugnisses, z. B. Material, Rohstoffe, Betriebsstoffe wie Energie u. Ä.)* • *Fertigteile (Baugruppen, Module)* *Auf verschiedenen **Gütermärkten** sind diese Betriebsmittel zu beschaffen (**Güterbeschaffungsmarketing**).*
Handelswaren	*Handelswaren werden unverändert weiterverkauft.*
Informationen	*Informationen sind die Basis für Entscheidungen in Unternehmen. Die effiziente Gestaltung von Prozessen der Beschaffung externer Informationen ist Aufgabe des **Informationsbeschaffungsmarketings**.*

3.9.2 Beschaffungsprozesse

- Akteure in Beschaffungsprozessen
- Beschaffungs- und Beschaffungsteilprozesse
- Supply Chain Management

Bei allen Beschaffungsprozessen sind als **Akteure** zumindest Lieferer und Kunden gegeben. Sie können durch weitere Akteure unterstützt werden, z. B. Kreditinstitute für die Abwicklung des Zahlungsverkehrs, Spediteure für Gütertransporte, Telekommunikationsunternehmen für die Unterstützung der Kommunikation usw. Hieraus ergeben sich je nach Beschaffungsobjekt unterschiedliche Teilprozesse.

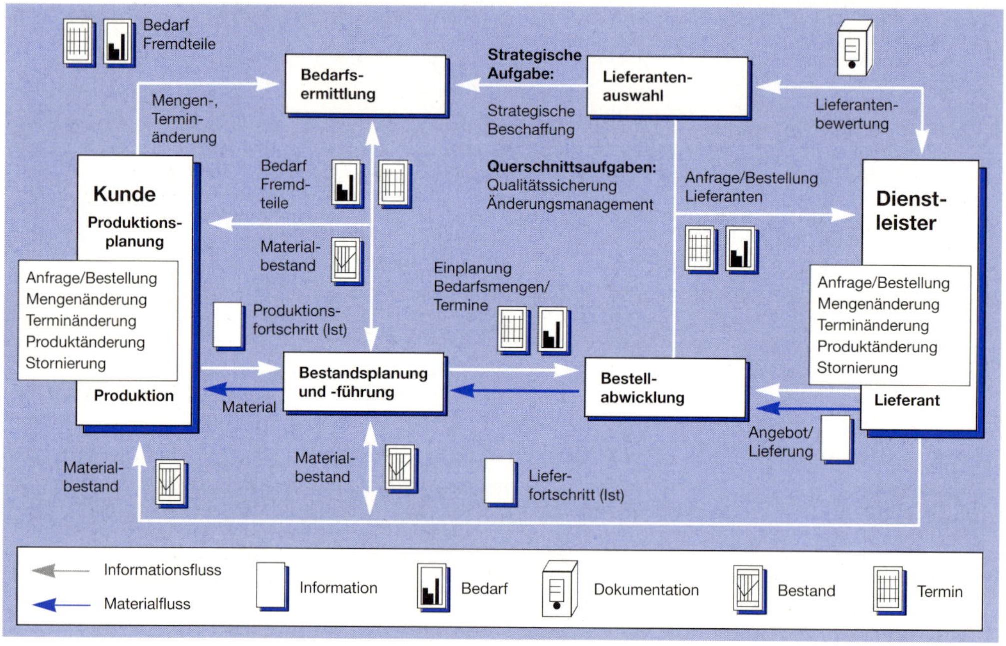

Übersichtsmodell Beschaffungsprozess
Quelle: Thaler, Klaus: Supply Chain Management, Fortis FH-Verlag, 1999, S. 125

Win-Win **Beschaffungsprozesse** auf Kundenseite haben eine starke Beziehung zu **Absatzprozessen** auf Seiten der Lieferer, da hier die gleichen Akteure gegeben sind und z.T. deckungsgleiche Prozesse (vgl. S. 170) ablaufen, die jeweils nur von unterschiedlichen Sichtweisen (Perspektive des Kunden, Perspektive des Lieferers) geprägt sind. Hieraus ergibt sich ein großes Potenzial zur Optimierung der Prozesse, wovon sowohl Lieferer als auch Kunden profitieren **(Win-Win-Situation vgl. S. 138).**

SCM Die Prozessgestaltung und -optimierung unter Einbeziehung von eigenen Kunden, Lieferern und Dienstleistern (Spediteure, Banken usw.) auf der logistischen Kette wird als **Supply Chain Management (SCM)** bezeichnet. Hierbei wird insbesondere versucht, durchgängige Prozesse vom Lieferer über das eigene Unternehmen bis hin zu seinen Kunden zu gestalten. Auf dem Softwaremarkt existieren hierzu skalierbare Produkte, die betriebsindividuelle Lösungen ermöglichen.

Beschaffungsteilprozesse

Beispiele:

Beurteilungsgrößen im Beschaffungsprozess (BEP)	Wirkung in der logistischen Kette	Mess-/Beurteilungsgrößen in weiteren Prozessen
Lieferantenauswahl		
Lieferantenstruktur	langfristige Erfolgssicherung (strategisch)	Lieferqualität
Produkt- und Typenmix (Lieferant)		Ausführungs- und Fertigungsqualität,
Art und Anzahl der beschafften Materialien, Teile, Varianten	Transportvolumen	Transportkosten
Anzahl georderter Produkte/Periode	Transportvolumen	Transportkosten
Anzahl Angebote, Bestellungen/Periode	Bestellabwicklung	Kosten Bestellabwicklung
∅ Anzahl Angebote/Mitarbeiter	Bestellabwicklung	Kosten Bestellabwicklung
∅ Anzahl Bestellungen/Mitarbeiter	Bestellabwicklung	Kosten Bestellabwicklung
Komplexität der Bestellungen	Beschaffungsaufwand	Beschaffungszeit
Bedarfsermittlung		
Teilestruktur (Wert, Verbrauch)	Bestell-/ Beschaffungszyklen	Lieferzeit
Mengenschwankung/Produkt		Bestandshöhe/-kosten
Anzahl Exotenprodukte/Programm	Mehraufwand	Lagerdauer/Bestandskosten
An- und Auslauf Teile	Losgrößen	Fehlmengen
Änderungshäufigkeit Teile	Änderungsaufwand	Kosten Änderung
kritische Teile	Lieferausfall	Sonderfahrten, Mehraufwand
Anteil Eigenfertigung/Anteil Beschaffung	Materialfluss intern/extern	Beschaffungskosten
ideale Beschaffungslosgröße/Position	Bestellzyklen	Bestände
tatsächliche Beschaffungslosgröße/Position	Bestellzyklen	Bestände
Anteil kleinlosiger Beschaffungsaufträge	Bestellzyklen	Bestände
Wiederbeschaffungszeit/Produkt	Bestellzyklen	Bestände
Bestandsplanung und -führung		
kritische Teile, Fehlteile	Lieferausfall	Sonderfahrten, Mehraufwand
Dispositionsverfahren	Bestellzyklen	Bestände
Zeitraster Disposition	Bestellzyklen	Bestände
∅ Lagerbestand/Teil	Reichweite	Lieferbereitschaftsgrad
Lagerreichweite/Teil	Lieferbereitschaftsgrad	Lieferzuverlässigkeit
Sicherheitsbestand/Teil	Lieferbereitschaftsgrad	Lieferzuverlässigkeit
verfügbarer Bestand (Kritische Teile)	Lieferbereitschaftsgrad	Lieferzuverlässigkeit
Umschlaghäufigkeit	Materialabfluss	Transportkosten
Meldebestandsgrenze/Teil	Sicherheitsbestand	Lieferzuverlässigkeit
Kosten pro Lagerbewegung	Lagerkosten	Lagerkosten
Lagerauslastungsgrad	Lagernutzung	Lagerkosten
Verfahren bei Lieferausfall	Umplanung	Mehraufwand
Bestellabwicklung		
Termineinhaltung Bestellungen	Fertigstellungstermine	Lieferzuverlässigkeit
∅ Anzahl Bestellungen/Mitarbeiter	Bestellabwicklung	Bestellkosten
Anteil Routinebestellungen/Exoten	Bestellabwicklung	Bestellkosten
Anteil und Art von Beanstandungen/Lieferant	Beschaffung	Lieferzuverlässigkeit
Mengen- und Terminänderungen	Produktionsschwankung	Kosten Nacharbeit
Prozesskosten		
Gesamtkosten BEP/Periode Kosten BEP/Bestellvorgang Kosten BEP/Produktgruppe ∅ Beschaffungsvolumen/Lieferant/Periode Kosten BEP/Mitarbeiter	Verhältnis der Kostenanteile in den weiteren Prozessen	Analyse der Kostenstruktur

Beurteilungsgrößen im Beschaffungsprozess (BEP)	Wirkung in der logistischen Kette	Mess-/Beurteilungsgrößen in weiteren Prozessen
Prozesszeiten BEP		
Prozessqualität BEP		
Wiederbeschaffungszeit (WBZ) bis Wareneingang	Liefertermin	Lieferzuverlässigkeit
∅ WBZ/Lieferant	Liefertermin	Lieferzuverlässigkeit
WBZ/Exotenteil	Liefertermin	Lieferzuverlässigkeit
Anteil Vorlaufzeit/Transportzeit	Liefertermin	Lieferzuverlässigkeit
Streuung der Prozesszeiten	Liefertermin	Lieferzuverlässigkeit
Qualität Bedarfsermittlung	Service, Kompetenz	Bewertung
Qualität Lieferantenverwaltung	Service, Kompetenz	Reklamationsauswertung
Qualität Lieferantenbewertung	Service, Kompetenz	Selbstbewertung
Qualität Bestandsführung	Service, Kompetenz	Selbstbewertung
Qualität Bestellabwicklung	Service, Kompetenz	Selbstbewertung
Qualität Termineinhaltung (Bestellung)	Service, Kompetenz	Selbstbewertung
Anzahl Beanstandungen, Reklamationen	Service, Kompetenz	Selbstbewertung
Änderungsmanagement		
Durchführen von Sonderbestellungen	Kundenzufriedenheit	Bewertung
Reaktion Umplanung, Kundenwünsche	Kundenzufriedenheit	Bewertung

Quelle: Thaler, Klaus: Supply Chain Management, Fortis FH-Verlag, 1999, S. 237 f.

3.9.3 Beschaffungsentscheidungen

- Basis von Beschaffungsentscheidungen
- Entscheidungsbereiche

Pläne

Eine wesentliche Basis von Beschaffungsentscheidungen sind **Absatz- und Umsatzpläne**. Hieraus sind Art und Menge der zu produzierenden Einheiten zu entnehmen. Somit können für die einzelnen Beschaffungsobjekte **Beschaffungspläne** erstellt werden. Es ergeben sich folgende Entscheidungsbereiche:

Entscheidungsbereich	*Erläuterungen*
Welche Objekte sind zu beschaffen?	*Zu beachten sind hierbei Art, Größe, Qualitätsstandards, Ausführung und spezielle betriebsindividuelle Anforderungen an die Objekte*
Welche Mengen sind zu beschaffen?	*Hier ist besonders auf die Absatzpläne zurückzugreifen und die verfügbare Lagerkapazität sowie ggf. Mindestabnahmemengen zu berücksichtigen, ferner sind Bestellintervalle für Nachbestellungen festzulegen.*
Wann sind die Objekte zu beschaffen?	*Hierbei sind insbesondere zu berücksichtigen der Termin der Fertigstellung, die Produktionsdauer, Zeiten für die Anlieferung und Warenprüfung, innerbetriebliche Transport- und Lagerzeiten, Zeiten für die Abwicklung des Bestellvorganges (Anfragen, Angebotsprüfungen) sowie Preisentwicklungen auf den Beschaffungsmärkten.*
Zu welchen Konditionen ist zu beschaffen?	*Hier sind Lieferungs-, Zahlungs- und Servicekonditionen verschiedener Lieferer zu untersuchen und zu vergleichen.*
Zu welchem Preis ist zu beschaffen?	*Hier sind Preisunter- und obergrenzen festzulegen, wobei Rabatte, Skonti zu berücksichtigen sind.*
Bei welchem Lieferer soll beschafft werden?	*Die Entscheidung für einen bestimmten Lieferer erfolgt über einen Vergleich seiner Preise, Konditionen sowie über qualitative Merkmale wie Image, Zuverlässigkeit, Termintreue usw.*
Welche Beschaffungsstrategie wird verfolgt?	*Beschaffungsstrategien sind mittelfristig festgelegte Verhaltensweisen, z. B. über die Auftragsbündelung oder -streuung*

3.9.4 Beschaffungsstrategien

- Einzelbeschaffung oder Vorratsbeschaffung
- Auftragsbündelung oder Auftragsstreuung
- Eigenfertigung oder Fremdbezug
- Just-in-Time-Belieferung

Marktveränderungen

Beschaffungsstrategische Entscheidungen beeinflussen die Gestaltung der Beschaffungsprozesse nachhaltig. Sie werden mittel- bis langfristig entschieden, wobei jedoch kurzfristige Abweichungen, z. B. als Reaktion auf **Marktveränderungen,** als taktische oder operative Maßnahmen denkbar sind.

Einzelbeschaffung oder Vorratsbeschaffung

Bei der Einzelbeschaffung im Bedarfsfall muss mit langen Beschaffungszeiten (Beschaffungsmarktforschung, Angebote einholen usw.) gerechnet werden. Sie bietet sich an für Produkte, die nur einmalig oder sehr selten benötigt werden. Für andere Produkte ist eine Vorratsbeschaffung sinnvoll, wobei eigene Lagerkapazitäten, Kapitalbindung durch Vorräte sowie entsprechende Kosten berücksichtigt werden müssen.

Auftragsbündelung oder Auftragsstreuung

Anzahl der Lieferer

Hier wird über die **Anzahl der Lieferer** für bestimmte Beschaffungsobjekte entschieden. Je größer die Anzahl von Lieferern (Auftragsstreuung) ist, desto unterschiedlicher können einzelne Beschaffungsprozesse sein, weil liefererspezifische Bedingungen zu berücksichtigen sind.

Bündelung von Aufträgen

Vorteile

- Preisvorteile durch hohe Abnahmemengen
- Sonderkonditionen durch lange Zusammenarbeit
- Anpassung von Geschäftsprozessen (Absatz und Beschaffung)

Nachteile

- starke Bindung an Lieferer
- Abhängigkeit des Kunden vom Lieferer
- ggf. Preisdiktat durch Lieferer

Die extreme Form der Auftragsbündelung liegt vor, wenn nur von einem Lieferer bezogen wird. Diese Konzentration kann auf beiden Seiten zu starken Abhängigkeiten führen. Jedoch ist eine Anpassung von Geschäftsprozessen bis hin zur Synchronisation denkbar.

Eigenfertigung oder Fremdbezug

Insbesondere Produktionsbetriebe überlegen sich bei der Fertigungsplanung, welche Fertigungsprozesse selbst durchgeführt werden und welche sich auslagern lassen, also als Fremdleistung beschafft werden. Dabei sind folgende Entscheidungfelder zu untersuchen:

Entscheidungsfeld	*Erläuterung*
eigene Kapazitäten	*Es wird geprüft, ob die eigenen Ressourcen ausreichen bzw. ausgelastet sind (Maschinen- und Lagerkapazität, Personal).*
Beschaffungsmarkt	*Es wird untersucht, ob die benötigten Objekte auf dem Markt in geforderter Menge, Zeit und Qualität beschaffbar sind.*
Kosten	*Die Kosten der Eigenfertigung werden den Kosten des Fremdbezuges entgegengestellt (Stückkosten, Gesamtkosten).*

Outsourcing

Für Dienstleistungen werden analoge Überlegungen angestellt. Wenn ganze Prozesse ausgelagert werden, spricht man von **Outsourcing.**

Beispiele

- *Ein Unternehmen gliedert die Teilprozesse „Zahlungseingangsüberwachung“ und „Inkasso“ aus. Diese Prozesse werden im Rahmen des Factorings an ein Fremdunternehmen vergeben. Hierbei tritt das Unternehmen seine Forderungen an Kunden an den Factor ab und erhält sofort den Rechnungsbetrag abzüglich entsprechender Vergütungen für den Factor, der dann den Zahlungseingang überprüft (incl. Mahnarbeiten) und das Inkasso durchführt.*
- *Ein Unternehmen löst seinen eigenen Fuhrpark incl. seiner Werkstatt auf und beschafft sich im Wege des Leasings (vgl. S. 197) die benötigten Transportkapazitäten.*
- *Ein Unternehmen verzichtet auf eine eigene Rechtsabteilung und holt sich benötigten Rechtsbeistand von Fall zu Fall bei Experten.*

Insourcing

Die Aufnahme von Prozessen, deren Output bisher als Fremdleistung beschafft wurde, bezeichnet man als **Insourcing**.

Just-in-Time-Belieferung, Delivery on demand

Bei der Just-in-Time-Belieferung (JIT) handelt es sich um eine zentrale Steuerung von Beschaffungs- und Produktionsprozessen mit mengen- und zeitgenauer Bereitstellung von Materialien und Leistungen. Diese Strategie setzt eine enge Verzahnung und eine hohe Transparenz der Beschaffungs- und Absatzprozesse von Lieferer und Kunde voraus. Spezielle Datenbank-Kopplungen zwischen beiden Akteuren sind für einen effizienten Informationsaustausch erforderlich. Die Lagerkapazitäten werden beim Kunden zwar reduziert, durch produktionssynchrone Anlieferungen wird sein Lager quasi auf die LKW des Lieferers auf den Straßen verlagert, jedoch sind die hieraus resultierenden Kosteneinsparungen den Kosten für exakte zeitliche und mengenmäßige Dispositionen gegenüberzustellen.

Delivery on Demand entspricht dem Kauf auf Abruf, es wird also ein Rahmenvertrag über die Lieferung bestimmter Produkte geschlossen, wobei der Kunde Zeitpunkt und Mengen von Teillieferungen entsprechend seinem eigenen Absatz anpasst und bei Bedarf vom Lieferer abruft.

3.9.5 Bedarfsermittlung

- Materialbedarfsarten — Primär-, Sekundär-, Tertiärbedarf
- XYZ-Analyse für Bestelldispositionen

Entscheidungsbasis

Eine möglichst genaue Bedarfsermittlung ist erforderlich, um einerseits Fehlmengen bei der Produktion zu vermeiden (Folge: Terminverzögerungen bei Produktion und Lieferung) und andererseits die Kapitalbindung durch Vorräte zu minimieren. Die Bedarfsermittlung setzt eine exakte Bedarfsrechnung voraus. Sie stützt sich auf die Daten der Absatzplanung und der laufenden Fertigung. Der mengenmäßige Materialbedarf wird dabei aus **Stücklisten** der einzelnen Beschaffungsobjekte abgeleitet.

Bedarfsarten

Materialbedarfsarten	***Erläuterungen***
Primärbedarf	*Bedarf an verkaufsfähigen Produkten incl. Ersatzteilen gem. Absatz- und Produktionsplan*
Sekundärbedarf	*Bedarf an Rohstoffen, Bauteilen und Komponenten, die zur Erzeugung des Primärbedarfs erforderlich sind*
Tertiärbedarf	*Hilfs- und Betriebsstoffe*

Die erforderlichen Mengen je Bedarfsart werden rechnerisch ermittelt, wobei neben den Stücklistenergebnissen zusätzliche Bedarfsschwankungen berücksichtigt werden. Ferner wird der Bedarf für Ausschuss, Ersatz- oder Versuchsteile sowie ein Sicherheitszuschlag bestimmt. Liegen keine Erfahrungswerte vor, muss auf Schätzungen zurückgegriffen werden.

Ein Hilfsmittel, die zukunftsgerichtete Bedarfsanalyse durchzuführen, ist die **XYZ-Analyse**. Sie gibt an, wie der Verbrauch und somit der Bedarf einzelner Produkte schwankt. Die zu beschaffenden Produkte werden dabei in drei Gruppen eingeteilt.

Bedarfsschwankungen

Gruppe	**Verbrauchsschwankung**
X-Gruppe	hoch, Verbrauch weitgehend konstant, nur gelegentliche Schwankungen um Mittelwert
Y-Gruppe	mittel, Verbrauch unterliegt mittleren Schwankungen (Saison, Trend)
Z-Gruppe	niedrig, sehr unregelmäßiger Verbrauch

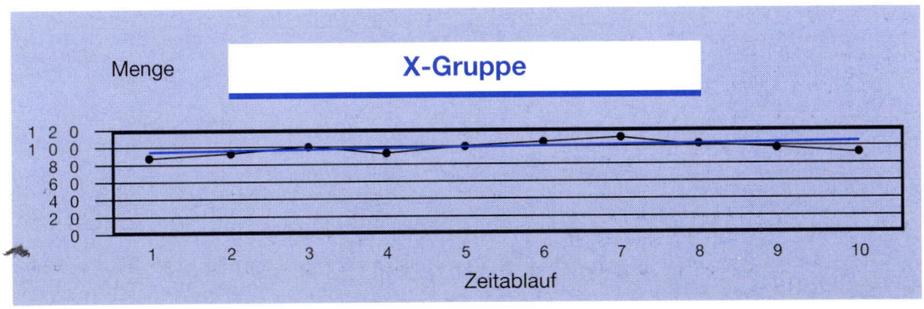

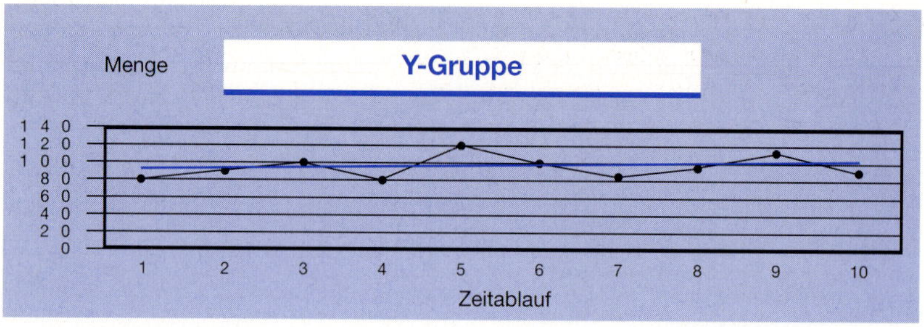

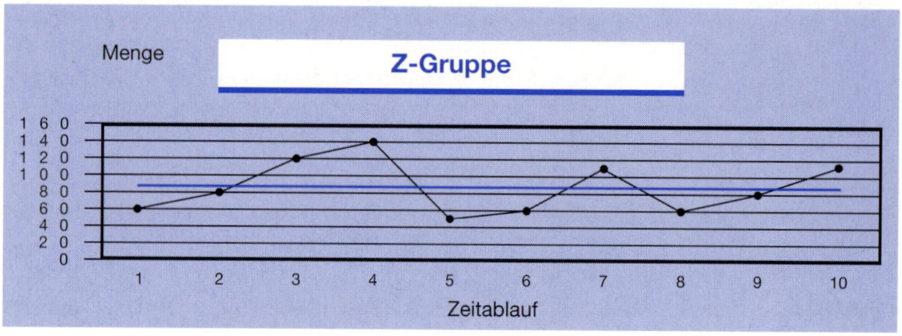

Die XYZ-Analyse liefert Aussagen über Bestellmengen und -zeiten sowie über die Lagerdisposition.

3.9.6 Bezugsquellen

- Interne Informationsquellen
- Externe Informationsquellen
- Internet als Informationsquelle

Im Rahmen der Beschaffungsmarktforschung werden Bezugsquellen für die einzelnen Beschaffungsobjekte ermittelt und bewertet. Dabei kann auf **interne und externe Informationsquellen** zurückgegriffen werden.

Interne Quellen

Interne Infoquellen

Sie sind i. d.R. eigene Lieferantendateien, in denen bezogene Beschaffungsobjekte mit ihren Merkmalen gespeichert sind. Darüber hinaus werden spezielle Informationen über die Lieferer gesammelt (Einhaltung von Lieferterminen, Lieferungs- und Zahlungskonditionen, Verhalten bei Lieferungsstörungen und Sonderwünschen usw.). Für potenzielle Lieferer wird häufig eine analoge Datei geführt und aktualisiert.

Externe Quellen

Externe Infoquellen

Sie werden benötigt, wenn z. B. nach Bezugsquellen für Produkte gesucht wird, die bisher noch nicht bezogen wurden. Die entsprechenden Recherchen hierzu können vom Unternehmen selbst oder als Fremdleistung von Experten durchgeführt werden.

Beispiele:

- *Auswerten von Fachzeitschriften und Online-Datenbanken*
- *Besuch von Messen, Ausstellungen, Tagungen*
- *Gespräche mit Lieferanten, Reisenden, Handelsvertretern, Geschäftsfreunden*
- *Informationen von Fachverbänden, Industrie- und Handelskammern, Banken*
- *Bezugsquellennachweise (Printmedien, CD, Internet), Branchenadressbücher, Messekataloge*

Internet als externe Informationsquelle

Internet

Das Internet als Basis für elektronische Märkte (vgl. S. 167) stellt für Unternehmen gleich welcher Branche und Betriebsgröße ein kostengünstiges Informationsmedium dar. So können aktuelle branchenbezogene Informationen zu einem schnellen Überblick über Beschaffungsmärkte gewonnen werden. Neue Bezugsquellen können erschlossen werden und neue Produkte sowie Substitutionsprodukte für vorhandene Produkte können mit den jeweiligen Lieferern gefunden werden. Mit diesen Informationen können Beschaffungsentscheidungen gestützt werden.

Lieferanten können über die spezielle Suche ihrer Homepage, über Suchmaschinen, über Firmendatenbanken sowie über **Trade-Page-Services** (Pinboards, Schwarze Bretter mit Angeboten und Suchwünschen nach Produkten, z. B. www.tradeweb.hu).

Beispiele:

Liefererdatenbanken, Branchenverzeichnisse und Tradepages sowie beschaffungsrelevante Adressen

Web-Adresse	*Erläuterungen*
www.abconline.de	*ABC der deutschen Wirtschaft*
www.asiansources.com	*Asiatische Firmendatenbank*
www.branchenbuch.de	*Branchenverzeichnis*
www.companiesonline.com	*Amerikanische Firmendatenbank*
www.firmendatenbank.de	*Deutsche Firmendatenbank (Hoppenstedt)*
www.idmnet.net	*Schweizerische Firmendatenbank*
www.tradeweb.com	*Trade-Page*
www.turkeybusiness.com	*Türkische Firmendatenbank mit Trade-Page-Service*
www.wlwonline.de	*Wer liefert was?*
www.yellowmap.de	*Gelbe Seiten*
www.auma.de	*Seite des Ausstellungs- und Messe-Ausschusses der Deutschen Wirtschaft e.V. (AUMA)*
www.expobase.com	*Weltweite Messedatenbank*
www.genios.de	*GENIOS Wirtschaftsdatenbank*
www.konkursdata.de	*Firmendatenbank der in Konkurs gegangenen Unternehmen*

3.9.7 Anfragen

- Inhalte und Ziele von Anfragen
- Ausschreibungen
- Rechtliche Bedeutung von Anfragen

Inhalte

Anfragen eines Unternehmens sind formfrei (z. B. schriftlich, mündlich oder via Internet) gestellte Wünsche über Informationen bezüglich **Produkte oder Dienstleistungen sowie Liefer- und Zahlungskonditionen** an einen Lieferer. Damit der potenzielle Lieferer möglichst konkret auf die Wünsche des Anfragers eingehen kann, um entsprechende Angebote zu unterbreiten, sollten in der Anfrage die Informationswünsche spezifiziert werden. Es bietet sich an, für Rückfragen einen kompetenten Mitarbeiter zu benennen, damit der Lieferer zügig den Informationswünschen nachkommen kann.

Trade-Pages

In **Trade-Pages-Services** (vgl. S. 217) sind via Internet Anfragen kostengünstig, weltweit und schnell zu platzieren. Ein intensives Recherchieren ermöglicht ferner eine beschleunigte Anfrage, da per eMails kurzfristig Kontakte hergestellt werden können.

Ausschreibungen

Als eine spezielle Form von Anfragen sind **Ausschreibungen** zu verstehen. Hierbei spezifiziert ein Unternehmen genau seinen Auftrag und bittet Lieferer um Angebote. Ausschreibungen können sich an eine bestimmte Gruppe von Unternehmen richten (Unternehmen einer Region, Unternehmen mit bestimmten Merkmalen) oder allgemein an keine spezielle Anbieter gerichtet sein. Entsprechende Ausschreibungen sind zunehmend auch auf Web-Seiten von Unternehmen zu finden. Betriebe der öffentlichen Hand (Kommunen, Städte, Ämter usw.) führen oft öffentliche Ausschreibungen durch.

Recht

Anfragen sind im Gegensatz zu Angeboten **rechtlich nicht bindend**, daher sind sie nicht als Bestandteil von Kaufverträgen (vgl. S. 192) anzusehen.

3.9.8 Lieferantenbewertung, Angebotsvergleiche

- Angebotsvergleiche als Entscheidungshilfen
- Kriterien der Lieferantenbewertung (Lieferantenbenchmarking)
- Kennzahlen zur Beurteilung von Lieferern
- Nutzwertanalyse als Entscheidungsinstrument
- ABC-Analyse und XYZ-Analyse im Beschaffungsbereich

Entscheidungsbasis

Angebotsvergleiche sind die **Entscheidungsbasis** für einen bestimmten Lieferer. Die erhobenen Daten müssen vollständig und verleichbar sein. Voraussetzung ist, dass die Beurteilungskriterien vor dem Entscheidungsprozess definiert sind und klare Messkriterien und -verfahren verfügbar sind (**Bewertungssysteme**).

Kriterien der Lieferantenbewertung (Liefererbenchmarking)

Bewertungskriterien

Lieferer können Partner bei Erfüllung betrieblicher Aufgaben sein. Bei der Auswahl von Partnern sind insbesondere folgende **Bewertungskriterien** entscheidend:

- technische Kompetenz,
- Fertigungskapazitäten,
- Prozessfähigkeit, Prozesssicherheit,
- Mitarbeiterpotenzial und -flexibilität,
- Fähigkeit zur Entwicklung von Systemlösungen,
- Liefertermintreue und -zuverlässigkeit,
- unternehmensübergreifende Informationssysteme (Informationslogistik),
- Liefererqualität.

Kennzahlen zur Beurteilung von Lieferern

Kennzahlen

Die Ermittlung von Kennzahlen stützt sich auf Daten, die sich aus betriebseigenen Liefererdatenbanken (interne Quelle) sowie auf Daten externer Quellen (vgl. S. 135) zusammensetzen. Hierbei wird versucht, qualitative Merkmalsausprägungen messbar und vergleichbar zu machen.

Beispiele

Kennzahl	Berechnung
Anteil termingerechter Lieferungen	$\frac{\text{Anzahl termingerechter Lieferungen}}{\text{Summe aller Lieferungen}}$
Anteil Nachlieferungen	$\frac{\text{Anzahl der Nachlieferungen}}{\text{Summe aller Lieferungen}}$
Anteil beanstandeter Lieferungen	$\frac{\text{Anzahl beanstandeter Lieferungen}}{\text{Summe aller Lieferungen}}$
Anteil Lieferungen mit Mengendifferenzen	$\frac{\text{Anzahl Lieferungen mit Mengendifferenzen}}{\text{Summe aller Lieferungen}}$

Derartige Kennzahlen erlauben punktuelle Vergleiche verschiedener Lieferer miteinander. Für einen umfassenden Angebotsvergleich müssen aber sämtliche Beurteilungs- und Bewertungskriterien untersucht werden um zu einer fundierten Beschaffungsentscheidung zu gelangen.

Nutzwertanalyse

Teilnutzen

Ein Instrument zur differenzierten Entscheidungsfindung im Beschaffungsbereich ist die Nutzwertanalyse. Dabei geht man davon aus, dass verschiedene Kriterien (z. B. Lieferbedingungen, Preise, Termintreue usw.) zur Beurteilung von Alternativen (Lieferern, Angebote) unterschiedliche Bedeutungen, also unterschiedliche **Teilnutzen** für den Beschaffungsprozess erbringen, ein niedriger Bezugspreis somit wichtiger ist als gute Zahlungsbedingungen bzw. Qualitätanforderungen wichtiger sind als die Lieferbedingungen. Für jede Alternative wird dieser Teilnutzen bestimmt (Punkte- oder Notenvergabe). Durch Addition der Werte für die Teilnutzen ergibt sich der **Gesamtnutzen**. Die Alternative mit dem höchsten Gesamtnutzen ist zu favorisieren.

Gesamtnutzen

Phasen der Nutzwertanalyse

Aufstellung aller Bewertungskriterien
= Festlegen von Teilnutzenaspekten

↓

Gewichtung der Kriterien nach Bedeutung für Entscheidungsprozess, d. h., jedem Kriterium wird ein prozentualer Anteil an der Bedeutung für die Entscheidung zugewiesen (Summe der Gewichtungsfaktoren = 100 %)
= Bestimmung einer Rangfolge des Anteils eines Teilnutzens

↓

Bewertung der verschiedenen Entscheidungsalternativen (Lieferer) gemäß den erstellten Kriterien (Punkte-, Notenvergabe)
= absolute Bestimmung des Teilnutzens je Alternative und Kriterium

↓

Gewichtung des Teilnutzens durch Multiplikation der Bewertung (Punkte, Note) mit dem Gewichtungsfaktor
= relative Gewichtung des Teilnutzens je Alternative und Kriterium

↓

Addition aller relativen Teilnutzen je Alternative
= Ermittlung des Gesamtnutzens je Alternative

Die Nutzwertanalyse wird konkret durchgeführt, indem in einer Matrix in den Spalten die jeweiligen Beurteilungskriterien und die Alternativen aufgelistet werden, in den Zeilen werden die Punktwerte je Kriterium und Alternative notiert. Vorher muss die Punkte- oder Notenskala definiert sein.

Beispiel: *Punkteskala: 0 bis 10 Punkte (0 = kein Nutzenbeitrag, 10 = besonders guter Nutzenbeitrag)*

		Alternativen							
Kriterien	***Gewichtung (G)***	***A***		***B***		***C***		***D***	
		Punkte (P)	*P · G*	*Punkte (P)*	*P · G*	*Punkte (P)*	*P · G*	*Punkte (P)*	*P · G*
Preis	**30**	*8*	*240*	*10*	*300*	*6*	*180*	*5*	*150*
Service	**10**	*10*	*100*	*5*	*50*	*10*	*100*	*9*	*90*
Prozessfähigkeit	**20**	*7*	*140*	*6*	*120*	*10*	*200*	*9*	*180*
Zuverlässigkeit	**20**	*8*	*160*	*9*	*180*	*10*	*200*	*9*	*180*
Zahlungsbedingungen	**5**	*3*	*15*	*10*	*50*	*1*	*5*	*0*	*0*
Lieferungsbedingungen	**15**	*3*	*45*	*10*	*150*	*1*	*15*	*9*	*135*
Summen aus P · G			***700***		***850***		***720***		***735***
Rangfolge			***3***		***1***		***4***		***3***

ABC-Analyse, XYZ-Analyse

Schwerpunktbildung

Intensive Beschaffungsmarktforschungen und Liefererbenchmarkings müssen auch unter wirtschaftlichen Gesichtspunkten durchgeführt werden. Die Auswertung und Aufbereitung eines z. T. riesigen Datenvolumens kann selbst bei Einsatz von leistungsstarken Informationssystemen nur dann erfolgen, wenn der wirtschaftliche Nutzen den Kostenaufwand übersteigt. Daher ist es erforderlich, **Schwerpunkte im Bereich der Beschaffungsobjekte** festzulegen. Hierzu eignet sich die ABC-Analyse. Hierbei werden die Beschaffungsobjekte in eine Rangreihe gebracht und drei Gruppen (A-, B-, C-Gruppe) zugeordnet, für die unterschiedliche Intensitäten des Beschaffungsmarketings festgelegt werden.

A-Gruppe (ca. 75% des Beschaffungsvolumens)	*– besonders intensive Beschaffungsmarktanalysen* *– intensive Vertragsverhandlungen bezüglich Preisen und Konditionen* *– genaue Bedarfsplanung (Bestellmengen, Bestellintervalle)* *– geringe Lagerbestände wegen hoher Kapialbindung* *– strenge Lagerkontrollen* *– hohe Fehlmengenkosten*
B-Gruppe (ca. 20% des Beschaffungsvolumens)	*– im Einzelfall sind Maßnahmen des Beschaffungsmarketings zu entscheiden* *– meist Mittelweg zwischen A- und C-Gruppe*
C-Gruppe (ca. 5% des Beschaffungsvolumens)	*– einfache und kostengünstige Maßnahmen des Beschaffungsmarketings* *– einfache und kostengünstige Maßnahmen der Bestandskontrolle*

Beispiel:

Produkt	*Beschaffungsmenge*	*Beschaffungspreis*	*Beschaffungswert*	*%-Anteile an Besch.-Vol.*	*kumulierte Werte*	*Gruppe*
A	*2.000*	*5.000,00*	*10.000.000,00*	*29,81*	*29,81*	*A*
B	*2.200*	*4.000,00*	*8.800.000,00*	*26,23*	*56,04*	*A*
C	*4.800*	*1.200,00*	*5.760.000,00*	*17,17*	*73,21*	*A*
D	*1.800*	*2.500,00*	*4.500.000,00*	*13,41*	*86,63*	*B*
E	*2.000*	*950,00*	*1.900.000,00*	*5,66*	*92,29*	*B*
F	*3.600*	*240,00*	*864.000,00*	*2,58*	*94,87*	*B*
G	*1.000*	*750,00*	*750.000,00*	*2,24*	*97,10*	*B*
H	*550*	*900,00*	*495.000,00*	*1,48*	*98,58*	*C*
I	*190*	*700,00*	*133.000,00*	*0,40*	*98,97*	*C*
J	*1.500*	*59,00*	*88.500,00*	*0,26*	*99,24*	*C*
K	*100*	*780,00*	*78.000,00*	*0,23*	*99,47*	*C*
L	*900*	*80,00*	*72.000,00*	*0,21*	*99,69*	*C*
M	*2.000*	*35,00*	*70.000,00*	*0,21*	*99,89*	*C*
N	*850*	*10,00*	*8.500,00*	*0,03*	*99,92*	*C*
O	*200*	*38,00*	*7.600,00*	*0,02*	*99,94*	*C*
P	*400*	*17,00*	*6.800,00*	*0,02*	*99,96*	*C*
Q	*1.200*	*4,60*	*5.520,00*	*0,02*	*99,98*	*C*
R	*1.800*	*2,30*	*4.140,00*	*0,01*	*99,99*	*C*
S	*5.000*	*0,50*	*2.500,00*	*0,01*	*100,00*	*C*
T	*600*	*1,00*	*600,00*	*0,00*	*100,00*	*C*
Summe			***33.546.160,00***			

In diesem Beispiel gehören drei Produkte zur A-Gruppe, sie nehmen mehr als 73% des Beschaffungsvolumens ein. Vier Produkte beanspruchen ca. 23,89%, die restlichen 13 Produkte weniger als 3%.

Engpassfaktoren

Statt des Beschaffungsvolumens (Beschaffungswerte) können auch andere **Engpassfaktoren** Gegenstand einer ABC-Analyse sein, z. B. Anteil von Produkten an vorhandener Lagerkapazität (Lagerfläche), Anteile an Lagerkosten (Kapitalbindung) usw.

Die gleichen Produkte können mit der **XYZ-Anlalyse** (vgl. S. 215) hinsichtlich ihrer Verbrauchsschwankungen untersucht werden. Hierdurch wird eine breitere Entscheidungsbasis erzeugt.

3.9.9 Bestellung

- rechtliche Aspekte der Bestellung
- organisatorische Aspekte der Bestellung
- wirtschaftliche Aspekte der Bestellung (Kostenbetrachtungen)
- optimale Bestellmengen

Rechtlicher Aspekt

Recht

Die Bestellung ist ein rechtsverbindlicher Akt im Rahmen des Kaufvertragsrechts (vgl. S. 192). Mit der Bestellung geht der Abnehmer ein Rechtsgeschäft ein, bei dem er sämtliche vereinbarten Vertragsinhalte (z. B. Zahlungsbedingungen) erfüllen muss. Bei einem Verstoß trägt er die rechtlichen und wirtschaftlichen Folgen (z. B. im Zahlungsverzug.Schadenersatz in Form von Verzugszinsen).

Organisation

Organisatorischer Aspekt

Der Prozess der Bestellabwicklung umfasst folgende Aufgaben: Bestellpositionen auf der Basis einer Bedarfsmeldung festlegen, Lieferant auswählen (eigener Teilprozess, vgl. S. 210), Bestellung an Lieferer rechtzeitig übermitteln, Bestellung überwachen (z. B. Liefertermin), ggf. Pflege der Lieferer-Stamm-Datei.

Der Teilprozess „Bestellabwicklung" steht u. a. im Zusammenhang mit den Teilprozessen „Warenannahme", „Warenprüfung", „Abwicklung von Mängelrügen" (vgl. S. 195), „Prüfen von Eingangsrechnungen", „Einleiten von Zahlungsvorgängen". Die entsprechenden Schnittstellen sind somit zu beachten.

- Terminkritische Bestellungen sind speziell zu planen und zu kontrollieren, weil die wirtschaftlichen Folgen beträchtlich sein können (z. B. eigener Lieferungsverzug, Kundenverlust usw.).
- Die Bestellabwicklung im Rahmen von Electronic-Data-Interchange (EDI) verläuft weitgehend automatisiert. Hierzu sind die entsprechenden Voraussetzungen zu schaffen (Vgl. S. 154).

Wirtschaftlicher Aspekt

9./3

Bei allen Bestellungen muss über die Menge und die Bestellhäufigkeit entschieden werden. Die Bestellhäufigkeit wird insbesondere durch die Vorratspolitik bestimmt. Hierbei sind Lagerkapazität und Kosten, durchschnittlicher Verbrauch und Kapitalbindungskosten zu berücksichtigen.

Die Kosten des Bestellprozesses sind i. d. R. nicht abhängig vom Bestellvolumen bzw. vom Bestellwert **(bestellfixe Kosten, Beschaffungskosten).** Die entstehenden Personal- und Sachkosten einer Bestellung, z. B. über 100,00 EUR für ein Ersatzteil, sind somit nicht geringer als eine Bestellung von mehreren Ersatzteilen im Gesamtwert von 500.000,00 EUR. Daher gilt es ein **Optimum für die Bestellmenge** zu finden, bei dem die Gesamtkosten (Summe aus Lager- und **bestellfixen Kosten)** minimal wird.

Die Gesamtkosten des Bestellprozesses setzen sich somit aus den bestellfixen Kosten und den **Kosten für Lager und Kapitalbindung** zusammen. Beide Kostenarten entwickeln sich gegenläufig.

kleinere Bestellmengen	größere Bestellmengen	optimale Bestellmengen
• geringe Kapitalbindung • niedrige Lagerkosten • höhere bestellfixe Kosten • kürzere Bestellintervalle	• Mengenrabatte möglich • höhere Kapitalbindung • höhere Lagerkosten • geringere bestellfixe Kosten • längere Bestellintervalle	Summe aus bestellfixen Kosten und Lager- und Kapitalbindungskosten ist minimal

Beispiel

für eine Modellrechnung zu Ermittlung der optimalen Bestellmenge
Kosten für eine Bestellung: 80,00 EUR, Lagerkosten je Stück: 0,04 EUR, Jahresbedarf 120.000 Stück

Bestellungen B	Best.Menge X	Lager-Ko KL	Bestell-Ko KB	Gesamt-Ko KG
1	120.000	2.400,00	80,00	2.480,00
2	60.000	1.200,00	160,00	1.360,00
3	40.000	800,00	240,00	1.040,00
4	30.000	600,00	320,00	920,00
5	**24.000**	**480,00**	**400,00**	**880,00**
6	**20.000**	**400,00**	**480,00**	**880,00**
7	17.143	342,86	560,00	902,86
8	15.000	300,00	640,00	940,00
9	13.333	266,67	720,00	986,67
10	12.000	240,00	800,00	1.040,00
11	10.909	218,18	880,00	1.098,18
12	10.000	200,00	960,00	1.160,00

Die Tabelle zeigt, dass der Bereich des Optimums bei 5 oder 6 Bestellungen liegt. Bei Variation der Eingangsparameter (Bestell-, Lagerkosten, Jahresbedarf) verändert sich auch die Lage des Optimums. Bei der Berechnung der Lagerkosten wurde unterstellt, dass im Durchschnitt nur die Hälfte der Bestellmenge auf Lager liegt (kontinuierlicher Lagerabgang) und Lagerkosten verursacht.

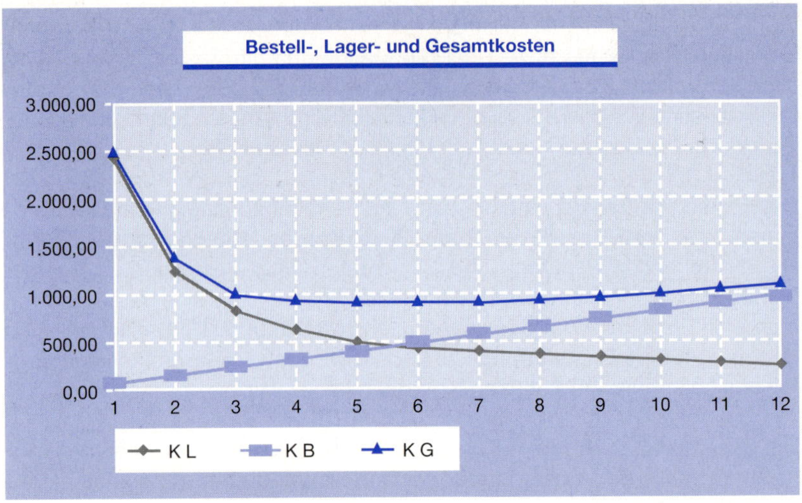

Die Berechnung von optimalen Bestellmengen kann nur modellhaft beschrieben werden. In der betrieblichen Praxis sind weitere Parameter in die Berechnungen einzubeziehen, insbesondere nichtkontinuierlicher Verbrauch und Lagerabgang, Mindestbestellmengen beim Lieferer, Lagerfähigkeit von Produkten, Preisschwankungen von Produkten usw.

3.9.10 Bestandsoptimierung in der Lagerhaltung

- Zielkonflikt zwischen großen Lagerbeständen und Kosten
- Kennziffern als Entscheidungshilfen
- Prozessoptimierung

Zielkonflikt Die Bestandsoptimierung im Lagerbereich soll den **Zielkonflikt** auflösen zwischen den Forderungen nach großen Lagerbeständen zur Sicherung der eigenen Lieferfähigkeit und Steigerung der Flexibilität und der Minimierung der daraus resultierenden Kosten für die Lagerhaltung und die Bestellungen. Hierzu existieren diverse **Kennziffern,** die zur Entscheidungsfindung und Prozessoptimierung einsetzbar sind.

Kennziffer	Berechnung	Erläuterung
Technischer Höchstbestand	Messung der Kapazitäten	Maximale Lagerkapazität (Lagerfläche, -volumen)
Wirtschaftlicher Höchstbestand	Ermittlung aus Budgetplan	Je Produkt begrenzt durch das verfügbare Budget für Vorräte
Mindestbestand	Schätzung	„Eiserner Bestand“ zum Ausgleich von Lieferverzögerungen oder höherem Verbrauch
Meldebestand	(Tagesverbrauch · Lieferzeit) + Mindestbestand	Bestand, der verfügbar sein muss, Zeiten für Bestellungen, Lieferung, Transporte, Eingangsprüfungen usw. auszugleichen

Durchschnittlicher Lagerbestand (DLB)	$\frac{\text{Anfangsbestand + Endbestand}}{2}$ oder $\frac{\text{Anfangsbest. + 12 Monatsbest.}}{13}$	Mittelwert von Lagerbeständen in einer Periode (Jahr, Quartal, Monat)
Umschlagshäufigkeit (UH)	$\frac{\text{Periodenverbrauch}}{\text{Durchschnittl. Lagerbestand}}$	Die UH gibt an, wie oft der DLB innerhalb einer Periode „umgeschlagen", d. h. verbraucht oder verkauft wurde.
Durchschnittliche Lagerdauer (DL)	$\frac{\text{360 (Tage)}}{\text{Umschlagshäufigkeit}}$	Zeitraum vom Einlagern des Produktes bis zu seinem Verbrauch (Verkauf)
Lagerreichweite	$\frac{\text{Durchschnitt. Lagerbestand}}{\text{Periodenverbrauch}}$	Zeitraum, in dem Lagerbestand sich abbaut
Kapitalbindung	Bestandswert · Lagerzeit · Zinsatz	

Die betriebliche Praxis zeigt, dass bei Bestandsoptimierungs- und Bestellprozessen mit **Störeinflüssen** und Problemen zu rechnen ist.

Beispiele:

- *Buchmäßiger Bestand und tatsächlicher Bestand stimmen nicht überein wegen Fehlbuchungen, -zählungen, Schwund usw. Hieraus ergeben sich Fehlmengen, die zu eigenen Produktions- und Lieferverzögerungen führen können und kostenaufwändige Sonderbestellungen erfordern.*
- *Planzahlen (Sicherheitsbestände, Meldebestände usw.) wurden falsch eingeschätzt Hieraus ergeben sich zu hohe Bestände (hohe Lagerhaltungskosten) oder zu niedrige Bestände (Fehlmengen).*

Prozessoptimierung

Um diesen Problemen zu begegnen wird versucht, die Prozessgestaltung im eigenen Unternehmen flexibel zu planen und mit den Prozessen des Lieferers abzustimmen (**Prozessoptimierung**). Insbesondere sind entsprechende Maßnahmen auf Systemebene (Hard- und Software-Konfiguration), zu planen, um Datensicherheit zu gewährleisten. Ferner sind prozessgerechte Mitarbeiterschulungen (Sensibilisierung für Fehler und deren Folgen) zu initiieren.

Aufgaben:

1. *Erläutern Sie die Einflussfaktoren bzw. Kräfte, die auf einen Markt einwirken können.*
2. *Unterscheiden Sie Marktanalyse, Marktbeobachtung und Marktprognose und bilden Sie jeweils konkrete Beispiele dazu.*
3. *Unterscheiden Sie qualitative und quantitative Marktforschungsaktivitäten und erläutern Sie Primär- und Sekundärerhebung.*
4. *Grenzen Sie Voll- und Teilerhebung voneinander ab und stellen Sie Erhebungsmethoden vor.*
5. *Erstellen Sie eine Übersicht zu internen und externen Informationsquellen im Rahmen der Marktforschung.*
6. *Erläutern Sie, was unter „Kundenorientierung" zu verstehen ist und beschreiben Sie, wie „Kundenzufriedenheit" gemessen werden kann.*
7. *Erstellen Sie für Ihren Ausbildungsbetrieb eine Übersicht der Kundensegmente.*

8. Beschreiben Sie Ziele und Instrumente der Konkurrenzanalyse.
9. Erläutern Sie, welche Maßnahmen und Instrumente der Marketing-Mix umfasst.
10. Beschreiben Sie an einem selbst gewählten Beispiel den Produktlebenszyklus.
11. Erläutern Sie den Orientierungsrahmen für preispolitische Entscheidungen und erstellen Sie eine Übersicht der Preisstrategien. Untersuchen Sie, welche Preisstrategien in Ihrem Ausbildungsbetrieb eingesetzt sind.
12. Beschreiben Sie, welche Entscheidungen innerhalb der Konditionenpolitik zu treffen sind.
13. Erläutern Sie, weshalb EDI-Fähigkeit für ein Unternehmen eine Stärkung der Wettbewerbsfähigkeit darstellt.
14. Erläutern Sie mit Beispielen „direkten" und „indirekten" Absatz und beschreiben Sie Besonderheiten der Distribution über Internet.
15. Erläutern Sie, welche Vorteile sich für Unternehmen ergeben, die sich an „elektronischen Märkten" beteiligen.
16. Erläutern Sie, welche Aspekte in einem Werbeplan untersucht werden müssen.
17. Grenzen Sie voneinander ab: Verkaufsförderung und PR-Arbeit.
18. Beschreiben Sie den Auftragsgewinnungsprozess Ihres Ausbildungsbetriebes und führen Sie die Aufgaben der beteiligten Akteure auf.
19. Erläutern Sie, weshalb Ansprüche von Privat- und Firmenkunden unterschiedlich sein können.
20. Beschreiben Sie drei konkrete Verhaltensmaßnahmen in Verkaufssituationen mit selbst gewählten Beispielen.
21. Planen Sie eine Präsentation von Produkten in eigenen Verkaufsräumen (Produkt nach eigener Wahl) und entscheiden Sie sich für geeignete Präsentationsmedien.
22. Beschreiben Sie, welche Elemente eine Kalkulation des Verkaufs- bzw. Angebotspreises umfassen muss.
23. Erläutern Sie, in welcher Form Gemeinkosten innerhalb der Verkaufspreiskalkulation bei Fertigungsaufträgen verrechnet werden.
24. Erstellen Sie mit einer Tabellenkalkulation ein Schema für Vorwärts-, Rückwärts- und Differenzkalkulation für Handelswaren.
25. Erläutern Sie, wie Verkaufspreise für Dienstleistungen ermittelt werden können.
26. Erläutern Sie die rechtliche Bedeutung von Anfragen und von Angeboten. Geben Sie Beispiele an, wie ein Unternehmen die rechtliche Bindung an sein Angebot einschränken kann.
27. Erstellen Sie eine Übersicht zu Finanzierungshilfen im Rahmen des Verkaufs.
28. Erklären Sie den Unterschied zwischen einfachem und erweitertem Eigentumsvorbehalt.
29. Beschreiben Sie schaubildartig das Zustandekommen von Kaufverträgen.
30. Geben Sie konkrete Beispiele an für Stück- und Gattungsschulden.
31. Welche Bedeutung hat die Leistungszeit in einem Kaufvertrag? Geben Sie Beispiele an, wie die Leistungszeit in einem Kaufvertrag fixiert werden kann.
32. Erläutern Sie Hol- und Schickschulden und geben Sie an, welche Bedeutung in diesem Zusammenhang dem Leistungsort zukommt.
33. Erläutern Sie vier Kaufvertragsarten nach Wahl und untersuchen Sie, welche Vertragsarten in Ihrem Ausbildungsbetrieb angewendet werden.

34. *Erläutern Sie die Rechte des Käufers bei einer mangelhaften Lieferung, gehen Sie dabei auf unterschiedliche Mängelarten ein.*

35. *Beschreiben Sie die Voraussetzungen und Arten von Pflichtverletzungen des Käufers und gehen Sie auf die Rechte des Verkäufers ein.*

36. *Beschreiben Sie die verschiedenen Arten des Leasings und erstellen Sie eine Checkliste für die Inhalte von Leasingverträgen.*

37. *Geben Sie Beispiele an für nichtige Passagen innerhalb von „allgemeinen Geschäftsbedingungen".*

38. *Erläutern Sie die Prozesse, die beim Lieferer und beim Kunden durch die Fakturierung ausgelöst werden können.*

39. *Geben Sie an, welche Inhalte eine Rechnung aufweist. Nehmen Sie hierzu eine Rechnung Ihres Ausbildungsbetriebes als Vorlage.*

40. *Beschreiben Sie, welche Möglichkeiten der Barzahlung gegeben sind.*

41. *Erläutern Sie die verschiedenen Alternativen der bargeldlosen Zahlung.*

42. *Zeigen Sie die verschiedenen Möglichkeiten auf, mit „Plastikgeld" zu bezahlen und beschreiben Sie den Ablauf des „electronic-cash-Verfahren".*

43. *Erläutern Sie „Online-Bezahlsysteme" und beschreiben Sie, welche Probleme bzw. Risiken damit verbunden sind.*

44. *Grenzen Sie voneinander ab: außergerichtliches und gerichtliches Mahnverfahren. Beschreiben Sie, wie die Verjährung unterbrochen bzw. gehemmt werden kann.*

45. *Erläutern Sie mit Beispielen, in welchen Teilmärkten sich Aktivitäten des Beschaffungsmarketings abspielen.*

46. *Beschreiben Sie am Beispiel eines selbst gewählten Beschaffungsobjektes, aus welchen Teilprozessen sich ein Beschaffungsprozess zusammensetzen kann.*

47. *Erläutern Sie, welche Entscheidungen vor und innerhalb eines Beschaffungsprozesses zu treffen sind.*

48. *Beschreiben Sie jeweils Vor- und Nachteile von Auftragsbündelung und Auftragsstreuung aus der Sicht von Käufern.*

49. *Erläutern Sie, welche Vorüberlegungen bei der Entscheidung über Eigenfertigung oder Fremdbezug eines Objektes anzustellen sind.*

50. *Welche Aussagen liefert eine XYZ-Analyse bei der Bedarfsermittlung?*

51. *Beschreiben Sie, welche Hilfen das Internet bei der Ermittlung von Bezugsquellen liefern kann.*

52. *Erläutern Sie, welche rechtliche Bedeutung Anfragen haben.*

53. *Konstruieren Sie eine Checkliste für die Lieferantenbewertung. Gehen Sie dabei von Ihrem Ausbildungsbetrieb aus.*

54. *Beschreiben Sie Ziele und Ablauf einer Nutzwertanalyse und geben Sie an, welche Aussagen sie liefern kann.*

55. *Erläutern Sie die Aufgaben, den Ablauf und die Aussagefähigkeit einer ABC-Analyse.*

56. *Beschreiben Sie die rechtlichen, wirtschaftlichen und organisatorischen Aspekte einer Bestellung.*

57. *Beschreiben Sie, welche Bedeutung Kennzahlen bei der Optimierung von Beschaffungsprozessen haben können.*

4 Rechnungswesen und Controlling

4.1 Wertschöpfungsprozesse im Unternehmen

■ Finanzbuchführung	Dokumentation von Wertschöpfungsprozessen
■ Kosten und Leistungsrechnung	Wirtschaftlichkeit von Wertschöpfungsprozessen
■ Statistik	Aufbereitung und Auswertung von Wertschöpfungsprozessen
■ Planung	Planung von Wertschöpfungsprozessen

■ Auswirkungen von Wertschöpfungsprozessen auf das Unternehmen/auf den Betrieb

Das Unternehmen als sozio-technisches System ist Bestandteil der Gesamtwirtschaft und tritt somit in vielfältige Beziehungen zu den Märkten. Alle diese Beziehungen führen in der Regel zu Wertschöpfungsprozessen (vgl. S. 25), die ergänzt um die internen Leistungserstellungs- und Leistungsverwertungsprozesse im Unternehmen unterschiedliche Auswirkungen auf das System Unternehmen haben.

Aufgaben des Rechnungswesens

Diese Auswirkungen werden im Rahmen des Rechnungswesens einer Unternehmung aus folgenden Gründen erfasst:

- Die vollständige **Dokumentation** aller Wertschöpfungsprozesse ermöglicht es dem Unternehmen die Veränderungen den Vermögenswerte, des Eigen- und Fremdkapitals sowie den Jahreserfolg zu ermitteln.
- Den Anforderungen des Gesetzgebers im Hinblick auf **Rechenschaftslegung**, dem Bedürfnis der Unternehmenseigner, der Gläubiger und des Staates nach **Information** über die Vermögens-, Schulden- und Erfolgslage des Unternehmens soll Rechnung getragen werden.
- Die erfassten Veränderungen der Vermögens- und Schuldenstruktur ermöglichen eine **Kontrolle** der Wirtschaftlichkeit und der vorhandenen Liquidität des Unternehmens und damit die Verfolgung der im Zielbildungsprozess des Unternehmens festgelegten Ziele.
- Die sich durch die Wertschöpfungsprozesse ergebenden Auswirkungen auf die wirtschaftliche Gesamtsituation des Unternehmens und der darauf basierenden Daten können für alle erforderlichen **Planungen** und **Entscheidungen** im Hinblick auf den Zielerreichungsprozess genutzt werden.

Bereiche des Rechnungswesens

Die aus diesen Gründen verschiedenartigen Aufgaben des Rechnungswesens werden in unterschiedlichen Bereichen erfüllt. Dabei bilden die unterschiedlichen Auswirkungen der Wertschöpfungsprozesse für das Zielsystem des Unternehmens den Ausgangspunkt für diese Aufgaben.

Beispiel		**Bereich des Rechnungswesens**
Einkauf von PC-Komponenten auf dem Beschaffungsmarkt	→	**Finanzbuchführung**
Steigerung der Produktionskosten um 5% bei gleichzeitig gewünschtem Anstieg des Gewinnzuschlags um 3%.	→	**Kosten und Leistungsrechnung**
Umsatzrückgang im abgelaufenen Geschäftsjahr um 10% bei Hardwarekomponenten	→	**Statistik**
Verschiebung der Kapitalstruktur vom Eigenkapital hin zum Fremdkapital durch Aufnahme eines Darlehens.	→	**Planung**

Dokumentation von Wertschöpfungsprozessen

Finanzbuchführung

Die Dokumentation von Wertschöpfungsprozessen erfolgt im Rahmen der **Finanzbuchführung**. Sie erfasst alle durch die Beziehungen zu den Märkten entstehenden Veränderungen auf die Vermögens- und Kapitalstruktur des Unternehmens. Dabei berücksichtigt sie den gesamtem Werteverzehr **(Aufwendungen)** und den gesamten Wertezuwachs **(Erträge)** innerhalb einer Rechnungsperiode.
Grundlage für diese Dokumentation bilden die vielfältigen **Belege**, die durch die Marktbeziehungen des Unternehmens entstehen. Sie werden zeitlich und sachlich geordnet dokumentiert.
Die im Rahmen dieser Dokumentation gesammelten Daten werden zum Ende der Rechnungsperiode im vom Gesetzgeber vorgeschriebenen **Jahresabschluss** zusammengefasst.
Dieser umfasst in der Regel die Bilanz, die Gewinn- und Verlustrechnung sowie zusätzlich einen Anhang bei Kapitalgesellschaften (vgl. S. 47).

Wirtschaftlichkeit von Wertschöpfungsprozessen

Kosten- und Leistungsrechnung

Die Wirtschaftlichkeit von Wertschöpfungsprozessen wird durch die **Kosten- und Leistungsrechnung** (KLR) im Rahmen des Rechnungswesens überwacht. Sie ist im Gegensatz zur Finanzbuchführung, die mehr auf das Unternehmen als Ganzes bezogen ist, auf den Ort der eigentlichen Leistungserstellung, den Betrieb (vgl. S. 16), ausgerichtet.

Die KLR erfasst den Teil des Werteverbrauchs **(Kosten)** und des Wertezuwachses **(Leistungen)**, der durch die im Zielsystem des Unternehmens festgelegten eigentlichen betrieblichen Tätigkeit verursacht wird. Dadurch ist die Ermittlung eines **Betriebsergebnisses**, also die Aussage über den durch die Betriebstätigkeit verursachten Gewinn oder Verlust, möglich (vgl. S. 247).

Aufbereitung und Auswertung von Wertschöpfungsprozessen

Statistik

Die Aufbereitung und Auswertung der sich durch die Wertschöpfungsprozesse ergebenden und im Rahmen der Buchführung und der Kosten- und Leistungsrechnung gesammelten Daten erfolgt im Rechnungswesen in der **Statistik**. Hier wird Zahlenmaterial übersichtlich zusammengefasst und aufbereitet, das dann für Entscheidungen im gesamten Unternehmen zur Verfügung steht.

Der Vergleich des Zahlenmaterials mehrerer Rechnungsperioden liefert für das Unternehmen ebenso wichtige Erkenntnisse im Hinblick auf zukünftige Entscheidungen wie der Vergleich der gesammelten Daten mit Branchenzahlen.

Beispiel

Umsatzentwicklungen				
Jahr	Unternehmen A	Unternehmen B	Eigenes Unternehmen	Branchendurchschnitt
1997	+ 2,4%	+ 1,9%	+ 2,1%	+ 2,2%
1998	– 0,8%	+ 4,6%	+ 3,9%	+ 3,6%
1999	+ 1,8%	+ 2,2%	+ 4,2%	+ 2,9%

Planung von Wertschöpfungsprozessen

Planungsrechnung

Die Planung zukünftiger Wertschöpfungsprozesse auf Grundlage der Ergebnisse der Buchführung, der Kosten- und Leistungsrechnung und der Statistik leistet das Rechnungswesen in der **Planungsrechnung**.

Diese Planungen können sich auf alle Phasen des Wertschöpfungsprozesses beziehen, von der Investitionsplanung über die Beschaffungs- und Absatzplanung bis hin zu einer den gesamten Wertschöpfungsprozess begleitenden Finanzplanung.

Der Vergleich der durch die Planungen festgelegten Daten mit den im Zeitablauf tatsächlich erreichten Daten trägt dabei wiederum zur Kontrolle der effizienten und konsequenten Verfolgung der im Zielsystem festgelegten Ziele bei.

4.2 Dokumentation von Wertschöpfungsprozessen

4.2.1 Inventur, Inventar, Bilanz

- Inventur — Bestandsaufnahme aller Vermögensbestände und Schulden
- Inventar — Verzeichnis aller Vermögensbestände und Schulden
- Bilanz — kurzgefasste Gegenüberstellung von Vermögen und Schulden
- Hauptbuch — Darstellung jeder Bilanzposition in Kontenform
- Journal — systematische Erfassung aller Veränderungen der Bilanzpositionen

Schulden

Die Grundlage zur Dokumentation von Wertschöpfungsprozessen im Unternehmen bildet die vom Gesetzgeber einmal im Geschäftsjahr vorgeschriebene (§ 240 HGB) Bestandsaufnahme des Vermögens und der Schulden, die **Inventur**. Bei dieser Tätigkeit werden alle Vermögensteile und alle Schulden einzeln nach ihrer Art, Menge und Wert zu einem bestimmten Zeitpunkt erfasst. Je nach Durchführung der Inventur können verschiedene Arten unterschieden werden:

Arten der Inventur

körperlich

alle greifbaren Vermögensgegenstände; z. B. Betriebs- und Geschäftsausstattung, Waren, Bargeld u. a

buchmäßig

alle in den Geschäftsbüchern aufgezeichneten Vermögensgegenstände und Schulden; z. B. Forderungen, Verbindlichkeiten, Bankguthaben u. a.

Inventurvereinfachungen für bestimmte Vermögensgegenstände		
verlegte Inventur	**Stichprobeninventur**	**permanente Inventur**
Inventurdurchführung drei Monate vor bzw. zwei Monate nach dem Geschäftsjahresende	Inventur durch Stichproben mithilfe von anerkannten mathematisch-statistischen Methoden	Inventur anhand fortlaufender Aufzeichnungen; eine körperliche Bestandsaufnahme zwischen zwei Bilanzstichtagen ist Pflicht

Die durch die Inventur ermittelten Mengen und Werte der Schulden und des Vermögens werden in einem Bestandsverzeichnis zusammengestellt, dem Inventar.

Aufbau des Inventars

Das Inventar besteht aus drei Teilen:
A. Vermögen
B. Schulden
C. Reinvermögen = Eigenkapital

Vermögen

Das Vermögen wird in Anlage- und Umlaufvermögen gegliedert, wobei die Vermögensteile nach steigender Liquidität geordnet sind, sodass z. B. die Lagerhalle des Unternehmens im Inventar vor dem Guthaben bei der Bank aufgeführt wird, da die Lagerhalle durch allgemeine Geschäftsprozesse sicherlich nicht so schnell in „flüssige" Geldmittel verwandelt werden kann, wie sie bei dem Bankguthaben schon vorliegen.

Schulden

Die Schulden, auch Fremdkapital genannt, werden nach dem Zeitpunkt ihrer Fälligkeit gegliedert, d. h. dass z. B. ein langfristiges Bankdarlehen vor den kurzfristigen Verbindlichkeiten gegenüber einem Lieferanten im Inventar aufgeführt wird.

Eigenkapital

Das Reinvermögen oder Eigenkapital ergibt sich aus der Differenz der Summe des Vermögens abzüglich der Summe der Schulden.

Erläuterungen	
Inventar	*Verzeichnis aller Vermögenswerte und aller Schulden, in dem das Reinvermögen ermittelt wird.*
Anlagevermögen	*alle Vermögensgegenstände, die dem Unternehmen langfristig zur Verfügung stehen.*
Umlaufvermögen	*alle Vermögensgegenstände, die sich durch die laufende Geschäftstätigkeit fortlaufend ändern*
Schulden	*Fremdkapital, welches dem Unternehmen zur Verfügung gestellt wurde. Man unterscheidet langfristige Schulden (Hypotheken-, Darlehensschulden) und kurzfristige Schulden (Lieferschulden)*
Reinvermögen	*ergibt sich aus der Differenz aus Vermögen und Schulden. Es wird auch als Eigenkapital bezeichnet.*

Beispiel:

Inventar Power PC GmbH zum 31.12.20..

	EUR	EUR
A. Vermögen		
I. Anlagevermögen		*836.000,00*
1. Grundstück	*65.000,00*	
2. Gebäude	*470.000,00*	
3. Maschinen und Anlagen lt. Verzeichnis A	*225.000,00*	
4. Betriebseinrichtung lt. Verzeichnis B	*72.000,00*	
5 Betriebsfahrzeug	*4.000,00*	
II. Umlaufvermögen		*486.400,00*
1. Waren	*370.000,00*	
2. Forderungen lt. Debitorenliste	*47.000,00*	
3. Bankguthaben	*67.000,00*	
4. Kassenbestand	*2.400,00*	
B. Schulden		
I. Langfristige Schulden		*484.000,00*
1. Darlehen Deutsche Bank	*235.000,00*	
2. Darlehen Kreissparkasse	*110.000,00*	
II. Kurzfristige Schulden		
1. Zwischenkredit Kreissparkasse	*53.000,00*	
2. Verbindlichkeiten lt. Kreditorenliste	*86.000,00*	
C. Reinvermögen		
Summe des Vermögens	*1.322.400,00*	
– Summe der Schulden	*484.000,00*	
= Reinvermögen (Eigenkapital)		*838.400,00*

Die im Inventar angeführten Verzeichnisse beinhalten die einzelnen Vermögensgegenstände und die Schulden

Bilanz

Die im Inventar vom Gesetzgeber geforderte vollständige Aufzählung aller Vermögensposten und aller Schulden führt dazu, dass das Inventar gerade bei Großunternehmen sehr unübersichtlich werden kann. Da dadurch die Aufgabe des Rechnungswesens im Hinblick auf die Rechenschaftslegung und die Schaffung von Kontrollmöglichkeiten durch den Gesetzgeber bzw. die Unternehmenseigner und die Gläubiger nur noch mit erheblichem Aufwand erfüllt werden kann, hat der Gesetzgeber jeden Kaufmann verpflichtet (§242 HGB), neben dem Inventar zusätzlich noch eine kurzgefasste Übersicht des Vermögens und der Schulden zu erstellen, die **Bilanz**.

Bilanzaufbau

Die Bilanz ist eine zusammengefasste Darstellung des Inventars in Kontenform. Die linke Seite der Bilanz **(= Aktivseite)** enthält das gesamte Vermögen, gegliedert nach steigender Liquidität, die rechte Seite **(= Passivseite)** das nach zunehmender Fälligkeit gegliederte Fremdkapital und das sich als Saldo aus der Differenz von Vermögen und Schulden ergebende Eigenkapital.
Die Passivseite der Bilanz zeigt das gesamte im Unternehmen vorhandene Kapital **(= Mittelherkunft)**, die Aktivseite der Bilanz die Art und Weise, wie das Kapital im Unternehmen verwendet wird **(= Mittelverwendung)**. Da im Unternehmen nicht mehr Kapital in Vermögen angelegt werden kann als dem Unternehmen zur Verfügung steht, folgt daraus, dass beide Seiten der Bilanz immer das gleiche Ergebnis ausweisen.

Aktivseite **Bilanz der Power PC GmbH 20..** **Passivseite**

Aktivseite		Passivseite	
A. Anlagevermögen		A. Eigenkapital	
Grundstück	65.000,00	Gezeichnetes Kapital	838.400,00
Gebäude	470.000,00	B. Fremdkapital	
Maschinen und Anlagen	225.000,00	Verbindlichkeiten geg.	
Betriebseinrichtung	72.000,00	Kreditinstituten	398.000,00
Betriebsfahrzeug	4.000,00	Verbindlichkeiten geg.	
		Lieferanten	86.000,00
B. Umlaufvermögen			
Waren	370.000,00		
Forderungen	47.000,00		
Bankguthaben	67.000,00		
Kassenbestand	2.400,00		
	1.322.400,00		1.322.400,00

4.2.1.1 Auswirkungen von Wertschöpfungsprozessen auf die Bilanz

Die Bilanz hat nur zum Bilanzstichtag, in der Regel der 31.12. des Jahres, Gültigkeit. Jeder durch die Beziehungen des Unternehmens zum Markt oder durch interne Leistungserstellung oder Leistungsverwertung ausgelöste Wertschöpfungsprozess führt zu einer Veränderung der Posten der Bilanz. Folgende Veränderungen sind dabei möglich:

Bilanzveränderungen

Bezeichnung	*Beispiel*	Wirkung
Aktivtausch	*Bareinkauf von PC-Komponenten*	Veränderung der Posten Waren und Kasse auf der Aktivseite (Waren +, Kasse –)
Passivtausch	*Umwandlung einer Lieferantenverbindlichkeit in eine Darlehensschuld*	Veränderung der Posten Darlehen und Verbindlichkeiten auf der Passivseite (Darlehen +, Verbindlichkeiten –)
Aktiv-Passivmehrung	*Kauf eines Firmenwagens auf Ziel*	Veränderung des Postens Fuhrpark auf der Aktivseite und des Postens Verbindlichkeit auf der Passivseite (Fuhrpark +, Verbindlichkeit +)
Aktiv-Passivminderung	*Tilgung eines Darlehens durch Banküberweisung*	Veränderung des Postens Bank auf der Aktivseite und des Postens Darlehen auf der Passivseite (Bank –, Darlehen –)

Konten Da Geschäftsprozesse die Werte einzelner Posten der Bilanz ständig verändern, wäre die Aufstellung jeweils neuer Bilanzen nach jeder Veränderung die logische Konsequenz aus diesem Tatbestand. Da die Vielzahl der unterschiedlichen Wertschöpfungsprozesse dies für die Praxis unmöglich macht und der Gesetzgeber im HGB fordert, dass ein sachverständiger Dritter innerhalb einer angemessenen Frist die Buchführung und deren Vorgänge prüfen kann, wird die Bilanz in **Konten** aufgelöst, d. h. jeder einzelne Posten der Bilanz wird auf einem separaten Konto geführt. Diese Konten werden im so genannten **Hauptbuch** geführt, ein Verzeichnis, das eine **sachliche Ordnung** aller in Form von Konten aufgezeichneter Veränderungen durch Wertschöpfungsprozesse ermöglicht.

Aktivseite	**Bilanz der Power PC GmbH 20..**		**Passivseite**
A. Anlagevermögen		A. Eigenkapital	
Grundstück	65.000,00	Gezeichnetes Kapital	838.400,00
...	...	B. Fremdkapital	
		Verbindlichkeiten geg.	
B. Umlaufvermögen		Kreditinstituten	398.000,00
Waren	370.000,00	...	...
...	...		...
	1.322.400,00		1.322.400,00

Aktivkonten

S	Grundstücke		H
AB	**65.000,00**		

S	Waren		H
AB	**370.000,00**		

Passivkonten

S	Eigenkapital		H
		AB	**838.400,00**

S	Verbindlichkeiten		H
		AB	**398.000,00**

Ausgehend von den beiden Seiten der Bilanz unterscheidet man **Aktivkonten** und **Passivkonten**. Da in der Bilanz der Bestand des Unternehmens an Vermögen und Schulden erfasst ist, werden diese Konten auch als **Bestandskonten** bezeichnet.

Die Anfangsbestände (AB) werden bei den Aktivkonten auf die linke Seite **(= Soll)**, die Anfangsbestände der Passivkonten auf die rechte Seite **(= Haben)** übertragen, da sich dort auch die entsprechenden Posten in der Bilanz wiederfinden.

Da **Mehrungen** die Anfangsbestände erhöhen, werden diese auf die jeweilige Seite der Konten gebucht, auf der der Anfangsbestand übertragen wurde. **Minderungen** des Anfangsbestandes werden dann entsprechend auf der gegenüberliegenden Seite des Kontos gebucht.

S Aktivkonten	H
Anfangsbestand **+ Mehrungen**	**– Minderungen**

S Passivkonten	H
– Minderungen	Anfangsbestand **+ Mehrungen**

Abschluss der Konten

Die im Laufe des Geschäftsjahres aufgetretenen und in den Bestandskonten erfassten Veränderungen der Bilanzposten durch die Wertschöpfungsprozesse müssen am Ende des Geschäftsjahres zu einem Abschluss gebracht werden. Zu diesem Zweck müssen alle Bestandskonten saldiert werden, d. h. der **Schlussbestand** aller Bilanzpositionen muss ermittelt werden. Stimmt dieser mit den durch die Inventur ermittelten Werten überein, so werden diese identischen Werte der Inventur und der Bestandskosten in die Bilanz übertragen, die dann den Ausgangspunkt der Dokumentation der Wertschöpfungsprozesse für das folgende Geschäftsjahr bildet.

S Aktivkonten	H
Anfangsbestand + Mehrungen	– Minderungen **= Schlussbestand**

S Passivkonten	H
– Minderungen **= Schlussbestand**	Anfangsbestand + Mehrungen

4.2.1.2 Aufzeichnung von Wertschöpfungsprozessen

Buchungssatz

Wertschöpfungsprozesse verändern immer mindestens zwei Posten der Bilanz und damit auch zwei Konten. Um bei der Vielzahl der vorhandenen Wertschöpfungsprozesse innerhalb eine Geschäftsjahres eine effiziente Bearbeitung aller Aufgaben des Rechnungswesens zu ermöglichen, gibt es eine einheitliche Aufzeichnung von Wertschöpfungsprozessen im **Journal** (= Grundbuch, vgl. S. 236) mithilfe von **Buchungssätzen.**

Im Buchungssatz wird immer zuerst das Konto genannt, das die Sollbuchung aufnimmt und dann in Verbindung mit dem Wort „an" das Konto, welches die Habenbuchung erfasst.

Prozess	Buchungssatz	S	H
Bareinkauf von PC-Komponenten für 4.000,00 EUR	Waren **an** Kasse	4.000,00	4.000,00
Umwandlung einer Lieferantenverbindlichkeit von 25.000,00 EUR in eine Darlehensschuld	Verbindlichkeit **an** Darlehen	25.000,00	25.000,00
Kauf von Kopierpapier auf Ziel für 3.800,00 EUR	Kopierpapier **an** Verbindlichkeit	3.800,00	3.800,00
Tilgung eines Darlehens durch Banküberweisung in Höhe von 56.000,00 EUR	Darlehen **an** Bank	56.000,00	56.000,00

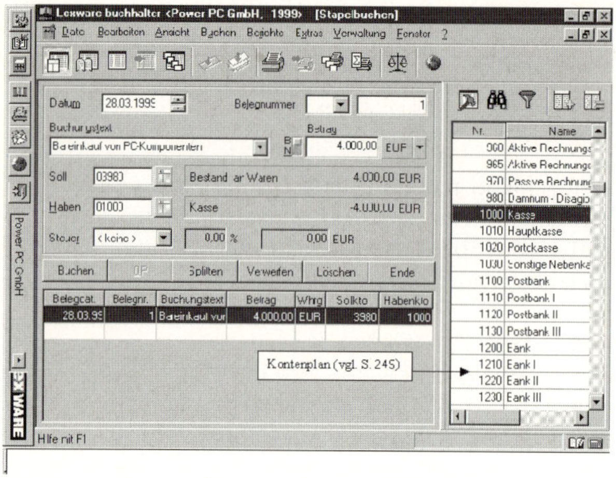

Voraussetzung für die Aufzeichnung von Wertschöpfungsprozessen in Form von Buchungssätzen ist der Nachweis bzw. die Dokumentation des tatsächlich stattgefundenen Wertschöpfungsprozesses. Diese Nachweis- bzw. die Dokumentationsfunktion übernehmen im Rechnungswesen **Belege.** Dabei werden alle vom Unternehmen selbst erstellten Belege wie Rechnungen an Kunden, Reisekostenabrechnungen u. A. als **interne Belege**, alle von den Marktteilnehmern von außen in das Unternehmen gebrachten Belege wie Eingangsrechnungen, Bankauszüge u. Ä. als **externe Belege** bezeichnet.

Belege sind zwingend vorausgesetzt, damit das Rechnungswesen seine Aufgabe der Dokumentation von Wertschöpfungsprozessen wahrnehmen kann und darf. Die Buchungssätze werden zeitlich geordnet im **Grundbuch** eingetragen, einem Verzeichnis, das eine lückenlose Aufzeichnung aller Wertschöpfungsprozesse im Unternehmen ermöglicht.

		Grundbuch			
Datum	**Beleg**	**Buchungstext**		**Soll**	**Haben**
28.03.2000	ER 234	Waren an Kasse		4 000,00	 4 000,00
29.03.2000	KV 1/20	Verbindlichkeit an Darlehen		25 000,00	 25 000,00
...	...	...		...	...
			Summe	....	....

4.2.2 Erfolgswirksame Wertschöpfungsprozesse

- Aufwandskonten Konten zur Erfassung von Eigenkapitalminderungen
- Ertragskonten Konten zur Erfassung von Eigenkapitalerhöhungen

Erfolgsermittlung durch Eigenkapitalvergleich

Wertschöpfungsprozesse verändern nicht nur die Bestände des Unternehmens an Vermögen und Schulden, sondern können in der Regel auch zu positiven oder negativen Auswirkungen auf den **Erfolg** des Unternehmens führen. Der Erfolg eines Unternehmens kann durch den Vergleich des Eigenkapitals zweier aufeinander folgender Geschäftsjahre ermittelt werden. Daher müssen auch alle erfolgswirksamen Wertschöpfungsprozesse auf dem Eigenkapitalkonto gebucht werden. Da dies wiederum zu einer sehr unübersichtlichen Darstellung des Kontos Eigenkapital führen würde, wird dieses Konto in so genannte Erfolgskonten aufgeteilt. Man unterscheidet hierbei **Aufwandskonten** und **Ertragskonten**

- Alle Wertschöpfungsprozesse, die zu einer **Verminderung des Eigenkapitals** führen, werden auf **Aufwandskonten** (z. B. Mietaufwendungen, Abschreibungen (vgl. S. 243)) gebucht. Da Minderungen des Eigenkapitals immer auf der Sollseite gebucht werden, wird auch auf den Aufwandskonten immer auf der **Sollseite** gebucht.
- Alle Wertschöpfungsprozesse, die zu einer **Mehrung des Eigenkapitals** führen, werden auf Ertragskonten gebucht. Da Mehrungen des Eigenkapitals immer auf der Habenseite gebucht werden, wird auch auf den **Ertragskonten** (z. B. Provisionserträge, Zinserträge) immer auf der **Habenseite** gebucht.

S	Eigenkapital	H
– Minderungen Anfangsbestand		+ Mehrungen

↓ (Minderungen) ↓ (Mehrungen)

S	Aufwandskonten	H
Minderungen des EK		

(z. B. Mietaufwendungen, Abschreibungen)

S	Ertragskonten	H
		Mehrungen des EK

(z. B. Provisions- und Zinserträge)

Da alle erfolgswirksamen Wertschöpfungsprozesse das Eigenkapital verändern, müssen die Erfolgskonten am Ende des Geschäftsjahres wieder auf das Eigenkapitalkonto abgeschlossen werden. Um aber die Übersichtlichkeit des Eigenkapitalkontos weiterhin zu erhalten, werden alle Erfolgskonten zunächst auf dem Gewinn- und Verlustkonto zusammengefasst und dann über das Eigenkapitalkonto abgeschlossen.

S	Gewinn und Verlustkonto	H
Aufwandskonten		Ertragskonten

4.2.3 Buchung grundlegender Wertschöpfungsprozesse

■ Grundsätze ordnungsgemäßer Buchführung (GoB)	gesetzliche Vorschriften zur Erfassung von Wertschöpfungsprozessen
■ Umsatzsteuer	Verbindlichkeit gegenüber dem Finanzamt
■ Vorsteuer	Forderung gegenüber dem Finanzamt
■ Abschreibung	Aufwendungen für den Wertverlust des Anlagevermögens

Der Verkauf von Produkten und Dienstleistungen trägt im Unternehmen wesentlich zum Unternehmenserfolg bei. Wie bereits oben ausführlich ausgeführt, werden diese Wertschöpfungsprozesse im Rechnungswesen erfasst, analysiert und für betriebswirtschaftliche Entscheidungen aufbereitet. Die hieraus gewonnenen Erkenntnisse werden dann im Rahmen des Zielbildungsprozesses (vgl. S. 16) des Unternehmens verarbeitet. Ausgangspunkt hierfür ist zunächst die Erfassung **(= Buchung)** der Wertschöpfungsprozesse. Dabei sind folgende Grundsätze zu beachten, die für alle Bereiche des Rechnungswesens vonseiten des Gesetzgebers zwingend vorgeschrieben sind.

Grundsätze ordnungsgemäßer Buchführung (GoB)	
Klarheit und Übersichtlichkeit	• überschaubare und sachgerechte Organisation der Buchführung • übersichtliche Gliederung des Jahresabschlusses • Vermögenswerte und Schulden sowie Erträge und Aufwendungen dürfen nicht unkenntlich gemacht werden • Buchungen dürfen nicht unkenntlich gemacht werden
Vollständigkeit	• Geschäftsfälle sind fortlaufend, vollständig, richtig, zeitgerecht sowie sachlich geordnet zu erfassen
Belegprinzip	• jede Buchung muss anhand eines Beleges jederzeit nachprüfbar sein
Aufbewahrungspflicht	• alle Unterlagen der Buchführung müssen aufbewahrt werden, wobei Bild oder Datenträger verwendet werden dürfen

4.2.3.1 Buchungen beim Ein- und Verkauf

Power PC GmbH

Viktoriastr. 87, 50122 Köln

Lösungen für Ihre PC-Probleme

Power PC GmbH · Viktoriastr. 87 · 50122 Köln

Sports unlimited
Paulusstr. 165

51173 Bonn

Ihre Bestellung	Datum der Bestellung	Unser Zeichen	Rechnungs Nr.	Rechnungsdatum
		schlo/ra	21 A	00-03-30

Rechnung A-65

Artikel/ Leistung Nr.	Artikel-/ Leistungsbezeichnung	Menge in Stück	Preis pro Stück	Rabatt in%	Gesamtpreis
981-72	PC-400 MHZ	1	999,00 EUR	0,0	999,00 EUR
332-96	Bildschirm 17 Zoll	1	359,00 EUR	0,0	359,00 EUR
872-67	Laserdrucker	1	499,00 EUR	0,0	499,00 EUR
240-09	Softwareinstallation	1	59,00 EUR	0,0	59,00 EUR

Warenwert	Versandkosten	MwSt.-%	MwSt-EUR	Rechnungsbetrag
1.916,00 EUR	0,00 EUR	16,0	306,56	2.222,56

Zahlbar innerhalb von 30 Tagen netto Kasse oder innerhalb von 8 Tagen mit 3% Skonto.
Die Ware bleibt bis zur vollständigen Bezahlung unser Eigentum.
Erfüllungsort und Gerichtsstand ist für beide Teile Köln.

Umsatzsteuer

Alle von einem Unternehmen im Inland gegen Entgelt erbrachten Lieferungen und Leistungen, also auch der Verkauf von Waren und Dienstleistungen, unterliegen nach dem Umsatzsteuergesetz (UStG) der **Mehrwertsteuer** bzw. **Umsatzsteuer**. Sie wird als Prozentsatz (zur Zeit 16%) auf der Basis des vom Unternehmen in seiner Kalkulation ermittelten Verkaufspreise berechnet. Für das Unternehmen ist diese Steuer erfolgsneutral, da sie vom Kunden durch den um diesen Prozentsatz erhöhten Verkaufspreis bezahlt wird.
Da das Unternehmen vom Gesetzgeber verpflichtet ist, monatlich die eingehaltene Umsatzsteuer an das Finanzamt abzuführen, stellt sie eine **Verbindlichkeit** für das Unternehmen dar, die auf dem Passivkonto **Umsatzsteuer** gebucht wird.
Das Unternehmen ist als Wirtschaftssubjekt im Wirtschaftskreislauf sowohl auf dem Absatz- als auf dem Beschaffungsmarkt aktiv (vgl. S. 23). Die dort von ihm erworbenen Waren und Dienstleistungen unterliegen ebenfalls der Umsatzsteuer. Da diese vom Unternehmen beim Bezug von Lieferungen und Leistungen bezahlte so genannte **Vorsteuer** das Unternehmen nicht weiter belasten soll, kann sie beim Finanzamt durch eine Verrechnung mit der Umsatzsteuerschuld zurückgefordert werden. Die Vorsteuer stellt somit eine **Forderung** gegenüber dem Finanzamt dar, die auf dem Aktivkonto Vorsteuer gebucht wird.

Vorsteuer

Das Ergebnis der Verrechnung der Vorsteuer mit der Umsatzsteuer kann entweder zu einer Umsatzsteuerzahllast oder zu einem Vorsteuerüberhang führen.

Beispiel:

Umsatzsteuer und Vorsteuer im Abrechnungszeitraum:

S	Umsatzsteuer H
	29.000,00

S	Vorsteuer H
15.000,00	

Abschluss des Kontos Vorsteuer:

	S	H
Umsatzsteuer	15.000,00	
an Vorsteuer		15.000,00

S	Umsatzsteuer H
VSt. 15.000,00	29.000,00

S	Vorsteuer H
15.000,00	USt 15.000,00

Überweisung der Zahllast an das Finanzamt:

	S	H
Umsatzsteuer	14.000,00	
an Bank		14.000,00

S	Umsatzsteuer H
VSt. 15.000,00	29.000,00
Bank 14.000,00	

S	Vorsteuer H
15.000,00	USt 15.000,00

Wareneinkauf
Warenverkauf

Sowohl der Wareneinkauf als auch der Warenverkauf stellen für das Unternehmen erfolgswirksame Geschäftsprozesse dar, die das Eigenkapital verändern und somit auf den Erfolgskonten gebucht werden. Der Verkauf von Waren wird auf dem **Ertragskonto Erlöse aus Handelswaren**, der Einkauf von Waren auf dem **Aufwandskonto Wareneinkauf** gebucht. Das in der Bilanz aufgeführte Bestandskonto Waren zeigt lediglich die durch die Inventur ermittelten Warenbestände.

Beispiel: *Die Power PC GmbH kauft Waren auf Ziel für 20.000,00 EUR zuzüglich 16% Umsatzsteuer.*

Buchungssatz	Soll	Haben
Wareneinkauf Vorsteuer an Verbindlichkeiten aus Lief.	20.000,00 EUR 3.200,00 EUR	 23.200,00 EUR

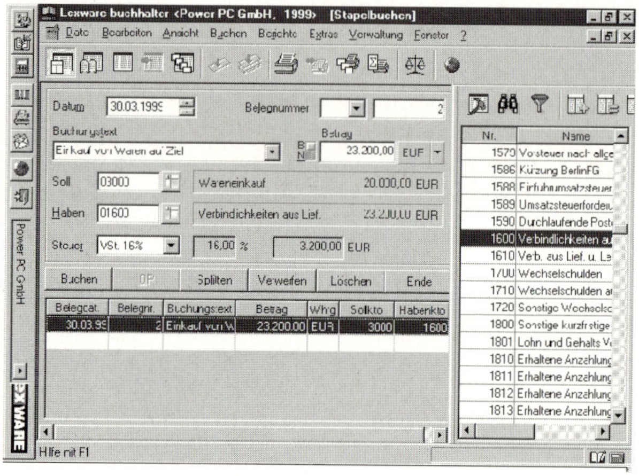

Beispiel: *Die Power PC GmbH verkauft waren auf Ziel für 6.000,00 EUR zuzüglich 16 % Umsatzsteuer.*

Buchungssatz	Soll	Haben
Forderungen an Umsatzsteuer an Warenverkauf	6.960,00 EUR	 960,00 EUR 6.000,00 EUR

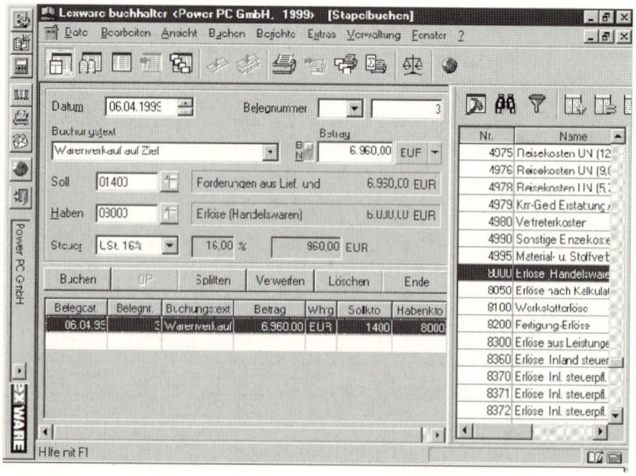

Minderungen bei Warenein- und -verkauf

Die aus Marketingentscheidungen gewährten Preisnachlässe in Form von Skonto und Bonus (vgl. S. 152) auf dem Absatz- und Beschaffungsmarkt führen zu einer Minderung der Erträge beim Warenverkauf und der Aufwendungen beim Wareneinkauf. Um die Übersichtlichkeit der Buchführung zu gewährleisten, werden Minderungen der Verkaufserlöse auf dem **Unterkonto Erlösberichtigungen** des Warenverkaufskontos gebucht. Minderungen der Aufwendungen für den Wareneinkauf werden auf dem **Unterkonto Nachlässe** des Wareneinkaufskontos gebucht. Beide Konten werden auf ihren jeweilig übergeordneten Konten abgeschlossen und ermöglichen somit dem Unternehmen den sachlich korrekten Ausweis der durch die Wertschöpfungsprozesse erwirtschafteten Erträge verursachten Aufwendungen.

Die häufig mit dem Warenein- bzw. Warenverkauf verbundenen Dienstleistungen, z. B. Installation, Konfiguration u. Ä, stellen für das Unternehmen ebenfalls erfolgswirksame Prozesse dar. Sie werden in der Buchführung des Unternehmens getrennt von der Buchung des Wareinkaufs bzw. des Warenverkaufs erfasst, da auch diese Leistungen einen erheblichen Einfluss auf den Unternehmenserfolg besitzen.

Alle Dienstleistungen, die ein Unternehmen seinem Kunden berechnet, stellen einen weiteren Ertrag dar. Sie werden auf dem **Ertragskonto** (vgl. S. 237) **Erlöse aus Leistungen** erfasst. Die dem Unternehmen beim Bezug von Waren oder separat in Rechnung gestellten Dienstleistungen stellen einen Aufwand dar, der auf verschiedenen **Aufwandskonten** (vgl. S. 237) **für Dienstleistungen** gebucht wird.

Beispiel:

Die Service-Abteilung der Power PC GmbH installiert für einen Kunden Software und berechnet hierfür 55,00 EUR zuzüglich 16% Umsatzsteuer. Der Kunde zahlt mit ec-Karte.

Buchungssatz	Soll	Haben
Bank	63,80 EUR	
an Umsatzsteuer		8,80 EUR
an Erlöse aus Leistungen		55,00 EUR

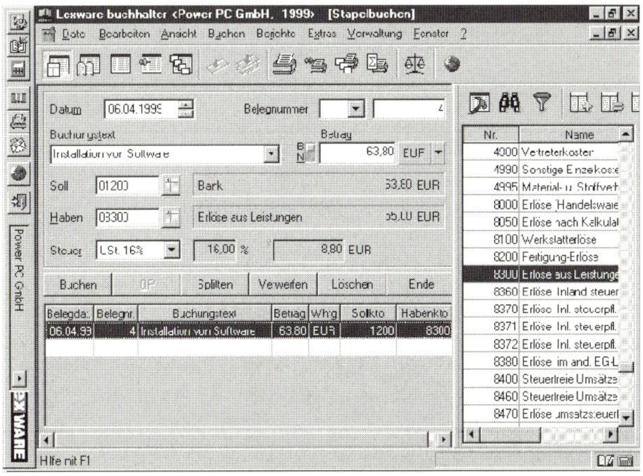

Beispiel: *Die Power PC GmbH bezahlt die Reparatur ihres Firmenwagens in Höhe von 150,00 EUR zuzüglich 16 % Umsatzsteuer bar aus der Geschäftskasse.*

Buchungssatz	Soll	Haben
Kraftfahrzeugkosten Vorsteuer an Kasse	150,00 EUR 24,00 EUR	 174,00 EUR

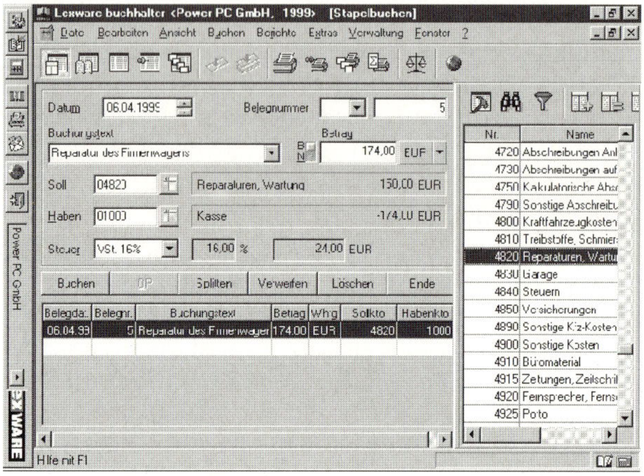

4.2.3.2 Buchung der Aufwendungen für Aufgabenträger

Mitarbeiter
Maschinen

Das Unternehmen benötigt für seine unterschiedlichen Aufgaben im Wertschöpfungsprozess und durch seine vielfältigen Beziehungen im Gesamtsystem des Wirtschaftskreislaufs **Aufgabenträger**, die diese Aufgaben im Sinne des Zielsystems wahrnehmen. Grundsätzlich sind hier Mitarbeiter, Maschinen und die Kombination von Mitarbeitern und Maschinen in der Lage, diese Aufgaben zu übernehmen.

Der Einsatz von Mitarbeitern und Maschinen verursacht für das Unternehmen Aufwendungen, die das Rechnungswesen im Rahmen seiner Aufgaben erfassen muss.

Während die Aufwendungen für die Mitarbeiter durch die zu zahlenden Provisionen, Reisekosten, Löhne und Gehälter und den Anteil des Arbeitgebers an den Sozialversicherungsbeiträgen genau bestimmt sind, bedarf die Ermittlung der Aufwendungen für die angeschafften Maschinen einiger Überlegungen bzw. einiger Berechnungen.

Aufwendungen für Anlagen

Abschreibung

Die Anschaffung von Maschinen erhöht zunächst das Anlagevermögen des Unternehmens. Erst durch die **Nutzung** der Maschinen fallen Aufwendungen an. Diese entstehen im Zeitablauf der Nutzung des entsprechenden Anlagegutes durch den Wertverlust aufgrund von Verschleiß, Abnutzung und technische Veralterung.

Dieser **Wertverlust** wird mithilfe der vom Gesetzgeber ermöglichten **Abschreibung** (AfA = Absetzung für Abnutzung) berücksichtigt. Grundsätzlich lassen sich zwei Verfahren unterscheiden:

Beispiel:

Anschaffungskosten eines Computers: *3 000,00 EUR*
Nutzungsdauer: *5 Jahre*

Buchung für die Anschaffung:

Buchungssatz	Soll	Haben
Büro und Geschäftsausstattung (BGA)	3.000,00 EUR	
Vorsteuer	480,00 EUR	
an Bank		3.480,00 EUR

Lineare Abschreibung			Degressive Abschreibung		
= **jährlich gleich bleibende Beträge werden vom Anschaffungswert abgeschrieben**			= **jährlich sinkende Beträge werden vom Buchwert abgeschrieben**		
Berechnung der Abschreibungswerte (AfA)			**Berechnung der Abschreibungswerte (AfA)**		
$\text{AfA} = \frac{\text{Anschaffungskosten}}{\text{Nutzungsdauer}}$			Steuerlich zulässig ist zur Zeit das zweifache des linearen Prozentsatzes, höchstens jedoch 20%. Über die Nutzungsdauer hinweg wird dieser Prozentsatz vom Buchwert des Anlagegutes abgeschrieben.[1] AfA = Buchwert · 20%		
Jahr	Buchwert	AfA	Jahr	Buchwert	AfA
0	3.000,00		0	3.000,00	
1	2.400,00	600,00	1	2.400,00	600,00
2	1.800,00	600,00	2	1.920,00	480,00
3	1.200,00	600,00	3	1.536,00	384,00
4	600,00	600,00	4	1.228,80	307,20
5	0,00	600,00	5	983,04	245,76

Der durch das jeweilige Abschreibungsverfahren ermittelte Wertverlust des Anlagegutes wird während der Nutzungsdauer der Anlage als Aufwand auf dem **Aufwandskonto Abschreibungen** gebucht.

[1] Gilt für Anlagegüter, die seit 01.01.2001 angeschafft werden; bisher ‚dreifach' bzw. 30%.

1. Buchung der Abschreibung am Jahresende:

	S	H
Abschreibung	600,00	
an BGA		600,00

S	BGA		H
AB	3.000,00	AfA	600,00

S	Abschreibungen		H
BGA	600,00		

2. Abschluss des Kontos Abschreibung:

	S	H
GuV	600,00	
an Abschreibung		600,00

S	Abschreibungen		H
BGA	600,00	GuV	600,00

S	GuV		H
Afa	600,00		

Aufwendungen für Mitarbeiter

Lohn, Gehalt

Die durch den Einsatz von Mitarbeitern verursachten Aufwendungen ergeben sich aus den zu zahlenden Löhnen und Gehältern und dem zusätzlich vom Arbeitgeber zu zahlenden 50-prozentigen Anteil an den Sozialversicherungen der beschäftigten Mitarbeiter. Beides stellt für das Unternehmen einen Aufwand dar, der auf entsprechenden Aufwandskonten gebucht werden muss. Dabei werden die Löhne und Gehälter auf den Konten **Lohnaufwendungen** und **Gehaltsaufwendungen**, der Arbeitgeberanteil zur Sozialversicherung auf dem Konto Aufwandskonto **Arbeitgeberanteil zur Sozialversicherung** (vgl. S. 61) gebucht. Die an das Finanzamt abzuführende Lohn- und Kirchensteuer stellt für das Unternehmen ebenso eine Verbindlichkeit dar wie die an die Krankenkasse zu zahlenden Sozialversicherungsbeiträge.

Gehaltsbuchungen

Buchung der Nettoauszahlung des Gehalts:

	S	H
Gehaltsaufwendung	5.700,00	
an Verbindlichkeiten gegenüber dem Finanzamt		1.064,93
an Verbindlichkeiten gegenüber Sozialversicherungen		1.098,90
an Bank		3.536,17

Buchung des Arbeitgeberanteils zur Sozialversicherung:

	S	H
Arbeitgeberanteil zur Sozialversicherung	1.098,00	
an Verbindlichkeiten gegenüber Sozialversicherungen		1.098,00

Buchung der Überweisung der einbehaltenen Steuern an das Finanzamt:

	S	H
Verbindlichkeiten gegenüber dem Finanzamt	1.064,93	
an Bank		1.064,93

Buchung der Sozialversicherungsbeiträge an den Versicherungsträger:

	S	H
Verbindlichkeiten gegenüber Sozialversicherungen	2.197,80	
an Bank		2.197,80

4.2.4 Organisation der Buchführung

Die Vielzahl der Wertschöpfungsprozesse und deren unterschiedliche Erfassung im Rechnungswesen des Unternehmens verlangen nach einem Ordnungsinstrumentarium, damit das Rechnungswesen seine Aufgaben in Übereinstimmung mit den Zielen des Unternehmens wahrnehmen kann.

Als Ordnungsinstrument sind so genannte **Kontenrahmen** entwickelt worden, die je nach Branche unterschiedlich strukturiert sein können. Sie enthalten in verschiedenen Kontenklassen alle Konten, die durch die Vielzahl der Wertschöpfungsprozesse angesprochen werden können und gleichzeitig für die Aufbereitung der Gewinn- und Verlustrechnung und der Bilanz notwendig sind.

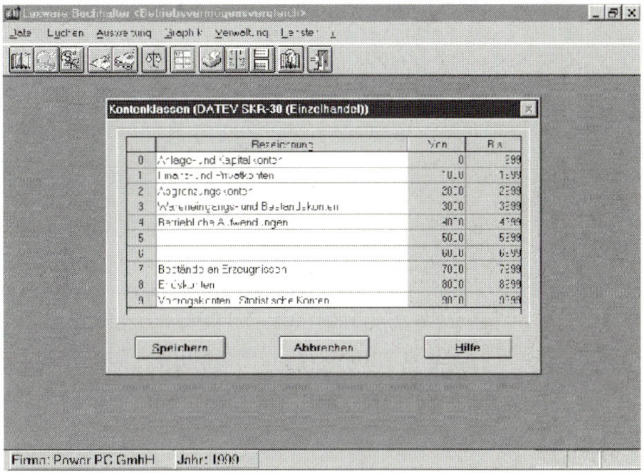

Der Kontenrahmen ist nach dem Dezimalsystem aufgebaut. In der Regel erhält jedes Konto eine vierstellige Kontonummer, wobei jede einzelne Ziffer unterschiedliche Informationen enthält.

Folgende Informationen sind in der Kontonummer 1221 enthalten:

erste Ziffer	zweite Ziffer	dritte Ziffer	vierte Ziffer
Kontenklasse	Kontengruppe	Kontenart	Kontenunterart
Finanzkonto	Bankkonto	Girokonto	bei Kreissparkasse
1	2	2	1

Betriebsindividuell können auf Grundlage der allgemeinen Kontenrahmen Kontenpläne abgeleitet werden, die die speziellen Anforderungen der jeweiligen Unternehmen berücksichtigen.

4.2.5 Bücher der Buchführung

Die Aufzeichnungen von Wertschöpfungsprozessen müssen jederzeit nachprüfbar sein. Neben dem bereits erläuterten Grundbuch (vgl. S. 236), das die Geschäftsfälle in zeitlicher Reihenfolge erfasst und dem Hauptbuch (vgl. S. 234), welches die einzelnen Geschäftsfälle nach sachlichen Gesichtspunkten ordnet, dienen eine Reihe von **Nebenbüchern** der Finanzbuchhaltung dazu, bestimmte Wertschöpfungsprozesse durch entsprechende Aufzeichnungen zu erläutern.

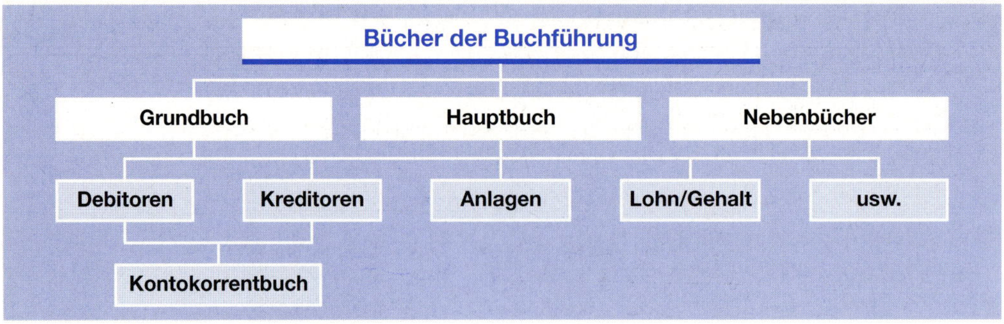

■ Nebenbücher am Beispiel des Kontokorrentbuches

Das Kontokorrentbuch erfasst die bargeldlosen und auf Ziel abgeschlossenen Wertschöpfungsprozesse mit jedem einzelnen Kunden **(= Debitoren)** und Lieferanten **(= Kreditoren).** Da auf den Sachkonten „Forderungen aus Lieferung und Leistung" und „Verbindlichkeiten aus Lieferung und Leistung" nicht zu ersehen ist, wie hoch die Forderungen gegenüber dem **einzelnen Kunden** und die Schulden gegenüber den **einzelnen Lieferanten** sind, werden diesen Sachkonten **Debitoren-** bzw. **Kreditorenkonten** zugeordnet, die einen Überblick über die ausstehenden Zahlungseingänge bzw. der noch auszuführenden Zahlungen ermöglichen.

Beispiel: *Sachkonto „2400 Forderungen aus Lieferungen und Leistungen"*

Nummer				***Bezeichnung des Sachkontos***		
2	*4*	*0*	*0*	***Forderungen aus Lieferung und Leistung***		
Nr.	***Datum***	***Beleg-Nr.***		***Buchungstext***	***Euro***	
					Soll	***Haben***
1	*99-12-02*	*AR: 82-P*		*Verkauf Workstation an Kordes GmbH*	*4.899,00*	
2	*99-12-03*	*AR: 83-S*		*Softwareinstallation bei Müller KG*	*480,00*	
3	*...*	*...*		*...*	*...*	

Da dieses Konto im Laufe einer Geschäftsperiode eine Vielzahl von Buchungen aufweist, die einen schnellen Überblick über die Forderungen gegenüber einem einzelnen Debitor nahezu unmöglich machen, wird es durch entsprechende **Debitorenkonten** weiter erläutert. Auf diesen Konten, die in der Regel eine fünfstellige Kontonummer aufweisen, werden die Kunden einzeln aufgeführt.

Beispiel: *Debitorenkonto „24005 Forderungen Kordes GmbH"*

Nummer					***Bezeichnung des Debitorenkontos***				
2	*4*	*0*	*0*	*5*	***Debitor: Kordes GmbH***				
Nr.	***Datum***	***Beleg-Nr.***			***Buchungstext***	***Euro***		***Saldo***	
						Soll	***Haben***	***Soll***	***Haben***
1	*99-12-02*	*AR: 82-P*			*Verkauf Workstation*	*4.899,00*		*4.899,00*	
2	*...*	*...*			*...*	*...*		*...*	

Der Saldo in der letzten Spalte des Debitorenkontos zeigt den aktuellen Stand der Forderungen gegenüber dem Kunden an. So ist eine regelmäßige Überwachung der Zahlungseingänge und ein permanenter Abgleich mit dem Sachkonto möglich.

Sachkonto „4400 Verbindlichkeiten aus Lieferungen und Leistungen“

Beispiel:

Nummer				Bezeichnung des Sachkontos		
4	4	0	0	**Verbindlichkeiten aus Lieferung und Leistung**		
Nr.	**Datum**	**Beleg-Nr.**	**Buchungstext**		**Euro**	
					Soll	**Haben**
1	99-12-01	ER: 782	Einkauf bei Electronic GmbH			9.476,98
2	99-12-01	ER: 783	Einkauf bei Media AG			876,99
3	...	...				...

Kreditorenkonto „44002 Verbindlichkeiten Electronic GmbH“

Beispiel:

Nummer					Bezeichnung des Kreditorenkontos			
4	4	0	0	2	**Kreditor: Electronic GmbH**			
Nr.	**Datum**	**Beleg-Nr.**	**Buchungstext**	**Euro**		**Saldo**		
				Soll	**Haben**	**Soll**	**Haben**	
1	99-12-01	ER: 782	Einkauf PC-Komponenten		9.476,98		9.476,98	
2	...		...		...			

Als Zusammenfassung der Debitoren- und Kreditorenkonten werden in regelmäßigen Abständen **Offene-Posten-Listen** erstellt. Diese Listen enthalten die entsprechenden Salden aller Debitoren und Kreditoren zu einem bestimmten Zeitpunkt, die es dem Unternehmen ermöglichen, einen Gesamtüberblick über die zu erwartenden Zahlungen bzw. der noch zu tätigenden Zahlungen zu erhalten.

4.2.6 Ergebnis der Wertschöpfungsprozesse

Die im Laufe eines Geschäftsjahres anfallenden Wertschöpfungsprozesse führen zu einer Veränderung der Vermögens- und Kapitalstruktur des Unternehmens. Diese Veränderungen müssen nach dem HGB im **Jahresabschluss** festgehalten werden. Dabei bestimmt die Rechtsform und Größe des Unternehmens den jeweiligen Umfang des Jahresabschlusses.

Umfang des Jahresabschlusses

Bei allen Einzelunternehmen und Personengesellschaften besteht der Jahresabschluss aus der Bilanz und der Gewinn- und Verlustrechnung. Kapitalgesellschaften haben den Jahresabschluss gegenüber Einzelunternehmen und Personengesellschaften um den Anhang und den Lagebericht zu erweitern.

- Der Anhang dient der Erläuterung einzelner Posten der Bilanz und der Gewinn- und Verlustrechnung.
- Der vom Gesetzgeber geforderte Lagebericht für Kapitalgesellschaften ist kein Bestandteil des Jahresabschlusses. Er beinhaltet Informationen über den Geschäftsverlauf und die wirtschaftliche Lage des Unternehmens.

Veröffentlichungs-/ Prüfpflicht

Neben der Erstellungspflicht besteht für Kapitalgesellschaften zusätzlich eine durch das Gesetz geforderte Veröffentlichungs- und Prüfpflicht für den Jahresabschluss. Zum Schutz kleiner und mittelständischer Unternehmen vor Konkurrenzeinblick sowie zu Vermeidung von Kosten, richten sich jedoch Art und Umfang der Veröffentlichung und Prüfung nach der Größe der Kapitalgesellschaft.

Buchmäßige Erfassung und Fortschreibung der Wertschöpfungsprozesse

A ❶ Eröffnungsbilanz P

A			P
BGA	280.000,00	Eigenkapital	200.000,00
Kasse	5.000,00	Darlehen	70.000,00
Bank	65.000,00	Verb. a. LL.	80.000,00
	350.000,00		350.000,00

Grundbuch: ❷

1. BGA an Kasse 500,00
2. Bank an Provisionserträge 5.000,00
3. Gehälter an Bank 3.000,00
4. Verb. a. LL an Bank 25.000,00

Hauptbuch: ❸

S BGA H

S			H
AB	280.000,00	SBK	280.500,00
Kasse	500,00		
	280.500,00		280.500,00

S EK H

S			H
SBK	202.000,00	AB	200.000,00
		EK	2.000,00
	202.000,00		202.000,00

S ❹ GuV H

S			H
Gehälter	3.000,00	Prov.ert.	5.000,00
EK	2.000,00		
	5.000,00		5.000,00

S Kasse H

S			H
AB	5.000,00	BGA	500,00
		SBK	4.500,00
	5.000,00		5.000,00

S Darlehen H

S			H
SBK	70.000,00	AB	70.000,00
	70.000,00		70.000,00

S ❺ SBK H

S			H
BGA	280.500,00	EK	202.000,00
Kasse	4.500,00	Darl.	70.000,00
Bank	42.000,00	Verb.	55.000,00
	327.000,00		327.000,00

S Bank H

S			H
AB	65.000,00	Verb.	25.000,00
Prov.ert.	5.000,00	Gehälter	3.000,00
		SBK	42.000,00
	70.000,00		70.000,00

S Verb. a. LL H

S			H
Bank	25.000,00	AB	80.000,00
SBK	55.000,00		
	80.000,00		80.000,00

A ❻ Schlussbilanz P

A			P
BGA	280.500,00	EK	202.000,00
Kasse	4.500,00	Darl.	70.000,00
Bank	42.000,00	Verb.	55.000,00
	327.000,00		327.000,00

S Provisionserträge H

S			H
GuV	25.000,00	Bank	25.000,00
	25.000,00		25.000,00

S Gehälter H

S			H
Bank	3.000,00	GuV	3.000,00
	3.000,00		3.000,00

❶ Ergebnis der Inventur
❷ Zeitliche Erfassung der Wertschöpfungsprozesse
❸ Sachliche Erfassung der Wertschöpfungsprozesse
❹ Ergebnis der erfolgswirksamen Wertschöpfungsprozesse
❺ Buchmäßiger Bestand am Ende des Geschäftsjahres
❻ Inventurbestand am Ende des Geschäftsjahres

4.3 Wirtschaftlichkeit von Wertschöpfungsprozessen

Kosten- und Leistungsrechnung	Gegenüberstellung der durch die betriebliche Leistungserstellung und -verwertung erwirtschafteten Wertzugänge (Leistungen) und des dadurch verursachten Verbrauchs (Kosten)
Betriebsergebnis	Gewinn oder Verlust aus der eigentlichen betrieblichen Tätigkeit

Kosten und Leistungen

Die Überwachung der Wirtschaftlichkeit von Wertschöpfungsprozessen erfolgt im Rahmen des Rechnungswesens durch die **Kosten- und Leistungsrechnungen** (KLR). Die KLR bezieht sie sich auf die eigentliche Stätte des Leistungsprozesses, den Betrieb.

Die im Zielsystem des Unternehmens festgelegten, dem eigentlichen betrieblichen Zweck dienenden Tätigkeiten. verursachen einen Werteverbrauch **(Kosten)** und führen zu einem Wertezuwachs **(Leistungen)**, der durch die KLR erfasst wird. Die Gegenüberstellung von Kosten und Leistungen in der KLR ermöglicht die Berechnung des **Betriebsergebnisses**, also die Aussage über den durch die Betriebstätigkeit verursachten Gewinn oder Verlust.

Die zentrale Aufgabe der Kosten- und Leistungsrechnung im Rahmen des gesamten Rechnungswesens besteht darin, die in einer Abrechnungsperiode, z. B. Monat oder Geschäftsjahr, anfallenden **Kosten** und **Leistungen** korrekt zu erfassen.

Die gesammelten Daten (Ist-Werte) werden mit den geplanten Werten (Soll-Werte) fortlaufend verglichen, um eine Kontrolle der Entwicklung von Kosten und Leistungen zu gewährleisten. Die erhaltenen Informationen werden zur Planung zukünftiger Abrechnungsperioden eingesetzt.

Neben diesen zentralen Aufgaben übernimmt die Kosten- und Leistungsrechnung aber auch noch weitere wichtige Aufgaben:

- Ermittlung von Preisuntergrenzen für das Absatzmarketing
- Ermittlung von Preisobergrenzen für das Beschaffungsmarketing
- Festlegung von Budgets
- Vergleich von Planvorgaben mit der Ist-Situation
- Überwachung der Wirtschaftlichkeit der Geschäftsprozesse
- Zurechnung der Kosten auf Kostenträger (Produkte, Dienstleistungen)
- Zurechnung der Kosten auf Kostenstellen (Abteilungen, Filialen)
- Informationsbereitstellung für Entscheidungen über Eigen- oder Fremdfertigung
- Dokumentation und Information für Eigen- und Fremdkapitalgeber

- Information öffentlicher Institutionen (Finanzamt)
- Ermittlung der Selbstkosten für öffentliche Aufträge
- Ermittlung von Herstellungskosten zur Aktivierung von Bestandsveränderungen und Eigenleistungen

Aufgaben der Kostenrechnung

Um all diesen Aufgaben gerecht zu werden, müssen innerhalb der Kosten- und Leistungsrechnung folgende drei Fragen geklärt werden.

1. Welche Kosten sind entstanden? ⇒ **Kostenartenrechnung**
2. Wo sind die Kosten entstanden? ⇒ **Kostenstellenrechnung**
3. Wofür sind die Kosten entstanden? ⇒ **Kostenträgerrechnung**

4.3.1 Grundbegriffe der Kosten- und Leistungsrechnung

Einnahmen	alle Geschäftsprozesse, die das Geldvermögen erhöhen
Ausgaben	alle Geschäftsprozesse, die das Geldvermögen vermindern
Erträge	alle Geschäftsprozesse, die das Eigenkapital erhöhen
Aufwendungen	alle Geschäftsprozesse, die das Eigenkapital vermindern
Kosten	betriebliche Aufwendungen, die durch den Verzehr von Gütern, Diensten und Abgaben zum Zwecke der Leistungserstellung im Rahmen von Geschäftsprozessen anfallen
Leistungen	betriebliche Erträge, die durch den Verkauf von Waren und Dienstleistungen im Rahmen von Geschäftsprozessen anfallen

Beispiel: *Auswahl von Geschäftsprozessen der Power PC GmbH:*

1. Verkauf von 25 Computern auf Ziel
2. Einkauf verschiedener Hardwarekomponenten auf Ziel
3. Zinszahlung für einen aufgenommenen Geschäftskredit
4. Zinsgutschrift für das Guthaben auf dem Geschäftskonto der Dresdner Bank
5. Verluste aus dem Verkauf von Wertpapieren
6. Eingang der Mietzahlung für vermietete Lagerräume
7. Installation einer EDV-Anlage für die Hollmann GmbH, Zahlungsziel 30 Tage

Einnahmen und Ausgaben

Einnahmen, Ausgaben

Jedes Unternehmen besitzt eine bestimmbare Summe jederzeit verfügbaren Geldes in Form des Kassenbestandes und der Guthaben bei Kreditinstituten (liquide Mittel). Wird dieser Bestand an Zahlungsmitteln und der Bestand an kurzfristigen Forderungen/Verbindlichkeiten (beides zusammen ergibt das Geldvermögen) verändert, so spricht man von **Einnahmen** und **Ausgaben**. Der Verkauf von Waren auf Ziel (Ausgleich der Rechnung durch den Kunden erfolgt zu einem späteren Zeitpunkt) führt zu einer Erhöhung des Geldvermögens (siehe Beispiel 1.), da sich dadurch die Forderungen erhöhen. Auch eine Veränderung der kurzfristigen Verbindlichkeiten (siehe Beispiel 2.) wirkt sich auf das Geldvermögen aus, da sie ebenso wie die Forderungen einen Bestandteil des Geldvermögens darstellen.

Einnahmen	**Alle Geschäftsprozesse, die das Geldvermögen erhöhen**
Ausgaben	**Alle Geschäftsprozesse, die das Geldvermögen vermindern**

Erträge und Aufwendungen

Erträge, Aufwendungen

Alle Geschäftsprozesse, die erfolgswirksam sind und somit das Eigenkapital verändern, werden in der Kosten- und Leistungsrechnung als **Erträge** und **Aufwendungen** bezeichnet. Die Zahlung von Zinsen für einen Geschäftskredit (siehe Beispiel 3.) führt zu einer Verminderung des Eigenkapitals. Eine Zinsgutschrift (siehe Beispiel 4.) führt zu einer Erhöhung des Eigenkapitals.

Erträge	**alle Geschäftsprozesse, die das Eigenkapital erhöhen**
Aufwendungen	**alle Geschäftsprozesse, die das Eigenkapital vermindern**

Das Gewinn- und Verlustkonto eines Unternehmens erfasst alle erfolgswirksamen Geschäftsprozesse, aus denen sich eine Vielzahl von unterschiedlichen Erträgen und Aufwendungen ergeben. Für die Zwecke der Kosten- und Leistungsrechnung müssen diese weiter unterteilt werden, denn nur die Aufwendungen und die Erträge, die aus dem eigentlichen Betriebszweck entstanden sind, werden in die Kosten- und Leistungsrechnung übernommen und dort als **Kosten** und **Leistungen bezeichnet.**

Erträge		Aufwendungen	
Betriebliche Erträge ⇒ Leistungen	Neutrale Erträge	Betriebliche Aufwendungen ⇒ Kosten	Neutrale Aufwendungen
sind das Ergebnis der eigentlichen betrieblichen Tätigkeit (Geschäftsfall 1 vgl. Beispiel S. 250)	stehen in keinem direkten Zusammenhang mit dem eigentlichen Betriebszweck (Geschäftsfall 6 vgl. Beispiel S. 250)	stehen in direktem Zusammenhang mit der betrieblichen Leistungserstellung (Geschäftsfall 2 vgl. Beispiel S. 250)	stehen in keinem direktem Zusammenhang mit dem eigentlichen Betriebszweck und fallen i. d. R. unregelmäßig in außergewöhnlicher Höhe an (Geschäftsfall 5 vgl. Beispiel S. 250)

Aufwendungen und Kosten

Der im Laufe einer Abrechnungsperiode durch die Geschäftsprozesse entstandene gesamte Werteverzehr wird als **Aufwand** bezeichnet. Für die Zwecke der Kosten- und Leistungsrechnung werden die Aufwendungen in **betriebliche** und **neutrale Aufwendungen** eingeteilt. Während betriebliche Aufwendungen in einem unmittelbaren Zusammenhang mit dem eigentlichen Betriebszweck (siehe Beispiel 3.) stehen, ist dieser Zusammenhang bei den neutralen Aufwendungen nicht ersichtlich (siehe Beispiel 5 vgl. S. 250). Nur die auch als **Kosten** bezeichneten betrieblichen Aufwendungen werden in der Kostenrechnung des Unternehmens übernommen.

Aufwendungen — **alle Geschäftsprozesse, die das Eigenkapital vermindern und somit den gesamten Werteverzehr einer Abrechnungsperiode darstellen. Man unterscheidet betriebliche und neutrale Aufwendungen.**

Kosten — **betriebliche Aufwendungen, die durch den Verzehr von Gütern, Diensten und Abgaben zum Zwecke der Leistungserstellung im Rahmen von Geschäftsprozessen anfallen. Sie sind im Gegensatz zu den neutralen Aufwendungen Gegenstand der Kosten und Leistungsrechnung des Unternehmens.**

Erträge und Leistungen

Alle durch Geschäftsprozesse entstandenen erfolgswirksamen Wertezuflüsse in das Unternehmen innerhalb einer Abrechnungsperiode werden als **Erträge** bezeichnet. Ebenso wie die Aufwendungen werden auch die Erträge für die Zwecke der Kosten- und Leistungsrechnung in **betriebliche** und **neutrale Erträge** eingeteilt. Betriebliche Erträge stellen dabei das Ergebnis der eigentlichen betrieblichen Tätigkeit dar (siehe Beispiel 7 vgl. S. 250). Sie werden in der Kosten- und Leistungsrechnung als **Leistungen** bezeichnet. Neutrale Erträge stehen ähnlich wie die neutralen Aufwendungen in keinem direkten Zusammenhang zum eigentlichen Betriebszweck und werden nicht in die Kosten- und Leistungsrechnung übernommen (siehe Beispiel 6 vgl. S. 250).

Erträge	**Alle Geschäftsprozesse, die das Eigenkapital erhöhen und somit den gesamten Wertezuwachs eines Unternehmens innerhalb einer Abrechnungsperiode darstellen. Man unterscheidet neutrale und betriebliche Erträge.**
Leistungen	**Betriebliche Erträge, die durch den Verkauf von Waren und Dienstleistungen im Rahmen von Geschäftsprozessen anfallen. Sie sind im Gegensatz zu den neutralen Erträgen Gegenstand der Kosten- und Leistungsrechnung des Unternehmens**

4.3.2 Kostenartenrechnung

■ Abgrenzungsrechnung	Abgrenzung aller Aufwendungen und Erträge aus der Finanzbuchführung
■ Neutrales Ergebnis	Ergebnis aus der Gegenüberstellung von neutralen Aufwendungen und neutralen Erträgen
■ Betriebsergebnis	Ergebnis aus der Gegenüberstellung von Kosten und Leistungen
■ Kalkulatorische Kosten	Kosten, denen kein Aufwand aus der Finanzbuchführung oder ein Aufwand in anderer Höhe zugrunde liegt

Kostenrechnung und Buchführung

Die Kostenartenrechnung bildet die erste Stufe der Kosten- und Leistungsrechnung und stellt somit das wesentliche Bindeglied zwischen der Kostenrechnung und der Buchführung dar. In ihr werden die im Rahmen von Geschäftsprozessen anfallenden Kosten und Leistungen erfasst und für die jeweiligen Zwecke der Kostenrechnung aufbereitet. Sie gibt Auskunft über die betragsmäßige Entwicklung einzelner Kostenarten im Zeitablauf und über die Kostenstruktur des Unternehmens.

Zur Erfüllung dieser Aufgaben ist die Übernahme des Zahlenmaterials der Finanzbuchführung erforderlich. Dabei werden aber nur **die betrieblich bedingten Aufwendungen** als **Kosten** und die **betriebsbedingten Erträge** als **Leistungen** unter Beachtung folgender Grundsätze in die Kosten- und Leistungsrechnung übernommen.

Eindeutigkeit	Sämtliche Kostenarten müssen klar definiert werden, damit über ihren Inhalt kein Zweifel aufkommen kann
Überschneidungsfreiheit	Die Zuordnung von Kostenbeträgen zu den Kostenarten darf keinerlei Überschneidungen aufweisen
Vollständigkeit	Jeder Kostenbetrag muss einer bestimmten Kostenart zuzuordnen sein

Abgrenzung

Voraussetzung für die Kostenartenrechnung ist somit zunächst die genaue Abgrenzung aller Aufwendungen und Erträge. Diese Aufgabe wird von der **Abgrenzungsrechnung** in zwei Schritten übernommen.

- In einem ersten Schritt werden alle **neutralen Aufwendungen** und **Erträge** von den **betrieblichen Aufwendungen** und **Erträgen getrennt.**

Beispiel: *Im GuV-Konto der Power PC GmbH sind unter anderem Mieterträge einer nicht selbst genutzten Lagerhalle aufgeführt. Da diese mit dem eigentlichen Betriebszweck der Power PC GmbH in keinerlei Zusammenhang stehen, werden sie als neutrale Erträge von den übrigen Erträgen abgegrenzt.*

- Da es nicht immer zweckmäßig ist, den in der Finanzbuchhaltung ermittelten betrieblichen Aufwand in die Kostenrechnung zu übernehmen (z. B. bilanzmäßige Abschreibung) werden in einem zweiten Schritt diesen **korrekturbedürftigen betrieblichen Aufwendungen kalkulatorische Kosten** gegenübergestellt.

Beispiel: *Für den Wertverlust des Firmenwagens werden jährlich 8.000,– EUR abgeschrieben. Da der tatsächliche Wertverlust des Firmenwagens jedoch 9.500 EUR beträgt, werden diese kalkulatorischen Kosten anstelle der Abschreibungen aus dem GuV-Konto in die KLR übernommen (vgl. S. 249).*

Die im ersten Schritt der Abgrenzungsrechnung durchzuführende Trennung der neutralen Aufwendungen und Erträge von den betrieblichen Aufwendungen und Erträgen wird mithilfe einer **Ergebnistabelle** vollzogen.

Beispiel:

Ergebnistabelle					
Finanzbuchhaltung		**Kosten- und Leistungsrechnung**			
Unternehmensergebnis		Abgrenzungsrechnung		Betriebsergebnisrechnung	
Aufwendungen	Erträge	neutrale Aufwendungen	neutrale Erträge	Kosten	Leistungen
Löhne 89.000	Mieterträge 123.000		123.000	89.000	
Gehälter 67.000	Warenverkauf 430.000			67.000	430.000
Verluste aus dem Abgang von AV[1] 18.000	Provisionserträge 23.000	18.000			23.000
Wareneinkauf 345.000	Dienstleistungserträge 90.000			345.000	90.000
sonstige betriebsfremde Aufw. 43.000	sonstige betriebliche Erträge 78.000	43.000			78.000
562.000	744.000	61.000	123.000	501.000	621.000
182.000		62.000		120.000	
744 .000	744.000	123.000	123.000	621.000	621.000

Ergebnis der Abgrenzungsrechnung

Das Ergebnis der Abgrenzungsrechnung wird auch als **neutrales Ergebnis** bezeichnet. Das neutrale Ergebnis ist ein Bestandteil der gesamten Unternehmestätigkeit und führt zusammen mit dem **Betriebsergebnis** als Ergebnis des eigentlichen Betriebszweckes zum **Unternehmensergebnis.** Das Unternehmensergebnis ergibt sich aus dem Saldo des GuV-Kontos, in dem alle Aufwendungen und Erträge des Unternehmens aufgeführt sind. Aus dem Beispiel folgt daher:

Neutrales Ergebnis	*62.000,00 EUR*
+ Betriebsergebnis	*120.000,00 EUR*
= Unternehmensergebnis	*182.000,00 EUR*

Grundkosten

Diese im ersten Schritt der Abgrenzungsrechnung ermittelten Kosten entsprechen den Anforderungen der Kosten- und Leistungsrechnung und könne direkt aus der Ergebnistabelle übernommen werden. Sie werden als **Grundkosten** bezeichnet.

Zusatzkosten

Die im zweiten Schritt der Abgrenzungsrechnung vorgenommenen kostenrechnerischen Korrekturen ergeben sich aus zwei Gründen

- Im Betrieb fallen Kosten an, denen kein Aufwand aus der Finanzbuchführung zugrunde liegt. Diese als **Zusatzkosten** bezeichneten Kosten stellen einen bewertbaren Güter- und Dienstverbrauch dar, der in der KLR erfasst werden muss.

  Beispiel: *Vorstände von Aktiengesellschaften (vgl. S. 47) oder der Geschäftsführer einer GmbH (vgl. S. 47) erhalten Bezüge, die als Personalkosten in der Finanzbuchführung erfasst somit auch in die KLR eingehen. Einzelunternehmer (vgl. S. 47) und Teilhaber von Personengesellschaften (vgl. S. 47) erhalten ihre Vergütung über den Gewinn. Da aber die Arbeitsleistung dieser Einzelunternehmer und Teilhaber auch einen Dienstverbrauch darstellt, muss auch dieser in der KLR erfasst werden. Dies geschieht durch die Kalkulation eines Unternehmerlohns, der dann als Zusatzkosten in die KLR einfließt.*
- Die in der Finanzbuchführung ermittelten Abschreibungswerte gehen von den Anschaffungs- bzw. Herstellungskosten des entsprechenden Anlagegutes aus. Da aber mithilfe der erwirtschafteten Abschreibungswerte nach Ablauf der Nutzungsdauer ein neues Anlagegut erworben werden soll, geht die KLR vom Wiederbeschaffungswert des Anlagegutes aus. Diese höheren Abschreibungsbeträge werden als Anderskosten bezeichnet und werden in die KLR anstelle der AfA-Werte aus der Finanzbuchführung übernommen.

Folgende Aufwendungen aus der Finanzbuchführung werden für die Kosten- und Leistungsrechnung korrigiert:

Finanzbuchführung	Kosten- und Leistungsrechnung
• Bilanzmäßige Abschreibungen • Fremdkapitalzinsen	⇒ kalkulatorische Abschreibungen (vgl. S. 256) ⇒ kalkulatorische Zinsen (Zinsen für das Kapital, welches nur für den eigentlichen betrieblichen Zweck notwendig ist
• Einzelwagnisse	⇒ kalkulatorische Wagnisse (das Risiko des Unternehmers in Form von Forderungsausfällen, Schäden am Anlagevermögen, Diebstahl u. a. wird mit Durchschnittswerten kalkuliert)
• Anschaffungspreise für Waren	⇒ Verrechnungspreise (geplante Preise um störende Einflüsse auf die Kostenkontrolle in Form von Preisschwankungen auszuschließen)
• Periodenfremde Aufwendungen	⇒ periodengerecht verteilte Kosten (Kosten, die dem Abrechnungszeitraum (Monat, Quartal, Jahr) genau zugerechnet werden können)

Das **Ergebnis der Abgrenzungsrechnung** sieht dann wie folgt aus:

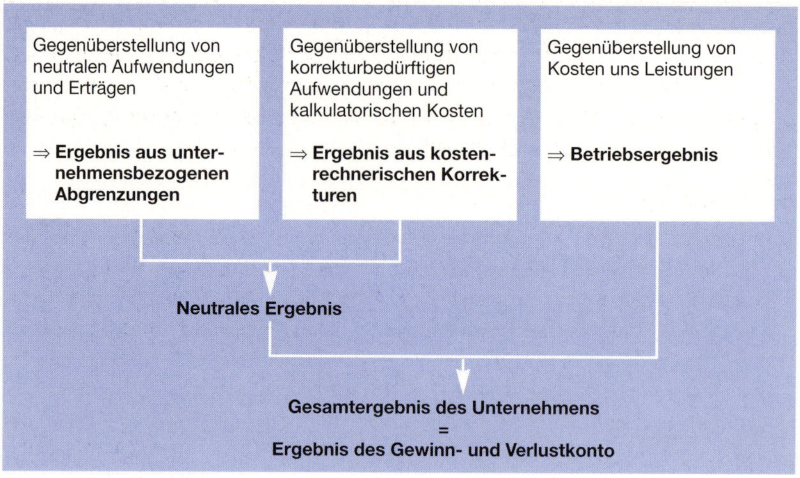

Kalkulatorische Kosten

Am Beispiel der kalkulatorischen Abschreibung soll exemplarisch auf die kalkulatorischen Kosten eingegangen werden.

■ Kalkulatorische Abschreibung

Tatsächlicher Werteverzehr

Das Unternehmen möchte mit der **Kosten- und Leistungsrechnung** unter anderem ein **realistisches Bild des Betriebes** im Hinblick auf den durch die Geschäftsprozesse ausgelösten Werteverzehr erhalten. Die sich nach den gesetzlichen Möglichkeiten ergebenden Abschreibungsbeträge entsprechen in der Regen nicht dem tatsächlichen Werteverzehr. Eine Maschine mit einer steuerlichen Nutzungsdauer von fünf Jahren wird im Betrieb u. U. für zehn Jahre eingesetzt, bevor sie durch eine neue ersetzt wird. Die längere Nutzungsdauer erlaubt es aber nun den Werteverzehr dieser Maschine auf zehn Jahre statt auf fünf Jahre zu verteilen. Damit werden die jährlichen Kosten niedriger als die in der Buchführung ausgewiesenen Aufwendungen.

Aus steuerlichen Überlegungen heraus ist die durch den Gesetzgeber ermöglichte **degressive Abschreibung** für das Unternehmen eine zu bevorzugende Abschreibungsmethode. Sie erlaubt es dem Unternehmen in den ersten Jahren einer Investition höhere Aufwendungen steuerlich geltend zu machen als in den späteren Jahren. Da die **Kosten- und Leistungsrechnung** ebenfalls ein **Bild des betrieblichen Ablaufs** des Unternehmens geben soll, wäre eine **gleichmäßige Verteilung** des durch die Abschreibung berücksichtigten Werteverzehrs, z. B. durch die lineare Abschreibungsmethode, sinnvoller. Diese Abschreibungsmethode wäre ebenso wie die Anwendung der leistungsbedingten Abschreibung zur Erfassung des tatsächlichen Werteverzehrs geeigneter um dieses Ziel der Kosten- und Leistungsrechnung zu erreichen.

Grundlage für die Berechnung der jährlichen Abschreibungsbeträge bilden die **Anschaffungs- oder Herstellungskosten.** Werden diese bilanzierten Beträge in der Kalkulation berücksichtigt, fließen dem Unternehmen im Abschreibungszeitraum durch die Geschäftsprozesse die Anschaffungskosten wieder zu. Theoretisch wäre das Unternehmen wieder in der Lage, mit den zurückgeflossenen Mitteln eine neue Maschine zu erwerben. Da aber im Zeitablauf aufgrund von technischen Entwicklungen die Maschine teurer oder preiswerter werden kann, geht man in der **Kosten- und Leistungsrechnung** vom Wiederbeschaffungswert **der Maschine** aus.

Kostenarten

Die Vielzahl der sich aus den Geschäftsprozesses ergebenden Kosten bedürfen einer Strukturierung, damit die Kosten- und Leistungsrechnung ihre Aufgaben im Rahmen der Zielsetzung des Unternehmens wahrnehmen kann. Diese Strukturierung kann nach verschiedenen Gesichtspunkten erfolgen.

Hauptkostengruppen nach dem Kontenplan

- Materialkosten
- Personalkosten
- Abschreibungen

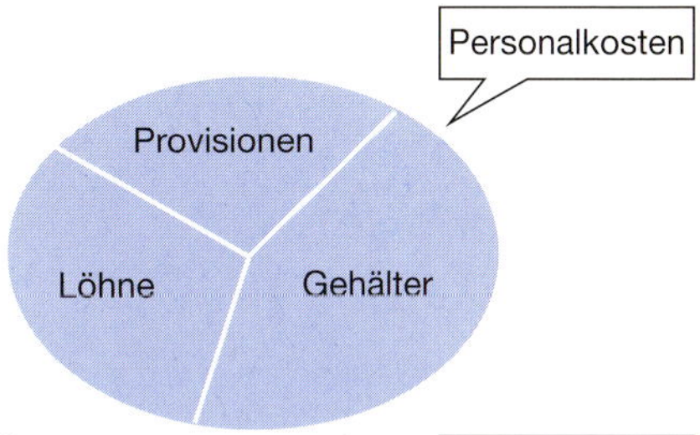

Zurechnung zu den betrieblichen Funktionsbereichen

- Beschaffungskosten
- Lagerhaltungskosten
- Vertriebskosten
- u.a.

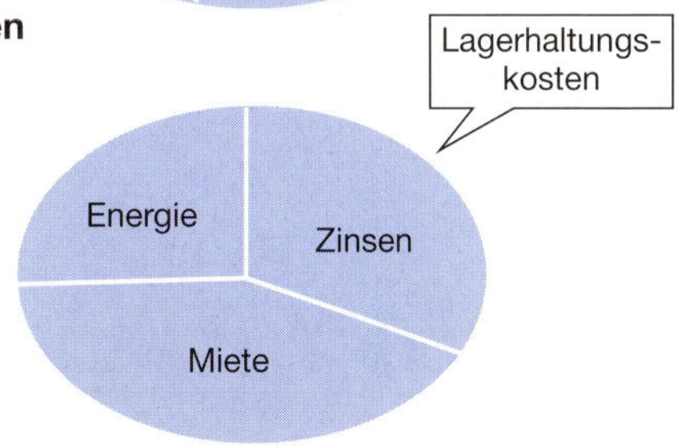

Zurechenbarkeit der Kosten

- **Einzelkosten:** Sie lassen sich direkt einer betrieblichen Kostenstelle (Vertrieb) oder einem Kostenträger (Produkt) zurechnen.
- **Gemeinkosten:** Sie lassen sich nicht direkt einzelnen Kostenstellen und Kostenträgern zurechnen, sondern werden durch mehrere oder alle Kostenträger und Kostenstellen verursacht.

Kosten in Abhängigkeit vom Beschäftigungsgrad

Beschäftigungsgrad

- **Variable Kosten:** Sie verändern sich bei einer Veränderung des Beschäftigungsgrades (Maßzahl für die Auslastung der vorhandenen Kapazitäten, z. B. wenn von zehn vorhandenen Firmenwagen im Abrechnungszeitraum acht durchschnittlich genutzt wurden, so entspricht der Beschäftigungsgrad achtzig Prozent).
- **Fixkosten:** Sie bleiben bei einer Veränderung des Beschäftigungsgrades konstant (z. B. Kraftfahrzeugsteuer).

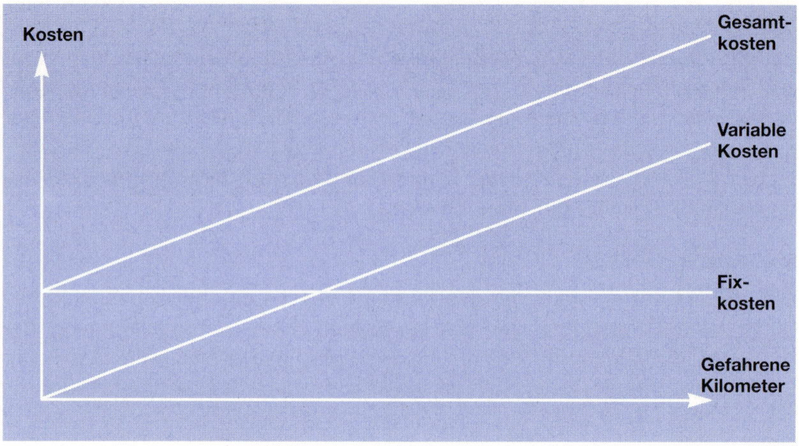

4.3.3 Kostenstellenrechnung

Kostenstelle	Bereich des Betriebes, für den separat die angefallenen Kosten durch die Inanspruchnahme seiner Leistung ermittelt werden
Betriebsabrechnungsbogen	Organisatorisches Hilfsmittel zur Durchführung der Kostenstellenrechnung
Zuschlagsätze	Dienen der Verrechnung der Gemeinkosten auf die Kostenträger

Aufgaben der Kostenstellenrechnung

Kostenvielfalt

Durch die Beziehungen des sozio-technischen Systems Unternehmen zu seiner Umwelt und durch die hierdurch entstehenden Geschäftsprozesse werden eine Vielzahl von Kosten verursacht. Von diesen Kosten können nur die Einzelkosten den verschiedenen betrieblichen Leistungen unmittelbar zugerechnet werden. In der Kostenstellenrechnung muss nun die Frage geklärt werden, wie die anfallenden Gemeinkosten auf die Kostenträger (Produkte, Dienstleistungen) übertragen werden. Durch die Bildung von **Kostenstellen,** auf die die Gemeinkosten verteilt werden, können die betrieblichen Leistungen mittelbar mit den Kosten belastet werden, die sie verursacht haben.

Prinzipien der Bildung von Kostenstellen

Kostenstellen

Kostenstellen sind als Orte der Kostenentstehung nach verschiedenen Kriterien rechnungsmäßig abgegrenzte institutionelle Teile des Gesamtbetriebs (Abteilungen, Filialen), für die Kosten separat erfasst werden. Für ihre Bildung im Unternehmen sollten folgende Kriterien berücksichtigt werden, damit die Kostenstellenrechnung die ihr zugedachten Aufgaben erfüllen kann:

- Innerhalb einer Kostenstelle sollte stets eine eindeutige Beziehung zwischen den anfallenden Kosten und den erzeugten Leistungen bestehen
- Zur Wirtschaftlichkeitserzielung und -kontrolle sollte eine Identität zwischen Kostenstelle und Verantwortungsbereich im Betrieb bestehen
- Kostenstellen sollten klar voneinander abgegrenzt sein
- Der Grad der Kostenstellendifferenzierung sollte Gegenstand einer Wirtschaftlichkeitsüberlegung sein.

Die Einrichtung von Kostenstellen im Unternehmen kann nach verschiedenen Gesichtspunkten erfolgen.

Funktionale Einteilung	Einteilung der Kostenstellen nach Funktionsbereichen im Unternehmen • Kostenstelle Material (Materialbeschaffung, -prüfung, -lagerung, -ausgabe) • Kostenstelle Fertigung (Herstellung der Produkte) • Kostenstelle Verwaltung (Rechnungswesen, Sekretariat, Geschäftsleitung) • Kostenstelle Vertrieb (Absatzlager, Verkauf, Kundenbetreuung, Transport) • Kostenstelle Forschung und Entwicklung (Konstruktion, Materialprüfung, Anfertigung, Musterherstellung) • Allgemeine Kostenstellen (Kostenstellen, die von allen anderen Kostenstellen in Anspruch genommen werden wie z. B. soziale Einrichtungen des Unternehmens, der Werkschutz oder der Unfallschutz) Eine weitere Aufgliederung innerhalb der genannten Kostenstellen ist bei Bedarf möglich.
Leistungstechnische Einteilung	• Hauptkostenstellen, in denen die Kosten für die eigentliche betriebliche Leistung anfallen • Nebenkostenstellen, in denen Kosten für Leistungen des Betriebes anfallen, die nur zum Randsortiment des Unternehmens zählen • Hilfskostenstellen, in denen Kosten anfallen, die nicht zur Erstellung der eigentlichen betrieblichen Leistung dienen (Verwaltung, Rechnungswesen etc.)
Rechentechnische Einteilung	• Vorkostenstellen, die ihre Leistungen für andere Kostenstellen erbringen (Energie, Kantine etc.) • Endkostenstellen, die die Kosten der Vorkostenstellen übernehmen (Fertigung, Vertrieb)

Die Einteilung der Kostenstellen im Unternehmen wird im **Kostenstellenplan** dokumentiert.

Betriebsabrechnungsbogen

Kostenstellen

Der Betriebsabrechnungsbogen (BAB) ist das organisatorische Hilfsmittel zur Durchführung der Kostenstellenrechnung. Die im Rahmen der Kostenartenrechnung auf Grundlage der Geschäftsprozesse ermittelten Gemeinkosten werden nun auf die im Vorfeld gebildeten Kostenstellen verteilt.

Betriebs-abrechnungsbogen

Geschäftsprozesse

↓

Finanzbuchführung
⇒ Aufwendungen und Erträge

↓

Kostenartenrechnung
⇒ Einzel- und Gemeinkosten (vgl. S. 257)

Kostenstellenrechnung
⇒ Betriebsabrechnungsbogen

Gemeinkostenarten	Zahlen der Kostenartenrechnung	Verteilungsgrundlage ❶	**Kostenstellen**			
			Material	Werkstatt	Verwaltung	Vertrieb
Gehälter	160.000,00	Gehaltsliste	25.000,00	57.000,00	43.000,00	35.000,00
Energiekosten	45.000,00	Fläche in m²	8.000,00	11.000,00	10.000,00	16.000,00
...	...	...	...	...	...	...
Summen ❷	**205.000,00**		**33.000,00 Materialgemeinkosten**	**68.000,00 Werkstattgemeinkosten**	**53.000,00 Verwaltungsgemeinkosten**	**51.000,00 Vertriebsgemeinkosten**
Zuschlagsätze ❸			**8%**	**12%**	**6%**	**24%**

❶ Die **Verteilungsgrundlage** der Gemeinkosten bilden in der Regel Kostenbelege oder betriebsinterne Belege wie z. B. Gehaltslisten oder Anlagenkarteien.
❷ Die Addition der auf die Kostenstellen aufgeteilten Gemeinkosten ergibt die **Summe** der den einzelnen Kostenstellen zuzurechnenden Gemeinkosten.
❸ Die **Zuschlagsätze** dienen der Verrechnung der Gemeinkosten mit den Kostenträgern. Sie werden ermittelt indem die Summen der einzelnen Kostenstellen einer bestimmten Bezugsgröße (z. B. Materialeinzelkosten, Werkstatteinzelkosten) zugeordnet werden. Die ermittelten Zuschlagsätze werden als **Istzuschläge** bezeichnet, da für ihre Berechnung die tatsächlich angefallenen Kosten der Abrechnungsperiode herangezogen werden.

Beispiel: *In der Power PC GmbH wird für die Materialgemeinkosten als Zuschlaggrundlage der gesamte Verbrauch an Material in der Abrechnungsperiode gewählt.*

Materialgemeinkosten: 33.000,00 EUR
Materialverbrauch gesamt: 412.500,00 EUR

Berechnung

$$\text{Istzuschlagsatz} = \frac{33.000 \times 100}{412.500} = 8\%$$

*Der **Istzuschlagsatz** stellt nun den Zuschlagsatz dar, der sich aus den für diesen Abrechnungszeitraum tatsächlich angefallenen Kosten **(Istkosten)** ergibt. Er kann nun als Grundlage für weitere Kalkulationen in zukünftigen Abrechnungsperioden **(Sollzuschlagsatz)** genutzt werden.*

Gemeinkosten

Die mithilfe des Betriebsabrechnungsbogens ermittelten Gemeinkosten ergeben sich aus den Daten der in der Abrechnungsperiode angefallenen Geschäftsprozesse. Sie stellen also vergangenheitsbezogene Werte dar. Die Kostenhöhe einer Kostenstelle kann nun mit den Vergangenheitsdaten derselben Stelle oder mit den Daten einer vergleichbaren Kostenstelle verglichen werden. Durch die Berechnung des Durchschnitts aus einer Reihe von Einzeldaten ist es möglich, zufällige Abweichung zu erklären und zu betriebswirtschaftlich sinnvollen Entscheidungen zu gelangen.

Beispiel:
Kalkulation

Die Power PC GmbH rechnet für die ***Vorkalkulation*** *eines Auftrags mit folgenden Sollzuschlagsätzen:*

- *Materialgemeinkosten: 8 %*
- *Werkstattgemeinkosten: 12 %*
- *Verwaltungsgemeinkosten: 6 %*
- *Vertriebsgemeinkosten: 24 %*

Die ***Nachkalkulation*** *des Auftrags ergibt für die Gemeinkosten folgende Istzuschlagsätze:*

- *Materialgemeinkosten: 7 %*
- *Werkstattgemeinkosten: 10 %*
- *Verwaltungsgemeinkosten: 8 %*
- *Vertriebsgemeinkosten: 25 %*

Der Vergleich zwischen den Soll- und Istzuschlagsätzen führt zu folgenden Erkenntnissen:

- *Die Sollzuschlagsätze für die Material- und Werkstattgemeinkosten liegen über den Istzuschlagsätzen. Diese* ***Kostenabweichung*** *wird als* ***Kostenüberdeckung*** *(Sollkosten größer als Istkosten) bezeichnet. Sie ist für die Power PC GmbH ein wichtiger Hinweis, da die in diesen Kostenbereichen evtl. vorgenommenen Veränderungen sich nun positiv in den geringeren Istzuschlagsätzen für die Kalkulation des Auftrags auswirken.*

	Sollzuschlagsatz	Istzuschlagsatz	Kostenabweichung
Materialgemeinkosten	8 %	7 %	–1 %
Werkstattgemeinkosten	12 %	10 %	–2 %

- *Die Sollzuschlagsätze der Verwaltungs- und Vertriebsgemeinkosten liegen unter den Istzuschlagsätzen. Diese als* ***Kostenunterdeckung*** *(Sollkosten kleiner als Istkosten) bezeichnete Kostenabweichung muss nun für die Power PC GmbH ein Ansatzpunkt für betriebswirtschaftliche Maßnahmen (z. B. Kosteneinsparungen durch Rationalisierungen in Form von Reorganisationsmaßnahmen sein, da langfristig betrachtet diese Kostenunterdeckung zu Wettbewerbsnachteilen führen kann.*

	Sollzuschlagsatz	Istzuschlagsatz	Kostenabweichung
Verwaltungsgemeinkosten	6 %	8 %	–2 %
Vertriebsgemeinkosten	24 %	25 %	+1 %

4.3.4 Kostenträgerrechnung

Kostenträger	Das einzelne Produkt, ein Auftrag oder aber auch für den eigenen Betrieb erbrachte Leistungen oder erstellte Produkte
Kostenträgerstückrechnung	Verteilung der angefallenen Kosten auf die Kostenträger
Kostenträgerzeitrechnung	Aufteilung des Ergebnisses der Rechnungsperiode auf die Kostenträger

Aufgaben und Aufbau

Kostenträger

Die Kostenträgerrechnung hat auf der Grundlage der Ergebnisse der Kostenartenrechnung und der Kostenstellenrechnung die entstandenen Kosten auf die **Kostenträger** verursachungsgerecht zu verteilen. Als Kostenträger können z. B. einzelne Kundenaufträge, Produkte, Dienstleistungen, innerbetriebliche Leistungen etc. bezeichnet werden.

Die Kostenträgerrechnung

- liefert mithilfe von Kalkulationsverfahren Informationen für die **Ermittlung des Verkaufspreises,**
- dient der **Kostenkontrolle** durch die Bereitstellung von Informationen durch Vor- und Nachkalkulation,
- gibt Aufschluss, wie hoch der **Anteil des einzelnen Kostenträger**s am Betriebsergebnis ist,
- ermöglicht durch einen **Zeitvergleich die Entwicklung der Kostenträger** im Hinblick auf den Erfolgsanteil oder die Kosten- und Leistungsentwicklung.

Entsprechend ihren Aufgaben besteht die Kostenträgerrechnung aus zwei Komponenten, der Kostenträgerstückrechnung (Kalkulation) und der Kostenträgerzeitrechnung (Betriebsanalyse).

Kostenträgerstückrechnung – Aufgaben und Arten

Kalkulation

Die Kostenträgerstückrechnung hat die Aufgabe, die Kosten, die bei der Erstellung der betrieblichen Leistungen im Rahmen von Geschäftsprozessen angefallen sind, auf die einzelnen Kostenträger zu verteilen. Da die Märkte für Gebrauchs- und Verbrauchsgüter in der Mehrzahl polypolistisch (vgl. S. 64) strukturiert sind, dient die Kalkulation hier der Ermittlung von Preisuntergrenzen, die nicht unterschritten werden dürfen, wenn durch die Annahme eines Auftrages keine Erfolgseinbußen entstehen sollen. Somit kontrolliert die Kostenträgerstückrechnung die Preise, die am Markt aufgrund der speziellen Marktverhältnisse verlangt werden können.

Je nach Zeitpunkt der Durchführung der Kostenträgerrechnung werden drei Arten der Kostenträgerstückrechnung unterschieden.

- **Vorkalkulation:** Sie wird vor der eigentlichen betrieblichen Leistungserstellung durchgeführt, um mit ihren Ergebnissen über die Annahme oder Ablehnung vn Aufträgen zu entscheiden oder um Angebote im Rahmen einer Ausschreibung zu erstellen.
- **Zwischenkalkulation:** Sie dient der Überwachung der Kostenentwicklung bei Aufträgen, die über einen längeren Zeitraum Teile der betrieblichen Kapazitäten binden. Sie soll auftretende Verlustquellen rechtzeitig entdecken.
- **Nachkalkulation:** Sie wird nach Abschluss des Leistungserstellungsprozesses durchgeführt, um einen Vergleich der tatsächlich angefallenen Kosten mit den Ergebnissen der Vorkalkulation zu ermögliche. Fehleinschätzungen können so erkannt werden und neue Anhaltspunkte für die künftige Vorkalkulation gewonnen werden.

Verfahren der Kostenträgerstückrechnung

Kalkulationsverfahren

Die unterschiedliche Zusammensetzung des Produktionsprogramms bzw. des Sortiments und die besondere Struktur des jeweiligen Unternehmens führen zu verschiedenen Verfahren der Kostenträgerstückrechnung, die diese Besonderheiten berücksichtigen.

In Betrieben, in denen das Sortiment verschiedenartige betriebliche Leistungen umfasst, findet das Verfahren der **Zuschlagskalkulation** Anwendung. Auf der Grundlage der erfassten Einzel- und Gemeinkosten können im Rahmen der Kostenträgerstückrechnung und mithilfe der Zuschlagskalkulation die Einstands- und Verkaufspreise für die betrieblichen Leistungen ermittelt werden.

Die im Rahmen der **Bezugskalkulation** (vgl. S. 264) ermittelten Einstandspreise dienen dem Unternehmen als Grundlage für den Vergleich von Angeboten verschiedener Lieferanten, um das preisgünstigste Angebot zu bestimmen.

Die **Verkaufskalkulation** (vgl. S. 265) in Form der Zuschlagskalkulation hat dann das Ziel, den Preis für die betrieblichen Leistungen zu bestimmen, der unter Berücksichtigung der Ergebnisse der Bezugskalkulation und aller anteiligen Gemeinkosten und eines im Sinne der Ziele des Unternehmens angemessenen Gewinns vom Kunden zu fordern wäre. Von der Konkurrenzsituation auf dem jeweiligen Absatzmarkt hängt es dann ab, ob dieser Preis auch tatsächlich gefordert werden kann oder ob Korrekturen an der Kalkulation vorgenommen werden müssen. Bis zu welcher unteren Grenze eine eventuelle Preiskorrektur vorgenommen werden kann, lässt sich mit der **Deckungsbeitragsrechnung** (vgl. S. 266) bestimmen.

Beispiel:

Die Media AG erbittet für die Ausstattung, Installation und Konfiguration ihres Großraumbüros mit 25 Workstations von der Power PC GmbH ein Angebot. Der gesamte Auftragswert darf nach Angabe der Media AG ein Gesamtvolumen von 35.000, 00 EUR nicht überschreiten.

Für die Power PC GmbH stellt sich nun die Frage, ob sie diesen Auftrag annehmen kann. Grundlage für ihre Entscheidung können hierbei die Ergebnisse der **Bezugskalkulation**, der **Verkaufskalkulation** und der Deckungsbeitragsrechnung sein, die nun mithilfe des Beispiels erläutert werden sollen.

Beispiel:

Bezugskalkulation

Der Power PC GmbH liegt von einem Lieferanten für den Auftrag der Media AG folgendes Angebot für die Lieferung von 24 Workstations vor:

- *Workstation, 500 MHZ, WINDOWS NT, 650,00 EUR*
- *Mindestabnahme 25 Stück*
- *10% Lieferrabatt*
- *2% Liefererskonto*
- *Versandpauschale 300,00 EUR*

	EUR
Listeneinkaufspreis	***16.250,00***
– Lieferrabatt 10%	*1.625,00*
= ***Zieleinkaufspreis***	***14.625,00***
– Liefererskonto 2%	*292,50*
= ***Bareinkaufspreis***	***14.332,50***
+ Bezugskosten	*350,00*
= Einstandspreis	***14.682,50***

Die ***Einzelkosten*** *sind durch die* ***Bezugskalkulation*** *bereits zum Teil ermittelt worden. Sie entsprechen für die Ware dem berechneten Einstandspreis von* ***14 682,50 EUR****. Für die im Auftrag enthaltenen Dienstleistungen in Form der Installation und Konfiguration der Computer geht die Power PC GmbH von direkt zurechenbaren Lohnkosten von* ***850,00 EUR*** *aus.*

In der **Verkaufskalkulation** müssen nun neben den **Einzelkosten** auch die **Gemeinkosten** berücksichtigt werden. Für die Gemeinkosten, auch **Handlungskosten** genannt, muss nun mithilfe der Zuschlagskalkulation ermittelt werden. Der **Handlungskostenzuschlagsatz** gibt an, wie viel Prozent die Handlungskosten einer Abrechnungsperiode bezogen auf die Warenaufwändung dieser Abrechnungsperiode betragen. Dadurch ist es möglich, jede Ware oder Warengruppe mit genau dem Teil der Handlungskosten zu belasten, der ihrem Anteil an den Warenaufwendungen entspricht.

Beispiel:

Berechnung des Handlungskostenzuschlagssatzes

Folgende Kosten aus der Ergebnistabelle müssen in der Verkaufskalkulation Berücksichtigung finden:

	EUR
Warenaufwendung	*650.000,00*
Löhne	*88.000,00*
Gehälter	*167.000,00*
Soziale Aufwendungen	*45.000,00*
Versicherungen	*8.000,00*
Steuern	*22.000,00*
Mieten	*30.000,00*
Werbekosten	*15.000,00*

Provisionen 10.000,00
Betriebskosten 41.000,00
Kalkulatorische Kosten 75.000,00
Kosten insgesamt 1.151.000,00

Berechnung:
Warenaufwendungen der Rechnungsperiode: .... 650.000,00 EUR
Handlungskosten der Rechnungsperiode: .... 501.000,00 EUR

$$\text{Handlungskostenzuschlagsatz} = \frac{\text{Handlungskosten} \cdot 100\%}{\text{Warenaufwendungen}}$$

$$= \frac{501.000{,}00\ \text{EUR} \cdot 100\%}{650.000{,}00\ \text{EUR}}$$

Für den vorliegenden Auftrag ergeben sich nun folgende Handlungskosten:
Einstandspreis der 25 Workstations .... 14.682,50 EUR
77,08% Handlungskosten .... 11.317,27 EUR

Die Power PC GmbH hat für ihre Geschäftspartner in den AGB u.a. folgende Zahlungsbedingungen festgelegt:
- *10% Kundenrabatt*
- *2% Kundenskonto bei Zahlung innerhalb von 10 Tagen nach Rechnungsdatum*

Sie geht bei ihrer Kalkulation von einem Gewinnzuschlag von 15% aus, der auf die Selbstkosten berechnet wird.

Verkaufskalkulation

Einstandspreis		***14.682,50***
+ direkt zurechenbare Lohnkosten		*850,00*
+ Handlungskosten	*77,08%*	*11.317,27*
= Selbstkostenpreis		***26.849,77***
+ Gewinn	*15%*	*4.027,47*
= Barverkaufspreis		***30.877,24***
+ Kundenskonto	*2%*	*630,15*
= Zielverkaufspreis		***31.507,39***
+ Kundenrabatt	*10%*	*3.500,82*
= Angebotspreis		***35.008,21***

Ergebnis der Berechnung:
*Der Auftrag kann zu einem Angebotspreis **35.000,00 EUR** angenommen werden.*

Die Media AG teilt der Power PC GmbH kurze Zeit später mit, dass sie ein Angebot eines Mitbewerbers der Power PC GmbH erhalten habe, das die gesamten von ihr erwarteten Leistungen zu einem Angebotspreis von 32.000,00 EUR beinhaltet.

*Da die Power PC GmbH diesen Auftrag nicht an ihren Mitbewerber verlieren will, werden Überlegungen angestellt, wo die **Preisuntergrenze** für diesen Auftrag liegt.*

Vollkosten

Für die Ermittlung der Preisuntergrenze ist aber die bisherige Kostenrechnung, in der alle Einzel- und Gemeinkosten berücksichtigt wurden **(Vollkostenrechnung)** wenig hilfreich. Da die Gemeinkosten, die zumeist fixe Kosten darstellen, mithilfe fester Zuschlagssätze auf die Kostenträger verteilt wurden, ist diese Art der Kostenrechnung relativ starr und verhindert die Anpassung an veränderte Marktlagen.

Teilkosten

Die **Teilkostenrechnung** verzichtet nun darauf, alle Kosten auf die betrieblichen Leistungen zu verrechnen. Sie beschränkt sich auf die Verrechnung aller variablen Kosten (vgl. S. 257) und stellt diesen Kosten den tatsächlich erwirtschafteten Umsatzerlösen gegenüber und prüft, ob die verbleibende Differenz **(Deckungsbeitrag)** zur Deckung der fixen Kosten und zur Erzielung eines angemessenen Gewinns ausreicht.

Beispiel:
Deckungsbeitrag

Deckungsbeitragsrechnung

Der Power PC GmbH liegen nun für die Deckungsbeitragsrechnung folgende Daten vor:

- *Angebotspreis (Barverkaufspreis) bei veränderter Marktlage 32.000,00*
- *Einstandspreis.. 14.682,50*
- ***Variable Stückkosten***[1] *.. 7.762,50*

Barverkaufspreis.......................	*32 000,00 EUR*
– Einstandspreis	*14 682,50 EUR*
= Gewinn	*17 317,50 EUR*
– variable Stückkosten.............	*7 762,50 EUR*
= Deckungsbeitrag................	***9 555,00 EUR***

Die Power PC GmbH kann den Auftrag auch für einen Preis von 32 000,00 EUR annehmen, da die Annahme des Auftrages zu einem Deckungsbeitrag von 9 555,00 EUR führt, der zur Deckung der fixen Kosten und zur Erzielung von Gewinn führt.

Positiver Deckungsbeitrag

Ein positiver Deckungsbeitrag trägt immer zur teilweisen Deckung der ohnehin anfallenden fixen Kosten bei, sodass die Power PC GmbH kurzfristig ihren Verkaufspreis noch weiter senken könnte, bis der Barverkaufspreis gerade die Kosten des Wareneinkaufs und die variablen Stückkosten deckt.

Dies bedeutet, dass die Power PC GmbH den Verkaufspreis sogar bis auf 22 445,00 EUR senken könnte, wenn dies die Marktsituation (z. B. Konkurrenzdruck) oder Marketingüberlegungen (z. B. Vergrößerung des Marktanteils durch der Verkauf zu geringeren Preisen) erforderlich machen würden. Bei diesem Preis wären die gesamten Warenaufwendungen und alle anfallenden variablen Stückkosten für diesen Auftrag gedeckt.

Preisgestaltung

Diese Art der Preisgestaltung im Rahmen der Preispolitik eines Unternehmens kann sich aber nicht auf alle Produkte des Sortiments (vgl. S. 152) beziehen. Langfristig wird jedes Unternehmen versuchen, die Preise für seine Produkte auf dem Markt zu erzielen, die auch seinen Gewinnvorstellungen entsprechen.

[1] *Kosten, die sich aus Belegen, z. B. Rechnungen u. Ä. ergeben und direkt dem einzelnen Produkt zuzurechnen sind. Sie werden wie folgt berechnet:*

$$\text{Variable Stückkosten} = \frac{\text{Variable Kosten insgesamt}}{\text{Gesamte Stückzahl}}$$

Daher wird es im Sortiment immer Produkte geben, die aufgrund der Marktsituation nur zu ihrer Preisuntergrenze kalkuliert und angeboten werden können, andere Produkte wiederum werden in der Lage sein, den in der Kalkulation berechneten Gewinn auch auf dem Markt zu erzielen **(Mischkalkulation** vgl. S. 152).

Kostenträgerzeitrechnung

Die **Kostenträgerzeitrechnung** (Betriebsergebnisrechnung) führt zu einer Aufteilung des Ergebnisses der Rechnungsperiode auf die Kostenträger. Kostenträger können dabei auf Grundlage der Arten der Geschäftsprozesse und der Entscheidungen des Unternehmens einzelne Produkte, Produktgruppen, Kundenaufträge und Absatzgebiete sein. Mithilfe der Kostenträgerzeitrechnung können folgende Informationen ermittelt werden:

- die Selbstkosten der einzelnen Kostenträger
- der Anteil der einzelnen Kostenträger am Umsatzergebnis
- das monatliche Betriebsergebnis (kurzfristige Erfolgsrechnung)
- die Gewinnzuschläge für die Kostenträger

Diese Informationen können dann für betriebswirtschaftliche Entscheidungen, wie z. B. den Verbleib eines Produktes im Sortiment, genutzt werden.

Beispiel:

Die Power PC GmbH stellt mithilfe der von ihr ermittelten Handlungskostenzuschlagssätze für ihre verschiedenen Produkte (Kostenträger), den angefallenen Aufwendungen und Umsatzerlös für diese Produkte ein ***Kostenträgerblatt*** *zur Ermittlung der Selbstkosten und des Betriebsgewinnes auf. Die nachträgliche Kalkulation der Gewinnzuschläge erlaubt die Kontrolle, ob die geplanten Gewinnzuschläge tatsächlich auf dem Markt zu realisieren waren.*

Kostenträgerblatt					
Kalkulationsschema	***Warengruppe Drucker***	***Warengruppe Rechner***	***Warengruppe Bildschirme***	***Warengruppe Software***	***Kostenträger insgesamt***
Warenaufwendungen ***+ Handlungskosten***	*295.000,00 EUR* *60%* *177.000,00 EUR*	*650.000,00 EUR* *80%* *520.000,00 EUR*	*350.000,00 EUR* *70%* *245.000,00 EUR*	*190.000,00 EUR* *40%* *76.000,00 EUR*	*1.485.000,00 EUR* *1.018.000,00 EUR*
= Selbstkosten	*472.000,00 EUR*	*1.170.000,00 EUR*	*595.000,00 EUR*	*266.000,00 EUR*	*2.503.000,00 EUR*
Umsatzerlöse	*460.000,00 EUR*	*1.350.000,00 EUR*	*680.000,00 EUR*	*310.000,00 EUR*	*2.800.000,00 EUR*
Umsatzergebnis	*– 12.000,00 EUR*	*180.000,00 EUR*	*85.000,00 EUR*	*44.000,00 EUR*	*297.000,00 EUR*
= Betriebsgewinn					***297.000,00 EUR***
Gewinnzuschläge	*- 2,54%*	*15,38%*	*14,29%*	*16,54%*	*11,87%*

4.4 Controlling

■ Betriebswirtschaftliche Kennzahlen	verdichtete Informationen aus Geschäftsprozessen in Form von Messgrößen oder Messzahlen
■ Plankostenrechnung	spezielle Form der Kostenrechnung, die die Gesamtkosten für eine bestimmte Planungsperiode im Voraus nach Kostenarten, Kostenstellen und Kostenträger differenziert plant
■ Prozesskostenrechnung	analytische und mengenmäßige Kostenplanung im Gemeinkostenbereich

■ Begriff und Aufgaben des Controlling

Steuerungssystem

Die Vielzahl der Geschäftsprozesse in allen Funktionsbereichen und auf allen Ebenen eines Unternehmens macht ein Steruerungssystem erforderlich, das ein möglichst durchgängiges Verhalten aller Aufgaben- und Entscheidungsträger im Sinne der Ziele der Unternehmung aller an den Geschäftsprozessen beteiligter Mitarbeiter auf allen Unternehmensebenen gewährleistet. Ein solches Steuerungssystem ist das **Controlling.**

Da jedes Unternehmen in einer ganz spezifischen Umwelt eingebettet ist und auch im Rahmen seines Zielbildungsprozesses individuelle Ziele festlegt, ist eine allgemeingültige Definition des Controlling nur durch die Festlegung typischer Aufgaben möglich.

Controlling	**Bereitstellung von Methoden und Informationen für arbeitsteilig ablaufende Planungs- und Kontrollprozesse sowie die funktionsübergreifende Unterstützung und Koordination solcher Prozesse.**

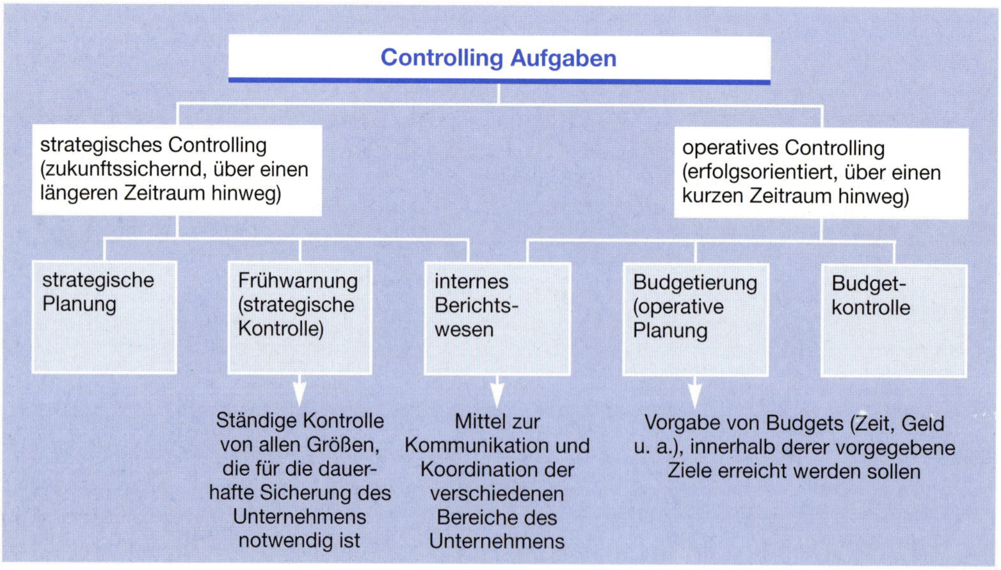

Grundlage für die Aufgaben des Cotrollings stellen dabei die aus der Finanzbuchführung und der Kosten- und Leistungsrechnung ermittelten **betriebswirtschaftlichen Kennzahlen** dar. Ebenso stellen die **Plankostenrechnung** in Verbindung mit der **Abweichungsanalyse** und die **Prozesskostenrechnung** wichtige Verfahren zur Erfüllung der Aufgaben des Controllings dar.

4.4.1 Betriebswirtschaftliche Kennzahlen

Begriff und Aufgaben

Steuerung des Unternehmens

Betriebswirtschaftliche Kennzahlen sind als **Steuerungsinstrument** in Form von **Messgrößen** oder **Messzahlen** in der Praxis von Unternehmen in vielseitiger Anwendung anzutreffen. Kennzahlensysteme und Kennzahlen ermöglichen dem Unternehmen in einfacher und konzentrierter Form wirtschaftliche Tatbestände, Zusammenhänge und Entwicklungen über Analysen, Planungen und Kontrollen transparent zu machen. Entsprechend aufbereitet unterstreichen sie eine ganzheitliche Unternehmensführung und tragen dazu bei, Entscheidungen zu objektivieren sowie mehrstufige Entscheidungsprozesse in Unternehmen zu unterstützen.

Kennzahlen

Kennzahlen stellen für die Erfassung und Steuerung wirtschaftlicher Aktivitäten sowie für die nachhaltige Sicherung der Existenz des Unternehmens ein bedeutendes Instrument dar. Sie dienen dazu, eine strategische und operative Zielorientierung zu fixieren und zu gewährleisten. Ausgehend von einer durch die Geschäftsprozesse gewonnenen breiten Grunddaten-Basis, kann dieses auf **wesentliche Kennzahlen** wie **Rentabilität, Liquidität** und **Kapitalstruktur** abgestellt sein.

Rentabilität

Kapitalverzinsung

Unter Rentabilität versteht man das **Verhältnis** des **Ergebnisses** aus der unternehmerischen Tätigkeit zu dem **eingesetzen Kapital**, ausgedrückt in einem Prozentsatz des Kapitals. Ein wesentliches Unternehmensziel ist das Streben nach einer möglichst hohen Rentabilität im Vergleich zu der Verzinsung von Kapitalanlagen bei den Banken und die zu erreichenden Zinssätze bei festverzinslichen Wertpapieren. Das das im Unternehmen eingesetzte Kapital Risikokapital darstellt, muss die Verzinsung dieses Kapitals deutlich höher als bei den sicheren Kapitalanlagen liegen, um weitere Kapitalanlagen und damit verbundene Investitionen zu ermöglichen.
Folgende Rentabilitätsziffern können unterschieden werden:

(Zahlen in EUR)

Beispiel:

S	Gewinn- und Verlustkonto		H
Aufwendungen	340.000	Umsatzerlöse	600.000
Zinsen	50.000		
Gewinn	210.000		
	600.000		600.000

Aktiva	Bilanz zum 31.12.19..		Passiva
Anlagevermögen	900.000	Eigenkapital	800.000
Umlaufvermögen	400.000	Fremdkapital	500.000
	1.300.000		1.300.000

Kapitalrentabilität

1) Eigenkapitalrentabilität (EKR)

Der Gewinn wird als Prozentsatz des Eigenkapitals ausgedrückt. Sie wird auch als **Unternehmerrentabilität** bezeichnet und drückt die Verzinsung des Eigenkapitals aus.

Beispiel:

$$EKR = \frac{Gewinn \cdot 100}{Eigenkapital}$$

$$EKR = \frac{210.000 \cdot 100}{800.000} = 26{,}25\ \%$$

⇒ Mit 1,00 EUR eingesetztem Eigenkapital erzielt das Unternehmen 0,26 EUR Gewinn

2) Gesamtkapitalrentabilität (GKR)

Der Gewinn und die Zinsaufwendungen für das Fremdkapital werden als Prozentsatz des Gesamtkapitals ausgedrückt. Sie wird auch als **Unternehmungsrentabilität** bezeichnet und drückt die Verzinsung des Gesamtkapitals aus.

Beispiel:

$$GKR = \frac{(Gewinn + Fremdkapitalzinsen^{1}) \cdot 100}{Gesamtkapital}$$

$$GKR = \frac{(210.000 + 50.000) \cdot 100}{1.300.000} = 20\ \%$$

⇒ Mit 1,00 EUR eingesetztem Gesamtkapital erzielt das Unternehmen 0,20 EUR Gewinn

Umsatzrentabilität (UR)

Der Gewinn wird als Prozentsatz der Umsatzerlöse ausgedrückt. Die Umsatzrentabilität ermöglicht einen Vergleich mit anderen Betrieben oder die Analyse der geschäftlichen Entwicklung über mehrere Jahre und wird auch als **Gewinnquote** bezeichnet.

Beispiel:

$$UR = \frac{Gewinn \cdot 100}{Umsatzerlöse}$$

$$UR = \frac{210\,000 \cdot 100}{600\,000} = 35\ \%$$

⇒ Mit 1,00 EUR Umsatz erzielt das Unternehmen 0,35 EUR Gewinn

Return on Investment (ROI)

Diese auch als **Kapitalertragszahl** bezeichnete Rentabilitätskennziffer zeigt die Zusammenhänge zwischen der Umsatzrendite und dem Kapitalumschlag auf.

[1] *Die Fremdkapitalzinsen müssen bei dieser Berechnung addiert werden, da sie bei der Ermittlung des Gewinns im GuV-Konto zunächst als Aufwand den Gewinn verringerten. Da aber durch die Geschäftsprozesse auch diese Zinsen erwirtschaftet wurden, müssen Sie nun wieder berücksichtigt werden, um u. a. auch eine Vergleichsmöglichkeit dieser Kennzahl z. B. mit der EKR zu erhalten.*

Beispiel:

$$ROI = \frac{Gewinn}{Umsatz} \cdot \frac{Umsatz}{Gesamtkapital} \cdot 100$$

Kennzahl für die Umsatzrentabilität (erster Bruch) – ***Kennzahl für den Kapitalumschlag*** (zweiter Bruch)

$$ROI = \frac{210.000}{600.000} \cdot \frac{600.000}{1.300.000} \cdot 100 = 16{,}15\ \%$$

*Der erste Bruch zeigt den **Umsatzerfolg**, der zweite den **Kapitalumschlag** an. Durch die Multiplikation beider Brüche erhält man die **Rentabilität** des **investierten Kapitals**. Hat ein Unternehmer nun die Möglichkeit, sein Kapital in verschiedene Geschäftsbereiche zu investieren, so wird er die Entscheidung treffen, die ihm den größten ROI erbringt.*

Im **DuPont-Kennzahlensystem** wird die Kapitalrentabilität als Beurteilungskriterium für die Leistungsfähigkeit eines Unternehmens eingesetzt und ihre Entstehung genauer analysiert. Verschiedene Kennzahlen werden zum **ROI** zusammengeführt. Die Gewinngröße wird näher bestimmt durch die Erfassung von Umsatz- und Kostengrößen. Das investierte Kapital setzt sich aus Anlage- und Umlaufvermögen zusammen. Die Kostenrechnung liefert die entsprechenden Kostendaten für dieses System.

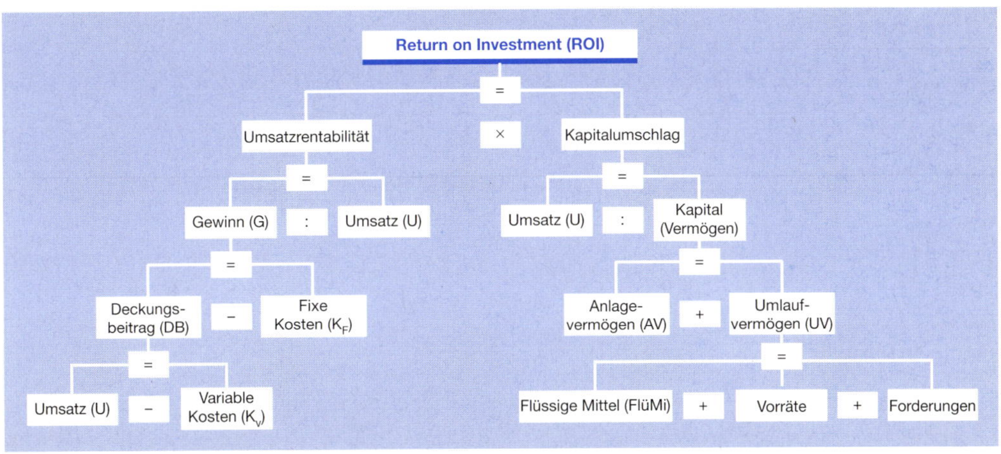

DuPont-Kennzahlensystem

Die **Liquidität** als weitere Kennzahl eines Unternehmens gibt Auskunft darüber, inwieweit das Unternehmen in der Lage ist, seinen kurzfristig fälligen Verbindlichkeiten fristgerecht nachzukommen. Da für die Berechnung der Liquidität die Daten der letzten Bilanz zugrunde gelegt werden, bezeichnet man die Liquidität auch als **Stichtagsliquidität**. In Abhängigkeit der für den Ausgleich bestehender Verbindlichkeiten zur Verfügung stehenden Mittel, werden drei **Liquiditätsgrade** unterschieden:

Beispiel: *(alle Zahlen in EUR)*

Aktiva	Bilanz zum 31.12.20..		Passiva
I. Anlagevermögen	850.000	I. Eigenkapital	760.000
II. Umlaufvermögen		II. Fremdkapital	
Waren	290.000	Langfr. Verbindl.	410.000
Forderungen	160.000	Kurzfr. Verbindl.	230.000
Bank	90.000		
Kasse	10.000		
	1.400.000		1.400.000

$$\textbf{Liquidität 1. Grades} = \frac{\text{Flüssige Mittel} \cdot 100}{\text{kurzfristige Verbindlichkeiten}}$$

Flüssige Mittel:
Kasse, Postgiroguthaben, Guthaben bei Kreditinstituten, Schecks, diskontfähige Wechsel und börsengängige Wertpapiere

Kurzfristige Verbindlichkeiten:
Verbindlichkeiten mit einer Restlaufzeit bis zu einem Jahr

Beispiel:

$$\textit{Liquidität 1. Grades} = \frac{100.000 \cdot 100}{230.000} = 43{,}48\ \%$$

$$\textbf{Liquidität 2. Grades} = \frac{(\text{Flüssige Mittel} + \text{kurzfristige Forderungen}) \cdot 100}{\text{kurzfristige Verbindlichkeiten}}$$

Kurzfristige Forderungen:
Forderungen mit einer Restlaufzeit bis zu einem Jahr

Beispiel:

$$\textit{Liquidität 2. Grades} = \frac{(100.000 + 160.000) \cdot 100}{230.000} = 113{,}04\ \%$$

$$\textbf{Liquidität 3. Grades} = \frac{\text{Umlaufvermögen} \cdot 100}{\text{kurzfristige Verbindlichkeiten}}$$

Umlaufvermögen:
Flüssige Mittel, kurzfristige Forderungen und alle nicht zum Anlagevermögen zählenden Forderungen und Vorräte

Beispiel:

$$\text{Liquidität 3. Grades} = \frac{550.000 \cdot 100}{230.000} = 239{,}13\ \%$$

Die Liquidität ist eine der Existenzbedingungen des Unternehmens, die auch kurzfristig immer gesichert sein muss, um eine Zahlungsunfähigkeit und die damit verbundene Gefahr für den Fortbestand des Unternehmens zu vermeiden. Je höher der Prozentsatz der verschiedenen Liquiditätsgrade eines Unternehmens ist, desto eher ist es in der Lage, seine kurzfristigen Verbindlichkeiten zu begleichen.

Kapitalstruktur

Kennziffern der Kapitalstruktur

Die **Kapitalstruktur** einer Unternehmung gibt Auskunft über die Zusammensetzung ihrer Finanzierung. Sie ist auf der Passivseite der Bilanz erkennbar (vgl. Bilanz S. 233). Die Kapitalstruktur kann mit folgenden Kennziffern gemessen werden:

Beispiele

$$\textbf{Eigenkapitalquote} = \frac{\text{Eigenkapital} \cdot 100}{\text{Gesamtkapital}}$$

$$\text{Eigenkapitalquote} = \frac{760.000 \cdot 100}{1.400.000} = 54{,}29\ \%$$

$$\textbf{Fremdkapitalquote} = \frac{\text{Fremdkapital} \cdot 100}{\text{Gesamtkapital}}$$

$$\text{Fremdkapitalquote} = \frac{764.000 \cdot 100}{1.400.000} = 45{,}71\ \%$$

$$\textbf{Verschuldungsgrad} = \frac{\text{Fremdkapital} \cdot 100}{\text{Eigenkapital}}$$

$$\text{Verschuldungsgrad} = \frac{640.000 \cdot 100}{760.000} = 84{,}21\ \%$$

Bedeutung aus **unternehmensexterner** Sicht (Banken, Lieferanten):
Unternehmen mit hoher Eigenkapitalquote (= geringe Fremdkapitalquote)

- sind in der Lage, längere Zeit Umsatzrückgänge zu tragen, ohne in Überschuldung zu geraten
- verfügen über Fremdfinanzierungsreserven, die zur Überbrückung eines Liquiditätsengpasses und bei Auftreten eines dringlichen Finanzierungsbedarfs genutzt werden können
- unterliegen weniger der Gefahr der Zahlungsunfähigkeit

Bedeutung aus **unternehmensinterner** Sicht:

Differenziertere Überlegungen hinsichtlich der Gestaltung der Kapitalstruktur unter Beachtung externer Beobachtungen stehen hier im Vordergrund.

Wird unterstellt, dass die Unternehmung die größte Eigenkapitalrentabilität anstrebt, so verlangt die Realisierung dieses Ziels ein optimales Verhältnis zwischen Eigenkapital und Fremdkapital. Unabhängig von der Gewinn- und Umsatzsituation des Unternehmens muss das Fremdkapital verzinst werden.

Fremdkapitalzins

Liegt der Fremdkapitalzins jedoch unter der Gesamtkapitalrentabilität, so erzielt das Unternehmen einen Überschuss. Wird in dieser Situation mehr Eigenkapital durch Fremdkapital ersetzt, so steigt die Eigenkapitalrentabilität, solange dieser Überschuss noch erzielt werden kann. Die Eigenkapitalrentabilität ist somit eine Funktion des Verschuldungsgrades, d. h. des Verhältnisses von Fremd- und Eigenkapital.

Kennzahlen als Grundlagen des Benchmarking (vgl. S. 218)

Je nach Zielrichtung des Benchmarking stehen hierfür neben den bereits angesprochenen Kennzahlen weitere Kennzahlen zur Verfügung. Sie werden nach **Risikokennzahlen** und **Bereichskennzahlen** unterschieden.

Risikokennzahlen

Diese Kennzahlen geben Auskunft darüber, inwieweit sich das Unternehmen im Vergleich zum Branchendurchschnitt bzw. des Branchenbesten in Bezug auf die Ergebnisse der Kennzahlen in einer betriebswirtschaftlichen gesunden oder bedenklichen Situation befindet. Neben den bereits erläuterten Kennzahlen Liquiditätsgrad **(vgl. S. 272)** und Verschuldungsgrad **(vgl. S. 273)** zählen hierzu folgende Kennzahlen:

- **Anlagenintensität (AI)**
  Sie gibt den Anteil des langfristig gebundenen Vermögens am Gesamtvermögen an und ermöglicht so eine Aussage über die Möglichkeit, wie viel Prozent des Gesamtvermögens relativ frei disponibel ist.

Beispiel:

$$\text{Anlageintensität} = \frac{\text{Anlagevermögen}}{\text{Gesamtvermögen}} \cdot 100 \qquad AI = \frac{850.000}{1.400.000} \cdot 100 = 60{,}71\ \%$$

- **Anlagendeckungsgrad (AD)**
  Der Anlagendeckungsgrad gibt an, inwieweit das langfristige Vermögen durch langfristiges Kapital abgedeckt ist.

Beispiel:

$$\text{Anlagendeckungsgrad} = \frac{\text{Eigenkapital} + \text{langfristiges Fremdkapital}}{\text{Anlagevermögen}} \cdot 100$$

$$AD = \frac{760.000 + 410.000}{850.000} \cdot 100 = 137{,}65\ \%$$

Bereichskennzahlen

Diese Kennzahlen beziehen sich auf einzelne Funktions- bzw. Kostenbereiche des Unternehmens. Auch sie erlauben im Vergleich zum Branchendurchschnitt bzw. des Branchenbesten in Bezug auf die Ergebnisse der Kennzahlen Aussagen darüber, ob betriebswirtschaftliche Maßnahmen und Entscheidungen zur Verbesserung dieser Kennzahlen notwendig sind.

Lagerkennzahlen

$$\text{Durchschnittlicher Lagerbestand} = \frac{\text{Anfangsbestand} + \text{Endbestand}}{2}$$

oder bei monatlicher Inventur

$$\text{Durchschnittlicher Lagerbestand} = \frac{\text{Anfangsbestand} + 12\ \text{Endbestände}}{13}$$

Diese Kennzahl kann sowohl mengenmäßig als auch wertmäßig ermittelt werden.

$$\text{Umschlaghäufigkeit} = \frac{\text{Wareneinsatz}}{\text{Durchschnittlicher Lagerbestand}}$$

Hierbei gibt der Wareneinsatz den Wert der verkauften Waren zu Einstandspreisen an.

$$\text{Durchschnittliche Lagerdauer} = \frac{360}{\text{Umschlagshäufigkeit}}$$

Arbeitsproduktivität

$$\text{Personalleistung} = \frac{\text{Umsatz pro Woche (Monat/Jahr)}}{\text{Anzahl der Mitarbeiter}}$$

$$\text{Stundenumsatzleistung} = \frac{\text{Umsatz pro Woche (Monat/Jahr)}}{\text{Anzahl der bezahlten Stunden pro Tag (Woche/Monat/Jahr)}}$$

Die Aussagekraft dieser Berechnung kann noch erhöht werden, indem an Stelle der bezahlten Stunden die tatsächlich geleisteten berücksichtigt werden. So erhält das Unternehmen Informationen darüber, inwieweit die Stundenumsatzleistung z. B. durch Urlaubsanspruch, Krankheit oder durch den Berufsschulbesuch der Auszubildenden erhöht ist.

$$\text{Stundenumsatzleistung} = \frac{\text{Umsatz pro Woche (Monat/Jahr)}}{\text{Anzahl der geleisteten Stunden pro Tag (Woche/Monat/Jahr)}}$$

4.4.2 Plankostenrechnung – Begriff, Ziele und Aufgaben

Probleme traditioneller Kostenrechnungsverfahren

Traditionelle Kostenrechnungsverfahren wie die Vollkostenrechnung (vgl. S. 265) können Planungs- und Kontrollaufgaben nicht erfüllen, da sie keine geplanten, sondern nur die tatsächlich angefallenen Kosten (**Ist-Kosten**, z. B. Vertriebsprovisionen) bzw. auf Vergangenheitswerten basierende Daten zur Verfügung stellen. Die **Plankostenrechnung,** als eine spezielle Form der Kostenrechnung, ermöglicht es dem Unternehmen, dass die Gesamtkosten für eine bestimmte Planungsperiode im Voraus nach Kostenarten, Kostenstellen und Kostenträgern differenziert geplant werden können und somit die Defizite der herkömmlichen Verfahren der Kostenrechnung ausgeglichen werden. Sie liefert konkrete Kostenvorgaben für die zu erwartenden Einzel- und Gemeinkosten und stellt somit ein zukunftsorientiertes Kostenrechnungssystem für Marketing und andere Entscheidungen dar.

Vorhersage zu erwartender Kosten

Vorrangiges **Ziel** der Plankostenrechnung ist die Vorhersage der effektiv zu erwartenden Kosten. Den Ausgangspunkt für die Planung bilden daher die tatsächlich zu erwartenden Kosten für den Werteverzehr, so dass Preisschwankungen voll in die Kostenrechnung einbezogen werden. Die Ergebnisse der Plankostenrechnung als **Prognosekostenrechnung** können als Grundlage für betriebswirtschaftliche Entscheidungen genutzt werden, da sie eine Gegenüberstellung von prognostizierten Kosten und Erlösen ermöglichen und somit Vorhersagen über den künftigen Erfolg des Unternehmens zulassen. Als ein Instrument der Planung liefert sie der Unternehmensleitung Informationen über die Auswirkungen unterschiedlicher Handlungsalternativen.

Diese Ziele erfüllt die Plankostenrechnung durch die Wahrnehmung folgender wesentlicher **Aufgaben:**

- Aufstellung von Kostenvorgaben für Kostenstellen
- Ermittlung von zweckmäßigen Bezugsgrößen je Kostenstelle
- Festlegung von Soll-Ist-Abweichungen
- Durchführung von Abweichungsanalysen zur Ermittlung von Abweichungsursachen
- Zuordnung der Abweichungen zu den betroffenen Kostenstellen

Aufbau der Plankostenrechnung

Ausgangspunkt für die Plankostenrechnung bilden die zu erwartenden Kosten, die **Plankosten**, die für eine bestimmte Abrechnungsperiode als **Richtgröße** festgelegt werden. Diese Vorgehensweise macht es erforderlich, **Verbrauchsmengen**, z. B. Material und Energie, und den möglichen **Beschäftigungsgrad** (vgl. S. 257), z. B. Servicestunden, für diese zukünftige Abrechnungsperiode festzulegen.

Vergleicht man nun am Ende der Abrechnungsperiode die jeweils mit **Festpreisen** bewerteten Istkosten und Plankosten, so erhält man als Ergebnis eine von Preisschwankungen bereinigte **Verbrauchsabweichung** in den einzelnen Kostenstellen. Mithilfe dieser **Abweichungsanalyse** kann die Wirtschaftlichkeit einer Kostenstelle festgestellt und gegebenenfalls die Verantwortlichkeit des entsprechenden Kostenstellenleiters überwacht werden.

Beispiel:

	Richtgröße	***Kosten je Stunde***	***Ergebnis***
Geplante Servicestunden	*4.000*	*65,00 EUR*	*260.000,00 EUR*
Tatsächliche Servicestunden	*3.900*	*65,00 EUR*	*253.500,00 EUR*
		Abweichung	*6.500,00 EUR*

Systeme der Plankostenrechnung

Innerhalb der Plankostenrechnung können zwei verschiedene Systeme unterschieden werden:
Bei der **starren Plankostenrechnung** werden die Kosten der Kostenstellen jeweils nur für eine Durchschnittsbeschäftigung (der Begriff Beschäftigung kann auch mit dem Grad der Kapazitätsauslastung [vgl. S. 257] gleich gesetzt werden) geplant und nicht an Beschäftigungsschwankungen angepasst, auch eine Aufteilung in fixe und variable Kosten unterbleibt in dieser Ausprägung der Plankostenrechnung. Daher liefert diese Form der Plankostenrechnung nur dann aussagefähige Ergebnisse, wenn der Beschäftigungsgrad unverändert bleibt. Eine echte und laufende Kostenkontrolle ist wegen der fehlenden Planung der Kosten in Abhängigkeit von der Beschäftigung noch nicht möglich.

Das charakteristische Merkmal der **flexiblen Plankostenrechnung** besteht darin, dass die Kosten der Kostenstellen in fixe und variable Kostenbestandteile unterschieden werden. Weiterhin werden in diesem Verfahren der Plankostenrechnung die Kosten jeder Kostenstelle zwar für einen bestimmten Beschäftigungsgrad geplant, innerhalb der Abrechnungsperiode werden aber Anpassungen an die jeweils realisierte Istbeschäftigung zu Zwecke der Kontrolle vorgenommen. Die flexible Plankostenrechnung ist sowohl auf Vollkostenbasis als auch Teilkostenbasis (Grenzplankostenrechnung (vgl. S. 280) möglich. Aufgrund ihrer größeren Bedeutung wird im Folgenden nur die flexible Plankostenrechnung näher erläutert.

Flexible Plankostenrechnung auf Vollkostenbasis

Plangemeinkosten

Im Rahmen der **flexiblen Plankostenrechnung auf Vollkostenbasis** werden zunächst die Plangemeinkosten in ihre fixen und variablen Bestandteile aufgegliedert. Anschließend werden die variablen Kosten pro Stück mit der tatsächlich vorhandenen Beschäftigung **(Istbeschäftigung)** mulitpliziert. Da die variablen Kosten pro Stück sowohl variabel Einzelkosten als auch variabel Gemeinkosten beinhalten, ergibt sich durch die Addition der fixen Plangemeinkosten die **Sollkosten**. Zieht man nun die Sollkosten von den Istkosten ab, so erhält man die nach Kostenarten und Kostenstellen differenzierten Kostenabweichungen.

Beispiel:

Für die Kostenstelle Netzwerk-Administrator sind im Rahmen der Plankostenrechnung folgende Kosten und Beschäftigungen geplant:

- *Einzelkosten pro Servicestunde* — *400,00 EUR*
- *Gemeinkosten* — *200.000,00 EUR, davon 150.000,00 EUR fixe Kosten*
- *Planbeschäftigung* — *1.000 Stunden*

Die Abrechnung der Kostenstelle am Ende dieser Planungsperiode liefert folgende Daten:

- *Isteinzelkosten pro Servicestunde* — *400,00 EUR*
- *Istgemeinkosten* — *198.000,00 EUR*
- *Istbeschäftigung* — *920 Stunden*
- *Istgesamtkosten* — *566.000,00 EUR*

Abweichungsanalyse

1. Gesamtabweichung

Plangesamtkosten	*600.000,00*
– Istgesamtkosten	*– (920 · 400 + 198.000)*
= Gesamtabweichung	***= 34.000,00 EUR***

2. Gemeinkostenabweichung

Plangemeinkosten	*200.000,00*
– Istgemeinkosten	*– 198.000,00*
= Gemeinkostenabweichung	***= 2.000,00 EUR***

3. Ermittlung der Sollkosten

(variable Einzelkosten pro Std. + variable Plangemeinkosten pro Std.) · Istbeschäftigung	*(400,00 + 50,00) · 920 Std.*
+ fixe Plangemeinkosten	*+ 150.000,00*
= Sollkosten	***= 564.000,00 EUR***

4. Ermittlung der Verbrauchsabweichung

Sollkosten	*564.000,00*
– Istkosten	*– 566.000,00*
= Verbrauchsabweichung	***= – 2.000,00 EUR***

5. Ermittlung der Beschäftigungsabweichung

	Variable Plangesamtkosten	*450.000,00*
–	*Variabel Istgemeinkosten*	*– 414.000,00*
=	*Beschäftigungsabweichung*	***= 36.000,00 EUR***

6. Überprüfung der Gesamtabweichung

	Beschäftigungsabweichung	*36.0000,00*
+	*Verbrauchsabweichung*	*– (–2.000,00)*
=	*Gesamtabweichung*	***= 34.000,00 EUR***

Auswertung

- *Die variablen Kosten pro Stunde von 450,00 EUR ergeben sich aus den variablen Einzelkosten in Höhe von 400,00 EUR und den variablen Gemeinkosten von 50,00 EUR pro Stunde bei einer geplanten Beschäftigung von 1.000 Stunden. Die tatsächlich eingetretenen variablen Kosten entsprechen den geplanten variablen Kosten pro Stunde.*

- *Die um 36.000,00 EUR niedriger liegenden Istkosten im Vergleich zu den Plankosten ergeben sich aus der gesunkenen Beschäftigung. Von den geplanten 1.000 Stunden wurden nur 920 Stunden tatsächlich in Anspruch genommen, daher fallen die Istkosten geringer als die Plankosten aus.*

- *Die Istgemeinkosten sind im Vergleich zu den geplanten Gemeinkosten um 2.000 EUR gesunken. Da die Beschäftigung um 80 Stunden zurückgegangen ist, hätten sich die Gemeinkosten um insgesamt 4.000,00 EUR vermindern müssen (80 Std. · 50,00 variable Gemeinkosten). Diese Differenz lässt sich unter Umständen durch einen unwirtschaftlichen Einsatz der vorhandenen Produktionsfaktoren erklären und wäre somit ein Ausgangspunkt für eventuelle Handlungsalternativen der Unternehmensleitung.*

Kostenkontrolle

Die Aufteilung der Kosten in fixe und variable Kosten ermöglicht eine Kostenkontrolle im Rahmen eines Soll-Ist-Vergleichs. Das Kontrollergebnis liefert der Unternehmensleitung wichtige Informationen zur Beurteilung der Kostenstellen. Die regelmäßigen und in kurzen Zeitabständen (z. B. monatlich) erfolgende Überprüfung der Istkosten lässt bei Planabweichungen rechtzeitig lenkende betriebswirtschaftliche Maßnahmen der Unternehmensführung zu.

Ein weiterer positiver Aspekt der durch die Plankostenrechnung ermittelten Planvorgaben ist in der Motivation der Mitarbeiter zu sehen. Die Einhaltung vernünftiger Planvorgaben kann ein wichtiges Kriterium für die Bewertung der Mitarbeiterleistung darstellen. Da jeder einzelne Mitarbeiter in der Lage ist festzustellen, was der Einzelne zu verantworten hat und was nicht, wird sich dieses System der Planvorgaben hoher Akreptanz erfreuen, da es Bewertungen transparent gestalten kann.

Flexible Plankostenrechnung auf Teilkostenbasis

Abweichungsanalyse

Die Vorgehensweise der **flexiblen Plankostenrechnung auf Teilkostenbasis** (auch als **Grenzkostenrechnung** bezeichnet) entspricht in weiten Teilen der Arbeitsweise der flexiblen Plankostenrechnung auf Vollkostenbasis. Auch hier erfolgt eine Trennung zwischen fixen und variablen Kosten, nur werden zum Zwecke der Kontrolle und Kalkulation lediglich die variablen Kosten herangezogen, während die fixen unberücksichtigt bleiben. Jede Kostenstelle erhält eine Planvorgabe für die jeweilige Beschäftigung und eine entsprechende Vorgabe für die variablen Kosten. In der sich regelmäßig anschließenden Abweichungsanalyse werden die Plankosten mit den Istkosten verglichen und Abweichungen und ihre Ursachen ermittelt. Ebenso wie bei der flexiblen Plankostenrechnung auf Vollkostenbasis wird bei der flexiblen Plankostenrechnung auf Teilkostenbasis ein besonderes Augenmerk auf die Ursachen von eventuellen Verbrauchsabweichungen gelegt.

Beispiel:

Für eine Kostenstelle sind im Rahmen der Plankostenrechnung folgende Kosten und Beschäftigungen geplant:

• *Variable Einzelkosten pro Stunde*	*400,00 EUR*
• *Variable Gemeinkosten pro Stunde*	*50,00 EUR*
• *Planbeschäftigung*	*1.000 Stück*
⇒ *Variable Planungskosten*	*450.000,00 EUR*

Am Ende der Planungsperiode werden bei einer Beschäftigung von 920 Stunden variable Istgesamtkosten von 416.000,00 EUR ermittelt.

Abweichungsanalyse

1. Gesamtabweichung

Variable Plankosten	*450.000,00*
– *Variable Istkosten*	*– 416.000,00*
= *Gesamtabweichung*	***= 34.000,00 EUR***

2. Ermittlung der Sollkosten

(Variable Einzelkosten + variable Gemeinkosten) · Istbeschäftigung	*(400,00 + 50,00) · 920* ***= 414.000,00 EUR***
= *Sollkosten*	

3. Ermittlung der Verbrauchsabweichung

Variable Istkosten	*416.000,00*
– *Sollkosten*	*– 414.000,00*
= *Verbrauchsabweichung*	***= 2.000,00 EUR***

Auswertung

- *Die Abweichungsanalysen der flexiblen Plankostenrechnung auf Teilkostenbasis und auf Vollkostenbasis führen zu dem gleichen Ergebnis.*
- *Im Gegensatz zur flexiblen Plankostenrechnung auf Vollkostenbasis kann bei der flexiblen Plankostenrechnung auf Teilkostenbasis auf die Berechnung der Beschäftigungsabweichung verzichtet werden, da hier nur die variablen Plankosten Berücksichtigung finden.*
- *Durch den Vergleich der Sollkosten mit den Istkosten gelangt man zu der Verbrauchsabweichung, die nun wiederum den Ausgangspunkt für betriebswirtschaftliche Entscheidungen bilden kann.*

Grenzplankostenrechnung

Mithilfe der Grenzplankostenrechnung können wichtige Informationen gewonnen werden, die im Hinblick auf eine differenzierte Preiskalkulation von Bedeutung sein könnten. Die Umsetzung ihrer Ergebnisse in die Ermittlung der lang- und kurzfristigen Preisuntergrenze stellen ein wichtiges Hilfsmittel für die Preisfindung dar. Die Unternehmensleitung hat somit die Möglichkeit, im Rahmen ihrer Sortiments- und Produktionspolitik fundierte Entscheidungen zu treffen.

4.4.3 Prozesskostenrechnung – Begriff, Ziele und Voraussetzungen

Vorgangskalkulation

Die **Prozesskostenrechnung**, auch als Vorgangskalkulation bezeichnet, stellt kein grundsätzlich eigenständiges Kostenrechnungssystem dar. In allen traditionellen Kostenrechnungssystemen, wie z. B. der Vollkostenrechnung, der Plankostenrechnung oder den verschiedenen Formen der Deckungsbeitragsrechnung, ist die Prozesskostenrechnung realisierbar. Ihren Anwendungsschwerpunkt hat sie zurzeit im System der Vollkostenrechnung. Sie versucht eine analytische und mengenmäßige Kostenplanung im Gemeinkostenbereich zu erreichen.

Mängel der Vollkostenrechnung

Ansatzpunkt für die Prozesskostenrechnung bilden die Mängel der Vollkostenrechnung bei der Behandlung von Gemeinkosten. Innerhalb der Vollkostenrechnung werden alle Kosten einer Periode dem Produkt oder die Dienstleistungseinheit zugerechnet. Dabei werden die fixen Kosten den variablen Kosten in der Hinsicht gleichgesetzt, dass sie ebenfalls als Stück- und nicht als Periodenkosten angesehen werden. Da die Fixkosten aber nicht von den erbrachten Leistungen eines Unternehmens abhängig sind, sondern von vielfältigen Entscheidungen im Rahmen von Geschäftsprozessen, fehlt hier ein direkter Zusammenhang zwischen der erbrachten Leistung und den fixen Kosten. Besonders für die der eigentlichen Leistungserstellung nachgelagerten Dienstleistungsbereiche wie z. B. Einkauf, Lagerung und und Vertrieb, existieren in der Vollkostenrechnung nur sehr grobe, pauschale Verrechnungsmethoden.

Beispiel:	
Für die Erstellung eines Angebotes über den Verkauf von 10 Workstations rechnet die Power PC GmbH mit folgenden Zahlen:	
Vollkostenrechnung	***Prozesskostenrechnung***
• *Einstandspreis je Workstation* 4.500,00 EUR • *anteilige Gemeinkosten je Workstation* 800,00 EUR ⇒ ***Selbstkosten je Workstation*** **2.300,00 EUR**	• *Kosten für die Einholung von Angeboten (Gehälter, Porto, etc.)* 150,00 EUR • *Kosten für die Durchführung eines Angebotvergleichs (Gehälter, Büromaterial etc)* 180,00 EUR • *Einstandspreise je Workstation (Bezugskosten etc.)* 1.500,00 EUR • *Kosten für die Lagerung (Energie, Löhne etc.)* 270,00 EUR • *Kosten für den Transport (Verpackung, Spedition etc.)* 200,00 EUR ⇒ ***Selbstkosten je Workstation*** **2.300,00 EUR**

Durch eine verbesserte Durchdringung der Gemeinkostenbereiche versucht die Prozesskostenrechnung nun

- eine Erhöhung der **Kalkulationsgenauigkeit** und eine **verursachungsgerechte Kostenzurechnung** der Gemeinkosten zu erreichen und
- durch eine erhöhte **Kostentransparenz** eine effizientere Planung und Kontrolle der Gemeinkosten zu gewährleisten,

um somit die Mängel der Vollkostenrechnung zu beseitigen. Dabei bildet die Prozesskostenrechnung keine Alternative zum bisherigen Kostenrechnungssystem eines Unternehmens, sondern kann dieses im Hinblick auf eine verursachungsgerechtere Verteilung der Gemeinkosten auf die betrieblichen Leistungen und eine dadurch bedingte verbesserte Kalkulation ergänzen.

Folgende Voraussetzungen müssen bei der Ein- und Durchführung der Prozesskostenrechnung gegeben sein:

- Die in den Gemeinkostenbereichen zu erbringenden Tätigkeiten müssen im Hinblick auf die dort anfallenden Aktivitäten/Prozesse genau analysiert werden, damit die Haupteinflussfaktoren der Kostenentstehung **(Kostentreiber)** ermittelt werden können. Kostentreiber kann z. B. die Anzahl der Mitarbeiter sein, die an einem bestimmten Prozess, (beispielsweise der Prozess der Teiledisposition für einen Kundenauftrag) beteiligt sind.
- Zwischen den Kostentreibern und den in dieser Kostenstelle insgesamt anfallenden Gemeinkosten muss ein Zusammenhang bestehen, um eine Zuordnung und Aufteilung der entstehenden Kosten auf die vom Unternehmen erbrachten Leistungen zu ermöglichen.
- Alle Daten über Tätigkeiten, Prozesse und Kosten müssen detailliert erarbeitet und dokumentiert werden, um eine praktikable und wirtschaftliche Prozesskostenrechnung dauerhaft durchzuführen.

Vorgehensweise

Die Einführung und Anwendung der Prozesskostenrechnung innerhalb eines Kostenrechnungssystems eines Unternehmens wird in mehreren Schritten vollzogen:

1. Schritt

Prozessanalyse

Im Rahmen einer **Prozessanalyse** werden zunächst innerhalb aller Gemeinkostenbereiche die Dienstleistungen bestimmt, die dem jeweiligen Gemeinkostenbereich zuzurechnen sind, da sie für die Erfüllung der dort anfallenden Aufgaben notwendig sind. Dabei können bereits gesammelte Erfahrungen aus den verschiedenen Bereichen oder die Verfahren der Gemeinkostananalyse[1] die notwendigen Informationen liefern. So können z. B. innerhalb der Gemeinkostenstelle „Lager" innerhalb des Prozesses „Kundenauftragsabwicklung" die Dienstleistungen Auftragsdisposition oder Kommissionierung als ebenfalls zu berücksichtigende Prozesskosten ermittelt werden.

2. Schritt

Zuordnung zu Prozessen

Die so ermittelten Kosten müssen nun den einzelnen Prozessen zugeordnet werden. Dabei können durch Schwierigkeiten bei der klaren Zurodnung von Kosten zu den einzelnen Prozessen Probleme entstehen, die durch Bildung von Verteilungsschlüssel für die jeweiligen Gemeinkostenstellen zu lösen sind.

3. Schritt

Kostentreiber

Für alle im Unternehmen anfallenden Prozessarten müssen nun die jeweiligen **Kostentreiber** ermittelt werden, also diejenigen Faktoren, die die Inanspruchnahme der entsprechenden Dienstleistung bestimmen. Für das Beispiel aus der Gemeinkostenstelle „Lager" wären somit die Zahl der Aufträge und die an deren Abwicklung beteiligten Mitarbeiter die jeweiligen Kostentreiber.

4. Schritt

Innerhalb der **Prozesskostenermittlung** müssen nun die genauen Kosten der Kostentreiber ermittelt werden. Ausgangspunkt hierfür sind z. B. die bereits im dritten Schritt anhand des Beispiels aufgeführte Zahl der Auftrage bzw. die Anzahl der an deren Abwicklung beteiligten Mitarbeiter. Dies kann im Einzelfall zu nicht unerheblichem zusätzlichen Erfassungs- und Planungsaufwand führen, da diese Informationen in der Regel bisher nicht erfasst und/oder geplant worden sind. Die so ermittelten Kosten werden dann soweit wie möglich der einzelnen Prozessmengeneinheit (z. B. Kundenauftrag) zugeordnet.

5. Schritt

Kalkulation

Im letzten Schritt, der **Prozesskostenkalkulation**, werden die Prozesskosten den Produkten im Rahmen der Kostenträgerrechnung zugerechnet. Im Gegensatz zur bisherigen Kostenrechnung verrechnet die Prozesskostenrechnung nun ihre Kosten nicht auf die jeweilige Gemeinkostenstelle sondern direkt auf die einzelnen Produkte. Auch mit diesem Schritt sind wieder erhebliche Erfassungs- und Planungskosten verbunden, da für jedes Produkt ermit-

[1] *Verfolgt das Ziel, Kosten und Nutzen von Leistungen zu beurteilen und unnötige Leistungen bzw. Kosten zu reduzieren.*

telt werden muss, wie viel Prozessmengeneinheiten von diesem in Anspruch genommen wurden.

Beispiel:

In der Beschaffungsabteilung der Power PC GmbH fallen pro Jahr 10.000 Beschaffungsvorgänge an.
Dabei entstehen folgende Kosten:

	Personalkosten	*500.000,00 EUR*
+	*Sachkosten (Miete, Energie, Abschreibungen u. a.)*	*100.000,00 EUR*
=	*Summe der angefallenen Kosten*	*600.000,00 EUR*

⇒ ***Kosten je Beschaffungsvorgang (600.000/10.000)*** ***60,00 EUR***

Ergebnis:
Unabhängig vom Beschaffungswert des jeweiligen Produktes fallen je Beschaffungsvorgang 60,00 EUR als Kosten an. Jeder Beschaffungsvorgang besteht aus mehreren Teilprozessen mit folgenden Kostenteilen:

• *Markterkundung (Informationsbeschaffung)*	*10%*
• *Angebotseinholung*	*5%*
• *Angebotsvergleich*	*75%*
• *Bestellung*	*10%*
	100%

Konsequenz:
In der Beschaffungsabteilung der Power PC GmbH werden die höchsten Kosten durch die Durchführung der Angebotsvergleiche verursacht (75% Anteil an den Gesamtkosten). Diese ***Identifikation des Kostentreibers*** *ermöglicht es nun der Power PC GmbH betriebswirtschaftliche Veränderungen durchzuführen. So wäre ein höherer Grad der Standardisierung durch den Einsatz einheitlicher Formulare und die Anwendung PC-gestützter Berechnungen nur eine Möglichkeit, die Kosten in diesem Teilprozess des gesamten Beschaffungsvorgangs zu reduzieren.*

Aufgaben zu Kapitel 4:

1. *Begründen Sie die Notwendigkeit des Rechnungswesens für das erfolgreiche Bestehen eines Unternehmens am Markt.*
2. *Erläutern Sie die grundlegenden Aufgaben des Rechnungswesens.*
3. *Zeigen Sie den Zusammenhang von Inventur, Inventar und Bilanz auf.*
4. *Bestimmen Sie die Unterschiede zwischen Anlage-/Umlaufvermögen und lang-/kurzfristigen Schulden*
5. *Erläutern Sie den Aufbau einer Bilanz und ordnen Sie die Begriffe Mittelherkunft und Mittelverwendung zu.*
6. *Beschreiben Sie die Auswirkungen von Wertschöpfungsprozessen auf die Bilanz.*
7. *Bilden Sie Beispiele für erfolgswirksame Buchungen und erläutern Sie deren Auswirkungen auf das Eigenkapital eines Unternehmens.*
8. *Erklären Sie warum die Umsatzsteuer keine Auswirkungen auf den Erfolg eines Unternehmens hat.*
9. *Erläutern Sie die Unterschiede zwischen der linearen und degressiven Abschreibung.*
10. *Unterscheiden Sie die Begriffspaare Erträge – Einnahmen und Aufwendungen – Ausgaben.*
11. *Definieren Sie die Begriffe Kosten und Leistungen.*

12. *Erklären Sie die wesentlichen Aufgaben der Kostenrechnung.*
13. *Zeigen Sie die Berechnung des neutralen Ergebnisses, des Betriebsergebnisses und des Unternehmensergebnisses auf.*
14. *Begründen Sie die Notwendigkeit der Berücksichtigung von kalkulatorischen Kosten innerhalb der Kostenartenrechnung.*
15. *Verdeutlichen Sie die verschiedenen Gesichtspunkte nach denen die Kostenarten im Unternehmen unsterschieden werden können.*
16. *Erläutern Sie den Zusammenhang zwischen dem Beschäftigungsgrad und den variablen und fixen Kosten.*
17. *Begründen Sie die Notwendigkeit einer Kostenstellenrechnung für ein Unternehmen.*
18. *Erläutern und nennen Sie die Prinzipien bzw. Kriterien der Bildung von Kostenstellen im Unternehmen.*
19. *Erklären Sie den Aufbau und die Ergebnisse eines Betriebsabrechnungsbogens.*
20. *Warum werden die mithilfe des Betriebsabrechnungsbogens ermittelten Zuschlagsätze zur Verteilung der Gemeinkosten als Istzuschläge bezeichnet?*
21. *Erläutern Sie die betriebswirtschaftlichen Konsequenzen die sich aus Abweichungen aus den Soll- und Istzuschlagsätzen ergeben können.*
22. *Beschreiben Sie den Aufbau und die Aufgaben der Kostenträgerrechnung.*
23. *Welche Aufgaben werden durch die Vor-, Zwischen- und Nachkalkulation im Rahmen der Kostenträgerrechnung übernommen?*
24. *Veranschaulichen Sie die Verkaufskalkulation in Form der Zuschlagskalkulation.*
25. *Erklären Sie die Berechnung des Handlungskostenzuschlagsatzes.*
26. *Beschreiben Sie die betriebswirtschaftliche Bedeutung einer Preisuntergrenze.*
27. *Erläutern Sie den Unterschied zwischen der Vollkostenrechnung und der Teilkostenrechnung.*
28. *Zeigen Sie den Zusammenhang zwischen dem Deckungsbeitrag, den variablen und den fixen Kosten auf.*
29. *Welche Informationen können mithilfe der Kostenträgerzeitrechnung für ein Unternehmen gewonnen werden?*
30. *Definieren Sie den Begriff Controlling und erläutern Sie die Aufgaben des Controlling.*
31. *Verdeutlichen Sie die Aufgaben betriebswirtschaftlicher Kennzahlen.*
32. *Welche Informationen können mit der Berechnung der Eigenkapital- und Gesamtkapitalrentabilität gewwonnen werden?*
33. *Erläutern Sie die betriebswirtschaftliche Bedeutung der Gewinnquote und des Return on Investment.*
34. *Warum sind die Ergebnisse der Berechnung der Liquiditätsgrade für ein Unternehmen von besonderer betriebswirtschaftlicher Bedeutung?*
35. *Welche Bedeutung hat die Kapitalstruktur eines Unternehmens aus unternehmensinterner und unternehmensexterner Sicht?*
36. *Erläutern Sie den Begriff, die Ziele und die Aufgabe der Plankostenrechnung.*
37. *Beschreiben Sie den Aufbau der Plankostenrechnung.*
38. *Unterscheiden Sie die starre und die flexible Plankostenrechnung.*
39. *Erläutern Sie die Ergebnisse und die möglichen betriebswirtschaftichen Konsequenzen der Abweidungsanalyse der Plakostenrechnung auf Vollkostenbasis.*
40. *Welche betriebswirtschaftlich bedeutsamen Informationen können mit der Grenzplankostenrechnung gewonnen werden.*
41. *Erläutern Sie den Begriff, die Ziele und Voraussetzuingen der Prozesskostenrechnung.*

5 Arbeitsmethoden und Informationsquellen

5.1 Qualifikationsanforderungen an IT-Mitarbeiter als Basis ihrer Arbeitsmethoden.

■ Qualifikationsanforderungen	fachlich, psychisch, körperlich, sozial
■ Schlüsselqualifikationen	Fach-, Methoden- Personal- und Sozialkompetenz
■ Berufliche Handlungskompetenz	ganzheitliche Qualifikation

Betriebliche Abläufe sind ein komplexes dynamisches System von Prozessen (vgl. S. 99), bei denen auch unternehmensfremde Akteure beteiligt sind, insbesondere Kunden und Lieferer. Das Erkennen, Analysieren und Verstehen dieser z. T. komplizierten und differenzierten Strukturen erfordert von allen Mitarbeitern entsprechende Qualifikationen.

Speziell an die Mitarbeiter des IT-Bereiches werden besonders hohe Anforderungen gestellt. Ihr Arbeitsbereich ist gekennzeichnet durch kurze Innovationszyklen im Bereich Hard- und Software. Kurzfristig müssen sie sich auf veränderte Arbeitsbedingungen einstellen können, um flexibel auf Änderungen von Prozessen und Prozesseinflussgrößen reagieren zu können. Schließlich müssen sie kundenorientiert denken und handeln, um zum Unternehmenserfolg beizutragen.

Die Gesamtheit aller Qualifikationsanforderungen an IT-Mitarbeiter hat bestimmenden Einfluss auf deren Arbeitsmethoden. Daher müssen zunächst die Qualifikationen von IT-Mitarbeitern beschrieben werden.

Beispiele:

Qualifikationsanforderungen	***Erläuterungen***
fachliche Qualifikation	*Fähigkeiten und Kenntnisse, die durch Aus- und Weiterbildung und zusätzliche berufliche Erfahrungen erworben werden.*
psychische Qualifikation	*Hierzu gehören intellektuelle persönliche Merkmale wie Auffassungsgabe, Stressresistenz usw.*
körperliche Qualifikation	*Sie werden bestimmt durch die Art der Arbeit, z. B. Sehschärfe für Bildschirmarbeitsplätze usw.*
soziale Qualifikation	*Hierzu gehören alle Fähigkeiten, die das zwischenmenschliche Verhalten eines Mitarbeiters bestimmen.*

Kompetenz

Wenn ein Mitarbeiter über geforderte Qualifikationen verfügt, so spricht man von **Kompetenz**. Kompetenzen können von Mitarbeitern auch in Teilbereichen erworben werden. In ihrer Summe bestimmen sie letztlich die **berufliche Handlungskompetenz** eines Mitarbeiters.

Berufliche Handlungskompetenz

Schlüsselqualifikationen

Fachkompetenz		**Methodenkompetenz**		**Personal- und Sozialkompetenz**
• Wirtschafts- und Geschäftsprozesse • Anwendungsentwicklung • Informations- und Kommunikationssysteme (für Details vgl. die Ausbildungsordnung für IT-Berufe sowie Ausbildungspläne)	+	• Lernfähigkeit und -bereitschaft (lebenslanges Lernen) • Entscheidungsfähigkeit • logisches und analytisches Denken • Begründungs- und Bewertungsfähigkeit • ...	+	• Kommunikationsfähigkeit • Einsatzbereitschaft • Verantwortungsfähigkeit • Kooperationsfähigkeit • Selbstständigkeit • Fairness • ...

=

Berufliche Handlungskompetenz

(Ganzheitliche Qualifikation und Motivation)

5.1.1 Qualifikationsanforderungen der Ausbildungsordnung

- Ausbildungsberufe — IT-Systemelektroniker, Fachinformatiker, IT-System-Kaufmann, Informatikkaufmann
- Ausbildungsprofile, Arbeitsgebiete, berufliche Fähigkeiten
- Qualifikationen — Kern-, Spezifische Fachqualifikationen

Differenzierte Inhalte der beruflichen Handlungskompetenz ergeben sich aus den **Ausbildungsprofilen**, den Arbeitsgebieten und den geforderten beruflichen Fähigkeiten. Die für alle IT-Berufe gemeinsamen **Kernqualifikationen** werden ergänzt durch **spezifische Fachqualifikationen**. Berufsübergreifendes Denken und die Fähigkeit, das Zusammenwirken der Techniken aufzunehmen, wird durch diesen **ganzheitlichen Ansatz** gefördert.

	IT-System-Elektroniker	Fachinformatiker
Ausbildungsprofil	Mit IT-System-Elektronikern/IT-System-Elektronikerinnen gewinnt das Unternehmen Mitarbeiter, die besonders dafür qualifiziert sind, moderne Informations- und Telekommunikationseinrichtungen zur Verfügung zu stellen. Der Beruf deckt auch wichtige, sicherheitsrelevante Themen in der Haustechnik ab (z. B. Zugangskontrolle).	Mit Fachinformatikern/Fachinformatikerinnen gewinnt das Unternehmen Mitarbeiter, die komplexe Hard- und Softwaresysteme planen und realisieren können. Sie stehen den Kunden und Benutzern für die fachliche Beratung, Betreuung und Schulung zur Verfügung.

Arbeitsgebiet	IT-System-Elektroniker/IT-System-Elektronikerinnen planen und installieren Systeme der Informations- und Telekommunikationstechniken, einschließlich der entsprechenden Geräte, Komponenten und Netzwerke. Sie installieren die Stromversorgung und die Software und nehmen die Systeme in Betrieb. Sie realisieren kundenspezifische Lösungen durch die Modifikation von Hard- und Software. Sie analysieren Fehler und beseitigen Störungen. Typische Einsatzgebiete sind zum Beispiel Computersysteme, Festnetze, Funknetze, Endgeräte oder Sicherheitssysteme. Zusatznutzen: IT-System-Elektroniker/IT-System-Elektronikerinnen sind Elektrofachkräfte im Sinne der Unfallverhütungsvorschriften.	Fachinformatiker/Fachinformatikerinnen setzen fachspezifische Anforderungen in komplexe Hard- und Softwaresysteme um. Sie analysieren, planen und realisieren informations- und telekommunikationstechnische Systeme. Fachinformatiker/Fachinformatikerinnen führen neue oder modifizierte Systeme der Informations- und Telekommunikationstechnik ein. Kunden und Benutzern stehen sie für die fachliche Beratung, Betreuung und Schulung zur Verfügung. Typische Einsatzgebiete in der Fachrichtung Anwendungsentwicklung sind zum Beispiel Kaufmännische Systeme, Technische Systeme, Expertensysteme, Mathematisch-wissenschaftliche Systeme oder Multimedia-Systeme. Typische Einsatzgebiete in der Fachrichtung Systemintegration sind zum Beispiel Rechenzentren, Netzwerke, Client/Server-Systeme, Festnetze oder Funknetze.
berufliche Fähigkeiten	IT-System-Elektroniker/ IT-System-Elektronikerinnen • informieren und beraten Kunden über Nutzungsmöglichkeiten von informations- und telekommunikationstechnischen Geräten und Systemen, • installieren und konfigurieren Geräte und Systeme der Informations- und Telekommunikationstechnik, • installieren Stromversorgungen und prüfen elektrische Schutzmaßnahmen, • installieren Netzwerke und drahtlose Übertragungssysteme, • stellen Geräte der Informations- und Telekommunikationstechnik unter Beachtung ergonomischer Gesichtspunkte auf, • führen Wartungsarbeiten an Geräten und Systemen der Informations- und Telekommunikationstechnik durch, • setzen Experten- und Diagnosesysteme zur Fehlersuche und -beseitigung ein, • weisen Benutzer in die Bedienung der Systeme ein, • rechnen Serviceleistungen ab.	Fachinformatiker/Fachinformatikerinnen **Fachrichtung Anwendungsentwicklung** • konzipieren und realisieren kundenspezifische Softwareanwendungen, • testen und dokumentieren Anwendungen, • modifizieren bestehende Anwendungen, • setzen Methoden der Projektplanung, -durchführung und -kontrolle ein, • entwickeln anwendungsgerechte und ergonomische Bedienoberflächen, • beheben Fehler durch den Einsatz von Experten- und Diagnosesystemen, • präsentieren Anwendungen, • beraten und schulen Benutzer. **Fachrichtung Systemintegration** • wenden Software-Entwicklungswerkzeuge an • installieren und konfigurieren vernetzte informations- und telekommunikationstechnische Systeme, • konzipieren und realisieren komplexe Systeme der Informations- und Telekommunikationstechnik durch Integration von Softwarekomponenten • nehmen Systeme der Informations- und Telekommunikationstechnik in Betrieb, • setzen Methoden der Projektplanung, -durchführung und -kontrolle ein, • beheben Störungen durch den Einsatz von Experten- und Diagnosesystemen, • administrieren informations- und telekommunikationstechnische Systeme, • präsentieren Systemlösungen, • beraten und schulen Benutzer.

	IT-System-Kaufmann/IT-System-Kauffrau	Informatikkaufmann/Informatikkauffrau
Ausbildungsrofil	Mit IT-System-Kaufleuten gewinnt das Unternehmen Mitarbeiter, die stark kundenorientiert sind. Bei Projekten stehen sie dem Kunden als zentrale Ansprechpartner zur Verfügung. Ihr fundiertes Wissen über Vertriebsaufgaben und Verkaufsstrategien befähigt sie zu Verkaufsgesprächen. Sie begleiten den Kunden von der Beratung bis zur Einführung.	Mit Informatikkaufleuten gewinnt das Unternehmen Mitarbeiter, welche in der Lage sind, die eigenen IT-Systeme zu betreuen und auch weiterzuentwickeln. Besonders wichtig ist ihre Funktion, zwischen den fachlichen Anforderungen des Betriebes und den Möglichkeiten der Technik zu dolmetschen. Sie betreuen die Endgeräte und können bei Problemen auch mit Rat und Tat Hilfe leisten.

Arbeitsgebiet	IT-System-Kaufleute stellen Kunden informations- und telekommunikationstechnische Lösungen zur Verfügung. Sie führen Projekte zur Einführung oder Erweiterung von informations- und telekommunikationstechnischer Infrastruktur in kaufmännischer, technischer und organisatorischer Hinsicht durch. IT-System-Kaufleute arbeiten vornehmlich in Vertrieb und Beratung, führen Serviceleistungen durch und stehen den Kunden als zentrale Ansprechpartner zur Verfügung. Sie beobachten den Markt für informations- und telekommunikationstechnische Systeme und führen Marketingmaßnahmen durch. Typische Einsatzgebiete sind z. B. Branchensysteme, Standardsysteme, technische Anwendungen, kaufmännische Anwendungen oder Lernsysteme.	Informatikkaufleute sind tätig in den kaufmännisch-betriebswirtschaftlichen Funktionen ihrer Branche. Z. B. in Industrie, Handel, Banken, Versicherungen und Krankenhäusern. Sie arbeiten in Projekten zur Planung, Anpassung und Einführung von Systemen der Informations- und Telekommunikationstechnik. Dabei sind sie Mittler und Verbindungsglied zwischen den Anforderungen der Fachabteilungen und der Realisierung von informations- und telekommunikationstechnischen Systemen. Informatikkaufleute beraten und unterstützen die Mitarbeiter beim Einsatz der Systeme zur Abwicklung betrieblicher Fachaufgaben und sind für die Systemverwaltung zuständig.
Berufliche Fähigkeiten	IT-System-Kaufleute • analysieren informations- und telekommunikationstechnische Kundenanforderungen, • konzipieren informations- und telekommunikationstechnische Systeme, • erstellen Angebote, informieren über Finanzierungsmöglichkeiten und schließen Verträge ab, • beschaffen Geräte, Hard- und Software sowie Dienstleistungen, • setzen Methoden der Projektplanung, -durchführung und -kontrolle ein, • installieren informations- und telekommunikationstechnische Systeme, • nehmen informations- und telekommunikationstechnische Systeme in Betrieb und übergeben sie dem Kunden, • vereinbaren Serviceleistungen und führen Serviceleistungen aus, • beraten und schulen Kunden und Benutzer, • rechnen Auftragsleistungen ab.	Informatikkaufleute • analysieren Geschäftsprozesse im Hinblick auf den Einsatz von Systemen der Informations- und Telekommunikationstechnik, • erarbeiten Anforderungsprofile und Pflichtenhefte, • ermitteln den Bedarf an informations- und telekommunikationstechnischen Systemen, • erteilen Aufträge und beschaffen informations- und telekommunikationstechnische Systeme, • führen informations- und telekommunikationstechnische Systeme ein, • erstellen und implementieren Anwendungslösungen unter Beachtung fachlicher und wirtschaftlicher Aspekte, • setzen Methoden der Projektplanung, -durchführung und -kontrolle ein, • administrieren informations- und telekommunikationstechnische Systeme, • beraten über Einsatzmöglichkeiten von informations- und telekommunikationstechnischen Systemen, • beraten und schulen Benutzer.

Systemgestalter

IT-Mitarbeiter dürfen sich nicht ausschließlich als Techniker, Programmierer, Systemadministratoren oder als Kaufleute verstehen. Ihr Arbeitsfeld kann zwar sehr spezialisiert sein, doch muss von ihnen erwartet werden können, dass sie sich permanent auch als Gestalter von komplexen Systemen bzw. Prozessketten identifizieren.

Medienkompetenz

Arbeitsbasis und -inhalte von IT-Mitarbeitern ist die Informationstechnik sowie computer-gestützte Informationssysteme in Betrieben. Daher ist an sie ein höheres Maß an **Medienkompetenz** zu stellen als an andere Mitarbeiter in einem Unternehmen. Der gezielte und effiziente Umgang mit entsprechenden Medien bestimmt somit die Lern- und Arbeitsmethoden von IT-Mitarbeitern.

5.1.2 Schlüsselqualifikationen und Anforderungen von Betrieben

- Heutige und zukünftige Anforderungen, Wandel von Anforderungen
- Auflistung geforderter Schlüsselqualifikationen
- Auflistung von geforderten fachlichen Qualifikationen

Qualifikationen, die Mitarbeiter befähigen, **heute und in Zukunft** auf veränderte Anforderungen reagieren zu können, werden als Schlüsselqualifikationen bezeichnet. Hier stellen die Unternehmen konkrete Forderungen auf.

Änderungen von Anforderungen im Zeitablauf

„Die wichtigste Voraussetzung, um auf dem künftigen Arbeitsmarkt reüssieren zu können, wird sein, ‚beschäftigungsfähig' zu werden und zu bleiben. Schon macht das Schlagwort die Runde: **employability for employment**. Die Bewerber um eine offene Stelle müssen neu denken und umdenken, sich auf die neuen Arbeitsverhältnisse einstellen.

Lebenslanges Lernen

Zunehmende Komplexität von Technik und Produktionsabläufen verlangt fachübergreifendes Denken, hohe Flexibilität und Anpassung an das jeweils Erforderliche. Selbstverantwortliche Teamworker statt vor sich hinwerkelnde Einzelkämpfer sind gefragt. Der Mitarbeiter wird zum Mitunternehmer. Wie früher bedarf der Mitarbeiter einer hohen fachlichen Qualifikation. Sie muss auf einer breiten Grundlage beruhen und jederzeit ausbaufähig sein. Aus- und Weiterbildung, insbesondere vor Ort am Arbeitsplatz, werden zu Stützpfeilern eines **lebenslangen Lernens.** Darüber hinaus gewinnen so genannte weiche, also eher qualifizierbare als quantifizierbare Tugenden an Gewicht. Sie sind zu Schlüsselqualifikationen geworden, die überall, unabhängig vom speziellen Fachwissen, gefragt sind.

Heute, wo der ständige Wandel zur Gewissheit des Alltags geworden ist und noch verstärkt werden wird, ist jede konkrete Beschreibung eines zukunftssicheren Berufs von vornherein Makulatur:

Dennoch gibt es zahlreiche **Grundvoraussetzungen**, die zu erfüllen sind, wenn sich jemand erfolgreich auf die Suche nach einer Lehrstelle oder einem Arbeitsplatz begeben will.

- **Schul-/Ausbildungsabschluss.** Zwar arbeiten bereits heute schätzungsweise nur noch etwa 25 Prozent der Erwerbstätigen im erlernten Beruf und ist auch das mit dem Abschluss erworbene Wissen zeitlich nur begrenzt haltbar. Aber der Absolvent hat bewiesen, dass er eine Sache erfolgreich durchziehen kann. Zudem hat er Einsicht in Betriebsabläufe gewonnen, und das wird von den Unternehmen honoriert.
- **Fachqualifikation auf breit angelegtem Grundwissen.** Auf einem soliden Fundament lässt sich nach Bedarf Spezialwissen aufbauen, das aufgrund des technischen Fortschritts zwar schnell veraltet, nach Bedarf aber auch schnell erneuert werden kann.
- **Anpassungsbereitschaft, offenes Denken.** Das bedeutet einmal die Bereitschaft zu lebenslangem Lernen, beispielsweise durch Nutzung der Aus- und Weiterbildungsmöglicheiten, die von den Unternehmen, auch im eige-

nen Interesse, verstärkt angeboten werden. Diese Maßnahmen konzentrieren sich einerseits auf betriebsspezifische Anforderungen; andererseits wollen sie das nachholen, was das Bildungssystem meist nicht leistet: Die Mitarbeiter auf die Aufgaben einer global gewordenen Wirtschaft vorzubereiten. Zum anderen bedeutet dies die Bereitschaft zur Anpassung an die veränderten Formen der Arbeit – z. B. an Gruppen- oder Projektarbeit im Betrieb, aber auch an Teilzeitarbeit, Telearbeit oder Leiharbeit.

- **Computer- und Sprachkenntnisse.** Die Vernetzung von Unternehmen und im Unternehmen (Intranet) schreitet fort, das Internet wird mehr und mehr genutzt. Zumindest Englisch wird bei den meisten hochqualifizierten Facharbeitern vorausgesetzt.
- **„Weiche“ Tugenden.** Über die Fachkompetenz hinaus erfordern internationaler Wettbewerb und technischer Fortschritt verstärkt Eigenschaften und Verhaltensweisen, die in einem nach funktionalistischen Gesichtspunkten operierenden Betrieb nicht unbedingt nötig waren: Aufgeschlossenheit gegenüber allem Neuen, ganzheitliches Denken in Prozessen, Teamwork, Selbstständigkeit, Verantwortungsbereitschaft, Initiative, Kreativität, Motivation, Zuverlässigkeit und Kalkulierbarkeit.

Diese Schlüsselqualifikationen hat das Institut der deutschen Wirtschaft im Auftrag des Bundesministeriums für Bildung, Wissenschaft, Forschung und Technologie aufgelistet und 800 Unternehmen mit der Bitte um eine Rangordnung vorgelegt, was sie von Lehrstellenbewerbern erwarten.

Was Betriebe verlangen

Das Ergebnis: Leistungsbereitschaft, Zuverlässigkeit, Verantwortungsbewusstsein, Teamfähigkeit und Selbstständigkeit rangieren ganz oben. Jedes zweite Unternehmen hält Fachqualifikationen und Schlüsselqualifikationen für gleich wichtig. Immerhin ein Drittel würde im Zweifelsfall den Schlüsselqualifikationen Priorität einräumen. Wer sich also mit diesem Wissen und diesen Fähigkeiten ausgestattet hat, dürfte in der Arbeitswelt der Zukunft seinen Platz finden.“ (Quelle: Informationsdienst des Instituts der deutschen Wirtschaft, 29.04.99)

Schlüsselqualifikationen: Was Betriebe verlangen
Die Unternehmen messen diesen 17 vorgegebenen Eigenschaften von Lehrstellenbewerbern im kaufmännischen Bereich folgende Bedeutung zu (die Rangliste für den gewerblich-naturwissenschaftlichen Bereich weicht davon leicht ab):

Quelle: Betriebsbefragung „Anforderungsprofile von Betrieben – Leistungsprofile von Schulabgängern“ des IW Köln im Auftrag des Bundesministeriums für Bildung, November 1997 – Antworten in Prozent

	sehr wichtig	eher unwichtig		sehr wichtig	eher unwichtig
Leistungsbereitschaft	100	0	Zielstrebigkeit	93	7
Einstellung zur Arbeit	100	0	Kommunikatives Verhalten	92	8
Zuverlässigkeit	97	3	Planvolles Arbeiten	90	10
Verantwortungsbewusstsein	97	3	Motivation	88	0
Konzentrationsfähigkeit	97	3	Kritikfähigkeit	84	16
Teamfähigkeit	95	4	Beständigkeit	83	7
Logisches Denken	95	5	Belastbarkeit	83	7
Initiative	95	5	Kreativität	76	24
Selbstständiges Lernen	94	5			

Fachliche Qualifikationen: Was Betriebe verlangen Die Unternehmen messen diesen vorgegebenen Eigenschaften von Lehrstellenbewerbern im kaufmännischen Bereich die Bedeutung „sehr wichtig/wichtig“ zu:

Quelle: Betriebsbefragung „Anforderungsprofile von Betrieben – Leistungsprofile von Schulabgängern“ des IW Köln im Auftrag des Bundesministeriums für Bildung, November 1997 – Antworten in Prozent

	sehr wichtig / wichtig		sehr wichtig / wichtig
Rechnen	95,7	sonstige Zeugnisse	42,4
Abschluss der Schule	94,3	Zusatzqualifikationen	33,4
Ausdruck	93,9	sozio-ökonomische Kenntnisse	29,5
Rechtschreibung	91,3	berufsspezifische Kenntnisse	27,9
Noten	90,0	gesellschaftswissenschaftliche Fächer	25,3
Form der Bewerbung	86,3	Fremdsprachen	25,3
PC/EDV	64,8	Naturwissenschaften	17,9
Begründung der Bewerbung	62,0	musische Fächer	6,1
Praktika	48,4		

5.1.3 Ganzheitlichkeit

- Ganzheitliche Betrachtung des IT-Mitarbeiters im Kontext zu seinen Aufgaben

Der Aspekt der **Ganzheitlichkeit** spielt bei den Anforderungen, Qualifikationen und Kompetenzen eine entscheidende Rolle. So wird einerseits

- der Mitarbeiter in seiner ganzheitlichen beruflichen Handlungskompetenz gesehen,
- andererseits sind seine Aufgabenbereiche ganzheitlich zu betrachten, also z. B. im Kontext zu betrieblichen Zielen (vgl. S. 16) zu vor- und nachgelagerten Prozessen und zu Parallelprozessen sowie zu den verschiedenen Akteuren in den Prozessen.

Die Abschlussprüfung greift das **ganzheitliche Ausbildungskonzept** wieder auf: Besonders bereichsübergreifendes Denken und Handeln sind gefragt. So spielt eine Projektarbeit sowie ihre Dokumentation und Präsentation eine wichtige Rolle für den Abschluss der Ausbildung.

Aus dieser ganzheitlichen Betrachtung und den konkreten betrieblichen und gesellschaftlichen Anforderungen an Mitarbeiter ergibt sich eine Forderung nach einer **ganzheitlich orientierten Kompetenz zur Arbeitsgestaltung.** Hierin werden die einzelnen Anforderungen und Qualifikationen für IT-Mitarbeiter zu übersichtlichen Kompetenzpakten zusammengefasst.

5.2 Arbeitsmethoden

5.2.1 Selbstorganisation und -motivation

- Checkliste zur Überprüfung der eigenen Selbstorganisation
- Definition von Arbeitszielen
- Regeln zur Zielfindung
- Regeln zur Zielsetzung
- Instrumente, Techniken und Methoden der Selbstorganisation

Selfmanagement

Die Selbstorganisation von Arbeit bzw. Arbeitsaufträgen ist Voraussetzung für flexible und effiziente Erfüllung der Aufträge. Zwar sind in betrieblichen Prozessen bestimmte Arbeitsabläufe vorgegeben und durch die Prozessorganisation bestimmt, jedoch lassen sich individuelle Freiräume nutzen, um durch diszipliniertes, zielgerichtetes Arbeiten den Aufgabenerfüllungsprozess inhaltlich und zeitlich zu optimieren und Fehler zu minimieren. Die Selbstorganisation betrifft jedoch nicht nur das Verhalten am Arbeitsplatz sondern auch das Lernverhalten. Zur Selbstorganisation gibt es eine Fülle von Literatur und Seminaren mit unterschiedlichen Schwerpunkten. Eine kurze Recherche im Internet (vgl. S. 350) führt ebenfalls zu brauchbaren Ergebnissen. Geeignete Suchbegriffe sind z. B. Selbstorganisation, **Self-Management**, Arbeitsplatzorganisation.

Checkliste zur Überprüfung der eigenen Selbstorganisation

Werkzeugkasten

Checkliste

Eine Selbsteinschätzung des eigenen Arbeitsverhaltens ermöglicht eine Ursachenanalyse für Misserfolge sowie eine Planungsgrundlage, eigene Schwächen abzubauen. Um die eigenen Fähigkeiten zur Selbstorganisation zu überprüfen, kann eine Checkliste hilfreich sein. Der folgende Fragenkatalog ist ein Auszug aus einem „**Werkzeugkasten für Selbstorganisation**", der im Internet publiziert ist (vgl. http://www.consultants.de/pe-team/wkasten.htm, August 1999).

Anmerkung: Im Fragebogen wird auf entsprechende Lernkapitel im „Werkzeugkasten zur Selbstorganisation" verwiesen.

Fragebogen zur Selbsteinschätzung der Selbstorganisation
Hinweise zum Ausfüllen:
- Bitte kreuzen Sie an, inwieweit die Behauptungen auf Sie persönlich zutreffen (1 = stimme überhaupt nicht zu 5 = stimme voll zu).
- Der Fragebogen ist so gestaltet, dass Sie beim ausgefüllten Fragebogen einen guten Überblick erhalten, in welchen Bereichen Ihre Stärken und Schwächen in Bezug auf Selbstorganisation liegen; je höher Ihre angekreuzten Werte sind, desto positiver ist es. Voraussetzung für die Aussagekraft ist allerdings, dass Sie ehrlich und selbstkritisch antworten.
- Gehen Sie bei der Beantwortung der Fragen von Ihrer momentanen Arbeits- und Lebenssituation aus. Wenn Sie den Fragebogen mit einem gewissen Abstand immer wieder ausfüllen, können Sie Ihre Fortschritte bzw. Änderungen in den Anforderungen besser mitverfolgen.

Hilfsmittel (siehe 5.2)	1 2 3 4 5
– Die Hilfsmittel, die mir für die Selbstorganisation zur Verfügung stehen, entsprechen meinen Bedürfnissen.	
– Ich habe alle Hilfsmittel, die ich für meine Selbstorganisation benötige.	
Ziele (siehe 5.3 und 5.4)	
– Ich bin mir über meine persönlichen und beruflichen Ziele im Klaren.	
– Meine persönliche Entwicklung (Ausbau von Stärken, Fähigkeiten und Handlungskompetenz, Abbau von Defiziten) habe ich in der Hand.	
Zeitplanung (siehe 5.5)	
– Ich vergesse keine Termine und vereinbarten Erledigungen.	
– Ich habe Überblick über die zu erledigenden Aufgaben und den dafür nötigen Zeitbedarf.	
– Ich setze bewusst Prioritäten.	
– Ich halte Termine ein.	

	1 2 3 4 5
– Ich erledige das Tagesgeschäft zügig und effektiv.	
– Ich habe genügend Zeit, um auch an mittel- und langfristigen Zielen zu arbeiten.	
– Ich nehme mir genügend Zeit für meine persönliche Weiterbildung.	
– Ich arbeite selbstbestimmt – soweit es die Tätigkeit zulässt.	
– Die Arbeit ist befriedigend, da mir Arbeitserfolge bewusst werden.	
– Erfahrungen nutze ich, um es künftig besser zu machen.	
Zeitdiebe – innere (siehe 5.6)	
– Auch unangenehme Dinge packe ich rechtzeitig an.	
– Ich beginne mit Arbeiten rechtzeitig.	
– Begonnene Arbeiten bringe ich zügig und systematisch zu einem Abschluss.	
– Mein Perfektionsanspruch entspricht der Wichtigkeit der jeweiligen Aufgabe.	
– Anstehende Entscheidungen fälle ich mit der nötigen Sorgfalt und trotzdem zügig.	
– Ich traue mich, Aufträge von Vorgesetzten auch einmal abzulehnen, wenn ich von meiner Position überzeugt bin.	
Zeitdiebe – äußere (siehe 5.7)	
– Mit Störungen von außen durch Telefonate, Besucher, Kollegen usw. kann ich angemessen umgehen.	
Organisation	
– Auf meinem Schreibtisch herrscht Papierfluss: Eingehende Post bearbeite ich zügig und nach Möglichkeit abschließend.	
- Meine Ablage ist übersichtlich gestaltet.	
- Ich finde abgelegte Unterlagen innerhalb von wenigen Sekunden.	
Kommunikation	
– Telefonate und Gespräche führe ich zielgerichtet und effektiv. (siehe 5.5, Telefonate und Besprechungen)	
Entspannung, Muße und körperliche Fitness	
– Ich nehme mir auch tagsüber regelmäßig Zeit für kleinere Erholungspausen. (siehe 5.8.1: insb. „Arbeitspausen")	
– Ich kann abends gut abschalten. (siehe 5.8.1)	
– Meine Ernährung ist ausgewogen. (siehe 5.8.2)	
– Ich nehme mir genügend Zeit für körperlichen und geistigen Ausgleich. (siehe 5.8.3)	

■ Arbeitsziele definieren

Ohne genau Zielformulierung (inhaltlich und zeitlich) ist die Planung eines Arbeitsablaufs fast unmöglich. Die eindeutige Zielformulierung muss in Absprache mit dem Auftraggeber der Arbeit erfolgen (**Zielvereinbarungen**), das kann der Kunde oder der betriebliche Vorgesetzte sein. Hierdurch wird das angestrebte Ergebnis der Arbeit definiert.

Vorteile von Zielvereinbarungen	*Erläuterungen*
Motivation	*Ziele motivieren. Wenn Sie einen gewünschten Zustand (z. B. erfolgreicher Projektabschluss) bereits vor Ihrem geistigen Auge sehen, wollen Sie diesen Zustand auch schnell erreicht haben. Außerdem können Sie sich leichter überwinden, auch einmal eine ungeliebte Tätigkeit auszuführen, wenn Sie merken, dass Sie dadurch einem angestrebten Ziel näher kommen. Ein angestrebter Zustand will erreicht werden.*
Prioritäten setzen	*Prioritäten erleichtern es, bei der Planung der eigenen Arbeit Schwerpunkte zu setzen. Sie sollten den Aufgaben eine hohe Priorität einräumen, die Sie wichtigen Zielen näherbringen. Außerdem reicht bei weniger wichtigen Arbeiten häufig auch eine 80- oder 90%-Lösung (vgl. S. 297).*
Effizienzsteigerung	*Ziele ermöglichen effektives Arbeiten. Sobald klar ist, wie ein angestrebtes Ergebnis aussehen soll, können Sie sich überlegen, wie Sie es auf dem schnellsten Weg und mit den geringsten Mitteln erreichen.*
Erfolgserlebnisse	*Ziele verschaffen Erfolgserlebnisse. Erfolgreich arbeiten Sie nicht (unbedingt), wenn Sie besonders hart oder besonders viel arbeiten, sondern wenn Sie nach und nach gesteckte (Teil-) Ziele erreichen.*
Kontrolle	*Vorher vereinbarte Ziele erleichtern eine Kontrolle der Arbeitsergebnisse. Bei Zielabweichungen kann eine Ursachenanalyse betrieben werden, um künftige Fehlerquellen auszuschließen.*

(vgl. http://www.novomedia.de/so/ 1999)

Regeln zur Zielsetzung

Regel	*Erläuterung*
1.	*Setzen Sie sich **konkrete Ziele**, bei komplexeren Zielen auch **Zwischenziele**.*
2.	*Gewöhnen Sie sich an, **schriftlich** und nach einem festen Schema zu planen. Dadurch erhalten Sie einen guten Überblick und haben den Kopf frei, flexibel zu handeln, wenn dies erforderlich ist.*
3.	***Integrieren Sie die schriftliche Zeitplanung in Ihren Tagesablauf,** sodass sie Ihnen nebenbei und ohne großen Zeitaufwand von der Hand geht.*
4.	*Legen Sie für einzelne Aufgaben **Maximalzeiten** fest und überlegen Sie sich ein **Mindestpensum**, was Sie unbedingt schaffen wollen.*
5.	*Verplanen Sie nicht Ihre volle Arbeitszeit. Sie benötigen einen **Puffer** für unerwartete Aktivitäten (als Faustregel 40%, also ca. 3 Stunden bei einem 8-Stunden-Tag).*
6.	*Gönnen Sie sich regelmäßig **Pausen und Zeit zur Regeneration**.*
7.	*Nehmen Sie sich ausreichend Zeit für **Reflexion und Nachkontrolle** und verfeinern Sie dadurch fortlaufend Ihr Handwerkszeug. Legen Sie sich z. B. einen Spickzettel zur Selbstorganisation an oder führen Sie ein Lerntagebuch.*

(vgl. http://www.novomedia.de/so/ 1999)

Instrumente, Techniken und Methoden

Die Auswahl von Instrumenten, Techniken und Methoden zur Selbstorganisation hängt von den konkreten Bedingungen eines Mitarbeiters ab. Hierzu zählen seine eigenen Lern- und Arbeitserfahrungen und -gewohnheiten, die an seinem Arbeitsplatz (in seinem Betrieb) vorgeschriebenen Instrumente sowie die Komplexität seiner Arbeitsaufträge. Die im Folgenden aufgeführten Beispiele sollen daher lediglich einen kleinen Überblick geben und erheben keinen Anspruch auf Vollständigkeit.

Eisenhower-Regel

- **Die „Eisenhower-Regel"**
  Mit diesem Verfahren wird versucht, die zu erledigenden Arbeiten in ein Raster zu bringen, in dem die Aufgaben nach Dringlichkeit und Wichtigkeit eingeordnet werden.

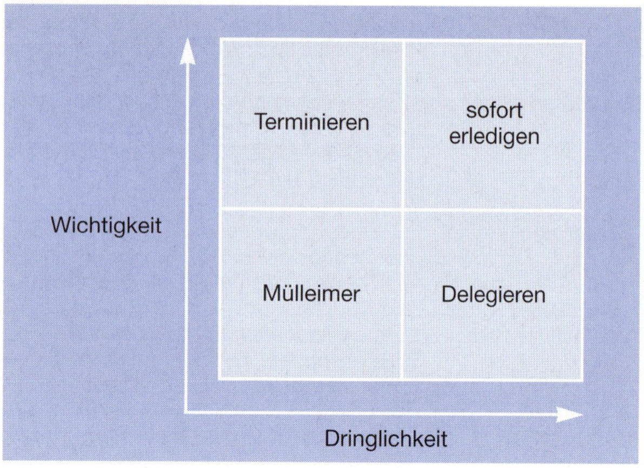

Die Regel besagt letztlich, dass die zu erledigenden Aufgaben nach ihrer Dringlichkeit und Wichtigkeit kategorisiert werden müssen, um Prioritäten zu definieren.

- **Die „ALPEN-Methode"** ist ein einfaches Planungsinstrument im Bereich des persönlichen Zeitmanagements. Das Akronym steht für die folgenden fünf Schritte:

ALPEN-Methode

A ufgaben, Aktivitäten und Termine zusammenstellen und aufschreiben.
L änge der Aktivitäten schätzen.
P ufferzeiten reservieren
E ntscheidungen über Prioritäten, Delegation und Kürzungen treffen
N achkontrolle

(vgl. http://www.novomedia.de/so/ 1999)

- **Muss-Soll-Kann-Analyse**

Die zentrale Frage der Muss-Soll-Kann-Analyse lautet: Muss, soll oder kann ich eine Aufgabe im jeweiligen Planungszeitraum erledigen? Die entscheidenden Kriterien für die Beantwortung der Frage sind Wichtigkeit (Bedeutung für die Zielerreichung) und Dringlichkeit (zeitnahe Termine).

Aufgabentyp	*Erläuterungen*
Muss-Aufgaben	*sind wichtig und dringend. Als **Mindestpensum** sollten Sie sich vornehmen, die Muss-Aufgaben zu erledigen. Arbeiten Sie also vorrangig an diesen Aufgaben. Der Zeitaufwand sollte **ca. 60% der gesamten Zeit** ausmachen. Ist der Anteil geringer, besteht die Gefahr, dass Sie sich in Kleinigkeiten verzetteln. Ist der Anteil höher, bleibt zu wenig Zeit für Soll- und Kann-Aufgaben.*

Soll-Aufgaben	*sollen Sie erledigen. Sie sind zwar wichtig, haben aber (noch) keinen dringenden Termin. Das heißt, wenn etwas Ungeplantes dazwischenkommt, können Sie diese Aufgaben noch beruhigt zurückstellen. Möglicherweise können Sie einen Teil dieser Aufgaben delegieren. Planen Sie Ihre Zeit so, dass Sie* ***ca. 30% der Zeit*** *für Soll-Aufgaben reservieren.*
Kann-Aufgaben	*sind weder besonders wichtig noch dringend. Kann-Aufgaben sind delegierbar oder bleiben liegen, bis sie ins Soll-Stadium kommen (z. B. wenn ein Termin näher rückt). Verplanen Sie* ***höchstens 10% Ihrer Zeit*** *mit Kann-Aufgaben. Wird der Umfang der Kann-Aufgaben immer größer, sollten Sie überlegen: Was würde passieren, wenn ich bestimmte Kann-Aufgaben wegfallen lasse?*

(vgl. http://www.novomedia.de/so/ 1999)

Pareto-Prinzip

Diese Regel ist eine Möglichkeit der groben **Schwerpunktbildung**, die einer stark verkürzten ABC-Analyse (vgl. S. 142) entspricht. Sie geht auf den italienischen Volkswirt Vilfredo Pareto (1848-1923) zurück und besagt Folgendes:

Aussage	Erläuterung
20% der Tätigkeiten entscheiden über 80% des Erfolges	*Nicht alles, was Sie machen, entscheidet in gleichem Maße über Ihren Erfolg. Daher ist es wichtig, dass Sie die entscheidenden Aufgaben erkennen, diese bevorzugt erledigen und sich dabei besondere Mühe geben.*
20% der Zeit erbringen bei iner Tätigkeit 80% des Erfolges	*Bei vielen Tätigkeiten (Brief schreiben, Konzept erstellen, Zeitplanung, Wohnung putzen usw.) können Sie innerhalb sehr kurzer Zeit ein gutes Ergebnis erzielen. Um dieses gute Ergebnis absolut perfekt zu machen, müssen Sie unverhältnismäßig viel Zeit investieren. Je länger Sie schon am Feinschliff arbeiten, desto geringer ist auch der Nutzen, den jede weitere Minute noch bringt. Überlegen Sie sich daher, bevor Sie eine Aufgabe angehen, also noch bevor Sie sich in die Aufgabe vertieft haben, wie perfekt das Ergebnis sein muss. In vielen Fällen ist ein gutes Ergebnis gut genug; dann investieren Sie die Zeit besser dafür, weitere gute Ergebnisse zu erzielen, als aus dem einen guten ein perfektes Ergebnis zu machen.*

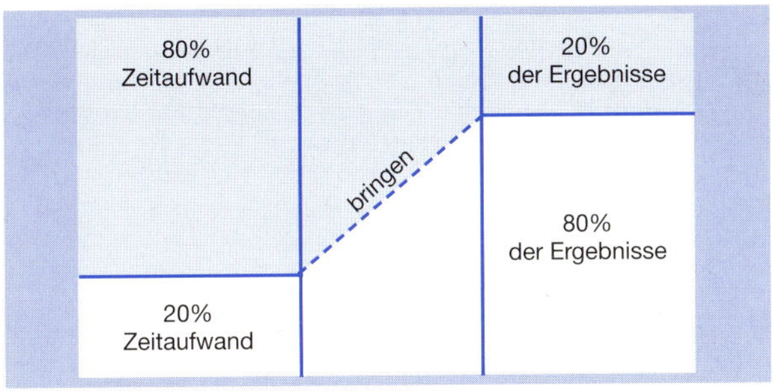

(vgl. http://www.novomedia.de/so/ 1999)

5.2.2 Arbeitsplatzgestaltung und -organisation

- Beachtung gesetzlicher Vorschriften bezüglich Bildschirmarbeitsplätzen
- Individuelle Gestaltungsfreiräume
- Ordnung am Arbeitsplatz

Eine den Aufgaben angemessene Gestaltung des Arbeitsplatzes beeinflusst die Arbeitsbewältigung positiv und steigert die Leistungsfähigkeit eines Mitarbeiters. In Teilbereichen sind Mitarbeitern individuelle Gestaltungsfreiräume gegeben. Vielfach sind aber bestimmte Bedingungen des Arbeitsplatzes von ihm nicht beeinflussbar. Unternehmen sind daher gesetzlich verpflichtet, bestimmte Mindestanforderungen zu erfüllen. Hierzu gehören z. B. Vorschriften zur Unfallverhütung.

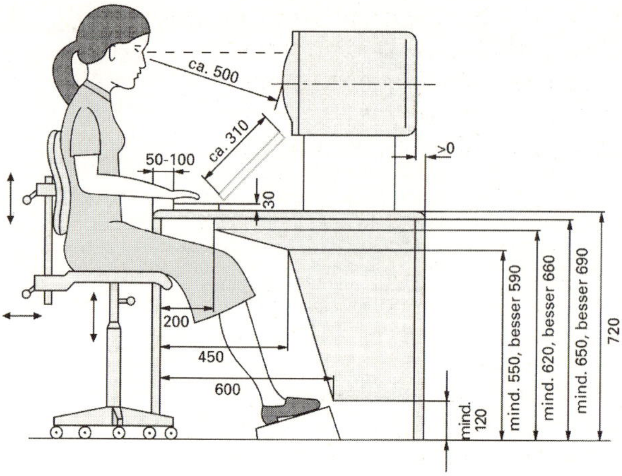

Beachtung von gesetzlichen Regelungen und Normen

Speziell für **Bildschirmarbeitsplätze** sind auf europäischem Standard Regelungen zu beachten. Sie betreffen besonders die ergomonische Gestaltung und schreiben bestimmte Richtgrößen und Maße sowie DIN- und EU- und ISO-Normen vor (siehe hierzu u.a.: http://www.lfas.bayern.de/publ/bapergo/bapergo2 1.htm, August 1999)

Ein Bildschirmarbeitsplatz ist ein komplexes System, bestehend aus Arbeitstisch und -stuhl, Rechner, Bildschirm,Tastatur, Arbeitsfläche, usw. Alle Komponenten müssen aufeinander abgestimmt sein und dabei die unterschiedlichen Körpermaße der Benutzer berücksichtigen.

Beispiele:
Bildschirmarbeitsplätze

Arbeitstisch	*Der Arbeitstisch muss je nach Aufgabe des Benutzers ausreichende Arbeitsfläche bieten, sodass die Arbeitsmittel (Bildschirm, Tastatur, Vorlagen, usw.) den Anforderungen entsprechend individuell angeordnet werden können; dabei muss noch genügend Ablagefläche frei bleiben. Der Tisch sollte von 68 – 76 cm höhenverstellbar sein. Ist dies nicht möglich, muss er 72 cm hoch sein und ausreichend Beinraum bieten (h: 65 cm, b: 58 cm, t: 60 cm). [DIN 45 49] Die Tischoberfläche darf nicht spiegeln und muss frei von Reflexionen sein [DIN 50 37-7].*
Arbeitsstuhl	*Als Arbeitsstuhl ist ein höhenverstellbarer Bürodrehstuhl mit durchgehend höhen- und neigungsverstellbarer Rückenlehne erforderlich. Der Stuhl muss leicht beweglich und kippsicher sein. Die Rollen sind dem jeweiligen Fußbodenbelag anzupassen. Die Sitzfläche soll gepolstert und die Vorderkante des Sitzes abgerundet sein [DIN 45 51]. Arbeitstisch und -stuhl müssen so aufeinander eingestellt werden können, dass eine ergonomisch optimale Arbeitshaltung individuell möglich ist. (Ober- und Unterschenkel sowie Ober- und Unterarme bilden dabei einen Winkel von ≥ 90°). Bei Bedarf sind eine verstellbare Fußstütze oder für die Anhebung des Tisches Ausgleichsteile zur Verfügung zu stellen [DIN 45 56].*
Bildschirm	*Arbeitsleistung und Wohlbefinden können durch die Qualität der Datendarstellung am Bildschirm beeinflusst werden. Der Stand der Technik ist für Bildschirmanzeigen in ISO-Standard 9241-3 bzw. DIN EN 29241 Teile 3, 7 und 8 festgelegt. Weitergehende Anforderungen enthält z. B. die schwedische Bildschirm-Empfehlung MPR II[1]). Die Bildqualitäts-Forderungen der Bildschirmarbeitsverordnung beziehen sich insbesondere auf folgende Kriterien:* • *Zeichenerkennbarkeit: Der Bildschirm soll für Textverarbeitung eine Positiv-Darstellung (dunkle Zeichen auf hellem Grund) ermöglichen. Das Verhältnis der Zeichenleuchtdichte L_1 zur Untergrundleuchtdichte L_2 (Zeichenkontrast) muss größer als 3:1 (bzw. 1:3) sein. Die Zeichen müssen bis zum Bildschirmrand scharf abgebildet werden.* • *Zeichenhöhe: Die Zeichenhöhe der Großbuchstaben muss bei 60 cm Betrachtungsabstand mindestens 2,6 mm betragen. Üblicherweise werden 3,3 bis 3,6 mm bevorzugt.* • *Bildschirmgröße: Es sollte die Darstellung jeweils der ganzen Zeilenlänge bei der verwendeten Mindestschriftgröße möglich sein. Als Mindestgröße kann eine Diagonale des sichtbaren Bildes von 15 Zoll (38 cm) gelten. Farbcodierte Darstellungen sollen mindestens eine 17-Zoll (43 cm)-Diagonale aufweisen; grafische Anwendungen wie CAD erfordern mindestens 19-Zoll (48 cm)-Diagonale.*

Ferner sind bei der Arbeitsplatzgestaltung weitere **ergonomische Aspekte** zu berücksichtigen, z. B. Beleuchtung, Belüftung, Beheizung, Geräuschpegel, Farbgestaltung usw. Eine umfassende Zusammenstellung von Vorschriften und Gestaltungsmaßnahmen für Arbeitsplätze findet sich unter u.a. bei http://ourworld.compuserve.com/homepages/G Schieferdecker/recharb.htm (August 1999).

Ergonomie

■ Individuelle Gestaltungsfreiräume

Alle Mitarbeiter sollten den Freiraum zur Gestaltung ihres Arbeitsumfeldes nutzen, wobei ihre individuellen Wünsche berücksichtigt werden können. Die **Ordnung am Arbeitsplatz** ist ein wesentliches Element der Selbstorganisation. Übersichtlichkeit der Arbeitsmittel und -unterlagen sowie ein geordneter Schreibtisch erleichtern und beschleunigen Arbeitsvorgänge, weil Suchzeiten entfallen. Dies gilt auch für Werkstattarbeitsplätze, bei denen Werkzeuge und Werkstücke so anzuordnen sind, dass sie bei Bedarf sofort benutzt werden können.

Ordnung

Speziell bei **Arbeiten mit PC-Unterstützung** ist eine Ordnungsstruktur für die Speicherung von Daten und Programmen auf Festplatten einzuhalten. Systematisch geordnete Unterverzeichnisse erlauben das schnellere Auffinden von Dateien. Vor allem sind hier aber entsprechende Maßnahmen zur Datensicherung (z. B. regelmäßiges Backup, Virenscanning usw.) durchzuführen.

PC

5.2.3 Arbeitsaufträge, Arbeitspläne

- Prozess- und Ergebnisorientierung von Arbeitsaufträgen
- Phasen der Auftragsplanung und Rückkopplungsprozesse
- Arbeitspläne (Maßnahmenplan, Arbeitsablaufplan)

■ Arbeitsaufträge

Arbeitsaufträge sind konkrete Anweisungen an Mitarbeiter, einen bestimmten Prozess durchzuführen. Dabei werden die **Prozessziele** vereinbart (vgl. S. 104), der Zeitrahmen definiert und die benötigten Hilfsmittel (Maschinen, Werkzeuge, Material, Ersatzteile, Software usw.) zur Abwicklung des Auftrags festgelegt. Ferner wird geklärt, ob der Arbeitsauftrag von einer einzelnen Person oder einer Arbeitsgruppe (Team, vgl. S. 302) auszuführen ist.

Prozessziele

Der Arbeitsauftrag ist entweder ein **Kundenauftrag** oder ein Teil eines Kundenauftrages, z. B. Installations-, Service-, Beratungsauftrag. Da Kundenaufträge zumeist sehr komplexer Natur sind, und daher differenzierte Aspekte insbesondere des Personaleinsatzes, der Kostenkalkulation, des Zeitmanagements sowie Vertragsrechtes abzuklären sind, sind alle **Arbeitsaufträge prozess- und ergebnisorientiert** zu organisieren. Bei der Erfassung der Kundenwünsche und der Definition des Kundenauftrages sind einige Instrumente und Methoden der IST-Aufnahme hilfreich (vgl. S. 174).

Kundenaufträge

[1] *MPR, neuerdings SWEDAC (Schwedische Behörde für technische Akkreditierung)*

Phasen

Phasen der Auftragsplanung

- Kundenakquisition und Auftragsbeschaffung (vgl. S. 169)
- Kauf- bzw. Dienstleistungsvertrag fixieren
- Ableiten eines Arbeitsauftrags (Arbeitspaket) für die Mitarbeiter
- Analyse des Arbeits- bzw. Kundenauftrages
- Zerlegung in Teilaufträge zur Delegation an einzelne Mitarbeiter bzw. Teams
- Reihenfolgen von Teilprozessen und Parallelprozesse definieren
- Teilaufträge bearbeiten bzw. Teilprozesse abwickeln
- Zwischentests und Kontrollen sowie Maßnahmen zur Qualitätssicherung
- Prozesse und Ergebnisse koordinieren (Lösungswege und -alternativen abstimmen)
- Teilergebnisse zusammenführen zu ganzheitlicher Lösung
- Test und Kontrolle des Endergebnisses
- Präsentation des Ergebnisses (vgl. S. 347)
- Übergabe an Kunden

Beispiel: *Über die Kundenakquisition wurde ein Kundenauftrag über die Bereitstellung und Installation eines kleinen Netzwerkes (1 Server, 6 Workstations) angenommen. In diesem Netz sollen alle Workstations über ISDN Zugriff auf das Internet haben (ein Provider ist noch nicht ausgewählt), untereinander Dateien verschicken können und mehrere Softwarepakete gleichzeitig nutzen können. Hieraus sind u.a. folgende Arbeitsaufträge ableitbar:*

- *Bestimmung der Hardware-Konfiguration (Prozessoren, Bus-Systeme, Peripheriegeräte, Steckkarten, Kabelverbindungen usw.)*
- *Bestimmung der Software-Konfiguration (Betriebssystem, Netzwerksoftware, Zugangssoftware zum Internet usw.)*
- *Beschaffung und Bereitstellung der Komponenten (Hardware und Software) sowie entsprechenden Materials (Kabel usw.) und Module*
- *Montage der Hardware, Installation von Software*
- *Entscheidung über die Auswahl eines Internet-Providers*
- *Kalkulation des Angebotspreises (vgl. S. 184)*
- *...*

Feed-back

Zwischen den einzelnen Phasen laufen **Rückkopplungsprozesse** (Feedback) ab, so dass ggf. einzelne Phasen mehrfach durchlaufen werden müssen. Sie stellen sicher, dass die Teilprozesse synchronisiert werden und ihre definierten Beiträge zur Erfüllung des Kundenauftrags liefern. Alle Phasen können bei komplexen Prozessen der Kundenauftragsbearbeitung in weitere Teilphasen zerlegt werden, woraus jeweils einzelne Arbeitsaufträge abgeleitet werden können.

Beispiel:

Bei der Bestimmung der Hardware-Komponenten wird im Dialog mit dem Kunden festgestellt, dass zwei Netzwerkdrucker erforderlich sind. Ferner ist ein Firewall (Absicherung des Netzwerkes zum Internet) erforderlich. Diese Sachverhalte können Auswirkungen auf die Konfiguration des Servers und der Workstations haben, sodass sich modifizierte Arbeitsaufträge an die Mitarbeiter ergeben können bzw. einzelne Phasen weiter untergliedert werden müssen, z. B. Bestimmung des Firewall-Konzeptes, Prüfen ob ggf. eigene Kommunikations- oder Druckerserver installiert werden sollen usw.

Die Arbeitsaufträge sind schriftlich zu dokumentieren und zu terminieren. Dabei sind im Sinne der Kundenorientierung (vgl. S. 138) so weit wie möglich Flexibilitäten einzuplanen.

Übersicht Arbeitsaufträge für Kundenauftrag Nr. 4712, Kunde: Schmitz OHG, Datum: .... (Auszug)

Nr.	Aufgabe	Verantwortlich	Termin	Bemerkungen
1	...			
2	...			
3	Beschaffung Hardware-Komponenten	Frau Meyer	21. KW	Gem. Checkliste
4	...			
5	Montage Hardware-Komponenten	Herr Lehmann	23. KW	...
6	...			
7	Installation beim Kunden	Team Müller	24. KW	Wochenendarbeit notwendig
...	...	...	...	...

Diese fixierten Arbeitsaufträge sind von den jeweiligen Mitarbeitern in Arbeitspläne umzusetzen. Hierbei können standardisierte Prozesse bereits vorgegeben sein, sodass sich die einzelnen Arbeitspläne und -schritte hieraus ergeben. Z.T. ist es aber erforderlich, dass die Mitarbeiter eigenverantwortlich Arbeitspläne erstellen.

Kritik

Die einzelnen Prozessphasen der Auftragsabwicklung sind in der betrieblichen Realität nicht immer in Reinform praktiziert. Die **Problematik von Phasenkonzepten**, die auf einer sehr detaillierten und ggf. fixierten Phasenfolge beruhen, besteht darin, dass im Planungsprozess Informationen zur Verfügung stehen, die im Zeitablauf des Projektes veralten und überholt sein können. Dies gilt speziell für Aufträge, deren Bearbeitung von vorneherein eine lange Zeitspanne umfassen. Daher sollten die Ergebnisse der einzelnen Phasen stets nur als vorläufige Teilergebnisse aufgefasst werden und große Projekte in kleinere überschaubare Projekte mit kürzerer Zeitdauer zergliedert werden. Hierdurch kann auf veränderte Kundenwünsche Rücksicht genommen werden und neuere technische Entwicklungen und Verfahren können in die Abwicklung des Prozesses einbezogen werden.
Die Prozesssteuerung kann bei großen Kundenprojekten durch Methoden des **Projektmanagements** (vgl. S. 79) unterstützt werden. Wesentliche Hilfen bieten dabei auch Softwareprodukte zur Projektsteuerung sowie zur **Netzplantechnik** (vgl. S. 308).

Arbeitspläne

Ein konkreter Arbeitsplan eines Mitarbeiters bzw. eines Teams ist aus dem Kundenauftrag direkt abzuleiten. Er fixiert schriftlich, welche Maßnahmen (**Maßnahmenplan**) durchzuführen sind. In einem **Arbeitsablaufplan** wird im nächsten Schritt festgelegt, welche konkreten Aktionen (Handlungen, Arbeitsschritte) aus den festgelegten Maßnahmen abgeleitet werden, wer für diese Tätigkeiten bei evtl. Delegation verantwortlich ist und in welcher Reihenfolge sie ablaufen sollen. Ferner sind Schnittstellen bzw. Übergabepunkte zu anderen Mitarbeitern oder Teams zu definieren

Beispiel: *Arbeitsplan von Frau Müller für den Arbeitsauftrag „Beschaffung von Hardware-Komponenten"*

Maßnahmenplan	1. Eigene Zeitplanung im Rahmen der Vorgaben 2. Sammeln aller relevanten Informationen zum Kundenauftrag (Art und Anzahl der Komponenten, Qualitätsansprüche, Preisgrenzen, Vorgaben zur Kompatibilität der Komponenten usw.), ggf. Rücksprachen mit Kunde, Projektleitung, Montage usw. erforderlich. 3. Feststellen von Bezugsquellen (vgl. S. 216) 4. Einholen von Angeboten (vgl. S. 218) je Komponente 5. Angebotsvergleiche (vgl. S. 218) 6. Aushandeln von Liefer- und Zahlungsbedingungen (vgl. S. 189) 7. Abschluss von Kaufverträgen (vgl. S. 192) 8. Wareneingangsprüfung 9. Einleiten von Zahlungsvorgängen (vgl. S. 203) ...
Aktionsplan	Exemplarisch für Maßnahmen 4 und 5 a) Festlegen der Entscheidungskriterien (Preis, Qualität, Lieferzeit, Garantien usw.) b) Anfragen per Fax, eMail, telefonisch, per Post versenden mit Fristsetzung c) Fragen zu eingegangenen Angeboten ggf. mit Rückfragen beim Lieferer klären d) Angebotsalternativen vergleichen (z. B. mit Nutzwertanalyse, vgl. S. 219) e) Entscheidung für Lieferer ...

Arbeitspläne im technischen Bereich stützen sich meist auf technische Zeichnungen, Stücklisten und Berechnungen. Im Rahmen eines effizienten **Dokumenten-Mangements** muss hier vor allem sichergestellt sein, dass betroffene Mitarbeiter jeweils auf aktuelle Unterlagen zurückgreifen können.

5.2.4 Teamarbeit

- Teamarbeit als Problemlösungskonzept
- Zusammensetzung von Teams, Interaktions- und Kommunikationsregeln
- Selbsttest: Welcher Teamtyp sind Sie?
- Praxisbericht zur Teamentwicklung
- Gruppendynamik in Teams

Teamarbeit als Problemlösungskonzept

> „Der Übergang zur Gruppenarbeit ist ein langwieriger und kostspieliger Prozess. Viele Hindernisse müssen aus dem Weg geräumt werden. Und auch dann, wenn die Gruppen ihre Arbeit schon aufgenommen haben, bedarf es noch großer Kraftanstrengungen. Dass viele Unternehmen trotzdem diese Mühe und Investitionen auf sich nehmen, hat einen Grund: Man hat erkannt, dass es heutzutage noch schwieriger ist, ohne Teams zu arbeiten als mit ihnen."

Auszug aus: O.V.: Teams: Gruppenlust oder kollektiver Frust? In: WISU-Magazin. Nr. 1/1995, S. 17–18

Die Installation von Teams und deren Beauftragung mit der Lösung komplexer Probleme ist Bestandteil einer Unternehmensstrategie, die damit dem Druck sich rasch verändernder Arbeitswelten und sich rasch entwickelnder Umweltbedingungen begegnet, um mit einer ständigen und flexiblen Anpassung zu reagieren.

Im Bereich der Managementkonzeptionen drückt sich dies durch **teamorientierte Organisationskonzeptionen** aus, die neben und seltener auch statt der herkömmlichen Organisationsstrukturen existieren. Durch die Übertragung von Entscheidungskompetenzen an eine Gruppe sollen möglichst viele der vorhandenen und evtl. auch verborgenen Fähigkeiten und Kenntnisse der Teammitglieder in einem Arbeitsprozess genutzt werden.

Daneben ist Teamwork Bestandteil des **Projektmanagements** (vgl. S. 79), um bei vielschichtigen Aufgabenstellung eine möglichst hohe Zahl von Lösungsalternativen berücksichtigen zu können. Logischerweise gilt Letzteres auch oder gerade für die Entwicklung von Informationssystemen und bei der Softwareentwicklung, aber auch für das **Lernen in der Gruppe** (vgl. S. 308).

Definition

Als **Team** wird eine Arbeitsgruppe verstanden, die gebildet wird, um einen Auftrag, den ein Einzelner nicht lösen kann oder soll, zu erledigen. Eine Projektgruppe oder -team besteht zeitlich befristet. Teamwork ist eine besondere Form der Arbeit in einer Gruppe, die für einen vollständigen und geschlossenen Lern- oder Arbeitsprozess verantwortlich zeichnet und das Ergebnis ihrer Arbeit als (Dienstleistungs-)Produkt abliefert.

Teams werden immer dann eingesetzt, wenn

- umfangreiche und vielschichte Aufgaben zu bewältigen

und/oder

- zur Aufgabenbewältigung unterschiedliche Fähigkeiten, Kenntnisse und Begabungen verschiedener Teammitglieder erforderlich

und/oder

- komplexe Informationsverarbeitungsprozesse (Recherche, Auswertung usw.) zu erwarten

sind.

Synergie

Grundidee von Teamwork ist der erhoffte **Synergieeffekt,** d. h. die Vorstellung dass die Gesamtleistung eines Teams besser ist als die Summe der Einzelleistungen. Damit diese Gleichung stimmt, müssen allerdings bestimmte Voraussetzungen geschaffen werden, denn Kreativität, Kooperation, unterschiedliche Fähigkeiten und Begabungen der Teammitglieder können nur dann effektiv genutzt werden und in eine produktive Teamarbeit münden, wenn

1. grundlegende **Interaktions- und Kommunikationsregeln** durch alle Teammitglieder beachtet werden (vgl. S. 305)

und

2. ein Team aus der „richtigen" **Zusammensetzung d**er Teammitglieder hinsichtlich ihrer **Arbeitsstile** besteht.

Die beiden Grundvoraussetzungen basieren dabei auf folgenden Erkenntnissen:

- Komplexe Aufgaben können im Team leichter gelöst werden durch
  - den Austausch und die Diskussion von Ideen,
  - die Nutzung unterschiedlichen (Fach-)Wissens verschiedener Teammitglieder.
- Im Vergleich zur Einzelarbeit ist
  - der Lösungsaufwand bei Teamarbeit höher,
  - die Qualität der Entscheidung besser.
- Das Teamergebnis wird beeinflusst von
  - informellen Strukturen (= Beziehungen zwischen Personen, die nicht durch organisierte Strukturen wie Über-/Unterordnung im Betrieb oder durch die Zusammenarbeit in einer Abteilung zustande gekommen sind),
  - möglichen Konflikten und deren Lösung,
  - der Kommunikationsfähigkeit- und Bereitschaft der Teammitglieder.

Zusammensetzung der Teams hinsichtlich ihrer Größe

Als optimale Teamgröße gilt eine Mitgliederzahl von drei bis fünf Personen. So bleibt der Lern- oder Arbeitsprozess in Teams von außen und im Lern-/Arbeitszusammenhang der Gruppen überschaubar.

Interaktions- und Kommunikationsregeln

Teamwork entspricht in seinem **Phasenablauf** dem Projektmanagement. Neben dieser sachbezogenen Ebene durchläuft Teamwork aber auch auf einer emotionalen Ebene unterschiedliche Phasen, die grob eingeteilt werden können in

- Orientierungsphasen
  (Kennenlernen, Abklären der Erwartungen, Festlegen von Verfahrensfragen, Herstellten eines positiven Arbeitsklimas, Zielformulierung, Aufspüren von Widerständen usw.),

Phasen

- Arbeitsphase
  (intensive Kommunikation und Interaktion, Behandlung von Störungen, Widerständen und persönlichen Angriffen usw.) und
- Abschlussphase
  (gemeinsame Beschlussfassung, Behandlung offener Fragen, Reflexion der gemeinsamen Arbeit usw.)

Es bedarf seitens der Teammitglieder in jeder Phase gerade der **kommunikativen Fähigkeit.** Sie wird benötigt „in der Anfangsphase zur Entwicklung eines guten Teamgefühls, zur Einbindung aller Teilnehmer auf ein gemeinsames Ziel, in der Mittelphase als Moderator, wenn verschiedene Meinungen allzu starr aufeinanderzuprallen drohen, und in der Schlussphase, wenn es um die Zusammenfassung und Aufbereiutng der Ergebnisse für Außenstehende geht".[1]
Es wird entweder eine Teamleiterin bzw. ein Teamleiter bestimmt oder vom Team gewählt. Teamleiter haben die Aufgabe, ihre i. d. R. besonderen Fähigkeiten vor allem in Konfliktsituationen als Moderator einzusetzen und gemeinsam mit der Gruppe einen Lösungsweg aus dem Konflikt zu suchen. Daneben gilt es, Prestigedenken oder das Beharren auf Machtpositionen aufzubrechen und das Verhalten der Teammitglieder auf das gemeinsame Ziel auszurichten.

Regeln

Für einen effektiven und positiven Verlauf von Teamwork sollte sich das Team auf **Team-Spielregeln** einigen. Diese Interaktions- und Kommunikationsregeln könnten z. B. in folgender Form festgelegt werden.

Team-Spielregeln (Beispiel)
• Wir begegnen uns mit Respekt! • Alle Meinungen sind zugelassen! • Kritik wird in jeder Situation zugelassen! • Kritik wird offen und konstruktiv geäußert! • Wir lassen uns gegenseitig ausreden! • Wir leisten uns gegenseitig Hilfestellung! • Persönliche Angriffe sind verboten! • Unstimmigkeiten, Störungen und Unmutsäußerungen werden sofort im Team diskutiert! • Ziele und Vorgehensweise werden gemeinsam festgelegt! • ...

Zusammensetzung der Teammitglieder hinsichtlich ihrer Arbeitsstile (Rollenverhalten)

Rollen

Die Leistung eines Teams wird u. a. bestimmt durch die **Rolle** (= Verhaltensweise) oder den **Arbeitsstil,** den die Teammitglieder bei der Arbeit im Team bevorzugen. Der Arbeitsstil eines Menschen wird begründet durch seine **psycho-sozialen Eigenschaften,** d. h. das Verhalten des Einzelnen in Gruppen und das Erleben anderer Menschen. Aspekte, die das Verhalten und Erleben prägen, sind z. B. Sympathie, Zuneigung, Vertrauen, Akzeptanz bzw. deren negative Ausprägungen.
Die psycho-sozialen Eigenschaften eines Menschen prägen z. B. seine persönliche Art der Informationsverarbeitung, die Organisation von eigener und fremder Arbeit, die Art seiner Entscheidungsfindung und ganz allgemein seinen Umgang mit anderen Menschen.
Bei der Teambildung kann und darf nicht die Veränderung der individuellen Eigenschaften eines Teammitglieds Ziel der Gruppenarbeitsprozesse sein, schließlich sind diese Verhaltensmuster und Charakterstärken bzw. -schwächen Ergebnis des Entwicklungsprozesses eines Menschen seit seiner Geburt. Es kommt vielmehr darauf an, ein Team so „optimal" zusammenzuset-

[1] *Bachmann W./Friedrich, M.: CHAOS – die neue Kraft im Selbst-Management, Paderborn 1994, S. 151 f.*

Teamtypen zen, dass möglichst viele unterschiedliche **„Teamtypen“** vertreten sind, die sich hinsichtlich Arbeitsstil usw. ergänzen.

Mit dem nachstehenden Selbsttest ist festzustellen, welchem Teamtyp man entspricht. Der Test ist in leicht abgeänderter Form dem Buch Haug, C.V.: Erfolgreich im Team. München, 1994 entnommen. Dort findet man auch ausführlichere Erläuterungen zu den Teamtypen. *Selbsttest*

Selbsttest: Welcher Teamtyp sind Sie?

Nach Ansicht von Psychologen übernehmen Menschen in Team- und Gruppenarbeitssituationen ganz bestimmte Verhaltensweisen und Arbeitsstile.

Mit dem nachstehenden Test können Sie feststellen, welche Talente, Arbeitsstile und vor allem, welche Verhaltensweisen Sie in Arbeitssituationen, die Sie in der Gruppe bzw. im Team zu bewältigen haben, bevorzugen.

Testregeln:

(1) Sie müssen sich bei den angegebenen vier Verhaltensweisen für jeweils eine der beiden Möglichkeiten entscheiden!

(2) Wählen Sie jeweils diejenige Möglichkeit, die Ihnen nach Ihrer Selbsteinschätzung persönlich am meisten entspricht!

(3) Kreuzen Sie dann den Kennbuchstaben an, so dass am Ende eine Kombination aus vier Buchstaben entsteht (z. B. EKGS)!

Testbogen **Kennbuchstaben**

1. im Umgang mit anderen Menschen bin ich eher . . .	**Extrovertiert**	Extrovertierte Menschen • entwickeln ihre Gedanken oft, während sie mit anderen sprechen, • treffen gerne mit anderen Menschen zusammen, • arbeiten gerne gleichzeitig an verschiedenen Aufgaben und • melden sich bei Sitzungen oft zu Wort.	E	☐
	Introvertiert	Introvertierte Menschen • denken lieber gründlich nach, bevor sie sprechen, • haben kein großes Bedürfnis, sich regelmäßig mit anderen zu treffen • konzentrieren sich auf eine Aufgabe und • halten sich bei Sitzungen eher im Hintergrund	I	☐
2. In der Beschaffung und Verwertung von Informationen bin ich eher . . .	**Praktisch**	Praktische Menschen • arbeiten gerne mit fertigen Ideen, • halten sich an Pläne und Vorgaben, • ertragen geduldig Routinearbeit und • achten auf Kleinigkeiten	P	☐
	Kreativ	Kreative Menschen • bringen regelmäßig neue Ideen hervor, • suchen nach neuen Ideen, • langweilen sich bei Routinearbeiten und • sehen die Zusammenhänge.	K	☐
3. In meiner Entscheidungsfindung bin ich eher . . .	**Analytisch**	Analytische Menschen • entscheiden aufgabenbezogen, • entscheiden unabhängig und kühl, • lieben Klarheit und Analysen und • setzen sich Ziele, die sie erreichen wollen.	A	☐
	Gefühlsmäßig	Gefühlsmäßige Menschen • entscheiden nach persönlichen Kriterien, • engagieren sich, • lieben Harmonie und • handeln häufig nach ihren Überzeugungen	G	☐

4. In der Organisation meiner Arbeit und der Arbeit meiner Mitmenschen bin ich eher . . .	**Strukturiert**	Strukturierte Menschen • lieben klare Verhältnisse und Ordnung, • teilen die Zeit bewusst ein und halten Termine ein, • mögen keine unklaren Verhältnisse und • haben eine feste Meinung	S	☐
	Flexibel	Flexible Menschen • können sich auch in der Unordnung wohlfühlen, • überschreiten oft festgesetzte Termine, • können mit unklaren Verhältnissen leben und • ändern oft ihre Meinung	F	☐

Auswertung:
Anhand Ihrer notierten Buchstabenkombination können Sie in der Grafik ablesen, welche Rolle Ihnen in der Team- bzw. Gruppenarbeit am meisten zusagt (Beispiel: EKGS = Überzeuger).
Befindet sich Ihre Buchstabenkombination im äußeren Kreis, so ist Ihre Rolle ausgeprägter als bei der jeweiligen Kombination im inneren Kreis.
Nachstehend finden Sie eine kurze Charakteristik der acht Teamtypen. Falls Sie mit dem Ergebnis des Selbsttests unzufrieden sind, weil Sie sich eigentlich anders einschätzen, bedenken Sie bitte, dass
- für den Arbeitserfolg eines Teams jeder der acht Arbeitsstile wichtig ist;
- nur eine umfangreiche und ausführliche Untersuchung zu einem wirklich exakten Ergebnis führen kann.

Der Selbsttest ist deshalb auch nur als Hilfsmittel zu verstehen, um eine möglichst optimale Mitgliederzusammensetzung für ein Team zu finden. Die Mitglieder sollen sich hinsichtlich Arbeitsstil, Informationsverarbeitung, Organisation und Entscheidungsfindung ergänzen.

Ergebnis: ☐☐☐☐

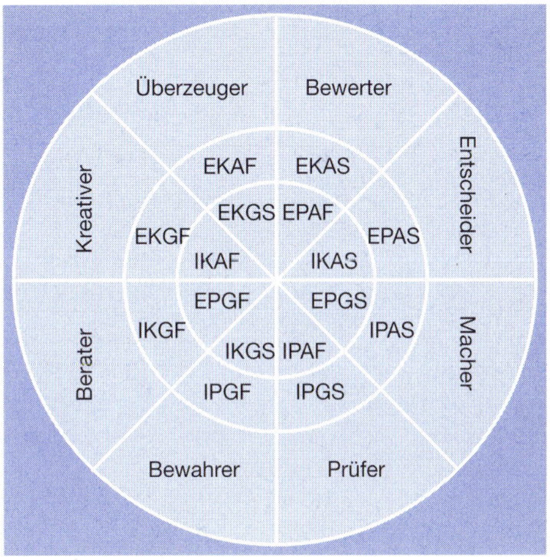

Berater sammeln möglichst viele Informationen zu einem Problem und sorgen dafür, dass diese verständlich aufbereitet werden. Entscheidungen treffen sie eher vorsichtig, in der Regel erst nach Klärung aller Details.

Kreative können sich schwer unterordnen und arbeiten am liebsten selbstständig. Sie sprudeln über vor Ideen und experimentieren gerne mit Neuem.

Überzeuger haben keine Probleme den Überblick zu bewahren. Sie sind neuen Ideen gegenüber aufgeschlossen und verstehen es, andere ebenfalls dafür zu begeistern.

Bewerter prüfen sorgfältig, ob und wie neue Ideen umgesetzt werden können. Sie verstehen es auch sehr gut, Arbeitsergebnisse anderer realistisch einzuschätzen.

Entscheider müssen erst für neue Ideen begeistert werden, dann sorgen sie mit viel Einsatz für deren Planung, Organisation und Durchsetzung. Krisen spornen sie eher an.

Macher sorgen für die Erledigung der Routinearbeiten. Ihre Stärken sind Durchhaltevermögen und Zuverlässigkeit.

Prüfer sind die Spezialisten für die Ausarbeitung von Details und das Aufspüren von Fehlern.

Bewahrer sorgen für die Einhaltung von Regeln und Plänen. Sie verstehen sich als Helfer für andere, die mit der Bewältigung von Aufgaben Schwierigkeiten haben.

Einen Praxisbericht zur Teamentwicklung finden Sie unter http:\\www.stam.de

Gruppendynamik

Da Teamarbeit sich immer in Gruppen vollzieht, sind gruppendynamische Entwicklungen weder positiver noch negativer Richtung zu vermeiden. Insofern ist Teamarbeit eng mit kommunikationspsychologischen Aspekten verbunden. Hierbei hilft die **TZI-Methode** (Themenzentrierte Interaktion, vgl. S. 342). Sie hilft, den Teammitgliedern und der Teamleitung (Moderator) die psychologischen und soziologischen Spannungen bewusst zu machen und für das Teamziel zu nutzen.

5.2.5 Projektmanagement

- Projektmanagement als Methode
- Projektdefinition und -abgrenzung
- Projektphasen und Projektmanagement
- Merkmale von Projekten in der Aus- und Weiterbildung

(Vgl. hierzu die Ausführungen ab S. 79)

5.2.6 Netzplantechnik

- Aufgaben der Netzplantechnik
- Netzplantechnik und Balkendiagramm, ein Vergleich
- Vorgehensweise bei der Erstellung von Netzplänen
- Projektstruktureen, Zeitanalyse, Ressourcenplanung

Aufgaben der Netzplantechnik

Projekte

Projekte bestehen i. d. R. aus **vielen Einzelaktivitäten**, die zeitlich und/oder funktional (= sachlogisch) voneinander abhängen bzw. aufeinander aufbauen. In den verschiedenen Phasen werden Menschen und Maschinen in unterschiedlichem Ausmaß benötigt. Ihr Einsatz muss mit anderen betrieblichen Bereichen abgestimmt werden, so dass sie nicht immer in ausreichender Anzahl zur Verfügung stehen können. Je umfangreicher und komplexer das Gesamtprojekt ist, desto schwieriger ist der Projektverlauf zu verwalten.

Instrumente

Hinzu kommt, dass bei der Projektdurchführung häufig veränderte Bedingungen und/oder unvorhergesehene Ereignisse zu beachten sind, die Eingriffe, Veränderung und Improvisation notwendig machen. Um Abweichungen vom Projektverlauf zu erkennen und die im Hinblick auf den weiteren Fortschritt optimalen Korrekturmaßnahmen zu ergreifen, haben sich verschiedene **Instrumente** herausgebildet, die die

- Planung,
- Koordination,
- Steuerung und
- Überwachung

der **Projektabwicklung** hinsichtlich

- Mitarbeitereinsatz,

- Arbeitsmitteleinsatz
- Zeitvorgaben bzw. -restriktionen

ermöglichen.

Netzplantechnik und Balkendiagramm, ein Vergleich

Dazu gehören das **Balkendiagramm** und der **Netzplan**. Beide Instrumente sind zunächst graphische Hilfsmittel, mit denen die oben genannten Aufgaben erfüllt werden können.

Beim Balkendiagramm oder Gantt-Diagramm werden die Teilvorgänge als Balken entsprechend ihrer Dauer in eine Matrix eingetragen, die horizontale Grundlinie entspricht der Zeitachse. Das Balkendiagramm ist anschaulich, bietet gute Kontrollmöglichkeiten und ist besonders geeignet, als **Arbeitsfortschrittsdiagramm** die Auslastung von Ressourcen zu planen und zu dokumentieren.

Nachteil Balkendiagramm

Der Nachteil des Balkendiagramms ist, dass bei Veränderungen in der Projektabwicklung alle nachfolgenden Teilvorgänge verschoben und deshalb bei einer Dokumentation auf Papier neu gezeichnet werden müssen. Auch können hier die Abhängigkeiten zwischen den Teilvorgängen nur schwer dargestellt werden. Gerade diese Nachteile weist der Netzplan nicht auf.

Die bekannten Netzplantechniken unterscheiden sich vor allem in der Art der Darstellung der Teilvorgänge (= **Knoten**) und der Beziehungen zwischen den Knoten. Als **CPM** (= Critical Path Method = Methode des kritischen Wegs) wird häufig eine Technik bezeichnet, die die eigentliche Darstellungsform der CPM mit anderen Netzplantechniken verbindet.

Die Methode des Kritischen Weges (CPM) dient zur Berechnung der Gesamtdauer eines Projekts, die auf der jeweiligen **Dauer** der **einzelnen Teilvorgänge** und ihren **gegenseitigen Abhängigkeiten** beruht. Der **kritische Weg** ist die Folge von Vorgangsknoten innerhalb eines Netzplanes, bei der sich Verzögerungen auf die Dauer des Gesamtprojekts auswirken.

Ressourcen und Kosten

Neben der Zeitplanung und -koordinierung wird die Netzplandarstellung i. d. R. um die **Ressourcenplanung** bzw. den **Ressourceneinsatz** ergänzt. Im Netzplan oder in einer gesonderten Übersicht hält man den Einsatz der Mitarbeiter (Anzahl, Arbeitsstunden, Vergütungssatz), der Arbeitsmittel (Zeit) und evtl. der Arbeitsstoffe (Menge) fest.

Damit können neben der Aufstellung von Einsatz, Bereitstellungs- und Beschaffungssplänen vor allem **Kostenberechnungen** für das Gesamtprojekt und die Teilvorgänge des Projekts durchgeführt werden.

Ein **Kostenplan** ist vor allem dann von Bedeutung, wenn zur Finanzierung von Projekten Fremdkapital benötigt wird, da jede Verlängerung der Projektlaufzeit eine Erhöhung der Zinsbelastung nach sich zieht.

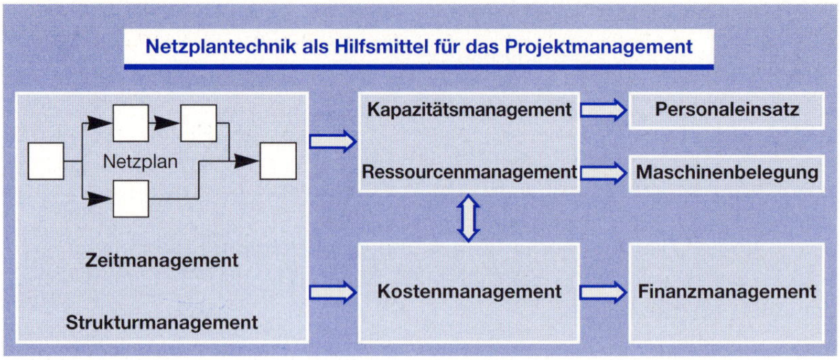

Vorgehensweise bei der Erstellung von Netzplänen

Die Anwendung der Netzplantechnik soll am Beispiel[1] des Projekts „Entwurf und Installation eines Servers“ aufgezeigt werden. Diesem Beispiel liegen folgende Annahmen zugrunde:

- Die Dauer der Teilvorgänge unterliegt einer realistischen Schätzung.
- Das Ende des Gesamtprojekts ist vom Management vorgegeben.

Deshalb ist die Angabe der Termine **kalenderorientiert**, Samstage und Sonntage werden nicht berücksichtigt.

1. Schritt

- **Schritt 1: Projektstruktur**

Die Projektstruktur (-Analyse) dient der systematischen Erfassung und der übersichtlichen Darstellung des Projektablaufs. Bei umfassenden Projekten erfolgt die Strukturanalyse in mehreren Schritten. Hier ist sie exemplarisch für das Gesamtprojekt ausgewiesen.

Ausgangspunkt für die Erstellung des Netzplans ist das Gesamtprojekt. Die Hauptphasen oder -teilvorgänge bilden die Grobstruktur bzw. **Projektstruktur**. Anschließend wird – bei komplexen Vorhaben – die Struktur immer mehr verfeinert (deduktives Vorgehen oder Stepwise Refinement, vgl. S. 12). Häufig ist die Abbildung aller Teilvorgänge des Gesamtprojekts in einem Netzplan-Diagramm zu umfangreich, deshalb werden in sich abgeschlossene Teilabläufe in **Feinnetzplänen** dargestellt.

Vor der Netzplandarstellung werden alle Teilvorgänge in tabellarischen Übersichten, den **Vorgangslisten**, die alle relevanten Angaben enthalten, erfasst.

Zum Vergleich ist dem jeweiligen Netzplan im vorliegenden Beispiel das entsprechende Balkendiagramm gegenübergestellt.

[1] Das Beispiel ist angelehnt an einen dem Programm Microsoft Project (Version 4.1) beigefügten Netzplan.

Bereits bei der Entwicklung der Projektstruktur sind die **grundsätzlichen Regeln** der Netzplanerstellung zu beachten: *Regeln*

- Zwei aufeinanderfolgende Knoten werden durch einen Richtungspfeil verbunden.
- Ein Knoten kann mehrere Vorgänger (unmittelbar vorausgehende Aktivitäten) und/oder mehrere Nachfolger (sich unmittelbar anschließende Aktivitäten) haben.
- Es gibt keine Unterbrechungen und keine Schleifen (wiederholtes Durchlaufen von Vorgängen).

Vorgangsliste für das Gesamtprojekt „Entwurf und Installation eines Servers"

Nr.	Vorgangsbezeichnung	Dauer	Anfang	Ende	Vorgänger
1	Netzwerk Design	34t	Mo 12.05.	Do 26.06.	
2	Installation der Server-Testumgebung	52t	Fr 27.06.	Mo 08.09.	1
3	Testdurchführung	12t	Di 09.09.	Mi 24.09.	2
4	Einführung	13t	Do 25.09.	Mo 13.10.	3
5	Netzwerk dokumentieren	2t	Di 14.10.	Mi 15.10.	4

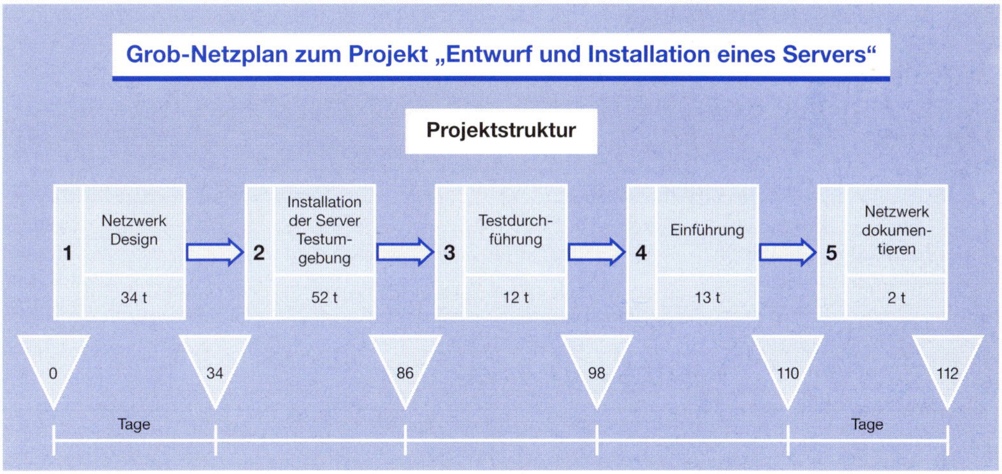

- **Schritt 2: Zeitanalyse**

Nachdem die Struktur(-Analyse) vorliegt und in einen logischen Ablauf umgesetzt worden ist, wird in der Zeitanalyse der zeitliche Ablauf des Projekts ermittelt. Sie besteht aus der *2. Schritt*

- **Vorwärtsrechnung** zur Bestimmung des Endtermins des Gesamtprojekts,

- **Rückwärtsrechnung** zur Bestimmung der spätesten erlaubten Anfangstermine der Knoten,
- Berechnung der **Zeitreserven** (Puffer),
- Ermittlung des **kritischen Wegs.**

Zur besseren und übersichtlicheren Darstellung der Netzplantechnik ist nachstehend die Zeitanalyse in zwei – Verfeinerung genannte – Stufen gegliedert.

- **Erste Verfeinerung des Netzplans**

Der Teilvorgang „4 Einführung“ wird aus dem Gesamtprojekt ausgegliedert.

Vorgangsliste für den Teilvorgang „4 Einführung“

Nr.	Vorgangsbezeichnung	Dauer	Anfang	Ende	Vorgänger
4.1	Sitzung zur Festlegung des Vorgehens bei der Einführung	2t	Do 25.09.	Fr 26.09.	**3**
4.2	Verfügbarkeit der Netzwerkgruppe festlegen	2t	Mo 29.09.	Di 30.09.	4.1
4.3	Schulung und Unterstützung des Administrators	6t	Mi 01.10.	Mi 08.10.	4.2
4.4	Netzwerkschulung Mitarbeiter	8t	Mi 01.10.	Fr 10.10.	4.2
4.5	Endgültige Einführung abschließen	1t	Mo 13.10.	Mo 13.10.	4.3, 4.4

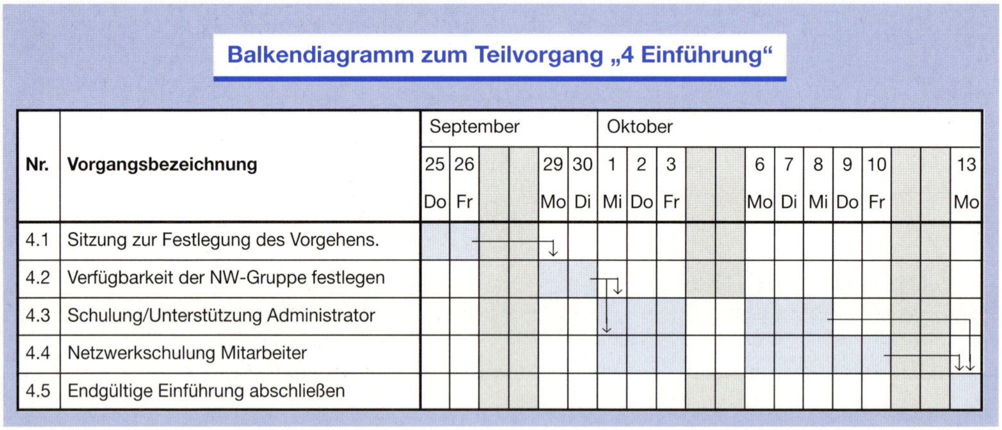

- **Vorwärtsrechnung** (zur 1. Verfeinerung)

Vorwärts

Im Startknoten wird der frühestmögliche Anfangszeitpunkt **(FAZ)** festgehalten. Der frühestmögliche Endzeitpunkt **(FEZ)** des Knotens berechnet sich aus FAZ + Dauer des Vorgangs. Der nächste Knoten kann erst beginnen, wenn der vorhergehende abgeschlossen ist. Hat ein Knoten zwei und mehr Vorgänger, so ergibt sich der FAZ dieses Knotens aus dem spätesten FEZ aller unmittelbaren Vorgänger (im Beispiel muss Knoten 4.5 auf den Abschluss von 4.4 „warten“. Der Endtermin des Gesamtprojekts ist gleichzeitig der FEZ des letzten Knotens.

- **Rückwärtsrechnung** (zur 1. Verfeinerung)

Rückwärts

Sie beginnt im Endknoten und bietet die Voraussetzung für die spätere Berechnung der Reserven. Im Endknoten ist der späteste Endzeitpunkt **(SEZ)** mit dem FEZ gleichzusetzen. Der späteste Anfangszeitpunkt **(SAZ)** ergibt sich aus SEZ-Dauer des Vorgangs. Der SEZ des Vorgängers ist abhängig vom SAZ des Nachfolgers. Hat ein Knoten mehrere Nachfolger so bestimmt sich dessen SEZ aus dem kleinsten SAZ aller Nachfolger (im Beispiel ist der Vorgang 4.2 vom Knoten 4.4 abhängig).

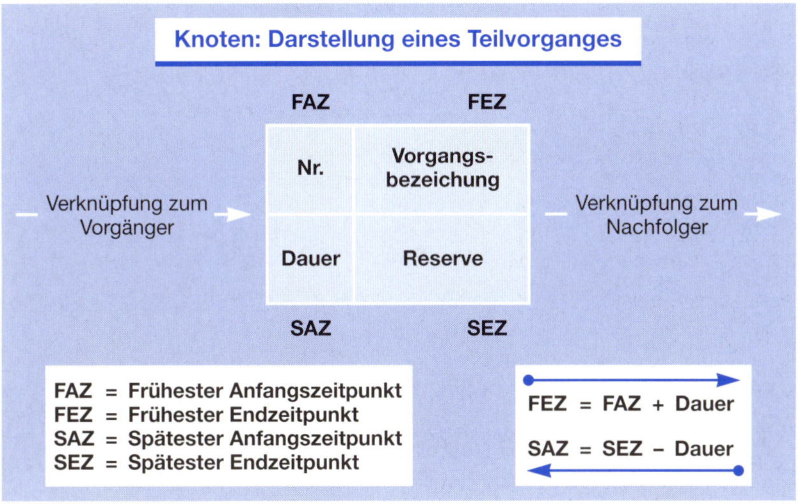

- **Reserven** (zur 1. Verfeinerung)

Zeitreserven

Die Zeitreserven geben an, ob ein Knoten zu einem späteren Zeitpunkt beginnen kann, ohne die Dauer des Gesamtprojekts zu beeinträchtigen (im Beispiel kann der Knoten 4.3 ohne Auswirkungen auf den Endtermin zwei Tage später gestartet werden).

- **Kritischer Weg** (zur 1. Verfeinerung)

Die aufeinander folgenden Knoten ohne Reserve ergeben den kritischen Weg. Jede Verzögerung auf diesem Weg würde eine Verlängerung des Gesamtprojekts nach sich ziehen.

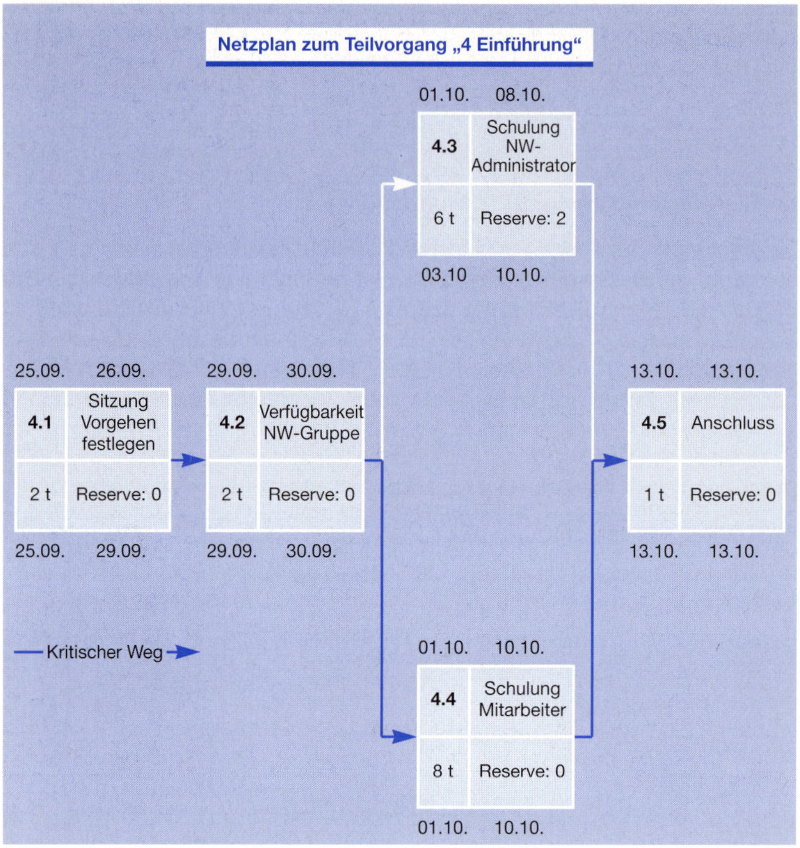

- **Zweite Verfeinerung des Netzplans**

Der Teilvorgang „4.4 Schulung der Mitarbeiter“ wird ausgegliedert.

Vorgangsliste für den Teilvorgang „4.4 Schulung der Mitarbeiter“

Nr.	Vorgangsbezeichnung	Dauer	Anfang	Ende	Vorgänger
4.4.1	Gemeinsame Sitzung der Mitarbeiter	1t	Mi 01.10.	Mi 01.10.	
4.4.2	Intensivschulung: „ungeübte“ Mitarbeiter (Gruppe 1)	2t	Do 02.10.	Fr 03.10.	4.3.1
4.4.3	Schulung: „geübte“ Mitarbeiter (Gruppe 2)	1t	Do 02.10.	Do 02.10.	4.3.1
4.4.4	Schulung: Vertreter d. Administrators (Gruppe 3)	2t	Do 02.10.	Fr 03.10.	4.3.1
4.4.5	Einweisung NW-Betreuung	3t	Mo 06.10.	Mi 08.10.	4.3.4
4.4.6	NW-Schulung Gruppe 1 u. Gruppe 2	2t	Mo 06.10.	Di 07.10.	4.3.2, 4.3.3
4.4.7	„Ernstfallübung“	1t	Do 09.10.	Do 09.10.	4.3.5
4.4.8	Abschlusssitzung	1t	Fr 10.10.	Fr. 10.10.	4.3.6., 4.3.7

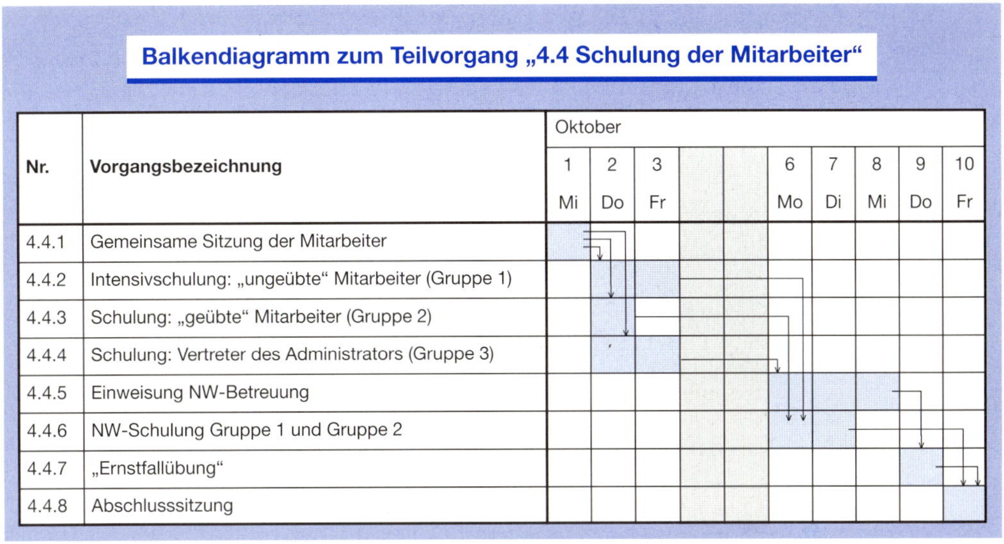

Balkendiagramm

Spätestens hier wird deutlich, dass das Balkendiagramm schon bei einer geringen Anzahl von Vorgängen an die Grenzen der übersichtlichen Darstellung, besonders bei den Abhängigkeiten stößt.

- **Vorwärtsrechnung und Rückwärtsrechnung** (zur 2. Verfeinerung) sind entsprechend der oben angegebenen Ausführung (Zeitanalyse – Teil 1) vorzunehmen.

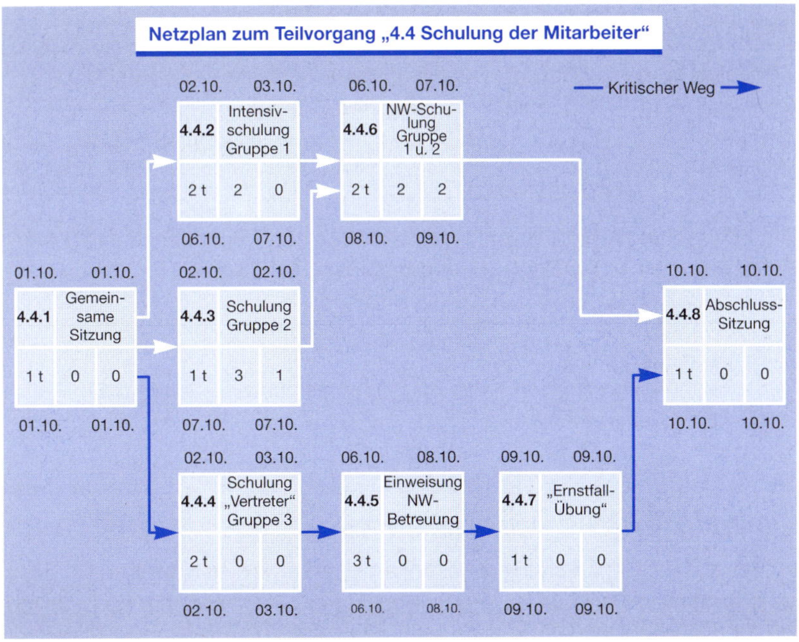

- **Reserven** (zur 2. Verfeinerung)

Die Zeitreserven oder **Puffer**(-Zeiten) geben die Zeiträume an, um die die Vorgänge evtl. verschoben werden können, ohne den Endtermin des Gesamtprojekts zu gefährden.

Knoten: Berechnung der Pufferzeiten

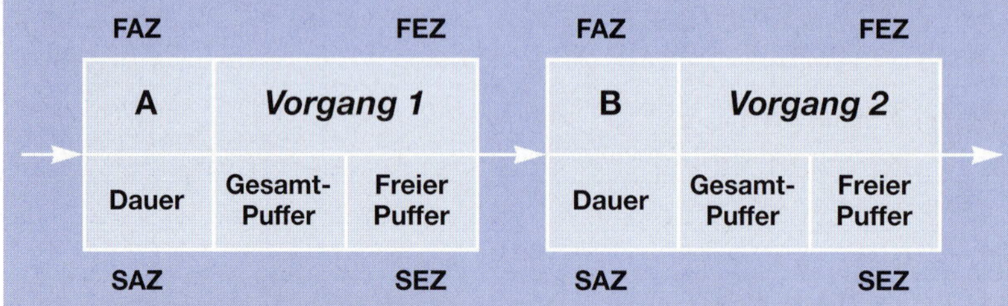

FAZ = Frühester Anfangszeitpunkt
FEZ = Frühester Endzeitpunkt
SAZ = Spätester Anfangszeitpunkt
SEZ = Spätester Endzeitpunkt
GP = Gesamtpuffer
FP = Freier Puffer

$\textbf{GP}_{\text{(Vorgang A)}} = \textbf{SAZ}_{\text{(A)}} - \textbf{FAZ}_{\text{(A)}}$

oder

$\textbf{GP}_{\text{(Vorgang A)}} = \textbf{SAZ}_{\text{(A)}} - \textbf{FAZ}_{\text{(A)}}$

$\textbf{FP}_{\text{(Vorgang A)}} = \textbf{FAZ}_{\text{(Nachfolger B)}} - \textbf{FEZ}_{\text{(A)}}$

Wie oben bereits dargestellt, sind jedoch auf dem kritischen Weg keine Pufferzeiten verfügbar.
Man unterscheidet zwischen dem Gesamtpuffer (**GP**) und dem freien Puffer (**FP**).

Der ...	... ist der	... ohne den
Gesamtpuffer (GP)	Zeitraum, um den ein Vorgang verschoben werden kann.	spätesten Anfangstermin (SAZ) des/der Nachfolger(s) zu beeinflussen
Freie Puffer (FP)		frühesten Anfangstermin (FAZ) des/der Nachfolger(s) zu beeinflussen

Hat ein Knoten mehrere Nachfolger, ist der kleinste ermittelte Wert als freier Puffer einzusetzen (im Beispiel hat der Vorgang 4.4.1 einen FP von 0).

- **Kritischer Weg** (zur 2. Verfeinerung)

Der kritische Weg wird durch die Vorgänge bestimmt, die einen freien Puffer von 0 Zeiteinheiten aufweisen.

- **Schritt 3: Ressourcenplanung**

Im Teilvorgang „4.4 Schulung der Mitarbeiter" ergibt sich für den Vorgang „4.4.2 Intensivschulung der „ungeübten" Mitarbeiter (Gruppe 1)" nachstehende Kostenplanung.

Ressourcen

4.4.2 Intensivschulung: „ungeübte“ Mitarbeiter (Gruppe 1)			Kosten
Mitarbeiter	verrechneter Stundensatz	Einsatzzeit	
4 Mitarbeiter	80,00 EUR	16 Stunden	5.120,00 EUR
3 Mitarbeiter	120,00 EUR	16 Stunden	5.760,00 EUR
Arbeitsmittel	Ausfallzeit für Normalbetrieb	verrechnete Kosten pro Stunde	
5 PC's	16 Stunden	60,00 EUR	960,00 EUR
Verbrauchsmaterial	tatsächliche oder kalkulatorische Kosten		
entfällt			0,00 EUR
zusätzliche Kosten	Berechnung		
2 Trainer	Festpreis	3.500,00 EUR	3.500,00 EUR
Schulungsmaterial	Festpreis	200,00 EUR	200,00 EUR
Gesamtkosten			**15.540,00 EUR**

5.2.7 Problemlösungstechniken

- Bedeutung von Problemlösungstechniken im Entscheidungsprozess
- Problemlandkarte
- Ursache-Wirkung-Diagramm (Ishikawa-Diagramm)
- Projektklassifizierung
- Modellanalyse und -simulation
- Rollenspiele
- Szenarios und Zukunftswerkstatt
- Brainstorming, Brainwriting, CNB-Methode, Synektik
- Morphologische Analyse
- Eignungen und Einsatz von Techniken
- Leitfaden zur Problemlösung

Ideen finden und bearbeiten

Problemlösungstechniken sind lediglich als **Hilfsmittel** zu verstehen, Entscheidungsprozesse zu unterstützen. Ihre Anwendung führt daher nicht zwingend zu neuen Lösungen oder Alternativen, jedoch erleichtern sie **Prozesse der Ideenfindung und -verarbeitung**. Die folgenden Techniken sind somit vor ihrem realen Einsatz von den beteiligten Mitarbeitern zu erlernen und zu trainieren, damit ihre Verwendung zu zielgerichteten Ergebnissen führen kann. Die aufgeführten Methoden bzw. Techniken umfassen dabei sowohl Maßnahmen zur Problemerkennung und -beschreibung als auch kreative Techniken der Ideenfindung und -darstellung.

Problemlandkarte

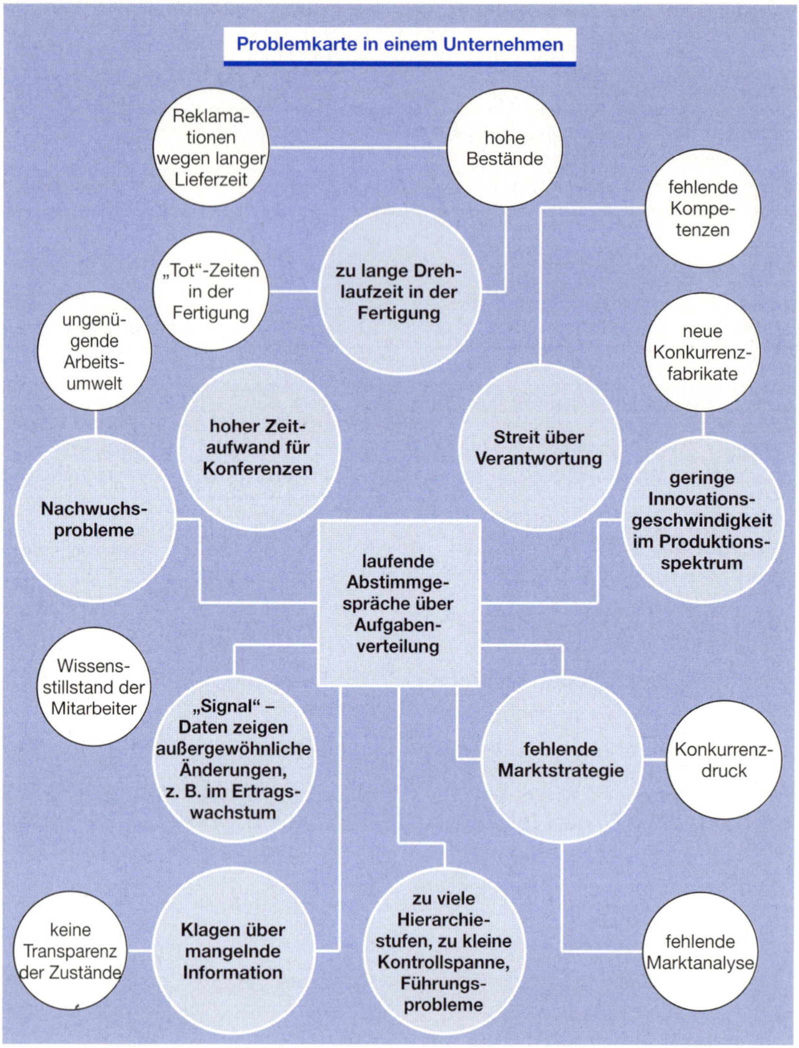

(Quelle: Organisationsplanung, Hrsg. Siemens AG, Berlin, München 1979, S. 20)

Hier werden Problemkreise mit ihren Abhängigkeiten beschrieben. In moderierten Arbeitssitzungen versuchen Mitarbeiter verschiedener betrieblicher Funktionen oder Akteure unterschiedlicher Prozesse Indikatoren für Probleme zu fixieren. Hieraus ergibt sich eine Problemlandkarte.

Ursache-Wirkungs-Diagramm (Ishikawa-Diagramm)

Diese Technik wird benutzt, um mögliche Einflüsse (Ursachen) auf ein zu bearbeitendes Problem zu ermitteln. Meist sind die „7-M-Störgrößen" vorgegeben (Mensch, Management, Maschine, Methode, Material, Messbarkeit, Mitwelt). Hierzu werden jeweils detaillierte Einflüsse ermittelt.

Erstellen eines Ursache-Wirkungs-Diagramms

1. Beschreiben Sie detailliert das zu bearbeitende Kriterium (Beispiel: Streuung von Merkmalswerten).
2. Finden Sie die Einflüsse (Ursachen) für das Kriterium mittels Brainstroming oder anhand von Strichlisten heraus.
3. Erstellen Sie das Diagramm wie folgt:
   a) Geben Sie das Kriterium auf der rechten Seite (Wirkung) an.
   b) Schreiben Sie die ermittelten Einflüsse unter die jeweilig vordefinierten Überbegriffe (7M) auf die linke Seite (Ursachen).

Einflüsse (Ursachen) für die Streuung von Merkmalswerten

Beispiel:

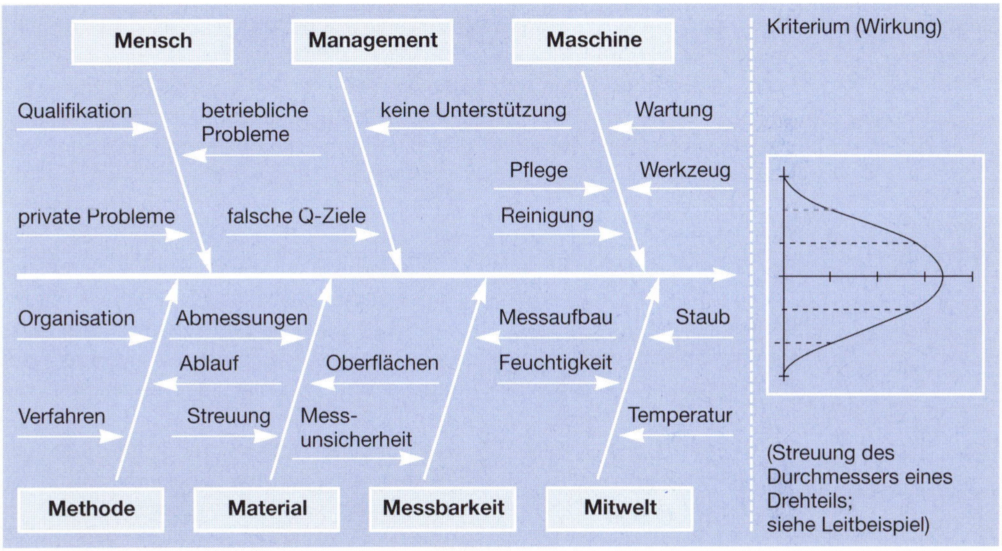

(Quelle: Greßler U., Göppel R.: Qualitätsmangement Stam Verlag, 1995, S. 47)

■ Problemklassifizierung

Ein erkanntes Problem kann unterschiedlichen Kategorien zugeordnet werden. Hieraus können z. B. Rückschlüsse abgeleitet werden auf den Einsatz eines bestimmten Arbeitsteams (mit speziellen Qualifikationen), die Notwendigkeit der Einbeziehung von Experten Wichtigkeit des Entscheidungsproblems im Rahmen einer Problemlandkarte (vgl. S. 318) usw.

Problemklassifikationen

Beispiele:

Problemkriterien	***Erläuterungen***
Entscheidungsdruck	*Entscheidung muss sofort, kurz-, mittel- oder langfristig gefällt werden*
Ebene	*Problem stellt sich auf operativer, taktischer oder strategischer Ebene (hiervon hängt ab, auf welcher hierarchischen Ebene der Lösungsprozess gestaltet wird)*

Anzahl von Schnittstellen	*Problemlösung hat keine, wenig, viele Auswirkungen auf andere betriebliche Teilprozesse oder -bereiche*
Komplexität	*Problemaspekte sind überschaubar in direkten Ursachen-Wirkungs-Beziehungen erkennbar, komplex oder höchst komplex*
Operationalisierbarkeit	*Problemaspekte können operationalisiert werden, d.h. es können messbare Größen ermittelt werden oder es stehen lediglich qualitative Aussagen, Meinungen, Hypothesen usw. zur Verfügung*

■ Modellanalyse und -simulationen

Analyse und Simulation

Aus einem realen Problem wird ein meist mathematisch strukturiertes Modell (vgl. S. 16), vernetzte Gleichungssysteme) entworfen. Die relevanten Einflussparameter werden definiert. Mit diesen Daten wird computergestützt simuliert. Systematisch werden Eingabewerte variiert und die sich aus den Berechnungen ergebenden Ausgabewerte analysiert. Mithilfe leistungsstarker Tabellenkalkulationssoftware sind einfache Modelle schnell und kostengünstig erstellbar. Hiermit sind sog. **„Wenn-Dann-Analysen"** durchführbar, da die Eingabewerte jederzeit verändert und die Ergebnisse bei Bedarf auch grafisch aufbereitet werden können.

■ Rollenspiel

Rollen spielen

Das Rollenspiel bietet Teilnehmern und Beobachtern die Möglichkeit, neue oder ungewohnte Perspektiven einzunehmen und Beziehungen zur Gruppe, zu Gruppenmitgliedern oder zu bestimmten Problemfeldern zu erkennen. Es kann Einfühlungsvermögen in Problemfelder erzeugen bzw. steigern, Interessenlagen oder Konflikte aufdecken und helfen, Strategien zur Problemlösung zu entwickeln. Die Teilnehmer erhalten Rollen zugewiesen (Rollenbeschreibungen) bereiten sich entsprechend vor und „spielen" diese Rollen dem Publikum in einer ca. 10-minütigen Sequenz vor. Hierzu ist es erforderlich, dass die Rollenspieler Distanz zur eigenen Rolle erzeugen und Lernbereitschaft für neues Verhalten mitbringen.

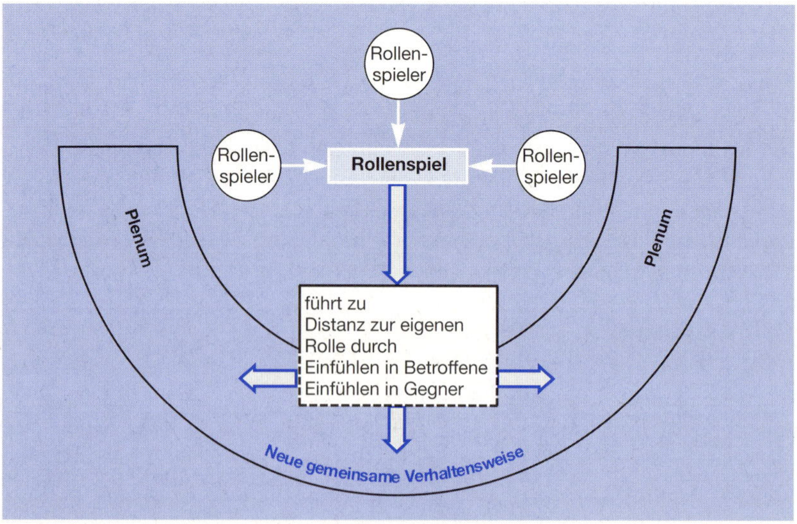

(Quelle: Siemens AG (Hrsg.): Organisationsplanung, S. 284)

Szenarios und Zukunftswerkstatt

Szenarien regen dazu an, sich systematisch und konstruktiv mit zukunftsgerichteten Themen auseinanderzusetzen. Sie initiieren Gruppenprozesse und veranlassen dazu, erworbene Kenntnisse und Fähigkeiten einzusetzen und sie unter Nutzung von Trends und Entwicklungsrichtungen auf die Zukunft anzuwenden. Hierbei wird deutlich, dass Zukunft auch gestaltbar ist, wenn man sich vergegenwärtigt, welcher Ausgangszustand die Basis ist und von welchen Faktoren er beeinflusst wird. Hierbei können Schlüsselqualifikationen wie z. B. Kooperationsfähigkeit, Problemlösungsfähigkeit und Kreativität entwickelt und trainiert werden.[1]

Während es bei der **Zukunftswerkstatt** eher um die Entwicklung wünschbarer Zukünfte geht, werden mit Szenarien wahrscheinliche oder mögliche Zukünfte entworfen. Bei Szenarien werden, ausgehend von einer Beschreibung der Gegenwart, realistische Konstruktionen bzw. Zukunftsbilder abgeleitet, die optimistisch oder pessimistisch gefärbt sein können. Bei einer Zukunftswerkstatt werden optimistische Utopien und Wünsche konstruiert und anschließend auf ihren Realitätsanspruch bzw. ihre Schwierigkeiten hin überprüft. Insofern ist die Szenario-Technik eher analytisch-sachlich ausgerichtet und die Methode der Zukunftswerkstatt eher an Intuition und Kreativität orientiert. Beide Vorgehensweisen können einander ergänzen.

Verlaufsstruktur für die Durchführung von Szenarien

Szenarien verlaufen idealtypisch in folgenden Schritten, die iterativ (in Schleifenform, mit Wiederholung von Teilschritten) durchlaufen werden:

1. **Aufgaben- oder Problemanalyse** (Exakte Formulierung der Aufgabenstellung, Sammeln von Informationen, Beschreiben der Ist-Situation, Problemfelder identifizieren, Festlegen von Zeithorizonten)
2. **Einfluss- und Umweltanalyse** (Einflussfaktoren bestimmen, Wechselwirkungen und Vernetzungen erkennen, Wirkung der Faktoren auf Ausgangssituation bestimmen)
3. **Projektionen oder Deskriptorenanalyse** (Kenngrößen je Einflussfaktor qualitativ und quantitativ bestimmen durch Skalen oder Werte, auf Zeithorizont projizieren)
4. **Alternativenbündelung** (Wirkung der Einflussfaktoren einschätzen und Alternativen für optimistische und pessimistische Annahmen entwickeln)
5. **Szenario-Interpretation** (Beschreibung zweier konträrer Szenarien [optimistisch, pessimistisch], Ableiten eines realistischen Trend-Szenarios)
6. **Konsequenzenanalyse** (Entwicklung von konzeptionellen Lösungswegen, Abwägung von Chancen und Risiken)
7. **Störereignisanalyse** (Störereignisse für Eintritt des Szenarios ermitteln, Eintrittswahrscheinlichkeit abschätzen, Auswirkungen der Störereignisse untersuchen)
8. **Szenario-Transfer** (Erarbeitung von Maßnahmen und Aktivitäten, um positive Entwicklungstrends zu fördern und negative zu vermeiden)

[1] *Vgl. Kaiser, Franz-Josef, Kaminski Hans: Methodik des Ökonomie-Unterrichts, Bad Heilbrunn 1994, S. 203 ff. und S. 224 ff.*

Verlaufstruktur für die Arbeit mit Zukunftswerkstätten

Zukunftswerkstätten sind ihrem Wesen nach provokativ, kommunikativ, kreativ, ganzheitlich und integrativ. Ihre Arbeit hat sowohl rational-analytischen als auch intuitiv-emotionalen Charakter. Idealtypisch verläuft sie in folgenden **Phasen:**

1. **Vorbereitungsphase** (Festlegen des Themas, Beschaffung der Arbeitsmaterialien)
2. **Beschwerde- und Kritikphase** (Kritiksammlung, -sichtung, -ordnung, -auswahl an gegenwärtiger Situation, Formulierung einer These)
3. **Phantasie-, Utopiephase** (Formulierung konkreter Wunschziele, keine Kritik der Ziele, Quantität geht vor Qualität, Weiterentwicklung bzw. -spinnen von Vorschlägen)
4. **Verwirklichung- und Praxisphase** (Zurückführen in Gegenwart, Durchsetzungschancen prüfen, Antizipation von Schwierigkeiten, Entwickeln von Durchsetzungsstrategien, Forderungskatalog für Realisierung, Aktionsplan)
5. **Nachbereitungsphase** (Nachfolgeaktivitäten planen, Ziel ist eine „permanente Zukunftswerkstatt")

Sowohl bei Szenarien als auch bei der Zukunftswerkstatt sind alle Arbeitsergebnisse zu dokumentieren und allen Beteiligten zugängig zu machen. Insbesondere die Visualisierung von Arbeitsergebnissen ist wichtig. So sollten Grafiken, Statements, Zusammenfassungen usw. auf Postern gesammelt und ausgehängt werden.

Brainstorming

Hier handelt es sich um ein gemeinsames Nachdenken über ein vorgegebenes Problem und um gemeinsame Ideenfindung zur Problemlösung in einer Gruppe unter Anleitung eines Moderators. Wichtig ist die Einhaltung von Regeln, die allen bekannt sein müssen.

Regeln:

- spontaner Zuruf von Beiträgen
- keine Kritik oder Bewertung von Beiträgen
- Ziel ist Quantität von Ideen, nicht Qualität
- Erzeugung möglichst „ausgefallener" oder origineller Beiträge
- Aufgreifen bereits vorgetragener Beiträge und deren Weiterentwicklung („Weiterspinnen")

Die Beiträge werden gesammelt (Pinnwand) und von den Teilnehmern in einer gesonderten Phase bewertet. Das evtl. hieraus ableitbare Ergebnis dient als Arbeits- oder Entscheidungsgrundlage für weiteres Vorgehen.

Brainwriting

Brainwriting ist eng mit Brainstorming verwandt. Statt akustischer Beiträge werden Ideen schriftlich in Einzelarbeit fixiert, in Partner- oder Kleingruppenarbeit diskutiert und abgeglichen. Daraufhin werden diese Ergebnisse an die nächste Gruppe weitergeleitet. Auch hier können Ideen aufgegriffen und „weitergesponnen“ werden.

Methode 635

Diese Methode basiert auf dem klassischen Brainstorming. Beiträge sind schriftlich abzufassen. Es wird eine Gruppe von **6** Teilnehmern gebildet. Jedes Gruppenmitglied schreibt **3** Ideen auf ein Blatt. Dieses Blatt wird an den benachbarten Teilnehmer weitergeleitet, so dass es zirkuliert. Ein Blatt erreicht also **5** weitere Teilnehmer. Jedes Gruppenmitglied ist bei der Zirkulation aufgefordert, jedes Blatt um 3 weitere Ideen zur Problemlösung zu ergänzen, wobei die auf dem Blatt aufgeführten Ideen aufgriffen werden sollen. Ein logischer Aufbau ist dabei nicht zwingend erforderlich. Auch hier dürfen die Ideen zunächst nicht kritisiert werden.

CNB-Methode

Die CNB-Methode (Collective-Notebook) wird ausschließlich schriftlich durchgeführt. Vom Moderator wird ein CNB vorbereitet. Die erste Seite besteht aus folgenden Arbeitsaufträgen:

1. Notieren Sie alle Ideen zum Problem!
2. Versuchen Sie, das Problem neu zu definieren!
3. Notieren Sie alle Ihnen bekannten Lösungsansätze (z. B. Literaturangaben usw.)!

Diese erste CNB-Seite wird an alle Teilnehmer verschickt. Bis zu einem bestimmten Termin führt jeder Teilnehmer die Arbeitsaufträge aus und schickt es an die Gruppenleitung. Dort wird das endgültige CNB erstellt und an alle Beteiligten verschickt. Anschließend hat jedes Gruppenmitglied den Auftrag, das CNB in folgende Punkte zusammenzufassen:

- die beste Idee zum Problem
- Vorschläge zur weiteren Vorgehensweise
- Ideen, die außerhalb der Problemstellung liegen

Diese Ergebnisse sind nun Grundlage für eine erste Arbeitssitzung, da während der gesamten Dauer der Aufschreibung jedes Gruppenmitglied auf sich gestellt und ohne Kontakt zu anderen Gruppenmitgliedern arbeitet.

Synektik

Die Synektik versucht, unterbewusst ablaufende Denkprozesse zu simulieren (Synektik = Zusammenfügen). Es wird versucht, ein bestehendes Problem zu „verfremden“, indem man es in völlig andere Bereiche verlagert. Hierzu werden Analogien ge- bzw. erfunden und im Analogieraum Lösungen erarbeitet. Diese Lösungen werden abschließend auf das eigentliche Problem bezogen.

Beispiel:

Das Ursprungsproblem besteht darin, einen Computer zu entwickeln, der tragbar, netzunabhängig und von Kindern im Vorschulalter bedienbar ist. Dieses technische Problem wird verlagert in völlig andere Bereiche, z. B. Zoologie, Natur, Soziologie o. Ä. Die Gruppe einigt sich, eine Analogie auszuwählen, z. B. „Wie verständigen sich Tiere?“. Je-

der Teilnehmer entwickelt hierzu persönliche Analogien in Situations- oder Erlebnisform und trägt sie in der Ich-Form vor, z. B. „Ich belle, ich mache Geräusche ...“. Die Gruppe identifiziert sich mit einer formulierten Analogie und entwickelt daraus ggf. weitere Analogien. In diesen Analogien werden Problemstellungen aufgedeckt und entsprechende Lösungen erarbeitet, z. B. „Verständigung der Tiere über akustische Signale“. In der letzten Phase wird untersucht, ob Lösungsalternativen für eine Analogie auf das Ursprungsproblem anwendbar sind, z. B. akustische Steuerung von Kindercomputern über eingebautes Mikro.

■ Morphologische Analyse

Ziel der morphologischen Analyse ist die vollständige Erfassung eines komplexen Problembereiches, um daraus mögliche Lösungsalternativen abzuleiten.

PHASEN

- **Problemanalyse** und Formulierung der Fragestellung
- ↓ Ermittlung aller **Einflussgrößen** des Problems
- ↓ Ermittlung aller **Ausprägungen** dieser Einflussgrößen
- ↓ Zusammenstellung einer **morphologischen Matrix**
- ↓ Zusammenstellung und **Analyse** aller möglichen Lösungen
- ↓ **Bewertung** und **Auswahl** der besten Lösung

BEISPIEL

Problem: Gestaltung eines Förderseminars

Zielgruppen – Seminarstil – Unterlagen – Seminarziel – organisatorische Hilfsmittel – räumliche Bedingungen – stoffliche Schwerpunkte – Zeitpunkt – Unterbringung – Referentenauswahl – Teilnehmerzahl – Seminarort

Seminarziel: Weiterbildung
Vermittlung von Grundwissen
Erfahrungsaustausch
Problemlösung
Motivierung

Ausprägungen / Einflussgrößen	**1**	**2**	**3**	**4**	**5**
Seminarziel	Weiterbildung	Vermittlg. v. Grundwissen	Erfahrungsaustausch	Problemlösungen	Motivierung
Stoffl. Schwerpunkt	indiv. Arbeitstechnik	Kreativitätstechniken	Führungsstil	zielgruppenbezogene Sachthemen	
Seminarstil	Einzelvortrag	Team-Teaching	Plenumsdiskussion	Gruppendiskussion	Gruppenarbeit
Unterbringung	Erholungscenter	Hotel	Berghütte	keine	Zeltplatz
Referentenauswahl	externe Spezialisten	interne Spezialisten	Mitarbeiter des Unternehmens	professionelle Lehrkräfte	Vorstandsmitglied

(Quelle: Siemens AG (Hrsg.): Organisationsplanung, S. 303)

Eignung und Auswahl von Techniken

Die verschiedenen Instrumente, Techniken und Methoden sind nicht alle gleich gut für unterschiedliche Problemfelder geeignet. Ihr Einsatz wird wesentlich bestimmt durch folgende Faktoren:

Kriterium	*Erläuterungen*
Teilnehmerkreis	*Anzahl der Teilnehmer Kenntnisstand und Erfahrungen im Umgang mit der Technik vorhandenes Problembewusstsein bei Teilnehmern*
Zeit	*Vorbereitungszeit; Durchführungszeit; Auswertungszeit*
Kosten	*externe Moderatoren Kosten für Zeitaufwand der Mitarbeiter Kosten Materialien, Medien*
Durchführungsart	*zentral, dezentral; schriftlich, mündlich*
gewünschtes Ergebnis	*Problembewusstsein schaffen; Vielzahl von Lösungsansätzen unkonventionelle Lösungen; komplette Lösungsstrategie*

Problemlösungsleitfaden

In der Literatur und im Internet finden sich eine Vielzahl von Checklisten, Empfehlungen, Merkblättern und Ratgebern zur Problemlösungsfindung. Sie können ein hilfreiches Instrument sein, Problemlösungsprozesse zu initiieren und zu steuern. Hierbei kommen die o.g. Techniken zum Einsatz.

Beispiel

Problemlösungsleitfaden
So lösen Sie effizient Probleme:
Auch Sie werden höchstwahrscheinlich tagtäglich mit einer Vielzahl von Problemen konfrontiert. Manche sind hierbei sehr schnell zu lösen, andere hingegen erfordern viel Zeit und Konzentration. Wir haben für Sie eine Vorgehensweise entwickelt, die sich in vielen Projekten bewährt hat. Wenn Sie so vorgehen, dann lösen Sie Probleme effizient.

Schritt	*Erläuterungen*
Schritt	***Erläuterungen***
1. Erkennen des Problems	*Zu Beginn eines jeden* ***Problemlösungs- und Entscheidungsfindungsprozesses*** *muss die Einsicht und der Konsens darüber vorliegen, dass ein Problem besteht und gelöst werden muss. Manche Probleme wachsen still, kaum merkbar, aber kontinuierlich an und überraschen dann durch ihr plötzliches und explosionsartiges Auftreten.* *Treten Probleme oder Krisen im Management auf, stellt sich die Frage, ob die Beteiligten eine klare Sichtweise der Realität haben oder ob sie das Problem mehr oder weniger ignorieren. Die vier unterschiedlichen Grade von* ***Problemlösungsfallen*** *sind:* • *Die Existenz des Problems wird verleugnet.* • *Die Bedeutung des Problems wird nicht erkannt.* • *Die Lösbarkeit des Problems wird nicht gesehen.* • *Die persönlichen Fähigkeiten, das Problem zu lösen, werden als gering eingeschätzt.* *Hilfreiche* ***Techniken in dieser Phase****:* *Brainstorming, Metaplan-Technik, Moderationstechnik, Befragung der Beteiligten (Selbstbild, Fremdbild), Symptom-Listen (harte und weiche Faktoren)*

2. Benennen des Problems	*Probleme werden je nach Standpunkt und Blickwinkel anders wahrgenommen und interpretiert. Die Betroffenen beschreiben es oft mit ganz verschiedenen Worten, obwohl sie grundsätzlich über das Gleiche sprechen. Gleichgültig, ob die verschiedenen Meinungen in kleinen Details oder in Hauptpunkten differieren: jeder Zwiespalt blockiert die Zusammenarbeit, die zur Lösung des Problems so wichtig wäre.* *Das Ergebnis der Suche nach einer Problembezeichnung ist ein einfaches, von allen Seiten akzeptiertes Statement, das die verschiedenen Aspekte des Problems auf einen gemeinsamen Nenner bringt und den Kern des Problems in einer für alle Beteiligten akzeptablen Weise charakterisiert.* *Mögliche Vorgehensweisen und* ***Techniken im 2. Schritt:*** *Metaplan, Moderationstechnik, Ein-Punkt-Abfrage, Mehr-Punkt-Bewertung, Brainstorming.*
3. Ursachen des Problems	*Die genaue Analyse der Problemursache verhilft zur wahren Definition des Problems. Die ersten beiden Schritte tragen erheblich dazu bei, die Beteiligten zu sensibilisieren, um das Problem anzunehmen, das gemeinsam zu lösen ist.* *In Schritt 3 wird versucht, die wahren Ursachen des Problems zu erkennen. Es gilt also herauszufinden, welche die möglichen echten Problemursachen sind und jene, die nur Symptome oder Folgeerscheinungen des Problems darstellen.* *Sinnvoll ist deshalb eine* ***ganzheitliche Diagnose des Problemkontextes*** *(materiell/sachlich, unternehmenskulturell und individuell).* *Mögliche Vorgehensweisen und* ***Techniken im 3. Schritt:*** *Ganzheitliche Diagnose, Kraftfeldanalyse, Immer-wieder-WARUM?-Analyse, Analyse der positiven/negativen Kräfte* *(Frage: Welche Kräfte verkleinern/vergrößern das Problem?), Chronologische Problemanalyse (Vorgehen: Von der Gegenwart wird die Spur aller Hauptsymptome oder Problemursachen zurückverfolgt und auf ihren Entstehungszeitpunkt hin untersucht.), Analysieren der Wirkungsverläufe (gleichgerichtete und entgegengerichtete Beziehungen)*
4. Zielbestimmung	*Folgende* ***Regeln*** *sollen befolgt werden, wenn das übergeordnete Ziel der Problemlösung formuliert wird:* *1. Formulierung des Ziels* • *eindeutige Formulierung* • *realistisch/erreichbar* • *herausfordernd* • *selbst beeinflussbar, nicht abhängig* *2. Prioritätenfestlegung (bei mehreren Zielen)* *3. Ziele positiv (um-)formulieren* • *keine Negationen, sondern positiv* • *keine Vergleiche, sondern konkrete Aktionen* • *keine Generalisierungen (immer, nie, jeder, keiner), sondern eindeutige Situationen* *4. Inneres Feedback* *(„Woran, an welchen Kriterien, kann ich erkennen, dass das Ziel erreicht wurde?“)*
5. Lösungsmöglichkeiten	*Bei der Darstellung der Lösungsmöglichkeiten sollen alle gefundenen Möglichkeiten genannt und aufgelistet werden. Dies bedeutet eine Aufwertung und Einbindung aller Beteiligten und gewährleistet die größten Wahlmöglichkeiten bei der Entscheidungsfindung.* *Mögliche* ***Techniken und Vorgehensweisen im 5. Schritt****: alle Kreativitätstechniken, Moderationstechniken, Brainstorming mit folgenden Fragen:* • *Was würde das Problem lösen?* • *An welche Lösungen haben wir bisher schon gedacht?* • *Wie könnten wir verhindern, dass dieses Problem immer wieder auftaucht?* • *Welche verrückten Überlegungen, Vorgehensweisen, Methoden könnten uns weiterhelfen?* *Welche Methoden könnten funktionieren?*
6. Entscheidungsfindung	*In Schritt 6 wird eine Lösung angestrebt, die die beste der vorliegenden Alternativen darstellt. Die Philosophie dieses Schrittes heißt Bewertung. Oft ergeben sich jedoch Entscheidungen aus politischem Machtmissbrauch, persönlichen Vorlieben, unzurei-*

	chender Führung o.Ä. Oberste Zielsetzung für einen Entscheidungsprozess im Unternehmen sollte deshalb sein, eine „richtige" Lösung zu finden, die die legitimen Interessen des Unternehmens und die Bedürfnisse der Mitarbeiter möglichst gut zur Deckung bringt. *Mögliche **Techniken und Vorgehensweisen im 6. Schritt**: Metaplan: Punktbewertungen, Definition von Muss- und Kann-Kriterien, Bewertung der Lösungsalternativen entsprechend des Vorhandenseins dieser Alternativen, Kriterien-Matrix* *Frage: An welchen Kriterien werden die Lösungsvorschläge gemessen? (Wichtigkeit und Ausprägung)* *Ganzheitliche Konsequenzen-Analyse, insbesondere:* • *Definition der möglichen Auswirkungen* • *Definition möglicher Einwände und Widerstände* • *Definition möglicher Eingriffs- und Veränderungsmöglichkeiten* • *Ermittlung möglicher Gewinner/Verlierer der Strategie*
7. Maßnahmen-planung	*Wenn eine oder mehrere Lösungen akzeptiert sind, so gilt es nun, die Umsetzung in die Praxis sicherzustellen. Ein Aktionsplan organisiert alle Aufgaben, die zur Umsetzung einer Entscheidung in die Praxis erforderlich sind.* *Mögliche **Vorgehensweise und Techniken im 7. Schritt**: Maßnahmenplanung* *Aufstellung Maßnahmenplan:* *Wer macht was bis wann mit welchem gewünschten Ergebnis?* • *mit welcher Priorität* • *mit welcher Kapazität* • *mit welchem Aufwand* • *mit welchen anderen Partnern* • *mit welchen (Zwischen-)Kontrollen* • *usw.* *Eventualitäts-Analyse / „Worst-Case-Szenario"* *(Frage: Was könnte alles schief laufen? Wie können wir das verhindern?)* *Festlegung der Realisierungs-Dramaturgie* *(Timing, Mikropolitische Maßnahmen, Informationen, Fach-Promotoren/Macht-Promotoren, Qualifikationen)*
8. Ökologie-Check	*Wir wissen, dass die Lust auf Leistung sich nur dann bei mir selbst oder beim Mitarbeiter voll entfalten kann, wenn in der Veränderung ein persönlicher Nutzen definiert werden kann, der den bisherigen Nutzen überwiegt. Dies muss durch den Ökologie-Check sichergestellt werden:* *Was wird für mich, für meine Mitarbeiter, für meine Funktion,* *für das Unternehmen nach dem Projekterfolg anders sein? (Besser/schlechter, einfacher/schwieriger etc.)* *Wann werden die Projektergebnisse bzw. die Problemlösungen von den Menschen/der Organisation verinnerlicht sein?*

(Quelle: http://www.shs-consultants.de/download/problem.html. August 1999)

5.2.8 Kommunikation

- Formen von Kommunikationsprozessen
- Kommunikationstraining
- Verbale und nonverbale Kommunikation
- Empfehlungen zu monologischen mündlichen Kommunikation (Vorträge, Referate)
- Empfehlungen zu dialogische Kommunikationsformen (Gespräche, Besprechungen, Verhandlungen)
- Schriftliche Kommunikation
- Telekommunikation

Kommunikation zwischen Menschen umfasst alle Formen des Informationsaustausches z. B. durch Sprache (gesprochenes Wort, Schrift), Gesten, Zeichen und Verhalten. Hierbei geht es nicht nur um die reine Informationsübermittlung, sondern Kommunikation setzt auch Emotionen frei, ermöglicht eigenes Reflektieren von Standpunkten und Verhalten und kann zu Konflikten führen.

Kommunikationsprozesse

Kommunikationsprozesse verlaufen in höchst unterschiedlichen Formen (Gespräche, Vorträge, schriftliche Kommunikation usw.), unter Nutzung verschiedener Kommunikationskanäle (z. B. Internet, Telefon usw.), mit unterschiedlichen Motiven der Kommunikationspartner (Verkaufsgespräch, Vorstellungsgespräch usw.) sowie zu verschiedenen Anlässen (Konferenz, Sitzung, Prüfung usw.). Die Fachliteratur liefert daher eine Vielzahl von Einteilungskriterien für Kommunikation.

Entsprechend groß ist somit die Anzahl einschlägiger Regeln und Empfehlungen für ein **Kommunikationstraining**. Je nach Zielsetzung und Umfeld der Kommunikation gibt es somit ein Kommunikationstraining z. B. für

- Verkaufsmitarbeiter mit direktem Kundenkontakt (vgl. S. 178),
- Mitarbeiter in Call-Centern,
- Mitarbeiter des Telefonmarketings,
- Moderatoren von Gruppenprozessen bei der Teamarbeit (vgl. S. 302),
- Bewerber in Vorstellungsgesprächen,
- Kandidaten in mündlichen Prüfungen,
- Vorgesetzte, die Personalgespräche führen,
- Trainer, Instruktoren, Lehrer,
- Web-Designer (Kommunikation via Internet),
- Entertainer,
- Interviewer,
- usw.

Im Folgenden wird ein kleiner Ausschnitt aus dem Spektrum der Kommunikationstheorie und -praxis vorgestellt, um einen Einblick in die Vielfältigkeit der Dimensionen von Kommunikation zu geben.

Verbale, nonverbale Kommunikation

Kommunikation kann sich über Sprache vollziehen. Das **gesprochene Wort** oder ein **geschriebener Text** transportiert hierbei die Informationen zwischen den Kommunikationspartnern. Eine erfolgreiche Kommunikation setzt bei dieser **Verbalisierung** voraus, dass die Kommunikationspartner „dieselbe Sprache sprechen", also über die Bedeutung der verwendeten Begriffe Einigkeit vorhanden ist. Anderenfalls kann es zu **Kommunikationsstörungen** kommen, wenn Begriffe unterschiedlich interpretiert werden.

Beispiel:

Der Begriff „Rolle" impliziert bei verschiedenen Menschen unterschiedliche Inhalte. Ein Schauspieler sieht darin einen Part eines Theaterstückes oder Films, ein Turnlehrer denkt vielleicht an einen Purzelbaum, ein Physiker versteht unter Rolle ein Hilfsmittel in der Mechanik, ein Cutter in einem Filmstudio meint eine Filmrolle, ein Mathematiker meint den „Satz von Rolle" (= mathematisches Theorem), ein Schneider meint eine Garnrolle usw.

Probleme

Bei der Verbalisierung sind also Worte, Begriffe und Definitionen erforderlich, da sie Träger (Transportmittel) von Informationen sind. Speziell bei Begriffen aus Fachsprachen ist somit Rücksicht auf den Kommunikationspartner zu nehmen und die Verwendung von Fachtermini, spezieller „Insider-Redewendungen" und Abkürzungen in Grenzen zu halten, wenn nicht sichergestellt werden kann, dass beide Kommunikationspartner über denselben Sprachschatz verfügen. Speziell in Verkaufsgesprächen (vgl. S. 178) kann in derartigen Fällen der erstrebte Erfolg stark gefährdet sein.

Nonverbale Kommunikation verläuft z. B. über Zeichen, Gesten und Verhaltensmuster von Kommunikationspartnern. In Gesprächen unter Anwesenden verläuft parallel zu dem verbalen Informationsaustausch ein Signalaustausch auf der Ebene der **Körpersprache**. Mimik, Gestik, Körperhaltung, Sprechtempo und -lautstärke werden hierbei z. T. unbewusst eingesetzt. Die hiermit ausgesendeten Informationen werden von dem Kommunikationspartner ebenfalls oft unbewusst wahrgenommen und mit den verbalen Kommunikationsinhalten verknüpft. Dadurch können Verbalisierungen verstärkt, gemindert oder verfälscht wahrgenommen und interpretiert werden.

Monologische mündliche Kommunikation

Hier handelt es sich um eine Kommunikationsform, bei der ein Akteur Informationen an eine oder mehrere Personen absendet. Die Sprechaktivität konzentriert sich also auf eine Person.

Vortrag, Referat

Vortrag, Referat

Vorträge sind mündliche Ausführungen, die an nicht grundsätzlich fachkundiges Publikum gerichtet sind. **Referate** hingegen richten sich an ein fachkundiges Auditorium. Diese beiden Kommunikationsformen unterscheiden sich also nicht durch ihren Inhalt bzw. ihre Strukturen sowie verwendete Hilfsmittel (Folien, Dias, Mikrofon usw.), sondern nur durch ihre **Zielgruppen**. Daher können gemeinsame Empfehlungen für **Planung und Durchführung von Vorträgen und Referaten** gegeben werden.
Bei der Vorbereitung von Vorträgen und Referaten sind einerseits die Zielgruppe zu analysieren und andererseits inhaltliche bzw. themenbezogene Entscheidungen zu treffen. Die Gestaltung der fachlichen Dimension von Vorträgen und Referaten unterliegt häufig tradierten **Irrtümern.**

Beispiele:

- *Es ist ein weit verbreiteter Irrtum, dass man einen Sachverhalt, den man selbst verstanden hat, ohne weiteren Aufwand einer anderen Person erklären kann. Besonders dramatisch wirkt sich dieser Irrtum in Prüfungen aus! Als Daumenregel kann man sagen, dass das eigene Verständnis des Sachverhalts (nur)* ***ein Drittel*** *des Weges zu einem guten Vortrag ausmacht.*

- *Ein weiterer Irrtum ist es, einen komplexen Sachverhalt, den man selbst verstanden hat, in einem Seminarvortrag innerhalb einer Stunde vollständig zu vermitteln. Allein die Tatsache, dass man selbst mehrere Wochen zum Verstehen benötigt hat, zeigt den Widerspruch. Ein **weiteres Drittel** des Weges zu einem guten Vortrag ist also die Auswahl einer angemessenen Menge von Inhalt für den Vortrag und die Wahl einer geeigneten Abstraktionsebene. Diese Auswahl hängt natürlich vom erwarteten Publikum ab.*

Irrtümer

- *Ein spezieller Irrtum bei Seminarvorträgen ist, dass man den Vortrag nur für den Seminar-Betreuer hält und ihm beweisen will, dass man alles verstanden hat (wie in einer Prüfung). Dabei bleibt das Publikum natürlich auf der Strecke. Das **letzte Drittel** des Weges bei der Vorbereitung eines guten Vortrages besteht darin, den Vortrag unterhaltsam zu gestalten. Sowohl der Seminar-Betreuer also auch die anderen Teilnehmer werden es dem Vortragenden danken.*
- *Der schlimmste Irrtum ist jedoch die Meinung, dass gutes Vortragen reine Begabungssache ist; man kann es, oder man kann es eben nicht. Deshalb versucht man, die „lästigen Seminarscheine" per Augen-zu-und-durch-Strategie zu erwerben und verpasst dadurch die einzigartige Chance, eine der für das Berufsleben wichtigsten Fähigkeiten zu erwerben. Die Erfahrung zeigt, dass ein guter Vortrag im wesentlichen „Handwerk" ist, das von jedem Studierenden erlernt werden kann. Begabung macht allenfalls den Unterschied zwischen einem guten und einem exzellenten Vortrag aus! Eine Menge hilfreicher Hinweise zu den handwerklichen Aspekten eines Vortrags sind auf einer eigenen WWW-Seite (siehe http://www.informatik.hu-berlin.de/~kindler/Praesentation/Literatur.html) gesammelt. Das „Handwerk" Vortragen kann man erlernen. Wie in jedem Handwerk gilt auch hier: Übung macht den Meister. Deshalb ist es wichtig, Vorträge bewusst zu gestalten und nach einem Vortrag auf Fehler hinzuweisen. Eine Möglichkeit dafür sind Fragebogen (siehe http://www.informatik.hu-berlin.de/~kindler/Praesentation/Fragebogen.html)*

(Quelle: http://www.informatik.hu-berlin.de/~kindler/Praesentation/Seminar.html, August 1999)

Erfolgreiche Vorträge und Referate sind das Ergebnis einer intensiven Vorbereitung. Durch Beachtung einiger **Grundregeln** kann diese Ergebnis optimiert werden.

Beispiel 1:

Merkblatt zur Gestaltung eines Seminarvortrags

- *Das Wesentliche aus der zu bearbeitenden Literatur exzerpieren, ohne die gesamte Arbeit vorzutragen; unwichtige Details auslassen.*
- *Kritische Distanz zum Thema wahren: eigene Beurteilung des Stoffes versuchen (z. B. Eignung und mögliche Anwendungsgebiete bestimmter Verfahren, Vor- und Nachteile von Systemen).*
- *Prägnante Beispiele helfen, abstrakte Sachverhalte besser zu verstehen.*
- *Formeln und Programmcode erst nach informeller Erklärung zeigen und ausführlich erklären.*
- *Rede so vorbereiten, dass Teile bei Zeitnot weggelassen werden können.*
- *Die Redezeit mindestens 25% kürzer planen als die verfügbare Vortragszeit (wegen Fragen, Diskussion).*
- *Auf Fragen aus dem Publikum während des Vortrags immer eingehen, nie abweisend oder unwirsch reagieren. Falls die Fragen überhand nehmen und die Zeit für*

unverzichtbare (!) Teile des Vortrags knapp wird, sollte man dies den Zuhörenden mitteilen und sie darum bitten, Fragen möglichst erst nach dem Vortrag zu stellen.

- *Wer wenig Erfahrung mit Vorträgen hat, sollte den vollständigen Vortrag mit den fertigen Folien unbedingt mindestens einmal (möglichst vor kritischem Publikum, nur im Notfall allein) im Voraus halten; solche Generalproben helfen auch sehr bei der Bestimmung der Vortragslänge.*
- *Den Text des Vortrags nicht ablesen oder auswendig herunterbeten: selbst eine manchmal stockend oder mit Pausen gehaltene, freie Rede bringt den Zuhörenden mehr.*
- *Nicht nur vorlesen, was auf den Folien steht: zusätzliche Informationen und Erläuterungen sind zum Verständnis äußerst wichtig.*
- *Es ist meistens sehr hilfreich, die ersten Sätze des Vortrags auswendig zu lernen, da dann der Einstieg wesentlich leichter ist.*
- *Es empfiehlt sich meist, den Vortrag im Stehen zu halten. Entspannt und gerade stehen, Füße etwa schulterbreit auseinander, Hände für Gestik benutzen. Nicht dauernd nervös hin- und herlaufen, aber auch nicht wie festgenagelt an einer Stelle stehen bleiben.*
- *Beim Vortrag den Blick der Zuhörenden durch Zeigen auf Texte und Grafiken führen. Entweder mit einem genügend spitzen Gegenstand (Bleistift) direkt auf der Folie zeigen (Vorteil: Blickkontakt gut möglich; Nachteil: es kann leicht einigen Zuhörenden die Sicht verdeckt werden) oder mit einem Zeigestab an der Projektionsfläche (Nachteil: es besteht die Gefahr, dass man sich vom Publikum abwendet und nur noch zur Leinwand spricht).* *Tipp*
- *Merkzettel kommen leicht durcheinander und sollten deshalb nummeriert sein. Wenn zu viel darauf steht, verwirren sie mehr, als sie helfen.*
- *Vortragende müssen jeweils am Anfang ihres Vortrags(-teils) ihr Thema und ihren Namen nennen.*
- *Beim Reden öfter Blickkontakt zu den Zuhörenden herstellen. Laut reden. Redepausen machen. Nicht zu schnell reden. „Ähm"-Laute vermeiden.*

(Quelle: http://www.informatik.tu-muenchen.de/fak_info/stud_info/seminare.html)

Beispiel 2:

*Wolfgang Coy **„Hinweise für Seminararbeiten"***

- *Seminare dienen der diskursiven Erarbeitung aktueller wissenschaftlicher Themen. Sie sollen auch die mündliche und schriftliche Kommunikationsfähigkeit schulen. Als Leistung im Seminar wird mindestens ein Vortrag und eine schriftliche Ausarbeitung erwartet. Mit den folgenden Hinweisen sollen diese Prüfungsleistungen kurz beschrieben werden.*
- *Die Literatur- und Materialsuche ist ein wesentlicher Teil Ihrer Ausarbeitung. Machen Sie sich mit der relevanten Literatur vertraut, bewerten Sie das Material. Überlegen Sie sich, was Sie in Ihrer Ausarbeitung verwenden wollen und was Sie lieber als Hintergrundwissen betrachten wollen. Versuchen Sie zu einer angemessenen Einordnung zu gelangen.*
- *Der wichtigste Hinweis ist: Vermeiden Sie den Fehler, der die Informatik negativ charakterisiert: Zeitdruck und damit mangelnde Vorbereitung! Sie sollten Ihren Vortrag spätestens eine Woche vor dem Vortrag vorbereitet haben.*
- *Fragen Sie Ihre Betreuer, wenn Sie unsicher sind.*

  Der mündliche Vortrag

- *Im mündlichen Vortrag soll einem Publikum nachvollziehbar eine Fragestellung in Form eines gesprochenen Monologs nahegebracht werden, der bestenfalls von Verständnisfragen unterbrochen wird. Anders als beim schriftlichen Text muss der Zuhörer alles sofort verstehen und den Gang des Vortrags ohne Rückgriff (und ohne Vorgriff) verfolgen können.*
- *Inhalt und Struktur entsprechen der schriftlichen Ausarbeitung. Überlegen Sie sich gut einen roten Faden für Ihre Darstellung. Im mündlichen Vortrag können Sie freilich Demonstrationselemente einbauen, auf die der Text verzichten muss.*
- *Der mündliche Vortrag kann frei, unterstützt von schriftlichen Anmerkungen, Overhead-Folien oder Rechnerdemonstration erfolgen oder durch Vorlesen eines Manuskripts. Da schriftliche Texte komplexer sind als mündliche Ausführungen, ist auf deutlichen und langsamen Vortrag zu achten. Eventuell sind die Sätze der schriftlichen Ausführung für den Vortrag zu kürzen und einzelne Passagen durch Erläuterungen zu ergänzen.*
- *Eröffnen Sie Ihren Vortrag mit einer kleinen Geschichte, einer persönlichen Bemerkung oder einer Einordnung Ihres Vortrages in die Seminarreihe. Erläutern Sie kurz, was Sie im Vortrag darstellen möchten.*
- *Stellen Sie sich auf das Publikum ein, das Sie ja in der Seminarsituation gut kennen. Um Ihre Zuhörer zum Zuhören zu bringen, muss der Vortrag Spannungen aufbauen. Langatmige oder langweilige Darbietung würgt selbst das gutwilligste Interesse an spannenden Inhalten ab. Wenn Sie schon keinen engagierten und begeisterten Eindruck hinterlassen, werden sich die Zuhörer auch nicht engagieren.*
- *Sprechen Sie deutlich, langsam und laut, aber nicht zu laut. Schauen Sie Ihr Publikum gelegentlich an, reagieren Sie auf seine Reaktion. Monologe sind langweilig, Dialoge mit einer einzelnen Person unhöflich.*
- *Antworten Sie auf Verständnisfragen direkt. Diskussionwünsche können Sie an das Ende des Vortrages verweisen. Antworten Sie nicht zu schnell, nicht auftrumpfend und nicht abweisend, schließlich wollen Sie die Zuhörer überzeugen und nicht überfahren.*
- *Falls Sie Folien verwenden, achten Sie auf die Klarheit und Lesbarkeit der Präsentation. Handschrift ist bei Folien ebenso akzeptabel wie Druckschrift. Die Druckschriftgröße soll nie unter 18 Punkt sinken – sonst ist der Text nicht mehr überall lesbar. Benutzen Sie typografische Auszeichnungen (Großschreibung, sperren, kursiv, fett) sparsam. Vermeiden Sie Unterstreichungen. Setzen Sie Farbe eventuell als Markierung ein.*
- *Schreiben Sie wenig Text auf jede Folie. Einige Zeilen genügen. Der Rest folgt durch mündliche Erläuterung. Versuchen Sie Grafiken oder Skizzen statt reiner Texte auf Folien zu nutzen.*
- *Messen Sie die Zeit bei der Vorbereitung, indem Sie sich selbst ihren Vortragstext vorsagen. Für den Vortrag rechnen Sie 20% der Zeit hinzu, um Zeit für Rückfragen und unvorhergesehene Verzögerungen zu gewinnen. Sprechen Sie nicht länger als eine Stunde – länger hört sowieso niemand zu. Der Rest der Zeit dient der Diskussion.*
- *Schließen Sie Ihren Vortrag mit einer Zusammenfassung der wichtigsten Punkte und den offen gebliebenen Fragen. Fordern Sie Ihre Zuhörer zum Fragen und zu Bemerkungen auf.*
- *Die schriftliche Ausarbeitung*

- *Schriftliche Arbeiten sind nicht das Ergebnis glücklicher Zufälle. Es gibt Regeln oder besser Richtlinien, die Sie beachten sollten. Die wichtigste Regel heißt, dass es keine endgültigen Regeln gibt. Experimentieren Sie – Sie können immer noch neue und bessere Formen finden!*
- *Gelegentlich werden Sie Arbeiten finden, die Ihnen besonders gut gefallen, weil sie interessant sind und/oder weil sie ansprechend geschrieben und gestaltet sind. Übertragen Sie diese Vorbilder auf Ihre eigene Arbeit!*

Inhalt

- *Machen Sie sich klar, für welches Publikum Sie schreiben. Sie sind dabei eingeschlossen. Wenn Sie etwas nicht verstehen, werden es Ihre Leserinnen und Leser auch nicht verstehen.*
- *Beschreiben Sie zu Beginn, was Sie im Aufsatz darstellen möchten: Die Aufgabe, die Fragestellung, das Problem, die Ausgangslage. Skizzieren Sie den verfolgten Lösungsweg. Ordnen Sie die Fragestellung und den Lösungsweg ein – in Alternativen, in den wissenschaftlichen und den historischen Kontext.*
- *Deuten Sie Alternativen an, so dass Ihre Leser und Leserinnen sich selber sachkundig machen können. Geben Sie hinreichend viel Literatur oder andere Verweise. Stellen Sie heraus, welche Literatur allgemeinen Charakter hat, welche für Ihr Thema unverzichtbar war und welche der weiteren Behandlung dienen soll.*
- *Wählen Sie im Zweifelsfall die einfachere sprachliche Darstellung. Fachbegriffe sind unvermeidbar; sie sollten sie konsistent einsetzen und bei der ersten Verwendung erklären oder im strengeren formalen Kontext definieren. Verwenden Sie fremdsprachliche Fachbegriffe nur, wenn es keine gute oder einheitliche Übersetzung ins Deutsche gibt. Achten Sie auf ein einheitliches Vokabular.*
- *Klarheit, Einfachheit und Kürze sind die wichtigsten Tugenden beim Schreiben wissenschaftlicher und technischer Arbeiten. Aber: Die Darstellung darf auch nicht zu kurz oder zu einfach sein. halten Sie sich an Einsteins Maxime: „Keep it as simple as possible, but not simpler!“*

Struktur

- *Gliedern Sie Ihre Arbeit übersichtlich: Ausgangslage, Bearbeitung, Ausblick.*
- *Versuchen Sie Thesen zu formulieren. Diese können, müssen aber nicht besonders hervorgehoben werden.*
- *Erläutern Sie Ihre Vorgehensweise, wenn sie sich nicht von selbst erklärt.*
- *Geben Sie alle verwendeten Quellen an, Literatur, URLs, Fernsehsendungen, auch wesentliche mündliche Erläuterungen anderer zum Thema.*

Form

- *Wählen Sie eine lesbare Seiteneinteilung. DIN A4 mit rundum etwa 3 cm Rand, 10-12 Punkt Type und anderthalbfachem Zeilenabstand ist eine gute erste Annäherung. Nummerieren Sie die Seiten.*
- *Auf dem getrennten Titelblatt muss Ihr Name, Studiengang und Matrikelnummer, Titel der Arbeit und Name der Lehrveranstaltung sowie das Datum der Abgabe stehen.*
- *Schreiben Sie vorzugsweise im linksbündigen Flattersatz, dann ersparen Sie sich viele Probleme mit Trennungen und automatischen Trennprogrammen. Blocksatz ist nur bei Buchdruckschriften (Proportionalschriften) und erstklassiger Trennung akzeptabel. Vermeiden Sie Unterstreichungen, die als eine Hilfsmaßnahme der Schreibmaschinenschrift statt halbfetter Schrift eingeführt wurden.*
- *Wenn Sie mehr von Typografie verstehen, nutzen Sie Ihre Kenntnisse.*

- *Zeichnungen, Grafiken und Fotos können Sie in das Dokument elektronisch einbinden oder einfach in freie Fläche oder auf eine eigene Seite kleben. Grafiken und Skizzen können mit der Hand oder mit dem Rechner erstellt sein. Beschriften Sie alle Bilder mit einer laufenden Nummer, einer Bildunterschrift und, so weit nötig an Achsen, Kurven, Flächen u. Ä.*
- *Rechtschreibung ist eine Form höflicher Kommunikation. Sie können die bisherige Form der deutschen Rechtschreibung verwenden oder die reformierte Schreibweise. Aber nicht beide gleichzeitig.*
- *Zitieren Sie präzise. Im deutschen Sprachraum ist die Zitierweise der preußischen Akademie üblich, die auch von der Deutschen Bibliothek verwendet wird. Am einfachsten lernen Sie sie, wenn sie sich die Zitate in der Zeitschrift „Informatik-Spektrum" anschauen.*
- *Zitieren Sie Lexika und Handbücher nur, wenn Sie ihnen entweder Wissen entnehmen, das deutlich über eine erwartete Allgemeinbildung hinaus geht oder wenn diese Zitate selber Gegenstand der Arbeit sind (z. B. weil das Lexikon falsche oder einseitige Auskunft gibt). Geben Sie Literaturzitate in der Originalsprache und in der Übersetzung an, wenn Sie sie selber übersetzen.*

(Quelle: http://waste.informatik.hu-berlin.de/Coy/Hinweise_fuer_Seminararbeiten%20, August 1998)

Dialogische Kommunikationsformen

Bei dieser Kommunikationsform sind mindestens zwei Beteiligte vorhanden, die im Dialog bzw. in einer freien oder gelenkten Diskussion Informationen austauschen. Auch hier sind verbale und nonverbale Dimensionen zu beachten.

Gespräche

Gespräche haben für die Beteiligten Kommunikationspartner das Ziel, Standpunkte, Meinungen oder Interessenlagen darzulegen und ggf. zu Entscheidungen über weitere Maßnahmen zu kommen. Somit kann die Antizipation (gedankliche Vorwegnahme) eines Gesprächsablaufes den Gesprächserfolg verbessern. Wenn z. B. Argumente des Gesprächspartners „vorher durchgespielt" werden, können entkräftende Argument vorbereitet werden.

Beispiel: *Tipps für erfolgreiche Gespräche*

Tipp	*Erläuterungen*
Bereiten Sie sich gut vor	*Wenn Sie wissen, dass Sie ein Gespräch oder eine Besprechung vor sich haben, ist es wichtig sich gut vorzubereiten. Wie sagt man so schön: Eine gute Vorbereitung macht schon 50 % des Erfolgs aus.* • ***Ziele bestimmen*** *– Bevor Sie in ein Gespräch gehen, sollten Sie sich immer die folgenden Fragen beantworten können:* *Was genau will ich in diesem Gespräch erreichen?* *Was genau will ich in Erfahrung bringen, lernen und herausfinden?* *Was genau will ich bewirken?* *Nur wenn Sie sich über diese Fragen im Klaren sind, können Sie in einem Gespräch zielgerichtet handeln.* • ***Inhaltliche Vorbereitung*** *– Sie können sich auch vorbereiten, indem Sie im Vorfeld etwas über das Thema des Gesprächs lesen und sich über die wichtigen Fakten und Daten dazu informieren.*

	• ***Strategische Vorbereitung*** – *Außerdem gehört es zu einer guten Vorbereitung, sich auch eine nützliche Gesprächsstrategie zu überlegen. Hierfür können Sie sich auf der Basis Ihres Gesprächsziels genau überlegen, was passieren könnte und wie Sie dann jeweils reagieren könnten. Eine solche Planung ermöglicht es Ihnen, im Gespräch flexibler zu sein.* • *Den eigenen Verhandlungsrahmen klären – wenn es sich um eine Verhandlungssituation (z. B. Verkaufsgespräch oder Gehaltsverhandlungen) handelt, sollten Sie sich auch einmal die folgenden Fragen beantworten:* *– Was ist das bestmögliche Resultat, das ich erreichen will?* *– Was ist für mich ein gutes Resultat?* *– Was ist ein Kompromiss, mit dem ich mich arrangieren könnte?* *– Was wäre für mich ein schlechtes Resultat?* *– Was könnte der „Worst Case“, also das allerschlechteste Resultat sein, dass ich erreichen könnte.* *Die Antworten auf diese Fragen geben Ihnen einen Rahmen für die Verhandlung. Wenn Sie diese Fragen für sich geklärt haben, kann Sie in einer Verhandlung kaum etwas überrumpeln und Sie können sich eine flexible Strategie zurechtlegen. Am besten ist es, die Antworten auf diese Fragen aufzuschreiben und vielleicht als Notizen mit in das Gespräch zu nehmen.*
Behalten Sie das ganze Gespräch über immer Ihre Ziele im Auge	*Ziele im Auge behalten – ohne eine konkrete Zielsetzung überlassen wir unser Glück und unseren Erfolg dem Zufall. Das gilt für unsere großen Lebensziele genauso wie auch für Ziele in jedem einzelnen Gespräch, das Sie führen. Wenn Sie sich gut vorbereitet haben, dann kennen Sie bereits Ihre Ziele. Aber noch wichtiger ist es, diese Ziele auch über das gesamte Gespräch hinweg vor Augen zu haben. Klare Ziele ermöglichen frühzeitiges Eingreifen – nur wenn Sie Ihre Ziele die ganze Zeit über im Blick haben, können Sie eingreifen, wenn sich die Situation im Sinne Ihrer Ziele ungünstig entwickelt. Deswegen sollten Sie sich das gesamte Gespräch über immer wieder mal fragen, was Sie eigentlich erreichen wollten und ob Sie sich mit dem, was Sie tun, Ihren Zielen nähern oder sich vielleicht eher davon weg bewegen.* *Klare Ziele erlauben es Ihnen, sich auf das Wesentliche zu konzentrieren – eine starke Fokussierung auf die von Ihnen gewünschten Resultate hält Sie auch davon ab, sich zu sehr auf Nebenschauplätzen zu bewegen. Ihre Zielsetzung ermöglicht es Ihnen bei dem eigentlichen Thema zu bleiben, und so können Sie konsequent auch Ihre Gesprächspartner immer wieder zurück zum eigentlichen Thema bringen.*
Bemühen Sie sich um eine partnerschaftliche Einstellung	*Wie sehen Sie Ihre Gesprächspartner? – Sehen Sie Ihre Gesprächspartner eher als Gegner oder gar als Ihre Feinde? Sehen Sie sie vielleicht als Menschen, denen Sie haushoch überlegen sind oder fühlen Sie sich ihnen unterlegen? Es lohnt sich, sich einmal klarzumachen, mit welcher Grundeinstellung wir einem Gesprächspartner gegenübertreten, da unsere Einstellung immer auch die Art und Weise unserer Kommunikation beeinflusst.* *Ihr Gesprächspartner bemerkt Ihre Einstellung sowieso – ganz unabhängig davon, wie Sie Ihren Gesprächspartner nun sehen oder sich ihm gegenüber fühlen: er oder sie wird es merken! Wir senden körpersprachliche Signale, die von anderen Menschen verstanden werden, auch wenn das beiden Gesprächspartnern nicht bewusst ist. Auch unsere Wortwahl und unser Tonfall werden von unserer inneren Einstellung dem Gesprächspartner gegenüber beeinflusst.* *Den Gesprächspartner als gleichberechtigtern Partner sehen – für die eigene Einstellung dem Gesprächspartner gegenüber gibt es einen Königsweg: Es gilt, sich weder überlegen noch unterlegen zu fühlen, weder feindlich noch zu vertrauensselig zu sein. Versuchen Sie ihn oder sie als gleichberechtigten Partner zu sehen. Das ist natürlich nicht immer leicht, aber das Bewusstsein darüber ist aber oft der erste Schritt, etwas zu ändern. Sehen Sie Ihren Gesprächspartner nicht als Gegner, nicht als Feind, aber auch nicht als Opfer oder wertlosen Menschen. Sehen Sie ihn als gleichberechtigten Partner, der genauso viel wert ist wie sie, der genauso ein Recht auf seine eigene Meinung hat, der genau wie Sie seine Stärken und Schwächen hat. Sehen Sie ihn einfach als Menschen.*
Erst verstehen, dann verstanden werden	*Der Quantensprung – Wenn Sie wirklich einen Quantensprung in Ihrem gesamten Kommunikationsverhalten machen wollen, dann beherzigen Sie diesen Tipp: Versuchen Sie immer erst Ihren Gesprächspartner zu verstehen, bevor Sie versuchen, selbst ver-*

	standen zu werden. Dieses Prinzip stammt aus dem Buch „Die 7 Wege der Effektivität" von Stephen R. Covey. Verstehen heißt sich hineinzudenken – Verstehen heißt hier nicht nur, dass Sie den Standpunkt Ihres Gesprächspartners intellektuell nachvollziehen können. Verstehen heißt auch, dass Sie die Sichtweisen Ihres Gegenübers akzeptieren und respektieren. Dazu müssen Sie nicht übereinstimmen oder das gutheißen, was Ihr Gegenüber sagt. Verstehen heißt, sich in den anderen hineinzuversetzen und zu versuchen, die Dinge aus seiner Warte heraus zu betrachten. Wir wissen ja schon alles, oder? – Wenn unser Gesprächspartner redet, glauben wir oft, sowieso schon zu wissen, was er sagen will. Vielleicht interessiert uns auch gar nicht, was er sagt. Wir wollen lieber unsere Argumente loswerden und denken die ganze Zeit, während der andere redet, schon darüber nach, was wir selbst sagen wollen. Genau so soll es nicht sein! Gehen Sie auf Ihren Gesprächspartner ein – Versuchen Sie zunächst, Ihren Gesprächspartner wirklich zu verstehen. Dabei kann Ihnen auch die Technik des Aktiven Zuhörens helfen. Versuchen Sie herauszufinden, was der andere wirklich meint und was hinter den Worten Ihres Gesprächspartners steckt. Versuchen Sie herauszufinden, was ihn wirklich bewegt und was er erreichen will, mit dem was er oder sie sagt. Erst wenn Sie verstanden haben, erklären Sie Ihrem Gegenüber Ihren eigenen Standpunkt. Argumentieren ist einfacher, wenn ich mehr weiß – Wenn Sie Ihren Gesprächspartner wirklich verstehen, haben Sie viel bessere Möglichkeiten zu Argumentieren, denn Sie können die Gedanken Ihres Gesprächspartners wirkungsvoll in Ihre eigenen Aussagen einflechten. Wenn Sie Ihren Gesprächspartner genau verstanden haben, fangen Sie an Ihre Argumente darzulegen. Jetzt sind Sie dran und wer das letzte Wort hat, entscheidet eine Situation oft für sich. Wir wollen verstanden werden – Jeder von uns möchte das Gefühl haben, wirklich verstanden zu werden. Wenn Sie Ihrem Gesprächspartner dieses Gefühl geben, ist die Wahrscheinlichkeit sehr groß, dass auch Sie gehört werden. Viele Streits entstehen nur, weil wir uns weigern den anderen zu verstehen und von vornherein auf unserer Meinung beharren. Wenn Sie Ihrem Gegenüber genug Raum geben, wird es vielleicht zu keinem Streit mehr kommen. Und denken Sie daran: jemanden zu verstehen, heißt nicht unbedingt auch, dass Sie die Ansichten teilen müssen! Egal, ob in der Familie oder im Geschäftsleben. Dieser Tipp funktioniert! Probieren Sie das einfach mal aus.
Lassen Sie sich nicht „zuschütten"	*Wenn Sie versuchen andere wirklich zu verstehen, kann das allerdings schnell dazu führen, dass Sie nur noch zuhören und selbst gar nicht mehr zu Wort kommen. Das ist auch nicht der Sinn der Sache. Vielredner stoppen – Es gibt Vielredner, die nur reden, um zu reden. Sie halten minutenlange und oft vollkommen unnötige Monologe, die oft schnell langweilig und nervenzehrend werden. Es ist Ihre Zeit und es sind Ihre Nerven und Sie haben es wirklich nicht verdient, das zu ertragen. Um Vielredner zu stoppen, gibt es Rezepte: Rezept 1 – Unterbrechen Sie einfach – Sie können Ihren Gesprächspartner einfach unterbrechen, wenn er zu lange redet. Die meisten von uns haben zwar in der Vergangenheit gelernt, dass es unhöflich ist jemanden zu unterbrechen. Aber es auch unhöflich, jemanden durch einen minutenlangen Monolog zu langweilen, der den Punkt des anderen schon nach 10 Sekunden verstanden hat. Auch beim Unterbrechen gilt: Der Ton macht die Musik. Sie sollten Ihrem Gesprächspartner lieber nicht sagen: „STOP! Jetzt haben Sie genug geredet! Jetzt bin ich dran..." Es gibt eine bessere und höflichere Methode. Sagen Sie doch einfach in freundlichem Ton: „Warten Sie mal kurz! Ehe ich es vergesse... Dazu fällt mir Folgendes ein" Oder sagen Sie einfach zwischendrin: „Ja. Das ist ja genauso, wie bei... Dabei müssen wir auch beachten...". Wichtig hierbei: Sie müssen das mit ein bisschen Schwung sagen, so dass Ihr Gegenüber ein wenig erschrocken ist und erst einmal zu reden aufhört. Wenn Sie Ihrer Unterbrechung nicht genug Nachdruck verleihen, redet Ihr Gesprächspartner vielleicht einfach weiter. Rezept 2 – Langweilen Sie sich deutlich – Signalisieren Sie deutlich Langeweile. Auch hier denken Sie vielleicht, das wäre unhöflich, aber wie schon gesagt: Jemanden totzureden, ist auch kein höfliches Verhalten. Schauen Sie aus dem Fenster. Kritzeln Sie auf*

	einem Stück Papier herum. Spielen Sie gelangweilt mit einem Stift. Setzen Sie ein gelangweiltes Gesicht auf und um Himmels Willen: schauen Sie Ihrem Gesprächspartner nicht in die Augen, denn das zeigt Interesse. *Abwägen, wann es besser ist Vielredner zu ertragen – Diese Rezepte können Sie natürlich nicht überall anwenden. Langeweile zu signalisieren, ist in einem Vorstellungsgespräch oder in einer Gehaltsverhandlung vielleicht nicht der richtige Weg. Sie müssen das natürlich abwägen.*
Lassen Sie sich nicht unterbrechen	*Sie gehören sicherlich nicht zu den Vielrednern. Deswegen haben Sie es auch nicht verdient, beim Reden unterbrochen zu werden. Viele Menschen haben aber die Angewohnheit, andere ständig zu unterbrechen, auch wenn Sie gerade erst ein oder zwei Sätze geredet haben. Auch dafür gibt es ein einfaches Rezept: Sagen Sie einfach freundlich, aber laut und deutlich:* *„Warten Sie bitte... Lassen Sie mich das kurz noch zu Ende bringen..."* *oder* *„Warten Sie bitte ... Einen Satz noch...* *Viele Menschen merken gar nicht, dass Sie andere Menschen unterbrechen und dann ist es oft unangenehm, sie darauf aufmerksam zu machen, weil wir ja damit den Menschen direkt kritisieren. Durch die oben gezeigte Art und Weise, holen wir uns das Wort zurück, ohne den anderen anzugreifen.* *Lassen Sie sich nicht überrumpeln – Leider sind wir normalerweise ziemlich erstaunt, wenn uns unser Gesprächspartner so unvermittelt das Wort abwürgt. Das führt dazu, dass wir zu überrumpelt sind, um entsprechend zu reagieren. Hier ist es sinnvoll zu trainieren, sich das Wort zurückzuholen. Das können Sie im Rollenspiel mit einem Menschen Ihres Vertrauens tun oder Sie trainieren diese Verhaltensweise mental. Dazu bietet sich z. B. der New Behaviour Generator oder die Autosuggestion an.*
Fassen Sie sich selbst kurz	*Nach 30 Sekunden hört Ihnen keiner mehr zu – Es gibt Menschen, die reden und reden und reden und lassen andere Menschen nicht zu Wort kommen. Dabei schalten die meisten Menschen sowieso nach 30 Sekunden ab und wenden sich ihren eigenen Gedanken zu oder fangen an, sich zu langweilen. Also fassen Sie sich besser kurz und versuchen Ihre Botschaften so knapp und so schnell wie möglich zu präsentieren – am besten in weniger als 30 Sekunden. Dann lassen Sie Ihren Gesprächspartner zu Wort kommen. So kommt ein wirkliches Zwiegespräch zustande.* *Keine minutenlange Monologe halten – Viele Menschen meiden Vielredner, weil sie sich langweilen und selbst nicht ausreichend zu Wort kommen. Allenfalls die großen Schweiger unter uns werden solche Gesprächspartner begrüßen. Im Normalfall stellen minutenlange Monologe eine Respektlosigkeit dem anderen gegenüber dar. Außerdem sind sie oft auch sinnlos, denn wie gesagt: Nach 30 Sekunden Monolog ist Schluss mit der Aufnahmefähigkeit.* *Bei einem Zwiegespräch reden beide – Es geht darum, sich zu überlegen, ob Sie ein Zwiegespräch führen oder eine Rede halten wollen. Viel interessanter als selbst zu reden ist es doch, zu hören, was der andere sagen will. Was ich sagen will, weiß ich ja schon. Aber aus den Gedanken des anderen kann ich etwas lernen.* *Zeit ist Geld – Zeit ist ein wertvolles Gut und gerade im Geschäftsumfeld wird Ihnen jeder dafür dankbar sein, wenn Sie diese Ressource schonend behandeln. Also fassen Sie sich so kurz wie möglich, damit ein gewinnender Dialog zustande kommt, bei dem sich beide zu gleichen Teilen einbringen können.*
Fragen Sie auf jeden Fall nach, wenn Sie etwas nicht verstanden haben	*Viele Menschen unter uns haben ein Problem damit, nachzufragen, wenn Sie etwas nicht verstanden haben. Wir glauben, dass es ein Eingeständnis der eigenen Unwissenheit oder vielleicht sogar der eigenen Dummheit ist, wenn wir nachfragen. Kommunikation ist immer zweiseitig – Wenn Sie etwas nicht verstehen, kann das daran liegen, dass Sie noch nicht genug wissen oder vielleicht hat sich Ihr Gesprächspartner auch nicht klar genug ausgedrückt. In beiden Fällen sollten Sie nachfragen, sonst geht der Rest des Gesprächs vielleicht an Ihnen vorbei, weil Ihnen im weiteren Verlauf wichtige Informationen fehlen. Nachfragen deutet nicht auf Dummheit hin, sondern auf Interesse und eine wache Persönlichkeit.* *Sagen Sie einfach:* *„Eines habe ich dabei noch nicht so ganz verstanden."* *Betrachten wir diesen Satz etwas genauer: Das „noch" im Satz sagt aus, dass Sie es zwar noch nicht verstanden haben, aber dass Sie es bald verstehen werden. Die Wörter*

	„eines" und „ganz" stehen dafür, dass Sie schon eine Menge verstanden haben, und dass Ihnen nur noch ein kleiner Rest zum vollständigen Verständnis fehlt. Wir sehen, welche große Wirkung kleine Wörter haben können. *Viele Menschen spielen auch ein rhetorisches Spiel. Sie untermauern Ihre Aussagen z. B. mit Sätzen wie:* *„Wie jeder weiß, ..."* *oder* *„..., aber das wissen Sie ja bestimmt"* *oder* *„Da erzähle ich Ihnen ja nichts Neues."* *Lassen Sie sich nicht von solchen rhetorischen Tricks beeindrucken. Wer so etwas sagt, versucht Sie davon abzuhalten, nachzufragen, oder noch schlimmer: er versucht Widerspruch im Keim zu ersticken. Hier sollten Sie erst recht nachfragen. Machen Sie es sich zu einer goldenen Regel, immer nachzufragen, wenn Sie etwas nicht verstanden haben.*
Fragen, fragen, fragen	*Viele Fragen stellen – Stellen Sie während eines Gesprächs viele (sinnvolle) Fragen. Je mehr desto besser. Fragen Sie z. B.:* • *Wie geht das genau?* • *Was darf ich mir darunter genau vorstellen?* • *Wie soll das genau funktionieren?* • *Warum ist das so?* • *Warum geht das nicht?* *Fragen leiten das Gespräch in Ihre Wunschrichtung – Durch gezielte Fragen können Sie das Gespräch in die Richtung leiten, in die Sie es gerne haben möchten. Wie heißt es so schön: Wer fragt, der führt.* *„Warum?" fragen – Eine erstaunliche Möglichkeit, ist es, nach dem „warum" zu fragen, besonders, wenn Ihr Gesprächspartner Mensch eine Aussage macht und sie als allgemein gültig hinstellt. Dann können Sie Fragen: „Warum ist das so?". Ein Beispiel dazu: Ihr Gesprächspartner sagt: „Über eines sind wir uns doch einig: Wir können unseren Marketingetat nicht erhöhen." Viele werden nun wegen des kleinen rhetorischen Tricks „über eines sind wir uns doch einig..." nicht mehr nachfragen, aber hier ist eine Warum-Frage absolut angebracht. Sie können auch fragen: „Was würde denn passieren, wenn wir den Marketingetat erhöhen würden?". Lernen Sie die richtigen Fragen zu stellen und Sie werden jedes Gespräch führen.*
Verwenden Sie eine klare und bildhafte Sprache mit vielen Beispielen	*Viele Menschen reden in so abstrakten Wörtern und Begriffen, dass man einen ganz leeren Kopf davon bekommt. Solche Menschen kann man nicht verstehen. Wenn Sie wollen, dass andere Sie verstehen, dann reden Sie in Bildern, geben Sie viele Beispiele und reden in Metaphern. Beispiele und Metaphern transportieren eine Nachricht viel besser als eine abstrakte Erklärung. Achten Sie auch darauf, kurze Sätze zu formulieren und klar und deutlich zu sagen, was Sie sagen wollen. Das erleichtert das Verständnis.*

(Quelle: http://www.zeitzuleben.de/inhalte/kommunikation/gespraechsfuehrung/tips_2_teil1.html)

- **Interviews**

Interviews sind Gespräche, bei denen gezielte Fragen gestellt werden. Der Interviewer ist dabei an Informationen über den Interviewten interessiert. Daher müssen hinsichtlich der gestellten Fragen und der eingesetzten **Fragetechnik** besondere Planungen erfolgen (vgl. S. 125)

- **Besprechungen**

Besprechungen sind Gespräche zwischen mehr als zwei Beteiligten. Die Kommunikationspartner können dabei gleicher oder unterschiedlicher Grundmeinungen sein, es können sich Koalitionen bilden, verändern und auflösen, es können Konflikte entstehen oder geschlichtet werden. Besprechungen in betrieblichen Situationen verursachen zudem Kosten, daher ist eine sorgfältige Planung und Vorbereitung von Besprechung seitens aller Beteiligten vonnöten.

Checkliste zur Vorbereitung und Durchführung von Besprechungen ***Beispiel:***

Besprechungsphasen	Einzelaktivitäten
Eröffnungsphase	• *eigene ordnungsgemäße Vorbereitung prüfen* • *auf jeden Fall pünktlich beginnen* • *Teilnehmer begrüßen* • *sich selbst mit Funktion vorstellen (so weit notwendig)* • *Teilnehmer mit Funktion vorstellen (so weit notwendig)* • *Ziel und Thema präzisieren (visualisieren)* • *Teilnehmer zu aktiver Mitarbeit motivieren* • *technischen Ablauf erklären* • *Spielregeln festlegen* • *sachlogischen Ablauf (roten Faden) festlegen/vereinbaren* • *Verständnis und Zustimmung der Teilnehmer absichern* • *Diskussionsgrundlage schaffen*
Diskussionsphase	*Diskussion moderieren, nicht manipulieren* *Diskussion in Fluss halten (Teilnehmer aktivieren)* *Diskussion zum Thema halten (durch Fragen zielorientiert steuern, Diskussionstechniken anwenden)* *Spielregeln überwachen (z. B. Worterteilung)* *visualisieren* *Verständnis sicherstellen* *sachliche Ziele vereinbaren und visualisieren (Overhead-Folie!)* *Zusammenfassung geben* *Fairness und Sachlichkeit wahren*
Schlussphase	*Ergebnisse zusammenfassen* *korrekte Protokollierung sichern* *Aufgaben verteilen (Verantwortlichkeiten, Termine)* *Teilnehmer zur Ergebnisverwirklichung motivieren* *nächsten Besprechungstermin vereinbaren* *danken und abschließen*

Vorbereitung einer Besprechung

Vorbereitungsphasen	*Einzelaktivitäten*
Thematische Vorbereitung	• *präzise Besprechungsthemen festlegen* • *themenbezogene Informationen zu einzelnen Tagesordnungspunkten (TOP's) sammeln und aufbereiten* • *Vorabinformationen und Tischvorlagen für die Teilnehmer zusammenstellen* • *TOP's sachlogisch richtig aufbauen (klare Zielsetzungen, Zeitbegrenzung für Einzelthemen)* • *TOP's besprechungspsychologisch richtig aufbauen*
Personelle Vorbereitung	• *telefonisch vorab klären, ob der vorgesehene Besprechungstermin für den potenziellen Teilnehmerkreis mit Rücksicht auf den Betriebsablauf passend ist* • *nur solche Teilnehmer schriftlich einladen, ...* • *die wirklich Sachbeiträge zu den TOP's leisten können* • *die von etwaigen Beschlüssen in ihrer Arbeit nachhaltig betroffen sind* • *die entscheiden können/müssen* • *den Eingeladenen Rollen zuteilen (Moderator, Berichterstatter, Protokollführer)*
Technische Vorbereitung	• *geeigneten Besprechungsraum auswählen und reservieren* • *sachlich und psychologisch richtige Sitzordnung arrangieren* • *Arbeitsunterlagen und Erfrischungen für die Teilnehmer bereitstellen* • *Visualisierungshilfen vorbereiten* • *Zeitplan aufstellen, der effizientes Arbeiten ermöglicht*

(Quelle: http://www.shs-consultants.de/download/besprechungen.html)

Verhandlungen

Verhandlungen finden zwischen zwei Parteien statt, die unterschiedliche Zielrichtungen und Interessen verfolgen. Typische Verhandlungssituationen in betrieblichen Situationen sind z. B. Preis- und Konditionenverhandlungen zwischen Kunde und Lieferer, Verhandlungen zwischen Mitarbeiter und Vorgesetzten über Gehaltshöhe, Arbeitsbedingungen, Kompetenzen usw. Auch hier gilt: „Eine gute Vorbereitung schafft eine Basis zur Erreichung des Verhandlungsziels!"

Beispiel:
Verhandlungsregeln

10 Regeln für erfolgreiche Verhandlungen

Gut verhandeln zu können gehört heute nicht mehr nur zu den herausragenden Eigenschaften von Top-Verkäufern, sondern ist für Führungskräfte aller Hierarchiestufen mittlerweile zu einer Notwendigkeit geworden, wenn sie die „competitive edge" nutzen wollen. Hier einige der psychologischen Grundregeln, die Sie bei schlauer Anwendung für Ihre Verhandlungen nutzen können. Sie stellen bei seriöser Nutzung ein sehr powervolles Instrumentarium dar.

Nr.	Regel	*Bemerkungen*
1	Jeder hat das Bedürfnis, konsequent zu sein.	*Schaffen Sie Situationen, in denen der andere Ihnen zustimmt. Appellieren Sie an Geradlinigkeit und Konsequenz Ihres Gegenüber. Machen Sie ihn auf Widersprüche aufmerksam.*
2	Was als knapp erlebt wird, steigt subjektiv im Wert.	*Ist das, was Sie anbieten, immer und überall leicht und auf Dauer zu erhalten? Sind Sie wirklich jederzeit zu weiteren Gesprächen bereit? Kann man Sie persönlich für Rückfragen immer erreichen?*
3	Erweise ich jemandem eine Gefälligkeit, wird er sich revanchieren wollen.	*Aufmerksamkeiten, Nettigkeiten, Zuwendung und besonderes Interesse für den Verhandlungspartner schaden sicher nicht. Vielleicht können Sie ihm beruflich oder privat Hilfestellungen leisten?*
4	Aktivität und Kooperation stellen Sympathie her.	*Arbeiten Sie von Anfang an mit Ihrem Verhandlungspartner eng zusammen, lassen Sie seine Anregungen in Ihre Angebote mit einfließen. Halten Sie einen so engen Kontakt wie möglich.*
5	Die gezielte und richtige Etikettierung motiviert.	*Sind Sie sicher, dass Sie dem Verhandlungspartner einen „Kostenplan" für den Deal vorlegen? Oder ist es nicht vielmehr die „Basis für eine gemeinsam erfolgreiche Zukunft"?*
6	Zeigen Sie Zuversicht – sie ist voller Macht!	*Die meisten Menschen scheinen von der Tendenz her unsicher zu sein. Sie sind derjenige, der Sicherheit verstrahlt. Gehen Sie in allen Gesprächen von positiven Erfolgsszenarien aus.*
7	Zeigen Sie Freundlich keit – auch sie ist voller Macht.	*Mit wem möchten Sie lieber verhandeln: mit einem ungeduldigen Griesgram, oder mit einem souveränen zuvorkommenden Partner?*
8	In spannungsreichen Situationen helfen oft paradoxe Appelle.	*Wenn die Situation völlig verfahren ist, das Gespräch in einer Sackgasse zu versanden droht: tun Sie irgendetwas, das Sie beide aus dieser Situation herausführt. Fragen Sie den anderen z. B., was er als kleines Kind für einen Berufswunsch hatte.*
9	Reden Sie in und mit Bildern – sie üben unglaubliche Kräfte aus!	*Niemand wird sich in entspannter Gesprächsatmosphäre für die physikalischen Details einer Kraftentfaltung bei Nachbrennern interessieren. Wenn jedoch „die gleiche Energie freigesetzt wird wie beim Start einer Apollo-Rakete in Cape Canaveral", dann kommt das gewünschte Staunen bei den Zuhörern.*
10	Die Macht der anderen: das Urteil anderer ist verhaltenswirksam.	*Ist Ihrem Gesprächspartner bewusst, dass Sie dieselbe Alarmanlage vor vier Wochen bei seinem Chef installiert haben?*

(Quelle: http://www.shs-consultants.de/download/verhandlungen.html, August 1999)

Schriftliche Kommunikation

Texte

Die schriftliche Kommunikation ist gekennzeichnet durch die Distanz zur Kommunikation des Partners. Sie meist reduziert auf sprachliche Mittel und kann unterstützt werden durch visuelle Hilfsmittel (Grafiken, Schaubilder usw.). Somit entfallen nonverbale Kommunikationsmittel. Auch sind Zwischenfragen nicht möglich, um Verständigungsprobleme zu klären. Ferner können Missverständnisse durch unterschiedliche Interpretation des geschriebenen Textes entstehen. Trotzdem ist die Schriftform im Geschäftsverkehr üblich, insbesondere zur Beweissicherung. Spezielle Formen der schriftliche Kommunikation sind Kataloge, Verträge, Rundschreiben, Aushänge usw.

Telekommunikation

Im Rahmen verkaufsunterstützender Maßnahmen (vgl. S. 164) sowie im Zuge der Entwicklung des Electronic-commerce (vgl. S. 167) erhalten moderne Telekommunikationen eine zunehmende Bedeutung. Sie sind dabei nicht als Ersatz, sondern als sinnvolle Ergänzung zu konventionellen Telekommunkationsformen wie Telefon, Fax zu sehen.

Videokonferenzen

Hier werden unter Einsatz von Telekommunikationsmedien Gespräche geführt, wobei die Kommunikationspartner räumlich getrennt sind. Visuelle Kontakte werden über Kameras und Monitore hergestellt, wobei die anfallenden Daten „live" übertragen werden. Die akustische Kommunikation wird durch Mikrofone und Lautspecher ermöglicht. Zusätzlich können weitere Daten übertragen werden, z. B. digitale Unterlagen wie Tabellenkalkulationsblätter, Grafiken, Video-Sequenzen, Datenbankinhalte usw.

eMail

eMails werden durch entsprechende Protokolle innerhalb des Internets (auch Intranets und Extranets) versendet. Sie eignen sich einerseits für dialogische Kommunikationen zwischen zwei Kommunikationspartnern und andererseits auch für monologische Kommunikationen, z. B. eMail-Listen, Rundschreiben usw.

CHAT

Internet-relay-chat (IRC) ist ein Internet-Dienst, bei dem kurze schriftliche Informationen in sog. Chat-Räumen ausgetauscht werden. Es gibt offene (beliebiger Benutzerkreis), geschlossene (nur für bestimmte autorisierte Benutzer) Räume, moderierte (mit Diskussionsleiter) und freie Räume (alle Benutzer sind gleichberechtigt).

WWW (world-wide-web)

Das WWW vereinigt mehrere Internet-Dienste unter einer grafischen Benutzeroberfläche. Vor allem werden Websites zunehmend als Plattform für weitere Kommunikation genutzt (Chat, eMail). Die Homepages von Betrieben sind dabei ihre digitalen Visitenkarten.

5.2.9 TZI – Themenzentrierte Interaktion in Kommunikations- und Teamprozessen

- Das Modell der TZI
- Drei Ebenen der Interaktion (Sach-, Ich-, Wir-Ebene)
- Grundregeln der TZI
- TZI in der Praxis der Teamarbeit
- TZI im Alltag

Dimensionen von Kommunikationsprozessen

Da Kommunikationsprozesse zwischen Menschen sich in verschiedenen Dimensionen bewegen (sachlogische Dimension, psychologische bzw. soziologische Dimension), ist eine grundsätzliche Untersuchung dieser Ebenen erforderlich, um entsprechende Handlungsmodelle zu konstruieren. Hierzu haben sich verschiedene Ansätze sowohl im wissenschaftlichen Bereich als auch in der betrieblichen Praxis gebildet. Einen wesentlichen Beitrag leistet der Ansatz der themenzentrierten Interaktion (TZI).

(Quelle der folgenden Abschnitte: http://www.zeitzuleben.de/inhalte/kommunikation/team/tzi1/einfuehrung.html, August 1999, Grundlage dieses Artikels ist das Buch „Von der Psychoanalyse zur themenzentrierten Interaktion", Klett-Cotta, 1994)

„Teamarbeit gestaltet sich oft schwierig. Offene und versteckte Konflikte belasten die Arbeitsatmosphäre, Machtspielchen kosten Zeit und Energie und Arbeitserfolge stellen sich nur schleppend ein. Für eine wirklich effektive Teamarbeit ist es zunächst wichtig, die natürlichen Prozesse in Teams zu erkennen und entsprechende Regeln aufzustellen, die eine gute Zusammenarbeit aller ermöglichen."

- **Ein Team besteht immer aus Individuen**

Meist wird viel zu wenig beachtet, dass es sich bei einem Team immer um eine Gruppe von einzelnen Menschen handelt, die mit ihren ganz persönlichen Eigenschaften, Bedürfnissen und Verhaltensweisen aufeinander treffen. Ein Team besteht immer aus verschiedenen Individuen, die alle ihre Geschichte, ihre Stärken und Schwächen – oder einfacher gesagt: ihre ganze Persönlichkeit mitbringen.

- **Das Modell der TZI berücksichtigt die Individualität der Einzelnen.**

Diese unterschiedlichen Personen treffen aufeinander und es entwickeln sich Sympathien und Antipathien, Zuneigung und Spannung, Freude und Konflikte. Bei all dem soll diese Gruppe von Menschen nun aber ein Arbeitsziel verfolgen und möglichst schnell und effektiv zu Ergebnissen kommen. Sie sehen: Teamarbeit ist eine sehr komplexe Angelegenheit.

- **TZI hilft, die Teamarbeit effektiver zu gestalten**

Mit dem Wissen über die TZI können Sie in Zukunft Äußerungen und Konflikte im Team viel besser einordnen. Ruth Cohn hat ein Modell erarbeitet, das leicht einsichtig ist und deshalb als Kommunikationsgrundlage für jede Teamarbeit genutzt werden kann. Gleichzeitig können mit Hilfe dieses Modells Konflikte erklärt und damit nachvollziehbar werden. Zusätzlich gehören zu diesem Modell eine Reihe von Regeln, die für die praktische Kommunikation im Team sehr hilfreich sind.

Das Modell der TZI

Das Modell der themenzentrierten Interaktion nach Ruth Cohn beschreibt die Kommunikation und die Vorgänge in einem Team. Auch wenn es sich bei der TZI um ein theoretisches Modell handelt, so vermittelt dieses Modell jedoch ein sehr praktisches Wissen über die konkrete Teamarbeit.

Die drei Ebenen der Teamarbeit

3-Ebenen-Modell

Ruth Cohn stellte fest, dass Gespräche und Interaktionen in Teams oder Gruppen immer auf drei verschiedenen Ebenen stattfinden: auf der Sach-Ebene, der Ich-Ebene und der Wir-Ebene. Je nach Situation findet der zwischenmenschliche Austausch in einer Gruppe von Menschen stärker oder weniger stark auf den verschiedenen Ebenen statt.

Sach-Ebene

In einer Teamarbeit geht es immer darum, eine Aufgabe zu lösen, ein Thema zu bearbeiten oder eine Fragestellung zu erörtern. Diese inhaltlichen Aufgaben spielen sich auf der Sach-Ebene ab. Für die meisten ist die Sach-Ebene die wichtigste, denn dafür gibt es schließlich überhaupt erst das Team.

Zur **Sach-Ebene** gehören:
- alle inhaltlichen Fragen bezüglich der Arbeitsaufgabe,
- alle Informationen über das zu lösende Problem,
- inhaltliche
- Verständnisprobleme,
- unterschiedliche Auffassungen zur Durchführung und
- inhaltliche Ideen und Vorschläge

Ich-Ebene

Neben der Sachaufgabe, die für alle Teammitglieder gleich ist, kommt jedes einzelne Teammitglied immer auch mit seiner eigenen Persönlichkeit, seinen Stimmungen oder Vorerfahrungen in das Team. Da kommt einer z. B. gut gelaunt ins Team und reißt alle anderen mit oder einer kommt frustriert und beeinflusst so die Gesamtstimmung negativ. Ein Dritter kommt wutschnaubend in die Gruppe und lässt seine Aggressionen an den anderen aus. Wichtig ist zu erkennen, dass bestimmte Verhaltensweisen und Themen von den einzelnen Personen mitgebracht werden. Sie können die Teamarbeit stark beeinflussen und müssen dann angesprochen werden. Diese Ebene ist vor allem denen nicht bewusst, für die allein der Sachaspekt einer Teamarbeit bedeutungsvoll ist.

Wir-Ebene

Da in jeder Teamarbeit die verschiedenen Personen zusammenarbeiten sollen, entsteht immer auch ein „Wir". Das Team ist eine Form von Gemeinschaft, unabhängig davon, ob sich die einzelnen Mitglieder nahe stehen und sich mögen oder nicht. Die Spannungen und Stimmungen, die aus der Gruppe heraus entstehen (abhängig davon, wer dort zusammensitzt) sind ein Thema auf der Wir-Ebene. Hier entstehen Konflikte oder auch Sympathien, die die Teamarbeit beeinflussen können. Werden solche Prozesse erkannt und transparent gemacht, können sie ggf. bearbeitet werden. Bleiben sie verdeckt und unbearbeitet, können sie die konkrete Arbeit wesentlich beeinflussen. Auch diese Ebene ist vielen Menschen nicht bewusst, aber dennoch ständig vorhanden.

Machen Sie sich die drei Ebenen bewusst

Es ist sehr hilfreich, sich darüber im Klaren zu sein, dass in jeder Gruppe diese verschiedenen Ebenen vorhanden sind. Wenn eigentlich ein Sachthema (z. B. die Arbeitsaufgabe) besprochen werden soll, aber jemand in einem Konflikt mit einem anderen steht, beeinflusst dies den Arbeitsprozess. Diese zwei Personen können in der Regel nicht sachlich miteinander reden und werden so die Effektivität der Arbeit beeinträchtigen. Genauso kann es sein, dass einzelne Teammitglieder ihre persönlichen Probleme mit in das Team bringen und so die Atmosphäre beeinflussen. Wenn wir das TZI-Modell im Kopf haben, können wir bestimmte Reaktionen oder Äußerungen besser einordnen.

Klarheit ist wichtig

Klarheit

Sehr wichtig ist es, zu erkennen, wann z. B. ein persönliches Problem in die Wir-Ebene gezogen wird, oder wann ein Wir-Problem auf der Sachebene ausgetragen wird. Es kann z. B. schnell passieren, dass jemand einen Vorschlag eines anderen Teammitglieds nur deshalb ablehnt, weil er sich vor zwei Tagen von dieser Person unfair behandelt gefühlt hat. Genauso kann es sein, dass jemand einen Streit mit anderen Teammitgliedern beginnt, um persönliche Anspannungen abzubauen. Solche Vorgänge sind uns nicht bewusst und können so die Teamarbeit erheblich beeinträchtigen. Das Modell der TZI kann uns dabei helfen, uns dieser Prozesse schneller bewusst zu werden, indem sich alle im Team immer wieder fragen, auf welcher Ebene sich eine Äußerung scheinbar und tatsächlich befindet.

Ziel jeder Teamarbeit sollte die Integration aller Ebenen sein.

Für eine effektive Teamarbeit müssen alle Ebenen ausgeglichen sein. Es darf kein Übergewicht in einer der drei Ebenen entstehen, weil sonst der Erfolg des Teams leidet. Ein Übergewicht auf der Sach-Ebene geht zu Lasten der individuellen Bedürfnisse und des Gemeinschaftsgefühls. Ein Übergewicht auf der Ich- oder auf der Wir-Ebene kann dazu führen, dass die eigentliche Arbeit vernachlässigt wird. Genau aus dieser Angst heraus wird bei uns großer Wert darauf gelegt, ausschließlich auf der Sach-Ebene zu agieren, um nur nicht das Arbeitsziel aus den Augen zu verlieren. Aber ein solches Vorgehen rächt sich, denn unter ungeklärten Spannungen im Team oder unausgesprochenen persönlichen Problemen leidet die Gruppenarbeit. Angestaute Frustrationen oder Schwierigkeiten abzuarbeiten dauert viel länger, als ihnen kontinuierlich Raum zu geben.

TZI heißt aber nicht, endlos Probleme zu wälzen.

Eines ist wichtig: Ein Vorgehen nach der TZI bedeutet auch nicht, dass ständig nur Ich- und Wir-Probleme gewälzt werden. Probleme und Konflikte kommen dann zur Sprache, wenn (oder idealerweise bevor) sie den Prozess stören. Nimmt das überhand, ist das Gleichgewicht ebenfalls gestört, da dann die Sach-Ebene zu kurz kommt. In einem Team sollten zwischenmenschliche Vorgänge und persönliche Probleme zwar beachtet und bearbeitet werden, über sie darf aber nicht das Sachziel aus den Augen verloren werden. Letztlich ist das Sachziel – also die Arbeitsaufgabe – ja das eigentlich Wesentliche der Teamarbeit.

(Zitate s. Cohn, Ruth C.: Von der Psychoanalyse zur Themenzentrierten Interaktion: von der Behandlung Einzelner zu einer Pädagogik für alle. – 12. Aufl. – Stuttgart: Klett-Cotta, 1994. – S. 124)

■ Grundregeln der TZI

Ruth Cohn hat in ihrem Werk eine Reihe von Regeln erarbeitet, die in jedem Team zu einer effektiveren und für alle beteiligten angenehmeren Arbeitsweise führen können. Dabei geht es aber nicht darum, alle Regeln einfach zu übernehmen, sondern im Team zu entscheiden, welche Regeln Sinn für die Beteiligten machen und welche nicht. Gegebenenfalls können die Regeln auch verändert und angepasst werden.

Regel	***Erläuterungen***
1: In der Ich-Form reden	*„Vertritt dich selbst in deinen Aussagen; sprich per ‚Ich' und nicht per ‚Wir' oder per ‚Man'."* *Vielfach verstecken wir uns hinter Formulierungen wie „Man sollte das so und so machen" oder „Jeder denkt das und das." Es ist für viele viel schwerer, zu der eigenen Aussage oder Meinung zu stehen, wenn es darum geht, sie als persönliche Meinung zu kennzeichnen. Es geht bei dieser Regel darum, dass der Sprechende die volle Verantwortung für das Gesagte übernehmen soll und sich nicht hinter der Allgemeinheit oder der Gruppe verstecken kann. Diese Regel kann übrigens auch für alle Arten von Gesprächen gelten.*
2: Motivation und Hintergrund von eigenen Fragen transparent machen	*„Wenn du eine Frage stellst, sage, warum du fragst und was deine Frage für dich bedeutet. Sage dich selbst aus und vermeide das Interview."* *Grundsätzlich gilt nach Ruth Cohn: Sage etwas über Dich aus, anstatt Fragen zu stellen. Diese Regel entstand aus der Erkenntnis, dass es „echte" und „unechte" Fragen gibt. Während echte Fragen Ausdruck eines Informationsbedürfnisses sind, werden unechte Fragen z. B. für Machtspiele eingesetzt. Nach Ruth Cohn ist es wesentlich, dass die Teammitglieder immer etwas von sich selbst in den Teamprozess einbringen. Indem jedes Teammitglied aufgefordert ist, die Motivation einer Frage deutlich zu machen, wird schnell klar, um welche Art von Frage es sich handelt.* *Eines noch zum Thema Fragen: Fragen können ein sehr effektives Mittel sein, um einen Prozess voranzutreiben. Solche Fragen werden tatsächlich meist von Personen gestellt, die tendenziell eine Führungsrolle übernehmen. Akzeptieren alle Teammitglieder diese Rolle, ist ein solches Vorgehen vor allem in Phasen des Zeitdrucks durchaus angemessen.*
3: Bewusstsein über die eigenen Beiträge und Befindlichkeiten haben	*„Sei authentisch und selektiv in deinen Kommunikationen. Mach dir bewusst, was du denkst und fühlst, und wähle, was du sagst und tust."* *Um ein faires und vertrauensvolles Miteinander im Team zu erreichen, ist eine gewisse Filterung der eigenen Aussagen notwendig. Es kann nicht jeder immer sofort alles sagen, was ihm oder ihr gerade in den Kopf kommt. Je besser das Team im Laufe der Zeit eingespielt ist, desto mehr kann gesagt werden, weil die anderen die Äußerungen besser einschätzen können. Dennoch ist es wichtig, die eigenen Beiträge verantwortungsvoll auf das jeweilige Ziel der Gruppenarbeit hin zu überprüfen, ohne sich selbst zu verleugnen.*
4: Möglichst nicht interpretieren	*„Halte dich mit Interpretationen von Anderen so lange wie möglich zurück. Sprich statt dessen deine persönlichen Reaktionen aus."* *Manche Menschen neigen dazu, die Redebeiträge anderer Personen zu interpretieren. So sagt jemand z. B. „Einige aus der Gruppe denken, ..." oder „Klaus will eigentlich das und das sagen." Meist haben Interpretationsversuche vor allem etwas mit dem Sprechenden selbst zu tun und führen oft zu Abwehrreaktionen desjenigen, der die Ursprungsaussage gemacht hat. Kaum jemand wird gerne interpretiert – und möglicherweise falsch gedeutet. Solche Vorgänge verlangsamen die Arbeitsprozesse. Statt zu erklären, was andere gesagt oder gedacht haben, ist es angemessener für sich selbst zu sprechen. Die einfache Grundregel lautet deshalb: jeder spricht für sich selbst! Wenn wir nicht sicher sind, was der andere gesagt hat, können wir nachfragen.*
5: Keine Verallgemeinerungen	*„Sei zurückhaltend mit Verallgemeinerungen."* *„Immer kommst Du zu spät." – „Du lässt mich nie ausreden." Solche Verallgemeinerungen unterbrechen den Gruppenprozess. Sie werden häufig im Rahmen von kritischen Anmerkungen oder Vorwürfen geäußert und führen oft zu Abwehrreaktionen oder Gegenangriffen. Verallgemeinerungen sind nur dann sinnvoll, wenn innerhalb einer Diskussion die Ebene gewechselt werden soll, wenn z. B. ein Unterthema erschöpfend diskutiert wurde und nun wieder eine Ebene höher gegangen werden soll. Ansonsten sollte jeder möglichst seine Äußerungen auf die jeweils aktuelle Situation hin formulieren.*

Regel	*Erläuterungen*
6: Persönliche Eindrücke deutlich kennzeichnen	*„Wenn du etwas über das Benehmen oder die Charakteristik eines anderen Teilnehmers aussagst, sage auch, was es dir bedeutet, dass er so ist, wie er ist (d. h. wie du ihn siehst)."* *Auch hier ist wie bei Regel Nr. 2 das Ziel ein offener Dialog. Wenn jedes Teammitglied seine Äußerungen als persönliche Meinung kennzeichnet, können die Aussagen nicht auf eine allgemein gültige Ebene gehoben werden, sondern es kann direkt zwischen den beiden Personen besprochen werden. Unser Feedback ist ja aus unserer persönlichen Sicht entstanden und kann z. B. durch unsere Tagesform oder unsere Vorerfahrungen geprägt sein.*
7: Störungen haben Vorrang	*„Seitengespräche haben Vorrang. Sie stören und sind meist wichtig. Sie würden nicht geschehen, wenn sie nicht wichtig wären ..."* *Diese Regel ist vielleicht die Bekannteste der TZI. Sie ist aber auch umstritten. In dieser Regel geht es um Störungen, wie z. B. ein Nebengespräch zwischen zwei Teammitgliedern. Ein solches Seitengespräch stört die Gruppe. Es kann ein Hinweis darauf sein, dass die Personen oder ein Thema nicht genug Raum in der Gruppe finden. Die Betroffenen können gefragt werden, ob das Ganze in der Gruppe besprochen werden soll. Dies aber sollte nur als ein Angebot, nicht als Zwang formuliert sein.* *Die Frage bei dieser Regel ist aber, inwieweit wirklich allen Störungen – Nebengesprächen oder anderen Ereignissen – immer Vorrang gegeben werden soll. Weiter vorne wurde ja schon darauf hingewiesen, dass das Ziel der Teamarbeit schließlich das Lösen der Arbeitsaufgabe ist. Wird Störungen eine zu große Aufmerksamkeit gegeben, kann das auf Dauer zu Frustrationen im Team führen, z. B. dann, wenn sich einzelne Personen so immer in den Vordergrund drängen oder durch Störungen die Teamprozesse dauerhaft beeinträchtigen. Diese Regel sollte also mit Bedacht angewendet werden.*
8: Es redet immer nur einer	*„Nur einer zur gleichen Zeit bitte."* *Oft reden gerade in wichtigen Phasen der Teamarbeit alle durcheinander, z. B. dann, wenn eine grundlegende Fragestellung diskutiert oder eine Entscheidung getroffen werden soll. Es ist aber oft wichtig, dass jeder jedem zuhört und vor allem, dass alle einander verstehen. Nur so ist eine Verständigung möglich und nur so können Entscheidungen getroffen werden, in denen sich alle Beteiligten wieder finden. Damit die Äußerungen aller Teammitglieder von allen verstanden werden, ist es notwendig, nacheinander zu sprechen. Niemand kann mehreren Personen gleichzeitig aufmerksam zuhören. Auch nonverbale Äußerungen wie Gesten oder starke Mimik können so ablenkend sein, dass die Akteure darauf verzichten sollten, während jemand anderes spricht.*
9: Bei Überschneidungen von Redebeiträgen kurze Sammlung der Stichpunkte	*„Wenn mehr als einer gleichzeitig sprechen will, verständigt euch in Stichworten, über was ihr zu sprechen beabsichtigt."* *In den Situationen, in denen mehrere Personen reden wollen, sollte jeder zunächst nur kurz zusammenfassen, was er sagen will, worum es also geht. So kann die Gruppe entscheiden, welche Punkte in welcher Reihenfolge geäußert werden. Diese Stichpunkte können auch für alle sichtbar an einer Tafel oder auf einem Flipchart notiert werden. Wichtig ist, dass auch die Ruhigeren zu Wort kommen und nicht immer nur die dominanten Personen. Wenn alle, die etwas sagen wollen, hintereinander kurz ihren Punkt formulieren, kommt jeder zu Wort. Entscheidend ist hier, dass alle diszipliniert tatsächlich nur Stichworte äußern und nicht gleich die „Chance" nutzen, um ihren gesamten Beitrag zu leisten.*

(Tania Konnerth & Ralf Senftleben GbR – Kiesselbachweg 25 – 22399 Hamburg fon: (040) 608 75 408 – eMail: tania.konnerth@zeitzuleben.de & ralf.senftleben@zeitzuleben.de)

5.2.10 Moderationstechniken

- Methodendatenbank

Unter Moderation versteht man die Steuerung von Gruppenprozessen durch einen oder mehrere neutrale Moderatoren. Sie setzen je nach Bedarf unterschiedliche Instrumente und Methoden ein. Ihr Instrumetarium umfasst die Palette der verschiedenen Problemlösungs-, Zielfindungs-, Kommunikations-, Bewertungs- Entscheidungs- und Präsentationstechniken. Meist basiert ihr Steuerungsverhalten auf Erkenntnissen der TZI (vgl. S. 342).

learn-line

Da ein vollständiger Überblick über das Instrumentarium an dieser Stelle nicht möglich ist, wird auf eine Quelle verwiesen, die **ca. 90 Methoden** beschreibt und kostenlos zu beziehen ist: „**Moderationsmethoden**" in der Download-Datenbank des Landesinstituts für Schule und Weiterbildung auf dem Bildungsserver NRW http://www.learn-line.nrw.de. Diese Methodensammlung kann komplett als komprimierte (gezippte) Datei geladen werden und offline ausgewertet werden. Andererseits steht sie auch für kurze Online-Recherchen zur Verfügung.

5.2.11 Präsentationstechniken

- Präsentationen in Verkaufsverhandlungen
- Präsentation von (Gruppen-) Arbeitsprozessen
- Dramaturgie von Präsentationen

Präsentationstechniken werden hier lediglich exemplarisch vorgestellt, da auf die Download-Datenbank zu Moderationsmethoden zurückgegriffen werden kann (siehe oben). Insbesondere Spezialitäten der Präsentationsmöglichkeiten unter Nutzung bestimmter Medien (z. B. PC mit Overhead-Display oder Beamer) oder Präsentationen im Rahmen von Telekommunikation (z. B. Internet) können hier nicht behandelt werden. Hier wird auf einschlägige Literatur verwiesen.

Präsentationen in Verkaufsverhandlungen

Produkt- oder Dienstleitungspräsentationen sind wesentliche Instrumente in Auftragsgewinnungsprozessen. Hierbei sind sämtliche Instrumente der Kommunikation einsetzbar. Entscheidend ist, dass die Präsentation zielgruppenadäquat geplant und durchgeführt wird, um einen angestrebten Verkaufserfolg zu unterstützen (vgl. hierzu S. 140).

im Verkauf

Präsentation von (Gruppen-) Arbeitsergebnissen

Grundsätzlich gelten für die Präsentation von (Gruppen-) Arbeitsergebnissen die gleichen Aussagen wie für Präsentationen in Verkaufsverhandlungen. So müssen Entscheidungen über die Zielgruppe, die einzusetzenden Medien sowie über Ort und Dauer der Präsentation gefällt werden.

in Gruppenprozessen

- **Bewertungstechniken**

Bewertungen

Da Gruppenarbeitsergebnisse zunächst meist in Form von Auflistungen von Einzelideen oder Stichworten vorliegen (z. B. beim Brainstorming, vgl. S. 322), bei denen bestimmte Prioritäten oder Schwerpunkte noch nicht erkennbar sind. sind zunächst Bewertungsverfahren einzusetzen, um die einzelnen Alternativen in eine Rangreihe zu bringen.

Beispiele:

- ***Punkteverfahren***: *Die verschiedenen Alternativen (Problemlösungsvorschläge, Statements, Ideen) werden auf einem Plakat oder einer Tafel stichwortartig notiert. Alle Gruppenmitglieder erhalten eine bestimmte Anzahl von „Klebepunkten", die sie dann neben den Alternativen platzieren. Hierdurch könne schnell Schwerpunkte ermittelt werden, die Entscheidungsbasis für ein weiteres Vorgehen ermöglichen.*
- ***Schiedsrichterverfahren***: *Die Teilnehmer erhalten bis zu 6 Signalkarten (bewertet von 0 bis 5). Der Moderator notiert die einzelnen Alternativen auf einer Tafel oder einem Flipchart. Daneben sind 6 Spalten aufgeführt, die den Signalwerten der Karten entsprechen. Der Moderator erfragt nun zu jeder Alternative die Signalwerte und notiert sie in den entsprechenden Spalten. Hierdurch ergeben sich durch Auszählen entsprechende Häufungspunkte bzw. Rangreihen.*

- **Darstellung von Gruppenarbeitsergebnissen**

Teil- und Endergebnisse von Gruppenarbeiten werden einerseits zur eigenen Dokumentation der Daten, andererseits zu Zwecken der Information von Dritten präsentiert. Hierzu sind verschieden Darstellungstechniken denkbar.

Beispiele:

- *Problemplakat: Die Teams entwickeln ein Plakat, das als Überschrift das erarbeitete Thema bzw. das zu untersuchende Problem hat. In einer Zeit von max. 30 Min. formulieren sie gemeinsam Stichwörter oder Antworten z. B. zu folgenden Aspekten: Kritik am IST-Zustand, Ziel, Grundsätze, Beteiligte und Betroffene, Widerstände usw.*
- *Problemlandkarte (vgl. S. 322)*
- *Tätigkeitskatalog, Maßnahmenkatalog: Die Teilnehmer erstellen eine Liste mit z. B. folgenden Inhalten: Tätigkeit / Maßnahme, wer ist beauftragt, mit wem wird zusammengearbeitet, Zeitdauer, Hilfsmittel.*

Dramaturgie einer Präsentation

Dramaturgie und Drehbuch

Die Dramaturgie einer Präsentation bezieht sich einerseits auf die inhaltliche Gestaltung (logischer Aufbau, Visualisierungen usw.) einer Präsentationsveranstaltung und andererseits auf ihre Ablaufplanung (Bestimmung des Zusammenspiels von Moderation, Medien, Zielgruppe). Insofern ist das Ergebnis der Dramaturgie eine Art „Drehbuch" der Präsentation. Hierin werden der inhaltliche Spannungsbogen festgelegt, Pausen- und Diskussionszeiten bestimmt sowie Medieneinsätze geplant. Dieses Drehbuch wird in einer Testphase abgearbeitet, so dass vor der eigentliche Präsentation eine „Generalprobe" stattfindet. Hier können Erkenntnisse für eine Optimierung gewonnen werden.

5.3 Informationsquellen

5.3.1 Interne und externe Quellen

- Betriebseigene Datenbanken
- Eigene Erhebungen (primär- und Sekundaärerhebungen
- Betriebsexterne Quellen
- Verfahren zur Datenerhebungen
- Tiefenstufen von Datenerhebungen
- Zielgruppengerechte Aufbereitung von Datenerhebungen

Alle betrieblichen Prozesse sind durch Informationsaufnahme, -verarbeitung und -abgabe gekennzeichnet. Für Routineprozesse, die stark formalisiert oder automatisiert sein können, stehen dabei die Informationsquellen fest. Auch Art, Umfang und Darstellungsform der Informationen sind definiert (vgl. S. 129).

Für viele Entscheidungs- und Geschäftsprozesse sind aber Informationsquellen nicht hinreichend bekannt. Um derartige Prozesse effizient gestalten zu können, sind in einem Unternehmen Strukturen eines **Informationsmanagementes** (vgl. S. 82) zu implementieren. Hierbei werden auch Entscheidungen über Informationswege, **Informationskostenbudgets** usw. getroffen.

- **Betriebsinterne Quellen**

Intern

- **Datenbanken**: Basis betriebsinterner Informationsquellen sind **betriebseigene Datenbanken**. Hierin werden Einzelinformationen erfasst, die zur Steuerung von Geschäftsprozessen erforderlich sind. Einfache Datenbankabfragen gehören zu den **Sekundärerhebungen** (vgl. S. 121), weil bereits vorhandenes Datenmaterial ausgewertet wird. Die Datenbanken sind meist strukturiert und mit Benutzeroberflächen ausgestattet. Ferner sind sie mit Zugriffsberechtigungen versehen, so dass nur Befugte Zugang (Lesen, Eingeben, Löschen, Verändern) haben. Datenbanken können über ihre Benutzerschnittstelle mit Filter- und Verknüpfungsfunktionen ausgstattet sein, um gezielte Zugriffe und Auswertungen zu ermöglichen (z. B. OLAP-Anwendungen, vgl. S. 135). Die Datenbanken können einzelnen betrieblichen Funktionen (Beschaffung, Absatz, Lager, Rechnungswesen usw.) zugeordnet sein oder sind prozessorientiert ausgerichtet (z. B. Auftragsbearbeitung).

- **Primärerhebungen** (vgl. S. 121): Hier werden z. B. über gezielte Befragungen Daten erstmalig erhoben, aufbereitet und dargestellt, um Entscheidungen vorzubereiten und den Entscheidungsfindungsprozess zu optimieren.

- **Betriebexterne Quellen**

Extern

Betriebsexterne Quellen werden im Rahmen der Beschaffungs- und Absatzmarktforschung genutzt (vgl. S. 119). Hierzu zählen insbesondere Informationsquellen von Kunden, Mitbewerbern, Lieferern, Banken usw. Auch Messen, Publikationen (Fachbücher, Fachzeitschriften usw.) zählen hierzu.

- **Verfahren zur Datenerhebung**

Für die Datenerhebung (insbesondere Primärerhebungen) sind in der betrieblichen Praxis unterschiedliche Verfahren gebräuchlich. Je nach Ziel, Dringlichkeit, Kostenbudget werden unterschiedliche Methoden und Instrumente eingesetzt.

Beispiele:

Verfahren	Erläuterungen
Desk-research	hier werden vorhandene Unterlagen und Datenbanken untersucht
Interview	gezielte Fragen an eine bestimmte Zielgruppe
Fragebogen	(vgl. S. 124)
Beobachtung	z. B. teilnehmende Beobachtung mit Aufschreibung
Selbstaufschreibung	z. B. Mitarbeiter, Kunden, oder Lieferer notieren während des Arbeitsablaufs bestimmte Sachverhalte in vorgefertigte Listen
Kommunikationsanalyse	Hier werden Richtungen und Intensitäten von Personen oder betrieblichen Stellen ermittelt

- **Tiefenstufe von Informationserhebungen**

Der Aufwand (Zeit, Personaleinsatz, Kosten) für Datenerhebungen steht oft mit dem Detaillierungsgrad der Erhebung in engem Zusammenhang. Je detaillierter ein Untersuchungsfeld bearbeitet wird und je genauer die Ergebnisse sein müssen, desto höher wird der finanzielle Aufwand. In vielen Fällen ist aber ein Detailierungsgrad nahe 100% nur mit überproportionalem Aufwand leistbar. Daher muss jeweils über die erforderliche Tiefenstufe entscheiden werden.

- **Zielgruppengerechte Aufbereitung von Informationen**

Je nach Zielgruppe (Adressatenkreis) der gesammelten Informationen sind unterschiedliche Präsentationsformen (vgl. S. 347) sinnvoll. So ist z. B. die kundengerechte Aufbereitung von Informationen Voraussetzung für erfolgreiche Auftragsgewinnungsprozesse (vgl. S. 169). Die Aufbereitung und Präsentation von Informationen muss unter dem Aspekt von Kommunikationsprozessen betrachtet werden, daher sind die jeweils einsetzbaren Instrumente und Methoden von Kommunikation zu prüfen (vgl. S. 327)

5.3.2 Recherchieren im Internet und in Online-Datenbanken

- Tipps für Recherchen (Offline-Übungen, Vorbereitungen)
- Suchmaschinen als Recherchehilfen (Volltext-, Index-, Metasuchmaschinen
- Suchmaschinen im Überblick
- exemplarische Bedienung von Suchmaschinen

Datenbanken

Datenbanken sind Sammlungen von Informationen, der gezielten Zugriff auf diese Informationen ist eine **Recherche.**

Arten von Datenbanken

Datenbanken		
konventionelle Datenbanken	digitale Datenbanken	
	öffentliche Datenbanken	private Datenbanken
z. B. Bibliotheken, Mediothenken Archive mit Printmedien	z. B. im Internet mit Zugang für „jedermann"	z. B. Unternehmensdatenbanken mit Zugang nur für Berechtigte.
kostenlos oder gebührenpflichtig		

Die Benutzung bzw. das Handling von Datenbanken ist höchst unterschiedlich. Die Datenstrukturen, die Benutzerhilfen (ggf. online), der Zugang, das Navigieren und die Benutzeroberfläche (z. B. grafikorientierte Befehle) sind von den jeweiligen Betreibern der Datenbank individuell gestaltet, so dass der unerfahrene Benutzer häufig ratlos ist und sein Rechercheziel nicht erreicht.

■ Tipps für Recherchen in Datenbanken und im Internet

• Üben Sie Offline

Beschaffen Sie sich mehrere verschiedene Datenbanken, die auf CD-ROM oder Diskette verfügbar sind. Sie erhalten sie u.a. in einschlägigen Fachbuchhandlungen. Häufig sind kostenlose Demo-Versionen verfügbar, oft sind sie auch als Beilage in Fachzeitschriften erhältlich. Mit diesen Medien können Sie sich ohne Telekommunikationskosten mit der Struktur von Datenbanken vertraut machen.

Kosten sparen und ausprobieren

Lesen Sie zunächst die Hilfetexte (häufig „readme.doc" o. Ä.), sie sind i. d. R. auf den Datenträgern vorhanden oder selbst Bestandteil der Datenbank. Nach einer entsprechenden Einarbeitungszeit erkennen Sie die Struktur und die Arbeitsweise der Datenbank und können eigene Recherchen durchführen. Wichtig ist, dass Sie verschiedene Anwendungen ausprobieren, um die unterschiedlichen Bedienungen kennenzulernen. Sie werden bald Ähnlichkeiten feststellen und können bestimmte Recherchetechniken transferieren.

Beispiel:

In vielen Buchhandlungen gibt es preiswerte CD-ROMs mit Datenbanken für Literatur. Teilweise werden Sie aus Werbezwecken auch kostenlos abgegeben. Hiermit können Sie sich einen Überblick über die Bedienung von Datenbanken verschaffen. Ferner sind einfache Datenbanken für Adressen und Telefon-Nummern im Handel verfügbar, die sich ebenfalls zu Übungszwecken eignen.

Etliche Datenbanken auf CD-ROM sind im HTML-Format abgefasst, d. h. sie können nur mit einem Browser gelesen werden. Nach dem Start Ihres Browsers können Sie entsprechende Dateien laden und über Hyperlinks zu den gewünschten Stellen gelangen.

• Bereiten Sie sich vor

Bevor Sie in Online-Datenbanken recherchieren, sollten Sie sich gründlich vorbereiten, um Kommunikationskosten zu sparen. Zur Vorbereitung gehört insbesondere:

- **Formulierung des Rechercheziels:**
  Notieren Sie sich Schlüsselwörter (= Keywords) für die Suche. Denken Sie daran, dass das gesuchte Stichwort in der Datenbank vielleicht mit einem Synonymbegriff gespeichert sein kann. Berücksichtigen Sie auch unterschiedliche Schreibweisen und Sprachen.

Beispiel: *Jemand möchte im Archiv einer Wirtschaftszeitung zu dem Suchbegriff „Kundenorientierung" recherchieren. Hier ist es sinnvoll, auch unter den Begriffen „customizing", „Kundennähe", „Marktorientierung", „Marktnähe" usw. zu suchen.*

- **Festlegen der Recherchezeit:**
  Geben Sie sich ein Zeitlimit für die Recherche, Sie sparen damit enorme Kosten für Telekommunikationsgebühren. Wählen Sie auch einen kostengünstigen **Recherchezeitpunkt.** Die Telefongebühren sind bekanntlich abhängig von der Tageszeit.
- **Auswählen der Datenbank:**
  Wählen Sie eine geeignete Datenbank aus, die zu dem Recherchethema passt.

Beispiel: *Die Informationstiefe in Archivdatenbanken von Tageszeitungen unterscheidet sich erheblich von Datenbanken von Fachzeitschriften, Universitätsinstituten oder spezialisierten gewerblichen Datenbanken, die meist gebührenpflichtig sind.*

Suchen Sie bei Datenbanken, die Sie erstmals aufrufen, nach einem Hilfetext. Sie erfahren darin, wie Sie in der Datenbank navigieren können. Hierdurch sparen Sie sich Recherchezeit- und -kosten.

- **Werten Sie offline aus**
  Während der Recherche stoßen Sie auf geeignete Artikel (Texte, Grafiken usw.). Diese während der Recherchezeit alle zu lesen, führt zu erheblichen Kosten. Speichern Sie längere Dateien auf Ihrer Festplatte und lesen Sie sie später offline (ohne Telekommunikationskosten). Richten Sie sich hierzu vorher ein entsprechendes Unterverzeichnis ein, in das Sie die Dateien speichern. Sie können z. B. innerhalb des Internets für Sie interessante Web-Seiten speichern und später mit Ihrem Browser oder speziellen Offline-Readern offline weiterverarbeiten. Dateien, die sich für Sie als unbrauchbar erweisen, löschen Sie einfach.

Beispiel: *Für ein Referat über EU-Ausfuhrbestimmungen recherchieren Sie im Internet und haben die Web-Seite des Bundeswirtschaftsministeriums angewählt. In der Rubrik „Veröffentlichungen" finden Sie eine Liste von Texten, die Sie anwählen können. Per Mausklick können Sie diese Texte aufrufen und auf Ihrem Monitor lesen. Speichern Sie die Seiten, die Sie interessieren, und lesen Sie sie anschließend offline bzw. drucken Sie aus.*

Komprimierte Daten

Einige Dateien, die Sie aus Datenbanken laden können, sind gepackt bzw. komprimiert, um Speicher und Übertragungskosten zu minimieren. Um diese Dateien lesen zu können, benötigen Sie entsprechende Software, um sie zu entpacken/entkomprimieren, die als FreeWare- oder ShareWare aus dem Internet „heruntergeladen" werden können.

Suchmaschinen als Recherche-Hilfen

Eines der größten Probleme im Internet ist die Orientierung in der unstrukturierten Informationsflut. Hier helfen Suchmaschinen (= Search-engines), gezielt auf Datenbestände zuzugreifen. Suchmaschinen sind nichts anderes als riesige Datenbanken, die einen Ausschnitt aus dem Internet speichern. Sie aktualisieren ihren Datenbestand fortlaufend.

Es gibt drei grundsätzliche Typen von Suchmaschinen:

- **Volltextsuchmaschinen**

Volltext

Bei diesen Maschinen kann der Benutzer ein beliebiges Wort oder eine Wortfolge bzw. ganze Sätze als Suchkriterium (= Keyword) eingeben. Der gespeicherte Datenbestand wird daraufhin durchsucht und das Ergebnis wird in einer Trefferliste angezeigt. In dieser Liste wird jeweils die URL (= Adresse im Internet) angegeben. Diese kann angeklickt werden, und der Benutzer befindet sich auf der jeweiligen Web-Seite. Diese kann er lesen, speichern oder er kann zurück zur Trefferliste gehen, um weitere Seiten aufzurufen oder seine Suchkriterien zu verändern.

- **Index- (Kategorien-) Suchmaschinen**

Ähnlich einer Baumstruktur mit Kategorien und Unterkategorien sind diese Suchmaschinen hierarchisch strukturiert. Problematisch kann hier die starre Index-Hierarchie sein, weil bestimmte „keywords" keiner oder mehreren Kategorien zuzuordnen sind. In der Regel sind diese Kategorien von einem Index-Team manuell erstellt und geordnet. Hierin liegt ein Nachteil, weil bei manueller Auswahl subjektive Einschätzungen nicht vermieden werden können. Teilweise sind diese Suchmaschinen mit kleineren Volltextsuchmechanismen ausgestattet.

- **Meta-Suchmaschinen**

Diese Suchmaschinen ermöglichen eine „Suche in Suchmaschinen". Das Suchkriterium wird somit paralell in mehrerer Suchmaschinen gesucht. Zwar spart man sich dadurch das „Springen" von einer Suchmaschine zur nächsten, jedoch wird von den Meta-Maschinen meist nicht die volle Funktionsbreite der einzelnen Maschinen ausgeschöpft, so dass das Ergebnis weniger präzise sein kann.

- **Spezialitäten**

- Es gibt Suchmaschinen, die lediglich WWW-Seiten durchsuchen, und Suchmaschinen, die auch die Nachrichtenforen des Usenets und FAQ-Listen durchsuchen, z. B. Infoseek [URL:] http://www.infoseek.com
- Eine Besonderheit ist – englischsprachig (!) – „The Internet Sleuth", [URL] http://www.isleuth.com. Diese Maschine sucht nicht direkt nach bestimmten Dokumenten, die auf bestimmte Suchbegriffe passen, sondern nach Informationsquellen. Hierdurch findet man z. B. alle Datenbanken im Internet, die bestimmte Themen abdecken, z. B. Börse, Marketing usw.
- Es gibt aber auch Suchmaschinen, die sich auf deutschsprachige Internetaktivitäten spezialisiert haben.

- **Tipps für den Umgang mit Suchmaschinen**

Es gibt nicht „die beste Suchmaschine", da der Funktionsumfang einzelner Maschinen stark variiert. Daher sollte man bei ernsthaften Recherchen mehrere Maschinen ausprobieren. Der Erfolg kann sehr unterschiedlich ausfallen.

Beispiel:

<table>
<tr><th colspan="3">Es wurde nach dem Suchwort „Kundenorientierung“ gefragt, das Ergebnis bei sieben Suchmaschinen</th></tr>
<tr><th>Suchmaschine</th><th>„Treffer“</th><td rowspan="8">Dieses Ergebnis sagt nichts über die Qualität der „Treffer“ aus. Auch ist diese Übersicht zeitabhängig. So kann die gleiche Recherche zu einem anderen Zeitpunkt auch zu anderen Ergebnissen kommen.</td></tr>
<tr><td>Alta Vista</td><td>1144</td></tr>
<tr><td>Yahoo</td><td>873</td></tr>
<tr><td>Crawler</td><td>344</td></tr>
<tr><td>Lycos</td><td>316</td></tr>
<tr><td>Aladin</td><td>110</td></tr>
<tr><td>Flipper</td><td>100</td></tr>
<tr><td>Web.de</td><td>2</td></tr>
</table>

In den meisten Online-Diensten werden für Einsteiger kleine Hilfen für den Umgang mit Suchmaschinen bereitgestellt. Sie können entweder online gelesen oder zunächst gespeichert und anschließend Offline studiert werden. Nutzen Sie diese Hilfen!

Aufgaben zu Kapitel 5:

1. *Erläutern Sie, welche fachlichen, psychischen, körperlichen und sozialen Qualifikationsanforderungen an IT-Mitarbeiter gestellt werden.*
2. *Beschreiben Sie, welche Bedeutung Schlüsselqualifikationen für die berufliche Handlungskompetenz haben.*
3. *Untersuchen Sie für Ihren Ausbildungsberuf, welche Kernqualifikationen und welche spezifischen Fachqualifikationen gefordert werden.*
4. *Erläutern Sie, weshalb der „Selbstorganisation“ von IT-Mitarbeitern eine besondere Bedeutung zukommt.*
5. *Erstellen Sie eine Übersicht für Instrumente, Techniken und Methoden zur Selbstorganisation und bewerten Sie sie bezüglich ihrer Einsatzfähigkeit für die betriebliche Praxis.*
6. *Erläutern sie, welche Aspekte der Arbeitsgestaltung in der „Bildschirmarbeitsverordnung“ geregelt sind.*
7. *Erläutern Sie, was unter Prozess- und Ergebnisorientierung von Arbeitsaufträgen zu verstehen ist, gehen Sie dabei auf die Bedeutung von Rückkopplungsprozessen ein.*
8. *Beschreiben Sie, weshalb Teamarbeit als Problemlösungskonzept angesehen werden kann.*
9. *Beschreiben Sie, welche Ziele mit Projektmanagement verbunden sind und erläutern Sie typische Projektphasen.*
10. *Erläutern Sie, weshalb Netzplantechnik nicht ausschließlich für Zeitplanung einsetzbar ist.*
11. *Beschreiben Sie die Bedeutung von Problemlösungstechniken innerhalb von Entscheidungsprozessen.*
12. *Grenzen Sie voneinander ab: verbale und nonverbale Kommunikation.*
13. *Belegen Sie mit Beispielen, weshalb Gespräche geplant werden sollen und welche Bedeutung Checklisten zur Vorbereitung von Gesprächen bzw. Besprechungen haben.*
14. *Beschreiben Sie Formen der Telekommunikation, gehen Sie insbesondere auf Kommunikationsformen im Internet ein.*
15. *Erläutern Sie die drei Ebenen der Interaktion im Rahmen der TZI.*
16. *Was versteht man unter Moderation?*
17. *Beschreiben Sie, wie Arbeitsergebnisse von Gruppen präsentiert werden können.*
18. *Erläutern Sie die Notwendigkeit eines Rechercheplanes bei Online-Recherchen.*

Sachwortverzeichnis

L

M

N

O

Bildquellenverzeichnis

Galas, Elisabeth; Köln *158, 205*